江蘇高校優勢學科建設工程(PAPD)資助項目

古文獻研究集刊

GU WEN XIAN YAN JIU JI KAN

（第四輯）

趙生群　方向東　主編

鳳凰出版社

圖書在版編目（ＣＩＰ）數據

古文獻研究集刊. 第四輯 / 趙生群，方向東主編. --
南京：鳳凰出版社，2012.8
ISBN 978-7-5506-1471-0

Ⅰ．①古… Ⅱ．①趙… ②方… Ⅲ．①古文獻學－中
國－文集 Ⅳ．①G256.1-53

中國版本圖書館CIP數據核字(2012)第182537號

書　　　　名	古文獻研究集刊(第四輯)
主　　　編	趙生群　方向東
責 任 編 輯	王華寶
出 版 發 行	鳳凰出版傳媒集團
	鳳凰出版傳媒股份有限公司
	鳳凰出版社(原江蘇古籍出版社)
	發行部電話 025-83223462
集 團 地 址	南京市湖南路1號A樓,郵編:210009
集 團 網 址	http://www.ppm.cn
出版社地址	南京市中央路165號,郵編:210009
經　　　銷	鳳凰出版傳媒股份有限公司
照　　　排	南京凱建圖文製作有限公司
印　　　刷	南京大眾新科技印刷有限公司
	南京浦口大橋北路京新村546號,郵編:210031
開　　　本	880×1230毫米　1/32
印　　　張	16.625
字　　　數	447千字
版　　　次	2012年8月第1版　2012年8月第1次印刷
標 準 書 號	ISBN 978-7-5506-1471-0
定　　　價	58.00圓

(本書凡印裝錯誤可向承印廠調換,電話:025-58849828)

序　言

儒學是中國文化的重要組成部分。長江、黃河一瀉千里,浸潤大地,滋養萬物。儒學綿延數千年,猶如大江大河滾滾滔滔,奔流不息,沾溉着中國的思想、文化、學術。

觀察社會,關注現實,重視民生,是儒家學説的基本特徵。儒家研究社會的出發點和基本方法、思考的主要問題,都帶有鮮明的現實性,切實具體,平易可行。儒家對人的道德品格、對社會政治狀況都有較高的憧憬和追求,具有引領社會向上提昇的力量。

世間萬事萬物,都有變有不變。自其變者而觀之,則所謂一個人不能兩次踏進同一條河流;自其不變者而觀之,則日月經天,江河行地,古猶今也。儒家學説建立在對社會、人生系統而深入的研究之上,他提出的許多觀念和範疇,得以穿越時空,歷久而彌新。

儒學發展的歷史,是一部與時俱進、隨着社會的發展變化而不斷變化演進的歷史。孔子之儒,孟子、荀子之儒,兩漢經學,宋明理學,都帶有鮮明的時代特點。儒學是一個開放的系統,他在發展的進程中,既有繼承,也有損益,在不同的時代都有所側重,有所變化,從而不斷得到更新和充實,具有生生不息的內在動力。儒學深刻地影響了中國的歷史進程,在很大程度上塑造了中華民族的精神。儒學不僅屬於過去,屬於今天,更屬於未來。

儒家經典是儒學最重要、最基本的内容。儒家經典的研讀,經學歷史的研究以及相關問題的探討,都有着重要的文化、學術價值。

臺灣地區資深學者林慶彰研究員長期以來熱心推動經學研

究,曾多次囑咐南京師範大學舉辦相關會議。在林先生的督促和幫助下,南京師範大學古文獻專業與臺灣"中研院"文哲所於 2010 年 11 月 16 日至 18 日聯合舉辦了"2010 年中國經學國際學術研討會",來自日本、美國等多個國家和中國大陸、臺灣、香港三地的百餘位學者參加了此次會議。與會者提交論文近百篇,總字數超過百萬。會議代表中,既有蜚聲學界的專家學者,也有從事經學研究的後起之秀。因論文字數太多,本次結集時對論文作了少量刪選,部分論文已經發表,應作者要求作了刪除。

　　本次會議,得到全國高等院校古籍整理研究工作委員會的資助,南京師範大學文學院也給予了大力支持,在此表示衷心的感謝!

趙生群
2012 年 3 月 3 日

目　錄

經典權威消解的幾個原因

林慶彰

摘要：經典的形成有它本身的條件和歷史因素。在中國，各個學派都有它們的經典，但以儒家學派的十三經，內容最爲豐富，影響最爲深遠。儒家經典從先秦的六藝到五經，進而十三經的形成，經歷一千餘年。經典在形成的過程中，權威也逐漸確立。然而，在經典權威確立的同時，由於經典本身的問題，有學者開始提出種種質疑，經典的權威也受到嚴峻的挑戰。歷來對經典權威的形成和消解，並沒有論文作深入的討論，本文將經典權威消解的原因分爲：偽作、闕佚、作者問題、記事不實、學術思想變遷等項來討論，認爲偽作經典如果被發現，對經典的權威打擊最大；經典有闕佚不免影響到它的權威性；經典的作者大多和聖人有關係，十三經皆有聖人所作或所刪的説法，一旦被證明非聖人所作或聖人所刪，經書的權威即逐漸消解下去；古代經書的記載往往雜有傳説和神話，如果有人提出質疑，經書的權威性必定受到損傷。

關鍵詞：儒家經典　權威　消解

前　言

經典的形成有它本身的條件和歷史因素。在中國，各個學派都有它們的經典，但以儒家學派的十三經，內容最爲豐富，影響最爲深遠。儒家經典從先秦的六藝到五經，進而十三經的形成，經歷一千餘年。經典在形成的過程中，權威也逐漸確立。然而，在經典權威確立的同時，由於經典本身的問題，有學者開始提出種種質疑，經典的權威也受到嚴峻的挑戰。

歷來對經典權威的形成和消解，並沒有論文作深入的討論，筆者曾撰《清初的群經辨僞學》①一書,對明末清初學者考辨經書和後人經說真僞的原因、目的、影響,討論頗爲詳細。所謂"辨僞",目的在探求經典真正作者和所記歷史事件的真僞。經典一旦被發覺是後人的僞作,這一部經典的權威也就逐漸消解。當然,經典權威消解的原因有多種,辨僞只不過其中的一種而已。關於這問題,歷來學者並沒有作較有系統的論述。

　　本文將經典權威消解的原因分爲:(1) 僞作;(2) 闕佚;(3) 作者問題;(4) 記事不實;(5) 學術思想變遷等項來討論。這僅是個人不成熟的看法,不一定正確。期盼對這一問題,能有更多學者投入研究,本文也就不失其拋磚引玉的作用。

一、僞　作

　　今人都以爲儒家的經典,是聖人所作。其實如果仔細考訂,跟聖人有關的經書可能並不多。這些經典本來僅不過是先秦時留下來的史料,後來相傳經過孔子的刪訂,逐漸成爲經典。從漢代起,因爲這些文獻被立於學官,所以權威也逐漸形成。但是因爲秦火的關係,經典有關脫亡佚,就給後人有可趁之機。魏晉時代所產生的僞《古文尚書》,就是要彌補《古文尚書》的闕佚,而僞造出來的,這一部僞書對《尚書》一書的權威打擊最大。《隋書·經籍志》說:

　　　　晉世秘府所存,有《古文尚書》經文,今無有傳者。及永嘉之亂,歐陽,大、小夏侯《尚書》並亡。濟南伏生之傳,唯劉向父子所著《五行傳》,是其本法,而又多乖戾。至東晉豫章內史梅賾,始得安國之傳,奏之。時又闕《舜典》一篇,齊建武中吳姚方興,於大桁市得其書,奏上,比馬、鄭所注多二十八字,於是

---

①　臺北市:文津出版社,1990 年 3 月版。

始列國學。①

這裏所說的“安國之傳”，即今通行的《尚書孔傳》，所說的“比馬、鄭所注多二十八字”，即指《尚書孔傳》將《堯典》在“慎徽五典”之下，分出《舜典》，然後在“慎徽五典”之上，加入“曰若稽古帝舜，曰重華，協于帝。濬哲文明，溫恭允塞。玄德升聞，乃命以位”二十八字。

《尚書孔傳》出現後，學者並沒有發現它的偽跡。陸德明根據《尚書孔傳》來作《釋文》，孔穎達還根據它來作疏，稱爲《正義》。《尚書孔傳》在加入孔穎達的疏文後，也成了知識分子必讀的著作。

在宋元學者中，第一位懷疑《古文尚書》的學者是吳棫。他著有《書裨傳》。該書已亡佚。朱熹嘗說：“近看吳才老說《胤征》、《康誥》、《梓材》等篇，辨證極好。但已看破《小序》之失而不敢勇決，復爲序文所牽，亦殊覺費力耳。”②接着，朱子也有辨偽的活動。他的考辨成果，收在《朱子語類》和《朱文公文集》中。近人白壽彝作有《朱熹辨偽書語》③，朱熹以爲《書小序》非孔子所作，至於孔安國《序》和《傳》，可能是魏晉人所偽。他又以爲所謂《古文尚書》可能是偽託。至元代吳澄，作《書纂言》，他以爲梅氏所獻二十五篇乃蒐集諸家逸書之語而成；且明白指出《偽古文尚書》乃將伏生的二十八篇，析爲三十三篇，蓋雜以析出之二十五篇。吳氏辨偽的貢獻，乃指出《偽古文尚書》二十五篇爲採集群書所引逸書而成，指引後學朝這方向去努力。

到了明代，有梅鷟作《尚書譜》、《尚書考異》二書，他將《偽古文》襲用他書所引《尚書》之文句，或襲用他書文句，一一指出，是第一位尋出偽古文作偽之跡的學者。張西堂曾說：“他差不多已將辨

　　①　見魏徵等撰：《隋書》，臺北市：鼎文書局，1987 年 5 月 5 版，卷 27，頁915。

　　②　見朱熹撰：《晦庵先生朱文公文集》，《朱子全書》本，上海市：上海古籍出版社，2002 年版，第 21 冊，卷 34，頁 1497。

　　③　該書由北平樸社，1933 年版。

偽古文的破綻儘量尋出……後人多以爲《古文尚書》一案，至閻氏而大白。但其實則不過閻氏將梅氏之説推廣爲《疏證》，偽《古文尚書》一案，可以説至梅氏已漸明的。"①這可視爲對梅氏最公正的評價。

清初閻若璩作《尚書古文疏證》八卷，分 128 條，其實今存僅 99 條，與辨偽有關的僅 86 條。②　閻氏使用的辨偽方法如下：

1. 從書籍之著録、篇數考辨。

2. 從《尚書》佚文證《古文尚書》之偽。

3. 從抄襲古書字句和文本處辨别。

4. 從禮制、官制、曆法、地理等證《古文尚書》之偽。

5. 從偽書的文本考辨。

其實，這些方法有一部分是受梅鷟的影響③，經閻若璩的考辨，所謂《古文尚書》之爲贋品，幾可確定。由於宋明理學家都以《古文尚書·大禹謨》中，所標舉的十六字心傳作爲聖人"以心傳心"的秘訣，現在《大禹謨》竟是後人偽作而成，使理學家的立論失其所依。清中葉以後之學者，不太標舉十六字心傳，一方面學風改變，另方面是與《古文尚書》的權威已在崩解中有關。

民國以來，許多學者注解《尚書》時都不爲《古文尚書》作注，甚至刪去《古文尚書》二十五篇，僅保留《今文尚書》的部分，這就是偽作經典最後的下場。晚近學者大抵贊成重新評價《古文尚書》的價

---

① 見張西堂：《尚書引論》，臺北市：崧高書社，1995 年版，頁 160。

② 見林慶彰：《清初的群經辨偽學》，第四章《考辨古文尚書》，頁 146—155。

③ 閻若璩聲稱未見過梅鷟的《尚書考異》，但惠棟的《古文尚書考》引"閻若璩曰"七十一條，皆不見於閻氏的《尚書古文疏證》，卻見於梅鷟《尚書考異》，可見閻氏與梅鷟的《尚書譜》、《尚書考異》的關係密切。詳見許華峰撰：《論尚書古文疏證與古文尚書冤詞、尚書考異的關係》，《經學研究論叢》，第 1 輯（1994 年 4 月），頁 139—179。

值,從文本的角度來評量,發覺南北朝至隋唐間文人爲文模仿偽古文的甚多。① 除了文本的價值外,偽古文出現於古學大爲發皇的魏晉時代,其實該書有爲古學張目的意義在內。此點研究學術史、經學史的學者尚未能有所領會,不無可惜。

二、闕佚

由於天災和戰亂,經典在流傳過程中往往有闕佚的情況,既有闕佚,經典的完整性也遭到破壞,既缺乏完整性,經典的權威不免有所折損,所以有闕佚的經典,晉代以後就有不少學者爲其作補闕拾遺的工作,目的是要恢復經典的原來面貌。

(一)《尚書》

在儒家的十三經中,有闕佚記錄者至少有《尚書》、《詩經》、《周禮》、《儀禮》等經。就《尚書》一書來說,班固《漢書·儒林傳》記伏生傳《尚書》一書時說:

> 伏生,濟南人也,故爲秦博士。孝文時求能治《尚書》者,天下亡有;聞伏生治之,欲召,時伏生年九十餘,老不能行,於是詔太常使掌故晁錯往受之。秦時禁書,伏生壁藏之,其後大兵起,流亡;漢定,伏生求其書亡數十篇,獨得二十九篇,即以教於齊、魯之間。②

可見伏生藏於屋壁中《尚書》文本,因戰亂已亡佚數十篇,僅剩二十

---

① 討論過這問題的都是日本學者,有斯波六郎(1894—1959)、吉川幸次郎(1904—1980)、平岡武夫(1909—)、清水茂(1925—)等四位。筆者受他們的影響,指導臺北大學古典文獻學研究所碩士生殷永全撰寫《南北朝散文引用古文尚書之研究》,殷永全於 2010 年 7 月畢業。四位日本學者研究此一論題的成果,可參考該書頁 3—5。

② 見班固撰、顏師古注:《新校漢書集注》,臺北市:世界書局,1972 年 9 月版,卷 88,頁 3603。

九篇。王充也説《尚書》本有百篇，秦燒五經，伏生抱百篇藏於山中。景帝時，晁錯往受《尚書》二十餘篇。可見，從漢代以來《尚書》一書就有殘缺。且戰國以來即流傳有《書序》百篇，足見先秦時《尚書》有百篇，而伏生僅能傳二十九篇，闕佚達七十一篇，大大破壞經書的完整性。

爲了保持經書的完整性，從唐代開始就有補《尚書》佚文的事，《尚書》因闕佚太多，一個人最多僅能補幾篇。《書序》説："湯征諸侯，葛伯不祀，湯始征之。作《湯征》。"這《湯征》篇已亡佚。白居易作《補逸書》一篇，補的就是《湯征》。①《書序》又説："唐叔得禾，異畝同穎，獻諸天子。王命唐叔歸周公于東作《歸禾》。周公既得命禾，旅天子之命，作《嘉禾》。"元末明初的蘇伯恆有《周書補亡三篇》②，補的是《獻禾》、《歸禾》、《嘉禾》三篇。但後人把這種補佚的工作，視爲一種擬經，並不是很重視。

（二）《詩經》

《詩經》本來有三百十一篇，毛公作《毛詩詁訓傳》時，已亡失笙詩六篇，故班固作《漢書·藝文志》時，云"三百五篇"。所亡佚的六篇是《小雅》《鹿鳴之什》的《南陔》、《白華》、《華黍》三篇，在三篇《序》文之下，説明云"有其義而亡其辭"，其下有鄭玄《箋》云：

此三篇者，鄉飲酒、燕禮用焉，曰"笙入，立于縣中，奏《南陔》、《白華》、《華黍》"是也。孔子論詩，雅頌各得其所。時俱在耳，篇第當在於此，遭戰國及秦之世而亡之，其義則與眾篇之義合編，故存。至毛公爲《詁訓傳》乃分眾篇之義，各置於篇端云。③

①　見《白氏長慶集》，臺北縣：藝文印書館，1971 年 2 月版，卷 46，頁1115—1116。
②　見《蘇平仲文集》，臺北市：臺灣商務印書館，1983 年影印文淵閣四庫全書本，卷 1。
③　見《毛詩鄭箋》，臺北市：臺灣中華書局，1983 年 12 月臺 5 版，卷 9，頁11—12。

另三篇是《小雅》《南有嘉魚之什》的《由庚》、《崇丘》、《由儀》,亦注
明"有其義而亡其辭",其下有鄭玄《箋》云:

> 此三篇者,鄉飲酒、燕禮亦用焉,曰:"乃間歌《魚麗》,笙
> 《由庚》,歌《南有嘉魚》,笙《崇丘》,歌《南山有臺》,笙《由儀》。
> 亦遭世亂而亡之。"①

從鄭玄這兩段話,可以得知:(1)這六篇笙詩是鄉飲酒禮、燕禮進
行時的用詩,可見很重要;(2)這六首詩因戰亂亡佚了,但他的詩
旨《小序》,因為與其他詩旨合在一起,所以没有隨詩篇亡佚;
(3)今本詩旨《小序》在各詩篇之首,是毛公作《詁訓傳》時所重編。
　　由於亡佚的六篇笙詩,至為重要,所以在晉代先有夏侯湛作
《補周詩》六篇。接着,束皙作《補亡詩》,都是來彌補詩篇的闕佚。
夏侯湛的《周詩》,今已亡佚,内容不詳。束皙《補亡詩序》云:"皙與
司業疇人肄修鄉飲之禮,然所詠之詩,或有義無辭,音樂取節,闕而
不備。于是遙想既往,存思在昔,補著其文,以綴舊制。"可見在鄉
飲酒禮和燕禮行禮的過程中,這些詩篇是很重要的,束皙才有補亡
的想法。②
　　束皙的補亡,一方面是個人的愛好,另一方面,是求經典的完
整性。後人不了解束皙《補亡詩》的意義,而給相當低的評價。梁
啓超説:"笙詩六篇有聲無辭,晉束皙謂其亡而補之,妄也。"③即是
一例。
　　(三)《周禮》、《儀禮》
　　《漢書·藝文志》禮家有《周官經》六篇,注曰:"王莽時歆置博

---

　　① 見《毛詩鄭箋》,卷10,頁2下。
　　② 有關夏侯湛《周詩》和束皙《補亡詩》的論述,詳參張寶三:《束熙補亡
詩論考》,收入張氏著:《東亞詩經學論集》,臺北市:臺大出版中心,2009年7
月版,頁161—223。
　　③ 見梁啓超《要籍解題及其讀法》,收入《飲冰室合集》,北京市:中華書
局,1989年6月版,第9册,卷72,頁65。

士。"顏師古注曰："即今之《周官禮》也。亡其冬官，以《考工記》補充之。"《隋書·經籍志》云："漢時有李氏得《周官》。《周官》蓋周公所制官政之法，上於河間獻王，獨闕《冬官》一篇，獻王購以千金不得，遂取《考工記》以補其處，合成六篇，奏之。"各書皆認爲《周禮》缺《冬官》一篇，以《考工記》補之。

由於《周禮》一出現即闕一篇，歷代學者爲彌補這一篇，根據六官應有的比例，將其他五官的官職均分配到《冬官》者也有，憑空爲《冬官》補闕者也有。

漢代所謂"禮"，即指《儀禮》，又因是記載士這一階層行各種典禮的儀節，所以又稱"士禮"。《漢書·藝文志》云："漢興，魯高堂生傳《士禮》十七篇，訖孝宣世，后倉最明，戴德、戴聖、慶普皆其弟子，三家立於學官。"《漢書·藝文志》除著錄"經十七篇"外，又著錄"《禮古經》五十六卷"，又說："《禮古經》者，出於魯淹中及孔氏，與十七篇文相似，多三十九篇。"[1]賈公彥《儀禮注疏》說："至武帝末，魯共王壞孔子宅，得《古儀禮》五十六篇，其字皆以篆書，是爲古文，古文十七篇與高堂生所傳者同，而字多不同。其餘三十九篇絕無師說，在於秘館。"[2]

這三十九篇的《禮古經》因絕無師說，後來就亡佚了。至於其篇目，王應麟《漢書藝文志考證》曾略作考訂，可參考。

三、作者問題

儒家大部分的經典，原始作者大都無從考訂。因爲遠古時代的人沒有著作權的概念，留下來的作品大多未署名。後來的研究者根據需要，將某一聖人加在這些作品上面，就成爲這作品的"聖人作者"。這些"聖人作者"享受了作品作者的真正光環。但有些

---

① 見班固撰、顏師古注：《新校漢書集注》，卷30，頁1710。
② 見鄭玄注、賈公彥疏：《儀禮注疏》，臺北縣板橋市：藝文印書館，1965年版，卷1，頁7。

時候經過研究者的考訂，發覺這些作品並非該聖人所作，不但經典權威會逐漸消解，連"聖人作者"也遭到牽累。儒家大部分的經典既皆如此，這種經典形成與聖人的關係，可視爲儒家經學傳統的一種特色。兹舉數例作爲佐證。

（一）《周易》

《周易·繫辭傳》的説法："古者庖犧氏之王天下，仰則觀象於天，俯則觀象於地，觀鳥獸之文，近取諸身，於是使作八卦，以通神明之德，以類萬物之情。"《周易·繫辭》以爲庖犧氏作八卦，《禮緯含文嘉》也説："伏犧合得天下，天應以鳥獸文章，地應以河圖洛書，伏犧澤而象之，乃作八卦。"可見八卦是伏羲以天地之物象爲取法的對象所作成的。司馬遷《史記·周本紀》説："西伯蓋即位五十年。其囚羑里，蓋益《易》之八卦爲六十四卦。"《日者列傳》又説："自伏羲作八卦，周文王演三百八十四爻而天下治。"可見司馬遷以文王爲重卦之人，並作卦爻辭。至於《易傳》的作者是誰，《史記·孔子世家》説："孔子晚而喜《易》，序《彖》、《繫》、《象》、《説卦》、《文言》，讀《易》，韋編三絶，曰'假我數年，若是，我於《易》，則彬彬矣。'"司馬遷的話講得不太清楚，這裏所謂"序"因有整理的意，但前人都認爲，《易傳》是孔子所作。後人證明伏羲不可能作八卦，至宋代歐陽修作《易童子問》懷疑《繫辭傳》非孔子所作，也掀起了疑經的風氣。至現在已很少學者相信《易傳》爲孔子所作。馬王堆出土的帛書《周易》，有解説《周易》的文章《二三子問》、《繫辭》、《哀》、《要》、《繆和》、《昭力》等多篇，其中《二三子問》，是以弟子提問，孔子回答的問答禮來進行，最能看出孔子與《易經》的關係。①

（二）《尚書》

《尚書》是古代文獻的彙編，相傳有百篇，因此有百篇《書序》。《書序》説明作該篇文章的緣由，從中也可以得知作者是誰。但《書序》所説各篇文章的作者，是否可信，許多學者已有考訂。得注意

---

① 關於帛書《易傳》比較有系統的論述，請參看廖名春撰：《帛書易傳初探》，臺北市：文史哲出版社，1998年11月版。

的是《尚書》的編者則被認爲是孔子。《史記·孔子世家》云：

> 孔子之時，周室微而禮樂廢，《詩》、《書》缺。追迹三代之禮，序《書傳》，上紀唐、虞之際，下至秦繆，編次其事。曰："夏禮吾能言之，杞不足徵也。殷禮吾能言之，宋不足徵也。足，則吾能徵之矣。"觀殷夏所損益，曰："後雖百世可知也，以一文一質。周監二代，郁郁乎文哉。吾從周。"故《書傳》、《禮記》，自孔氏。"①

今傳《尚書》，確實是"上紀唐、虞之際，下至秦穆"，而"編次其事"的是孔子。但是，《尚書·虞夏書》中的《堯典》、《皋陶謨》、《禹貢》等篇，據今人考證，都作於孔子之後，如果今本《尚書》的編排順序是孔子所定，《堯典》等三篇，必是後人所加入。

(三)《詩序》

《詩經》有《詩序》，陸璣説："孔子删詩授卜商，商爲之序。"唐末以前大都以《詩序》爲子夏所作。至韓愈、成伯璵開始懷疑非子夏所作。宋人疑經改經風氣熾熱，《詩序》的作者被視爲山東老學究，且《詩序》從毛公作《詁訓傳》以來一直附經而行，至朱熹《詩集傳》，乃將《詩序》從《詩經》中删除，將《詩序》廢去。明末起《詩序》的地位逐漸恢復，至清中葉《詩序》的地位，又如日中天。

清末以來，《詩序》又遭到最嚴重的批判。胡適認爲歷代以來《詩經》的詮釋所以弄得烏煙瘴氣，是因爲《詩序》的緣故，必須切斷《詩序》與《詩經》的關係，《詩經》詩篇的解釋，才能恢復正常，乃再一次將《詩序》廢去，這是中國歷史上繼宋人之後，第二次的反《詩序》運動。

(四)《周禮》、《儀禮》

關於《周禮》的作者；鄭玄以爲"周公居攝，而作六典之職，謂

---

① 見司馬遷撰、裴駰等三家注：《新校史記三家注》，臺北市：世界書局，1972 年 12 月版，卷 47，頁 1935—1936。

《周禮》。"賈公彥《儀禮注疏序》説:"《周禮》、《儀禮》發源是一,理有始終,分爲二部,並是周公攝政太平之書。《周禮》爲末,《儀禮》爲本。"可見,都以爲《周禮》、《儀禮》爲周公所作。後來有《周禮》是劉歆助王莽偽作之説,晚清今文家攻擊古文經,《周禮》首當其衝,被批判得體無完膚。民國初年,錢穆作《周官著作時代考》[①],以爲《周禮》爲戰國時代之作品,非劉歆偽作。此一説法可以糾正王莽偽作説對《周禮》的負面影響。

(五)《春秋左傳》

《史記·十二諸侯年表》説:"魯君子左丘明懼弟子人人異端,各安其意,失其真,故因孔子史記,具論其語,成《左氏春秋》。"可見當時書名作《左氏春秋》,且爲"左丘明"所作。

但左丘明是孔子同時代人,或是長輩,或是晚輩,都沒有其他佐證資料,也因此,"左丘明"變成一切糾紛的根源,再加上劉歆偽造説,也甚囂塵上,兩個問題糾纏在一起,幾乎很難釐清。從清中葉,莊存與作《春秋正辭》開始,公羊學復興,劉逢祿作《左氏春秋考證》,以爲《左傳》爲劉歆偽造,古文學立論的根據也應聲而倒,此一戰火延續到民國初年。

四、記事不實

經書中所記諸事如果有不够精確,也會影響經書的權威。像《孟子》一書所記武王伐紂,"血流漂杵",就遭到很多批評。比較早系統批評經書的,是唐代的劉知幾。他的《史通》中有《疑古》、《惑經》兩篇。《疑古》篇,指出《尚書》、《論語》所記之事有十條是可疑的。這十條的篇幅甚長,兹舉其要點如下:

1. 根據《左傳》、《論語》所追述的夏代史事,駁斥《堯典》、《新語》對堯、舜的浮夸虛美,從而説明《尚書》記事之不可盡信。

---

① 　原發表於《燕京學報》第 11 期(1932 年 6 月)。後收入錢氏著:《兩漢經學今古文評議》,香港:新亞研究所,1958 年版,頁 285—434。

2. 援引《汲冢瑣語》、《山海經》所述堯、丹朱和舜之間的傾亂已駁斥《堯典》孔安國《注》堯、舜尊賢禪讓之説,並進一步指出其事與後代史書矯稱帝皇篡奪爲禪讓皆屬虛妄,不足信從。

3. 用邏輯推理方法推論舜死蒼梧乃係被禹篡位放逐,乃因南巡,以揭露《尚書》舜、禹禪讓之説的虛妄不實。

4. 根據常理分析並判決《竹書紀年》記事之可信,以揭露儒書所述堯、舜、禹傳賢禪讓的虛謬不實。

5. 根據《逸周書》、《墨子》的記載以揭露《尚書·湯誓》所述湯伐夏,"滅湯之過,增桀之惡"的虛構不實。

6. 援引子貢、劉向之説以揭露儒家經典片面誇大姬周威德和殷紂罪惡的虛謬不可信,從而説明史書所述前朝君主之罪惡往往係後朝君臣之所厚誣。

7. 以儒家思想作爲理論根據,通過對武庚、三監叛周一事的分析,説明亡國後裔造反有理,史家不應無所辨別的一概目爲頑民。

8. 援引諸書所記姬昌稱王、武王戡黎滅崇等事以證明商亡以前,周已僭竊自大,並未嘗臣屬於商,從而説明史家之讚揚文王、武王,實屬諂佞。

9. 援引《吕氏春秋》、《左傳》諸書所敘太伯讓國給季歷事,證明太伯讓國乃係迫於處境而非出於真誠,已説明史家評議史事不應曲加粉飾而掩蓋事實真像。

10. 就《尚書·君奭》與《左傳》所記管、蔡史事加以分析,揭露周公輔佐幼王成王時確有覬覦王位之野心,而管、蔡卻被周公讒殺,以駁斥《金縢》虛美周公之説。

以上都是針對儒家經典記載不實,提出質疑。又《惑經》篇認爲《春秋》有十二未諭。他説"《春秋》記他國之事,必憑來者之辭,來者所言,多非其實。……遂使真僞莫分,是非相亂","巨細不均,繁省失中"。他又説孔子爲尊者諱,爲賢者諱,爲本國諱,是愛憎由己,"厚誣來世",嚴重傷害了歷史的真相。兹將十二未諭的要點摘録如下:

1. 趙盾、許止本無殺君之實，而《春秋》卻加以弑君的罪名。至於鄭子駟、楚公子圍、齊陳乞實有殺君之罪行，《春秋》卻只書君卒，實有違其褒貶必以實的義例。

2. 列舉應書"陽生弑荼"而書"陳乞弑荼"；應書"觀眾弑虔"而書"公子靈弑虔"；應書"閽弑邾子"而書"邾子穿卒"諸例，可見《春秋》書法往往自違其例。

3. 通過"狄人入衛"和"天王狩河陽"兩事，指出《春秋》爲賢者諱這一義例，實違背史官應據事直書之精神。

4. 通過對魯先後與吳、戎會盟，《春秋》或書或不書的評議，指出《春秋》記事有應諱而不諱，當恥而不恥的弊病。

5. 列舉諸侯臣僚，舉地叛國，《春秋》時書地時不書地的事例，指出《春秋》記事有"略大存小"的疏失。

6. 列舉諸侯薨，其子未即位而死，《春秋》或諱名或不諱名，義例頗不一致。

7. 以《春秋》書宋華父督和晉里克兩事爲例，指出《春秋》書事有違背嚴君臣之防的義例。

8. 舉"公送晉葬"、"公與吳盟"等事例，指出本應直書無隱，但《春秋》卻因"爲本國諱"的義例，不明書史事之真相，非良史之筆法。

9. 通過對齊納燕伯于陽事件的評議，批駁《春秋》、《公羊傳》義例褒貶，實無定準。

10. 舉《春秋》記許國史事不詳備爲例，指出《春秋》記事也有欠缺周密的地方。

11.《魯春秋》記晉國史事和《晉春秋》記魯國史記之參差不一致的評論，指出《魯春秋》記它國事"皆取來告"，無赴告，雖大事亦不征補，以致存在取捨詳省不當的顯著特點。

12.《春秋》紀事多憑別國不確切的訃告，致使史事真僞難辨，是非混淆。

純就歷史的記載來説，是應如劉知幾所説"據實直書"，這是對史書的最基本要求，但《春秋》不僅僅是史書而已，它是經書，孟子説過："王者之迹息而《詩》亡,《詩》亡然後《春秋》作。"爲何《詩》亡是《春秋》一書作,而非別的書?

這是因爲《詩》和《春秋》的同質性所致。我們都知道,自周初以來,《詩》一直承擔着社會教化的功能,當詩不再出現的時代,社會教化的事由誰來承擔?

顯然《春秋》承接了《詩》的位子。《春秋》既負有社教的功能,就不能"據事直書",這點就不是史學家的劉知幾所能領會的。

此外,批評經書記載不實的還不少,像漢代的何休認爲《周禮》是"六國陰謀之書",宋代的蘇轍以爲《周禮》有三點不可信,這些都是對經書內容的質疑,這些話對經書的權威多少也有影響。

五、學術思想變遷

有時候經書本身没有太多的問題,因爲學術思想的變遷,反成了被檢討的對象。像民國八年(1919)十一月胡適所寫的《新思潮的意義》一文,把新思潮的意義理解爲"研究問題、輸入學理、整理國故、再造文明"。他所以要整理國故,是要還各家本來的面目,如將整理國故的方向,指向古代的經典,最先要做的是切斷孔子和經典的關係,才能還給古代經典一個真面目。如就《詩經》來説,歷來已被數以千計的學者解釋得烏煙瘴氣,《詩經》的本來面目是什麽?胡氏在《談談詩經》中説:

> 從前的人把這部《詩經》都看得非常神聖,説它是一部經典,我們現在要打破這一觀念。假如這個觀念不能打破,《詩經》簡直可以不研究了。因爲《詩經》并不是一部聖經,確實是一部古代歌謡的總集,可以做社會史的材料,可以做文化史的材料。萬不能説它是一部神聖經典。[1]

---

[1]　詳見《文學論集》,上海:中國文化服務社,1929年版,頁1—20。

這裏,胡氏提出幾個觀點:(1)《詩經》是一部古代歌謠總集,不是一部神聖經典;(2)《詩經》可以作爲社會史、文化史的材料。

《詩經》所以成爲一部神聖經典,有兩方面的原因,一是受司馬遷《史記·孔子世家》所説孔子刪詩的影響。孔子既有刪詩,哪些當存,哪些當刪,必有孔子的寓意在内。《詩經》既有孔子的微言大義,不是聖經是什麽? 另一是將《詩序》和《詩經》結合。《詩序》被認爲是孔門弟子子夏所作。既然如此,也必有孔子的教化觀在内。歷來學者所以要依照《詩序》來解《詩經》,就是要實踐孔子的理想。《詩經》受這兩方面的交互影響,其神聖經典性質也逐漸形成。①

民國十二年(1923)顧頡剛提出古史層累説,更掀起了考辨古典籍的熱潮。根據顧氏的考辨,《周易》並非聖人所作,而僅是一本占筮之書。《今文尚書》中的《堯典》,是漢武帝時代的作品,與堯根本無關;《禹貢》是戰國時代的作品,與禹根本無涉。顧氏的考辨主要是在還經典的真面目,連帶地也摧毁了《經文尚書》中這兩部作品的神聖性。《詩經》中並没有聖人的教化,僅是一本入樂的詩歌總集。爲了證明《詩經》是入樂的,根據研究歌謠的經驗,認爲徒歌迴還複沓的非常少,而樂歌則爲了要配合樂譜,所以大多迴還複沓,從這裏就可以證明《詩經》是入樂的。關於《周禮》,顧氏早期以爲是劉歆僞作,與周公無關,後來經過考訂,認爲是齊國人所作。顧氏又提出很多證據證明《春秋》並非孔子所作,《左傳》也不是劉歆僞造,先秦時即已出現。顧氏對這幾部經書的看法,有一共通的特色,即經書和聖人並没有直接的關係,既和聖人無關,它的神聖性也就完全消解了。②

---

① 有關胡氏要恢復《詩經》真面目的論述,詳見林慶彰:《民國初年的反詩序運動》,收入《第三届詩經國際學術研討會論文集》,香港:天馬圖書有限公司,1998 年 6 月版,頁 260—282。

② 有關顧頡剛對經書的看法,詳見林慶彰:《顧頡剛的經學觀》,收入《中國經學》第一輯,桂林:廣西師範大學出版社,2005 年 11 月版,頁 66—90。

結　論

從以上的論述可得以下數點結論：

其一，偽作經典如果被發現，對經典的權威打擊最大。如偽《古文尚書》孔《傳》被發現作偽以後，元朝的吳澄把真《古文尚書》和偽《古文尚書》分開，後來偽《古文尚書》逐漸被拋棄，注解《尚書》時，多已不注偽《古文尚書》。

其二，經典有闕佚不免影響到他的權威性。在十三經中，《尚書》亡佚最多，其次是《儀禮》，《詩經》跟《周禮》也都稍有亡佚。學者認爲經典不可以有殘缺，所以從晉代以來，就有學者夏侯湛作補《周詩》六篇，束晳作《補亡詩》六篇，唐代的白居易作《補逸書》，明朝的蘇伯衡補《尚書》殘缺的部分，作《周書補亡三篇》，這些都是爲了經典的完整性而作。

其三，經典的作者大多和聖人有關係。十三經皆有聖人所作或所刪的說法，一旦被證明非聖人所作或聖人所刪，經書的權威即逐漸消解下去。現在《周易》、《尚書》、《詩經》、《周禮》、《左傳》所以不具權威性，主要是因爲民國初年的學者已證明它們並非聖人所作。

其四，古代經書的記載往往雜有傳說和神話，如果有人提出質疑，經書的權威性必定受到損傷。像唐代的劉知幾作《史通》有《疑古》、《惑經》兩篇，專門批評《尚書》、《論語》、《春秋》記載不真的地方。此外，漢代何休批評《周禮》爲六國陰謀之書、宋代的蘇轍批評《周禮》有三點不可信，都對經書的權威性有所傷害。

（作者單位：“中央研究院”中國文哲研究所）

清代經學生發的考察

鄧國光

摘要：思考清代學術主流的經學，有必要觀察學術生態内部元素的互動轉化過程。學術的生發過程是動態的。本文涉及華、夷的深層次民族文化存亡的精神焦慮、治統與道統的現世統治話語權的消長、處理文獻的抉擇、現示學術特徵的方法論爭持等方面，説明清代自身構成經學特徵的互動生發意義。

關鍵詞：清代經學　禮法　春秋大義　義理　訓詁

一、以禮法主導的"經世"精神

　　滿州統治者入關後，對士子採用懷柔和安撫的政策，減輕統治遇到的張力。清世祖順治（1644—1661）在位十六年間，天下未寧，抵抗的衝突此起彼落，但在如此緊張的時期，還能實施維繫士林效誠的文化政策。其中包括優禮儒學、開科取士、整理儒家經典，顯示新朝的泱泱之度。順治十二年，命令傅以漸（順治三年一甲第一名進士）撰寫《内則衍義》。《内則》是《小戴禮記》的一篇，以女教和家法禮儀爲主要内容。十四年命傅以漸和曹本榮修《易經通注》。開國的政策，直接影響到此後經學的發展，亦同時改變經學的基本屬性，把經學轉變成國家機器運作的潤滑劑。

　　康熙繼位，推崇朱子運用"以身作則"解釋《尚書·洪範》的"皇極"義，以身作則，既爲天下之君，也爲天下之師。君師合一，以己身履行古代"聖人"之義自居。於是治統和道統合二爲一。康熙於履行"聖人"的精神下，全心全意獎崇儒學，以孔、孟、程、朱之學爲自我實現的目標,以身向天下學者示範。於如此氣氛下,朱子理學以及其經説,受到士林廣泛的推崇。例如朱子對《古文尚書》的懷疑,於這時得到閻若璩《尚書古文疏證》的全面證明。這部著作是清代經學的里程碑,便是在尊崇朱子之學的康熙朝成書的。朱子之學稱爲"宋學"。康熙尊"宋學",士林的經學亦緊貼風氣,沿"宋學"之路開拓。

康熙多次親赴曲阜孔廟,敬拜孔子,行九叩禮,表示尊崇。並御製周公、孔子、孟子廟的碑文和親自書寫,命工勒石,永存權力的烙印於"道統"的神經中樞之中。又賜贈周公、孔子、孟子、子游、朱子、周敦頤等後裔爲"《五經》博士"。《五經》博士於兩漢爲士人進身的官學名堂,由是一變而爲聖人之後所專屬。康熙又命徐乾學集合儒士,編輯《讀禮通考》一百二十卷,輯集及分類宋、明儒的禮説,《清史稿》譽其"博採眾説,剖析其義"。《讀禮通考》沿朱子的禮學爲基礎而重加整理,亦是"宋學"的家數。概括康熙時代的經學,主導在帝王,經學是朱子學的延伸。朱子學成爲權力世界的一項政治符號和象徵。

及乾隆登位後,逐步扭轉"道統"並駕"治統"的情況,實施獨裁專制的統治術,突出漢代儒者解釋《尚書·洪範》的"皇極"爲"大中"之義,強調帝王的心法和治法合一,爲"大中"的核心。於是"治統"的"中"義便成爲世界的中心,控制萬有的泉源,權力世界的終極符號。"道統"也自然納入這"中"之內,受制於帝王的心法。因此,乾隆時代的經學,再不是依照康熙時代朱子學的方向發展,而是刻意的偏離朱子和康熙,踏上一條前無古人的路,亦樹立一全新的政治符號,顯示乾隆無比的威權。

乾隆登位即命儒臣編纂《三禮義疏》,爲時十年方才告成。《三禮義疏》和康熙時代編輯的《讀禮通考》不同,《讀禮通考》以朱子的禮學爲處理的平臺,而《三禮義疏》則網羅古來所有《儀禮》、《周禮》和《禮記》的解説,不專主一家。事實上,乾隆根本上自視爲天地的中心,十全十美,不會以任何一家爲榜樣,所以太學裏面的《五經》石刻全是白文。康熙表彰朱子,乾隆在經筵上批評朱子,強調漢代

《尚書》學的"皇極"的"大中"義,並搬移董仲舒的一王之義,爲自己的專制塑造經學的理據。乾隆突出董仲舒,並非以其爲榜樣,只在利用《春秋繁露》的片言隻語發揮一王獨裁之義,卻因此而開啟了清代今文學之門。

清代統治者重視儒學,提倡宋、明理學,全力整理禮學,復又突出董仲舒的《春秋》學。整理禮學,從《内則》一篇以至全部《三禮》(即《周禮》、《禮儀》和《小戴禮記》),規模漸大。這種"有爲"的儒學,於漢代經學在士林中開展,是謂"經世",以實現孔子的政治理想。清代的經學卻由帝王主導"經世",其"經世"不在實踐"超越"於現實權力世界的"王道",而在並駕和甚至於駕馭"王道",現示自身就是"王道"。

清代帝王雖然推尊孔子,但不會尊孔子爲"王"或"素王",因爲"天無二日,人無二王",權力意志本能上不容許另一種超乎其上的存在。因此,統治意志推尊孔子,並非以孔子爲自己的表率,倡導儒學,提昇經學的地位,均現示以天子之尊優禮孔子,爲天下人示範,從而納孔子、儒學、經學於權力世界之中,永遠屈居在"治統"之下,突顯異族的"治統"的包容與善良,從而説明其政權的合理性,進一步強化其權力世界的專制支柱。

清代帝王經學不論其理念和實踐,都朝向權力的考量,儘可能透過經學的禮法元素,伸延權力和鞏固權力,絶緣於制約性的"王道"。因此,經過權力意志的過濾,清代經學是不可能產生"超越原則",只能徘徊在禮儀和刑法的技術層面。佔有"經世"功能的清帝王經學,其特色在禮法方面的強烈興趣。而禮法亦只從統治意志爲核心,確定朕即禮法,禮法不僅成爲權力的符號,也是統治天下的利器。帝王的"經世"乃在如何透過禮法強化權力和維持統治秩序,於漢代經學那般含蘊理想的精神有異,而具備濃烈的現實和權術的特點。

二、前代經學成果的累積

　　自漢代以後，經學依然主宰着文化學術以至意識型態。經典的整理、解讀和詮釋，世代不絕，雖然經歷種種天災人禍而大量散失，但能保留下來的亦不在少數，爲後來的經學發展提供了基本的平臺。清代經學與漢代經學的不同，是漢儒以搶救經典的心態以守文，因之而形成流派和門户，而清儒則是面對大量成果而進行審擇去取，其必然走向文獻之途。以文獻爲依歸，而不是各自標榜主張，講求的是證據和方法，便難以形成門户和思想流派，因此清代士林經學不以流派門户爲特色。

　　魏晉南北朝是一個删蕪汰繁的經學時期，兩漢經學文獻給有選擇地保留、整理和詮釋，如這時期的禮學家所尊崇的鄭玄《三禮注》奠定經典的地位。自唐代以後，研治禮學始終以鄭學爲中心。清人好言鄭玄之學，有"佞鄭"的譏哂，便是強調鄭玄注解的方法，視之爲絕對的權威。在《春秋》學方面，西晉杜預《春秋左傳集解》被視爲經典，一直至現代，依然是研治《左傳》的權威詮釋。清儒研治《左傳》，亦以杜預的注釋爲核心。洪亮吉（1746—1809）作《春秋左傳詁》，復原杜預之前的漢人注解，屬輯佚的功夫。《穀梁傳》有東晉范寧的《春秋穀梁傳集解》，《晉書》譽爲"其義精審，爲世所重"，與何休《公羊解詁》、杜預《春秋左傳集解》，並爲研治《春秋》三傳的經典。晚清鍾文烝（1818—1877）用了三十年時間完成《春秋穀梁傳補注》，集前人的大成。於《易》學，魏晉王弼以義理注解古文的費氏《易》，擺脱兩漢災異之學的附會。唐初孔穎達納入《五經正義》，自此王弼注的《易》定於一尊。唐人李鼎祚作《周易集解》，專録王注以外的詮釋，成爲清代研治漢《易》的重要對像，惠棟（1697—1758）以三十年之力，著成《周易述》，欲復原兩漢象數《易》學，江藩《國朝漢學師承記》譽之爲"漢學之絕者千有五百餘年，至是而粲然復章矣"，視之爲"漢學"復興的標誌。清儒於《詩經》的研究成就卓著，然亦不離唐孔穎達的《毛詩正義》和朱熹《詩集傳》，講究訓詁的宗尚前者,而探求詩義的根本朱《注》。

　　宋、元以來的經學,自成面目,和漢、唐有所區別。這表現為對於傳世的經傳持批判的態度,不墨守成說,而敢於表示懷疑的意見。舉其著者,如歐陽修《易童子問》指出《易》的《十翼》(即《易傳》)並非孔子所作,這是宋代以前未曾有過的質疑,對以後學術史的影響甚大。歐陽修、蘇軾、蘇轍謂《周禮》為後出之書,原非周公的作品,雖有為而說,與王安石的重視《周禮》針鋒相對,這一說法,大大影響《周禮》的權威地位,而清儒之研治《周禮》成家的,罕見其人。南宋王柏作《詩疑》和《書疑》,大膽懷疑,雖不廣為接受,但在審辨的過程中,深化問題的思考,為清儒的成就造就基礎。例如《尚書》有《古文尚書》,文從字順,北宋徽宗時期的吳棫撰《書裨傳》,指出行文風格不統一的問題,朱熹深受吳棫啟發,說“某嘗疑孔安國書是假書”,但朱熹沒有再深入論證。他的弟子蔡沈撰《書集傳》,雖仍沿五十八篇的古文本,但具體注明今文和古文,並對孔安國《書大序》提出疑問。自元代以後,沈氏的《書集傳》懸為功令的必用書,對《古文尚書》的疑惑,漸漸深入人心。元代吳澄撰《書纂言》,只解釋今文的二十八篇,明確指出其餘廿五篇“無一字無所本”,都是採輯傳注的偽作。明代梅鷟撰《尚書考異》,揭露文句採補的來源。清初,姚際恆(1647年生)著《古今偽書考》及《九經通論》,亟辨《古文尚書》為作偽之書,為同時的閻若璩所推重。閻若璩(1636—1704)沈潛多年,深發《古文尚書》的徵結,作《古文尚書疏証》八卷,引經據古,紀昀《四庫提要》謂“一一陳其矛盾之故,《古文》之偽大明”,為《古文尚書》的作偽定案。江藩《國朝漢學師承記》把閻若璩置於卷首,標榜為“漢學”的典型。閻若璩的成就,是從朱子的疑經,以及朱子學系統的儒者的功夫,宋、元、明三代的成果漸漸累積而成的。清儒的創穫,固然須要不懈的努力,但亦不能忽視過往的大量成果,否則便有掠美之嫌。

　　清代經學的面貌和漢代極為不同。漢代今文《五經》家之學基本上是自做範籬,結合世俗的思潮塑造具有超越意義的經學體系,在“守文”的學術環境中也顯示一定的創造力。清代的經學成就則建築在前人的文獻成果上，顯示出精密細緻的特色。

三、治經方法和門户觀念

　　清代經學家在研治經典文本上成績斐然，其中一重要的因素，是對研治的方法或途徑，有清晰的瞭解和自覺。清代乾、嘉經學領袖的錢大昕，便很明確説："夫窮經者必通訓詁，訓詁明而後知義理之趣。後儒不知訓詁，欲以鄉壁虚造之説，求義所在，夫是以支離而失其宗。漢之經師，其訓詁皆有家法，以其去聖人未遠。魏晉而降，儒生好異求新，注解日多而經益晦。"①

　　錢大昕以"訓詁"概括漢代經學的特點，要求治經必須運用訓詁方法。這説法突出方法的運用，強調"訓詁"的法門，以文字訓詁爲治經必循之途。清代訓詁大師王念孫（1744—1832）序段玉裁《説文解字注》，謂：

　　　　訓詁、聲音明而小學明，小學明而經學明。蓋千七百年無此作矣，若夫辨點畫之正俗，察篆隸之緐省，沾沾自謂得之，而於轉注、假借之通例，茫乎未之有聞，是知有文字而不知有聲音訓詁也。②

王念孫更明確指示治經的階段，主張聲音訓詁之學爲研治"小學"的關鍵，精通"小學"方才是研經的基本條件。王念孫強調的是因聲求義的"訓詁"方式，這是傳統"訓詁"的最高技巧。

　　所謂"小學"，漢代以來專指語言文字之學，名雖爲"小"，卻是一門極實在的學問。兩漢遺留下來的《爾雅》、《方言》、《説文解

<hr>

　　① 　錢大昕：《左氏傳古注輯存》，載《潛研堂文集》，上海：上海古籍出版社，2009 年版，上册，卷 24，頁 387。
　　② 　王念孫：《説文解字注序》，載段玉裁《説文解字注》，臺北：漢京文化事業有限公司，1980 年版，頁 1。

字》、《釋名》、《廣雅》等，是這門學問的基本典籍。清儒端重訓詁，對這批小學典籍亦特加注意，例如王引之(1766—1834)便說：

> 訓詁之學，發端於《爾雅》，旁通於《方言》。①

這也是從聲音爲主的"訓詁"方式立說的。《方言》揚雄所編輯，收集了兩漢之交中土各州郡的義近而讀音不同的字詞，有助於以因聲求義的方式解讀先秦兩漢的經籍和文獻。有清一代的小學，各爲專門，出現了"雅學"、"說文學"的更爲專精的學問。如邵晉涵(1743—1796)的《爾雅正義》、郝懿行(1757—1825)的《爾雅義疏》、錢繹(清中葉，生卒年不詳)的《方言箋疏》、段玉裁(1735—1815)的《說文解字注》，都代表着清代小學的卓越成就，是清儒治經方法的自覺所產生的結果，終於蔚然自成大國，於傳統經學之中別出新面。

以精通小學爲治經竅門，這認識與有清一代相終結，至晚清章炳麟(1869—1936)早年寫了一本名爲《經解入門》的書，託名江藩，概括了清儒治經的經驗和方法，也專列了說經"必先識文字"、"必先通訓詁"、"必先明叚借"、"必先知音韻"、"必先審句讀"、"必先明家法"。對於治經方式的重視，《清史稿·儒林傳序》概括謂：

> 綜而論之，聖人之道，譬若宮牆，文字訓詁，其門徑也。門徑苟誤，跬步皆歧，安能升堂入室？學人求道太高，卑視章句，譬猶天際之翔，出於豐屋之上，高則高矣，戶奧之間，未實窺也。或者但求名物，不論聖道，又若終年寢饋於門廡之間，無復知有堂室矣。是故但立宗旨，即居大名，此一蔽也。經義確

① 王引之：《經籍籑詁序》，阮元編：《經籍籑詁》，臺北：宏業書局有限公司，1977年版。

然,雖不踰閑,德便出入,此又一蔽也。①

這是一種調和之論,既批評"宋學"先立宗旨虛貫全體的作風,也批評"漢學"能入而不能出的錮蔽狀態。實際上標榜的,還是"漢學"以文字訓詁爲入門的意識。清代經學尤其是文獻整理之所以越邁往古,與方法論的自覺是分不開的。

四、私人講學的誘導

清代經學的復盛,人才來自私人講學。私人講學在清代學術史上扮演至重要的脚色,官學重視舉子業,爲學士晉身的臺階,在學術發展的過程中,因爲存在太多現實利益的功利干預,難以發揮領導學術的作用。

另一方面,私人講學成爲經學傳授的重要橋梁,而治經的具體方法亦在師傳的系統之中發揚和成熟。清儒重視師承的風氣最烈,前代難見,江藩的《國朝漢學師承記》便是時代的產物。所謂師承,指出經學的淵源,以此確立學統的地位;師承表明學有本源,得著名經師的指導,才受到時流的認同。

清代經學,便是在這種重視師承的私學系統中發展,家法或學派的觀念十分濃厚;在漢代有所謂"累世經學",而在清代,則更成爲特色。舉其著者,如惠氏祖孫父子,惠周惕於康熙朝以經學聞名,子惠士奇承家學,深邃經學,至孫惠棟更以治《易》爲世所尊。而惠棟有弟子余蕭客,至於時流如王鳴盛、錢大昕、王昶等著名經學家,俱曾向惠棟請教指點。可見惠棟成爲乾嘉時代經學師承的一個核心人物,同時另兩位關鍵人物,便是戴震和錢大昕,王國維視這兩位經學家爲乾嘉經學的代表人物。錢大昕曾求教於惠棟,而其弟錢大昭,從子錢塘、錢坫、錢東恆、錢繹、錢侗等,江藩《漢學

---

① 《清史稿·儒林列傳》,上海:上海古籍出版社、上海書店,1986年版,卷480,頁1496上。

師承記》謂錢氏"一門群從,皆治古學,能文章,可謂東南之望"。而
清代治訓詁之首的王念孫,師事戴震,傳子王引之,而孔廣森和段
玉裁都是戴震的門下,又形成另一師承系統。在經學史上,以惠棟
爲核心的一派稱爲"吳派",戴震一派稱爲"皖派",都是透過私人講
學張大了"漢學"的門楣。即使晚清主宰學壇的《公羊》今文學,亦
莫不是以師友相承、互相呼應唱和而形成披靡的力量。陳澧長期
在廣州學海堂講學,調和漢、宋,本史治經,振興嶺南經學,形成風
氣更直接影響近代學術的進程。

五、民族意識潛在的激宕

在異族統治下,經學成就如此輝煌,是很不尋常的現象;尤其
是顧炎武和黃宗羲義不仕清,極表民族氣骨,一直爲朝野所尊崇,
亦視之爲清代經學的啟導人物;清室旌表氣節,目的在張揚忠孝,
意圖以華夏忠孝倫常理念穩定這被征服的民族,令征服的統治得
以長存。然而,對漢族來説,無論清室的政策如何懷柔或高壓,或
者怎樣恩威並施,整個民族的心靈創傷是難以消弭於無形的,加上
薙髮易服,日常生活已存在最具體的異族統治訊息。清室獎重儒
學、表彰忠義是爲了長遠的政治考慮,卻無可避免激發起潛伏於整
個漢族的民族意識,這是清室意料之外的。值得注意的是,清室自
入關後褒揚的是程朱理學,所重用的是所謂理學大臣,即使後來所
謂中興名臣的曾國藩,亦主宋學。然而,清代的學術卻不在理學,
而是處處向理學最高權威挑戰的"漢學"。"漢學"在清代的開山祖
師,而且是特意強調的,便是顧炎武和黃宗羲。值得注意的,是"漢
學"一直都在被征服的漢族的民間流行,由下而上。這"漢學",雖
表面上給解説爲"兩漢之學",但一語相關,亦有漢人自家之學的深
層民族情意結的存在。

兩漢的經學以《春秋》爲主體。《春秋》的華夷之辨,是《春秋》
大義的組成部分。講漢代經學,不能不談《春秋》;但一説《春秋》,
則難以避免華夷的問題,對於清室,這是極敏感和要害的。如果真

正的"漢學"復興,便會民族精神大熾,一發不可收拾;清室於此,是不會熟視無睹。清初儒生呂留良(1629—1683 年)專講《春秋》華夷之辨,令清室痛恨之極,以尚未行諸行動,康熙稍示寬容。一旦發現呂留良的思想有挑起舉正的蛛絲馬跡,雍正帝更絶不寬容,即使呂留良已身死多年也要"發塚斲棺",銷毀所有著述,家人門生無一倖免。可見清室對漢族的經學是極度關注的。而漢人經學便是在異族嚴厲監控的情況下發展,亦只能走上文獻研治的路途,於經學文獻的詮釋和整理寄寓民族的尊嚴,以"實學"抵消清室對程朱理學別有用心的提倡,可以説是潛伏的民族精神的集體潛意識的反應。

總　結

　　文字訓詁,是治學的基本工夫;深究任何一門學問,都必須通過語言文字一關,視爲經學入門途徑,是不錯的。但文字只是達意的途徑;單重視文字訓詁,以文字訓詁爲目的,是本末倒置。因此,清代經學家在強調入門途徑之際,還提點義理的重要性。

　　總以上五項清代經學發展的生發因素,都是錯綜影響,互爲相輔。歷史的發展是複雜的,亦有個別事例佚出於常理常情之外,但清代經學既是中國古代學術史上重要一頁,從歷史的角度理解生發的因由也是有必要的。

(作者單位:澳門大學中文系)

經術與救國淑世
——唐蔚芝與馬一浮

嚴壽澂

摘要：清末民初以降，卑經、廢經之論不絕。國粹派視經爲先民遺留之舊物，雖朽蠱粗劣，猶當寶貴。新派人物則以經學爲反動，阻社會之進步，自當廢棄，而代之以經學史。二者論調不同，然以經中義理爲已陳之芻狗，則無大異也。太倉唐蔚芝（文治）際此時會，以講經爲己任，大聲疾呼，謂欲救世，先救人；欲救人，先救心；欲救心，則先讀經；經者，教所以爲人者也，應世變所必須者也。故其講經，一以大義爲主，並以之貫通於政治、外交諸學。明義理以正人心，倡科學以崇實業；蔚芝畢生從政辦學，身體而力行之者，厥惟此二事也。抗戰軍興，會稽馬一浮避寇西蜀，創設復性書院，以六藝教諸生。以爲六藝可該一切學術，六藝之文即經。經者，常道，出於性分之自然，歷萬世、遍九垓而不易者也。人人明此義理，全其性分，世道國運庶幾有瘳。一浮講學宗旨，端在於此。若二先生者，固皆視經爲具普世之價值，非僅國粹已也。

關鍵詞：唐蔚芝（文治）　馬一浮　讀經　大義　六藝　性分

一、引　言

清末民初以降，卑經、廢經之論不絕。其時學術界最佔勢力的有兩派，其一是以章太炎爲代表的國粹派。太炎有《與某論樸學報書》，作於清末，中云："自周孔以逮今兹，載祀數千，政俗迭變，凡諸法式，豈可施於輓近？故說經者所以存古，非以是適今也。先人手澤,貽之子孫,雖朽蠹粗劣,猶見寶貴。若曰盡善則非也。"①易言之,經學祇有歷史的意義("所以存古",猶如商盤周鼎,可置於博物館,以興起後世子孫仰視先人之心),而無現實的意義(非可"以是適今",亦即於今世事務全無應用價值)。另一派是受新思潮熏習的學者,可以周予同爲例。民國十七年,周氏注釋皮錫瑞《經學歷史》,在《序言》中說道,對於孔子和經學,"我原是贊成'打倒'和'廢棄'的,但我自以爲是站在歷史的研究上的。我覺得歷史派的研究方法,是比較的客觀、比較的公平;從歷史入手,那孔子的思想和經學一些材料不適合現代的中國,自然而然地呈獻在我們的眼前。"認爲"現在就是研究經學,也只能採取歷史的方法,而決不能含有些微的漢儒'致用'的觀念"。②

太倉唐蔚芝(文治)際此時會,力抗潮流,提倡讀經,不遺餘力,"爰搜羅十三經善本及文法評點之書","自宋謝疊山至國朝曾文正止,凡二十餘家"。其友人施省之(紹曾)"聞有此書,商請付梓"。③民國十年,蔚芝作《施刻十三經序》,謂今世"學說之詖淫","士林之盲從","閭閻之痛苦而無所控訴","世界之劫運若巨舟泛汪洋而靡所止屆",正是"人心之害爲之";人心之害所以如此,乃起於廢經,"廢經而仁義塞,廢經而禮法乖,廢經而孝悌廉恥亡,人且無異於禽獸"。④ 因此,"欲救世,先救人;欲救人,先救心;欲救心,先讀經;欲讀經,先知經之所以爲經"。⑤ 經乃載道之物,故曰:"傳經所以傳道也。"欲讀經有益,把握經中所言之道,切不可"鑿之使晦","歧

① 引自沈粹芬、黃人等輯《國朝文匯》(宣統二年國學扶輪社刊),丁集卷十七,頁四三上。
② 《經學歷史》,北京:中華書局,1959年版,頁6,13。
③ 唐文治著、唐慶詒補《茹經先生自訂年譜正續編》(以下簡稱《年譜》),沈雲龍主編《近代中國史料叢刊三編》,臺北:文海出版社,1986年版,第9輯,第90種,頁81。
④ 《茹經堂文集》(民國十五年刻本,以下簡稱《文集》),卷四,頁一下。
⑤ 同上,頁三下。

之而高",①須明其大義。蔚芝於是着手撰寫《十三經提綱》,"附於諸經簡末";爲求讀者易於了解文義,又集前人評點,自明人鍾(惺)、孫(礦),以逮清人方(苞)、劉(大櫆)、姚(鼐)、曾(國藩)諸名家,"參以五色之筆,閱十數年而成書"。② 用心可謂良苦。施省之"勇於爲善,志在淑人",與蔚芝同調。於民國九年,倡建國學專修館於無錫,託蔚芝主其事。蔚芝爲訂立學規,以"振起國學,修道立教"爲宗旨。規章共十項,即:躬行、孝弟、辨義、經學、理學、文學、政治學、主靜、維持人道、挽救世風"。"經學"項謂"吾國十三經"乃是"國寶","吾館所講經學,不尚考據瑣碎之末,惟在攬其宏綱,抉其大義,以爲修己治人之務"。③ 亦即通經正所以致用,故治經所尚,不在"存古",而在"適今"。如此論調,與上述章太炎之見,可謂截然異趣。

民國二十年,"九一八"事變起,遼瀋陷於倭人,蔚芝蒿目時艱,作《廢孔爲亡國之兆論》,④曰:"今天下亡國之聲洋洋盈耳,雖三尺童子亦知不免於國難,莫知其所以然之由,而亦莫思其所以挽救之者。此真大惑不解者也。吾特斷之曰:'廢孔則國必亡,尊孔則國可以不亡。'兩言而決耳。"其理由是:"道德爲立國之本,道德既喪,國本撥矣。文化者,國寶也。我中國數千年之文化,皆賴孔子爲之祖述而憲章,爲之繼往而開來,爲之發揚而光大。今一旦墜地無

---

① 《文集》,頁二下,二上。
② 同上,頁二下。
③ 《無錫國學專修館學規》,《文集》卷二,頁二六上—下。
④ 《年譜》:"九月,東北難作。先是吾國內閧不已,寧方與粵方失和;而北方石友三起事,政府命張學良平之,遂飭張坐鎮關內。日本乃乘隙而入,襲取瀋陽。旋攻去黑龍江省,師長馬占山苦戰半月。張學良擁兵不救。馬退守克山,日人又攻取錦州,張又撤兵入關。喪師失地,全國震駭。蓋近年以來人心日壞,罔利營私,無惡不作,侮慢聖賢,荒道敗德,以致災害並至,雖有善者,亦無如之何矣! 余特作《廢孔爲亡國之兆論》一篇。"(頁105)

餘，國寶裂矣。"①作於民國二十七年的《孟子尊孔學題辭》對此更作申述，云："人必自愛其心，自保其心，而後可以爲人；國必自愛其心，自保其心，而後可以立國。我國之重心維何？尊孔是矣。"中國往日雖尊孔，不可諱言，孔子之精神已失，然而精神雖去，邪郭猶存，"今則並其邪郭而掃除之"，豈非自滅之道？因此，"欲復興中國，必先復興孔子之精神；欲復孔子之精神，在教師能講經，學生能讀經"。② 民國二十二年，蔚芝應蘇州國學會李印泉（根源）、金松岑（天翮）等之邀，赴蘇演講，指出經中大義，端在人之所以爲人之道，故曰："聖賢教人，惟恐人之近於禽獸。""《孟子》首章言仁義，即所以正人心而立人極也。"故"處今之世而言教育，必以尊崇人道爲惟一宗旨"。③ 依蔚芝之見，諸經之大義，孔子之精神，既在正人心，立人極，崇人道，當然是不隔於古今，無間於中外，具有普遍之價值，經世之功效。

　　章太炎亦主讀經，然而其立論的依據則大爲不同。以爲孔子與左丘明之功，在於修《春秋》以保存史跡，令人不忘先代，國命得以延續。至於近人所謂孔子爲百世制法，則是無稽之談。所謂《春秋》經世者，其實祇是紀年而已，云："法度者，與民變革，古今異宜，雖聖人安得豫制之？《春秋》言治亂雖繁，識治之源，上不如老聃、韓非，下猶不逮仲長統。故曰：'《春秋》經世，先王之志，聖人議而不辯。'（《莊子·齊物論》語。經猶紀也，三十年爲一世，經世猶紀年耳。志即史志之志，世多誤解。）明其藏往，不亟爲後王儀法。"所謂"國之有史久遠，則亡滅之難"，孔子之功績在此，而不在爲萬世

　　① 《茹經堂文集三編》（以下簡稱《三編》），沈雲龍主編《近代中國史料叢刊續編》，臺北：文海出版社，1974年版，第4輯，第33種，《茹經堂文集三、四編》，頁1193（原刊本，卷一，頁一上）。

　　② 《茹經堂文集四編》（以下簡稱《四編》），《茹經堂文集三、四編》，頁1641，1642（原刊本，卷五頁115，116）。

　　③ 《孟子大義》，《三編》，頁1316，1317（原刊本，頁十八下，十九上）；《年譜》，頁112。

立人極。① 易言之，道不存於經，經者，上古之史而已。經之所以可貴而當治，在於能使人興起自保其種性之心，自尊其族類之念。

年輩稍後的會稽馬一浮，則一如唐蔚芝，以爲大道即存於六經之中，云：

> 古之所謂學者，學道而已。文者，道之所寓。故曰："文武之道，布在方策。文王既没，文不在茲乎?"六經，文也。明其道，足以易天下。如孟子者，方足以當經術。公孫宏、倪寬、匡衡、張禹之徒，不足言也。學足以知聖，守文而傳義，如子夏者，方足以當經學。博士之學，不足言也。故濂、洛、關、閩諸賢，直接孔、孟，其經學即經術也，其言即道也。道者，其所行所證者皆是也。此非執言語、泥文字所能幾，安復有今古漢宋之別哉?②

簡言之，"守文而傳義"，是爲經學；"明其道"，"足以易天下"，方得謂之經術。坐而能言，起而能行，經學與經術合一，方有合於"古之所謂學"。其所謂學，即是"六藝之教"。此六藝之教，"固是中國至高特殊之文化"，而且"可以推行於全人類，放之四海而皆準"，"故今日欲弘六藝之道，並不是狹義的保存國粹，單獨的發揮自己民族精神而止，是要使此種文化普遍的及於全人類，革新全人類習氣上的流失，而復其本然之善，全其性德之真，方是成德成物，盡己之性，盡人之性，方是聖人之盛德大業"。③

一浮於是以爲，"章太炎之尊經，即以經爲史，而其原本實出於章實齋'六經皆史'之論，真可謂流毒天下，誤盡蒼生"。究其原，乃"未嘗知有身心性命之理"。民國二十六年二月，國民黨召集五屆

---

① 《國故論衡》，上海：上海世紀出版集團，2006 年版，頁 50（中卷《原經》）。

② 《爾雅臺答問續編》，卷二，《示張伯衡·批經學經術辨》，《馬一浮集》，杭州：浙江古籍出版社·浙江教育出版社，1996 年版，第一冊，頁 604。

③ 《泰和宜山會語·泰和會語》，上書，第一冊，頁 23。

三中全會,何鍵提議讀經,全會則"付之束閣"。一浮即此指出,"實則縱使行之學校,亦祇視爲史料,如所謂'追念過去光榮'云云,與經義固了不相干";"實則《春秋》如以史書觀之,真所謂'斷爛朝報'者矣。《尚書蔡傳》序文稱爲'史外傳心'之典,可謂卓識"。"是故經可云術,其義廣,不可云學,其義小。《論語》言'學而時習'、'學而不思'云云,'學'字之上,皆不容別貫一字。今人每言'漢學'、'宋學'、'經學'、'史學',以及冠以地名人名,標舉學派,皆未爲當。即如'佛學'之名亦不如'佛法'爲妥。讀經須知非是向外求知識,乃能有益。"①簡言之,中國傳統中所謂學,所重不在向外求知,而在成性成德。經由讀經而達成此目標,即是所謂經術。

　　蔚芝與一浮,一爲前清顯宦(官至農工商部署理尚書,相等於經濟部代部長),東南地方領袖;②一則隱居西湖,高蹈不仕。出處迴異,論學宗旨則不殊,即以經術救國淑世,對治搶攘紛亂的時代。然而同中亦有其異:蔚芝一生,爲官、辦學、傳經,栖栖汲汲,乃孔子所謂"行義以達其道"者。(《論語‧季氏》:子曰:"隱居以求其志,行義以達其道。")抗戰軍興,一浮避地西南,於樂山創辦復性書院,授徒講學,志在明其道以易天下,而究其一生出處,畢竟是"隱居求志"之意爲多。

二、唐蔚芝經術觀述略

　　民國九年,蔚芝爲其友人孫師鄭(原名同康,後改名雄)所著《讀經救國論》作序,曰:"經者,萬世是非之標準,即人心是非之標準也。"又曰:"經者,常道也。知常則明,明常道則明是非。政治、

　　① 王培德、劉錫嘏記錄,烏以風、丁敬涵編次《馬一浮先生語錄類編》(以下簡稱《語錄類編》),《文學篇》,上書,第三册,頁 978—979。
　　② 光緒三十二年九月,改商部爲農工商部,簡唐文治爲署理尚書。宣統二年夏,江蘇士紳舉蔚芝爲地方自治總理,"余因地方自治無領袖,頗爲危險,爰往就職"。見《年譜》,頁 56—57,64。

倫理之是非,於經中求之;理財、教育、兵事、外交之是非,亦於經中求之,如丹素之判,如權度之齊,如化雨之蘇庶彙,如醫師之有良方,活人以此,活國以此。"①張舜徽對此說道:"此識此議,固迂遠而闊於事情,而文治必欲操斯論以轉移一世之人。嘗創立國學專修館於無錫,以十事教士。……所揭維持人道、挽救世風諸端,尤爲空言靡補,實啓後生誇誕之習。"同時又指出:"文治少遊學於黃以周之門,習聞經師緒論,故於爲學,亦粗識端緒",自其文集二編卷一、卷二諸文可見。"惟其晚歲持論偏頗",不知"識時達變"。②蔚芝與舜徽,皆治經學,皆主張實事求是,然而二人的社會政治觀大爲不同,一爲順世,一爲救世。舜徽所謂實事求是,以樸學爲主,雅近於章太炎所謂存古,不認爲可以操經中大義"以轉移一世之人",故其所重於蔚芝者,在其講明樸學而不在其詮釋大義。蔚芝對"實事求是"的解釋是:"實事者,屏絕空虛之論也。求是者,破除門戶之見也。"③以蔚芝之見,經術不僅可以適今,其中的宏綱大義更可消弭天下之大禍,對治當世的弊病。他早歲亦用力於樸學,而治樸學的目的,則在藉此把握經義,"以爲修己治人之務"。在順應世緣者看來,這當然是"空言靡補"了。

須知蔚芝絕非抱殘守缺之輩,如其晚年入門弟子潘雨廷(光霆)所謂,蔚芝"發揚本國文化","創辦無錫國專",然而辦交通大學,"吸收西洋文化",決不是"食古不化"者。④ 光緒十八年,蔚芝二十八歲,成進士,列二甲一等,以主事用,分發戶部江西司。⑤ 自此"以吏爲師,遇事咨詢",留意公牘文字。並研究外交,閱讀"各國

① 《讀經救國論序》,《茹經堂文集二編》(以下簡稱《二編》),沈雲龍主編《近代中國史料叢刊續編》,第 4 輯,第 32 種,頁 790—791(原刊本,卷五,頁三十下)。
② 《清人文集別錄》,北京:中華書局,1980 年版,頁 647—648(卷二三)。
③ 《無錫國學專修館學規》,頁二六上—下。
④ 見友人張文江君記述《潘雨廷先生談話錄》稿本,1986 年 1 月 18 日。(按:此談話錄尚未刊行。)
⑤ 《年譜》,頁 18—19。

條約事務各書"，"並評點《萬國公法》"及曾紀澤、黎庶昌諸洋務名家文集，"自是于經世之事，亦粗得門徑矣"。光緒二十二年七月，考取總理各國事務衙門(按：光緒二十七年，改爲外務部)章京第二名。① 於是身兼兩差，"每兩日赴户部，兩日赴總署"。户部事繁，總署尤甚，"值夜班恆至天明"。總理衙門(總署)司務廳有儲條約櫃，蔚芝"發而讀之，又以暇時學習俄文，燈下每取中俄文本條約對校之"。勤奮如此，目力因而大傷。② 終至民國八、九年間，雙目失明。③ 庚子亂後次年，和議成，清廷派户部侍郎那桐爲赴日本專使，蔚芝任隨員。此爲其初次出國。光緒二十八年，英王愛德華七世即位，行加冕禮。清廷派貝子載振爲專使致賀，蔚芝爲三等參贊隨行。事畢歷遊法國、比利時。④ 歸途中經紐約、溫哥華等地。返國後代載振編撰《英軺日記》十二卷，於"歐美風教與沿途景物記述甚詳"。⑤ 可見蔚芝爲晚清通曉外事之一人，於西方文化頗爲贊賞。

　　光緒二十九年，蔚芝三十九歲，代載振作《議覆三品京堂張振勳條陳商務摺》，以爲："近世之言理財者，莫不以振興商務爲急，而不知商之本在工，工之本又在於農。何者？蓋商必有其爲商之品物，無工則無以爲商也。工必有其爲工之質料，無農則無以爲工也。故欲求商務之興盛，在先求工業之精進；欲求工業之精進，在先求農事之振新。"又主張鼓勵工藝創新，保護專利，曰："泰西各國維持商務，以保護、開通二法互相爲用，而尤以提倡工藝爲程。凡國中有能創一新法、得一新理、制一新器，實有裨於國計民生者，准其呈報，試驗得實，或獎以金牌、寶星，或給予文憑，准其專利。其注重工藝如此。中國近年以來，閭閻生計維艱，流民漸夥，馴至寇

---

① 《年譜》，頁 23，24。

② 同上，頁 28。

③ 同上，頁 76，77。

④ 凌鴻勛《記茹經老人太倉唐蔚芝先生》，《茹經堂文集五、六編》附録，頁 2420—21。

⑤ 《年譜》，頁 43—47。

盜充斥，劫奪時聞。推原所自，未始非工政不修以致此也。"①如此見解，甚具世界眼光，即使在今日，仍是不刊之論，豈是"迂遠而闊於事情"者所能道？

戊戌政變之次年（光緒二十六年），蔚芝仍堅持西學堂不可廢。其《與友人書》謂："聞吾鄉設立學堂一事，諸兄具稟州縣，欲望以經費歸入書院。此誠裨益寒畯之盛心。惟弟等竊有進者，則謂書院之與學堂，宜分而不宜合。如欲爲歸併之計，則書院可以併入學堂，而學堂不可以併入書院。"以明末清初陸桴亭（世儀）爲例，其《思辨録》中"論歲差之法，謂歐羅巴人君臣盡心於天，終歲推驗，其精不可及"。其時利瑪竇、艾儒略新至中國，桴亭"已精研西學如此，設使生於今日，其必習諸國之語言文字，灼然明矣"。天下既有此文字，"士大夫迄未能措意"，實是"大可恥之事"。指出"今日國勢之浸弱，正由中國賢士大夫不屑究心洋務之所致"。"爲臣當忠，爲子當孝"，人人皆知，然而"國勢之不知，世變之不察，百姓疾苦之不聞，持違心之謬論，受剝膚之鉅災"，豈可稱爲忠孝？"故方今之世，惟忠臣孝子而後可談洋務，亦惟忠臣孝子斷不可不談洋務。學堂者，正所以教忠教孝之地，而即宇宙間一綫生機之所係也。"②重視西學、洋務，至於如此。其晚歲見解，仍不稍變。民國十九年，蔚芝六十六歲，有《上海交通大學第三十屆畢業典禮訓辭》，云：

> 鄙人十年以前，見美國教育家孟禄、塞婁兩博士，均殷勤相告，謂中國最要者在造就領袖人才。後訪他國教育家，亦多持此論。故鄙人辦學時，不自量力，常欲造就領袖人才，分播我國，作爲模範。區區宏願，嘗欲興辦實業，自東三省起點，迤北環內外蒙古，至天山南北路，迤西迄青海以達西藏，作十八

---

① 《茹經堂奏疏》，沈雲龍主編《近代中國史料叢刊》，臺北：文海出版社，1967 年版，第 6 輯，第 56 種，頁 93—94（原刊本，卷二，頁一上—一下），120—121（原刊本，卷二，頁十四下—十五上）。

② 《二編》卷四，頁 712—713（原刊本，頁七上—八下），714—715（原刊本，頁八下—九上），716—717（原刊本，頁九下—十上）。

行省一大椅背。而南方商業，則擬推廣至南洋各島，固我門戶
屏藩。故三十餘年前，曾在北平創辦高等事業學堂。迫回滬
後，辦理本校，並在吳淞創辦商船學校。此志未嘗稍懈。無如
吾國風氣，徒知空談學理，不能實事求是，以致程度日益低落。
即如電氣、火車、輪船各項，僅有駕駛裝置之才，其能製造機
器、自出新裁者，寥寥無幾。日日言提倡國貨，試問國貨能否
製造？日日言抵制洋貨，試問洋貨能否抵制？各校學生不過
欲得一紙文憑以圖榮寵，絕不聞有奇才異能可以效用於當
世。……須知吾人欲成學問，當為第一等學問；欲成事業，當
為第一等事業；欲成人才，當為第一等人才。而欲成第一等學
問事業人才，必先砥礪第一等品行。……孟子曰："不恥不若
人，何若人有？"又曰："無恥之恥，無恥矣。"我學問不若人，事
業不若人，可恥孰甚？于此而不知恥，是謂無恥。①

蔚芝畢生志事，在此盡行道出。要而言之，則是："教育根本在性
情，措諸躬行則為道德，再輔以近代科學，斯為體用兼全。"②性情
之所在，即道之所在，故曰"傳經所以傳道也"。光緒二十一年，蔚
芝告其弟子李頌侯曰："吾弟有志之士也，務望慎守吾言，以理學為
體，以經濟為用。勿讀無益之書，勿作無益之事。異日擔荷斯道，
維持人心，為剝陽時之碩果，風雨時之雞鳴，有以存聖學於一線，而
不至於中絕，此則鄙人之所厚望也。"③蔚芝的自我期許，亦即在
此。"以理學為體，以經濟為用"二語，乃蔚芝畢生為學的宗旨。身
處今世而談"經濟"，西學與近代科學的知識不可或缺。
　　清末民初人物中，盡心盡力於科學工藝教育如蔚芝者，甚為罕

① 《三編》，頁1238—39（原刊本，卷一，頁二三下—二四上）。
② 《上海永康中學增設思齊齋記》，《茹經堂文集六編》（以下簡稱《六編》），《茹經堂文集五、六編》，沈雲龍主編《近代中國史料叢刊續編》，臺北：文海出版社，1974年版，第4輯，第34種，頁2183（原刊本，卷五，頁三五上）。
③ 《與李生頌韓書》，《二編》，頁723（原刊本，卷四，頁十三上）。

見,然而對於時人"用科學以治國"之説,則不以爲然。作於民國十
七年的《〈大學〉格物定論》引《禮記·禮器篇》"人官有能,物曲有
利"曰:"人官所以馭物曲,故古者用人,德進事舉言揚,旁逮曲藝,
而近人欲用科學以治國。夫聲光化電遂可以修齊治平乎?"[1]易言
之,不可將道與器混而爲一。"近人謂泰西之格物即吾儒之格物,
混道與器爲一,欲以一材一藝之長侈談平治,而民生實受其病。"慈
谿裘匡廬(肇麟)作《廣思辨録》,有云:"科學方法治天下,未免錯
誤。吾儒所格者事理,西人所格者物質。"蔚芝以爲,此語"可謂一
矢破的"。[2]　然而須知,蔚芝決非國粹主義者,亦非國族主義者,其
所謂道,所謂事理,無分於古今,無間於中西,亦即今人所謂普世
價值。

(一)讀經爲救世第一事

民國八年,蔚芝作《中學國文新讀本序》,云:

　　　世道之譸張,人心之迷謬,風俗之庸惡,士品之卑污,上下
歷史,無有甚於今日者,有識之士怒焉,思所以救之。顧其策
奈何? 或曰:"將講武備,精器械,而振之以軍國民教育乎?"
曰:否,否。揚湯不足以止沸也。或曰:"將研哲學,談心理,而
躋之於高明之域乎?"曰:否,否。空言無補於實事也。或曰:
"將務實業,進農家、工家、商家,而道國民以生活乎?"曰:斯言
似矣。然而不揣其本,徒以生計爲惟一之教育,言義則萬無一
應,言利則赴之若川。此近代教育家之昧於先後,中國之大危
機也。

在蔚芝看來,衹是整軍經武,固不足以救國;相與研討哲學、心理諸

---

①　《四編》,頁 1630(原刊本,卷四,頁 104)。
②　《〈廣思辨録〉序》,《四編》,頁 1702(原刊本,卷六,頁 170)。按:裘氏
撰文,論科學方法不足以治中國學問,其大要録入錢基博《現代中國文學史》,
臺北:明倫出版社,1972 年影印民國二十五年增訂本,頁 431—34。

新學説，以爲即可發現救國淑世的靈丹妙藥，空言無補而已（今日不少所謂知識分子，大談中國需要思想家云云，亦是此一路數）；發展農工商諸實業，改善國民生計，確有助益，然而若不講究本原之道，舉國上下，惟利是視，實爲"中國之大危機"（按：於今日之情狀，若有預見）。救國淑世之正道，一是讀十三經，二是讀國文。①

　　蔚芝以爲，民國初年廢讀經，"世奉爲大功，崇拜恐後。余向者腹非之而不敢言，迄乎今日，廢經之效亦大可睹矣。新道德既茫無所知，而舊道德則埽地殆盡。世道至於此，人心至於此，風俗士品至於此，大可憫也"。又曰："我國之倫常綱紀、政教法度，具備於十三經。孔子曰：'定而後能靜。'廢經則一日不能定，一日不能靜。又曰：'和無寡，安無傾。'廢經則一日不得和，一日不得安。彼宗教家方日日誦經，而我國則厭惡經籍，有若弁髦。舉國民之心，皆麤而不能細，舉國民之氣，皆浮而不能沈。如此而猶望其治平也，豈不懼哉？此讀經爲救世之第一事也。"②其大意是：欲救國淑世，必須平心靜氣，腳踏實地去做，空談躁動，無濟於事。讀經能使人安靜，惟安靜不擾，始能臻於治平之境，故讀經爲救世之第一事。蔚芝爲無錫國學專修館訂立學規，有"安靜"一項，著眼處正在於此。

　　救世之第二事，則爲讀國文。猶如國貨是"國民之命脈"，國文乃是"國民之精神"。"國貨滯則命脈塞，國文敝則精神亡。愛國者既愛國貨，先當維持國文。"因此，"讀國文爲救世之第二事"。"經者，文之幹；文者，經之支與流裔。"此即古史贊堯所謂"文思"，贊舜所謂"文明"。"漢唐以來，文化盛則國治，文化微則國衰。故無論古今中外，罔不以保存文化爲兢兢。乃今世之士，淘汰文化惟恐不速。或用鄙陋俚俗之教書，自詡爲新法，雖聰明才智之士，亦強儕諸村夫牧豎之流，知識日短，志氣日卑。究其弊，國家將無用人之人，而惟有爲人所用之人。豈不恫哉！"③又指出："生民之類，自棄

---

①　《二編》，頁798—99（原刊本，卷五，頁三四下—三五上）。
②　同上，頁799—800（原刊本，卷五，頁三五）。
③　同上，頁800—01（原刊本，頁三五下—三六上）。

其國學,未有不亡者也。"歐洲諸國,"其競進於文明者,則其國家,其人類強焉,存焉;反是則其國家,其人類弱焉,息焉,滅焉。我國文字,自書契之造,以迄孔子,數千年來,綿綿延延,人類之所以常存者,胥由文焉作之綱維"。日本師法德國,然而"藝成而立",並不以"德言授其徒"而取代己之國文。①

蔚芝因此對"文化侵略"深表憂慮:"横覽東西洋諸國,靡不自愛其文化,且力謀以己之文化擴而充之,深入於他國之人心,而吾國人於本國之文化,孔孟之道德禮義、修己治人之大原,轉略而不講,或且推去而任人以挽之。悲乎哉!文化侵略瞬若疾風,豈僅武力哉?"既"爲此深懼,恐抱殘守缺,終就淪湮",於是在"太湖之濱,購地數十畝",經營國學專修館,以讀經尊孔、保存文化爲職志。②

同時須知,蔚芝提倡讀經、讀國文,並不僅是因爲此乃中國文化之結晶,更因爲:"凡文之博大昌明者,必其人之光明磊落者也;文之精深堅卓者,必其人之忠厚篤實者也。若夫圓熟軟美,則人必巧滑而佞柔;叫囂凌亂,則人必恣睢放蕩而無秩序。且夫秩序者,文章之基、人事之紀也。世變多故,言龐事雜,泯泯棼棼,皆害於無秩序。"他更以爲,"世界中之善氣,即天地中之正氣,亦即文字中之正氣也。人皆吸天地間之空氣,而不知吸世界中之善氣。人欲吸世界中之善氣,必先吸文字中之正氣。文字之氣正而世界昌焉"。諸經之文字,正是文字中的善氣,能使人燥釋矜平,化去無秩序。因此,"擴充文字中之善氣",即是"提引世界之善氣於無窮也"。③綜上所述,可見蔚芝並非文化民族主義者,並不持文化排外論,其所謂正氣、善氣,乃是普世性的,其所嚮往者,則爲"提引世界之善氣於無窮",俾全人類登於"文思"、"文明"之境域。

---

① 《工業專門學校國文成績錄序》,《二編》,頁804—805,808(原刊本,卷五,頁三七下—三八上,三九下)。

② 《國學專修館十五周年紀念刊序》,《茹經堂文集五編》(以下簡稱《五編》),《茹經堂文集五、六編》,頁1956(原刊本,卷五,頁十四)。

③ 《工業專門學校國文成績錄二編序》,《二編》,頁812—815(原刊本,卷五,頁四一下—四三上)。

　　然而蔚芝於"文明之禍",深有理解。《周易》中,"《離》爲文明之卦,而其象又爲甲胄,爲戈兵",爲何如此相悖? 蔚芝"驗諸當世",乃知"文明者,戈兵甲胄之階也"。"無形之競爭以心理,有形之競爭以學術;無形之競爭以科學,有形之競爭以干戈。《離》爲火,制器尚象,火器日精。故世界愈文明,而干戈之相爭殺乃愈無已時。"《管子》有"官山海王"之説,"知此義而欲補救之者也"。《老子》有"剖斗析衡,民斯不爭",《莊子》有"絶聖棄智,佳兵不祥"之説,"知此義而欲屏絶之者也"。孟子則是"知此義而欲以有形之競爭歸於無形之競爭",所以便有"矢人、函人之相校"及"如恥之,莫如爲仁而反求諸己"之説。孟子所身處的戰國時代,正是這樣一個有形競爭劇烈、殺人盈野盈城之世,故孟子大聲疾呼:"天下之禍亟矣,非仁義救之不爲功。""蓋有仁義,則地球之内以康以寧;無仁義,則地球之内以爪牙,以肉食。"而"漢唐以來,鮮明此理,爲學偏於空虛,其心思耳目之聰明窒塞,乃日益甚"。原因在於"徒知文明之足以治天下,而不知甲胄干戈之已隨其後"。至於近代學子,"稍稍研求科學,徐而究其實,乃徒知物質之文明,而於有形無形之競爭,曾未嘗少辨焉。或者且嗜功利,薄仁義"。僅知文明之利而不知其害,如何能救世? 蔚芝深信,若"先知先覺之得其人",孔子所嚮往的大同世界,"詎不可以締造"? 中國既有先聖遺經,以仁義爲教,一旦講明其中至理,"必將有聖人者出,先以無形之競爭趨於有形之競爭,乃復以有形之競爭歸於無形之競爭",亦即先使心理之爭勝趨於學術之競爭,而後以科學之競爭銷融武力之競爭,俾各國以文明創造的競爭取代"干戈之相爭殺"。①

　　民國二十九年,歐洲戰事方酣,蔚芝作《粹芬閣四書讀本序》,曰:"數十年前,英公使朱爾典回國時,福州嚴幾道先生流涕送之,以中國之阽危也。朱公使語之曰:'中國無慮。危亡可慮者,吾歐洲耳。'嚴訝而詢之。朱曰:'中國有寶書,發而讀之,治平之基在是

————————————————
　　① 《工業專門學校雜誌序》,上書,頁 815—818(原刊本,卷五,頁四三上—四四下)。

矣。'嚴詢何謂寶書。朱曰：'四書五經是矣。而四書爲尤要。'嗚呼！外人之尊吾經籍若是，而吾國忽焉不講，非大惑不解者耶？"又曰："孟子生戰國之世，目睹戰爭攻殺之慘，慨然曰：'此所謂率土地而食人也。'今世一大戰國也。吾輩志在救人，非熟讀孟子之書，闡發其學説不爲功。"①

由此可見，蔚芝心目中，救國與救世本爲一事。其所嚮往者，不是中國崛起與列強相爭，而是全人類同趨於大同之境。其所謂讀經救世，乃是闡發經中仁義學説，使之沾溉及於全世界，永久消弭人類自相殘殺的慘禍。

（二）正人心，救民命

蔚芝於無錫創辦國學專修館之初（民國九年），宣佈講學宗旨，"略謂吾國情勢日益危殆，百姓困苦已極，此時爲學，必當以正人心、救民命爲惟一主旨。務望諸生勉而爲聖賢豪傑，其次亦當爲鄉黨自好之士，預貯地方自治之才"。② 二十八年後，民國三十七年九月二十七日，蔚芝應南洋大學諸舊同學之請作演講，指出："經典所載，不外興養與教兩大端。興養者何？救民命是也；興教者何？正人心是也。鄙人常兢兢以此六字爲教育宗旨。"③甚深悲願，於此可見。

蔚芝講經，有一個根本原則，即"按時以立論"，而又不"揣摩時尚"。作於民國三十四年的《〈周易〉保民學一》開首云：

> 《禮記》曰："教也者，民之寒暑也。教不時則傷世。"故凡講經者，必按時以立論，非揣摩時尚也。羣經之義，靡所不包，歷千古而常新。講經之士，應審察時事之最要者，於經書中切實發揮之，抉其心而執其權，補其偏而救其弊。今日民生困苦極矣，講經者當以救民命爲宗旨。而保民之義，實始於《周

① 《五編》，頁1952—1953,1954（原刊本，卷五，頁十一—十一，十二）。
② 《年譜》，頁79—80。
③ 《演説稿》，《六編》，頁2086（原刊本，卷一，頁十二）。

易》。吾將特發其義。世之讀《易》者，其亦有視民如傷之感乎。①

以“正人心，救民命”爲講經宗旨，正是出於“視民如傷”的不忍人之心而“按時以立論”。

更須知蔚芝所謂時，絕非“趨時”之謂，而是“戾於時”。其《孟子教育學題辭》曰：

> 或曰：“子之悲深矣，毋乃戾於時乎？”曰：此正吾所謂時也。夫人倫性情，千古不變者也。聖賢至教，如陰陽寒暑，適協於時。庸愚詭教，如風雨晦明，悉愆其候，直者枉之，雅者俗之，左道者矜式之，桀驁者嘉鮮之，譬諸南鍼而北指。故曰：“教不時則傷世。”（見《禮記·樂記篇》）要知限制我之人才，即以限制我之國力。君子遏抑，則小人日進。是以愈趨時而國愈危也。且所謂時者，孰若近代之科學？道藝兼資，科學自宜特重。惟當以孟學爲體，純而益求其純；以科學爲用，精而益致其精。夫如是，乃可以救心，乃可以興國。②

“以孟學爲體”、“以科學爲用”二語，蔚芝爲官、講學，可謂終身以之。按：美國學者史景遷（Jonathan Spence）稱蔚芝爲 Confucian technocrat（儒家技術官僚），著眼處或正在於此。然而史氏此語，最多説對了一半。蔚芝並不僅是縮合儒家倫理與科學技術的文化保守主義者，而是懷抱甚深悲願，欲躋世界於大同的理想主義者。③

《無錫國學專修館學規》有曰：“凡士人通經學、理學而能達於

---

① 　上書，頁 2095（原刊本，卷二，頁三）。
② 　《四編》，頁 1649—1650（原刊本，卷四，頁 123—124）。
③ 　大約 1991、1992 年間，史氏至印第安納大學（Indiana University, Bloomington）演講，談及唐蔚芝，有此評價。時筆者在聽衆席上。

政治者,謂之有用,謂之通人;不能達於政治者,謂之無用,謂之迂士。"①何以爲學必當通於政治? 乃是出於不忍人之心。見生靈之塗炭,哀鴻之遍野,凡有仁心者,必恫瘝在抱,不能不關心政治。民國十年,蔚芝作《不忍人之政論》三篇,其二有曰:"吾嘗游歐美諸國,其民熙熙皞皞,頗有雍容禮樂之風。彼其所重者,惟在人道。其譏我中國,則曰:'支那人之性命,曾無異於雞犬。'何其言之慘也。嗚呼!"與歐美諸國相對照,其時的中國,"百姓有死之悲,無生之樂"。② 蔚芝不由慨歎道:"古之爲政也,惟務生人;今之爲政也,惟務殺人。古之爲政也,必生人而心始安;今之爲政也,必殺人而心始快。嗚呼! 何其心情度量之懸殊也?"關鍵在於爲政之仁與不仁。如孟子所謂,惟具不忍人之心者,始能行不忍人之政。"且夫君之於民,上之於下,本以人合而非天合。惟以彼此不忍之心相爲固結,是以人心不至於渙散而宇宙不至於陸沈。今也舉不忍人之心與不忍人之政,皆以爲腐敗而不足復道,悍然吮民之膏、飲民之血而不顧。如是則萬目睽睽。對於政府誰復有理之者? 誰復有愛而護之者? 一旦事變,誰復有奔走而捄之者?"③世事如此,焉得不以孟子之言救之?

　　民國二十年,蔚芝爲其鄉先輩明末高忠憲公(攀龍)《朱子節要》一書重印本作序,於"正人心"、"拯人命"外,加一"立人格"。曰:"救世之宏綱有三,以曰正人心,二曰立人格,三曰拯人命。舍是三者而致治平,非所敢知也。"擬印此書時,"適值兵災、水災交迫之會,哀鴻遍野,白骨邱山,耳不忍聞,目不忍睹,筆不忍述。當世仁人君子讀是書者,其於拯人命一事,當必有大恫於心而急所先務者矣"。然而若是"人心險詐,人品卑污","殺機災祲"將更是無所底止。因此,欲"居今之世,變今之俗",須先自"革其心",自"改其

---

①　《文集》,卷二,頁二八下。
②　《三編》,頁 1249(原刊本,卷二,頁二上)。
③　《不忍人之心論三》,上書,頁 1250(原刊本,卷二,頁二下)。

行”，“立國根荄，莫要於此”。①

蔚芝由是特重氣節。上述民國三十六年《演説稿》云：“鄙人以爲，方今最要者‘氣節’二字。近撰聯語云：‘人生惟有廉節重，世界須憑氣骨撐。’若氣骨不立，如洪爐之鎔化，非我徒也。”②《孟子氣節學題辭》則曰：“人生有骨，乃能立身天地之間。氣節者，氣骨也。無骨何以有節？然苟遇社會不良風俗，譬諸洪鑪陶鑄，不獨易其心，並且銷其骨。可懼孰甚？”③蔚芝因此特重《禮記·儒行》一篇，曰：“今考《儒行篇》言自立者二，言特立者一，言特立獨行者一。其十六章，大要皆在激勵氣節而歸本於仁，無非孔、曾、孟子之旨。然則此篇縱非盡出于孔子，要亦七十子相傳之遺訓歟？”然而後世讀此篇者，“多譏其不合中庸之道”，惟有明末黃石齋（道周）“表章特甚”。蔚芝以爲，此乃對治衰亂之世界的良藥，云：“今人不以道德良知爲教，而惟以衣食住爲教，薄儒雅，變儒素，坐令國民心志浮囂庸劣，馳騖外觀，而氣節亦掃地而無餘，可痛也。無所以表揚《儒行》者，正欲湔惡習而挽頹波也。”此文後自記又曰：“名教失修，儒行不講久矣。世變滔滔，未知所底。補救之法，要在讀經。爰擬此作，以示能傳吾道者。”④

以蔚芝之見，欲讀經而實有所得，決非但“務思想”所能濟事，必須“修養其知覺”。曰：“今人但務思想，而不能修養其知覺。夫知覺不本於善良，則思想終歸於惡化。試觀二十世紀以來，吾國鮮有發明彝器技能者何也？知覺不良，日趨於功利誇詐，則思想因以窒塞而不敏也。”⑤蔚芝既持此説，故極重其所謂知覺，有《知覺論》一長文。釋“知覺”曰：“知與覺，皆因事而感心，因心以應事。知裕

---

　　①　《高忠憲公〈朱子節要〉後序》，《三編》，頁 1341—1342（原刊本，卷五，頁三）。

　　②　《六編》，頁 2085—2086（原刊本，卷一，頁十一——十二）。

　　③　《四編》，頁 1651（原刊本，卷四，頁 125）。

　　④　《〈儒行篇〉大義》，《三編》，頁 1307—1309（原刊本，卷三，頁十四上——十五下）。

　　⑤　《上海交通大學工程館記》，《三編》，頁 1401（原刊本，卷六，頁五上）。

於平時者也，覺發於臨事者也。知，體也；覺，用也。故養知在學問，而發覺在聰明。言知則可以該覺。"欲求知覺之不窒塞，端在於平時之養。所以養之之方，則在孟子所謂求放心，不欺吾心固有之良知。① 修養功夫到家之後，"其知覺皆充實之美，非如道釋二家專以光明寂照一超頓悟爲務而悉淪于虛也"。《禮記》所謂"清明在躬，氣志如神"，即此之謂。此文後蔚芝自記曰："教育之道，一曰性情，一曰知覺。性情厚所以培其本，知覺靈所以廣其用。余皆病未能，作此文所以自勉而勉人也。"②

　　簡而言之，曰："性命本源，不在空談而在力行修養。其大要有三，曰涵養，曰省察，曰擴充。"③惟有如此，方能性情厚而知覺靈，決不是空談思想者所能到。是謂蔚芝經術之真實得力處。

三、馬一浮經術觀述略

　　唐蔚芝有言曰："吾嘗謂自古學派有二，一曰自然派，一曰力行派。聖門顏子，自然派也；曾子，力行派也。遞嬗至後世，亦各有性之所近。東晉之末，有陶淵明先生，自然派也。廉深簡潔，貞清粹溫，浮游塵埃之外，矙然泥而不滓，千載下聞其風而慕之。"④蔚芝從政辦學，孜孜不息，勇於擔當，乃力行派的典型。馬一浮隱居以求其志，閉户讀書，"自同方外"，足當自然派之目。⑤

　　一浮爲學，"初治考據，繼專攻西學，用力既久，然後知其弊，又

① 《三編》，頁 1215—1216（原刊本，卷一，頁十二上一下）。
② 同上，頁 1220—1221（原刊本，卷一，頁十四下一十五上）。
③ 《粹芬閣四書讀本序》，《五編》，頁 1953（原刊本，卷五，頁十一）。
④ 《王君次清詩詞集序》，《五編》，頁 1966（原刊本，卷五，頁二四）。
⑤ 一浮自言："四歲就學，從何虛舟師讀唐詩，多成誦。師嘗問詩中最愛何句，脱口應曰：'茅屋訪孤僧。'師異之，以語先君曰：'是子其爲僧乎？'今年已耆艾，雖不爲僧，然實自同方外。"見《語録類編•詩學篇》，頁 1010。按：一浮暮年，依門人蔣蘇盦居西湖蔣莊。筆者少年時，隨先君至蔣莊拜訪蘇盦丈。二樓客室之後即一浮書齋，遙見一浮獨立室内，長髯拂胸，神情蕭穆，的是有道氣象。

轉治佛典,最後始歸於六經"。①歸於六經之後,重在見性,曰:"爲
學工夫,於變化氣質之外,應加刊落習氣一層。孟子云:'若夫爲不
善,非才之罪也','其所以陷溺其心者然也','乃若其情,則可以爲
了善矣',是則才也,情也,皆未至於不善也(剛善剛惡、柔善柔惡,
孟子未嘗言及之)。故曰:'心統性情。'性不可見,因情而著,故四
端之發,可以見性焉。""是故性無有不是處,習氣則無有是處,刊落
習氣之功所以不可缺也。人有淑身自好,視天下人皆以爲不足語
者,是於恕道有未盡處。"因此可説:"實則天下原自無惡人,雖在夷
狄,其恣意屠殺,要皆由於習氣之所陷溺,本心未嘗汨没無餘。"所
以孟子説:"乍見孺子將如於井,皆有怵惕惻隱之心。"緊要處在一
"乍"字。此時本心猶存,尚未爲習氣所汨没。而今的天下,人人之
心既皆陷溺,"君子對之,豈無悲憫之懷"? "是故君子之視天下,無
不可爲之時,無不可與之人也。"②抗戰初期,一浮離杭州,避亂西
遷,應邀至浙江大學講學,嗣後在四川樂山主持復性書院,以六藝
教諸生,皆此物此志也。

民國二十七年,一浮五十七歲,避日寇至江西泰和,時浙江大
學亦遷至泰和,校長竺可楨邀一浮設國學講座,一浮應諾。開講之
初即説道,此一講座的意義,"在使諸生於吾國固有之學術得一明
瞭之認識,然後可以發揚天賦之知,能不受環境之陷溺,對自己完
成人格,對國家社會乃可以擔當大事"。指出張横渠(載)所謂爲萬
世開太平,"不是幻想的烏託邦,乃是實有其理",乃是"政治之極
軌"。縱觀中外歷史,凡一時強大之國,"只如飄風暴雨,不可久
長"。故必須以德服人,實行王道。"從前論治,猶知以漢唐爲卑,
今日論治,乃惟以歐美爲極。從前猶以管、商、申、韓爲淺陋,今日
乃以孟梭里尼、希特勒爲豪傑。今亦不暇加以評判,諸生但取六經
中所陳之治道,與今之政論比而觀之,則知斑珉不可以爲玉,螾蜓
不可以爲龍,其相去何啻霄壤也。"當此"多難興邦之會",若是懷抱

①　烏以風輯録《問學私記》,《馬一浮集》,第三册,頁1191。
②　《語録類編·儒佛篇》,頁1050,1051。

的希望僅是"及於現代國家而止",不免"自己菲薄"。① 又以爲:
"今人每以富強爲治,不知富強只是富強,不可以名治,治須是德
教。如秦人只名富強,不可名治,雖幷六國,不旋踵而亡。今西洋
之爲國者,富強則有之,然皆危亡之道儳焉不可終日,亦不可名
治。"② 可見一浮論治,一如唐蔚芝,最爲嚮往的不是富國強兵,而
是物物各得其所的大同之境。

　　民國二十八年,一浮友人劉百閔(名學遜,1898—1969)、壽毅
成(名景偉,1891—1959)倡議設立復性書院,邀一浮主持。一浮允
諾,以爲當此"大蹇朋來"之時,"非有剛大之資何能濟此危難"? 講
學本是"儒者分内事,無間於安危"。此際而有如此建議,"真如梁
元帝在江陵圍城中詔百官戎服聽講《老子》,陸秀夫在崖山舟中講
《大學》矣"。自己雖衰老,固未嘗一日廢講學,於是接受邀請,草擬
名稱、旨趣及簡要辦法數條。③ 在致當時教育部長陳立夫函中,直
截了當提出三點:"一、書院本現行學制所無,不當有所隸屬,願政
府視爲例外,始終以賓禮處之。二、確立六經爲一切學術之原(《漢
志》以《易》爲六藝之原,今謂六藝亦爲一切學術之原),泯舊日理學
門户之見,亦不用近人依似之説,冀造成通儒醇儒。三、願政府提
倡此事,如舊日佛寺叢林之有護法、檀越,使得自比方外而不繩以
世法。"④ 可見一浮以爲藍本者,不是往日儒門書院,更不是現代的
研究院之類,而是佛家叢林制度。認爲"向來儒者講學不及佛氏出
人衆多者",有兩個原因:一是儒者不得位,即不能行道,所以必須
仕宦,但一入仕途,便受小人排抑。而佛徒不預人家國事,與政治
絶緣,王侯但爲護法,"有崇仰而無畏忌,故得終身自由"。二是儒
者有家室的牽累,不能不考慮生計,而其治生又離不開仕宦,於是

　　① 《泰和會語》,頁 3,7—8。
　　② 《復性書院講錄》,《馬一浮集》,第一册,頁 264(卷三《孝經大義·原
刊》,《附語》)。
　　③ 見《復劉百閔》、《致壽毅成》,《濠上雜著·二集》,《馬一浮集》,第一
册,頁 748,751。
　　④ 《致陳部長》,同上,頁 757。

“每爲生事所困”。① 易言之，一浮希望政府爲書院護法，提供經濟資助，但是絕對不受現行教育體制管轄，更不受任何政治干預。

一浮避寇蜀中，對時局深感憂慮，以爲三百年前，清廷對於明遺民顧亭林（炎武）、王船山（夫之）、黄梨洲（宗羲），“待以寬大，徵聘不至，聽其講學。將來中國若亡，虜輩必無如此度量。古人一成一旅猶可中興，今則不能”。因此頗望能“於深山窮谷中，集有志之士”，相與致力於中國聖賢的學問，“人數不可多，不預政治，庶免遭忌”。然而是非所在，則不可苟且，“固當詳論及之，但不可發表耳”。萬一“中土終不可居，則羈旅異域，如昔之馬克思，今之愛因斯坦，亦何不可。如能得精通西文人士數輩，可以説明此理，公之於世，庶幾或有明眼人，可以留下幾許種子”。② 憂世之情，可謂深矣。心中盤結而不可去者，乃是如何處此艱困之世。有曰：“昔賢遭亂世，猶可於深山窮谷中隱居講學，今日已不可能。故同一處困，爲時不同，則處困之道亦異。但心亨之義不可變易，義理所安處即是亨，‘求仁而得仁’是也。舉世所由皆不仁，相率以即於危亡之途而不悟，言之益深悲惻！一身之計，真有所不暇耳。”他一反當時潮流，不顧非議，主講書院，以“復性”爲倡，正是但求“心亨”的“處困之道”。③

在“大局已成孤注”之際，一浮深知，將來“決不能如梨洲、亭林之安然肥遁”。感歎道：

> 譬之弈然，全局已無一活子，而猶自詡國手，其誰信之。吾行如得免溝壑，當思如何綿此聖學一綫之傳，如何保此危邦一成一旅之衆，如何拯此生民不拔之苦，此乃今日士類人人當負之責也。乃見聞所及，猶是虛憍矜伐，塗飾欺國故習，豈復有望？不學之害，一至於斯，可哀也已。……世間事無定相，

① 《致張立民》，同上，頁 752。
② 《語録類編·政事篇》，頁 1074。
③ 同上，頁 1066。

業風所吹,不由自主。所能自主者,但審之義理,當行則行,當止則止。至於行止之利害,不能逆睹,不可計,亦不必計。如此,則隨處皆可綽然矣。①

儒者身當此際,既不可玩世不恭,亦不可屈身以阿世媚俗,而應當如明儒王心齋(艮),開門授徒,從事社會講學。② 心齋所謂"聖人以道濟天下",③正是一浮其時的心願。

　　一浮雖對時局不表樂觀,但是對於中國抗戰仍具信心。談及戰事,有云:"日人自以爲求民族生路,實則以此求生,真所謂斬頭覓活。中國士氣之盛,猶是尊王攘夷之思,先王之遺澤歷數千年而未泯者。爲士卒者雖不必人人識字讀書,而耳熟焉,而非近幾年來某某等幾人訓練之結果。至於漢奸之多,卻是嗜利無恥之訓練所致,此則今人所不識者也。"④漢奸之多,在於嗜利者多;嗜利者多,則在於自漢代以來,"學校從未辦好,人材亦從不出於學校"。⑤ 一浮之出任復性書院主講,以經術教諸生,正是試圖以辦好學校而略盡讀書人救國淑世之責。而其終極關懷,則是普世的太平,而非國權之強盛。認爲"今世所謂國家、種族,皆是緣生法。凡須緣生者,皆無自性,故可毀滅。自來夷狄入主中原者,清祚最長,蒙古盛極一時,元魏亦百數十年。然其始也雖勃然而興,其終也亦忽然而亡。看來雖似年代久長,其實不過一瞬"。⑥ 甚至説道:"今之中日,猶昔之吳越;今之俄德,猶昔之秦楚。春秋戰國之際,縱橫捭闔,此起彼仆。由今視之,同是中國,何有畛域。將來世界大同,中

---

① 同上,頁 1067—1068。
② 同上,頁 1068。
③ 見《明儒學案》,北京:中華書局,1985 年版,頁 710—711(卷三二《泰州學案一》)。
④ 《語錄類編・政事篇》,頁 1070。
⑤ 同上,頁 1073。
⑥ 《語錄類編・文學篇》,頁 1039。

外一家，後之視今，不猶今之視昔乎？"①他因此不取近人尊王攘夷之説，強調《春秋》"大無外"之義。"所謂大無外者，不以種族地域分中國與夷狄也。中國行夷狄之道，則夷狄之；夷狄行中國之道，則中國之。重德尚禮則爲中國，悖德作亂即是夷狄。中國與夷狄之分，如是而已。此與今之國家主義、民族主義迥然不同。"②亦即中國與夷狄之分，乃文明與野蠻之别。"有禮義謂之文明，無禮義謂之野蠻。非曰財富多、物資享受發展便是文明也。"③所謂禮義，乃是出於普天下歷古今而不易的義理。六經所載者，即此也。

（一）經術以義理爲主

一浮於泰和國學講座，指出所謂國學，即是六藝之學（《詩》、《書》、《禮》、《樂》、《易》、《春秋》）。"此是孔子之教，吾國二千餘年來普遍承認一切學術之原皆出於此，其餘都是六藝之支流。故六藝可以該攝諸學，諸學不能該攝六藝。"④更須知，六藝"不是聖人旋安排出來"，而是"吾人性分内所具的事"。亦即六藝之道所以能該攝一切學術，不是因其爲聖言量，而是因其出於人人所固有的性分。"吾人性量本來廣大，性德本來具足，故六藝之道即是此性德中自然流出的，性外無道也。"⑤

六藝之教"固是中國至高特殊之文化"，然而並非僅具中國特色。一浮以爲，"唯其可以推行於全人類，放之四海而皆準，所以至高；唯其爲現在人類中尚有多數未能瞭解。'百姓日用而不知'，所以特殊"。因此，弘揚六藝之道，"並不是狹義的保存國粹"，亦非"單獨的發揮自己民族精神"，而是"要使此種文化普遍的及於全人類，革新全人類習氣上之流失，而復其本來之善，全其性德之真"。"若使西方有聖人出，行出來的也是這個六藝之道，但是名相不同

①　《語録類編·政事篇》，頁 1072—1073。
②　《問學私記》，頁 1146。
③　《語録類編·政事篇》，頁 1078。
④　《泰和宜山會語·泰和會語》，頁 10。
⑤　同上，頁 18。

而已"。① 他深信："天地一日不毀，此心一日不亡，六藝之道亦一日不絕。人類如欲拔出黑暗而趨光明之途，捨此無由也。"②

六藝中所含的義理，既然是從人人所固有的本心中自然流出，若不知向內求之於自心，自然不能真切把握，確實受用。然而若是陷於習氣，蔽於私欲，則此心"攀援馳逐，意念紛飛，必至昏昧"。昏昧之心，又如何能"見得義理端的"？用以應事接物，必至"動成差忒"。若明此理，便可知立身爲救國淑世之本；知識技能等乃是用，唯此是體。"不能明體，焉能達用？侈談立國而罔顧立身，不知天下國家之本在身，欲言致用，先須明體。體者何？自心本具之義理是也。"如何明此義理？"求之六藝乃可明"。更須知："六藝之道不是空言，須求實踐。實踐如何做起？要學者知道自己求端致力之方，只能將聖人喫緊爲人處盡力拈提出來，使合下便可用力。"《論語・衛靈公》載："子張問行。子曰：'言忠信，行篤敬，雖蠻貊之邦，行矣。言不忠信，行不篤敬，雖州里，行乎哉？立則見其參於前也，在輿則見其倚於衡也，夫然後行。'子張書諸紳。"一浮就此指點道："學者當知子張問的是行，而孔子告之以立。換言之，即是子張問的是用處施設，孔子答以體上功夫。子張病在務外爲人，孔子教他向裏求己。有人問程子'如何是所過者化'，程子曰：'汝且理會所存者神。'此與孔子答子張同旨。"③此即一浮講學授徒的宗旨。

要實踐立身行己之道，須從"言忠信，行篤敬"做起。"忠是懇切深摯，信是真實不欺，篤是厚重不輕忽，敬是收斂不放肆。"此即是功夫，亦即是本體。人人就此用功，自己心體上的義理即能顯發出來。是爲立身之根本。無此根基，"立國"、"化成天下"云云，一切都談不上。④ 換言之，欲把握六經之道，必須從實踐做起，僅知讀書而不知窮理，不知躬行，空談無用而已。一浮因此標舉四項原

①　《泰和宜山會語・宜山會語》，頁23。
②　同上，頁55。
③　同上，頁56—57。
④　同上，頁57—58。

則，以爲復性書院學規："一曰主敬，二曰窮理，三曰博文，四曰篤行。主敬爲涵養之要，窮理爲致知之要，博文爲立事之要，篤行爲進德之要。四者内外交徹，體用全該，優入聖域，必從此始。"①

　　一浮以爲："前講學規，乃示學者求端致力之方。趣嚮既定，可議讀書。"②須知今日所謂書，乃是"一切文籍記載之總名"，"其實古之名書，皆以載道"。"文所以顯道，事之見於書者，皆文也。故六藝之文，同謂之書。以常道言，則謂之經；以立教言，則謂之藝；以顯道言，則謂之文；以竹帛言，則謂之書。"③《禮記·學記》曰："一年視離經辨志。"鄭玄注曰："離經，斷句絶也。辨志，謂別其心意所趨嚮。"一浮即此説道，可見"離經爲章句之學，以瞭解文義爲初學入門之事"。而後是"辨志"。所謂辨志，即是"嚴義利之辨，正其趨嚮"，否則何必要讀書？《學記》下文又云："三年視敬業樂羣，五年視博習親師，七年視論學取友，謂之小成；九年知類通達，強立而不反，謂之大成。"一浮釋曰：

　　　　敬業、博習、論學，皆讀書漸進功夫。樂羣、親師、取友，則義理日益明，心量日益大，如是積累，猶只謂小成。至於"知類通達"，則知至之目，"強立而不反"（鄭注云："強立，臨事不惑也。不反，不違失師道。"猶《論語》言"弗畔"），則學成之效。是以深造自得，然後謂之大成。故學者必有資於讀書，而但言讀書，實未足以爲學。今人讀書，但欲瞭解文義，便謂能事已畢。是只做得離經一事耳，而況文義有未能盡瞭者乎！④

換言之，讀經之鵠的是"大成"。所謂大成，一須知類通達，二須深造自得。

---

① 《復性書院講録》，卷一，《復性書院學規》，頁 107。
② 上書，卷一，《讀書法》，頁 124。
③ 同上，頁 126,127。
④ 同上，頁 131—32。

　　一浮着重指出，凡學成者必通而不局，無門户之見。若知經術
以義理爲主，便知經學之分今古，分漢宋，乃是陋習。"至於近時，
則又成東方文化與西方文化之爭、玄學與科學之爭、唯心與唯物之
爭，萬派千差，莫可究詰，皆局而不通之過也。"①同時又須知，爲學
固不當有門户之見，卻不可不知條理。孟子曰："始條理者，智之事
也；終條理者，聖之事也。"荀子曰："聖人言雖千舉萬變，其統類一
也。"一浮即此解釋説："統是總相，類是別相。總不離別，別不離
總，舉總以該別，由別以見總，知總別之不異者，乃可與言條理矣。"
六藝之道，正是"條理粲然"者。"聖人之知行在是，天下之事理盡
是；萬物之聚散，一心之體用，悉具於是。吾人欲究事物當然之極
則，盡自心義理之大全，舍是末由也。"②《荀子·勸學》、《儒效》二
篇，《莊子·天下》篇等論諸經之義理與功能，正是明條理之事。六
藝雖各有其教，各有其用，然而"散爲萬事，合爲一理"，別相與總相
不離。此其所以爲"圓大"也。③ 凡此種種相，皆是"性德之流行，
一理之著見"，是謂實理。明乎此，便可知"六藝不是聖人安排出
來"。④ 既知六藝乃是"人人自性所具之理"，便不可"執言語，泥文
字"，"以典册爲經"。須知"宇宙間本來有這些道理，盈天地間莫非
經也"，亦即"六經之外別有一部没字真經"。⑤ 盈天地間莫非經，
六經所言種種相，顯現於萬事萬物之中，所謂體用不二，總別無異，
正是即此而言者。

　　北宋儒者胡安定（胡瑗，諡文昭，學者稱爲安定先生。原文作
"文定"，誤），分經義、治事二齋以教諸生。一浮認爲，如此二分法
"未免將體用打成兩截"。"經義，體也；治事，用也；有體必有用，未
有通經義而不能治事者。若治事而不本於經義，則是功利耳，豈足

①　《復性書院講録》，卷一，《讀書法》，頁 130。
②　《復性書院講録》，卷二，《羣經大義總説》，頁 150,151。
③　同上，頁 152—154。
④　《復性書院講録》，卷二，《論語大義》，頁 159—160。
⑤　《語録類編·六藝篇》，頁 938。

爲法?"體用本不可分,所以復性書院教人,"重在明體以達用"。①

一浮心目中經術與經學之別,正在於此。云:"漢人言經術,通經可以爲政,國有大疑大難,每以經義斷之;唐人專事注釋,便成經學;宋人以義理明經,見處遠過漢人,乃經術正宗。書院講習,亦此志也。"②重經術過於經學,以宋人爲正宗,可見其志在逆轉康、雍以降迄於近代的學術潮流。

(二) 六經之本是心性

一浮以爲,六經有迹有本。"六經之本是心性,六經之迹是文字。"中國文化正是"建樹在心性上";"心性不會亡,中國文化自然也不會亡,即使現代的文化全被毀壞,心性卻不能毀壞,則中國文化終有復興之日也"。③ 六經之旨既是"人心固有之義理",則"人心一日不亡,六經便一日存在。即使古代經典盡爲灰燼,中文字全部消滅,而義自在人心,未來世若有聖人出,則必與堯、舜、孔、孟無二般。是以經亡不必憂,可憂者惟在德之不修,學之不講耳"。一浮於是認爲:"歐西各國之堅甲利兵不足懼,惟其異説流傳,足以煽惑人心,障礙義理,最爲可怕。學者如立心不誠,有意取巧,即此一念,最足爲心術之害。巧,即今所謂手段。"④按:乾嘉學者以爲,經學即理學,訓詁即經學,而一浮之見則大相徑庭,可説是理學即經學,心術即經術。故曰:"六藝之教,總爲德教。六藝之道,總爲性道。"⑤

人人有本心,即人人能見性。然而一般人往往爲利欲所陷溺,習氣所錮蔽,本心便發露不出。學者之首務,因而便是嚴辨義利。而"近世朝野上下",則"沉溺功利,不知義理","自己已淪爲夷狄"。一浮認爲:"中國可憂的在此,真病痛亦在此,固不在國之強弱也。"⑥一浮出而講學,橫説竪説,皆爲對治此病痛而發。

① 《問學私記》,頁 1179。
② 《語録類編·六藝篇》,頁 939。
③ 《問學私記》,頁 1158,1159。
④ 同上,頁 1169,1170。
⑤ 《復性書院講録》,卷三,《孝經大義·釋至德要道》,頁 221。
⑥ 《問學私記》,頁 1173—1174。

一浮著《洪範約義》,於《序說》中開首即指出:"六經總爲德教,而《尚書》道政事皆原本於德。堯、舜、禹、湯、文、武所以同人心而出治道者,修德盡性而已矣。"①《洪範》中數次提及"天"、"帝",如"惟天陰騭下民","帝乃震怒"等,一浮解釋説:"天是至上義,至遍義;帝是審諦義;皆表理也。今人乃謂權力高於一切,古則以爲理高於一切,德高於一切。其稱天以臨之者,皆是尊德性之辭。"②按:《洪範》中"天"、"帝"等字原意是否如此,姑置不論,但一浮對儒家經典的詮釋路數,即此可見。

諸經所説,"皆是實理,不是玄言"。③ "仁是心之全德(易言之,亦曰德之總相),即此實理之顯現於發動處者。此理若隱,便同於木石。如人患痿痹,醫家謂之不仁人,至不識痛癢,毫無感覺,直如死人。故聖人始教,以《詩》爲先。《詩》以感爲體,令人感發興起,必假言説,故一切言語之足以感人者,皆詩也。此心之能感者便是仁,故《詩》教主仁。説者、聞者同時俱感於此,便可驗仁。"人心若未被私欲繫縛,"直是活潑潑地,撥着便轉,觸着便行",此即所謂"感而遂通",亦即是"興"。人心"若一有私係,便如隔十重障,聽人言語,木木然不能曉了,只是心地昧略,決不會興起"。六經之本是心性;"仁是性德,道是行仁,學是知仁。仁是盡性,道是率性,學是知性";所以"學者第一事便要識仁"。④ 人心惟有"感發興起,乃可識仁"。《詩》的功能,正在於此。⑤

孔子曰:"興於《詩》,立於禮,成於樂。"(《論語·泰伯》)據朱子注,意謂先以《詩》"興起其好善惡惡之心而不能自已",而後以"恭敬辭讓"、"節文度數","固人肌膚之會、筋骸之束",使人"能卓然自立而不爲事物之所搖奪",如是方能立身。故一浮曰:"六藝之教,

① 《復性書院講録》,卷五,《洪範約義·序説》,頁328。
② 同上,《附語》,頁334。
③ 上書,卷一,《羣經大義總説》,頁158。
④ 同上。
⑤ 上書,卷四,《詩教緒論·序説》,頁268—269。

莫先於《詩》，莫急於《禮》。詩者，志也。禮者，履也。"①

　　總之，治六藝之學，爲求仁，爲成德。"此不是訓詁考據邊事，亦不是於先儒舊説之外用私意窺測，務求新義，以資談助。切不可守此知解，便爲已足，須知此是窮理之事，亦即踐形盡性之事。依此致思，即要依此力行，方有入處。"②亦即感發興起之後，必當繼之以踐履，此則是《禮》教之事。如是步步行去，知行並進，方能成德，方能盡性，否則即便有暫時的感發興起，亦難以持久；是爲救國淑世的拔本塞源之道。一浮主講書院，諄諄教誨，主旨在此。

四、餘　論

　　益陽陳天倪(鼎忠)受唐蔚芝之邀，任教於無錫國學專修學校。民國二十二年十一月二十日，有書致其哲嗣雲章，論及蔚芝云：

　　　　唐校長工夫，全在一"敬"字。端居終日，毫不傾倚。貌極溫和，言極懇摯，無論何矜才使氣之人，一見即嗒然若喪，足見理學之功甚大。人無智愚賢不肖，未見有非議者。以此知誠能動物，非虛語也。或亦江蘇人程度較高之故，若在湖南，恐不能免謗耳。其長世兄謀甫［按：名慶詒］(俞慶棠之夫)，余昨日始見之，年三十六歲，而貌卷娟好如十七八女子，道德、中英文、科學均好極(據人云，伊著譯甚多)，目亦變盲，但尚能辨晝夜，未如唐校長之甚。不知何故家多患盲，甚可悲也。唐先生全家孝友，獨未足異。所異者小孫三數人，十歲教八歲者，八歲教六歲者，以次相傳，極合規律，無一輕舉妄動。十歲以上，即寫日記，中多理學語。余見此，恍游於洛、閩之域矣。

　　　　此校學生皆誠心聽課，貌多醇厚。足見江蘇文化，必可重興。余稍有積蓄，當效東坡之買田陽羨也(陽羨即宜興，田甚

---

①　《復性書院講録》，卷四，《禮教緒論・序説》，頁300。
②　上書，卷四，《詩教緒論・序説》，頁268。

美),不欲還湘矣。①

此乃天倪致兒子的私函,無須作門面語,所言當是實情。即此可見蔚芝踐履功夫之深厚,修身齊家,秩然有序,一門之内,雍雍穆穆,而且辦事極有效率,極有紀律(自其諸孫以次相教可知)。真可謂"性情厚所以培其本,知覺靈所以廣其用"(見前述蔚芝所著《知覺論》),足證經術之效。

馬一浮十八歲娶湯壽潛(民元時任浙江都督)長女爲妻,三十四月之後,夫人即棄世。一浮悲慟不已,權葬於自己父母墓旁近。② 遂終身不娶,"數十年不近婦人"。③ 一浮弟子烏以風記曰:"先生早年喪妻,不娶,無嗣。老年親屬死亡殆盡,又多疾病。友人勸續娶以延後嗣。先生曰:孔子子孫是濂、洛、關、閩,而非衍聖公。終不爲動。"又記曰:

> 先生伯姊死,先生哭之慟,每與人言,無不悲戚異常。十力先生謂爲太過,未能免俗。先生一日告以風曰:人遭喪而慟,實本性自然之流露,不假計較。至於俗與不俗,過與不過,還是情識上事,自分別計較而來。莊生之妻死,鼓盆而歌,以爲達觀。然顏淵死,孔子哭之慟。從者曰:"子慟矣。"曰"有慟乎?"孔子不自知其慟。莊生之不哭,乃是硬把持;孔子之慟,乃是性情之正。此是儒、道兩家不同處,不可不知。④

妻死終身不娶,伯姊死哭之慟,皆爲真性情之流露。不依他起見,正是理學家所謂率性(亦即韓昌黎《伯夷頌》所謂"士之特立獨

① 陳天倪《尊聞室賸稿》,北京:中華書局,1977 年版,《家書》,頁 977—978。

② 《故馬浮妻孝愍湯君權葬壙銘》,《馬一浮集》,第二册,《紀傳銘讚》,頁217。

③ 《語錄類編·師友篇》,頁 1093。

④ 《問學私記》,頁 1173。

行,適於義而已,不顧人之是非"也)。

唐蔚芝畢生行事,所秉持的亦是此義。光緒十三年,蔚芝二十三歲時,有《惡圓篇》之作,云:

> 夫物固有所是而亦有所非,物固有所宜違而亦有所宜順。然而末世違順之故,則多有與是非相反者。是以後漢劉梁曰:"事有違而得道,有順而失義。"而彼圓通者,欲以徇世俗之所好,則必拗非者爲是而故順之,屈是者爲非而故違之。佞兑而不直,乖僻而不愍,同流合污而不知恥,翩翩乎其若轉圜也,幡幡乎其若流水也。當是之時,是非之心斷削既盡,而於是善惡之良亦泯焉。夫至於羞惡之良泯,而其天德之存者亦幾希矣。……而其端一自圓通開之。然則圓通者,不乃爲失誠喪心之本而學道者之大戒與!……奈何世道譸張,人心迷謬,三代而後,遂變爲圓通之天下。邪佞之士如水濟水,無不偭規矩而改錯,競周容以爲度。是故孔子有"觚哉"之歎,傷人之破以爲圓,盡去其圭角而亡本真也。①

可見其少年時,即已立志堅守是非標準,以方正矯圓通,不隨世俗爲轉移。

唐、馬二人之治經,皆不主張餖飣瑣碎,尋行數墨,而是期於有用於世。然而二人的學術淵源不同,趨向不同,人格氣象於是頗有差異。

蔚芝甚爲推重陸桴亭《思辨録》,以爲真乃有體有用之學:"自宋以後,學者張皇幽眇,其弊也至有體而無用。桴亭先生之《録》,壹以經世爲要歸,開物成務,囊括萬彙";②甚至"當利瑪竇、艾儒略新至中國之時",即已精研西學。③ 以爲治經學理學而能達於政治

---

① 《二編》,頁 643—645(原刊本,卷二,頁六上—七上)。
② 《〈廣思辨録〉序》,《四編》,頁 1702(原刊本,卷六,頁 170)。
③ 《與友人書》,《二編》,頁 714(原刊本,卷四,頁八下)。

者,方得謂之有用。於北宋胡安定以經義、治事二齋設教,以及清代賀藕庚(長齡)輯《經世文編》,甚表贊賞,而對賀氏後"沈無傳焉",不免惋惜。曰:"於是持議高者,以爲士求明體而已,不宜言用。其卑劣者則又馳騁末務,沈溺功利,而人心風俗益不可問。嗚呼,豈不悲哉!"而留學東西洋研求彼國政治學者,因不熟悉本國情形,而致南轅北轍。蔚芝於是大力提倡中國政治學,曰:

> 正其本,萬事理。士不通經,不足致用。是故行己有恥,使于四方,不辱君命,外交學之本也。生之者眾,食之者寡,百姓足,君孰與不足,財政學之本也。臨財無苟得,臨難無苟免,出入相友,守望相助,軍政學之本也。大畏民志,用其義刑義殺,如得其情,哀矜勿喜,刑政學之本也。或以德進,或以事舉,尊賢使能,重尚廉樸,選舉法之本也。謹庠序之教,申孝弟之義,博學于文,約之以禮,教育學之本也。善事利器,日新月異,惟公惟平,勿詐勿欺,工政商政學之本也。世未有不納于學問而可以言經濟者也。亦未有不正其心術而可以求學問者也。……此心同,此理同,雖政體不同而政治原理則無不同,無論爲君主,爲民主,爲君民共主,其道亦一也。①

蔚芝論政大義在於此,其經術的歸宿處亦在於此。

在蔚芝心目中,近代學術經世的代表人物是曾文正,以爲其"優游學問之時,方且察意於秒忽,校理於分寸,立志必用其極,慎獨必驗諸幽",真能"開物成務而勝天下之艱鉅",使天下事"若網在綱,有條而不紊"。② 蔚芝尤其致意於外交之事,以爲中國向無外交,近世之有外交,自文正長子曾惠敏(紀澤)始,秉承文正明德之教,"熟公法歷史,爭回伊犁"。此外如郭筠仙(嵩燾)、薛叔耘(福成)、黎蓴齋(庶昌)諸人,"皆受文正之陶淑,用能周知四國之爲,開

---

① 《〈政治學大義〉序》,《文集》,卷四,頁十二下,十四上一下。
② 《〈曾文正公日記〉序》,《文集》,卷四,頁三一下,三二上。

通吾國風氣”，而惠敏後使才寥落，“能知外交學者”，惟有許文肅（景澄）一人而已。言下不禁感歎。① 又承桐城古文之緒，於文章一道，甚爲重視，以爲《易傳》所謂“觀乎人文以化成天下”，正是指文章而言，發揚中國固有之文明，此事至關重要。②

從陸桴亭上繼朱子窮理盡性之學，以經世爲要歸；就理學而言，重程朱，亦不廢陸王（所謂“盡心知性與夫存心養性，道在虛實並進”③）；兼重洋務與科學，主張大力發展農工商實業；承桐城、湘鄉之緒，發揚文章之學。要而言之，有擔當，不畏艱苦，勇於汲取新知識，不計世俗毀譽，惟期有益於天下國家。是謂晚清曾文正、郭筠仙以降的治學宗旨；此派後起者頗多江南人士，如薛叔耘、許文肅、吳摯甫（汝綸）諸人。蔚芝所秉承的，正是這一傳統。

馬一浮亦爲江南產，而其學術淵源則與此一路不同。自述曰：“昔賢出入佛老，未嘗諱言之。吾所以於聖賢言語尚能知得下落，並是從此得來，頗覺親切。”④又曰：“西洋文學如莎士比亞之戲曲，羣推爲至高之作。其狀人情亦頗深刻，然超世出塵之境界則絶少。”⑤可見其心嚮往之者，正在此超世絶塵之境界。爲其湯夫人所撰壙銘云：

　　吾欲唱個人自治、家族自治，影響於社會，以被乎全球。破一切帝王聖哲私名小智，求人羣最適之公安，而使個人永永享有道德法律上之幸福。吾之憂也，固且與虛空同其無盡。其所言，人都弗可解，獨與君語，君乃慧澈，能知其意。嗚呼，難矣。……浮地球之人也，其所營萬端，乃或在無量劫，尺寸未就，其身當漂淪於大海，旦暮焦悴且死。而浮之視其身爲濁

① 《〈許文肅公外集〉序》，《文集》，卷四，頁三二下。
② 《無錫國學專修館學規》，頁三七下—三八下。
③ 《〈廣思辨錄〉序》，頁 1704（原刊本，卷六，頁 172）。
④ 《語錄類編·儒佛篇》，頁 1052。
⑤ 《語錄類編·文藝篇》，頁 1042。

惡衆生相，譬如大空中之一微塵體。是故地球亦一微塵，地球
必死，虛空不死。馬浮形質譬一地球，馬浮必死，我自不死。
所名我者，即是虛空。衆生之我，亦即是我。而個人體之馬
浮，其所造於全世界者又庫淺無足道。則君之死也，死其一微
塵體耳。君之我，即我之我，固未嘗死，又何悲焉。[1]

其時僅二十歲又八月，已深受《莊子》及佛學影響如此。一浮卒年
在丁未(1967)，臨終前，有《擬告別諸親友》五律一首，曰：

乘化吾安適？虛空任所之。
形神隨聚散，視聽總希夷。
漚滅全歸海，花開正滿枝。（是日花朝）
臨崖揮手罷，落日下崦嵫。[2]

六十餘年間，此一思想大體上不變。此臨終詩與陶淵明《形影神》
三首之三《神釋》，可謂後先輝映。陶詩云："大鈞無私力，萬理自森
著。人爲三才中，豈不以我故。與君雖異物，生而相依附。……縱
浪大化中，不喜亦不懼。應盡便須盡，無復獨多慮。"二詩所表達
者，都是所謂生死之際的"脫然無累"。[3] 一浮憂世之情卻並不因
此而稍減，云："樂天知命，爲自證之真；閔時念亂，亦同民之患；二
者並不相妨，佛氏所謂悲智雙運也。但所憂者私小則不是。"[4] 既
嚮往超然出塵之境，又多憂世傷生之情，其故在此。
　　《明儒學案》論陳白沙(獻章)云："先生之學，以虛爲基本，以善
爲門戶，以四方上下、往古來今穿紐湊合爲匡郭，以日用常行分殊

---

　　① 《故馬浮妻孝愍湯君權葬墓銘》，頁 217—218。
　　② 《蠲戲齋詩編年集》，《馬一浮集》，第二冊，頁 758。
　　③ 《語録類編・儒佛篇》有曰："古德了達生死，示顯神通，或倒立而化，
或振鐸而逝，皆是以死生爲遊戲，不可爲訓。故釋迦示疾，乃入涅槃；儒家亦
皆致謹於臨終一息。至其脫然無累，則初無二致也。"頁 1056。
　　④ 《語録類編・詩學篇》，頁 1001。

爲功用,以勿忘勿助之間爲體認之則,以未嘗致力而應用不遺爲實得,遠之則爲曾點,近之則爲堯夫,此可無疑者也。"又引羅一峰(倫)曰:"白沙觀天人之微,究聖賢之蘊,充道以富,崇德以貴,天下之物,可愛可求,漠然無動於其中。"評曰:"信斯言也,故出其門者,多清苦自立,不以富貴爲意,其高風之所激,遠矣。"①

　　一浮爲人爲學的氣象,超越古今,情在天地,②略近陳白沙;注重於社會講學,又與王心齋(艮)有相似處。顯然是孔門顔子、曾點一路,即前述蔚芝所謂自然派者也。其自述學問之得力處曰:

　　　　吾所謂最要處,乃指法身慧命終則有始而言。見性知命,乃能續得聖賢血脈。孟子後不得其傳,而濂溪既出,一念相應,便自相續,所謂"念劫圓融","三大阿僧祇祇是一念",雖千年無間也。所以見性知命之道,則在用艮。艮也者,成始而成終者也。先儒易之以敬,不敬不能止,故用敬即是用艮。止者,先歇妄念,最後脫生死也。吾昔從義學、禪學翻過身來,故言之諦當,可以自信。今更爲拈出,賢輩將來能勝過我,當知此言之不誤也。③

按:"脱生死"云云,唐蔚芝所秉承的傳統中人,大概不會道及。

　　總之,唐、馬二先生,一爲力行派,一爲自然派,人格氣象頗爲不同。然而被服儒素,居敬窮理,不尚空談,躬行實踐,以爲經中義理非僅國粹而已,實具有普世之價值,則二先生並無歧異也。

　　　　　　　　　　(作者單位:南洋理工大學國立教育學院)

---

　　① 《明儒學案》,北京:中華書局,1985 年版,頁 79,78(卷五,《白沙學案上》)。
　　② 宋遺民龔聖予(開)評方嚴南(鳳)詩云:"由本論之,在人倫,不在人事。等而上之,在天地,不在古今。"見厲鶚《宋詩紀事》,北京:中華書局,1983 年版,頁 1899(卷七八)。一浮氣象,與此略同。
　　③ 《語錄類編·儒佛篇》,頁 1057。

王國維之魏石經研究

虞萬里

摘要：二十世紀二十年代是石經殘石出土最多的歷史時段。王國維因關注《史籀篇》籀文而關心《説文》籀文、古文，轉而研究《魏石經》古文；又因《魏石經》古文，進而全面探求先秦兩漢古文經背景下所反映在各種文獻中的古文。王國維研究《魏石經》分前後兩個階段，第一階段在石經殘石出土之前，第二階段在石經殘石出土之後。第一階段著重於漢魏石經之經數石數、經本、古拓本、經文、篇題、古文、書法等之考證，由於僅憑《隸續》摹本，未見殘石，未免疏略。後一階段得見殘石，對前一階段之成果、結論有很大的修正與否定。王國維研究石經的思路細密而全面，其對古文《尚書》用馬鄭本之推測已成爲不刊之論，對經數石數和拓本之看法基本符合史實，對石經行款之推考予學者以很大的啓迪。《魏石經考》和《魏石經殘石考》二文是二十世紀初葉用新視角、新方法、新材料研究石經的典範，爲全面研究、復原漢魏石經奠定了基礎。抑不僅此，王國維由於研究石經古文而産生的東土用古文説已爲近數十年出土文字所證實，由此而衍生出來的一組漢代古文考專題論文，爲研究漢代古文經學和古文作出了不可磨滅的貢獻。

關鍵詞：王國維　魏石經　漢石經　古文　東土古文

一、引　言

　　熹平、正始石經之刊刻均由朝廷組閣實施，名正言順，故成事速而功勛卓，及至輾轉遷徙，斷裂損毀，北魏崔光雖欲補刻而未果，終至沉埋不顯。逮及李唐，除十三紙拓本外，闃焉無聞。以致范曄

混淆熹平一字石經與正始三體石經，[①]而少有人能徵。有宋經郭
忠恕、洪文惠蒐輯叙録，幸留鴻爪。洪氏不僅著録熹平一字石經
《尚書》殘碑五百四十七字、《魯詩》殘碑百七十三字、《儀禮》殘碑四
十五字、《公羊》殘碑三百七十五字、《論語》殘碑九百七十一字，亦
輯録三體石經《左傳》遺字古文三百七字、篆文二百十七字、隸書二
百九十五字。復參據文獻，指責《隋志》"既以七經爲蔡邕書矣，又
云魏立一字石經，乃其誤也"，並云"范蔚宗時，三體石經與熹平所
鐫並列於學宮，故史筆誤書其事，後人襲其譌錯，或不見石刻，無以
考正"，[②]誠有廓清之功。

　　清代考據之學興起，石經之學分史實與文字兩類。繼顧炎武
《金石文字記》之後，萬斯同撰《漢魏石經考》，然亦僅彙集、輯録諸
家論説於一編，略加案語。他如徐嵩《石經備考》、李兆洛《石經
考》、桂馥《歷代石經略》、馮世瀛《石經考辨》等，莫不如此。唯劉傳
瑩於徵引文獻下，加案考證，頗有獨見。杭世駿《石經考異》欲補亭
林之不足，小變體例，分"延熹五經"、"書碑姓氏"、"書丹不止蔡
邕"、"三字一字"、"正始石經非邯鄲淳書"等篇予以辨正，爲有功石
經之學。[③] 其文字考證一塗，有孫星衍《魏三體石經遺字考》、馮登
府《石經補考》《魏石經考》，於熹平石經與三體石經文字形體之詮
解各有貢獻。

　　宋代洪、董諸人意在著録，清代李、桂、劉、杭專注於史實與文
字之探索，皆少能從石經之行款上深入思考。洪氏曾於《石經儀禮
殘碑》下云"知此碑每行七十三字"，[④]不云何以推算。唯翁方綱獨
具意識，將殘石各行文字作總體之觀照。乾隆四十二年八月，翁氏

---

　　① 范曄《後漢書·儒林傳上》云："熹平四年，靈帝乃詔諸儒正定五經，刊
於石碑，爲古文、篆、隸三體書法，以相參檢，樹之學門。"蓋以熹平一字石經誤
爲三體石經。
　　② 洪适《隸續》卷四，中華書局 1985 年版，第 311 頁下。
　　③ 杭世駿《石經考異》二卷，《歷代石經研究資料輯刊》第一册，北京圖書
館出版社 2005 年版。
　　④ 洪适《隸續》卷十五，第 421 頁下。

端摹《隸釋》所收石經文字,寫下一段跋文:

> 《隸釋》云:石經《尚書》殘碑,較孔安國《尚書》多十字,少
> 二十一字,不同者五十五字,借用者八字。方綱案:此所謂多
> 少幾字者,僅指洪氏所得見者言之。今若以孔本度其全碑之
> 字,合存與闕計之,《尚書・盤庚》篇之五行,第一行七十一字,
> 第二行七十四字,第三行七十九字,第四行七十六字。《論
> 語・爲政》篇之八行,第一行連空格凡七十六字,第二行七十
> 四字,第三行七十三字,第四行七十五字,第五行七十四字,第
> 六行七十二字,第七行七十一字。《堯曰》篇之四行,第一行七
> 十四字,第二行七十九字,第三行七十四字,其各末一行,則難
> 計也。蓋《隸釋》《廣川書跋》皆言碑高一丈,廣四尺,以漢尺度
> 之,每字高廣一寸,以諸書所記碑石之數,核之諸經字數,則所
> 謂表裏隸書者,當得其實。其每行之數不同者,則或經文有增
> 損,較今板本不同者,不可以臆知矣。[1]

翁氏此跋已將其研究石經碑版行款之思路有所表見,十年後在著
《漢石經殘字考》時,思想又有深化,其就洪氏所推測《儀禮》字數進
而闡述云:

> 洪氏錄熹平石經,於它經未嘗計其每行字數也。惟於《儀
> 禮》云,在諸經中最爲難辨,而云以板本尋繹,知此碑每行七十
> 三字。豈洪氏因它經文熟,未嘗深繹板本,故獨計此字數耶?
> 不然,則它經每行字數視今板本揹拄者,頗非一條,借使一二
> 字間相去不遠,恐亦未可執一以定之矣。愚第於諸經所見殘

---

① 翁方綱《蘇齋題跋》卷上,《叢書集成初編》本,第 1613 號,第 27—
28 頁。

　　本下各計其每行字數,而不敢執某經某行以斷定之爾。①

　　他經過計算,基於對各經每行字數不同之認識,故既對以前之推算有進一步細化,如上跋言《盤庚》五行,僅計出前四行字數,《殘字考》則云有六行,其第五行七十四字,而第六行不可知;也對新出或以前未曾計算之各經殘石一一計算出其每行字數,如《魯詩》行款云:"且此魏、唐風二段,以今板合此殘字計之,皆每行七十二字,唯《園有棘》章一行七十三字。其爲某字有異,未可臆知。"不僅計每行字數,且對殘碑文字以外之行款格式亦加推測,認爲《魯詩》"凡隔章皆空格,及篇末摠計章句之文亦如之"。在諸家群相關注史實、文字之清代,翁氏之眼光可謂獨特,其成就亦頗能啓迪後人。

二、王國維與《魏石經》研究

　　(一) 王、羅往來書信所見王國維《魏石經考》研究過程

　　王國維之所以從事《魏石經》研究,是其受到段玉裁、吳大澂、羅振玉等關於甲金文、《説文》籀文、古文等論説之影響和啓迪,於一九一六年初取《説文》籀文,以甲金字形予以疏證,②知其字形與秦篆近似。因流沙墜簡"倉頡作"之啓發,認爲《史籀篇》首句是"太史籀書",而非西周宣王時太史籀所纂,認《史籀篇》產生年代在戰國,經嬴秦李斯等"省改"而成篆文。有了西秦籀篆之意識,進而思考許慎《説文叙》所謂古文皆東方齊魯之國文字。許云籀文與古文或異,昭示東西土文字或有差別。然《説文》之古文疊經六朝唐宋人傳鈔,或失本真,其能存真者,唯魏石經中之古文。遂於完成《史籀篇疏證》及《叙録》之後,乃就黃縣丁氏所得之三體石經《尚書·

---

　　① 翁方綱《漢石經殘字考》,清光緒十六年(1890)四川尊經書局刊《石經彙函》本,第五頁。
　　② 參見王國維《丙辰日記》,《王國維全集》卷十五,浙江教育出版社、廣東教育出版社 2010 年版,第 916—924 頁。

君奭》拓本研究古文形體。一九一六年四月二十日,王國維致羅振玉函,暢談自己之發現:

> 一昨忽得一快事,此日本擬考黃縣丁氏所藏三字石經殘字,取楊星老所印拓本觀之,乃排列其行款,始知每行經文二十字,並三體計之,則六十字。又據此行款以求《隸續》所錄殘字,《隸釋》尚未借到,先據馮柳東書推之。亦皆每行六十字,凡《隸續》所存字亦可圖其殘石形狀,惟所存殘石在碑之上或下則不可定耳。……擬作《魏石經考》一篇,並附以圖,惟《春秋》尚有若干字不能知其在何處耳。魏石經之立,本意在補漢石經。①

静安所取楊守敬拓本,實即楊氏《寰宇貞石圖》中影本。② 因爲排列而得魏石經之行款,故萌發撰作之想。原爲考察魏石經古文,以與籀文比勘而探索東西土文字異同,所謂“古文上承《説文》中古文,下啓《隸古定尚書》,考證此事亦極有趣味也”,何以忽而注意其行款? 此函末有云:

> 漢石經每行字數,《公羊》八十四字,《儀禮》《詩》七十餘字。此諸種均未排比。公去歲所得者,《論語》有出劉本外者,并憶有出南昌刻本外者。此本將來必須印行,能將劉本所無者,以今隸寫一行款見示尤感。③

---

① 王國維《書信日記·書信》,《王國維全集》卷十五,第120頁。
② 按,據羅振玉云:丁氏得《尚書·君奭》三體殘石,世多不之信,丁乃不輕易示人,拓本流傳甚少。光緒甲午(1894),羅振玉曾得一紙。庚子(1900)客滬,山左范佶又贈三紙。羅分贈章碩卿、繆筱珊和楊惺吾。(見《石交錄》卷一《魏正始石經出土經過》,《雪堂類稿》甲《筆記匯刊》,遼寧教育出版社2003年版,第179頁。)楊守敬得此拓本,補入其1909年重新輯印的《寰宇貞石圖》中。楊氏此書係用當時先進的攝影技術,清晰逼真,爲人稱道,故王國維取觀研究,甚爲便利。
③ 王國維《書信日記·書信》,《王國維全集》卷十五,第120—121頁。

《公羊》八十四字,係錢梅溪所藏拓本行款(詳下),《儀禮》七十餘字,乃洪适所言,二者皆是啟發静安探索魏石經行款之誘因。然静安自言"隸釋"尚未借到,則其當時所見唯錢梅溪拓本之《公羊》字數。"南昌刻本"若指阮刻十三經本,則静安處必有而不必"憶有",則其若非翁方綱在南昌府學所刻黄易等漢石經殘字,必是黄易所刻《小蓬萊閣金石文字》等。① 不管是翁刻抑或黄刻,都有翁氏對熹平石經行款之推算文字,緣此知翁氏之行款意識對静安探索有啟迪引導作用。

當其初有全面探討之想時,對魏石經中諸多問題尚多疑惑:如《隸續》所載有《左傳》廿二字連文者,若并所缺三體字計之,當有三十九字,一行三十九字之殘石,狹長已甚,他猜測可能是六朝、唐時經剪裁拼接過的拓本,而爲蘇望寫刻。又古書記載魏石經僅有《春秋》《尚書》,《隸續》何以有《左傳》殘字? 凡此皆"不得其解,尚待細考耳"。經過一月之思索,對魏石經之行款及整碑大小、每字尺寸都有進一步認識。五月廿二日致羅函云:

> 近考得三字石經每行六十字,以此行款排比《隸續》所存殘字,得《尚書·大誥》殘石一段,《吕刑》及《文侯之命》殘石一段,《春秋·桓公經》《襄公經》各三段,而《宣公經》一段最長,得三十行。中間空三行。疑魏石經每碑三十行,行六十字。

---

① 乾隆五十三年九月,翁方綱在南昌任上將摹於錢塘黄氏、如皋姜氏、金匱華氏三家之熹平石經十二段六百七十五字,勒於南昌學官,共四石,並作跋記之。(見沈津《翁方綱年譜》,"中研院"文哲研究所專刊24,第258頁。)又翁方綱《兩漢金石記》卷二即迻録《漢石經殘字考》,中有行款之記録,而《金石記》即是翁氏乾隆五十四年刻於南昌使院。又黄易《小蓬萊閣金石文字》中亦迻録翁氏之説。據六月二十三日王致羅函中有"孫、黄二本石經,先生處有石印本,欲請君楚兄以楷書照寫行款見示,將來擬求先生臨一通也"一語,又六月二十日王致羅函談及錢梅溪藏石謂錢本"比孫、黄二本自覺不及",則静安曾在雪堂處曾睹孫、黄拓本,故此函云"憶有"也。按王國維編於1913年之《羅振玉藏書目録·金石類》有黄小松所刊《漢石經殘字》一卷、《小蓬萊閣金石文字》之原刊本和楊氏刊本二部,是王國維1913年在日本時曾翻閲過此書。

又據《西征記》,《御覽·碑門》所引。三字石經高八尺。今以
丁氏殘石量之,大率八字得建初尺一尺有奇,則六十字正得八
尺許。其闊則《洛陽記》謂廣四尺,此事指漢石、魏石不明。則
每碑三十行亦頗近之。考之古書,魏石經唯有《尚書》《春秋》
及《左傳》三種,欲以二十五碑之數與碑之行數、字數,可得碑
字總數,再與三經字數相比,便可知其果有幾經。唯《尚書》究
用何種,梁有三字石經《尚書》十三卷,則與偽孔卷數同。殊難
斷定,不知先生何以教之?①

此一月之成績,一是離析《隸續》所載殘字,分出《尚書》二段,《春
秋》七段;二是推測魏石經全碑三十行,行六十字;三是八字約等於
漢尺一尺許。在此基礎上,他推想將《尚書》《春秋》《左傳》三經總
字數與二十五碑可容納之字數計算比較,即可知魏石經究竟有幾
經,第不知《尚書》究用今文本抑古文本,故無法確定。他以此請教
雪堂。羅覆函盛贊,謂"三字石經竟將字數、行數與石數計算相合,
此大快事",②然羅對《隋志》所載阮孝緒《七錄》所著之三字石經,
仍不能確定到底用何種師傳本子。羅此覆函在五月廿七日,不意
時隔一日,靜安於廿八日已解決此一問題,其致羅函云:

　　　今就殘字觀之,雖不能確定其為何種,然其中《呂刑》《文
侯之命》殘字行數、字數相接,中間無容《書序》之餘地,知此本
《書序》與馬、鄭同,仍是別行,可決其非偽《孔傳》本也。③

從前後相連之《呂刑》與《文侯之命》兩篇間字位,無法容《書序》之
字,由此推知三體石經之《書序》仍同馬、鄭本別行,從而斷定其非
今見《孔傳》本,這確實是智者之慧眼獨見。同書他還糾正了前函

①　王國維《書信日記·書信》,《王國維全集》卷十五,第138頁。
②　《羅振玉王國維往來書信》,東方出版社2000年版,第88頁。
③　王國維《書信日記·書信》,《王國維全集》卷十五,第140頁。

離析《隸續》中之殘字分段，云："就《隸釋》所載魏石經又發明一事，即《隸續》之石經共十三段。當時歐、洪只見蘇望翻刻本，蘇氏亦只言得摹本於故相王文康家，不能追溯其來歷。今觀郭忠恕《汗簡叙略》，載唐開元五年得三字《春秋》，臣儀縫。當是'押縫'，奪一字。石經面題云'臣鍾紹京一十三紙'。……今《隸釋》所存《尚書》六段，《春秋》六段，《左氏傳》一段，適與郭忠恕十三紙之説合。是蘇本即由唐内府本出，而唐開元時得此十三紙已押縫押尾，珍重如此。"將《隸續》殘石之分十三段與開元十三紙聯繫，而斷定蘇本即從唐内府本傳出，也是一種卓識。

半個月之後，静安對先前之認識又有修正和新的看法。六月十五日致羅函云：

> 魏石經殘字每行六十字，每八字當建初尺一尺弱，則六十字適得七尺有半，又上下必稍留餘地，則《水經注》及《西征〔記〕》所云高八尺者，甚爲可信。《水經注》並云"廣四尺"，則每碑當得三十五六行，以碑皆相接，旁不必留餘地故。以此法計算字數，則《西征記》三十五碑之説最合。《洛陽伽藍記》云二十五碑，則不能容《尚書》《春秋》二經字數，均以表裏刻字計。決無此理。其種數除《尚書》《春秋》二經外，《左傳》僅刻至莊公，又知《尚書》無孔壁逸篇，亦無僞孔二十五篇。[①]

五月下旬推測魏石經全碑三十行，行六十字，並以《洛陽記》二十五碑爲基準論事，此殆因無法逆料《尚書》用今文抑或古文本之字數。及至確定《尚書》用馬鄭本，則《尚書》與《春秋》之字數可計而定，故謂《洛陽記》二十五碑決不能容二經字數，而以《西征記》三十五碑説最合，從而得出每碑三十五六行，每行六十字之款式。因爲《西征記》所記多《洛陽記》十碑，推算二經之外，又可容《左傳》隱、桓、

---

① 王國維《書信日記·書信》，《王國維全集》卷十五，第 145 頁。

莊三公之文。同函又有兩個有關字體和《古文尚書》流傳之新見。其一，靜安觀摩魏石經字體，得出"兩頭纖纖之古文實自三字石經始"，因爲史載衛恒謂正始中立三字石經，轉失淳法；因科斗之名，遂效其形，故推測"邯鄲淳之古文不如是也。許書古籀文字體本當與篆體不甚相遠，今所傳字形亦銳其末者，蓋雍熙刊本篆書或出徐鼎臣，古籀當出句中正、王惟恭二人之手，二人夙以古文名，無怪其作《汗簡》體也"。其二，《尚書》既無孔壁逸篇，則僅二十八篇之文。靜安取"天寶未改字本《尚書》較三體古文，同者固多，異者亦不少"，遂推"知僞孔本當出東晉之初，其人當及見魏石經而竊取其字後，故作異同，以貌爲孔壁真本者也"。此兩種新見雖須更切實之材料來證實，却頗可啓人新智。

　　靜安對魏石經行款經如此三番五次之排列，已形成一階段性認識。然於石經是否確爲兩面刻字，尚有疑慮。六月廿三日夏至致羅函有云："魏石經事，亦尚有種種問題未易解決，如古書皆言漢魏石經表裏刻字，今丁氏殘石止一面，不知是一薄片，或他面字已磨滅，皆非目驗無由知之。"三日後，羅隨即覆函云："魏石經乃東估老范（山東濰縣古董商范維卿）即弟所從詢殷墟遺址者。得之洛陽某村路旁小茶肆，面已遭撲擊，范估見其似有字迹，然已僅存筆畫，手撲石背，則確有字迹，乃反轉觀之，即石經也，遂以二千錢購得之。此弟親聞之老范者，則石確是兩面刻也。此可採入大著序跋中者。"[1]此事靜安採入《考》中，可謂疑慮冰釋。

　　自四月以還兩個月中，靜安已基本弄清《魏石經考》諸種問題，至六月二十日，上卷清稿寫畢，尚須加碑圖，下卷腹稿雖具而未着手。[2]　此時思路從魏石經之行款轉向熹平石經之行款。蓋當初所

　　①　《羅振玉王國維往來書信》，第105頁。
　　②　其六月二十日致羅函云："今日寫魏石經考上卷畢，得十八紙，尚須加碑圖六紙。圖草稿已成，然須四十行、行六十字之紙乃能容之，恐不得寫手，雖不成字，仍須自寫也。下卷專考文字，雖未寫出，已具腹藁，不知此月內能成否。"《書信日記·書信》，《王國維全集》卷十五，第148頁。

云“《公羊》八十四字，《儀禮》《詩》七十餘字”，前者是錢氏實際行款，後者源自洪适《隸續》，皆非親自驗證。且《公羊》《儀禮》每行字數相差十字以上，亦足可致思。於是端摹錢泳藏拓，乃漸次發現其有問題。六月二十日致羅函云：

> 錢梅溪所藏石經，段懋堂先生直斥爲依《隸釋》僞造固屬不確，然比孫、黃二本自覺不及。今日見其中《禮經·聘禮》一段與《公羊》一段皆《隸釋》所無，則非洪本可知。妄意即胡宗愈所刊錦官西樓本，而孫、黃二本則爲洪本，故字不如孫、黃本之精采。洪刻甚精，吾道士已言之，恐世未必有原石拓本也。①

此函云段玉裁斥梅溪藏石爲依《隸釋》僞造固屬不確，殆因靜安猶信其爲胡宗愈錦官西樓本。然則是胡宗愈刊刻時移易行款抑或漢石經原有差異？仍可置疑。不二三日又致羅函云：

> 頃得一事甚快，錢梅溪所藏石經，今日將其中《公羊》殘字與《隸釋》所録殘字，將傳文排比之，則錢本《公羊》每行八十五字，而《隸釋》本《公羊》則每行字數不可確斷，然排比十行左右，知每行不過七十三四字，他經皆同，確知出梅溪僞造。蓋此《公羊》一段不見《隸釋》，故出此破綻。其《公羊》一段爲隱公四年事，《隸釋》亦起隱公四年而文不同，同一碑上字尤不應行款不同。然則公之所藏亦錢石拓本，段懋堂先生“無錫人做《隸釋》僞造”之言，今日乃得確證。曩睹錢本已覺其不如孫、黃二本，後又見公所得十三紙，此疑更甚，亦至今始得證明也。公聞之當爲大快。

① 王國維《書信日記·書信》，《王國維全集》卷十五，第 147—148 頁。案，此函“胡宗愈”之“宗”作“柔”，誤，據《羅振玉王國維往來書信》（東方出版社 2000 年版）改。

前函之"妄意"、"恐世未必"云云皆猶疑不決之辭,故隨即轉入深層研究。靜安從《隸釋》本《公羊》殘字入手,經排比得知每行亦七十三四字,與洪适《隸續》謂《儀禮》之行款相近,而與錢氏每行八十五字差距甚大;且錢氏藏石爲《公羊·隱公四年》事,與《隸釋》之《公羊》同年而文不同,一經一碑之行款不應相差如此之大:故定錢石爲僞造。錢梅溪藏石,據其自記,乃得之於舊本《管子》書中,錢據書中所夾拓片摹勒上石,一時金石家皆競相摹録傳拓,[①]連精於石刻鑒賞之翁方綱不僅有詩爲贊,亦刊入其《漢石經殘字考》中,並跋云:"《公羊》殘碑洪氏所録自隱四年傳起,而無此文,則予所見此殘本數段者,皆非洪氏刻本可知矣。洪所録之文即在此文上下,而彼此所得不同耳。若以板本計,全石之每行字數則就此三行內之可計者,弟一行八十七字,弟二行八十五字,較它經每行多出十許字,而字之大小却無異,不知何也?"[②]是翁氏已察見其異而不疑,宜段玉裁指爲僞造而錢石聲價不跌。至靜安以同碑同年經文之行款表其罅漏,僞跡乃顯而無隱。

　　靜安所以要發露錢氏藏石之真僞,亦是爲確切計算熹平石經之行款。其自云六月二十日寫《魏石經考》畢,而七月六日至八日,仍在排比計算漢石經行款字數,致羅函云:"端忠敏之石經殘字影

---

　　①　錢泳《履園叢話·碑帖·漢熹平石經》記:"余於乾隆五十年七月偶於書肆中購得舊本《管子》一部,中夾雙鈎五六紙,率皆殘缺不全,細心尋繹,得《尚書·洪範》篇七十八字,《君奭》篇十三字,《魯詩·魏風》七十三字,《儀禮·大射儀》三十七字,《聘禮》廿八字,《公羊·隱公四年傳》十八字,《論語·微子》篇百七十字,《堯曰》篇三十九字,又盍、毛、包、周有無不同之説及博士左立姓名十八字,合五百餘字,不詳何人所摹。惟視《管子》第一本上有國初徐樹丕印記,則知爲牆東老人所鈎無疑矣。故翁覃溪閣學有詩云:'熹平石經紙摹十,錢子得自徐牆東。'蓋紀實也。自余模勒之後,南昌學官有重模本,紹興學官有重模本,如皋姜氏有重模本,而王司寇《金石萃編》亦載之。五十七年,余北行過濟寧,錢塘黃小松時爲運河司馬,又藏有舊搨《尚書·盤庚》五行,《論語·爲政》八行,《堯曰》四行。小松屬余並刻之,均爲藝林罕見之寶。"(中華書局,1979年版,第 235 頁。)從錢氏之記述中,可見當時流傳之廣。
　　②　翁方綱《漢石經殘字考》,第五葉 B。

本已購得……漢石經每行字數，今以端本計算，則每行大抵七十三四字。因古今本字數不同，不能確定每行若干字。而錢本《公羊》獨每行八十四字，益見其僞矣。"①《魏石經考》第一《漢石經經數石數考》取每行七十五字計，緣此知靜安此篇必經修改。茲將靜安致羅函言及清寫、修改《魏石經考》之月日、内容排列於下，對照前文所述，以呈現其修改軌跡：

六月二十日：今日寫《魏石經考》畢，得十八紙。

七月一日：庽中有戚串來，八日不作一事，故《三字石經文字考》稿雖已就，尚未寫出也。

七月六日：《魏石經考》二卷已寫就清稿，但此稿石印底子恐仍須自書。

七月十一日：《魏石經考》由維自寫之，三日得七紙。

七月十五日：連日寫《魏石經考》，甚沉悶，且多注處，每日僅得二紙。第一卷刻寫畢。

七月十七日：《魏石經考》上卷寫成，得十九頁，雖甚粗漏，然前人實罕用此方法，故所解決之問題實頗不少也。下卷考文字，則却無甚精采，亦題目使然也。

七月二十四日：《魏石經考》二卷今日寫畢，得三十九頁，外加碑圖六圖。尚須覆校並手鈔一次，然後可令人寫也。

八月二日：近日寫《毛公鼎考釋》，後又修改《魏石經考》，尚須重寫一次。其中《魏石經經本考》一篇幾全行改易，其子目爲：漢石經經數石數考、魏石經經數石數考、魏石經經本考、魏石經拓本考、魏石經經文考、魏石經篇題考、魏石經古文考、魏石經書法考，共八篇，分爲二卷，附以碑圖七。此次殆可爲定稿矣。然再寫石印底本尚須半月有餘乃可成，碑圖恐尚須自寫，恃人全不成也。

九月九日：此次《魏石經考》又加增改，惟《經文考》與《古文考》二篇尚多罅漏，因憚於改寫，故悉仍之，然已改寫十餘頁矣。

① 王國維《書信日記·書信》，《王國維全集》卷十五，第156頁。

　　九月十四日：自四月下旬起作《魏石經考》，直至今日始將全稿及碑圖寫定。此次改寫二十紙左右，憚於全寫，故《經文考》及《古文考》中尚多罅漏。

　　《魏石經考》從着手起草至定稿前後近五月，即從六月二十日上卷寫畢，七月下旬二卷寫畢之後，八月又修改重寫，至九月又一次增改，且改幅非小，真可謂不斷發現，不斷修正，不斷完善。此《考》告成，是王國維研究魏石經第一個里程碑。七年以後，即一九二三年上半年，因洛陽新出土魏石經殘石，於是有《魏石經殘石考》之作。

　　（二）王、羅、馬等往來書信所見王國維《魏石經殘字考》研究過程

　　魏石經殘石，一九二一年以來，已陸續在洛陽出土，其最大者《無逸》《君奭》巨石出土於一九二二年十二月二日。静安聞其事，已在一九二三年春季。是年三月七日静安致羅函云：[1]

　　　　新出三體石經及《顏勤禮碑》昨已聞馬叔平言之，叔平至滬，一日即行。叔平謂周季木尚藏有魏石經《尚書·益稷》篇二字，見過拓本。不知新出之石六七百字者已抵京否？[2]

　　當時巨石曾轟動一時。雪堂得函時尚未見，十九日見部分拓片，即刻覆函云：

　　　　承詢魏三體石經。今日始見墨本二葉，一爲《尚書·無逸》，二爲《春秋·文公》，藏石者索萬元。且此石出洛東廿五里，乃石之上半，以巨石不便私運，乃中割而爲二，兩面共損去百餘字。弟之所見乃半石之表裏，其他半石，即拓本亦不示

————————————

　　① 王國維《魏石經殘石考序》云："癸亥春，乃聞洛陽復出魏石經殘石——……三月中，始得拓本。"

　　② 王國維《書信日記·書信》，《王國維全集》卷十五，第 541 頁。

人，俟此石售出，乃能示以他半。其拓本立時索回，弟乃令小兒陪之閑談，而陰至照像館照之，大約一星期可見照片矣。《無逸》篇中且甲之"甲"字尚作"🔲"，中從"十"不作"丁"，急以奉告，想所樂聞也。①

其索價之高和拓片守護之嚴，足以想見賈客居奇之貪心。然以雪堂之老練，猶能從其手中獲得照片。四月十二日，羅致函靜安云："息侯將南歸，魏石經照片攜京，當托渠轉奉左右。"及至照片洗出，因郵寄不便，雪堂遂將錄文鈔示靜安，並附己所作跋文寄靜安，書中盛贊靜安《魏石經考》之精密。② 五月二日，雪堂得見魏三字石經兩卷，亟告靜安云："魏三字石經兩卷，均得寓目，《書》每□卅四行，《春秋》卅二行，首尾兩行無字。都中洛下同人乃無一人得見者，懸高價以餌之，未得如願以償，乃知金錢果萬能也。拓本在敝齋，俟公來，當並几共賞也。"③靜安得知羅已見拓本並承示錄文，檢視自己前時所考，頗多密合，甚爲欣喜，連覆兩函。五月七日覆函云："魏石經竟得見二石，甚快。前拓本收到，其價當交敬公。其中古文祖甲字作'🔲'，此與《説文》柙之古文字'🔲'正同，即殷墟文字中'🔲'字之變形也。"④五月九日又函羅云："三字石經竟得全拓，快甚。……維所最快者，三體古文'甲'作'🔲'，篆隸'迪'作'🔲'，皆足證維説。又每石三十四行，正與維前考密合也。惜未得黃縣丁氏一石拓本，想至京後易覓也。"⑤又五月下旬致王文燾函云："昨奉手教並摩示正始石經，正在發熱，不能作覆，至以爲歉。敝藏二紙，其異同略能記者，《君奭》'其終出于不祥'，'終'作'崇'；'我道惟寧王德延'，'道'作'迪'，均與《釋文》所引馬融本同。而尊

① 《羅振玉王國維往來書信》，第 559 頁。
② 《羅振玉王國維往來書信》，第 560 頁。
③ 《羅振玉王國維往來書信》，第 563 頁。
④ 王國維《書信日記·書信》，《王國維全集》卷十五，第 544 頁。
⑤ 王國維《書信日記·書信》，《王國維全集》卷十五，第 544—545 頁。

摩《多士》篇'猷'字作'繇',憶《大誥》'猷'字,馬亦作'繇',然則魏石《尚書》實用馬本也。"①以上數函,語言輕快,皆是對新獲魏石經可證成己說那種喜悦之真情表露。然此時似未見有續撰之主意。其欲撰作《魏石經續考》之意圖,原於六月上旬對《多士》篇之排列。

六月六日,静安將《多士》殘石照《尚書》字數排列,可説是繼續了七年以前的工作。七日致羅函云:

　　　昨日將《多士》篇殘石照《尚書》字數一排,知是《無佚》篇殘碑。前一碑自第一行起至弟十一行止,下所缺字正得二十三行,正得三十四行,其上自《多士》篇首起缺一百八十四字,則在"今"以上缺四字也。《春秋》亦排出,乃自第二十五行至第三十四行止,其"趙"、"敖"、"宋"三字,則在第二十一、二十二、二十三三行也。所排之稿爲叔平持去抄録矣。叔平處之拓本似漢石經,乃"邱"、"來"二字。直列。又一石,有"後"、"臨"二字可識。橫列。明日當見叔平,即行索之。②

静安對《多士》《無逸》和《春秋》兩碑排列非常重要,此兩碑排出行數,不僅確定了魏石經整碑行款之基準,同時也修正了《魏石經考》以三十五行爲基準之推想。唯當時静安亦不自秘,排出之草稿即爲馬衡持去。而雪堂接到信函,立即致函云:"尊寫定《多士》及《春秋》□石圖,請屬叔平寫一紙見寄。"可見對此兩石排定所得行數之重視。《魏石經殘石考》分碑圖、經文異同、古文字三部分及附録《隸釋所録魏石經碑圖》,故應該認爲《魏石經殘石考》始撰於六月上旬。

當其撰著此考之前後,除雪堂時時惠寄拓片外,陳乃乾惠贈

---

① 王國維《書信日記・書信》,《王國維全集》卷十五,第600頁。
② 王國維《書信日記・書信》,《王國維全集》卷十五,第547頁。

《魏正始石經殘字》二卷,王文燾惠寄漢石經和魏石經拓片,[1]皆有利於静安之研究。七月十一日,雪堂致函静安有"尊著《魏石經考》稿能否惠示一傳録,能交伯深攜來尤感"一語,[2]可認爲其已有初稿。然静安並未録示,而是繼續深入研究。七月二十三日,静安致馬衡函,對幾片碎石之排列又有突破:

> 昨晚晤教甚快。燈下研求尊藏正始石經殘石,"祗王殷"一石乃《君奭》末、《多方》首之文,足證中間無《蔡仲之命》一篇;又"庶文王"一石,乃《立政篇》"庶常吉士"、"文王惟克厥宅心"、"文王罔攸兼於庶言、庶獄、庶慎"三句之字。前一殘石乃《無逸》《君奭》一碑之次碑,第二殘石乃其後第三碑。[3]

"祗王殷"一石顯示《君奭》《多方》相聯,中間無《蔡仲之命》逸篇,又一次證實魏石經不用《孔傳》本古文。七月二十六日,静安致馬衡,謂雪堂有周季木所藏《皋陶謨》殘石拓本二紙要轉交衡及森玉,是静安先馬衡而見此拓片。八月十四日,静安在端摹《皋陶謨》拓片後發現魏石經非一人所書。其致馬衡函云:

> 昨談甚快。頃閲魏石經《皋陶謨》殘石拓本,知《皋陶謨》與以後諸石決非一人所書。其所據《尚書》亦似非一本,如"予"字,《周書》古文並作"[illegible]",而《皋陶謨》作"[illegible]","攴"字偏旁《書》與《春秋》並作"[illegible]",而《皋陶謨》作"[illegible]",非所據之本不同,

---

① 陳乃乾於一九二三年影印出版《魏正始石經尚書》一卷,《春秋》一卷。(《陳乃乾文集》附《陳乃乾先生年譜簡編》著録,國家圖書館出版社 2009 年版,第 1009 頁。)陳之惠贈見王國維《致陳乃乾函》,六月十一日和二十三日(《書信日記·書信》,《王國維全集》卷十五,第 699 頁、700 頁)。據王函,陳之影拓本印行在六月。王惠贈拓片見王國維《致王文燾函》,在本年七月一日(《書信日記·書信》,《王國維全集》卷十五,第 601 頁)。

② 此非指七年前之《魏石經考》。《魏石經考》刊於《廣倉學宭叢書》,雪堂必早擁有,不必再問,此事之顯然無疑者也。

③ 王國維《書信日記·書信》,《王國維全集》卷十五,第 812 頁.

則必書人不同,各以其所謂古者書之也。昨在尊處所見"木
豎"二字,"豎"字古、篆二體似均從自下水,請摹示爲感。①

静安從同一書之同字古文而前後不同,遂有同一書非同一人所書
之推想。此雖僅可備一説,然其觀察之細緻、思慮之細密則令人欽
佩。静安自來京之後,與馬衡頗有往來,故往復商討漢魏石經事甚
頻。馬衡得函,即摹示"木劖"兩字,並贈魏石經大幅拓片。静安於
十五、十六連覆兩函云:

　　　魏石經未剖前拓本二幅收到,題識不難於長而難於短,恐
污裝軸,如何如何。弟之魏石經仍擬稍緩付裝,如兄便過富華
時請言及,則弟隨時可交付也。
　　　"木劖"一石摹示,至感。又"介"字一石兄處如有拓本或
摹本,亦乞摹示。此可以爲決品字式之碑果若干石之關鍵,前
函忘之,故再陳,費神至謝。②

魏石經未剖前拓本極爲珍貴,馬衡贈二幅,殆一贈静安,一請題識
也。故静安有"不難於長而難於短,恐污裝軸,如何如何"云云。而
以"介"字一石決品字式之碑,又是一個突破。就其不斷有新發現、
新突破而言,儘管八月十五日静安致雪堂函云:"近作《魏石經續
考》昨日始成,尚未寫清本。"③謂稿成而未寫清本,實則其後相當
一段時間内仍時有修正,定稿尚早。如十九、二十兩日,雪堂接連
三函,謂爲静安索得周季木正始石經拓片四紙,季木欲請静安考
證,是知乃静安先前所未見者。④ 直至一九二四年,此稿仍續有修
訂。一月十九日雪堂曾致函問静安:"大著《石經考》稿本是否寫

　① 　王國維《書信日記·書信》,《王國維全集》卷十五,第 814 頁。
　② 　王國維《書信日記·書信》,《王國維全集》卷十五,第 814、815 頁。
　③ 　王國維《書信日記·書信》,《王國維全集》卷十五,第 549 頁。
　④ 　《羅振玉王國維往來書信》,第 582、583 頁。

定？弟處有寫官，乞郵寄傳録，如何？"①此當時未寫定之證。而二月二十九日雪堂致函云："魏石經《皋陶謨》殘字收到否？"②三月四日又致函云："洛中又寄正始石經《皋陶謨》殘字來，雖拓本粗惡，然尚可辨，兹奉寄。"③是皆續有新見之魏石經拓片不斷集中到静安處。逮及五月二十二日，雪堂致静安函云："檢點石經殘字拓本，作一完善之考訂，甚善甚善。此稿若成，可以直稱石經，由津廠上石印行。至拓本則別爲一書可也。"觀言辭語氣，此函係雪堂覆静安函，今静安致函雖未見，仍可由雪堂函辭中得知，静安欲檢點近一年多來所得之三體石經拓片，作一完整之考訂。故四日後之五月二十六日，静安致馬衡函，仍在排比魏石經：

　　　　又排比魏石經行款，知尊藏"介退"一石竟是《皋陶謨》"以五介彰施于五色"及"退有後言"之文，"介"字右旁一筆乃是"予"字末筆，此三字皆在行末，以行款定之，別無可疑。而"五采"作"五介"，乃與鄭、孔二本均殊，直是聞所未聞。鄭君以未用、已用分解"采"、"色"二字，説似可通，然究未免支離。魏石作"五介"，蓋謂采色次序，如《考工記》所載"繢次"、"鏽次"，是則"彰施"二字始有著落。④

　　"介"、"退"函所説"予"字，碑圖有標示，可見《殘石考》之成稿在其後。五月三十一日，雪堂致函，云"前索三體石經，是否'彌'字一石？前大索不得，今無意得之。若不是此紙，即請擲還"，静安索石殆欲補充其文。同樣情形，一直延續至一九二五年乃至一九二六年。一九二五年九月，静安與馬衡仍在討論魏石經。静安於十四日致函云：

　　①　《羅振玉王國維往來書信》，第 605 頁。
　　②　《羅振玉王國維往來書信》，第 610 頁。
　　③　《羅振玉王國維往來書信》，第 610 頁。
　　④　王國維《書信日記·書信》，《王國維全集》卷十五，第 817 頁。

魏石經此次拓本。足補《無逸》及《僖公》大石者，以弟所
已知者，僅得八中，而"逸先"及"不雨"兩石乃與大石相先後，
合之僅得十耳。不知兄所數，除此二石，抑并計之也？乞示。

透過此函，可知馬衡在向靜安覈對可拼接於兩塊大石上之碎石數
量。二十二日，靜安又致馬函云："前日接手教并石經《尚書》、《春
秋》殘石十種，至謝至謝。弟前所未數者，即'公復''取如'二石
也。"讀此函，知馬衡將自己可拼接之十塊殘石拓片寄靜安，靜安校
覈，得知馬衡所計之"公復"、"取如"兩塊，自己未計。然己所計亦
十塊，是則兩人所計有錯轉，故隔日（二十四日）致馬函剖析情況：

　　　昨復一書，想達左右。今日復將尊賜石經拓本細將檢覈，
知可補大石之十片，弟與兄所計各異：弟所計者，《尚書》尚有
二片，一爲《君奭》第五、六兩行之"惟家"惟人、在家不知。二
字，一爲第末二行"若若卜筮殷嗣"有殷嗣天滅畏。三字，此三
字正在大石與丁氏小石之間。而《春秋》中兄重寄之"阝晉"二
字，弟不能發見其所在，阝字兄意係何字之半？請示爲感。①

靜安將馬衡所寄碎石十篇與自己所藏校覈，發覺《君奭》"惟家"和
"若殷嗣"二石爲馬衡所未計，而馬衡所寄《春秋》"阝晉"一石，應爲
靜安所未計。靜安不知此石應置何處，故請示於馬。馬是否有覆，
今未可知。然《殘石考》中未標示此石，或仍未考出。靜安未標示，
不能説《殘石考》至此時未完成。然下面兩函之內容，可知靜安尚
不時在修改。一九二六年八月二十二日，靜安致馬衡云：

　　　今日偶翻三字石經拓本，見有"饗或作其"四字，乃《無逸》
"肆中宗之享國"及"作其即位"之文；有見"逸""厥"二字，乃

---

①　王國維《書信日記·書信》，《王國維全集》卷十五，第 824 頁。

“生則逸”及“自是厥後”之文,此二石不知兄已查出否,敬以
奉聞。①

“今日偶翻”云云,似其前時未曾察見排比,故亦問馬衡是否查出。
覈《殘石考》,兩石皆已依此函所説標示,知必此日後所修正。又九
月十一日致馬函討論“不我郵”一石歸屬云:

> “不我郵”一石,其末一字如可確定爲“光”字,則爲《君奭》
> 之文無疑,因《春秋》無“郵”字,而《尚書》“尤”字,亦惟《君奭》
> 《吕刑》兩見故也。
>
> “不我郵□”,第四字是否“光”字,請細審之,若是“光”字,
> 則此石爲《君奭》無疑。細思此石或係《君奭》,“尤”之爲“郵”,
> 固無不可;然“棐”之爲“不”,實爲巨異。自王懷祖、孫仲頌以
> 前,絶無以“棐”訓“匪”者,若古文原作“不”,則馬、鄭、僞孔必
> 已如王、孫二氏訓“棐”爲“匪”矣。此甚不可解也。②

“不我郵□”一石係馬衡所得而請静安審定者。九月九日致馬函
云:“‘不我郵□’一石尚未檢得,‘不我’二字絶非《春秋》,而《尚書》
又無‘郵’字,而‘尤’字亦不多,容再思之。”③此函開首云“頃接手
書,敬悉一切”,則此石拓片亦剛送至静安。静安乍思不得其解,二
日後,致函詢問第四字是否“光”字,如是,則確定其爲《君奭》文。
今《殘石考》已定此石在《君奭》下,可見此稿在九月十一日仍在增
補,至今未發現有定稿之記載。

　　静安對於出土魏石經殘石之研究,雖亦時時與雪堂往復商討,
因時已遷居北平,與馬衡鄰近,且馬衡時將新得殘石供静安研討定
奪,相與商榷,故往來甚密。静安歸道山,馬衡抄録《三字石經考》

---

① 王國維《書信日記·書信》,《王國維全集》卷十五,第 829 頁。
② 王國維《書信日記·書信》,《王國維全集》卷十五,第 831—832 頁。
③ 王國維《書信日記·書信》,《王國維全集》卷十五,第 830 頁。

稿並跋云："憶自十二年秋衡得石經殘石，先生亦於是時來北京，乃相與摩挲、審辨，有所發明則彼此奔走相告，四年以來未嘗或輟，而今已矣，無復質疑問難之人矣。讀此遺編，倍增悵惘。"①由此可窺靜安撰寫魏石經過程之一斑。

三、《魏石經考》《魏石經殘字考》之內容與增删

（一）《魏石經考》內容

《魏石經考》一九一六年九月著成，隨即刊於由姬佛陀挂名、靜安實際主持編輯的上海倉聖明智大學出版之《學術叢編》中。其細目分爲：

上卷：

漢石經經數石數考

魏石經經數石數考

漢魏石經經本考

魏石經古拓本考

魏石經經文考——一、丁氏殘石，二、《隸續》遺字

魏石經篇題考

下卷：

魏石經古文考

魏石經書法考

附：《隸續·魏石經圖》六幅

上卷六篇，下卷二篇，共八篇。內容如下：

《漢石經經數石數考》，文獻所載漢石經、魏石經經數、石數互相糾結，故欲考魏石經經數、石數，得先探考漢石經。漢石經之經

---

① 馬衡《三字石經考跋》，《馬衡詩抄·佚文卷》，紫禁城出版社 2005 年版，第 162 頁。

數,史載有五經、四經、七經之異,①其石數則有四十枚、四十六枚、四十八枚、五十二枚之殊。② 静安研究之方法甚爲簡單,其手續則頗爲繁複,其抉擇則極具慧識。其方法即是計算出每碑可容字數和四十碑、四十六碑、四十八碑、五十二碑所容總字數,以此來容納四經、五經、七經之字數。每碑之行款,即據傳世宋拓《尚書》《論語》之每行七十三四字爲基點,以石經高丈許,廣四尺,框定一碑三十五行,行七十五字。各經字數依《開成石經》,但須考訂排斥《尚書》不用五十八篇之《古文尚書》,《洛陽記》《伽藍記》之"禮記"應爲"儀禮"。復據《洛陽記》所記洛城南開陽門太學講堂前石經之排列:西行:《尚書》《周易》《公羊》十六碑,南行:《禮記》十五碑,東行:《論語》三碑。以此得到總碑總字數和三面分碑分經字數之二種參數,故最後得出:西行二十八碑爲《易》《書》《公羊》《詩》《春秋》五經,南行十五碑爲《儀禮》及校記、題名,東行三碑爲《論語》,總七經四十六碑。

《魏石經經數石數考》,魏石經石數據文獻所記有三十五碑、二十五碑、四十八碑之異,③因其一字有古文、篆文、隸書三體,容量極大,故即使碑數有四十八,所刊經數亦少於漢石經。據《西征記》《伽藍記》所記僅《尚書》《春秋》二部,與《隋志》所載《三字石經尚書》《三字石經春秋》相合。然《舊唐志》更有《三字石經左傳古篆書》十三卷,且《隸續》錄魏石經遺字亦有《左傳·桓公七年》九字、《桓公十七年》二十六字,是則有三經。静安依《開成石經》算出《尚書》《春秋》《左傳》三體總字數有六十四萬七千九百六十四字,而其

---

① 《後漢書·蔡邕傳》注引陸機《洛陽記》舉《尚書》《周易》《公羊傳》《禮記》《論語》五經,楊衒之《洛陽伽藍記》舉《周易》《尚書》《公羊》《禮記》四經,《隋志》則舉《周易》《尚書》《魯詩》《儀禮》《春秋》《公羊傳》《論語》七經,互有異同。

② 《西征記》謂四十枚,《洛陽記》謂四十六枚,《伽藍記》謂四十八枚,《北齊書·文宣帝紀》謂五十二枚。

③ 《御覽》卷五百八十九因《西征記》記爲三十五碑,《伽藍記》記爲二十五碑,唯《水經注·穀水注》記爲四十八碑。

據黃縣丁氏所藏魏石經殘石並參考《水經注》所云"長八尺，廣四尺"排比計算，每碑得三十五行，行六十字。如此則須一百五十五碑方能容納三經。此不僅與文獻所載碑數不合，亦非正始數年間所能辦。最後，靜安以三字石經《左傳·桓公》殘石爲基點，計算隱、桓二公傳文得九千三百三十九字，合《尚書》《春秋》共四萬四千五百六十一字，每字三體得十三萬三千六百八十三字，而《西征記》三十五碑可容十四萬七千字，故考定魏石經已刊《尚書》《春秋》二經及《左傳》之隱、桓二公傳文。

《漢魏石經經本考》，漢石經因《隸釋》所錄《魯詩》殘石有"齊""韓"字，《公羊》殘石有"顏氏有"字，《論語》殘石有"盍、毛、包、周"字，是乃各經校記。蓋石經以一本爲主，復著諸本異同於後，以此反映當時官學所立諸家經本。靜安以此推定漢博士《易》有施、孟、梁丘、京氏四家，《書》有歐陽、大小夏侯三家，《禮》有大小戴二家，石經本亦必以一家爲主，而於後著諸家之異同，如《魯詩》《公羊》之例，是今文諸家異同盡萃於漢石經矣。曹魏正始間所以立古文石經，殆因"魏學官所立諸經，乃與後漢絕異"，其時《書》已爲賈、馬、鄭、王之本，而博士之可考者，亦多古文家。是則學官所立爲古文，而太學舊立石經爲今文，故刊古文經傳以補之。刊《春秋》並刻《左傳》，理亦同此。其所以不見逸《禮》、逸《書》及魏時已立學官之他經者，靜安推測：逸《書》、逸《禮》學官所不立，固在不刊之列，至《禮記》《穀梁傳》均爲今學，《費易》《毛詩》雖爲古學，或已無古文之本，或欲刊而未果，與《左傳》之未畢功者同。至於魏石經之古文，他考證曹魏時古文傳授和字學之興盛，認爲其"出於壁中本，或其三寫、四寫之本，當無大誤。即謂出於當時字指學家之手，然雖非壁中之本，猶當用壁中之字，固不能以杜撰譏之矣"。

《魏石經古拓本考》專考《隸續》以前魏石經流傳之跡。靜安謂《隋志》注謂梁有一字石經和三字石經爲拓本抑寫本，蓋無可考，而《隋志》著錄之二種石經，因《封氏聞見記》明言爲拓本，則確鑿無疑。然此拓本，唐初修《隋志》時尚完，至中、睿以後頗已散佚，其鱗爪所存者，有郭忠恕所叙之開元十三紙及竇蒙所見四紙。下逮北宋,丞相王文康家有三字石經拓本。皇祐癸巳,洛陽蘇望得王氏拓本,刊以行世,後爲《隸續》所録。静安離析《隸續》殘石,適爲《尚書》六段,《春秋》七段,《左傳》一段,共十四段,與開元十三紙止差一紙,推測其即開元十三紙,而其中當有兩段在一紙上者。静安又將魏石經古文與郭忠恕《汗簡》和夏竦《古文四聲韻》比對,郭引魏石經一百二十二字,其見於蘇刻者七十四字;夏引魏石經一百十四字,其見於蘇刻者六十三字,餘皆出《汗簡》,其在蘇刻及《汗簡》之外者僅十二字。此對探尋《汗簡》《四聲韻》之取材,無疑是揭示了一項大宗資料。

《魏石經經文考》是對黄縣丁氏所藏殘石和《隸續》所録遺字之經文回溯。《隸續》録魏石經遺字,僅題"魏石經左傳遺字",清臧琳《經義雜記》始分出《尚書》殘字,孫星衍《魏三體石經遺字考》又分出《春秋》殘字。静安將之與丁氏所藏殘石依孫氏形式一并作釋,且時有糾正孫説。唯孫刊《隸續》三體文字用陰文拓本形式,静安則用手寫體,稍遜觀賞。最後根據其所擬定之經文及行款將《隸續》各段分繫於相應之五碑:第一、第五、第八爲一碑,係《春秋·襄公》經文;第二、第十一爲一碑,係《尚書·大誥》;第三、第六、第十爲一碑,係《春秋·宣公》經文;第四、第七、第九、第十三爲一碑,係《尚書·吕刑》《文侯之命》文;第十四自爲一碑,係《左傳·桓公》文。因魏石經亦表裏刻字,故静安推測此五碑必有互爲表裏者,因不得其排列,故無從考定。

《魏石經篇題考》,此篇因《尚書》殘字有《吕刑》《文侯之命》相接,《春秋》殘字有《桓》《莊》二公相接,故由其相接處闕字地位探討《尚書》和《春秋》之篇題行款。静安以爲,魏石經篇題"文侯之命"上應有"古文尚書"四字,以此别於漢石經之非古文;"文侯之命"下所闕十四字當是"弟厶厶　周書　文侯之命","厶"、"書"、"命"下各空一個,計十二字,其中或有空三字或别增二字者,雖無法徵考,但中間絶不能容"書序"之十五字,則灼然可知。其《春秋》篇題亦由此思路探求。結論爲:《尚書》篇題是:"古文尚書文侯之命弟厶厶周書,"《春秋》篇題是:"古文春秋經莊公弟三。"其篇題結論固未必符合原始樣式，然《尚書》兩篇之間無法容納"書序"，由此推定其用馬鄭本而非《孔傳》本之說則顛撲不破。

《魏石經古文考》專考魏石經古文字形。古文本是靜安探考魏石經之主要目的，及至研究一旦展開，雖涉及到石經之方方面面，而這僅成爲其中之一端。是考計丁氏殘石古文三十六字，除重複得三十一字；《隸續》古文二百五十一字，除復出和與丁氏殘石相重者得一百四十字，共計一百七十一字，其中重文三十二字。每字之下，參照《說文》及殷周古文、敦煌故寫本、《汗簡》和《古文四聲韻》之字形予以解說，以見其異同。經徵考，知"魏石經古文上多同許氏古文，下多同未改字《尚書》"，亦即"於殷周古文相去頗遠，而去戰國文字較近，亦與《說文》古文同"。[①]

《魏石經書法考》則專論古文形體之來源。靜安謂唐以前，古文與篆體無別，至宋雍熙刊版，則古、篆形體迥異。宋代古文字形，出於句中正、王惟恭二人之手，而爲郭忠恕、夏竦、呂大臨、王楚、王俅、薛尚功輩所承襲。其時此種形體與新出甲、金三代文字形體頗殊。據衛恒《四體書勢》所言，當是立三體石經時，書者摹寫，轉失淳（邯鄲淳）法，效蝌蚪之名，遂成豐中銳末或豐上銳下之形。由此知郭忠恕輩所集，決非自創，當爲六朝以還相傳之舊體。至於書者，其徵引舊說，而仍無法確指。

《廣倉學宭叢書》本《魏石經考》後附有六幅直下式碑圖，依據《隸續》所載殘字，凡《隸續》之三體全者，古文、篆文照描，隸書用楷體表示；三體中僅存二體或一體者，空其位；《隸續》所無文字，亦闕而不補。審其圖，知其煞費苦心，然畢竟未見原石，難以契符。

（二）《魏石經考》刪削原由

一九二一年蔣汝藻爲靜安刊《觀堂集林》，靜安刊落《魏石經經文考》《魏石經篇題考》《魏石經古文考》三篇及附圖六幅，增刪個別

① 王國維《魏石經古文考》，《魏石經考》卷下，《歷代石經研究資料輯刊》第六冊，第 187 頁。

正文、注文，①收入《觀堂集林》卷十六，略去題目而分別標一、二、三、四、五，於一九二三年刊成。《魏石經考》八篇從不同角度考證、闡述魏石經之方方面面，是一個有機整體。靜安刪削之由，弟子趙萬里以爲是其"去取至嚴"。② 理雖如此，然其實與當時新出魏石經殘石有莫大關係。《魏石經殘字考》前有序文一篇，謂"余於丁巳作《魏石經考》"，丁巳（1917）當爲"丙辰"之誤記。云"歲在辛酉（1921），復刪《經文考》《古文考》諸篇，而掇取其首五篇編入《觀堂集林》。癸亥（1923）春，乃聞洛陽復出魏石經殘石一，兩面分刻《尚書·無逸》《君奭》二篇、《春秋·僖、文二公》，字數至千餘字。三月中，始得拓本，則已剖而爲二矣。"③其編輯《集林》確在辛酉，但至歲終僅印成《藝林》三卷，④而全部刊成之時間却甚晚。靜安一九二三年五月九日致羅函云："惟文集約月底排竣，如未必如約，則令寄京校之。"⑤時蓋未完成。而此時已得聞巨石正反面刻《尚書》和《春秋》事。《魏石經經文考》乃是對《隸續》和丁氏藏石經文位置之考訂，靜安云："余既以丁氏殘石考定魏石經每行字數，即以其行款排比蘇刻殘字，則殘石形狀悉可得而圖其字，所當繫之經文亦可得

<hr>

① 如《魏石經書法考》刪去最後"魏石經書人今無可考"一段一百四十一字，《漢石經經數石數考》"此南行十五碑之《禮記》實爲《儀禮》之證也"下增雙行小注"又案，《儀禮》經文僅爲十一碑，加以校記，亦不過十二碑，而有十五碑者，疑他三碑乃表奏之屬。《後漢書》注引陸機《洛陽記》云：'《禮記》碑上有馬日碑、蔡邕名。'今洛陽所出殘石有一石有劉寬、堂谿典諸人名，其裏面又有諸經博士郎中姓名，其文甚長，或非一碑所能容，當在十五碑中也"一百八字，《魏石經經數石數考》末刪去雙行小注"説詳下魏石經拓本考，此不贅"十二字，等等，其他文字更動不多。
② 趙萬里《王静安先生年譜》辛酉年四十五歲叙《觀堂集林》下云："案先生之輯《集林》也，去取至嚴，凡一切酬應之作，及少作之無關弘旨者，悉淘去不存。舊作如《魏石經考》《漢魏博士考》《爾雅草木蟲魚鳥獸例》，亦只存其一部分而已。"《王國維全集》卷二〇，第 462 頁。
③ 王國維《魏石經殘石考序》，《王國維全集》卷十一，第 3 頁。
④ 趙萬里《王静安先生年譜》辛酉年下，《王國維全集》卷二十，第 462 頁。
⑤ 王國維《書信日記·書信》，《王國維全集》卷十五，第 545 頁。

而定。既爲圖六附於卷末，復從《隸續》次弟録之，而分注經文於下。"①然既知巨石已出土，恐其圖未必相符。《魏石經篇題考》亦是探求魏石經篇題之行款，雖静安多方設想，細心計算，仍有未能盡如人意之處。《魏石經古文考》係考證其古文字形，既然已有新出殘石，原所統計當有更動。故其編輯《集林》時皆删削不收。設若當時未删，至一九二三年聞見新出魏石經殘石，詳其行款後，亦必會抽出删削。

（三）《魏石經殘石考》名稱與内容

《魏石經殘石考》之篇名頗爲歧出，據静安致羅函曾題"魏石經續考"；趙萬里編《王静安先生著述目録》，合前所撰題"魏石經考一卷附録一卷"；②羅振玉編輯《王忠慤公遺書》内編，題"魏正始石經殘石考"，趙萬里編《海寧王静安先生遺書》題爲"魏石經殘石考"。他如馬衡題作"三字石經"，而新近出版《全集》之《殘石考》整理者謂"本書草稿撰成於一九二三年八月，因石經殘石陸續出土而未能寫定。容庚抄録時暫定名《魏石經續考》"。③ 其所以紛歧不一，與此文未經静安最後定稿有關。兹援據文獻，略爲分疏如下：静安一九二六年九月十一日致羅函有云："文光閣彙印新出石經至佳，弟之釋文如不急需用，擬交希白帶奉。燕京尚未開學，恐希白未必即來此也。"據此推測容庚開學至静安處取釋文，或即抄録此稿，則此考容鈔清稿時間約在一九二六年九十月間。容庚在静安卒後所寫紀念文章中説："《續魏石經考》一卷，未定稿，且無標題。其名乃余録手稿時所假定。……蓋數年來，殘石陸續出土，故未能寫定。"④是其鈔本原題"續魏石經考"，後改題"魏石經續考"，或因循静安一九二三年八月十五日致羅函所云"近作《魏石經續考》昨日始成"之初意。容鈔清稿據容説謂"此稿今寄羅振玉先生，甚冀

———————

①　王國維《魏石經考・魏石經經文考》，《歷代石經研究資料輯刊》，第六册，第133—134頁。

②　趙萬里《王静安先生著述目録》，《王國維全集》卷二十，第150頁。

③　見《王國維全集》卷十一《魏石經殘石考》扉頁。

④　容庚《王國維先生考古學上之貢獻》，《燕京學報》第二期，第331頁。

其能爲補正而刊之也”，則羅刊題作“魏正始石經殘石考”係雪堂之
旨意。静安甫殁，弟子趙萬里整理遺著，於一九二七年六月廿二日
致陳乃乾函開列“王静安先生著作目録”，分“已刊”、“已寫定未刊
者”、“未寫定者”和“補遺”四類，《石經續考》列於“未寫定者”類。①
趙氏蓋見原稿題“魏石經續考”且未清稿，故闌入“未寫定”類。至
一九二八年編《著述目録》，題“魏石經考一卷附録一卷”而注明爲
“稿本”，並云：“歲在壬戌，洛陽新出魏石經《尚書》《春秋》數石，先
生遘得墨本，繼又得見私家所藏零星小塊，乃草《石經續考》，念他
日或有續出之資料，故終未寫定。今以《續考》爲主，而以原《考》下
卷附之，亦共得二卷。”②其同時撰《王静安先生年譜》，於甲子
（1924）十二月下繫以“撰《魏石經續考》，草稿略具”，③並綴以静安
之序文。馬衡亦於一九二七年十一月廿七日寫下《三字石經跋》，
亦謂是“未竟之稿”，④是則馬衡題“三字石經”亦是叔平自擬。唯
當時師友門人所見此考皆未寫定，至一九四零年印行《遺書》，乃據
静安序文末有“乃復爲魏石經殘石考，以補前考之未備焉”語，⑤遂
題以今名。緣此亦可推知序文或作於容庚借鈔之後，亦即一九二
六年十月以後。

　　《殘石考》分碑圖、經文異同、古文及作爲附録之《隷釋》所録魏
石經碑圖四部分。

---

① 　參見《陳乃乾文集·海上書林》中《關於王静安先生逝世的史料》一文
所載趙萬里致陳函（國家圖書館出版社 2009 年版，上册，第 77 頁）。
② 　趙萬里《王静安先生著述目録》，《王國維全集》卷二十，第 150 頁。
按，此《目録》最先刊於《國學論叢》第一卷第三號，時爲一九二八年。
③ 　趙萬里《王静安先生年譜》，《王國維全集》卷二十，第 471 頁。
④ 　馬衡《三字石經跋》云：“《三字石經考》爲亡友王静安先生遺著，一碑
圖，二經文異同，三古文，四附録《隷釋》所録魏石經圖，乃未竟之稿。先生歸
道山後，衡録副藏之，眼當爲之整理增訂授之梓人。”（《馬衡詩抄·佚文卷》，
紫禁城出版社 2005 年版，第 162 頁。）
⑤ 　按，趙萬里《王静安先生年譜》所載静安序文末作“乃復爲此《考》，以
補前《考》之未備焉”（《王國維全集》卷二十，第 472 頁），文字與此稍異。恐趙
氏當時鈔纂疏忽所致，其後編纂《遺書》，乃照録原文。

　　碑圖　碑圖以新出殘石之文字爲基點，將經文依碑石之高廣排列。其中圖一是品字式《堯典》和《臯陶謨》。因品字式難以表述，僅列經文，凡殘石文字用稍粗大字體書寫，以區別復原文字。另一類圖爲三字直下式，有《金縢》、《康誥》、《梓材》、《多士》、《無逸》、《君奭》、《多方》、《立政》、《顧命》、《春秋莊公》、《春秋僖公、文公》、《十有二年春王正月》等，直下式因一字三體，故依碑石僅排二十字一行。靜安在《魏石經考》中參考《水經注》所云"長八尺，廣四尺"排比計算其行款，以每碑三十五行，行六十字計算其刊刻之經數。魏石經殘石之出土，不僅行款有差異，更出乎意料者乃是魏石經同時存在品字式和直下式兩種款式，使其不得不重新考慮原碑款式。經周密思考與排列，並對各經殘石字體仔細辨認與考證，靜安於"碑圖"後作有總結性之論述：

　　　　此次所出魏石經中最可注目者，則《尚書·臯陶謨》十七石與《高宗肜日》以下諸石行款不同是也。"帝言"以下諸石，皆一格之中上列古文，而以篆、隸二體並列於下，成品字形。《高宗肜日》諸石，則古文、篆、隸三體直下，與《隸釋》所錄者同。其三字直下者，每行六十字，每碑三十四行，或三十二行。而品字式者，每行七十四字。七十四字者，漢石經每行之字數也。此二種款式雖異，石之高廣必同。品字式者，每行中篆、隸二體並列，故橫處較寬，以比例計之，每碑當得二十六七行。此二種非一人所書。品字式者，古文、篆、隸三體似出一手；直下式者，則三體似由三人分別書之。而書品字式古文與書直下式古文者，亦非一手。[1]

此段論述意味着對《魏石經考》之修正，其主旨有三：一、魏石經分品字式和直下式兩種款式，非如先前據《隸續》殘字所定爲一種行

---

　　①　王國維《魏石經殘石考》，《王國維全集》卷十一，第 25 頁。

款。二、古、篆、隸三體款式不同,其行款亦異,三字直下式每行六十字,每碑有三十四與三十二行之異;品字式每行七十四字,與漢石經同,唯篆、隸二字並列,占位較寬,故每碑僅得二十六七行不等。總之,每碑行數、每行字數均與先前所計每碑三十五行,行六十字者不同。三、比較兩種款式之《尚書》與《春秋》古文和篆體,可知書手非一。

經文異同　　此專就依既定行款排列魏石經殘石時與今本文字多寡以及魏石經殘石文字與經文文字異同之考證與説明。如云:"'言都帝予'一石之'言',與'禹四'一石之'禹',中間應闕三十二字。而今本除《益稷》篇題外,經文有三十三字,是今本羨一字。"此爲今本多字。又云:"《康誥》'惟曰'二字間,石經當有十九字,而今本僅十八字,則石經多一字。"此爲今本少字。以靜安排列之碑圖校之,石經與今本互有一至三五字差異者甚多。又云:"第二十九行'觡于上帝',今本'觡'作'格'。"此文字之異同。魏石經《無逸》有"仲宗及高宗及祖甲"文,與《孔傳》本同。《隸釋》所載熹平石經殘文"肆高宗之饗國百年"下直接"自是厥後"四字。洪适云:"孔氏叙商三宗以年多少爲先後,此碑獨闕祖甲,計其字蓋在中宗之上,以傳序爲次也。"[1]此段顯示出古今文之不同,段玉裁論之甚詳。[2]靜安就魏石經殘文而云:"案漢石經《無逸》篇每行所闕,率五六十字,獨'中宗'上所闕僅二十一字,加以'祖甲'一節,始得與他行字數相等。洪説是也。魏石經叙三宗事在前碑,其次序雖不可考,而此以仲宗、高宗、祖甲爲次,則異於漢石經而同於今本,可知馬、鄭古文本亦無不然。"[3]此叙事段落之異同。魏石經第十八行篇題"君奭"下整行空缺,無"第幾"字樣。靜安於《魏石經考》中曾從多

①　洪适《隸釋》卷十四,第151頁上。
②　段玉裁《古文尚書撰異》卷二十二,《清經解》卷五百八十九,上海書店1988年影印本,第四册,第96頁下。
③　王國維《魏石經殘石考》二《經文異同》,《王國維全集》卷十一,第30頁。

種角度推測魏石經古文有"古文尚書"、"第厶厶"、"厶書"等款式，及見此殘石，因改變看法，引而伸之云："蓋《古文尚書》原本如是。今本每篇之首云'厶厶第幾厶書'，與以《書序》分冠篇首，皆僞孔所爲。至《序》後復出篇題，除僞書二十四篇外，皆原本也。馬、鄭本篇題蓋亦如是。其云虞夏二十篇、商書四十篇、周書四十篇者，乃鄭君注《書序》之説，未必每篇之下題某書某篇。《正義》所云鄭本《湯誓》第二十九、《柴誓》第九十七，亦以《序》中百篇之次言，未必署第幾也。"①此辨別篇題款式之異。魏石經之復原工作極爲繁複，靜安此節所考，雖未必即得其環中，要亦足以啓人心智。

　　古文　此與《魏石經古文考》同，專就魏石經殘石中出現之古文字形。先列魏石經古文，次列楷書，而後徵引甲金文、《説文》《汗簡》《古文四聲韻》等相印證，指明其同異、假借、舛譌等。釋《尚書》古文九十七字，《春秋》古文五十二字，計一百四十九字。

　　附録《隸釋》所録魏石經碑圖　其"隸釋"當作"隸續"。②是就《隸續》卷四所録"魏三體石經左傳遺字"經分離爲《尚書》《春秋》之後，再就其殘字用靜安認爲之原碑款式予以復原，計《尚書》二塊，《春秋》三塊。按理考證新出魏石經殘石，不必列《隸續》殘字，推其旨意，是要糾正《魏石經考》中之觀點與設想。兹將之與《魏石經考》附圖對照，可見《魏石經考》附圖有誤排之處，如《文侯之命》"王若曰"一石與"家純"一石之地位當上面齊平，而附圖展示出來有上下二字之差。其最重要之分別是此圖已經不提《左傳》殘字，此是否意味着靜安不再認爲此段是魏石經，若然則靜安似已放棄先前魏石經刻《左傳》至桓公之推想。

----

　　①　王國維《魏石經殘石考》二《經文異同》，《王國維全集》卷十一，第 30 頁。

　　②　按，容庚《王國維先生考古學上之貢獻》一文記述時云"附《隸續》魏石經圖，可正《魏石經考》所附之失"（《燕京學報》第二期，第 331 頁），不誤，可知靜安原稿作"隸續"，後不知何時誤作"隸釋"。

四、王國維石經研究之成就得失

　　静安對魏石經之研究,主要集中在二個階段,前一階段是一九一六年四月至九月,此五個月時間是對洪适傳鈔之魏石經文字離析與考訂,對碑圖之形制、行款作推測。後一階段是一九二三年四月即魏石經《尚書》《春秋》殘石出土數月之後,進一步對碑制行款、字體、書法等予以深入研究,修正前説。由於魏石經殘石出土後分散於各藏家之手,傳拓有遲速,故静安得見亦有先後。其每有新得,必沉思研摹,凡有新見,輒削改修訂,故若斷若續,直至一九二六年秋季猶未寫定。縱觀並審察静安在研究魏石經前後兩個階段中之思維歷程,既可察見其超人的直觀想像力,亦可感悟到其非凡的理性判斷力。二十世紀二十年代初是近一千年中石經出土最多的瞬間,静安之《魏石經考》和《魏石經殘石考》二篇適當其前後,因而兩篇考證在二十世紀石經和戰國秦漢文字研究史中有相當重要的地位,其對石經研究乃至戰國秦漢文字研究之貢獻至少有下列三點。

　　(一)基本排定熹平石經和正始石經之行款字數、碑數

　　對經碑行款、字數之探索,看似小道,却關係整個石經之研究,故當最初静安依《隸續》所載殘石排定魏石經爲每碑三十行,行六十字時,儘管未盡符原碑行款,羅振玉聞之,仍興奮地稱謂"此大快事"。① 静安對魏石經字數、行數、碑數之推定,經歷前後兩個階段。當其依《隸續》文字研究其行款時,設想成份較多,但也更能顯示其智慧。其後三字石經殘石頻頻出土,遂排定魏石經三字直下式爲每行六十字,每碑三十四或三十二行;品字式每行七十四字,因篆、隸二字並列,占位較寬,故每碑僅得二十六七行不等;石數爲三十五。其首二碑爲品字式,下接直下式。此乃其據當時殘石所

---

　　① 羅振玉一九一六年五月二十七日之王國維函,《羅振玉王國維往來書信》,第 88 頁。

作出之推論，已基本接近原石款式。静安殁後，又陸續有直下式《堯典》《禹貢》殘石及古篆二體、一體之拓本集中到專家案頭，[①]乃知三字直下式之經自爲一列，而品字式不與焉；且行款字數亦有參差，然大體在其估算之範圍内。静安研究思維之統攝性極强，當其最初探究魏石經行款時，已認識到其與漢石經行款之聯繫，故據傳世宋拓《尚書》《論語》行約七十三四字，遂假定熹平諸經每碑三十五行，行七十五字。六七年之後，數百塊熹平殘石出土，静安欲作一總括性研究而未果，經羅振玉等排比，知各經各碑各行之字數自六十八至七十八不等，而大率在七十三四之間。古今經本不同，行字往往參差，所以確實難以一種數據衡量論定。字數、行數雖有參差，而静安對碑式之推算與原石基本相同，尤其是對七經之書寫格式符號、空格接書等亦加關注，思維超前。總之，静安在文字之外對魏石經和漢石經行款之排比推定，爲當時多視角研究漢魏石經奠定了基礎。

（二）確定魏石經古文爲漢代古文經壁中本或其傳鈔本

“古文”之含義及其行用範圍和古文獻中不同指義，既是静安四十以後研究中的重點，也是二十世紀戰國文字研究中具有突破性的亮點。學界的亮點繞不開静安的重點，静安之重點則以研究魏石經古文爲基點。静安從關注《説文》中古文與《史籀篇》籀文入手，進而考證魏石經，又因魏石經古文與傳鈔古文之關係，進而思考《説文》古文性質、《史》《漢》古文指義及科斗文形體等問題。

一九一六年初，静安以研究《史籀篇》而關注《説文》中古文，因《説文叙》云“宣王太史籀著大篆十五篇，與古文或異，至孔子書六經、左丘明述《春秋傳》，皆以古文，厥意可得而説”，又云“古文，孔子壁中書也”，“壁中書者，魯恭王壞孔子宅而得《禮》《記》《尚書》

---

①　另有僅古、篆二體無隸書者，僅出古文而無篆隸二體者（參見王獻唐《漢魏石經殘字叙》，《漢魏石經殘字》二卷之首），又有篆書一體或隸書一體者（參見孫海波《三字石經集録·源流》，考古學社專刊之十七），此或別有成因。

《春秋》《論語》《孝經》，又北平侯張倉獻《春秋左氏傳》"，遂産生一種東西土文字不同之觀想。因壁中書之時代明確，故考證《史籀篇》之時代，或許以孔子及七十子後學所著書多在戰國之意識，致使其將《史籀篇》亦定爲戰國，[1]於是形成"《史籀篇》文字，秦之文字，即周秦西土之文字也"，"壁中古文者，周秦間東土之文字也"之觀念，隨即著成《〈史籀篇〉疏證序》。[2]　二十世紀初葉，出土文字頗少，要驗證《説文》古文與東土文字異同，魏石經古文是最好的材料，故同年四月即取丁氏所藏殘石和《隸續》所載魏石經古文對勘，由此進入其石經與文字雙軌並研時期。

　　《説文》古文有明確界定，魏石經古文應用兩漢古文經本，由此涉及到《史》《漢》所説之古文涵義，漢代古文經傳之流傳及其轉寫本等問題。經思考審辨，於是有《戰國時秦用籀文六國用古文説》《史記所謂古文説》《漢書所謂古文説》《説文所謂古文説》《説文今叙篆文合以古籀説》《漢時古文本諸經傳考》《漢時古文諸經有轉寫本説》《兩漢古文學家多小學家説》《科斗文字説》諸文，[3]形成一個漢代古文考之專題論著。諸篇中之"古文"及最後一篇之"科斗"，皆緣追踪魏石經古文形體問題所引發之思考並蒐輯考索綜合排比後所得之看法。其中《漢時古文諸經有轉寫本説》即闡述其考證魏石

---

　　①　王國維定《史籀篇》及史籀爲戰國之説，已爲屬宣時代銅器《趞鼎》之"史留"所否定。具體可參見陳佩芬《繁卣、趞鼎及梁其鐘銘文詮釋》(《上海博物館集刊》第二輯，1982 年版，第 17—20 頁)、劉啓益《再談西周金文中的月相與西周銅器斷代》(《古文字研究》第十三輯，第 413—414 頁)、林素清《説文古籀文重探——兼論王國維"戰國時秦用籀文六國用古文説"》(《歷史語言研究所集刊》第五十八本第一分，第 228—234 頁)等文。諸家之説，筆者《王國維東西土文字異同理論之創立與影響》一文有詳細論述。
　　②　王國維《〈史籀篇〉疏證序》，《王國維全集》卷八《觀堂集林五》，第 163—164 頁。
　　③　静安以上諸篇皆刊於《學術叢編》第八、九、十三册。據王國維致羅振玉信函所透露，諸文多在一九一六年十一月前後所作，皆緣深入研究魏石經後所引起之思考。

經古文而謂其"出於壁中本,或其三寫、四寫之本"的思想;①《科斗文字説》即發揮其《魏石經書法考》之説,亦即一九一六年六月十五日致羅函之中心思想。可以這樣認爲,《戰國時秦用籀文六國用古文説》等篇是静安従研究《史籀篇》古文到魏石經古文過程中所産生的思想,而後又各自成文,形成其獨特而有開創性的戰國、秦漢文字觀。近一百年來,戰國秦漢簡牘層出不窮,静安秦用籀文的觀點有須適當修正,而六國用古文之看法仍符合史實。② 因此,《魏石經考》《魏石經殘字考》不僅在静安整個學術生命中有着不容忽視之價值,即在二十世紀戰國秦漢文字研究中亦有不可動揺之地位。

（三）重視《汗簡》《古文四聲韻》在文字學研究中之地位

郭、夏二書著成之後,宋代影響不很大,唯吕大臨認爲於古器銘識之考釋有可參考者,③此可謂最恰當之評價。但元明之間,字學不受重視。清初朱彝尊、王士禎稍稍重視,刊刻流布。清代馮舒以隸楷形體懷疑《汗簡》歸部,四庫館臣曾予指正。然乾嘉大家錢大昕執守《説文》字學,對二書頗有微辭,認爲《汗簡》之"其灼然可

---

① 關於魏石經古文出於壁中本或其三寫、四寫本之觀點,當時學者亦有異見。如王獻唐、孫海波皆認爲出自孔子壁中本古文(王獻唐《漢魏石經殘字跋》,山東省立圖書館編,1934年版。孫海波《三字石經集録》,1937年考古學社石印本),孫次舟認爲"並非根據當時流傳之古文寫經以摹刻者,係就當時流傳零星古字加以收集,連綴成書,而古文大半出於許氏《説文》"(《論魏三體石經古文之來源並及兩漢古文經寫本的問題》,《齊大國學季刊》1939年第一卷),邱德修、曾憲通皆謂除孔壁古文外,又有秘府所存及民間所獻之古書古文字(邱德修《魏石經初譚》,臺北學海出版社1978年版,第36頁。曾憲通《三體石經古文與説文古文合證》,《古文字研究》第七輯,中華書局1982年版,第273—287頁)。筆者認爲,諸家所説中有中秘本與民間本字體夾雜其中固有可能,然静安謂壁中本或其三寫、四寫本,其轉寫之際未必不夾雜中秘或民間寫本之字體,故涵義差別不大。且此中各説,在今日仍只能停留在假設階段。
② 參見陳昭容《秦系文字研究——従漢字史的角度考察》第二章,《歷史語言研究所專刊》之一〇三,第15—46頁。並詳參筆者《王國維東西土文字異同理論之創立與影響》(未刊稿)一文。
③ 吕大臨《考古圖釋文序》云:"孔安國以伏生口傳之書訓釋壁中書,以隸古定文,然後古文稍能訓讀,其傳於今者,有《古尚書》《孝經》、陳倉石鼓及郭氏《汗簡》、夏氏《集韻》等書尚可參考。"中華書局1987年版,第271頁下。

信者,多出於《説文》;或取《説文》通用字,而郭氏不推其本,反引它書以實之,其他偏旁詭異不合《説文》者,愚固未敢深信也",①而夏竦"博覽好古而未通六書之原,不能別擇去取",故《四聲韻》"踳訛複沓,較之《汗簡》爲甚"。② 其後鄭珍箋正《汗簡》,其目的在於捍衛《説文》之地位而甄別其字形、鑒訂其釋文和考證其出處,故書中時有不恰當之批評指責。③ 至潘祖蔭、吳大澂輩,或批評《汗簡》"點畫不真,詮釋不當",與《四聲韻》"相爲表裏,其謬則同";④或指責二書"援據雖博,蕪雜滋疑"。⑤ 有清學者之鄙視二書,多因重視許書所致。其間雖有吳式芬、孫詒讓等間用其字形考釋甲金文,亦尚未全面認識二書價值。逮静安考釋魏石經,大量用《汗簡》《四聲韻》中字形來印證魏石經文字,如《魏石經古文考》共考釋丁氏殘石三十一字,《隸續》殘字一百四十字,計一百七十一字,其中印證《汗簡》《四聲韻》者達八十一字。《魏石經殘字考·古文》共考釋新出殘石古文一百四十九字,而印證二書者僅十七字,其中如魏石經古文"春"、"京"字字形見《汗簡》,"聞"、"怒"字見《古文四聲韻》,皆可互相印證,然此稿皆語焉不詳,當引而未引,足證此考實未最後定稿。⑥ 儘管如此,其對二書之價值有深刻之認識,云:"郭忠恕輩之所集,決非其所自創,而當爲六朝以來相傳之舊體也。"⑦殆可視爲

① 《嘉定錢大昕全集》,江蘇古籍出版社1997年版,第玖册,第449頁。
② 同上,第450頁。
③ 《鄭珍集·小學》,貴州人民出版社2001年版,第443—1062頁。
④ 潘祖蔭《説文古籀補序》,《説文古籀補》,商務印書館萬有文庫本,第2頁。
⑤ 吳大澂《説文古籀補自序》,同上,第7頁。
⑥ 上世紀八十年代黃錫全撰《〈汗簡〉〈古文四聲韻〉中之石經、〈説文〉古文的研究》一文,統計郭書中注出石經者一百四十一字,夏書多出郭書十七字,二書共錄石經古文一百五十八字,其中有五十八字不見於出土石經和《隸續》錄文,是則所見者有一百字。(見《古文字研究》第十九輯,中華書局1992年版,第511頁。)此係據後出所有魏石經文字所作之統計數,較爲全面。静安當時所證,尚未着重於二書與魏石經古文之全面比勘,且新出魏石經亦未全面集中,故小有出入。
⑦ 王國維《魏石經考五》,《王國維全集》卷八《觀堂集林》,第493頁。

静安將之與魏石經古文對勘後之結論性意見。後胡樸安謂"三體石經之出土,大足以增長《汗簡》之價值",①批評錢大昕"不明六藝文字與鐘鼎文字之分",應受静安印證二書實例之影響。而同時之文字學大家唐蘭雖受知於静安,仍謂《汗簡》和《四聲韻》是"杜撰的古字","大抵不能用",②此受吾丘衍之説的影響;而著名訓詁學家沈兼士謂二書"取材皆蕪濫,不足據爲典要",③則是受《四庫提要》和吴大澂等人影響。及至近數十年戰國竹簡不斷出土,其字形與魏石經、《汗簡》構形和豐上鋭下之形體多可印證,從而使《汗簡》和《四聲韻》二書之價值才真正爲學界所認識。④ 然若站在今日之學術前沿,回顧八九十年前之甲骨、金文、石經研究剛起步之時代,静安在考釋魏石經古文時雖不無疏漏紕繆,而其能發現《汗簡》《四聲韻》之價值,自覺運用於魏石經古文之考證,並由此揭示出其文字與歷史内涵,不能不説是一種卓識。

　　此外,静安將《隸續》殘字區分爲《尚書·大誥》《吕刑》《文侯之命》六段,《春秋·桓公》《莊公》《宣公》《襄公》七段及《左傳·桓公》一段,並用碑圖形式展示,是在臧琳、孫星衍分析基礎上進行復原工作,是超越平面文字的立體研究,將石經研究引入一個新的階段。其中《左傳》一段後來未在"《隸續》所録魏石經碑圖"中圖示,

　　① 胡樸安《與于右任論三體石經書》,《國學彙編》第一集,轉引自《中國文字學》第二編,《中國文化史叢書》,商務印書館 1937 年版,第 166 頁。
　　② 唐蘭《古文字導論》上編丁《古文字材料的發現和蒐集》云:"從漢到宋初,除了篆籀和竹簡古文外,只有杜撰的古字了。郭忠恕做《汗簡》,是這一個時期的結束。"(齊魯書社 1981 年版,第 39—40 頁)又云:"夏竦本意是集録這些材料以備研究鐘鼎文字,但結果這些材料大抵不能用。"(第 360 頁)
　　③ 沈兼士《從古器款識上推尋六書以前之文字畫》,《沈兼士學術論文集》,中華書局 1986 年版,第 67 頁。
　　④ 近數十年來對《汗簡》《古文四聲韻》肯定或有研究的學者如李學勤(説見《失落的文明》,上海文藝出版社 1997 年版)、何琳儀(説見《戰國古文字通論》第二章第五節《〈汗簡〉〈古文四聲韻〉古文》中華書局 1989 年版)、黄錫全(説見《汗簡注釋》,武漢大學出版社 1990 年版)等,文多不俱列。

似表明他已放棄此段爲魏石經之説,①是則魏石經無《左傳》,而《隸續》十三段適與開元十三紙相吻。從新出土殘石《尚書·文侯之命》《吕刑》之行距字數中探明魏石經用馬本《尚書》;從“祗王殷”一石所顯示之《君奭》《多方》相聯,中間無逸篇《蔡仲之命》,再次證明魏石經不用《孔傳》本;從《無逸》篇文句順序同於今《孔傳》本而異於熹平石經歐陽本,推測馬鄭本古文《尚書》與歐陽本有異。凡此不僅有功於石經研究,抑亦有功於兩漢今古文經學研究,尤其對《古文尚書》之追根尋源有啓迪作用。至於魏石經經碑數及行款,静安曾化大量精力計算推敲,最終仍未有一個完善之定式。這是因爲馬鄭本古文經與《孔傳》本文字有出入,刻工計數石與大型《無逸》《君奭》殘碑行款有矛盾,②前者是現代學者至今無法逾越的天塹,後者計數石之發現已在静安身後。因此,雖然魏石經實際碑數與行款尚有待新資料新發現來進行新一輪的研究,然在静安所處之時代,其《魏石經考》和《魏石經殘字考》能取得如此豐碩成果,不得不推爲石經研究史上里程碑式的著作。

二○一○年九月十六日
至十月十四日草於榆枌齋
二○一○年十月三十一日修訂
二○一一年一月三十日三稿

(作者單位:上海社會科學院歷史研究所)

---

① 馬衡《魏石經概述》一文謂静安疑此爲《左傳》一段甚爲牽强,他提出四點以證明此石爲刻工試刻之石,頗有理據(《凡將齋金石論叢》,中華書局1977年版,第222—223頁)。但此文僅提《魏石經考》而不參觀《魏石經殘字考》之附圖,似乎未能全面反映静安思想之發展。

② 魏石經計數石據孫海波云是其於一九三六年春所獲,殘石拓本二紙,適爲一石表裏所刊之字,一面爲書《君奭》經文,刊號曰“第廿一”,另面爲《春秋·宣公》經文,刊號曰“第八”,孫氏遂據此排其碑圖爲二十八碑(《魏三字石經集録·源流》,葉四)。此事已在静安殁後七年。然據馬衡研究,計數石與《尚書》《春秋》二經字數仍有矛盾,最終之碑數及行款有待尚深入研究(《魏石經概述》,《凡將齋金石論叢》,第222頁)。

清代學術拾零

漆永祥

摘要：本文爲筆者平居讀清人書所撰劄記 20 條，可略備掌故之資焉。依次爲《十三經》皆有傳，《十三經》義疏繁冗生厭，漢儒"以經術飾吏事"非事實，段玉裁"二十一經"説，焦循"經學"一家説，焦循之譏刺隱士，行文喜用生僻字之陋，名聲原由互相引重而起，李因篤、武億、章學誠、汪蒼霖與凌堃諸人之好鬭，懼内，孔孟只兩家無父兒，此時有子不如無，近視眼與近視鏡，袁枚、紀昀之不能酒，朝鮮金得臣善忘，李慈銘好大言謾罵，官年實年，甘肅少人才之故，大型歌舞人組圖案與文字，奧運牡丹與摧花之術等。

關鍵詞：經學　考證　雜學　掌故　劄記

一、《十三經》皆有傳

案《十三經》中，《十翼》爲《易經》之傳，《三傳》爲《春秋》之傳，大、小《戴記》爲《士禮》之傳，人皆知之。而清馮景《解春集文鈔》引閻若璩之説，謂"先生言《十三經》，經皆有傳，傳即在經之中。如《十翼》傳《易》，《三傳》傳《春秋》，皆不待言。《爾雅》、《書》、《詩》傳也；《戴記》、《儀禮》傳也，《儀禮》又自有《子夏》、《喪服傳》；《孟子》即謂《論語》之傳可也；《孝經》内有經有傳；其無傳者，獨《周官》耳。景案：金仁山氏曰：《周官》一篇，《周禮》之經也；《周禮》，其猶《周官》之傳與？ 由是觀之，《周禮》非經也，傳也，恨今文《周官》不存，爲古文所淆耳。"[①]若如此，則《十三經》除卻《爾雅》外，皆各各有

---

①　清馮景《解春集文鈔》卷 8《淮南子洪保‧與閻徵君論〈疏證〉第五卷雜書》，北京：中華書局《叢書集成初編》本，1991 年版，第 2491 册第 120 頁。

傳,其説雖涉勉强,然亦頗有理耳。

二、《十三經》義疏繁冗生厭

　　清初學者臧琳《經義雜記》卷一一"義疏句繁"條曰:"唐人九經義疏,學者不可不讀,但其文複遝,有一二言義已明瞭者,加之數十百言,意反晦塞。"臧氏舉《禮記·樂記》:"《大章》,章之也;《咸池》,備矣"句,孔氏《正義》原文爲一百六十一字,其曰:

　　　　此黄帝所作《咸池》之樂,至堯之時更增改修治而用之,《周禮·大司樂》謂之《大咸》。《咸池》雖黄帝之樂,若堯既增修而用之者,則世本名《咸池》是也。故此文次在《大章》之下矣。又《周禮》云:"《咸池》以祭地。"黄帝之樂堯不增修者,則别立其名,則此《大章》是也。其《咸池》雖黄帝之樂堯增修者,至周謂之《大咸》;其在黄帝之樂堯不增修《大章》者,至周謂之《大卷》。於周之世,其黄帝樂堯不增修謂之《大卷》者,更加以《雲門》之號。是《雲門》、《大卷》,一也。

《正義》所解,顛來倒去,使人昏昏,經臧氏删繁後之文如下:

　　　　黄帝作《咸池》,堯增修而用之,《周禮·大司樂》謂之《大咸》。《咸池》雖黄帝樂,堯既增修,故此文次在《大章》下矣。又黄帝之樂堯不增修者,别立其名,則此《大章》是也。至周謂之《大卷》,更加以《雲門》之號。是《雲門》、《大卷》,一也。

臧氏所删,既不增改一字,又連貫明晰,不失原義,才僅八十二字,適爲原文之半。可見,疏文之冗繁複遝,委實驚人,讀之生厭,無怪乎清儒自惠棟始,另爲新疏矣。

三、漢儒"以經術飾吏事"非事實

《漢書》謂："江都相董仲舒、內史公孫弘、兒寬，居官可紀。三人皆儒者，通於世務，明習文法，以經術潤飾吏事，天子器之"①此後，"以經述飾吏事"即爲歷代學者之終極理想。清初，閻若璩即盛讚漢儒"以《禹貢》行河，以《洪範》察變，以《春秋》斷獄，或以之出使，以《甫刑》校律令條法，以《三百篇》當諫書，以《周官》致太平，以《禮》爲服制，以興太平，斯真可謂之經術矣"。此謂西漢平當、劉向、董仲舒、王式諸人之事。乾隆時，惠棟《九曜齋筆記》卷一"經術飾吏事"條，在復述閻氏之語後，亦稱漢儒"皆可爲後世法"。嘉道時期，龔自珍、魏源、皮錫瑞諸家，更將西漢儒之的通經致用絕對化、理想化。如皮錫瑞論西漢以經術治國，"當時儒者尊信六經之學可以治世，孔子之道可爲弘亮洪業、讚揚迪哲之用。朝廷議禮、議政，無不引經；公卿大夫士吏，無不通一藝以上。雖漢家制度，王霸雜用，未能盡行孔教，而通經致用，人才已爲後世之所莫逮。蓋孔子之以六經教萬世者，稍用其學，而效已著明若是矣。"②又孫詒讓《周禮政要序》稱："中國開化四千年，而文明之盛莫尚於周。故《周禮》一經，政治之精闓，與今泰西諸國所以致富強者若合符節，然則華盛頓、拿破崙、盧梭、斯密、亞當之倫所經營而講貫，今人所指爲西政之最新者，吾二千年之舊政已發其端。"而康有爲鼓吹《公羊》學之"三世說"及"孔子托古改制"，構擬古今雜糅之大同世界，如其《禮運注序》論此書爲孔子之微言真傳，"萬國之天上寶典，而天下群生起死神方"。此皆兩千年儒家學者"烏托邦"思想之繼承與發展。然亦有持異見者，喬松年以爲："漢人以經斷獄，傳爲美

① 《漢書》卷 89《循吏列傳序》，北京：中華書局 1999 年版，第 11 冊第 3623—3624 頁。
② 清皮錫瑞著、周予同注釋《經史歷史》一《經學開闢時代》，北京：中華書局 1963 年版，第 26 頁。

談,實不可爲訓。大抵出於兩途:迂儒不達人情,不明事理,但執半言單詞以爲斷,由於拘固;憸人逢迎世主,巧於比附,借經語爲舞文之具者,托於譎詭。兩者之心術不同,而無當於經義則一。"①此論雖失之過,然頗有理。而王先謙《漢書補注》、章炳麟《檢討》諸書,亦駁"通經致用"之説爲無據。至於"《周禮》致太平",《四庫總目》亦直謂"自漢以來,未有以《周禮》致太平者也"。②

四、段玉裁"二十一經"説

段玉裁氏以爲,儒家經典,《十三經》尚不完備,當擴之爲二十一經。段氏《經韻樓集》卷九《十經齋記》曰:"愚謂當廣之爲二十一經,《禮》益以《大戴記》;《春秋》益以《國語》、《史記》、《漢書》、《資治通鑒》;《周禮》六藝之書數,《爾雅》未足當之也,取《説文解字》、《九章算經》、《周髀算經》以益之。庶學者誦習,佩服既久,於訓詁、名物、制度之昭顯,民情、物理之隱微,無不了然,無道學之名而有其實。"案段氏此説,前人所無,與其爲經學爭天下,反不若曰爲小學爭天下也。

五、焦循"經學"一家説

清代學者稱其學爲樸學、考據學、考證學、考核學、小學、漢學、名物典制之學等,惟焦循主張舉世惟有"經學",自周秦以來皆然,竭力反對以"考據"名其所學。其曰:

經學者,以經文爲主,以百家子史、天文術算、陰陽五行、

---

① 清喬松年《蘿藦亭劄記》卷7,上海:上海古籍出版社《續修四庫全書》本,2006年版,第1159册第168頁。
② 清紀昀等纂《欽定四庫全書總目》卷80《官職會通》,北京:中華書局1997年版,上册第1068頁。

六書七音等爲之輔，彙而通之，析而辨之，求其訓故，核其制度，明其道義，得聖賢立言之指，以正立身經世之法，以己之性靈合諸古聖人之性靈，並貫通於千百家著書立言者之性靈，以精汲精，非天下之至精，孰克以與此！不能得其精，竊其皮毛，敷爲藻麗，則詞章詩賦之學也。①

此顯見焦氏對詞章之學的輕視，其論經學包羅甚廣，而次第也是由考據而上求義理。焦氏又以當時學經者之著述，分爲五派，其曰："今學經者眾矣，而著書之派有五：一曰通核，二曰據守，三曰校讎，四曰摭拾，五曰叢綴。"②大致而言，通核是指主以全經，貫以百氏，並且揆其文辭義理，下以己意；據守指拘守舊說，一字而不敢議，唯古是從；校讎指校勘之學；摭拾指輯佚之學；叢綴指考訂之學。五者之中，以通核爲尚，但亦各有利弊，五者兼之則相濟，或具其一而外其餘，則患其見之不廣也。

六、焦循之譏刺隱士

自清季至民國以降，論及清代考據學之發達，每謂清廷禁書與文字獄厲禁之惡果，復謂考據學家乃埋首故紙，以隱爲生者，若龔自珍詩稱"避席畏聞文字獄，著書都爲稻粱謀"之謂也。實則大謬不然。若焦循一生阻於功名，又體弱多疾，坎坷貧困，故治《易》以終，似爲隱士矣，然焦氏極惡時人稱其爲隱士。其曰："余以病家處者十年，每莎笠短衣，與一二佃客雜刺船湖中，不知余姓名者或亦謂非嘗刺船者也。然余逢人必告以姓名，唯恐人疑余爲隱於舟者。"③焦氏又縱論隱士曰：

①　清焦循著、劉建臻點校《雕菰集》卷13《與孫淵如觀察論著作考據書》，揚州：廣陵書社2009年版，上冊第246頁。
②　清焦循著、劉建臻點校《雕菰集》卷8《辨學》，上冊第139頁。
③　清焦循著、劉建臻點校《雕菰集》卷17《〈舟隱圖〉序》，上冊第322頁。

人不可隱,不能隱,亦無所爲隱! 有周公、孔子之學而不
仕,乃可以稱隱,然有周公、孔子之學則不必隱。許由、巢父、
沮、溺、荷蓧丈人、直郭、平原、朱桃椎、仲長、子光之流耳,自負
其孤子之性,自知不能益人家國,托跡於山谿林莽以匿其拙,
故吟詠風月則有餘,立異矯世、苦節獨行則有餘,出而操天下
之柄則不足。巢父、許由必不能治鴻水;沮、溺、丈人必不能驅
猛獸、成《春秋》以懼亂臣賊子;四皓、嚴光必不能與蕭、曹、鄧、
寇並立功勳。是故耕而食、鑿而飲,分也;出則爲殷浩、房琯,
貽笑天下。宜於朝則朝,宜於野則野,聖人之藏,所以待用也。
無可用之具而自托於隱,悖也。隱,不隱者也。故曰:不可隱,
不能隱,亦無所爲隱也![①]

　　焦循以治世致用爲準的,推翻傳統以隱爲高尚之觀念,譏刺自古以
來隱逸之士爲"無可用之具而自托於隱"。乾嘉學者無論仕與不
仕,皆反對消極隱遁,焦氏此語足以代表他們共同之心理,謂其爲
屠刀下之苟活者,然耶? 否耶?

七、行文喜用生僻字之陋

　　清昭槤曰:"宋子京詩文瑰麗,與兄頌頑,其《新唐書》好用僻字
澀句,以矜其博,使人讀之,胸臆間格格不納,殊不爽朗。近日朱笥
河學士詩文亦然。余嘗謂法時帆祭酒云:'讀《新唐書》及《朱笥河
集》,如人害噎膈症,實難舒暢也。'法公爲之大笑。"[②]案清陸以湉
《冷廬雜識》,凡舉《新唐書》中如"耕夫蕘子"(《武后傳》)、"馮固不
受"(《李軌傳》)、"偃革尚文"(《蕭俛傳》)、"牝咮鳴晨"(《長孫無忌
等傳贊》)、"道無掇遺"(《郎餘令傳》)、"朝不保昏"(《酷吏列傳》)、

---

①　清焦循著、劉建臻點校《雕菰集》卷7《非隱》,上冊第126頁。
②　清昭槤撰、何英芳點校《嘯亭續錄》卷三"詩文澀體"條,北京:中華書
局1980年版,第455頁。

"偷景待僵"（《沙陀列傳贊》）等，以明其書之難讀。①

案 2010 年江蘇省高考語文作文試題爲《綠色生活》，考生王雲飛用文言寫作，並獲高分，一時議論紛起。其文如"呱呱小兒，但飲牛渾，至於弱冠，不明犍狀。仳仳之豚，日食其粑。洎其成立，未識豻貒。每嚙龕臑，然竟不知其夋兔。方彼之時，窅詫之態，非闤闠之中所得見也"云云。其文才七百餘字，而生僻字達六十餘，時《文史知識》編輯約余評此文之優劣及該生可否録取，余謂此等考生，亦千百中一人耳，有一人則録取一人，有十人則録取十人，不爲多矣。然論其文，則屬令人"害噎膈症"之類，即兩千年前《尚書》之"佶屈聱牙"，亦尚不至如斯矣。

八、名聲原由互相引重而起

洪邁《容齋隨筆》卷九"朋友之義"曰："朋友之義甚重。天下達道五：君臣、父子、兄弟、夫婦而至朋友之交，故天子至於庶人，未有不須友以成者。"案朋友之道，即問學切磋，亦不可少，所謂"獨學而無友，則孤陋而寡聞"也。又清初何焯《義門先生集》卷七《寄弟書》曰："初入名場，但須能下人，當年我與西溟輩，明知其陋，執禮甚恭，渠於此全不解。諸葛公見許靖而拜，不爲枉屈，緊要在讀書自立。至於涉世，亦略要識竅。名聲原由互相引重而起，但如日容輩只講此一層皮毛，則又無用耳。"何氏謂"名聲原由互相引重而起"，語雖過直，然可謂之論。觀乾嘉時，若戴震、王鳴盛、王昶、紀昀、錢大昕、段玉裁、邵晉涵、王念孫父子、郝懿行諸君子，莫不交相引重，撰著既成，則互爲序跋，推尊褒獎，不遺餘力，考據學之大興，與此不無關係。古語謂"酒深不怕巷子深"者，恐不然也。至於今日，則攀援固結，聲氣相通，吹捧哄抬，多有名無實者，此則與乾嘉諸老，乃大異耳。

① 清陸以湉撰、崔凡芝點校《冷廬雜識》卷 3 "新唐書"條，北京：中華書局 1984 年版，第 146 頁。

九、李因篤、武億、章學誠、汪蒼霖與淩堃諸人之好鬬

　　世間凡夫莽漢,嬉皮年少,多喜鬬毆滋事,樂在其中。而文人學士,亦有好鬬者。吾讀清人書,見數人焉:曰李因篤、武億、章學誠、汪蒼霖與淩堃也。陳康祺稱李因篤其人:

　　　　性行忼爽,尚氣槪而急人患,秉秦中雄直之氣。在都門,嘗與毛西河論古韻不合,西河強辯,天生氣憤填膺,不能答,遂拔劍斫之,西河駭走。①

偃師武億,身長力沉,喜好金石,凡掘得古碑,皆肩扛之以歸。洪亮吉謂武億嘗欲學不動心法,因時詣菜市口,觀決囚。又曰:

　　　　翁學士方綱與億有淵源,億顧不善之。殿試日,對策保和殿。日晡,學士派收卷,亦至殿中,語億曰:“汝爲我小門生,汝知之乎?”億忽怒,抵几起曰:“此豈認老師、太老師處乎?”欲拳毆之,臨試諸大臣呵禁,乃止。②

翁氏爲老不尊,受辱也該。然武億竟欲於保和殿考試時毆人,其使氣膽大可知。又洪亮吉《歲暮懷人》詩有《章進士學誠》一首:

　　　　鼻窒居然耳復聾,頭衘應署老龍鍾。未妨障麓留錢癖,竟欲持刀抵舌鋒(自注:君與汪明經中議論不合,幾至揮刃)。獨識每欽王仲任,多容頗罟郭林宗。安昌門下三年住,一事何嘗

---

　　①　清陳康祺撰、晉石點校《郎潛紀聞三筆》卷11“盧抱經之遺澤”條,北京:中華書局1984年版,下册第854頁。
　　②　清洪亮吉撰、劉德權點校《更生齋文甲集》卷4《又書三友人遺事》,北京:中華書局2001年版,第3册第1041—1042頁。

肯曲從（君性剛鯁，居梁文定相公寓邸三年，最爲相公所嚴
憚）。^①

案實齋之學，在當時無有賞音，故寂瘡怪僻，亦好詈斥他人者也。
又洪氏記汪蒼霖曰：

　　　汪蒼霖嘗以公事赴吳門，回舟與汪明經中同載，二人者，
性並傲，且其始皆歡產也。泛論世次，忽謂中曰：“余長君兩
世。”中曰：“君誤矣，余實君曾大父行也。”蒼霖恚甚，欲縛中擲
揚子江，以救獲免。^②

此則純爭口舌，甚無謂也。故容甫子喜孫，曾著文力駁洪氏之說爲
無據。然容甫之好爲大言，目中無人，殆爲事實也。蓋因其體弱多
疾，故雖脾氣亦爆，而無力與人爭鋒，故若不獲救，殆爲蒼霖擲江中
爲魚餌矣。
　　又烏程淩堃，蚤喪母，後母督諸子嚴，日夕榜箠無人色，伯兄以
杖死，堃幼罔知，則大懼，以爲必死，遂數求死。或憫之曰：“子不聞
乎？孝子事親，小杖則受，大杖則走。”堃遂走山西，乞食於道，有相
者見而奇之，令習其伎，得錢以自給。因變姓名，自稱“鐵簫子”。
堃既盡相人術，又遍習陰陽家建除叢辰之學，言多奇中，一時驚爲
神。父執某方官山西，聞之，跡以來，勸之爲制舉業。道光十一年，
應順天鄉試中式，始歸見父，跽不敢起，父掖之起，乃退居室。晚
年，銓授金華教諭。咸豐十年，浙西寇警，棄官歸。家在晟舍，十一
年，賊圍湖州，眾趨堃行，堃歎曰：“行將炙之！”賊入其室，掠晟舍，
堃方與所善潘生坐飲酒，賊不敢近，賊帥繼至，脅之降，堃大罵立
格，殺數賊，賊忿，攢刃刺之，死焉。此可謂讀書人中“梁山好漢”

────────────
　　① 清洪亮吉撰、劉德權點校《卷施閣詩》卷15《歲暮懷人二十四首·章
進士學誠》，第 2 冊第 810—811 頁。
　　② 清洪亮吉撰、劉德權點校《更生齋文甲集》卷 4《又書三友人遺事》，第
3 冊第 1043 頁。

也。又陳其元《庸閑齋筆記》稱,凌塈:

> 性怪僻,敢爲大言。……論學直宗孔孟,於宋儒一概抹
> 煞,而尤惡朱子,極口肆罵。至謂"朱子之父名松,與秦檜之檜
> 字同班輩,而朱子之名則與檜子秦熺無異。"語極狂悖。課人
> 讀四子書,只誦白文,凡朱注盡删之。嘗在金華府署中,與其
> 同鄉孫柳君孝廉談及考亭,孫稍右之,遂欲加以白刃。以是人
> 莫敢在其前稱紫陽氏者。[①]

若凌氏者,真可謂衛道之儒也。案五陵年少,弄舌潑婦,皆喜以毆
鬥惡詈,爲服人勝算之策。而學人立異,則多以文字罪人,一旦尋
釁,餖飣之事,呶呶萬言,終身仇毒,而莫能解。觀清代段若膺(玉
裁)與顧千里(廣圻)之爭《禮記》數字校勘,即可知也。反不若愚夫
村姑,其性外露,心不隔肚。今日不共戴天,明朝仍爲兄弟。故學
人鬥毆,雖有失學者態度,不可爲訓,然較之筆伐腹非,勢若水火,
反不若老拳相加,決勝負於瞬息之間爲得之矣。

一〇、懼　内

今人以懼内稱"氣管炎(妻管嚴)",民間俗稱"怕老婆"。此風
古已有之,中古以來熾甚。明沈德符《萬曆野獲編》即稱"士大夫自
中古以後,多懼内者,蓋名宦已成,慮中冓有違言,損其譽望也"。
士大夫忌聲名有虧,其妻妒妾奪己寵,挾制於夫,尚可諒之。迄於
今日,皆獨生子女,女少男多,而女性解放,過猶不及,柔美盡失,懿
德不修,一家之中,内外皆由妻氏所統,則幾幾乎家家懼内矣。

有宋一代,積貧積弱,内憂外患,從未中絕,時人切心向内,面
壁求理,士大夫少陽剛之氣,盛陰柔之風,故懼内者夥焉。陳季常

---

① 清陳其元撰、楊璐點校《庸閑齋筆記》卷 2"凌厚堂之怪誕"條,北京:
中華書局 1989 年版,第 31 頁。

（愷）好賓客，喜蓄聲妓，其妻柳氏絕凶妒，故東坡《寄吳德仁兼諫陳季常》有“忽聞河東獅子吼，拄杖落手心茫然”之句，因陳氏好談佛，故戲諫之也。“獅子吼”乃佛家語，喻菩薩説法時震懾一切外道邪説之神威，即楊誠齋所謂“詩流倡和秋蟲鳴，僧房問答獅子吼”者。而自東坡詩後，則又以家有悍妒之妻曰“河東吼獅”矣。

沈存中（括）以《夢溪筆談》聞名於世，然沈氏之懼內，蓋亦一時無雙。朱彧《萍州可談》卷三謂，沈括娶張氏，“存中不能制，時被箠罵，捽鬚墜地，兒女號泣而拾之，鬚上有血肉者，又相與號慟，張終不恕”。甚可怪者，其妻既卒，“人皆爲存中賀，而存中自張亡，怳忽不安，舟過揚子江，欲墜水死，左右挽持之，得無患。未幾，不祿”。

清桐城龍汝言未第時，曾代某都統集康熙、乾隆御制詩百韻以進，嘉慶帝大悦，以爲“南方士子，往往不屑讀先皇詩，此人熟讀如此，具見其愛君之誠”。及汝言掄大魁，於嘉慶十九年獲狀元，即派南書房行走、實錄館纂修諸差，可謂寵榮有加焉。汝言幼孤貧，賴妻父卵翼之，故懼內尤甚。一日反目，不堪折辱之苦，避於友家，適館吏送《高宗實錄》樣稿請校，龍妻受而置之。越日，吏往取，妻將未校之稿與之，龍實不知也。一日，忽降旨革職，蓋高宗純皇帝之“純”字，館吏誤書作“絶”，龍雖未寓目，而恭較黃籤，則龍名也。嘉慶帝大驚，降旨曰：“龍汝言精神不周，辦事疏忽，著革職永不敍用。”及帝崩，龍入哭臨，哀痛逾常。宣宗嘉其有良心，特賞給內閣中書。道光戊戌科，猶充會試同考官也。[①]若汝言之冤屈無訴，可謂鬚眉中之竇娥矣。

一一、孔孟只兩家無父兒

人可無父，而不可無母。即今日歌詞，亦唱“世上只有媽媽

---

① 徐珂《清稗類鈔》考試類“龍汝言一體會試”條，北京：中華書局 2003 年版，第 2 册第 668 頁。又清方浚師撰、盛冬鈴點校《蕉軒隨録》卷一“校對責戌詩”條亦記此事，唯謂誤“純”爲“睿”爲異。中華書局 1995 年版，第 7 頁。

好",童稚淒婉,聞者落淚。即殺人如切瓜之李逵,聽李鬼高呼"家有八十老母",亦垂下板斧,任其揚長而去;倘李鬼大呼"家有八十老父",能否撿得一命,尚未可知焉!

孔子自幼無父,母儀有方,習禮儀、設供具於樹下,終成萬世師表;孟子亦由寡母攜養,"孟母三遷"之典故,羨動激勵歷代無父之兒。即清人而論,張楊園(履祥)幼孤貧,受業於其母,母召之曰:"孔孟祇兩家無父兒也!"以勵其志。是以既長而得蕺山(劉宗周)之傳。昆山徐太夫人,顧亭林(炎武)先生女弟也。世稱其教子極嚴,課誦恒至夜午不輟。三徐(乾學、元文、元玉)既貴,每奉命所致文柄,太夫人必以矢慎矢公、甄擢寒畯爲勖。三子皆登鼎甲,一女歸長洲申菼旂,中江南省元。錦韜象服,牙笏盈床,有清三百年,閨閫中尚無與比肩者。

又山陽汪廷珍,年十二而孤,母程太夫人撫之成立。時歲凶,母子日一食,或終日不得食,太夫人終不肯使人知,曰:"吾非恥貧,恥言貧耳,言貧則疑有求於人,故不爲也。"歲除無米,使僕索舊逋城外,抵暮歸,無所得,各飲一茗甌,嘗鹽菜數莖就臥。及廷珍貴,風裁嚴峻,正色立朝,造次必於禮法,太夫人之教也。

揚州汪中、常州洪亮吉、蕭山汪輝祖、歙縣淩廷堪諸人,亦皆無父兒焉。汪中喪父,母教女弟子數人,且緝屨以爲食,思與子女相保,值歲大饑,乃蕩然無所托命矣。徙居城北,所居止三席地,其左無壁,覆之以苫。日常使姊守舍,母攜中及妹,倮然匄於親故,率日不得一食。歸則藉槀於地,每冬夜寒號,母子相擁,不自意全濟。比見晨光,則欣然有生望焉。及中學業有成,遊藝四方,稍致甘旨之養,而母則百病交攻,終至棄養。洪亮吉幼時無父,母織機以養,供其課讀,所謂"母勤三歲織,兒受一年經"者也,故洪氏題其少年時詩集曰《機聲鐙影集》焉。汪輝祖初生,大父名之曰垃圾,取其賤且多而有資於農也。十一歲喪父,家奇貧,衣食出兩節母十手指,力不能具一卷書。雙節母徐(生母)、王兩太宜人勵節食貧,紡織兼翻楮錮以自給,晝夜不息,常泣而訓輝祖曰:"兒不學,必無以爲人,汝父無後,吾二人生不如死。"督輝祖愈嚴。後汪氏遊幕各地,遍請大家名流題詩著文，以表彰其母，爲一時之佳話。凌廷堪六歲而孤，年十二，棄書學賈，無所不爲，後中進士，甘爲"冷官"，銓選寧國府學教授，皆爲奉養慈親也。母意不懌，則長跪不起，待母悦乃起。及母卒，哀毁骨立，遂眚一目焉。

若前述諸公，因其無父，故少即失怙；因度日爲艱，乃知柴米之貴，稼穡之苦，復知寡母之不易。故大凡無父之兒，皆知孝敬珍惜，感恩自勖，故終能至大成焉。昔阮伯元（元）謂"自古孤根危露，得母節激厲而成其學者多矣，豈非席豐者易淪於草，木貞者可勒於金石哉"①。旨哉！斯言也。故余常曰：人可無父，而不可無母也。至若今日權勢焰盛，父霸一方者，又當知王謝堂前之燕，旋入百姓簷下，能不慎之懼之乎！

一二、此時有子不如無

余曾流浪東國，客居課徒，爲斗米折腰。賤體有恙，即倍爲思親，恐老母憂念，時通電話，以報平安，所謂報喜不報憂也。某日時已過戌，母曰打碾初歸，父在場院，剝拾殘豆，晚飯尚未矣。抛卻話筒，一時無語，子之不肖，難報父母之深恩於萬一也。

詩家之詞，多言過其實。五七之言，訴兵燹之災，水旱之患，離別之苦，相思之痛，賺盡"粉絲"之淚。若杜詩敘安史亂時，亡命蜀中，顛沛流離，萬苦盡嘗，野築草堂，夜浸風雨，若不可終日矣。實則老杜在嚴武幕中，呼三吆四，橫臥胡榻，醉酒使性，幾爲武所害。千百年來"杜迷"，皆爲此叟所欺也。清代詩家，則真有饑寒困頓，生不如死者，吾所見清初有吳漢槎（兆騫），而中葉有黃仲則（景仁）焉。漢槎傲岸自負，嘗顧同輩述袁淑語曰："江東無我，卿當獨秀。"不意遭順治丁酉科場之禍，無辜牽累，戍寧古塔，比於蘇武窮荒十九年，即其詩所謂"自從身逐烏龍戍，不識春風二十年"者也（《三月

① 清阮元撰、鄧經元點校《揅經室三集》卷 5《徐雪廬白鵠山房集序》，北京：中華書局 1993 年版，下册第 689 頁。

十二日河上口號》）。然正緣此，其詩沉鬱頓挫，悲壯奇窮。《秋笳集》中諸詩，如《帳夜》曰：

> 穹帳連山落月斜，夢回孤客尚天涯。雁飛白草年年雪，人老黃榆夜夜笳。
> 驛路幾通南國使，風雲不斷北庭沙。春衣少婦空相寄，五月邊城未著花。

風雪悲笳，南北相思，此恨悠悠，綿綿不絕。他詩述北塞之風沙，俄人之殘暴，以及孤寂之有年，而生還之無望，莫不如刀割火炙，痛絕人寰。

黃仲則以詩名世，然一生艱難。四歲喪父，終鮮兄弟，母老家貧，居無所依，背井離鄉，爲饔食計。三十五歲，爲債家所迫，抱病再赴西安，至山西運城，病逝於河東鹽運使沈業富署中。仲則詩如《綺懷》“似此星辰非昨夜，爲誰風露立中宵”。《癸巳除夕偶成》“悄立市橋人不識，一星如月看多時”諸句，得之天籟，膾炙人口。然其詩訴窮迫困頓，睽離慘痛，最爲寒徹心骨。《別內》詩曰：“幾回契闊喜生還，人老淒風苦雨間。今夜別君無一語，但看堂上有衰顏。”而余則最愛其《別老母》一詩，其曰：

> 搴帷別母河梁去，白髮愁看淚眼枯。慘慘柴門風雪夜，此時有子不如無。

於戲！“此時有子不如無”，真可謂肝剖之詞，腸斷之句矣。仲則不朽！

一三、近視眼與近視鏡

余自大四時，即患近視，此後目力愈虧，至今益甚，若摘除眼鏡，則堵物模糊，幾於男女不辨。余亦曾撰《乾嘉考據學家多患目疾》劄記一條,論"今人讀書,多近視眼,而電視、電腦之害,已波及孩童。清人讀書,亦多爲目病所苦"。並舉戴震、余蕭客、江筠、王鳴盛、錢大昕、邵晉涵、凌廷堪、章學誠諸人爲例。近讀《清史稿·戴敦元傳》曰:

> 　敦元博聞強識,目近視,觀書與面相磨,過輒不忘。每至一官,積牘覽一過,他日吏偶誤,輒摘正之,無敢欺者。奏對有所諮詢,援引律例,誦故牘一字無舛誤。宣宗深重之。至老,或問僻事,指某書某卷,百不一爽。嘗曰:"書籍浩如烟海,人生豈能盡閱? 天下惟此義理,古今人所談,往往雷同。當世以爲獨得者,大抵昔人唾餘。"罕自爲文,僅傳詩數卷。[①]

戴氏博聞強記,當時頗具聲名。而"觀書與面相磨"之句,描摹其以近視而讀書之憨態,形象逼真,惟妙惟肖,閱然紙上。讀書近視,亦自古而然,宋人葉夢得《避暑錄》言,文人學士"平生用力常數倍於他人,安得不敝"? 因歷稽古來左丘明、杜子夏、鄭康成、高堂隆、左太沖諸人,皆以讀書致然。清初王士禛亦曰:

> 　余自幼小,凡博弈諸戲,一無所好,唯嗜讀書,雖官戶部侍郎、刑部尚書最繁劇之地,下直亦手不釋書卷也。自甲申歸田六年矣,目力益昏,始悔少壯之過用其力。然老矣,終亦不能廢書也。[②]

又王筠以爲,"唐以前書,少言目昏者,韓昌黎文而視茫茫,杜詩老年花似霧中看,然則目之花也,必巾箱五經爲之厲階矣。"其言

----

①　趙爾巽等纂《清史稿》卷374《戴敦元傳》,北京:中華書局1991年版,第38冊第11552頁。

②　清王士禛撰、張士林點校《分甘餘話》卷1"讀書過用目力"條,北京:中華書局1997年版,第8—9頁。

古書簡一簡二十二字，或二十五字，古篆文一簡八字，佛書皆作大
字。後人以費筆墨，不便舟車，於是作蠅頭。"不知害及於目，爲終
身之累也，於是知古人之慮遠矣。"①

　　自西方凹透鏡之術傳入中土，清初流行水晶眼鏡。陳康祺稱
水晶鏡"興於國初，珍貴逾珠玉。康熙癸未，賜少宗伯孫岳頒晶鏡。
時蔣文肅以庶常什内廷，奏臣母曹氏，年老眼昏，上亦賜之。當世
以爲殊榮。"②然則此物當時，唯宮内才有，外間即重臣亦不易得，
堪稱稀珍焉；又知此蓋爲放大鏡，非真正之近視鏡也。乾隆時人李
光庭《鄉言解頤》曰：

> 　　世有轉眊爲明、縮遠爲近，人以爲多一層，而己則喜其自
> 得者，眼鏡是也。數十年前，琉璃廠眼鏡鋪不過數家，今則不
> 啻倍蓰矣。古今人不相及，惟目亦然。③

此則爲標準之近視鏡，且走出深宮，即庶民百姓，亦可配戴矣。又
李氏論當時近視鏡之度數，以十二辰編號，從"亥"逆數，由淺入深。
而眼鏡鋪名，有"遠矚"、"深衡"等，較之今日之"大明"、"雪亮"諸店
名，更爲恰切雋永。李氏又言"賣眼鏡者，多似短視"。今日眼鏡店
中亦然，店員即不近視，亦多戴眼鏡。蓋近視配鏡之人，見店員亦
如此，頓增同病相憐之感，亦賺錢之生意經也。

一四、袁枚、紀昀之不能酒

　　余酒精過敏，不能飲酒，淺嘗輒醉，故交游宴享，朋好痛飲，舉

---

　　①　清王筠《菉友臆編》卷下，《續修四庫全書》本，第 1159 册第 246 頁。
　　②　清陳康祺撰、晉石點校《郎潛紀聞二筆》卷 12"水晶眼鏡"條，北京：中
華書局 1997 年版，下册第 544 頁。
　　③　清李光庭撰、石繼昌點校《鄉言解頤》卷 4《物部上·雜物十事·眼
鏡》，北京：中華書局 1997 年版，第 76 頁。

桌狂歡,而余唯默坐無言,眼羨心慕而已。古代文士中,蘇東坡不善飲,後讀清人書,知袁隨園(枚)、紀曉嵐(昀)、阮伯元(元)等亦不善飲,袁、紀且皆拙于書法,余意方爲稍平耳。

清梁章巨撰《浪跡三談》:"隨園老人性不近酒,而自稱能深知酒味。"又《清稗類鈔》曰:"袁子才性不飲酒,家中多藏美釀,又喜搜羅酒器。"又述紀昀之事曰:

> 獻縣紀文達公昀會試時,出孫端人宫允人龍門下。孫豪於酒,嘗憾文達不能飲,戲之曰:"東坡長處學之可也,何併其短處亦刻畫求似?"文達典試,得葛臨溪太史正華,酒量冠一世,亟以書報孫。孫覆劄云:"吾再傳而得此君,聞之起舞,但終憾君是蜂腰耳。"①

案蘇氏、袁氏、紀氏皆美食家,東坡肘子,隨園食單,今日尚且在酒宴間盛行耳。蓋皆不善飲,故以美食代之耳。曉嵐氏不酒,然極嗜煙,時稱"紀大煙袋"。其門下葛正華外,劉權之亦稱豪飲。清陳康祺稱:

> 劉文恪公權之,酒户極洪,官京朝時,非前門湧金樓之酒不飲。罷相南歸,門人史望之尚書致儀,核公飲數於樓肆,據公邸第自取者,五十年中不下二十餘萬錢,燕會饋遺不計也。②

此又可謂豪飲奢迷之典範焉。又清代河南學界寂寥無聞,惟偃師武虚谷(億),爲朱竹君(筠)門下士,善哭能飲,江鄭堂(藩)《漢學師承記》記載甚詳。又焦理堂(循)《理堂道聽録》曰:"乾隆乙卯春二

---

① 徐珂《清稗類鈔》詼諧類"君是蜂腰"條,北京:中華書局 2003 年版,第 4 册第 1778 頁。

② 清陳康祺撰、晉石點校《郎潛紀聞二筆》卷 9"劉文恪酒量"條,下册第 484 頁。

月，予在山左，得晤虛谷，貌魁梧，白須蕭蕭然。故聞其善飲，是夕共食，見其飲高粱酒五六斤不醉。"

唯余小子福薄，每欲向酒海醉鄉間覓生，而不能得，人生樂趣，太半去矣。倘有來世，願生酒坊。酒釀頭，酒糟臉，酒皶鼻，酒精腸，面生酒刺，眼自醉迷。長而爲酒博士，日數酒枚。妻爲酒家娘，子則酒中仙。余於晝日永夜，頭挑醉帽，身衣醉纈，行則醉步，乘則醉車，懷抱酒甊，手擎酒筛，浴在酒池，依於酒床，住醉翁亭，躺醉翁椅，臥醉翁床，爲醉鄉侯。擁則醉衾，夢則醉囈。品花則醉西施、醉楊妃，放歌則《醉扶歸》、《醉夢迷》。於天神地鬼，睥睨平掃；人情世事，了了無知也。而余酒量之洪，勝卻劉伶，倍於李白，日與石曼卿輩，爲酒狂酒魔。九吐而不少其量，夜闌而不減其興。思則酒情，發則酒瘋。醉會不絕，醉侶滿室。酒地花天，酒虎詩龍。醉兀兀，醉陶陶，醉崩騰，醉如泥。醉死酒綠燈紅坊，葬埋酒食地獄中。銘曰："酒瘋小七之墓。"此生已也，死則有憾。萬禱千祈，冀諸來生！

一五、朝鮮金得臣善忘

人之健忘，有荒唐疎略，甚爲謬悠者，《莊子》已言"善忘"，他如《廣笑府》、《笑林廣記》諸書所記詳矣。則善忘爲病，古已有之。近讀朝鮮無名氏《松泉筆譚》，其中有"金得臣"條曰：

金栢谷得臣，字子公，監司可致之子也。爲人疎迂，於世間事情，一切茫昧。好讀書，輒以千萬遍爲誦數，尤喜《史記·伯夷傳》，讀至一億二萬八十遍，性鈍甚，雖多讀若此，而掩卷輒忘。晚年，人試問《伯夷傳》文字，茫然不知出自何書。人曰："此是《伯夷傳》語也。"金猶不省記，乃自"載籍極博"誦起，至其文字處，驚覺曰："是矣！是矣！"其鈍如此。

鹿川李相國之繼母，即金之女也。其喪，行至城門內，停柩以待門開，金隨輀而至，乃於火光紛遽之中，展一卷大讀之，人見之，乃《伯夷傳》也。其迂闊類此。後喪耦，其侄往吊之，

與相哭，其侄哭止，見金方誦《伯夷傳》也。蓋連哭誦之，聞者
傳以爲笑。凡有吟詠，成輒疾書，不爾則頓忘，當其親忌方初
獻時，偶見絹屏畫雁，忽生詩興，執酌忘奠，沈思良久，索筆即
書云："一幅齊紈上，誰模雁眊長。蘆花零落後，霜月夢瀟湘。"
仍擊節朗吟，然後乃復將事。①

案金氏既善忘，而又誰復能記其讀如此多遍耶？"讀至一億二萬八
十遍"，殆東人之大言誇辭，極言其誦讀之勤之多而已。《莊子·天
地篇》："有治在人，忘乎物，忘乎天，其名爲忘己。忘己之人，是之
謂入於天。"若金得臣者，殆即忘己入天之人也，豈尋常健忘者之謂
哉！其真伯夷之行而莊周之徒也。

一六、李慈銘好大言謾罵

清代學術界，好清議學界、雌黃得失者，如清初之閻若璩、毛奇
齡、全祖望、方苞輩，清中葉之汪中、章學誠、姚鼐、方東樹等皆是
也。而喜咒罵他人、指斥幾不能人爲者，則莫若李越縵（慈銘）爲甚
焉。李氏《越縵堂日記》及文集書劄中，處處皆謾罵諷刺之語也。
劉體智《異辭錄》論李氏曰：

> 於時人謾罵殊甚。謂左湘陰爲"耄昏"，李高陽爲"要結取
> 名"，閻朝邑爲"獸心狗冠之徒"，張南皮爲"僉壬禍首"，張豐潤
> 爲"妄人"、爲"宵人"，陳閩縣爲"輕險之士"，又謂南皮、豐潤爲
> "鼠輩"，閩縣之劾張靖達爲"狐埋狐搰"，王湘綺爲"江湖佹
> 客"，吳愙齋爲"吳下書畫清客"，趙撝叔爲"妄子"，于晦若爲
> "風狂"。周星詒兄弟稱爲"周蛾"，猶以爲有怨也。他如戴子

　　① 朝鮮松間明月石上清泉處士之居《松泉筆譚》元卷"金得臣"條，韓國
鄭明基編《韓國野談資料集成》，首爾：啟明文化社 1992 年版，第 18 册第
222—223 頁。

高、楊海琴、鮑子年、何子貞、李山農、陳壽卿、吳平齋，皆致不
滿，或加醜詆，適成其爲無忌憚之小人而已。

　　嘗合一時之人而論之。謂嘉慶以後學者遊談廢務，奔競
取名。於光緒十年政府易人，則曰"易中駟以駑產，代蘆菔以
柴胡"，於朝臣則曰"大臣非闒陋則偏愎，小臣非鄙猥則謏張"。
可謂一網打盡。又嘗合一處之人而論之。曰"北人昏狂"，曰
"皖人無一可用"，曰"江西無學者"，曰"杭人之詩，以江湖塗抹
爲事"，曰"吾鄉粵逆之變，持節者逃竄，縉紳之屬，輸貢賊廷，
受僞職毒鄉里者，不可悉數"，曰"攘竊爲閩人之慣技"，曰"顧、
黃從祀，出於福建子之請"。辱斯甚矣。①

劉氏又謂李氏《日記》"記所讀之書全無宗旨，嫌其太雜。經史子
集，無一不有，讀之未畢，隨手劄記，難免首尾不貫"。又舉《禹貢錐
指》、《尚書古文疏證》、《道古堂全集》等書，"多長篇巨帙，或專門名
家，在他人畢生精力所在，僅看一序，以一日了之，便加評語，謂之
讀書，孰能信之。最可笑者，叢書目錄抄寫多種，連篇累牘，視爲珍
秘，甚至《搢紳錄》亦删節記入，無復著書之體。同光以來，文人不
篤志於學，咸以書籍作談柄，爲欺人之計，悉是類也"。劉氏書中，
又有"李慈銘讀書不終卷"、"李慈銘於小學未識門徑"、"李慈銘隱
善揚惡"、"李慈銘詞章差強人意"、"李慈銘未能盡通古禮"、"李慈
銘有揶揄之筆"、"李慈銘記妻妾爭鬥"、"潘鼎新贈李慈銘金"等條，
皆抨擊李氏之語也。其所肯定者，唯一句"蓴客一生學問，惟詞章
差強人意耳"②。此即所謂咒人者終爲人所咒也，可不慎哉！

　　又劉禺生《世載堂雜憶》中，載李氏與趙之謙之交惡，亦可證李
之爲人也。其曰：

　　① 清劉體智撰、劉篤齡點校《異辭錄》卷 3"李慈銘謾駡時人"條，北京：
中華書局 1988 年版，第 156—157 頁。
　　② 清劉體智撰、劉篤齡點校《異辭錄》卷 3"李慈銘詞章差強人意"條，第
155 頁。

　　李越縵之妹,爲周季貺之繼配。周畇叔以越縵學問才調,沈淪可惜,勸其納貲爲宦。越縵乃售出田產,決意捐納。時季貺亦納貲,以同知分發福建,李則願捐京官,指捐郎中。越縵捐官之款,交季貺帶京辦理。季貺抵京,部中書吏告周曰:查福建省同知,如加捐小花樣,即可補缺。但所攜款不敷,乃移越縵捐郎中款,將原捐"不論單雙月"者,爲李僅捐"雙月"。李到京,不能到部,乃住畇叔家,畇叔爲游揚於翁叔平、潘伯寅之門,越縵後經翁、潘推薦,皆畇叔爲之先導也。又推薦於商城周祖培之門,祖培延教其子,移住其家,越縵更得交遊朝士。

　　季貺抵福建,即補汀州本缺,托傅節子入京引見之便,帶還李款。傅見李作詩辱罵季貺,且逢人訕詛,醜不入耳,乃匿款不交。問李曰:如季貺全款奉還,尚存友誼否? 李曰:雖本息加倍,亦不爲友。傅遂決不代還。至同治甲子年冬,畇叔適有人饋多金,李又責令畇叔代弟還款,畇叔不可,李乃攻擊畇叔。會趙撝叔之謙公車入京,趙爲越縵表弟,亦畇叔鄉人姻親也。畇叔介紹見潘伯寅,潘時刻意重碑版,撝叔以善金石聞,潘一見大嘉許,伯寅客座中,趙在李上。又潘之書室,榜曰:"不讀五千卷者,不得入此室。"趙能隨時出入。李更大恨,遷怒於畇叔,呼畇叔爲"大蜮",季貺爲"小蜮",趙爲"天水妄子"。從此與周家兄弟絕跡,視爲仇家。冒鶴亭云:聞之外祖季貺,謂越縵罵我,應該,可謂以德報怨。罵畇叔,則太負心,不免有以怨報德之誚矣。[1]

案人生在世,或爲人喜,或爲人惡,或喜某人,或惡某人,亦極正常之事耳。爲一人所詈,而爲千人所喜,無憂也;若爲一人所喜,而爲千人所詈,則其人若何,蓋不言而自明也。若李越縵者,豈所謂千夫所指乎!

　　① 清劉禺生撰、錢實甫點校《世載堂雜憶·李蒓客的怨氣》,北京:中華書局1997年版,第85—86頁。

一七、官年實年

今人虛報年齡者，約有三類：農村男女婚姻，多以小爲大，實齡十七而虛報二十餘歲；高考落榜生與體育運動員，喜瞞爲小，遞考四載仍十八歲，注冊二十實二十四也；退休前之老者，尤喜減年，今冬五十九，明春反五十七也。殊不知此種劣俗，亦自古而然也。

《三國志·魏書·司馬朗傳》稱，司馬伯達（朗）年十二，“試經爲童子郎，監試者以其身體壯大，疑朗匿年，劾問。朗曰：‘朗之内外，累世長大，朗雖稚弱，無仰高之風，損年以求早成，非志所爲也。’監試者異之。”此可見漢魏時人，已通行此風，故監試者疑伯達之年齡不實。白樂天《照鏡詩》有“豈復更藏年，實年君不信”之句，雖爲對鏡戲謔之言，然亦可知唐時此道之盛行焉。因之，唐宋人遂有所謂“官年”、“實年”之說。官年者，官方履歷注冊之年齡也；實年者，其人實際年齡也。如宋洪邁《容齋四筆》曰：

> 士大夫敍官閥，有所謂實年、官年兩説，前此未嘗見於官文書。大抵布衣應舉，必減歲數。蓋少壯者欲藉此爲求昏地，不幸潦倒場屋，勉從特恩，則年未六十始許入仕，不得不豫爲之圖。至公卿任子，欲其早列仕籍，或正在童孺，故率增抬庚甲有至數歲者。

又岳珂《愧郯録》曰：

> 世俗多便文自營，年事稍尊者，率損之以遠垂車；襁褓奏官者，又增之以覬速仕。士夫相承，遂有官年、實年之別。間有位通顯者，或陳情於奏牘間，亦不以爲非。珂考之……治平四年五月二十八日，詔劾内殿崇班郭繼勳增加歲數情罪以聞。以其陳乞楚州監，當自言出職日實嘗增十歲也。（《四部叢刊續編》影宋本）

唐宋時如此,歷元明至清,此風更熾。清王世禛稱"三十年來士大
夫履歷,例減年歲,甚或至十餘年;即同人宴會,亦無以真年告人
者,可謂薄俗"。① 明清科舉最盛,三年大比,有自幼至耄,考十數
科而不中一舉者。《儒林外史》敘老童生周進,年過六十,隨商賈至
省城,非親睹貢院不可,"周進一進了號,見兩塊號板擺的齊齊整
整,不覺眼睛裏一陣酸酸的,長歎一聲,一頭撞在號板上,直僵僵不
醒人事"。科舉害人,以至於斯。因屢考不中,老大無成,故欺隱年
齡,即爲最常見之事,甚爲朝廷所關切。順治十二年四月清世祖諭
禮部曰:

　　朕惟人臣事君,勿欺爲本。近來進呈登科錄及鄉會殿試
等卷,率多隱匿年歲,以老爲壯,以壯爲少。……國家開科取
士,本求賢良,進身之始,即爲虛偽,將來行事可知。更有相沿
陋習,輕聯同宗,遠托華胄,異姓親屬,混列刊佈,俱違正道。
朝廷用人,量才授任,豈論年齒家世乎? 今科進士登科錄及以
後各試卷,務要據實供寫。其餘陋風,悉行改正,毋負朕崇誠
信、重廉恥之意。②

"進身之始,即爲虛偽,將來行事可知",真乃一針見血之語、明達洞
見之言! 又雍正五年十月清世宗諭曰:

　　朕覽文武官員履歷,開載年歲多有不實。或年歲本少而
增之爲多,或年歲本多而減之爲少。此種陋習漢人最甚,近來
漢軍亦漸有之,惟滿洲官員皆係真實年歲,無意爲增減之事。
至於外省文武,則年歲不實者尤多。此甚無益而可笑也。國

　　① 清王世禛撰、靳斯仁點校《池北偶談》卷 2"官年"條,北京:中華書局
1997 年版,上冊第 44 頁。
　　② 《世祖章皇帝實錄》卷 91 順治十二年四月丙子條,北京:中華書局
1985 年版,第 3 冊第 716 頁。

家用人，惟論其才力之可以辦事任職，原不以年歲之老少爲重
輕。如老成望重之人，宜於居官服政，年歲雖多，而精神尚健，
即屬可用之員，若年雖未老而志氣萎靡，則不可用，是多者不
必減之爲少也；少年精壯之人，宜於效力宣勞，年雖尚輕而辦
事勤敏，亦屬可用之員，若年齒雖大而才具庸劣，則不可用，是
少者不必增之爲多也。人之立身，事事皆當誠實，豈可涉於欺
詐。彼增減年歲者，無益於功名，而有關於品行，不可習爲固
然也。今朕特爲訓諭：凡各官從前之年歲不實者，俱著即行改
正，令以實在年歲開明注册。嗣後文武官員倘仍行增減，甘蹈
欺隱之習，則其人甚爲無恥而不足責矣。（胤禛《雍正上諭內
閣》卷六二，《四庫全書》本。）

雖經順治、雍正嚴諭威攝，然終清一代，此風仍無改觀。方浚師《蕉
軒隨録》亦稱"今之履歷，年歲每增減若干，謂之官年"。又引岳珂
之説後曰："按《北史》傅修斯年踰八十，猶能馳射盤馬奮稍，常諱言
老，每自稱六十九。是可作今之官年論矣。"

　　案傅修斯之諱老，尚不可作"今之官年論"，乃老將言志，老當
益壯，老不服老也。而清人履歷，虛報不實者，乃多如牛毛，故年譜
與墓銘之類，紀年多相互刺謬者，即因此之故也。又汪輝祖《病榻
夢痕録》載，乾隆五十二年，汪氏五十八歲，方得一縣令之職，遠赴
湖南寧遠。至長沙謁見撫軍嘉善浦霖，問及年歲，汪氏對曰："履歷
年五十一，實年五十八。"此爲筆者所見清人隱瞞年齡最長者，官年
與實年相差七歲！

　　嗚呼！國人欺上瞞下，虛報浮誇之風，長盛不衰，至今尤烈。
官年、實年之陋習，不過一管而已。舉世以非爲是，甘蹈欺隱之習，
誠信不崇，廉恥不論。誠實不欺，若司馬伯達，若寇萊公者，世有幾
人哉！

一八、甘肅少人才之故

　　吾甘僻居西北，地貧民瘠，自古以來，文風不盛。漢唐之時，因其爲邊陲，兵燹頻仍，故武將多多，所謂"關西出將"也。而明清時期，拓地萬里，甘肅成爲内陸，戰事日少，故文風武運，遂皆衰微不振焉。

　　自隋開科取士，至清末廢除科舉，吾省從未得售一甲前三名也。吾鄉梓潼縣，明清兩代所中進士，才不過區區4人（明朝1人，清朝3人，其中1人乃武進士），舉人亦僅13人，莫若江蘇之一家所出爲多焉。即陝西一省，清乾隆朝以王杰爲一甲第一名，乃清高宗知陝西本朝無狀元，且適逢西北平定，爲合符天運，鼓舞人心，乃有意爲之，所謂"西人得魁西平後，可見天心厭武時"，實本科狀元，當爲陽湖趙翼也。故西北之廣袤，凡舉國半壁江山，然文運之弱，況之江南，乃不如一府一縣，一鄉一邨舉業之盛也。陳夔龍《夢蕉亭雜記》，曾論蘇、浙文風熾盛，而邊省人材不振之因曰：

　　　　蘇浙文風相埒，衡以浙江一省所得之數，尚不及蘇州一府。其他各省，或不及十人，或五六人，或一二人。而若奉、若晉、若甘、若滇，文氣否塞，竟不克破天荒而光鉅典，豈真秀野之懸殊哉？竊嘗縱觀，而知其故。自言游以文學專科矜式鄉里，宣尼有吾道其南之歎。南方火德光耀奎壁，其間山水之鍾毓，與夫歷代師儒之傳述，家絃户誦，風氣開先，拔幟匪難，奪標自易，此一因也。冠蓋京師，凡登撍席而躋九列者，半屬江南人士。父兄之衣鉢，鄉里之標榜，事甫半而功必倍，實未至而名先歸。半生温飽，盡是王曾，年少展裙，轉羞梁灝。不識大魁爲天下公器，竟視巍科乃我家故物，此又一因也。（《夢蕉亭雜記》卷二）

蘇浙間人，視大魁爲"我家故物"；而邊鄙之地，則視其爲天上文曲，不落凡界也。又陳康祺亦論甘肅少人才之緣由曰：

　　　　甘涼僻在西陲，人物黯淡，固由民貧地瘠，又無賢大夫、鄉
　　先生振興其文教，亦緣風氣樸質，一二名儒喆彥挺生其間，往
　　往闇汶自修，不與中原人士聯結聲氣。故二百餘年來，表見紀
　　載，益覺寥寥。①

陳氏所論，確爲的言。即清代學術界而論，甘肅學者可與江南比肩
者，唯武威張介侯(澍)與階州邢伭山(澍)，所謂"西北二澍"也。介
侯官貴州、江西等地，曾問學於餘姚邵晉涵，以治姓氏諸學，獨步一
時。伭山官浙江、江西等地，與錢大昕、大昭兄弟相往還，精金石諸
學。二人之學，皆自成一家，在乾嘉間可置諸一流學者之列。然晚
年還鄉，皆著述零散，張氏書今多存陝西與臺灣。而邢氏晚景淒
涼，著述亦隨其物故，多化爲異物焉。
　　即民國時期，吾甘讀書種子亦寥落如稀星也。臨洮張維纂有
《隴右金石錄》，顧頡剛曾論曰："甘肅惟此人爲真讀書人，而不得其
死，積稿散失，實爲西北史學一大損失。"②而世人果知張維者，又
有幾人哉？即至今日，西北與東南、沿海與內陸之差距，更隔若鴻
溝，遠若河漢，則經濟難興，而欲振刷文化，作育人才，殆較古更爲
不易矣！

一九、大型歌舞人組圖案與文字

　　今日中國，凡大型文藝節目，若逢年節，若全運會，若亞運會，

---

　　①　清陳康祺撰、褚家偉等點校《郎潛紀聞四筆》卷 10"涼州人傑柳邁祖"
條，第 161 頁。
　　②　顧頡剛著、王熙華輯《緩齋藏書題記·史部·隴右金石錄補》，見《歷
史文獻》第 2 輯，上海圖書館歷史文獻研究所編，上海：上海科學技術文獻出
版社 1999 年版，第 41 頁。

若築樓建館,若修路鋪橋,各項慶典,皆喜以成千上萬之眾,組成諸樣圖案與各色文字。此風古已有之,只不過於今爲烈焉。宋周密《齊東野語》曰:

> 州郡遇聖節錫宴,率命猥妓數十,群舞於庭,作"天下太平"字,殊爲不經。而唐《樂府雜録》云:"舞有字,以舞人亞身於地,布成字也。"王建《宮詞》云:"羅衫葉葉繡重重,金鳳銀鵝各一叢。每遇舞頭分兩向,太平萬歲字當中。"則此事由來久矣。①

此可見唐宋時,已盛行以舞者組成圖案文字。"太平萬歲",筆劃繁複,想來一則必舞者眾多,方能擺出如許字樣;二則必有廣場高壇,方能顯此宏闊場面。費卻民膏無數,博得君臣一粲也。

二〇〇八年北京奧運會之開幕式,繽炫人目,鋪張揚厲,氣勢恢宏,爲舉世所稱讚。其所用人眾道具,之多之盛,千軍萬馬,屢破紀錄。今廣州亞運會,又將開幕,而規模宏大,或更空前,則又不知其所費國帑幾何,而耗卻人力幾多矣!

二〇、奧運牡丹與摧花之術

牡丹爲花中之冠,雍容華貴,色澤豔麗,爲唐人所喜。宋人清心內澂,沉潛理學,故喜菊花之傲瘦。北京奧運會,禮儀用花,乃選牡丹,然牡丹花期,在初夏之日,而奧運時逢秋節,故各地牡丹商家及研發人士,儲藏資源,架棚蓄根,摧花開放,以適花期。白詩"一叢深色花,十戶中人賦"。而至今日,則不知當何如耶?

又吳翌鳳《遜志堂雜鈔》載:"京師風俗,入冬以花藏土窖中,四周以火逼之,故隆冬時即有牡丹,謂之'唐花'。其法自漢已有之。

---

① 宋周密撰、張茂鵬點校《齊東野語》卷 10"字舞"條,北京:中華書局2008 年版,第 189 頁。

漢大官冬種蔥韭菜茹,覆以屋廡,晝夜燃熅火,得温氣諸菜皆生。召信臣爲少府,謂此皆不時之物,有傷於人,不宜以奉供養,奏罷之。噫! 後人踵事,亦何所不至哉。"

此法行内術語稱"摧花",即以人工之術,令牡丹開於冬日,以便侯門權貴之需。而所謂"冬種蔥韭菜茹"者,即今遍及各地之温室塑膠大棚類也。古人以爲,以人力而强行改變物性,必害以物情,且有傷於人,而今人以科技之力,無所不用其極,亦即《雜鈔》所謂"何所不至",如摧花之術者,乃技之小小者耳。人定勝天。可乎哉? 不可乎哉?

(作者單位:北京大學中文系)

清經解類型及價值分析
——以《皇清經解》正續編爲例

董恩林

摘要：本文以《皇清經解》正續編所收 400 餘種經解文獻爲例，對清代經學文獻的編撰體例進行了類型分析，並適當歸納了各種類型經解文獻的編撰特點及其價值。重點在分析注疏、論說、考辨之作三大類經解文獻的特色，至於文字校勘、音注、年譜、圖表之類經解文獻等，由於其體例較爲直觀，則略而不論。

關鍵詞：《清經解》 類型 價值 分析

中華文化的根柢、國學的綱領在"十三經"(《周易》、《尚書》、《詩經》、《周禮》、《儀禮》、《禮記》、《春秋左傳》、《春秋公羊傳》、《春秋穀梁傳》、《論語》、《孝經》、《爾雅》、《孟子》)，因爲她包涵了中華民族最基本的思想理念，"經解"即歷代學者對"十三經"的解讀成果。由於歷代官方都把"經學"奉爲國家意識形態，社會則把讀經、解經視爲做人出仕的法寶，從而形成了系列的"經解"文獻和顯赫的經學傳統。

清代經學在乾嘉學者及其後繼者的努力下，蓬勃發展，碩果累累，達到了前所未有的高度。自清代中晚期以來，不斷有人對此加以總結與表彰。其著于文者，從江藩《國朝漢學師承記》、章太炎《訄書·清儒》、劉師培《清儒得失論》，到梁啟超《中國近三百年學術史》、錢穆《中國近三百年學術史》、支偉成《清代朴學大師列傳》等，不一而足，但幾乎都是以人以派以書爲線索來總結的。另一方面，徐乾學、阮元、王先謙等清代學者，則專注於歷代經學文獻的集成，先後編成《通志堂經解》、《皇清經解》、《皇清經解續編》等。今人虞萬里教授撰《正續清經解編纂考》,對正續《清經解》的編纂過程、流布、版本、改編等情況,詳加考辨;特別是從經義、語言學、名物考釋、天文地理、文集筆記幾個方面,對經解著作的價值作了比較細緻的分析,功莫大焉。① 筆者近年主持《皇清經解》點校整理專案,對《皇清經解》正續編所收 400 餘種經解著作,粗略流覽一過,感覺經解著作,名實差異較大,有名同實異者,有名異實同者;即使名實相符,其體例也千差萬別。如果從撰述類型、體裁方面對清代經學文獻及其價值加以歸納和分析,揭其差異,比其同類,對於深入瞭解和研究清代經學文獻,不無益處。遂以《皇清經解》正續編爲基礎,對清代經學文獻類型作一解析,以就教于經學專家。

　　梳理一下中國經學史,其實不難發現,歷代以來的經學研究,基本上是以經解類型、體式的不斷進化爲特點的。春秋至西漢中葉以前,經典的傳記之學最爲發達,如《易傳》、《尚書大傳》、《毛詩詁訓傳》、《春秋》三傳、《喪服子夏傳》、《禮記》、《學記》、《樂記》等。西漢中葉以後至東漢末,則是所謂"章句之學"。如王逸的《楚辭章句》、趙岐的《孟子章句》等。魏晉南北朝則是"集解"時代,如何晏的《論語集解》、杜預的《春秋左傳集解》等。隋唐宋元明則是"注疏"之學盛行,到了清代,"正義"之作應運而起。這些傳記、章句、集解、注疏、正義等經解體式既有共同的一面,也有不同的地方,各有千秋。

一、注疏之作

　　所謂"經解",自然以全面系統注釋十三經經文者爲大宗,諸如"注""疏""正義""章句"等。其特點,一是系統性,即逐字注釋,逐句疏解,先列經文,再依次"注""疏";二是簡明性,即只解字句,一般不作大義歸納,更不作衍申發揮;三是規範性,即事先定好凡例,

---

　　① 虞萬里《正續清經解編纂考》,載其《榆枋齋學術論集》,江蘇古籍出版社 2001 年版第 685—731 頁。

注則注，疏則疏，一般來説注不違經、疏不違注，行文嚴謹簡練。這些著作，又可粗分爲二種形式：一是比較系統的新注新疏；一是對舊注舊疏進行零散補充，兼帶辨正的，可謂之"補注""補疏"。

我們先看清人所撰十三經新注新疏。清代學者發憤經學的一個重要原因便是他們認爲清代以前的十三經注疏大多不能令人滿意，故鑽研經學、撰寫新的注疏，成爲這些學者畢生的學術追求，最後也差不多完成了十三經新注新疏的撰寫任務，成就了這些學者一生的學術功業。我們知道，兩漢《易》學初有施、孟、梁、京數家；《尚書》則有今文、古文之分，今文爲伏生所授，古文爲孔安國所傳；《詩》有齊轅固生、魯申培公、韓嬰、毛公四家；《春秋》則有左傳、公羊傳、穀梁傳；《論語》則有魯、齊、《古論語》三家。而馬融、鄭玄等遍注群經，將漢代經學推向頂峰。魏晉隋唐經學漸替，王弼、杜預、孔穎達等遍注群經而不宗馬鄭，隨後宋明理學家更是棄漢學而另創己説，遂致漢代經學式微垂絶。這種局面大爲清代學者所不滿，其不滿之聲在清代經解著作中比比皆是，如清末學者劉壽曾撰《十三經注疏優劣考》（在其《傳雅堂文集》中），對清代以前的十三經注疏的長短作了詳細分析，大率以爲兩漢以後至宋明，經書之疏大多"蕪淺"。梁啟超指出："他們發憤另著新疏，舊注好的便疏舊注，不好的便連注一齊改造，自邵二雲起，到孫仲容止，作新者十餘家，十三經中有新疏者已得其十。"[1]另一學者孫詒讓對此有簡明的總結，他説："群經義疏之學，莫盛於六朝。皇、熊、沈、劉之倫，著録繁多。至唐孔沖遠修訂《五經正義》，賈、元、徐、楊諸家賡續有作，遂遍諸經。百川涧注，瀁爲淵海，信經學之極軌也。南宋以後，説經者好逞臆説以奪舊詁，義疏之學曠然中絶者逾五百年。及聖清御宇，經術大昌，於是鴻達之儒，復理兹學，諸經新疏，更迭而出。或更張舊釋，補闕匡違，若邵氏、郝氏之《爾雅》，焦氏之《孟子》，胡氏之《儀禮》，陳氏之《毛詩》，劉氏之《論語》，陳氏之《公羊》是也。或

---

[1]　梁啟超《中國近三百年學術史》十三章，中國書店1985年版第193頁。

甄撰佚詁，宣究微學，若孫氏之《尚書》是也。或最栝古義，疏注兼修，若惠氏之《周易》，江氏之《尚書》是也。諸家之書，例精而義博，往往出皇、孔、賈、元諸舊疏之上。蓋貞觀修書，多沿南學。牽于時制，別擇未精。《易》則宗輔嗣而祧鄭虞，《左氏》則尊征南而擯賈、服，《尚書》則崇信枚、姚，使伏、孔今古文之學並亡，厥咎至巨。加以義尚墨守，例不破注，遇有舛互，曲爲彌縫。沖遠五經各尊其注，兩不相謀，遂成違伐，若斯之類，尤未先愜。而近儒新疏，則扶微捃佚，必以漢詁爲宗，且義證宏通，注有回穴，輒爲理董，斯皆非六朝唐人所能及。叔明疏陋，邵武誣偽，尤不足論。然則言經學者，莫盛於義疏；爲義疏者，尤莫善於乾嘉諸儒，後有作者，莫能尚已。”

　　爲便觀覽，兹將清人所撰新注新疏列表如下。

清人十三經注疏一覽表

類別	書　　名	作　　者	版本備注
易	周易述二十一卷	惠棟	四庫、皇清經解
	仲氏易三十卷	毛奇齡	四庫、皇清經解
	易章句十二卷	焦循	皇清經解
	周易姚氏學十六卷	姚配中	續經解
書	尚書集注音疏十四卷	江聲	皇清經解
	尚書後案三十一卷	王鳴盛	皇清經解
	尚書今古文注疏三十九卷	孫星衍	皇清經解
	尚書今古文集解三十卷	劉逢祿	續經解
詩	詩經通義十二卷	朱鶴齡	四庫
	毛詩後箋三十卷	胡承珙	續經解
	詩毛氏傳疏三十卷	陳奐	續經解
三禮	周禮正義八十六卷	孫詒讓	
	儀禮章句十七卷	吳廷華	四庫、皇清經解
	儀禮古今文疏義十七卷	胡承珙	續經解
	儀禮正義四十卷	胡培翬	續經解

類別	書　名	作　者	版本備注
	禮記訓纂四十九卷	朱彬	中華書局
	禮記集解六十一卷	孫希旦	中華書局
	禮書通故一百零二卷	黃以周	中華書局
	大戴禮記補注十三卷	孔廣森	皇清經解
	大戴禮記解詁十三卷	王聘珍	中華書局點校本
	大戴禮注補十三卷	汪炤	續經解
三傳	春秋毛氏傳三十六卷	毛奇齡	四庫、皇清經解
	春秋左傳詁二十卷	洪亮吉	續經解
	左傳舊疏考正八卷	劉文淇	續經解
	春秋左傳賈服注輯述二十卷	李貽德	續經解
	春秋公羊通義十三卷	孔廣森	皇清經解
	公羊禮疏十一卷	凌曙	續經解
	公羊義疏七十六卷	陳立	續經解
	穀梁補注二十四卷	鍾文烝	續經解
論語	論語古注集箋二十卷	潘維城	續經解
	論語正義二十四卷	劉寶楠	續經解
孟子	孟子正義三十卷	焦循	皇清經解
孝經	孝經義疏一卷	阮福	皇清經解
	孝經鄭注疏二卷	皮錫瑞	
爾雅	爾雅正義二十卷	邵晉涵	皇清經解
	爾雅義疏十九卷	郝懿行	皇清經解

　　清人所撰新注新疏，總體上可以分爲兩派：一是以恢復漢學爲旗幟，廣徵博引兩漢四部舊注舊解的學者（姑稱之漢學派），是清代經學家的大宗；一是以毛奇齡和焦循等爲代表的創新派，他們的經

學基本脫出漢宋窠臼，別出心裁，值得關注。漢學派中又有兩種類型：一是以惠棟爲代表的少數極端保守派，基本上以搜集兩漢舊注舊疏爲職志，絕不妄加己意；占多數的則是既廣搜漢唐舊注舊解以疏通經文章句，又勇於訂補前人闕失、申述一孔之見。下面稍作介紹。

　　清代經學家大多專事從古代文獻中搜集前人有關十三經的舊注舊疏，特別是漢人注疏，力圖恢復兩漢經學舊貌。他們認爲，孔子至兩漢的經學，以文字音韻訓詁爲路徑，段意由句意而來，句意由字詞意義而來，故訓解六經舍小學莫可。而魏晉隋唐以來的經學，喪失了儒家經學本來面目，混入了玄學、道學、佛學、理學的臆想成份，不可爲據。故多數學者窮畢生精力從事於十三經的古訓古注、古音古義的搜集、考訂。如惠棟《易漢學》序和《九經古義述首》云："漢人通經有家法，故有五經師訓詁之學"，"五經出於屋壁，多古字古言，非經師不能辨，經之義存乎訓，識字審音乃知其義，是故古訓不可改也，經師不可廢也"①。只緣"王輔嗣以假象說《易》，根本黃老，而漢經師之義蕩然無複有存者，故宋人趙紫芝有詩云'輔嗣《易》行無漢學，玄暉《詩》變有唐風'"。又如陳啟源《毛詩稽古編》敘云："故者，古也。合于古所以合於經也。後儒厭故喜新，作聰明以亂之，棄雅訓而登俗詮，緣叔世以證先古，爲說彌巧，與經益離。源也惑之，竊不自揆欲參伍眾說，尋流溯源，推求古經本旨，以挽其弊。"他認爲，"用古義以入今文，固難悅時人之目；強古經以就今義，亦豈合古人之心乎？夫積字而有句，積字句而有篇章，字訓既訛，篇旨或因以舛"，"宜於古者未必宜於今，然據今人習俗並謂古人無其事亦非通論也，惟立身于古世以論斷古人，斯《詩》之性情得矣"，"只可即古而言古，不可移古以就今"，段玉裁《古文尚書撰異》序言其宗旨是"正晉唐之妄改，存周漢之駮文"。故他們注疏經書，是嚴格遵守兩漢經學家思想的。如惠棟的《周易述》二十一

____

① 惠棟《九經古義述首》，《皇清經解》庚申補刊本；《易漢學》，《皇清經解續編》南菁書院本。

卷,從形式上看,經文之下自注自疏,與一般"注疏"並無二致,但實
際上"專宗虞仲翔,參以荀、鄭諸家之義,約其旨爲注,演其説爲
疏"。① 言必有據,不著己意,常常曰:此"子夏義也"、"虞翻義也"、
"此鄭玄義也"、"此荀爽義也""此九家義也"云云。故名"述"而不
視爲自家注疏。據臺灣耿志宏先生統計,《周易述》明確指出引用
漢儒之義的地方就有:子夏義一次,京房義三次,劉歆義一次,許慎
義一次,馬融義六次,宋衷義一次,荀爽義二十八次,鄭玄義十三
次,王肅義四次,董遇義一次,虞翻義二百六十六次等。② 至於兼
采兩家或兩家以上學説者更多。其《易漢學》則包括《孟喜易》二
卷、《虞翻易》一卷、《京房易》二卷《干寶易》附見、《鄭玄易》一卷、
《荀爽易》一卷,廣搜漢代易學名家片言隻語,末卷爲惠棟發明漢易
之作。另有《九經古義》十六卷,專就《周易》、《尚書》、《毛詩》、《周
禮》、《儀禮》、《禮記》、《春秋公羊傳》、《穀梁傳》、《論語》九經的字詞
訓詁作出解釋和比勘。陳啟源《毛詩稽古編》也明確宣稱"止參酌
舊詁,不創立新解",但其書不是注疏體,而是直接摘取經傳文或其
注疏,簡引各家疏解並隨時加己意以疏證之,條自爲段,徵引廣博,
"有誤則辯,無則置之。或一語而頻及,或連章而闕如,非同訓釋家
句櫛字比也,故止題篇什,不載經文。"另如張惠言《周易虞氏義》
九卷、《周易鄭氏義》二卷、《周易荀氏九家義》一卷、《周易虞氏消
息》二卷、《易義別録》十四卷、阮元《詩書古訓》十卷、臧壽恭《春秋
左氏古義》六卷、錢坫《爾雅古義》二卷、劉逢祿《論語述何》等,都是
着眼於兩漢舊注舊疏搜輯的。江藩《周易述補》四卷、李林松《周易
述補》五卷,則是補惠棟搜輯漢注之缺的。這些學者經過艱苦卓絶
的努力,將漢代經師注經之作散存於歷代文獻之中者,一一爬梳出
來,又依據文字音韻訓詁之學,將之作出合乎邏輯的解釋。姑且不
論漢代經學是否如清代惠棟、江藩等所説的那麼不可或缺,單就文

① 江藩《國朝漢學師承記》卷二,中華書局 1983 年版,第 24 頁。
② 耿志宏《惠棟之經學研究》,(臺北)臺灣政治大學中國文學研究所,
1984 年版。

獻訓詁資料的搜集而言，這種傾全力挖掘漢代經注的工作，對我們後人研讀傳統經典，都是十分有用的。

　　清人十三經注疏的創新之作，以焦循和毛奇齡等人成就最著。焦循有《雕菰樓易學三書》，其中，《易章句》十二卷，是其系統注《易》之作；《易通釋》二十卷，則是專就《周易》中重要卦爻概念疏解大義的篇章；《易圖略》則可謂是焦氏前兩種著作的内容提要和説明。另有《孟子正義》三十卷。焦氏《易章句》一反乾嘉學者注經言必稱孔孟、漢儒的風氣，直抒己見，不引經典。阮元序之曰：焦循"取《易》之經文與卦爻，反復實測之，得所謂旁通者，得所謂相錯者，得所謂時行者，舉六十四卦三百八十四爻盡驗其往來之跡，使經文之中所謂當位、失道、大中上下、應元亨利貞諸義例皆發之而知其所以然。蓋深明乎九數之正負、比例六書之假借、轉注，始能使聖人執筆著書之意豁然於數千年後。……其旨見於《圖略》，而旁通三十證尤爲顯據。"（阮元《焦氏雕菰樓易學序》，載《雕菰樓經學叢書》卷首）用焦循自己的話説便是："余學《易》所悟得者有三：一曰旁通，二曰相錯，三曰時行。此三者皆孔子之言也，孔子所以贊伏羲、文王、周公者也。"又説："比例之義出於相錯"、"升降之妙出於旁通"、"變化之道出於時行。"我們可以一例説明之，如《周易》"履霜堅冰至"，王弼注曰："始於履霜，至於堅冰，所謂至柔而動也剛。"焦循則釋曰："霜猶喪也。謂乾上之坤三成謙，如霜之殺物。謙通與履，故履霜。乾爲冰，謂履上乾也。至即至臨之至，履二之謙五，即臨二之五成謙，則薄不薄，故堅。"①所以，梁啓超説他"確能脱出二千年傳注重圍，表現他極大的創作力。他的創作卻又非憑空臆斷，確是用考證家客觀研究的方法得來，所以可貴。"②可見，焦循之注，全出自己意。其《孟子正義》完全仿照唐宋《十三經注疏》形式，先經文，後趙岐注，然後圍繞趙岐注，博引漢唐以前經、

────────────

　　①　分别見焦循《易圖略·敍》、《易章句·上經》。
　　②　梁啓超《中國近三百年學術史》十三章，中國書店 1985 年版，第 179頁。

史、子書，廣爲疏義，亦時有新說。

　　最有意思的是毛奇齡的《春秋毛氏傳》三十六卷和《仲氏易》三十卷。《仲氏易》之"仲氏"，乃稱其兄毛錫齡，所謂"仲氏易"者，其兄之《易》學也。其卷首曰：其兄言"易有五易，世第知兩易而不知三易""此三易者，自漢魏迄今，多未之著"。其所謂"五易"，一曰變易，一曰交易，一曰反易，一曰對易，一曰移易。後三易即其所謂世人未之著者，也是其書著力解釋的地方，至於"漢儒諸說暨宋元明諸家""兹不具述"。其《春秋毛氏傳》則將春秋魯十二公二百餘年史事歸爲四例（一曰禮例，二曰事例，三曰文例，四例缺）來疏解，全出己意，鮮引他說，故仿《左氏傳》而名之曰《毛氏傳》。其《春秋占筮書》三卷，也是一種別出心裁之作，他認爲《春秋》經傳保存了許多《周易》占筮詞，這些占筮詞對於理解《周易》很有意義，於是將《春秋》及三傳中有關占筮的記載，全部輯出來，用《周易》思想，從占筮辭角度重新進行解說，極少引用文獻佐證。但毛奇齡的經學，大多自言自語，少加徵實，故頗受乾嘉以來學者詬病，梁啓超的《中國近三百年學術史》幾乎無視其經學的存在，錢穆之書雖然介紹了他，亦多微詞。但作爲一家之言，其書其言還是可供參考和比較的。

　　更多的是舊注基礎上的新疏，因爲清代經學家大多崇尚漢學，往往先集漢唐古注，再旁徵博引加以疏解。王鳴盛《尚書後案》敍云："《尚書後案》何爲作也？所以發揮鄭氏康成一家之學也。"他認爲，自古以來注《尚書》者雖多，"唯鄭氏祖孔學，獨得其真"。可惜鄭注已殘，故"聊取馬王傳疏益之，又作《案》以釋鄭義，馬王傳疏與鄭異者，條晰其非，折中于鄭氏。名曰後案者，言最後所存之案也。"這代表了新疏一類作者的心聲。又如孫星衍的《尚書今古文注疏》是自注自疏，其注乃集《史記》、《尚書大傳》及歐陽大小夏侯傳、馬融與鄭玄注，疏亦廣徵博引先秦兩漢材料，加以自己的裁斷。不過，這些經學家對於舊注舊注之缺之誤，都能够實事求是地加以考正訂補，不像惠棟那樣不越雷池一步。這些注疏，梁啓超在其《中國近三百年學術史》第十三章有專門介紹和評價，此不贅述。

另有姚配中的《周易姚氏學》十六卷、孔廣森《大戴禮記補注》十三卷、鍾文烝《穀梁補注》二十四卷等，若僅看其名，似不類新注疏，通觀其書，則應視爲較爲完整的新注疏。姚配中的《周易姚氏學》序稱：不知一者，不足與言易；不知周者，不足與言易；不知太極之始終者，不足與言易；不知四象之動靜者，不足與言易；不知繫辭之旨者，不足與言易；不通群籍者，不足與言易；不深究眾説之會歸者，不足與言易。"以十翼爲正鵠，以群儒爲弓矢，博學以厚其力，思索以通其神，審辯以明其旨。"可見姚氏注《易》，志不在小，其書先列經傳文，次采諸家注文，再下"案"語加以疏解。既博引經史百家，也時發一己之見，注疏體例頗爲完整。《大戴禮記》舊有盧辯注，始於第四十八篇，但十分簡略，其中有五卷無注。孔廣森《大戴禮記補注》體例略同王聘珍《大戴禮記解詁》，即列出完整經文，就中需注者夾注之，實際也是一種系統的注本。與王聘珍不同之處在于孔廣森先列盧注，再加己之補注，王氏則將盧注附於己注之後。鍾文烝《穀梁補注》序稱："《穀梁傳》者，《春秋》之本義也。""竊以國家二百年來，經籍道盛，宜有專門巨編發前人所未發者，且以范注之略而舛也，楊疏之淺而厖也，苟不備爲補正，將令穀梁氏之面目精彩永爲左氏、公羊所掩，謂非斯文之闕事乎哉！""故詳爲之注，存豫章之元文，擷助教之要義，繁稱廣引，起例發凡，敷暢簡言，宣揚幽理，條貫前後，羅陳異同，典禮有徵，詁訓從朔，辭或旁涉，事多創通。"故其"補注"先以二卷篇幅詳論"經""傳"，再列凡例，然後詳注《穀梁傳》文，並補正范寧注和楊士勳疏，較上述孔氏補《大戴禮》之注，更詳實更系統。馬瑞辰《毛詩傳箋通釋》卷一專門考辨有關毛詩的一些焦點問題，如毛詩入樂説、魯詩無傳辨、毛詩故訓傳名義考、詩譜次序考、詩譜佚文考、十五國風次序論、風雅正變説、周南召南考、二南后妃夫人説、豳雅豳頌説、豳非變風説、王降爲風辨、王風爲魯詩辨、邶鄘衛三國考、詩人義同字變例、鄭箋多本韓詩考、毛詩古文多假借考、毛詩各家義疏名目考、魏晉宋齊傳詩各家考等。卷二才開始詳疏傳箋。

　　清代經解注疏之作的第二種類型是對前人的舊注舊疏進行補

充和辨正的,與前一種系統的新注疏相比,其特點是不按經文逐字逐句系統疏釋,而是有則注疏之,無則不及。其中又可分爲專對某種注疏進行補正的和一般性補正兩種。前者如顧炎武《左傳杜解補正》三卷、惠棟《春秋左傳補注》六卷、馬宗璉《春秋左傳補注》三卷,均是對杜預注之缺之誤進行補正的;宋翔鳳的《孟子趙注補正》六卷、翟灝《爾雅補郭》二卷,則是分別針對趙歧注、郭璞注而發。更多的是根據自己的研究心得對經典注疏進行一般性補充和辨正。"補注"有蔣廷錫《尚書地理今釋》一卷、江永《儀禮釋宮增注》、戴震《詩經補注》二卷、沈欽韓《左氏傳補注》十二卷《左傳地名補注》十二卷、梁履繩《左通補釋》三十一卷、錢坫《爾雅釋地四篇注》一卷等。"補疏"最多,主要有江永《群經補義》五卷、焦循的《周易補疏》二卷《尚書補疏》二卷《禹貢鄭注釋》二卷《毛詩補疏》五卷《春秋左傳補疏》五卷《禮記補疏》三卷《論語補疏》二卷、金鶚《鄉黨正義》一卷等。焦循的《禹貢鄭注釋》是專門疏釋《禹貢》鄭氏注的,即鄭注之疏。還有"稗疏"、"小疏"、"小箋"、"私箋"一類經解,也是列出經文注文中字詞句,直接進行補充性疏解,只不過更零碎一些而已。如王夫之的《周易稗疏》四卷《詩經稗疏》四卷《春秋稗疏》二卷《四書稗疏》三卷、沈彤《尚書小疏》《儀禮小疏》《春秋左傳小疏》、曾釗《周官注疏小箋》五卷、俞樾《春秋名字解詁補義》一卷、萬斯大《禮記偶箋》三卷、金榜《禮箋》三卷、鄭珍《儀禮私箋》八卷《輪輿私箋》一卷、俞樾《禮記異文箋》一卷、劉逢祿《公羊何氏解詁箋》一卷等。還有一類補注補疏,取名有異,如江永《禮記訓義擇言》八卷,擇其感覺有誤有缺的《禮記》注疏,一一加以補充疏解。又如褚寅亮《儀禮管見》十七卷,既疏原注原疏,又時時撇開注疏直抒己見,雖卷帙不簡,終不能視爲系統注疏之作。

此外,還有"疏證"一類經解,介於義疏和考證之間,廣泛搜集某經傳的古今注疏,既疏通經注意義,也考證其源流和缺誤。正如陳立《白虎通疏證》序所説:"欲疏其指受,證厥源由,暢隱抉微。……只取疏通,無資辨難。仿沖遠作疏之例,依河間述義之條,析其滯疑,通其結輻,集專家之成説,廣如線之師傳。"這類經解有王念孫《廣雅疏證》十卷、馮登府《三家詩異文疏證》二卷、徐養原《儀禮古今文異同疏證》五卷、陳壽祺《五經異義疏證》、陳喬樅《齊詩翼氏學疏證》二卷、陳立《白虎通疏證》等。其體例一般是先列出所要疏證的字詞句，再詳加疏解，並考辨和證明其源委。至於閻若璩《尚書古文疏證》、戴震《孟子字義疏證》三卷則又不一樣。閻若璩《尚書古文疏證》九卷，列目一百二十八條，逐條考辨《古文尚書》之僞，是典型的考辨之作。而戴震《孟子字義疏證》以問答的形式，就《孟子》中重要概念進行疏通論說，與其說是疏證，不如說是《孟子》大義講解、戴氏哲學思想闡述。

十三經中有一些單篇，由於内容特殊，歷來爲經學家所注意，如《尚書》中的《禹貢》、《周禮》中的《考工記》、《禮記》中的《曾子問》、《大戴禮》中的《曾子》《夏小正》等。清代經學家對這種單篇，也撰有不少注疏之作。如胡渭的《禹貢錐指》二十一卷，先列經文，次列各家注疏，再作疏解與辯證，對《尚書·禹貢》大傳作了廣博的疏解。戴震的《考工記圖》二卷，雖以"圖"名，實乃戴氏補鄭注《考工記》之作，紀昀爲之作序，極稱之爲"奇書"，以爲"補正鄭氏注者精審"。劉逢祿《書序述聞》一卷，實際就是一篇針對《尚書》大序的疏。阮元《曾子注釋》四卷，先自爲注，然後釋之，其所謂"釋"，即"疏"，《皇清經解》實際主編者嚴傑於其書卷後曰："《曾子》一書，歷代著錄，惜佚而不傳，宮保師據《大戴禮》所載爲之注釋，正諸家之得失，辨文字之異同，可謂第一善册。"還有黃模《夏小正分箋》四卷、洪震煊《夏小正疏義》四卷，對《夏小正》一篇及其注作了詳細疏解。

二、論説之作

經學家所謂"論説"，是指對經書大義的"論述"和"解説"，即就經傳中的人物、事件、名物、制度等問題進行論述、解説和演繹等，偶引他書以爲證。其特點：一是不作細碎考證引據，不必字字有據，句句徵引，而以直接論述、解説爲主，但求言之有理；二是不像

注疏那樣以經文及注疏爲綱，而以概念、問題爲條目。眾所周知，
注疏之體，以字詞解釋爲主，受其體例所限，不宜長篇大論，否則喧
賓奪主，妨礙讀者對經文的基本理解，經文大義因之無法深入解
説。故注疏之外，經學家常常就經典大義或某些問題，作專題論述
和解説，以便深入討論一些問題、系統闡明經文大義，相當於現在
的學術論文或系統講義。這一類經解常以"論""説""述""解"名
篇，如顧炎武《音論》，下列"古人韻緩不煩改字"、"古詩無叶音"、
"四聲之始"、"古人四聲一貫"、"入爲閏聲"、"近代入聲之誤"、"答
李子德書"等七目，約 9000 餘字，等於是七篇學術短論，專就古代
經解中的音韻問題進行了深入的論述。惠周惕《詩説》和惠士奇的
《易説》不列條目，直接就《詩經》《周易》經傳中的一些問題進行論
説；其《禮説》則列條目論述，其《春秋説》按照十二公順序，就經文
中一些問題和三傳解説的不同作出解説，同其同而辨其非。惠棟
《禘説》二卷，廣引六經之文以論述"禘"禮內容。還有王鳴盛《周禮
軍賦説》四卷、淩曙《公羊禮説》一卷《禮説》四卷、莊存與《卦氣解》
一卷《周官説》二卷《周官説補》三卷、宋翔鳳《尚書略説》二卷《大學
古義説》二卷、陳奐《毛詩説》一卷、丁晏《尚書餘論》一卷、黄以周
《禮説略》三卷《經説略》二卷、胡祥麟《虞氏易消息圖説》一卷、侯康
《春秋古經説》二卷、吳家賓《喪服會通説》四卷、倪文蔚《禹貢説》一
卷、邵懿辰《禮經通論》一卷、成蓉鏡《禹貢班義述》三卷、劉恭冕《何
休注訓論語述》一卷、王崧《説緯》一卷等，都是解説經文大義的著
作。宋翔鳳《論語説義》十卷，議論範圍較廣，並不專就《論語》經文
而作，猶如散論。柳興恩《穀梁大義述》三十卷，其《敘例》曰："爲穀
梁集其大成。"其目有七：述日月例、述禮、述異文、述古訓、述師説、
述經師、述長編。可見，其卷帙雖巨，卻不是系統義疏，而是歸納專
題加以闡述之作。

　　更多的則是一些不以"論""説""述""解"名篇而實際爲闡述經
義的著作。如毛奇齡《論語稽求篇》七卷，就《論語》中一些句子提
出自己的見解，講解的色彩較濃，偶有辨正。焦循的《易通釋》二十
卷，是對《周易》之義的一種綜合解説，如其對《周易》"無咎"的論述

就長達 5000 多字。《易圖略》作爲其易學的提要之作,也應屬於論說性質的。其《易通釋敘目》云:"余既學洞淵九容之術,乃以數之比例求易之比例,向來所疑,漸能理解,初有所得,即就正于高郵王君伯申,伯申以爲精鋭,鑿破混沌。用是憤勉,遂成《通釋》一書",是後,遍詢于汪萊、王聘珍諸友,"然自以全《易》衡之,未敢信也",又經歷數年,"改訂"兩度,"終有所格而未通,身苦善病,恐不克終竟其事,辛未春正月,誓於先聖先師,盡屏他務,專理此經,日坐一室,終夜不寐,又易稿者兩度,癸酉二月,自立一簿,以稽考其業,歷夏迄冬,庶有所就,訂爲二十卷,皆舉經傳中互相發明者會而通之也"。這樣的傾力於論述,其結論自然能夠經得起時間考驗,故焦氏易學爲有清之冠。張惠言《虞氏易禮》二卷《虞氏易事》二卷《虞氏易言》二卷《虞氏易候》一卷等,與其《周易虞氏義》《易義別録》嚴格搜集古義不同,都是綜合論述《周易》經傳大義的。毛奇齡《大小宗通繹》專就《禮記》喪服小記、大傳兩篇中有關大宗、小宗的記載加以綜合闡述。莊述祖《毛詩周頌口義》三卷,就毛詩周頌之序和詩之段落、句群,旁徵博引,細加解説,每篇達數千言。迮鶴壽《齊詩翼氏學》四卷,意在搜集和歸納漢代翼少君關於齊詩的見解,其中歸納、發揮者多,搜輯翼氏齊詩言論的功夫並不深,故與陳喬樅《齊詩翼氏學疏證》所疏翼氏關於齊詩的言論相比,論説性質明顯,與其説是翼氏説,不如説是迮氏説更恰當。俞樾《周易互體徵》一卷,其卷首弁言曰:"《易》有互體,乃古法也。……其可廢而不用乎? 余觀爻象,多有取之互體者,因即其明白可據者著於篇。"表明其書是專門解説《周易》互體之法的。有一些收入正續《清經解》的文集,實際上是有關經義的論文集,與經義筆記、雜録類型的文集有所不同。如江藩《隸經文》四卷,收文章 40 多篇,包括議、辨、論、解、説、釋、雜文七種體裁。還有徐養原《頑石廬經説》十卷、金鶚《求古録禮説》十五卷《補遺》一卷、朱大韶《實事求是齋經義》二卷、朱緒曾《開有益齋經説》五卷等,都是論説經義的論文集,所收文章,有論、有説、有辨、有議,内容豐富。

還有"記"一類的經解,情況比較複雜。程瑶田《宗法小記》《儀禮喪服文足徵記》《釋宮小記》《考工創物小記》《磬折古義》《溝洫疆理小記》等六種書均可以説是短篇論文集，每一種集子都包含幾篇小論文，分別解説群經中的一些問題。其另外幾種書，如《禹貢三江考》三卷《水地小記》一卷《解字小記》一卷《聲律小記》一卷《九穀考》四卷《釋草小記》一卷《釋蟲小記》一卷等，則偏重於考辨，下文再論。

三、考辨之作

考辨字詞、名物、制度等的經解著作，是清代經學家，尤其是乾嘉學者研究經學的又一大手段，其成果數量最多，精品不少。實際上，上述注疏類、論説類經解，多多少少都夾帶著一些考辨。本節所列的考辨之作，只不過考辨色彩更濃，考辨目的更明顯，考辨方法更集中而已。這一類作品，往往以"考"、"考證""考異""正誤""辨證""辨""證""徵""疑"名篇，其體例特點是沒有系統性，或以字詞爲單位，或以條目爲綱，有誤則辨，無疑則不之及。如閻若璩《孟子生卒年月考》一卷、毛奇齡《春秋簡書刊誤》二卷、江永《周禮疑義舉要》七卷《深衣考誤》一卷《鄉黨圖考》十卷、戴震《毛鄭詩考正》四卷、齊召南的系列《注疏考證》六卷、惠棟《古文尚書考》二卷、沈彤《周官祿田考》三卷、胡渭《易圖明辨》十卷、張惠言《易圖條辨》一卷、翟灝《四書考異》三十六卷、胡培翬《燕寢考》三卷、張敦仁《撫本禮記鄭注考異》二卷、宋翔鳳《周易考異》二卷《四書釋地辨證》二卷、朱彬《經傳考證》八卷、汪中《大戴禮正誤》一卷、阮元《車製圖考》二卷、武億《經讀考異》八卷、胡培翬《燕寢考》三卷、錢坫《車制考》一卷、周廣業《孟子四考》四卷、劉逢禄《左氏春秋考證》二卷、陳懋齡《經書算學天文考》一卷、徐養原《周官故書考》四卷、陳喬樅《禮記漢讀考》、俞樾《禮記漢讀考》等，從其書名即能看出其考證性質，不難理解。但有相當數量的考證著作，僅從書名是無法看出其考證特點的，也是研讀者最要注意的。如毛奇齡《四書賸言》六卷、萬斯大《學禮質疑》二卷、惠棟《明堂大道録》八卷、王念孫《讀書雜誌》二卷、王引之《經義述聞》三十二卷、盛百二《尚書釋天》六卷、秦蕙田《觀象授時》十四卷、程瑶田《儀禮喪服足徵記》十卷和上段所舉《水地小記》《釋蟲小記》類、孔廣森《禮學卮言》六卷《經學卮言》六卷、阮元《積古齋鐘鼎彝器款識》二卷、劉台拱《論語駢枝》(名《劉氏遺書》)、劉逢禄《發墨守評》一卷《箴膏肓評》一卷《穀梁廢疾申何》二卷、方觀旭《論語偶記》一卷、李輔平《毛詩紬義》二十四卷等,都是考辨經文及其注疏正誤的。段玉裁《詩經小學》四卷是考證《詩經》經文用字的形音義的,而其《周禮漢讀考》六卷《儀禮漢讀考》一卷則是單就《周禮》《儀禮》經文用字的讀音進行辨正。閻若璩《尚書古文疏證》九卷,更是考辨《尚書》古文真偽及其正誤的經典之作。丁晏《孝經徵文》一卷,序稱:因《刊誤》作于朱子後人,不能無疑,故博采《孝經》本文散見古籍者,一一證之,並辨古文《孝經》之疑。可見,其書乃求證《孝經》現行本之不偽也。

　　以"釋"名篇的經解文獻,內容比較複雜,約有幾種情況:一是疏釋。如馬瑞辰《毛詩傳箋通釋》即對《詩經》毛傳、鄭箋的疏解,但體例又非傳統疏體,而是以詩篇名為綱,分段疏解詩句;每段先列詩句、傳箋,接著下按語加以疏釋。二是考釋,數量最多。如閻若璩《四書釋地》四卷、盛百二《尚書釋天》六卷、任大椿《釋繒》一卷、胡匡衷《儀禮釋官》九卷、宋綿初《釋服》二卷、夏炘《學禮管釋》十八卷(此三書均是先列所釋物件,再列經史名家所釋,然後逐一考辨、解釋之)、黄式三《春秋釋》一卷、劉寶楠《釋穀》四卷、孔廣牧《禮記天算釋》一卷等,這些名之為"釋"的經解,並非一般意義上的訓釋,而是考辨性解釋,帶有濃厚的辨誤性質。正如閻若璩在《四書釋地》卷一"嬴"字條中說:"余嘗愛京山郝氏解《孟子》為行三年之喪,但以誤認邑名,遂不合禮制,以知地理益宜究。既成辨一篇,越三年,覺其不安,復成一篇,幸學問之日新也。並存之,今録於此。"可見,其"釋地"帶有考辨目的。但其名似專釋地理之書,實則不盡釋地也,如其"麋鹿""狐貉""淳于髡"條專釋各書記載之異;又其末條"集注援引多誤",專正經傳集注之作的援引失誤,這是讀者應當注意的。三是簡釋,即專門針對某個問題、某個名物、某些異文進行解釋，內容比較簡單，篇幅相對短小。如蔣廷錫《尚書地理今釋》一卷，對於《尚書》所出現的地名，加以當代地理對照，並略作説明或考辨；李富孫《易經異文釋》《詩經異文釋》及《春秋》三傳異文釋等，則是針對《周易》《詩經》《春秋三傳》所出現的不同文字，進行解説。

　　考信索據、辨疑正誤，是清代經學家尤其是乾嘉學者最主要的工作，是最值得研讀者注意的部分。

四、釋例之作

　　今人著書，多在書前詳列凡例，而古人簡易，著書多不明言其體例。晉杜預首撰《春秋釋例》十五卷，以釋《春秋》義例。是後，唐有陸淳《春秋集傳纂例》、北宋有司馬光繼之作《資治通鑒釋例》。至清代，釋例之作空前增多，這些"釋例"之作，大約可以分爲兩種類型：一是歸納其書義例，如孔廣森《詩聲分例》一卷、淩廷堪《禮經釋例》十三卷、劉逢祿《公羊何氏釋例》十卷、許桂林《穀梁傳時月日書法釋例》四卷、何秋濤《禹貢鄭氏略例》一卷、成蓉鏡《周易釋爻例》一卷等，這是大宗，是所謂"釋例"之作的本義所在；二是歸類舉例以釋經義，其特點是先將結論列爲條目，然後廣徵博引四部百家例證以説明之。如江永《儀禮釋例》一卷、惠棟《易例》二卷、任大椿《弁服釋例》八卷《深衣釋例》四卷、李鋭《周易虞氏略例》一卷、俞樾《古書疑義舉例》七卷等，這種經解，即我們現在所稱"例釋"。

　　還有一種釋例之作，從書名上並不能看出來，實際上卻是標準的歸納體例之作。如毛奇齡《春秋屬辭比事記》四卷，即是通過屬辭比事之法，歸納出《春秋》記事類例，與其《春秋毛氏傳》相配合。其卷首序言曰："《經解》曰，屬辭比事，春秋教也。夫辭何以屬？謂夫史文之散漶者宜合屬也。事何以比？謂夫史官所載之事，畔亂參錯而當爲之比以類也。……昔者孟子解《春秋》，曰其事則事當比也，曰其文則其辭當屬合也。"毛氏以爲漢儒發凡起例、揭其褒貶，並不合乎事實。如果"以禮爲志，而其事其文以次比屬，而其義即行乎禮與事與文之中，謂之四例，亦謂之二十二志，而總名之曰

《春秋屬辭比事記》，夫如是而夫子之《春秋》庶可見乎！"莊存與《春秋正辭》十三卷，體例與内容都仿明代趙汸的《春秋屬辭》，也是通過屬辭比事之法，顯示出《春秋》記事類例。

五、記纂之作

清代經解文獻中，有幾種記纂之作值得注意，因爲其書名不易讓現代讀者一望而知其内涵。一是以"學"爲名的經解。如王聘珍《周禮學》二卷、《儀禮學》一卷，不標條目，以段爲單位，每段先列所要解説的經文，再選列所要考釋的注疏，然後加案語辨證解説之，明顯屬於讀書筆記，其□學□大約表示這是《周禮》學習心得、《儀禮》學習心得。迮鶴壽《齊詩翼氏學》，則是以條目爲單位，搜集和解釋漢代學者翼少君關於齊詩的片言隻語，其書名意義大約表示此書爲闡明漢代翼氏的齊詩學；姚配中《周易姚氏學》，則純粹是自己對《周易》的見解，意謂此書乃姚氏周易學；其體例則類似疏體，先列經文，再列注，最後以□案□語加以疏解。這裏所謂"翼氏學""姚氏學"應該説已經包含了現代"學科""學術"之義了，與上述"周禮學""儀禮學"之名的含義是不一樣的。一種是以"記"爲名的經解，如毛奇齡《春秋屬辭比事記》四卷、程遙田的系列"小記"、梁玉繩《瞥記》一卷（雜考經義之作）、劉台拱《經傳小記》一卷、方觀旭《論語偶記》一卷、陳澧《東塾讀書記》十卷、莊存與的《周官記》五卷等，内容不一，體例有別。陳氏、程氏之"記"已在上文作了介紹。梁氏、劉氏、方氏、陳澧之"記"均是讀書隨筆所記所考。莊存與《周官記》，則把《周禮》冢宰、司徒、司馬、司空四大機構官職融會貫通，一一解説，並詳細統計其各職人數等，製成圖表，無異於一種新作，頗便於初學者利用，與其《周官説》一卷《周官説補》一卷有所不同。至於劄記、雜記類，如閻若璩《潛邱劄記》二卷、姜宸英《湛園劄記》一卷、臧琳《經義雜記》十卷等，數量頗多，讀者一看而知即爲學術筆記，此不贅述。還有一種纂輯之作，值得注意。如任啟運《天子肆獻祼饋食禮纂》卷首弁言謂：儀禮特牲饋食禮，諸侯之士之祭禮

也;少牢饋食禮,諸侯之卿之祭禮也。天子諸侯之祭禮亡矣。今姑
取其散見經傳者纂而輯之曰《天子肆獻裸饋食禮纂》,使論禮者有
考焉。其體例是從經傳中輯出自認爲是天子諸侯祭禮的經文,作
爲主條,再低一格加上考證與解釋説明,這在清經解中似別出一
格。惠棟《易漢學》也是這種類型的經解著作。他從經史子集各書
中輯出自認爲是漢代孟喜易、虞翻易、京房易、鄭玄易、荀爽易的内
容,條分縷析,再低一格加以考證和解説。吳卓信《喪禮經傳約》一
卷,將有關喪禮的經傳文删繁就簡,並加簡釋。這些纂輯之作,應
該説是一種新的文獻形式了。

六、其他類型

　　《皇清經解》正續編中還收有不少問答之作、經義文集和筆記
之作,其内容複雜,體例無方,都可以説是有關經義的隨筆。問答
之作,如毛奇齡《經問》十五卷《白鷺洲主客説詩》一卷《郊社禘祫
問》一卷《孝經問》一卷、秦蕙田《經史問答》七卷、杭世駿《質疑》一
卷、胡培翬《禘祫答問》一卷、馮登府《十三經詁答問》六卷、凌曙《公
羊問答》二卷、龔自珍《大誓答問》一卷《春秋決事比》一卷(決事已
佚,衹剩答問)、何秋濤《周易爻辰申鄭義》一卷、魏源《書古微》十二
卷《詩古微》十七卷等。經義筆記,如所選顧炎武《日知録》二卷涉
及《周易》《尚書》《詩經》《春秋》三禮等經典中的問題,其特點是"有
條"不紊。閻若璩《潛邱劄記》則不標條目,條與條之間另起行而
已,是真正的隨筆所記,内容亦博雜。還有萬斯大《學春秋隨筆》十
卷、毛奇齡《四書賸言》六卷、姜宸英《湛園劄記》一卷、臧琳《經義雜
記》十卷、盧文弨《鍾山劄記》《龍城劄記》各一卷、錢大昕《十駕齋養
新録》三卷《餘録》一卷、孫志祖《讀書脞録》二卷《續編》二卷、汪中
《經義知新記》一卷、臧庸《拜經日記》八卷、趙坦《寶甓齋劄記》一
卷、劉履恂《秋槎雜記》一卷、張惠言《讀儀禮記》二卷、宋翔鳳《過庭
録》五卷、洪頤煊《讀書叢録》一卷、俞正燮《癸巳類稿》六卷《癸巳存
稿》四卷、陳澧《東塾讀書記》十卷、曾國藩《讀儀禮録》一卷、鄒漢勳

《讀書偶識》十卷等。經義文集,專收經義雜文,多以《文集》爲名。但有些文集,取名不同尋常,是研究清代經學文獻者所應該注意的。如江藩《隸經文》四卷,前無序,後無跋,即可以説是其經學論文集,内有多篇長文。李惇《群經識小》八卷,也是一種經義雜記之作。還有比較經文注疏文的一類作品,如趙坦的《春秋異文箋》十三卷,即是將《春秋》三傳《左氏傳》《公羊傳》《穀梁傳》對經文解釋的不同進行比較,並疏解其不同之處和導致不同的原因。這種比較經注之作,在清代經學文獻中也還不少。

另一類是有關十三經的長曆、年譜之作,圖表之作等,如陳厚耀《春秋長曆》十卷、胡元儀《毛詩譜》一卷等,還有音注、文字訂補類經解,如顧炎武《九經誤字》一卷、段玉裁《毛詩故訓傳》三十卷專事文字訂補;段玉裁《古文尚書撰異》三十三卷則專辨今古文字之別。校考類經解,如劉台拱《國語補校》一卷、莊述祖《毛詩考證》四卷、陳壽祺《尚書大傳輯校》三卷等。這些經解著作,體例與内容都較爲單一,無須一一縷述。

總之,清代經學文獻内容豐富,形式多樣,名稱各異,不可一概而論,讀者宜睹其名、觀其實。

(作者單位:華中師範大學歷史文獻研究所)

桂文燦《經學博采録》初探[*]

柳向春

摘要:桂文燦之《經學博采録》一書記録道咸同光四朝經學學者,不惟保存文獻,且發幽潛之光,垂永久之鑒,要爲一代經學人物之大全。然此書雖經兩度付梓而沉潛依舊,研究乏人。兹謹略述桂氏生平,并考《經學博采録》之内容價值及版本源流、異同優劣諸端,以爲研習清代晚期經學史者之助。

關鍵詞:桂文燦 《經學博采録》 清代學術 版本 經學

一、生平大要

桂文燦(1823—1884),字子白,號昊庭,又作皓庭,廣東南海縣捕屬人。少有大志,尚氣節,好經濟,不沾沾舉子業。自弱冠治經,即講求宏通,不屑屑於餖飣獺祭之學。道光二十六年(1846)丙午,問學於嶺南通儒陳澧(1810—1882),學益進,而蘭甫(陳澧)亦以大儒期之。有清之學,自顧、閻二先生以實學首倡,漸流而門户遂立,朱、鄭判釁,漢、宋異轍,然猶各行其是,學者多能就一己之長,或分别研習,或兼而有之。衍至甘泉江藩(1761—1831)《漢學師承記》、桐城方東樹(1772—1851)《漢學商兑》出,兩者遂如冰炭。而子白則承接儀徵阮元(1764—1849)暨其師陳蘭甫之緒論,以爲"周公尚文,範之以禮;尼山論道,教

---

　　* 本文爲全國高校古委會直接資助專案《桂文燦〈經學博采録〉整理校點》中期成果,專案編號:0761。

之以孝。苟博文而不能約禮、明辨而不能篤行，非聖人之學也。
鄭君、朱子皆大儒，其行同，其學亦同"。[①] 因著《朱子述鄭録》二
卷，以明先儒知行合一、經明行修之高，非如陋儒之徒以門户井
井自繩也。道光二十七年（1847）丁未，受知葉河全慶（？—
1882），以解經拔第一，補弟子員。二十九年（1849）己酉舉於鄉，
爲副主考道州何紹基（1799—1873）所賞，取經義呈進御覽。同
治改元，獻所著《經學叢書》六十四卷，得旨留覽。光緒六年
（1880）庚辰，再至京師，截取知縣，五月初五奉朱筆圈出以知縣
用。十年（1884）甲申二月，簽掣湖北鄖縣。以十月十二日卒於
官，春秋六十有二。十一年（1885）乙酉四月十五日，湖北督撫以
子白"積學敦行，經濟閎通"疏請宣付史館，奉諭入列儒林傳，以
爲研經者之勸。子白學兼漢宋，於羣經無不甄綜，遠宗許、鄭，近
窺顧、戴，所闡經義，能補前人所未及，經術吏治，超越等倫。"其
處也，以崇廉恥、知古今爲務。其出也，以振紀綱、培元氣爲
心。"[②]晚得尺寸柄，以涖官甚暫，竟未展其才，齎志以歿，論者
惜之。

　　子白自少壯向學，數十年間，矻矻兀兀，宵旰篤行，不知有
倦，每有會心，便筆之於録，自少而老，著述滿屋，計五十五種二
百四十九卷，而梓者尚未及半。一生行跡遍大江南北，多識通人
碩學，耽尚研經之餘，尤能旁搜廣索，於同代學人多所論説，類中
肯綮。

　　子白之著述，其家刊者之外，又有吳縣王大隆（1900—1966）及
昆山趙詒琛（1869—1948）所編之"八年叢編"中所收三種、侯官郭
則澐（1882—1946）所編《敬躋堂叢書》中所收兩種。其他零星刊行

　　① 《清史稿》卷四八二"儒林三"子白本傳，北京：中華書局1977年版，
第13287頁。
　　② 見桂壇等《先考皓庭府君事略》，桂文燦《禹貢川澤考》附，廣州，利
華印務局民國三十五年（1946）重印本。

者,以未知其詳,姑不論。① 王欣夫(大隆)刊行之子白著作,來源
有二,其多篇題跋中均曾述及於此,即一則源於故宮所藏子白所
呈御覽之《經學叢書》,再則源於子白次子南屛之鈔寄。兩者一
係子白手訂之進呈本,一係桂氏家藏鈔本,故當較近子白原書之
本來面目。郭則澐所刊者,據其民國二十年(1931)十一月所作
之《經學博采錄》序:"吾友黄君君緯藏有桂氏遺著多種,皆未刊
之槁,《經學博采錄》在焉。"其所刊兩種,《周禮通釋》曾經删節合
併,已非子白原書本相。《經學博采錄》一種,與原書相較何如,
則不可知。而黄氏所藏究係何種來源,並無説明,故其較諸王氏
之本,似稍遜色。又有可言者,據《藝風老人日記》壬子(1912)三
月二十日:"覆秋湄,寄《三垣筆記》、《士禮居題跋》、《越縵日記》、
桂文燦《毛詩地理考》、《四書箋注》、《永憲錄》、《桐城方、戴二家
書案》、《金粟道人遺事》。"② 觀此可知,江陰繆荃孫(1844—
1919)及順德鄧實(1877—1951)當時曾有刊行子白著作之念,然
未知何故,此處所列諸書中,除子白所著兩種外,餘皆刊諸鄧氏
所輯《古學彙刊》第一集中。③

　　子白之學,承諸陳蘭甫,不惟其治學門徑如此,即其所著之書,
亦多有得蘭甫之啓發而作者,如其《禹貢川澤考》、《周禮今釋》、《毛
詩釋地》、《孝經集解》、《孝經集證》、《四海記》等,而其餘之作,亦皆
可見蘭甫學術之影響。

　　子白《潛心堂文集》卷七有《示同學諸子》一文,中有言云:"夫

　　① 　然此數種零星刊行者,恐亦與子白之子南屛有關,如廣東國民大學曾
刊子白著作兩種,其《毛詩釋地》卷末即有民國三十六年(1947)二月南屛跋
文,云:"咸豐初元,先儒林公撰《毛詩釋地》六卷,同治元年進御覽,蒙上獎。
光緒十一年(1885),儀徵卞頌臣尚書稱其有益後學。十二年(1886),錢唐汪
郎亭序之,謂王伯厚《詩地理考》引而未申,此書博采《爾雅》、桑《經》,條其異
同,訂其得失。姑於光緒十九年(1893)曾付梓人,年來遭亂版毀,謹將存稿錄
出以告來者。"
　　② 　繆荃孫《藝風老人日記》,北京:北京大學出版社1986年,第2472頁。
　　③ 　上海:國粹學報社民國元年(1912)排印本。

治經之等差,有經學,有注學,有疏學,有應試之經學。何謂經學?
誦法聖言,躬行實踐是也。何謂注學? 賢爲聖譯,精研傳注,以明
聖道是也。何謂疏學? 博考夫聲音、訓詁、名物、制度,明傳注即以
明經,阮文達公所謂'或習經傳、尋義疏於宋齊'是也(見《學海堂集
序》),凡所刻《皇清經解》及詁經精舍、學海堂課士之法皆此旨也。
至於應試之經學,凡鄉會試以及學使考試經解皆是,此則班孟堅所
謂'經術苟明,取金紫如拾芥者'也。"王欣夫先生嘗就此論評云:
"然則清代漢學諸家所爲,皆注、疏、應試之經學而已。真經學,或
須轉讓與宋儒之治身心者。皓亭剖析甚明,蓋猶其師陳蘭甫不薄
程、朱,漢、宋兼采之恉也。"①子白此説,未及己身,然以其著作衡
之,殆亦間乎注學、疏學之中乎? 王氏又云:"皓亭於治經外,尤留
心時務經濟,同治二年曾應詔陳言,頗得體要。其時當邊裔多故,
粤疆瀕海,尤稱繁劇,於是議洋貨加税,議官鑄銀錢,與王子槐論
鈔法,與徐彝舟論茶課,而尤以《海防議》三篇及《後記》籌畫周
詳,謀深慮遠。至記善耆、徐廣縉、葉名琛之庸懦誤國,則咨嗟太
息,讀之猶有餘痛。他如《兼葭簃雅集圖記》、《莫愁湖雅集圖
記》,皆在同治十年,潘祖蔭、張之洞提倡於北,曾國藩主持於南,
一時方聞碩彦畢集,藉覘南北學風人才之盛,可作談掌故之資。"
雖爲子白之《潛心堂集》而發,然觀子白諸作,其關注之内容,實
亦無逾此境,故王欣夫此言,視作子白著作之大要概論庶亦
可乎。

二、《經學博采録》之内容及價值

A. 題名釋義

子白業師陳蘭甫嘗云:"書以甲部爲主,疏解繁多,約之以鄭

① 王欣夫《蛾術軒篋存善本書録》"未編年稿"卷一"潛心堂文集八卷附晦木軒稿一卷"條,上海:上海古籍出版社2002年版,第1488—1490頁。

君、朱子。經文浩博，約之以《孝經》、《論語》。約而又約，則《學而》一篇而已。"①蘭甫之論《學而》②，以爲人必須學。學者，讀書也。學者，效也。又考《學而》章末一條云："子曰，不患人之不己知，患不知人也。"子白嘗自序其作書宗旨及命名之意云："番禺陳先生取許君'博采通人'之語，題曰《經學博采錄》。若夫仕有美績，處有高風，軼事瑣言，隨筆附記，將爲來者論世知人之助焉。復有著述未成，刊佈未廣，逝者不作，知者益稀，潛德幽光，理宜表著，此又區區撰錄之愚心也。""博采通人"者，見於《説文解字》卷十五上："今叙篆文，合以古籀。博采通人，至于小大，信而有證。稽譔其説，將以理羣類，解謬誤，曉學者，達神怡……"綜此而論，則子白所作，殆取人之善，學而效之，不惟知人論世，且有以發潛德之幽光也。今觀此帙，多錄學者爲學大要，其本在乎服善，在乎虛心向學，而絕無一較短長之心，則其與乃師蘭甫之欲引學者"相率趨於博學知服之風，而求以作人才、轉世運"③之精神爲同一用心，此正見子白之善述善作，爲不負所學矣。

　　如前所述，子白以《經學博采錄》之定名歸美於乃師，此自非妄言，容有其事。然考子白《張學錄遺書序》中云："癸丑秋，文燦南歸，編輯《經學博訪錄》，欲述先生經説，思讀先生遺書而不獲聞。"④則子白所創是書，本名爲"博訪錄"。"博訪"、"博采"固意義相似，然終有纖芥之別，不可不辨。博訪者，訪而錄之。博采者，錄而擇之。蘭甫之代爲改名，未識何時？⑤ 然咸豐五年（1855）子白作序之日，此書并未定稿，則由"博訪"而作"博采"者，以子白言，則

----

① 轉引自錢穆《中國近三百年學術史》第十三章《陳蘭甫》，北京：中華書局 1997 年版，第 687 頁。

② 陳澧《東塾讀書記》卷二《論語》，朱維錚主編《中國近代學術名著》本，北京：三聯書店 1998 年版，第 8—9 頁。

③ 《東塾讀書記》，第 690 頁。

④ ［清］桂文燦《潛心堂文集》卷六，復旦大學藏南海桂氏家鈔本。

⑤ 按：改名之具體日期雖不詳，然當在咸豐三年（1853）秋至五年（1855）八月之間。

固弟子尊師敬業之本分,而以蘭甫言,則未嘗非別有深意焉。

又其名中所謂"經學"者何也? 兩漢有今古文之學,南北朝有義疏之學,兩宋有義理之學,元明以降有應試之經學①,則此"博采"之經學究爲何者? 據前揭子白論定之經學分野,則"經學"者,"誦法聖言,躬行實踐是也。"頗似奉宋學者所言。葉鞠裳(昌熾)代汪柳門(鳴鑾)所撰《桂氏遺書序》曾論此書云:"又謂前哲話言,老師撰述,論世知人,所宜咨度。於是即所見聞,捋而聚之,命意畧如《漢學師承記》,而旁摭瑣言,兼陳軼事,是其觕例,取許君'博采通人'之語,名曰《經學博采録》,凡十二卷。"②又頗以子白此書爲漢學者張目。則子白所謂經學者,竟爲何者? 今考陳蘭甫嘗與致弟子沈氏書云:"所謂經學者,非謂解先儒所不解也。先儒所解,我知其説。先儒諸家所解不同,我知其是非。先儒諸家各有是,各有非,我擇一家爲主而輔以諸家,此之謂經學。"③又有《與黎震伯書》云:"所謂經學者,貴乎自始至末讀之、思之、整理之、貫穿之、發明之,不得已而後辯難之,萬不得已而後排擊之,惟求有益於身,有用於世,有功於故人,有裨於後人,此之謂經學也。有益有用者,不可不知。其不甚有益有用者,姑置之。其不可知者闕之,此之謂經學也。"④則蘭甫所謂經學者,即研習前賢有益有用之學。蘭甫又嘗言經學之典範云:"阮文達公《詩書古訓》,後之講經學者,當以爲圭臬。此真古之經學,非如宋以後之空談,亦非如今日所謂漢學之無用也。我輩宜崇尚之。"⑤言其自身

----

①　按:此係簡單列舉,以偏概全之弊,自屬難免。具體之分期,可參周予同《中國經學史講義》上編第六章《經學史的分期》,吳格主編《故事會圖書館文庫·學者講壇叢書》,上海:上海文藝出版社1999年版,第37—47頁。

②　此文見於葉氏《奇觚廎文集》卷上,民國十年(1921)刊本。此承同門東北師大王立民博士代爲録入,特此致意。

③　《東塾集》卷四《示沈生》,光緒十八年(1892)菊坡精舍刻本。張舜徽氏《清人文集別録》卷十七"東塾集六卷東塾餘集三卷未刊遺文三册"條誤以此出《與王峻之書》,北京:中華書局1963年版,第480頁。

④　《東塾集》卷四。

⑤　轉引自錢穆《中國近三百年學術史》第十三章《陳蘭甫》,第681頁。

作書宗旨云："由漢唐注疏以明義理而有益有用,由宋儒義理歸於讀書而有本有原,此《學思録》大恉也。"①則知蘭甫所謂之經學,即漢宋兼采以求微言大義者,即錢穆所云:"東塾所謂漢宋兼采者,似以宋儒言義理,而當時經學家則專務訓詁考據而忽忘義理,故兼采宋儒以爲藥。至於發明義理之道,大要在讀注疏,而特以宋儒之説下儕於漢注唐疏之箋焉。"②觀及於此,則子白所博采之經學可知矣,即以漢學爲本,而補充以宋學之義理以救其弊者。

又有可論者,前引葉昌熾《桂氏遺書序》中,言《經學博采録》一書,"命意畧如《漢學師承記》",倫哲如亦嘗言《經學博采録》:"其體例,視江藩《漢學師承記》較寬,視張星鑑《經學名儒記》較詳。"③王大隆則云:"昔葉鞠裳先生代汪鳴鑾序先生遺書,謂是書'即所見聞,抒而聚之,命意略如《漢學師承記》而旁摭瑣言,兼陳軼事,是其創例'云云,爲得其要。顧不曰'續漢學師承記'者,林氏昌彝曾舉江氏命名有'十不安',而欲更爲'經學師承記',蘭甫先生學兼漢宋,初無涇渭,故以許君語題之,亦猶此志也。"④郭則澐云:"是書體制略如《漢學師承記》,而攟拾聞見加詳。"⑤皆以《經學博采録》一書實爲繼江鄭堂(藩)《漢學師承記》而起者,惜漆永祥先生大作《江藩與〈漢學師承記〉研究》一書中,雖專辟一章言《漢學師承記》之續作者⑥,而竟無及於此,不可不謂憾事。鄭堂《漢學師承記》

---

①　同上。又《學思録》者,即《東塾讀書記》之初名。
②　《中國近三百年學術史》第十三章《陳蘭甫》,第 681—682 頁。
③　見氏撰該書提要,《續修四庫全書總目提要(稿本)》,濟南:齊魯書社 1996 年版,第 15 册第 25 頁。
④　《經學博采録》卷末跋,《辛巳叢編》本,民國三十年(1941)。
⑤　《經學博采録》序,《敬躋堂叢書》本,民國三十二年(1943)。
⑥　見該書第十章《〈漢學師承記〉之續纂、注釋與翻譯》,上海:上海古籍出版社 2006 年版,第 338—360 頁。

出，龔自珍(1792—1841)即曾貽書規箴①，以爲鄭堂之命名有"十
不安"，不若改作"經學師承記"，"則渾渾圓無一切語弊矣"。反觀
此書之徑以"經學"命名，雖則其所重略有歧異②，然未始非無借鑒
之意存焉。

B. 撰作時間

前引子白《張學録遺書序》中云："癸丑秋，文燦南歸，編輯《經
學博訪録》。"玩其文意，則子白之正式從事於《經學博采録》，當即
此咸豐三年秋季。至咸豐五年(1855)八月，子白撰成自序一首，弁
諸卷前，書稿則尚未删訂完結。同治改元，子白獻所著《經學叢書》
六十四卷，其中并無此帙，則此書尚未定稿可知。事實上，《經學博
采録》於子白生前，從未定稿③，子白嘗概述其未成諸作，中有："又
以經學諸儒，自周至唐正史而外闕佚良多，欲博稽羣籍，仿阮太傅
《疇人傳》之例爲《經學傳》一書。"④據遼陽楊鍾羲(1865—1940)所
撰"疇人傳"提要："(《疇人傳》)凡所敍録，其議論行事但取其有關

---

①　見於《龔自珍全集》第五輯《與江子屏箋》，王佩諍校，《中國古典文學
叢書》本，上海，上海古籍出版社1975年版，第346—347頁。又前引王欣夫
跋云侯官林薌溪昌彝曾有"十不安"之說，善化皮鹿門錫瑞則云甘泉焦里堂循
曾有此說("江藩作《國朝漢學師承記》，焦循貽書諍之，謂當改《國朝經學師承
記》，立名較爲渾融。江藩不從，方東樹遂作《漢學商兑》，以反攻漢學。"見於
《經學歷史》十"經學復盛時代"，周予同注釋，《中華學術精品》第二輯本，北
京：中華書局2004年新1版，第228頁)，蓋俱偶誤。

②　按：子白此編，雖以漢宋兼采爲名，然《録》中實以漢學爲重。如中記
蘭甫之言甚多，於其漢學諸書，皆詳致意矣，而不及其以宋學救弊之語，則子
白之傾向可知。然此亦恐承龔乃師之意，蘭甫晚年《自述》(《東塾讀書記》附
録，《中國近代學術名著叢書》本，第355—356頁)即頗於《聲律通考》十卷、
《切韻考》六卷、《漢書地理志水道圖說》七卷等漢學著作引以爲傲，雖亦言及
調和漢宋之論之《漢儒通義》七卷，然言辭篇幅之分佈，即可暗示其著意所在。

③　如王欣夫跋云："案先生撰《經學叢書》於同治元年(1862)進呈於朝，
此書據卞寶第光緒十一年(1885)《奏請宣付史館摺》，蓋爲晚歲續著者，故尚
未寫定。"

④　《辛巳叢編》本《經學博采録》卷六。又如無特別說明，則所引此書皆
爲《辛巳叢編》本。

天算者。其著作發明數學者，無論存佚見未，一一詳載。"①《疇人傳凡例》亦云："是編以推步爲主，凡所敍録姓名爵里、生卒年月而外，其議論行事，但采其有關步算者，自餘事實俱不冗贅。"②今夷考《經學博采録》一書，於傳人生平及他言行、事功，皆略述數言而已，其用意皆在傳主之經學，其體例正同《疇人傳》。則此言《經學傳》者，當正爲後日之《經學博采録》。即今本之《經學博采録》言，其卷首自序則言命名"經學博采"之用意，其卷末則又云欲撰《經學傳》，又言"凡此諸書，皆欲著而尚未成者。閉門仰屋，原不爲夫窮愁；終歲下帷，竊有志於古昔云爾"。③則子白此書當日之未曾定稿，可爲定讞。此亦王欣夫《辛巳叢編》本付梓之際，代爲重編爲六卷之緣由。

　　《經學博采録》撰作之具體過程，實已難考，今謹依其書中所載，略爲考核，以明其撰作之歷程。卷一有云："《三禮疑義》原稿，舊存武林翁氏百梅草堂，今存汪小米孝廉遠孫家。"同卷又有："徵君之子小廬秀才繹藏之。書中援引多而考辨少，其援引之處多與段氏相合云。秀才一字子樂，年將八十，耄猶好學。"汪小米（遠孫）卒於道光十五年，據此則此條當作於道光十五年前。然汪氏振綺堂自乾隆而民國屹立錢塘，且道光十五年子白尚未及冠，顯然此處僅係以人代稱振綺堂而已，不可據以斷定年月。又云子樂（錢繹，1770—1855）之年將八十者，則證諸子樂之年歲，當言道光末年之事。然道光二十九年子白方登賢書，此時是否仍有餘力留意及此，實難確言。今可據爲典要者，則卷中所言"咸豐壬子、癸丑間，以會試留寓京師，博訪通人……"④蓋咸豐二年壬子、癸丑，子白暫居京師，多識異人、異書，爲日後撰作《經學博采録》一書，奠成基礎，而

　　①　《續修四庫全書總目提要（稿本）》，第 4 册第 116 頁。
　　②　道光間揚州阮氏瑯嬛仙館刻本卷前。
　　③　《經學博采録》卷六，《敬躋堂叢書》本作"凡此欲著諸書雖未知寫定於何日，然非困苦艱屯，窮愁仰屋，或有此奢願於以博稽遺佚，網羅百家，聚薈成編，以俟達者乎"。
　　④　《辛巳叢編》本《經學博采録》卷六。

《經學博采録》之發軔，當即此時。此論以《經學博采録》核之，俱可覆案，無須疑問。如上所述，《經學博采録》一書，正式撰作始於咸豐三年。然子白既早存編撰《經學傳》之心，則其一向留意相關經學之士亦屬尋常。

　　又有可言者，如上所云，同治四年子白撰序之後，此書實未定稿，仍以所見所聞陸續補充修改，此於書中多有例證，如卷一："此書（《詩書古訓》）粵東近已刊入《粵雅堂叢書》。"按：阮伯元（元）《詩書古訓》六卷，咸豐五年（1855）首刊入《粵雅堂叢書》第二編第十一集中，則此條必作於此後。卷四："今者，（曾釗）學正雖不可復作，然泰山梁木之感，每令人不能釋于懷云。"按：勉士歿於咸豐四年，則此條可定於之後。卷五："咸豐丁巳，比部避地來遊粵東，所居與文燦衡宇相望，晤見恨晚，捧手有授，相資正深。居無何而廣州城陷，各倉皇走，不獲談經已。感患難之頻仍，冀後會之有日，鷄鳴風雨，每令人不能釋于懷云。"按：七年（1857）冬十一月，英法聯軍合陷廣州。同卷："比部嘗纂外藩蒙古、俄羅斯制度、物產、山川、風土成書八十卷，咸豐十年正月進呈，賜名《朔方備乘》。"又卷六："咸豐庚申，沈韶州映鈐刻于粵東而跋其後云……"按：庚申亦係十年（1860）。同卷："王中書獻琛字捧斯，一字玉農，吾粵東莞人也。……咸豐辛酉，余始識玉農于羊城，和易廉介，相見恨晚。"按：辛酉係十一年（1861）。則其歷年不斷補苴修正之跡，皆有跡可循，可明子白於作序之後仍時時是正之狀。尤可致意者，同治十一年（1872）德清俞樾（1821—1907）曾云①："南海桂皓庭孝廉文燦自金陵來吳下，以戴子高、劉叔俛兩君書來見，亦博學士也……其《經學博采録》與江氏藩《漢學師承記》體例相似。君知余譔著頗富，索觀已刻各書并未刻者録目以去，其亦將采入之歟？"雖係疑似之辭，然其所語，不中恐亦不遠，則知子白於此年仍留心搜訪素材，以補充《經學博采》一書。然今本中並無曲園（俞樾）之傳文，則又可證此

書之未能定稿①，且子白當日中心擬成之書，亦必非今日之面目。

C. 内容大概及其他

倫哲如曾評《經學博采録》云："其間或單録一人，或並録數人，又或只録一書一事。所録之人，每詳其爵里行事，間及軼聞。亦有從略者，則其人已著稱於時，無俟詳也。又所録之人，每詳其撰著，或全録某篇某義。惟鄭環、夏變、何若瑤等獨遺之。中亦不無錯誤，按王劼著有《毛詩讀》及《毛詩序傳定本》，各三十卷。而《録》言劼有《毛詩訓纂》若干卷，蓋未見二書而泛稱之爲'訓纂'也。又孔廣林所著《尚書鄭注》，嘉慶間梓于金山錢氏，《北海經學七録》，乾隆間梓于古俊樓。而《録》云遺書俱未刊，則所見未廣也。而阮文達萬柳堂一條，全不涉經學，亦厠其間，尤所不解。又《録》中時代錯雜，不分先後，且第十二卷多與前卷複出。豈是初成之藁，尚有待於整理者耶？然收羅甚博，如廣東之張杓、梁國珍、周寅清、梁漢鵬、黎永椿、馮譽驄、福建之林喬蔭、黄蕙田、張關和、汪光燨，江蘇之江震滄，安徽之王佩蘭、凌焕，滿洲之壽昌，其名氏多半沈翳，賴此得見梗概。即已見他書者，亦可藉以補所未詳，固作《儒林傳》者所必資也。"②提玄鈎要，爲得其情。江鄭堂曾自序其《宋學淵源記》云③："藩所録者，或處下位，或伏田間，恐歷年久遠，姓氏就湮，故特表而出之。"今迻録以言子白此書之宗旨，可謂恰當之至。《經學博采録》一書，向來表彰乏人，與《漢學師承記》之研究，顯晦判若

①　再如《敬躋堂叢書》本卷一第十五條（《辛巳叢編》本缺、廣雅書局本卷二第一條）："侯君謨孝廉名廷楷，更名康……又云，注史與修史異，注古史與注近史異……"按：此傳前半節自陳蘭甫《東塾集》卷五《二（侯）【侯】傳》（光緒十八年菊坡精舍刻本），前有"嘗曰：'國初，以梅氏算書、顧氏《讀史方輿紀要》、李氏《南北史合鈔》稱天地人三奇書，論者謂李書未可鼎足。吾書成，將取而代乎？'"故此方有"又云"之說。而此則逕曰"又云"，顯係未經勘定者。

②　見氏撰該書提要，《續修四庫全書總目提要（稿本）》，第15冊第25頁。

③　《宋學淵源記》卷上前，《中國近代學術叢書》本《漢學師承記》附，第187頁。

雲泥,近則幸得"中研院"文哲所蔡長林博士撰作大文《乾嘉道咸經
學采風——讀〈經學博采録〉》,爲之提倡,乃得漸爲人知。蔡氏大
文嘗揭櫫此書之大要云:

> 　　相較於江藩《漢學師承記》之廣受注意,桂文燦的《經學博
> 采録》則顯得失色許多。但如果從對研究清代中葉以降經學
> 與學術的價值來看,桂氏之書誠有其不可忽視的價值。因爲
> 此書可説是乾、嘉、道、咸四朝的經學采風,也可以做爲乾、嘉
> 學術慣性的重要記録。就内容而言,主要是對以許、鄭爲基礎
> 的漢學活動之采録,可謂四朝之經學提要;就地域而言,除了
> 江、浙、安徽與京畿等傳統勢力地區之外,兩廣、福建、江西、兩
> 湖、雲貴、四川、山東、山西、河南等地,同樣湧現出許多研治漢
> 學的學者;就學者而言,除了廣爲吾人熟知的重要漢學家之
> 外,桂氏更記録了許多不爲人知,而終身執守漢學的經學家;
> 至於就漢學的擴散途徑而言,桂氏在不經意間,爲我們暗示了
> 漢學與科舉考試以及學校教育不可分割的密切關係。從思想
> 史的大敘事來看,道、咸以降,世局漸變,講今文學;但是從學
> 術史的角度來看,考據學的勢力,即使到民國建立,仍不稍衰,
> 更不用説仍在乾、嘉學術慣性下的道光、咸豐年代。由桂氏此
> 書,可以看到思想史敘事與學術史實之間的落差;其意義,誠
> 爲治經學與經學史者,亟待補足之處。

又云:

> 　　漆永祥認爲《漢學師承記》的史料來源,大致可分爲四種:
> 1. 全部或大部分襲自當時學者所作行狀、墓表、傳記。2. 删
> 節或加工墓誌銘、傳狀而成。3. 將墓表、傳狀文字與傳主或
> 他人文集中與傳主有關的學術文章相結合。4. 全部或大部
> 分由江藩自撰,而這些人或爲江氏師長,或爲好友。基本上,
> 桂氏在史料上的采録原則,亦不出江藩這四點。值得注意的

是,他鈔録了許多學者學術論著的精華部分,這些學者的著作,有許多現今已不存在,而有幸能保存在桂氏書中。如黄定宜《半溪隨筆》、周寅清《孝經古義考》、王廷俊《翡翠巢經説》等。另外,漆永祥也提到,除了突出學者的學術性,以及在立場上棄宋崇漢之外,江藩同時也重視所記學者的事功之學,以及對終生未仕者的品行、遭遇多有論述。桂氏之書,除了尊漢棄宋這一點與江藩不同之外,基本上都承襲江氏的論述方式。與江氏相同,桂氏亦甚爲留意於收録遺落草澤間,窮經而不爲人所知的學者,采之以備世人所驗。所不同者,在論述的字裏行間,桂氏不時帶入對時局多艱的憂慮。"①

　　該文洋洋灑灑兩萬餘言,於《經學博采録》之諸般大況皆有所論,原原本本,皆有所據,又於《經學博采録》與《漢學師承記》之關聯,多有深入之見解,有裨研讀此書甚多。今姑舉二例,以證其説:

　　1. 卷三:(張皋文)編修取其(江承之)《易表》,定爲一篇,附於所著《消息》之後。今按:此言全録張氏(惠言)《茗柯文三編・虞氏易變表序》:"安甫死之七月,余役陪京館舍,無事乃取其(安甫)稿校録而補之,定爲二篇,附於《消息》之後。"②然其《虞氏消息易》後,實未附此二篇。又云:"金朗甫亦歙人,編修治《易》,於虞氏義條理縝密,朗甫盡通之,爲之補正。年二十許卒,編修序録其遺書,與安甫所著書合刻之。"今按:金朗甫,名式玉,有《竹鄰遺稿》二卷,與江承之《安甫遺學》三卷同刊入道光三年(1823)楊紹文輯《受經堂彙稿》,然其卷前並無皋文之序録。且此叢刻刊於道光三年,而皋文已於嘉慶七年已卒,故《彙稿》之刊行,與皋文並無些許關聯。又據楊紹文之序,知其刊印《彙稿》,僅以追思舊誼,遂爾輯録成册,

　　①　見於《東華人文學報》第十四期,2009年,第131—159頁。此承長林兄寄閲,特此致謝。
　　②　揚州阮氏琅嬛僊館嘉慶八年(1803)刻本。

"時一覽觀，殊恍然於與諸子從先生一堂講學時也"①。

2.《敬躋堂叢書》本卷二魏源條："大旨謂班固《漢書》皆用今文說，其《地理志》特稱《禹貢》山川者三十有五，皆歐陽、夏侯《書》說也。又特稱古文說者十有一，如汧山、終南、惇物、外方、内方、陪尾、嶧陽、震澤、敷淺原、豬壄澤、流沙是也。其不繫《禹貢》而實指《禹貢》之山川者二十有八，如太華、熊耳、雷首、霍太山、太行、岱山、積石、揭石、弱水、沮水、澧水、溁水、濁漳水、漯水、沂水、淄水、泗水、澶水、大河、九河、南江、中江、北江、雲夢澤、大野澤、徒駭、胡蘇、鬲津，則亦《尚書》家遺說。而溁水、漯水、汶水、淮水、弱水、易水凡六，述桑欽之言，則傳《古文尚書》於膠東庸生者也。桑欽《水經》末特書《禹貢》山水澤地所在凡六十事，與《地理志》古文說合，則是《禹貢》今文家言備於《地理志》，古文家言備於《水經》，故據二書以釋《禹貢》云。"其文則全出默深《禹貢說》卷上《通釋禹貢》條。②

《經學博采錄》與《漢學師承記》體例大致相似，故前人多有以之爲接續鄭堂《漢學師承記》者。然世皆以鄭堂之書，嚴於漢宋分界，子白之書則多通彼我之郵。今細核二書，則此論頗多可商。江叔海（瀚）曾論《漢學師承記》云："至張爾岐、江永，則亦皆服膺建安，具有明徵者也。張之《儀禮鄭注句讀》、江之《禮經綱目》，咸遵用朱氏《儀禮經傳通解》之法，而江輯《近思錄集注》尤理學之圭臬，張著《蒿菴閒話》且以明季甲申之變，由於秉國成者菲薄程朱之一念實漸致之。其於宋學主張若是，何嘗以漢學自標舉乎？其最可怪者，如程晉芳本不以經術名，嘗作《正學論》深以考據爲非（見《勉行齋文集》），故翁方綱《程蕺園墓誌銘》（見《復初齋文集》）極表其篤信程朱。藩徒以其夙與戴震交，遂躋於此，詎晉芳所樂受邪？"③可見其亦有辨別不清之病。至《經學博采錄》一書，則如前文所論，雖其以"經學"命意，"博采"號召，然入錄之人卻亦偏多樸學之士。

凡此諸況，一則可見所謂漢宋之判於鄭堂撰作之際並未分明；二則可見子白所謂以宋學救漢學之弊者，仍係以樸學爲尊；再則可見《漢學師承記》、《經學博采錄》二書，本質並無不同。兩書所收，以作者生活時代之別，故有先後承接之勢，然亦略有重合之處，數位經學之士曾爲兩書所同錄，今試舉二例，以見其異同。

1. 曲阜桂馥（1936—1805）。《漢學師承記》云："曲阜桂馥，字未谷，亦深小學。乾隆己酉科舉人，庚戌成進士。選教授，保舉知縣，補雲南永平縣知縣，卒於官。工篆刻，世人重其技，擬之文三橋云。所著有許氏《説文解字義證》五十卷、《札樸》十卷。"①戔戔數語而已。而《經學博采錄》則不惟詳述其生平，且於未谷學術多所論述，又舉其精要者以爲證。兩者一詳一略，然正可反映未谷學術之因著作刊行而由晦至顯之歷程。

2. 嘉定錢坫（1744—1806）。《漢學師承記》與《經學博采錄》於獻之（錢坫）著墨皆多，然二者之重點則略有不同。前者重其晚年，後者重其少年。然均詳於生平軼事，而於學術關涉較少，可謂自叛其例也。然二書互觀，獻之一生之大況，可爲明瞭。此皆見二書之不可偏廢。

如前所述，《漢學師承記》成書以來，賡續者即不乏其人，而昆山張緯餘星鑑之《國朝經學名儒記》②即爲其中之一。據該書例言：

　　一、是記以漢學爲宗，講求宋學者，有彭氏《儒行述》諸書在，茲概不及。

　　一、是記爲初學而設，所載諸儒，不過里居仕宦，及撰述之名目而已。至立身行事，略而弗詳。

　　一、諸儒撰述，無關經學者，如顧氏《郡國利病書》之類，概不錄入。

---

①　卷六，《中國近代學術名著叢刊》本，第 125 頁。
②　光緒九年（1883）朱以增奉天刻本。

一、是記所載諸儒，悉據本傳及各書序中，親炙者惟陳先
生一人而已。

其選錄宗旨，一本鄭堂，以漢學爲宗而不闌入宋學者。然再觀其後
兩條例言，則與《經學博采》之體例庶幾無別。同治五年（1866）五
月，緯餘跋是書云："是記草創於道光癸卯，友人葉君涵谿攜至婁
東，徐秋士先生見之，爲題數語，引誘後進，情見乎詞。戊午入都
後，得交當代通人，如閩中何願船刑部、粤東桂皓亭孝廉輩，偶有所
值，輒爲增補，至同治壬戌始成是編……"①則此書之曾爲願船（何
秋濤）、子白所影響無疑。又緯餘之《贈何願船序》云："閩中何願船
刑部爲海内儒宗……日者，以事謁壽陽相國，相國取《漢學師承記》
屬爲續編，刑部曰：'……是編當依阮文達《疇人傳》之例，改爲《學
人傳》可也。'斯言也，祛門户之見，存學術之真，彼講學者紛紛聚
訟，從此可息，可謂先得我心矣。書此，以爲天下學人勸。"②取與
子白《經學博采録》之撰作宗旨相衡，幾無不同，而《國朝經學名儒
記》所收一一二人中，亦頗多漢宋皆長者。故緯餘此書，與其云爲
《漢學師承記》之續篇，毋寧云係子白此書之同胞可爾。

三、《經學博采録》之版本

《經學博采録》一書，既於子白生前未曾定稿，則其未有刊本可
知。此書之首次付梓，即係王欣夫先生與昆山趙學南（詒琛）先生合
輯之民國三十年（1941）《辛巳叢編》所收之王欣夫重編六卷本。關
於《經學博采録》之入輯，欣夫先生曾於其《學禮齋日記》中有詳細之
記録。曾幾何時，王先生遺藏盡散，即手書日記廿餘册，亦於數年前
突然上拍③，從此不知所蹤。所幸當日消息傳出，不佞曾專赴拍賣公

① 《國朝經學名儒記》卷末。
② 見於氏撰《仲蕭樓文集》，光緒九年（1883）刊本。
③ 可參嘉泰拍賣公司 2006 年春拍圖録第 651 號。

司,略一展觀。其中無數寶藏,未及挖掘,至今思之,仍爲心痛。今謹摘録《經學博采録》之相關信息於下,以見王先生當日之用心。

　　《學禮齋日記》①民國二十九年十月九日:晴。重陽佳節,寂處寡歡,世事玄黃,杞憂不已。學南轉來香港桂南屏(坫)函,皓亭先生之嗣也,附《南海桂氏經學叢書》目,並言如有可采,當鈔出寄來,即作覆,乞鈔《經學博采録》、《潛心堂集》二種,並贈以《叢編》單本五種。

　　南海桂氏經學叢書(桂文燦著)

　　《易大義補》一卷

　　《禹貢川澤考》二卷

　　《詩箋禮注異義考》一卷

　　《周禮今釋》六卷

　　《孝經集解》一卷

　　《孟子趙注考證》一卷

　　(以上均有家刻而版全燬)

　　《箴膏肓評》《起廢疾評》《發墨守評》各一卷

　　《論語皇疏考證》十卷

　　《孝經集證》四卷

　　《羣經補證》六卷(第二卷佚)

　　《經學博采録》十二卷

　　《潛心堂集》八卷

　　(以上均未刻而稿尚存)

　　十一月七日:晴寒。桂南老寄來皓亭先生《周禮今釋》二册、《經學博采録》四册、《潛心堂集》四册,桂杏帷(壇,皓亭長子)《晦木軒稿》一册,雖寫手草率,然可謂迅速矣。

　　十一月八日:晴,寒甚。覆南屏、梅泉、學南。閲《經學博

────────────

　　①　十一行四周雙闌藍格稿本,上下黑口,單魚尾,版心右下鎸"學禮齋叢本"字樣。

采録》，可比《漢學師承記》，佳書也。惜倉卒傳抄，脱譌累累，校正匪易，全書十二卷，其第十一卷僅“凌曉樓”一則，餘皆重見，且人名先後，亦頗雜亂，蓋隨得隨書，未及編定者，必重爲編次校勘，始可付印。

十一月九日：晴。余不嫻吟事，近忽喜咿唔，又成一律，姑録於此，不足存也。

桂南屏寄來皓亭先生所著《經學博采録》、《潛心堂集》，皆未刻稿也，仍次前韻賦寄

大陸玄黄血戰龍，忽傳寶笈到吴淞。抱殘尚有秦餘簡，避世還同岱頂松。學溯先河融漢宋，神遊太古夢炎農。儒林卓犖千秋業，不讓歐陽一代宗。

民國三十年一月五日：陰。又得南屏函。皓亭先生所著各書序，其同年鄭叔進（沅）曾抄去，鄭與纂《清儒學案》，所採《經學博采録》或能知其所由，惜鄭病廢，不能作字，無可訪問爾。

一月十二日：晴。南屏來函，屬抄皓庭先生《孝經集證》第四册，有人欲刻，蓋其家稿本已不完矣。

六月二十六日：陰霾。整理《經學博采録》，略以科名次其先後，其無考者以卒年次之，原十二卷擬併爲六卷。

七月三十日：晴。略校《經學博采録》一卷。

八月四日：晴，大熱。校《經學博采録》。

《學禮齋日記》所録《經學博采録》之編録情況如此。又欣夫先生民國三十年季秋所撰《經學博采録》之跋文云：“今哲嗣南屏先生坫自香港寄示此槀，凡十二卷。原本紙敝墨渝，傳鈔又多脱譌，謹校除複重，條次先後，重定爲六卷。”可與此對勘，藉知當日删節合併之緣由。[1] 今觀欣夫先生自民國二十九年（1940）十一月至次年

---

① 如《敬躋堂叢書》本羡出條目中有 4 條所記人物爲重複者。

季秋，從事《經學博采録》之重編整理達數月之久，可見一絲不苟，絶非魯莽苟且之濫施辣手者。

未幾，候官郭氏又以所得《經學博采録》鈔本付諸梨棗，印入所輯《敬躋堂叢書》，其刊書序云："道、咸間士崇實學，始復有通漢、宋之郵者，番禺陳蘭浦先生其著也。南海桂氏子白，爲先生入室弟子，實踵承令緒，津導學海，著書滿家。然北方學子獲睹其書者殊罕，余竊憾焉。比與先生孫公廖共事古學院，承出其先著《東塾雜俎》手槀，既斠訂付梓，適吾友黃君君緯藏有桂氏遺著多種，皆未刊之槀，《經學博采録》在焉……借鈔竟，亟舉付剞劂，以餉後學。"其時《辛巳叢編》本已面世兩年，而蟄雲（則澐）以爲："會吳縣王君欣夫主輯《辛巳叢編》，采及是書，先印成見寄。竊幸衰晚寂寥，乃有銅山洛鐘之應。及取以互斠，則兹編條舉增於《叢編》本者凡二十有一①，其卷二自首至末皆彼本所無。餘雖並見，而兹之所載，時復增詳，疑此爲最後寫定者。其間訛脱互異則就兩本衡較，擇其善者從之，而復授手民刊正焉。自揣荒陋，又率臆去取，無所就正，深思有專斷之失。"故此，蟄雲之所以以子白著作付梓者，以其爲蘭甫弟子，質言之，即連類而及也。又其底本得諸傳録，所有訛脱，以意訂正，則其未必真得子白著作宗旨也。蟄雲引以爲傲增補之十八條，以今觀之，自有其價值，然以子白之著述宗旨而言，確存駁雜不純之處。即以其卷三所録之道州何紹基（1799—1873）論，曾滌生嘗言："蓋子貞之學長于五事：一曰《儀禮》精，二曰《漢書》熟，三曰《説文》精，四曰各體詩好，五曰字好。此五事者，渠意皆欲有所傳於後。以余觀之，此三者余不甚精，不知淺深究竟何如。若字，則必傳千古無疑矣。詩亦遠出時手之上，而能卓然成家。"②知子貞（何紹基）之聲名流傳，在其字、在其詩，而不在其學。其所論《左

---

① 經逐條核查，兹編較《辛巳叢編》本羨出十八條。
② 見於道光二十二年（1842）十一月十七《致澄弟温弟沅弟季弟》，《曾國藩全集》"家書一"，長沙，岳麓書社1985年版1995年第3次印刷本，第43頁。

傳》襄九年"閏月戊寅"有誤，當從杜注之説雖確，然子貞説經之言實不足以名世。子貞於子白爲恩師①，然此自私誼，子貞之名，亦不待入録此書而傳也。以今觀之，《經學博采録》已刊兩本，《辛巳叢編》本較精，《敬躋堂叢書》本較詳，二者不可偏廢，聯翩而讀，可以無憾。

　　《經學博采録》之版本，除上述二者之外，尚有鈔本數種。據江陰繆荃孫（小山）民國四年（1915）乙卯十一月八日記云："桂坫來，借《經學博采録》末册去。"②十一月十八日："王息塵借桂皓亭《博采録》去。"③桂坫（1867—1958）者，子白次子南屛，曾任職廣雅書局。王息塵者，華陽王秉恩（約 1841—約 1923 年），曾任廣雅書局提調。則知此書之流傳，並非僅限於子白子孫之手。④ 今傳《經學博采録》之鈔本皆如子白原作，爲十二卷本。⑤ 其中遼寧省圖書館所藏廣雅書局鈔本，寫於書口存"廣雅書局校鈔本"字樣之緑格子印紙上，十一行廿四字，大小字同⑥，間有校改處。承遼寧省圖書館古籍部主任劉冰先生函告，"此書中有很多審校籤條，是時廣雅書局多刊刻孤本手稿，當爲書局預備刊刻之底本。是書鈐有'王秉恩審定舊槧精抄書籍記'、'王秉恩'、'雪岑'、'華陽王雪岑家医中物'、'強學簃所鈔書'等印，皆爲王秉恩私印。"此本有一九八五年遼寧省圖書館影印本行世，格於當時條件，印本較爲模糊，原鈐印章均不堪辨讀，然其遞藏，據上揭劉先生來函即可知曉。而來函所云之"審校籤條"，則似未爲影印，故亦不得知其詳情。

---

　　① 《敬躋堂叢書》本《經學博采録》卷二："道州何子貞先生紹基，余己酉座師也。"

　　② 《藝風老人日記》，第 2893 頁。

　　③ 同上注，第 2896 頁。

　　④ 按：此繆小山舊藏本，今已不知所蹤。

　　⑤ 惟中國科學院圖書館所藏本著録爲十一卷，疑誤。

　　⑥ 按：十一行廿四字，大小字同，爲《廣雅叢書》之基本特徵。又 2006 年中國嘉德春拍有王息塵舊藏《説文解字考異》鈔本一種，其板框、行格、字數皆與此同，用紙爲緑格稿紙，書口刻有"廣雅書局刊"字樣。則此本用紙當亦爲緑格稿紙。

所謂廣雅書局校鈔本者，實因其寫於"廣雅書局校鈔本"紙上，廣雅書局此時早已解散，絕無再行刻書之理。① 頗疑此鈔本實係如劉先生所言者，爲息塵當日主持廣雅書局時鈔成，擬付梓人，後則因故未果者。此鈔本内，不惟字句多有校改之處，且間存批注，如卷二"《詒經堂續經解》"條，旁注云："此書今存張菊生所，有目見《羅氏書目》，可附於此。"卷十二"《中庸》言：至聖'聲名洋溢中國，施及蠻貊……'"條，旁注："'《中庸》言至聖'一條，刊時當删。"大概言之，此本條目順序多近《敬躋堂叢書》，底本文字則於《辛巳叢編》、《敬躋堂叢書》兩本各有所似。而其注改處，或即出於息塵親筆，所據之本衡諸上引小山日記，則當爲小山藏本，而業經校改之後，文字則多似兩本中較善者。然亦有與兩本皆不同者，如卷十二"自言嘗應聘至貴州纂修志書，于貴州水道尤多考辨。"旁注改作："自言嘗應聘至貴州纂修貴陽、大定各府志書刊行，于貴州水道尤多考辨。"較諸已刊二本，皆爲勝出。② 又該鈔本所存批注，亦間有與書之内容及刊行無關者，僅係校改者之觀感，以理度之，當係刊

① 按：廣雅書局自光緒十二年（1886）創始，至光緒三十年（1904）停辦，刻書約二百餘種，版式大略相似，民國九年（1920）廣東圖書館廣雅版片印行所曾選編其中一百五十五種爲《廣雅叢書》。
② 廣雅書局本較諸已刊兩本佳勝處又如：《辛巳叢編》第一卷第七條："吉士未刊之書有《直隸河渠書》一百十一卷，爲吳江周履泰所竊，易名《畿輔安瀾志》，嘉慶己巳繕寫進呈。"《敬躋堂叢書》本同作"周履泰"，廣雅書局本原同，後改作"王履泰"。按：段玉裁《經韻樓集》卷七《與方葆巌制府書》（嘉慶十九年[1814]刻本）："嘉慶十四年（1809），有吳江捐職通判王履泰者，攘竊此書，易名《畿輔安瀾》進呈……"，廣雅書局本爲是。又如《辛巳叢編》第四卷第九條："道光二十有一年（1841），嘆咭唎寇廣州城，粵督高平祁恭慤公虛懷下士……"《敬躋堂叢書》本同作"祁恭慤公"，廣雅書局本原亦同，後改作"祁恭恪公"。按：張穆《太子少保兩廣總督高平祁恭恪公墓誌銘》（繆荃孫《續碑傳集》卷二十四，《清碑傳合集》本，上海，上海書店出版社1988年版，第2241—2242頁）："（道光二十四年，1844）五月二十八日薨，年六十有八。遺疏入，命照尚書例，賜恤，謚恭恪。"又據《欽定續通志》卷一百二十（文淵閣《四庫全書》本）："敬共官次曰恪，盛容端嚴曰恪，溫恭朝夕曰恪。""表裏如一曰慤"。廣雅書局本爲是。

刻中輟後復加批閲時所加，如卷十"寶應劉端臨訓導之長女阮恭人"條後批云："國朝閨閣中講經學者，王婉佺外，即推阮恭人。"

又有可述者，即廣雅書局本底本或與《辛巳叢編》本同一源流，而其校本即小山藏本或與《敬躋堂叢書》本同一源流，其證如下：

>《辛巳》本卷三第十二條：《敬躋堂叢書》本此條於"遂不續娶"後多 306 字，廣雅書局本同《辛巳叢編》本，然於"遂不續娶"後有一橫綫，似已察其有遺漏，而未及補正。
>
>《辛巳》本卷三第二十二條："西蜀自漢文翁化蜀而後，文學已開，舍人爲《爾雅》之注，子雲有《方言》之輯。"《敬躋堂叢書》本此條於"舍人爲《爾雅》之注"下有小字注，廣雅書局本同《辛巳叢編》本均無。唯廣雅本於"舍人爲《爾雅》之注"之下有一標記，似亦察其漏，而未及補正。
>
>《辛巳叢編》本卷六第十二條"新化鄒叔績司馬漢勳……"廣雅本校改痕跡較顯。原本文字多似《辛巳叢編》本，校改後則類《敬躋堂叢書》本。如《敬躋堂叢書》本於最後多"司馬同縣有歐陽上舍大觀、歐陽布衣忠者，並治經史，人咸以博洽稱之"二十八字。廣雅書局本原無此，後增加補入，唯缺最後"之"字而已。

然正如前所論者，廣雅書局本之底本與《辛巳叢編》之底本雖多相似，實亦不同，而此不同者，恐爲其底本本異所致，非爲王欣夫之删改，如《辛巳叢編》本卷四第十二條"張石洲"，廣雅書局本獨作"張碩洲"之類，顯非傳抄之異，而係底本不同。再據《辛巳叢編》本卷三第二十二條："近日以《毛傳》、《鄭箋》説《詩》者，以文燦所聞，得一人焉，曰王海樓大令劼，原名暉吉，一字雲田，四川巴縣人。嘉慶癸酉舉于鄉，出宰浙江金華、西安等縣。"《敬躋堂叢書》本於"出宰浙江金華、西安等縣"下尚羡出 84 字，而廣雅書局本、《辛巳叢編》本均無，此又可見，《辛巳叢編》本所據底本即與《敬躋堂》本不同，文字歧異及短缺，并非王大隆擅改所致。據前揭小山日記，南屏曾於小山處借閱《經學博采錄》，然以《辛巳叢編》本核之，則其鈔寄欣夫先生者，恐未經與此小山藏本對勘。惟南屏晚居香港，身後文獻不知所蹤，其家藏之本究係何如，今則不得而知。而日記所言南屏、王息塵之借閱小山藏本，不知是一是二，然廣雅書局本與《辛巳叢編》本已多不同，故甚疑兩人之商借，固爲二事。

如前所言，廣雅書局本、《敬躋堂叢書》本，乃至小山藏本皆較《辛巳叢編》本溢出若干文字，然此點絕非爲《辛巳叢編》本不全之證，因其溢出之處，類皆與經學關聯較淺。今以數本對勘，則《辛巳叢編》本之編排、文字諸方面大皆優於他本，如其卷五第九條云："林薌谿又言其鄉侯官林樾亭……"與上條"侯官林薌谿孝廉嘗爲余言……"顯係連貫之語。而《敬躋堂叢書》本及廣雅書局本則分屬卷三和卷五，其爲錯簡，顯而易見，凡此當皆彼時傳錄之底本本即初稿，未經寫定連綴而致。又《辛巳叢編》本卷六第二十一條："昔高密黨錮……"有"又著《毛詩釋地》、《周禮今釋》各成六卷"語，廣雅書局本作"各將成六卷"，以此而言，廣雅本寫成似較諸《辛巳叢編》本爲早。又《辛巳》本此條最後作"凡此諸書，皆欲著而尚未成者。閉門仰屋，原不爲夫窮愁；終歲下帷，竊有志於古昔云爾"，《敬躋堂叢書》本則作"凡此欲著諸書雖未知寫定於何日，然非困苦艱屯，窮愁仰屋，或有此奢願於以博稽遺佚，網羅百家，聚薈成編，以俟達者乎"。廣雅書局本同《敬躋堂叢書》本。以文辭而論，《辛巳》本似較雅訓。復衡諸種種其他因素，大概言之，《敬躋堂叢書》本及其底本爲傳世最初本，小山藏本及廣雅本恐爲之後分別刪改修訂之本，而《辛巳叢編》本之底本則爲子白最後修訂之本，然誠如前論，此本亦非最終寫定本。

現存《經學博采錄》另有一本，即中國科學院圖書館所藏之本。據其網站介紹，該地所收有《南海桂子白先生遺稿》十二種三十五卷，其子目爲：《經學博采錄》十一卷、《孝經集證》四卷、《海防事宜》一卷、《易大義補》一卷、《孟子趙注考證》一卷、《發墨守評》一卷、《箴膏肓評》一卷、《說文部首句讀》一卷、《周禮通釋》四卷、《條陳》一卷、《四書集注箋》四卷、《周禮今釋》五卷。他可不論，言《經學博采録》十一卷者,疑爲一時偶誤。此本著録爲稿本,不佞曾托在京友人代詢閱覽規則,答云概不對外,故亦無法目驗。前引《續修四庫全書總目提要》中,有東莞倫哲如所撰該書提要,所據亦稱"原稿本",與此相同。據復旦大學王亮博士介紹[①]:"1945 年 10 月,日本戰敗投降後,沈兼士(1887—1947)自重慶返北平,接收東方文化事業總委員會。[②] 由橋川時雄將總委員會所在的建築、傢俱及其登記簿册,與移交書一起向教育部移交。總委員會所藏圖書,根據《北京人文科學研究所藏書目録》(八册)、《續目》(二册)及其購入的書目,悉數清點上交教育部。這些古籍後移交中國科學院圖書館,成爲現中科院文獻中心古籍收藏的主要部分。"則中科院現存此本,或即當日撰寫提要時所據之本,然耶非耶? 至其是否確爲子白手稿,則不能明。

綜上所述,《經學博采録》一書,輯録嘉道咸同四代學者,録其生平大況、著作概貌及學術要義,廣采博搜,於有清中晚期之學術研究,功莫大焉。其現存版本中,刊本、鈔本(稿本)各兩種,今以首刻之《辛巳叢編》本爲底本,以其經一代文獻大家王欣夫先生整理重編、且爲子白最後修訂稿之故,以《敬躋堂叢書》本爲校本,以其較《辛巳叢編》本溢出十八條,可見子白當日記録之全貌也,再參諸遼寧省圖書館所藏之廣雅書局鈔本,則可得一定本,不僅後之讀者稱便,即子白九原可作,亦當首可爾。

　　　　　　　　　　　　　　　　(作者單位:上海博物館)

---

　　① 見於《〈續修四庫全書總目提要〉研究》第二章《〈續修提要〉的纂修過程(1928—1945)》二"續修提要圖書的采訪與收藏",復旦大學博士論文,吳格教授指導,2004 年。

　　② 沈時任教育部平津區特派員,負責接收敵僞教育機關。參見葛信益《沈兼士傳略》,葛信益、朱家溍編《沈兼士先生誕生一百周年紀念論文集》,北京:紫禁城出版社 1990 年版,第 6 頁。

官學進程與詮釋脈絡：
《四書大全》纂修體例芻議

陳逢源

摘要:朱熹於艱困之中,以聖人事業相期,學術傳佈天下,從僞學而爲官學,乃是無數門人之力,傳播四書學的結果,明代完成《四書大全》,代表一統皇權下之四書架構,正可一窺朱熹四書學於元、明之際"官學化"轉變契機,《四庫全書總目》認爲"有明一代士大夫學問根柢具在於斯",卻又詆爲"由漢至宋之經術於是始盡變矣",筆者推究其源流,分析其體例,比對《四書輯釋》與《四書大全》抄撮差異處,對於明儒承宋元之思考,遂有初步的了解。

關鍵詞:《四書》 《四書大全》 道統 性理 官學化

一、前 言

　　四書成爲經典,有賴朱熹完成《四書章句集注》[①],但就影響層面而言,明代科舉定制才是四書發展重要推手[②],明初宋濂

---

　　① 錢穆撰《朱子新學案》(《錢賓四先生全集》第 11 册,臺北:聯經出版事業公司,1998 年 5 月版)第一册《朱子學提綱》云:"朱子畢生,於四書用功最勤最密,即謂四書學乃朱子全部學術之中心或其結穴,亦無不可。"頁 213。

　　② 蕭啟慶撰《元代科舉特色新論》云:"道學在科舉中的獨尊及成爲近世的官學是始於元代,而非宋代。不過,道學在元代僅爲儒學各派中的官學,還算不上'正統'學術。因爲科舉在當時並非入仕的主要管道,而儒學不過是諸'教'中的一種。道學正統地位的確立是在明朝。"又"成祖永樂十三年(1415)頒行《四書大全》、《五經大全》,成爲科舉考試及學校教育的準繩,廢棄舊注疏不用,但這兩部官纂大全與元代科舉所用注疏乃是一脈相承。朱學獨尊的地位自此獲得鞏固"。《歷史語言研究所集刊》第 81 本第 1 分(2010 年 3 月)頁 23、26。

(1310—1381)云:"自貢舉法行,學者知以摘經擬題爲志。其所最切者,惟四子一經之箋,是鑽是窺,餘則漫不加省。"①《明史·選舉志》亦言"四書主朱子《集注》"、"永樂間,頒《四書五經大全》,廢注疏不用"②,由初設到定制,明成祖(1360—1424)敕纂《四書大全》,建構"官學"體系下的四書注解樣態,一改士人成學方式,四書先於五經,對於儒學普及影響至深,按覆胡廣(1369—1418)《進書表》云:

> 夫濂洛關閩之學興,而後堯、舜、禹、湯之道著,悉埽蓁蕪之蔽,大開正學之宗,不幸屢阨狂言,既揚復抑,又因循數百年之間,卒莫能會其説于一,蓋必有待於今日者矣,天啟聖明誕膺景運太祖高皇帝,天縱之聖,以武功定天下,以文教興太平……惟皇帝陛下,文武聖神,聰明睿知,纘承大統,紹述鴻勳,成功盛德,雖三皇而無以加……乃者渙啟宸斷,脩輯六經,恢拓道統之源流,大振斯文之委靡。③

歷數堯、舜、禹、湯,而以太祖、成祖繼之,強調獎掖學術,一脈相承,用心所在,暗示成祖得位的正當性,從"皇帝陛下,文武聖神,聰明睿智,纘承大統"一段文字,伸張皇權,標舉"皇統"至爲明顯,"道統"既爲"皇統"取代,内涵已有轉變。檢視明儒言論,鄒元標(1551—1624)《願學集》云:"懼學者溺于異指,令童習家學,見之躬行,厝之政事,以翊戴皇圖無疆之治。"④高攀龍(1562—1626)《高

① 宋濂撰《大明故中順大夫禮部侍郎曾公神道碑銘》,《宋文憲全集·鑾坡後集》(臺北:臺灣中華書局,1970年11月版),卷10,頁3左。
② 張廷玉等撰《明史》(北京:中華書局,1974年4月版)卷70《選舉二》,頁1694。
③ 胡廣等纂修《性理大全·進書表》(《孔子文化大全》本,濟南:山東友誼書社,1989年7月版),頁9—12。
④ 鄒元標撰《願學集》(景印文淵閣四庫全書本,臺北:臺灣商務印書館,1986年3月版)卷4《四書大全纂序》,頁105。

子遺書》云:"二百餘年以來,庠序之所教,制科之所取,一稟於是。"[1]指出皇權政教一體之事實,信者固然爲"皇統"之民,聰明之人,激而橫決,反對朱熹《四書章句集注》,其實仍受"皇統"制約。直到明清之際,於家國淪亡之後,反省明代士風,才有批判意識,顧炎武(1613—1682)云:

> 當日儒臣奉旨修四書、五經大全,頒餐錢,給筆札。書成之日,賜金遷秩,所費於國家者不知凡幾。將謂此書既成,可以章一代教學之功,啟百世儒林之緒,而僅取已成之書,抄謄一過,上欺朝廷,下誑士子。唐宋之時,有是事乎?豈非骨鯁之臣已空建文之代,而制義初行一時人士盡棄宋元以來所傳之實學。上下相蒙以饗祿利,而莫之問也?嗚呼!經學之廢實自此始,後之君子欲掃而更之,亦難乎其爲力矣![2]

感慨既深,聲氣極厲,認爲敗壞風氣,莫此爲甚,費密(1623—1699)《道脈譜論》批判明儒:"專習宋傳,性理浮説盛行,遞相祖受,古義盡廢。"[3]影響之下,《四庫全書總目》認爲此書爲學風敗壞源頭,云:"由漢至宋之經術,於是始盡變矣"[4],孫星衍(1753—1818)《詁經精舍題名碑記》云:"胡廣等四書、五經大全出,而經學遂微。"[5]皮錫瑞(1850—1908)《經學歷史》遂以"極衰時代"來説明《四書大

---

①　高攀龍撰《高子遺書》(景印文淵閣四庫全書本,臺北:臺灣商務印書館,1986 年 3 月版)卷 7《崇正學闢異説疏》,頁 441。

②　顧炎武撰《原抄本顧炎亭日知録》(臺北:文史哲出版社,1979 年 4 月版)卷 20"《四書五經大全》",頁 925—926。

③　費密撰《道脈譜論》,《弘道書》,收入唐鴻學輯、嚴一萍選輯《怡蘭堂叢書》(原刻影印叢書集成續編,臺北:藝文印書館,1970 年 4 月版),頁 20 右。

④　紀昀奉敕撰《四庫全書總目》(臺北:臺灣商務印書館,1985 年 5 月版)卷 36"《四書大全》三十六卷"提要,頁 742。

⑤　孫星衍撰《詁經精舍題名碑記》,《孫淵如先生全集·平津館文稿》卷下,收入《續修四庫全書》(上海:上海古籍出版社,2002 年 3 月版),頁 545。

全》造成的結果。① 比較而言,明儒懾於皇權,習於時文;清儒厭棄明代士人,批判《四書大全》,明清觀點之差異,於此可見。只是前人論述之餘,卻無法分判"皇統"與"道統"之不同,《四書章句集注》與《四書大全》承傳而有異,抑揚之間,深受政治與家國情懷影響,糾纏複雜,無法釐清四書"官學化"之思考脈絡,明儒建構之處,清儒批判的用意,也就無法清楚掌握。尤其《四書大全》承朱熹《四書章句集注》,以輯録宋元諸儒論述作爲疏解文字,去取之間,缺乏比對,無法了解用意所在,凡此皆是後人必須留意卻又難以克服之處,然而牽涉既多,文獻紛雜,筆者關注朱熹《四書章句集注》②,期以掌握四書"官學化"詮釋進程,是以不揣謭陋,撮舉觀察,期以釐清《四書大全》編纂體例,還原明儒思考,以供後續之檢討。

二、纂修體例

顧炎武批判《四書大全》言論,其實是對纂修體例的誤解,明成祖《御製性理大全書序》明白宣示"集諸家傳注而爲《大全》"、"發明經義者取之"、"悖於經旨去之"③,重點並非新創意見,而是刊落歧異,整合前説,以"官方"建構定其一尊的詮釋體系,所謂"取已成之書,抄謄一過",不僅出自上意,更是體例所在,言其"上欺朝廷,下誑士子",顯然有違事實。實録所載,明成祖於永樂十二年(1414)

---

　　① 皮錫瑞撰《經學歷史》(臺北:漢京文化事業公司,1983 年 9 月版),頁289。
　　② 詳見拙撰《義理與訓詁:朱熹四書章句集注之徵引原則》,《朱熹與四書章句集注》(臺北:里仁書局,2006 年 9 月版),頁 257—326。
　　③ 胡廣等纂修《性理大全》(《孔子文化大全》本,濟南:山東友誼書社,1989 年 7 月版)《御製性理大全書序》,頁 9—12。

十一月甲寅詔命纂修《五經、四書大全》以及《性理大全》[①],胡廣奉詔舉薦四十二位儒士一同參與:

1. 胡廣:翰林院學士兼左春坊大學士奉政大夫
2. 楊榮(1371—1440):奉政大夫右春坊右庶子兼翰林院侍講
3. 金幼孜(1368—1431):奉直大夫右春坊右諭德兼翰林院侍講
4. 蕭時中:翰林院脩撰承務郎
5. 陳循(?—1457):翰林院脩撰承務郎
6. 周述(?—1436):翰林院編脩文林郎
7. 陳全(1359—1424):翰林院編脩文林郎
8. 林誌(1378—1426):翰林院編脩文林郎
9. 李貞(1380—?):翰林院編脩承事郎
10. 陳景著(1397—?):翰林院編脩承事郎
11. 余學夔(1372—1444):翰林院檢討從仕郎
12. 劉永清:翰林院檢討從仕郎
13. 黃壽生:翰林院檢討從仕郎
14. 陳用:翰林院檢討從仕郎
15. 陳璲(1384—1465):翰林院檢討從仕郎
16. 王進(1355—1426):翰林院五經博士迪功郎
17. 黃約仲:翰林院典籍脩職佐郎
18. 涂順:翰林院庶吉士
19. 王羽:奉議大夫禮部郎中

---

① 楊士奇等撰《明太宗實錄》(據北京圖書館紅格抄本影印,臺北:"中央研究院"歷史語言研究所校印,1966年版),卷158載"上諭行在翰林學士胡廣、侍講楊榮、金幼孜曰:'五經、四書皆聖賢精義要道,其傳注之外,諸儒議論,有發明餘蘊者,爾等采其切當之言,增附於下。其周、程、張、朱諸子性理之言,如《太極》、《通書》、《西銘》、《正蒙》之類,皆六經之羽翼,然各自爲書,未有統會,爾等亦別類聚成編。二書務極精備,庶幾以垂後世。'命廣等總其事,仍命舉朝臣及在外教官有文學者同纂修,開館東華門外,命光祿寺給朝夕饌。"頁1803。

20. 童謨:奉議大夫兵部郎中
21. 吳福:奉訓大夫禮部員外郎
22. 吳嘉靜:奉直大夫北京行部員外郎
23. 黄裳:承直郎禮部主事
24. 段民(1376—1434):承德郎刑部主事
25. 洪順:承直郎刑部主事
26. 沈升(1376—1446):承直郎刑部主事
27. 章敞(1376—1437):承德郎刑部主事
28. 楊勉:承德郎刑部主事
29. 周忱(1381—1453):承德郎刑部主事
30. 吾紳(1383—1441):承德郎刑部主事
31. 陳道潛(1364—1433):文林郎廣東道監察御史
32. 王選:承事郎大理寺評事
33. 黄福:文林郎太常寺博士
34. 趙友同(1364—1418):脩職郎太醫院御醫
35. 王復原(? —1425):迪功佐郎北京國子監博士
36. 曾振:泉州府儒學教授
37. 廖思敬:常州府儒學教授
38. 傅舟:蘄州儒學學正
39. 杜觀:濟陽縣儒學教諭
40. 顏敬守:善化縣儒學教諭
41. 彭子斐:常州府儒學訓導
42. 留季安:鎮江府儒學訓導①

人員以翰林院爲主,進而網羅朝中各部郎中、主事,以及地方

① 　胡廣等纂修《性理大全·姓氏》,頁 29—33。

儒學教授、教諭、訓導等,層面既廣,人數頗多①,與唐代纂修《五經
正義》由學官而及於朝廷大員過程相較②,明代結合中央與地方,
廣蒐博取,重視地方儒學力量,饒具意義。檢覈出身:江西籍有胡
廣、金幼孜、蕭時中、陳循、周述、余學夔、涂順、吳嘉靜、周忱、王選、
王復原、傅舟、杜觀、顏敬守、彭子斐等十五人,福建籍有楊榮、陳
全、林誌、李貞、陳景著、黃壽生、陳用、黃約仲、洪順、陳道潛、黃福
等十一人,浙江籍有陳璲、王羽、童謨、吳福、沈升、章敞、吾紳、曾
振、留季安等九人,其他劉永清是湖廣人、王璉、趙友同是江蘇人、
黃裳是廣東人、段民是直隸人、楊勉是應天府人、廖思敬是湖南人,
人員集中於江西、福建、浙江三地,近人周春健整理元人四書著作
分布區域,江西、福建、浙江乃是朱熹學術流扇,四書著作最豐之
地,於此巧合,恐非偶然。③ 書成合稱《五經四書性理大全》,共二
百二十九卷。如此龐大工作,隔年九月竟已完成,前後不到一年,

————————

①　陳恆嵩撰《五經大全纂修研究》(臺北:東吳大學中文所博士論文,
1998年6月版)從明人文集、傳記史籍,以及方志中,考出尚有劉三吾、王暹、
宋琰、陳敬宗、許敬軒、吳餘慶、陳濟等人參與其中,陳觀則曾參與謄寫工作,
考辨甚詳,可供參考,書成未列名原因,並無確切史料,以宋琰不久隨太子監
國南京,未能參與最後工作,諸人未列名者,當是另有派任,未能卒事。頁
45—49。

②　王溥撰《唐會要》(臺北:世界書局,1960年11月版)卷77"論經義"
載:"永徽二年三月十四日,詔太尉趙國公長孫無忌,及中書門下、及國子三館
博士、弘文學士,故國子祭酒孔穎達所撰《五經正義》,事有遺謬,仰即刊正。
至四年三月一日,太尉無忌、左僕射張行成、侍中高季輔,及國子監官,先受詔
修改《五經正義》,至是功畢,進之。詔頒於天下,每年明經,依此考試。"頁
1405。長孫無忌撰《進五經正義表》,收入董誥編,陸心源補輯《全唐文及拾
遺》(臺北:大化書局,1987年3月版)卷136,頁612—613。表中所列有:長孫
無忌、李勣、于志寧、張行成、高季輔、褚遂良、柳奭、谷那律、劉伯莊、王德韶、
賈公彥、范義頵、柳宣、齊威、史士弘、孔志約、薛伯珍、鄭祖玄、隨德素、趙君
贊、周玄達、李玄植、王真儒等,共二十三人。其中並未分別各經負責之人,但
以長孫無忌統領其事,可以了解參與之人已從學官系統更擴及朝廷大員,尤
其是監修國史諸儒,人數更倍於前幾次更定。

③　周春健撰《元代四書學研究》(上海:華東師範大學出版社,2008年
10月版)"元代四書學地域分布統計表",頁94—95。

時間之快,超乎想像,林慶彰先生認爲與成祖急於宣示"承繼道統"目的有關①,觀察敏鋭,不過細加分析,言其形塑"皇統"恐怕更爲正確。胡廣、楊榮、金幼孜皆建文舊臣,迎附馬首,參與重修《高皇帝實録》以及修纂《五經四書性理大全》,既屬右文工作,用意更在於鞏固政權,有明顯表態作用,按覈明成祖《御製性理大全書序》云:

> 朕惟昔者聖王繼天立極,以道治天下,自伏羲、神農、黄帝、堯、舜、禹、湯、文、武相傳授受,上以是命之;下以是承之,率能致雍熙悠久之盛者,不越乎道以爲治也。……朕纘承皇考太祖高皇帝鴻基,即位以來,孳孳圖治,恆慮任君師治教之重,惟恐弗逮,切思帝王之治,一本於道。②

文中着重帝位"纘承",比對朱熹《大學章句序》、《中庸章句序》列舉聖賢系譜,略去孔子、曾子、子思、孟子"道統"之傳,《四書大全》乃純就帝王世系以及遂行政教的思考,以"政"領"學"立場鮮明③,蕓

---

① 林慶彰撰《五經大全之修纂及其相關問題探究》,收入《明代經學研究論集》(臺北:文史哲出版社,1994年5月版),頁33—59。按覈明成祖《御製性理大全書序》云:"書編成來進,總二百二十九卷,朕間閲之,廣大悉備,如江河之有源委,山川之有條理,於是聖賢之道粲然而復明。"胡廣等纂修《性理大全》,頁12—13。書成奏進,成祖頗爲滿意,與後人批判觀點明顯不同。按覈談遷撰《國榷》(北京:中華書局,1958年12月版)卷16"成祖永樂十三年九月"下引"臨海陳燧常曰:'始欲詳,緩爲之。後被詔促成,諸儒之言,間有不暇擇,未免牴牾,虚心觀理,自當得之,不可泥也。'"頁1122。速成難免疏失,但出於成祖意志,具有政治宣示作用則無疑。
② 明成祖撰《御製性理大全書序》,胡廣等纂修《性理大全》,頁9—12。
③ 楊士奇等撰《明太宗實録》,卷168,頁1872。從得位而及於政教,成祖於永樂十五年(1417)九月丁卯孔子廟訖工親製碑文,云:"皇考太祖高皇帝天命聖智,爲天下君,武功告成,即興文教,大明孔子之道,自京師以達天下,並建廟學,遍賜經籍……尊崇孔子之道,未有如斯之盛者也,朕纘承大統,丕法成憲,尚惟孔子之道,皇考之所以表彰之者,若此其可忽乎!乃曲阜闕里在焉,道統之系,實由於兹。"卷192,頁2030。強調太祖表彰儒學,以及自己繼承之意,縮合政教以得道統,建構得位施教的論述,用意至爲清楚明白。

成成祖賜名撰序,刊賜天下,楊榮更直言"上親商確,以定去取"①,足見一切出於上意,《四書大全》形構明代政教核心,地位無可比擬。以目前版本而言,《四庫全書》援據通行本,析爲四十卷,内容分別爲《大學章句序》、《四書集注大全凡例》、《大學章句大全》、《讀大學法》、《大學或問》、《讀論語孟子法》、《論語集注序説》、《論語集注大全》、《孟子集注序説》、《孟子集注大全》、《中庸章句序》、《讀中庸法》、《中庸章句大全》、《中庸或問》。至於《孔子文化大全》所收並無分卷,《大學》部分包括:《大學章句序》、《大學章句大全》、《讀大學法》、《大學或問》。《中庸》部分包括:《中庸章句序》、《讀中庸法》、《中庸章句大全》、《中庸或問》,《論語》部分有《論語集注序説》、《論語集注大全》二十卷,《孟子》部分有《孟子集注序説》、《孟子集注大全》十四卷,《論語》、《孟子》之前則有《讀論語孟子法》。兩者《大學》、《論語》、《孟子》、《中庸》與《大學》、《中庸》、《論語》、《孟子》編序不同,反映明清四書不同的觀察體系。② 晚近周群、王玉琴據明弘治十四年(1501)慶源堂刻本,參考陸隴其(1630—1692)三魚堂刊本,以及《四庫全書》本,完成《四書大全校注》工作③,取用頗爲方便,可惜附入王元善《通考》、黄洵饒《附纂》,又取蔡清(1453—1508)《蒙引》、林希元(1481—1565)《存疑》、陳琛(1477—1545)《淺説》等説法,以簡體字印行,固然有匯聚眾本之效,卻與原本差異頗大,爲求明晰,本文以《孔子文化大全》本爲主,覈以《四庫全書》本以及周群、王玉琴校注成果,以求明晰。

　　事實上,《四書大全》編次體例並不嚴謹,依朱熹《四書章句集注》,補入讀法及《或問》,特殊之處是《四書集注大全凡例》並非置於卷首,而是《大學章句序》與《大學章句大全》之間。另外,《讀大學法》在《大學章句大全》之後,《讀中庸法》卻在《中庸章句大全》之

① 楊榮撰《文敏集》卷15《恭題四書性理大全後》,頁237。
② 參見拙撰《道統的建構——重論朱熹四書編次》,《東華漢學》第3期(2005年5月版),頁221—251。
③ 胡廣、楊榮、金幼孜纂修,周群、王玉琴校注《四書大全校注》(武漢:武漢大學出版社,2009年9月版)《前言》,頁4。

前。至於《讀論語孟子法》置於《論語》、《孟子》之前，卻未收《論語或問》、《孟子或問》，體例殊不一致，推測用意所在，凸顯《大學章句序》地位，增加《大學》、《中庸》篇幅，並補充朱熹指引讀法，目的在於求其篇幅均衡，以及有效的引讀，但於編次之間，似乎尚無清楚脈絡。至於內容部分，四書原文頂格書寫，朱注文字低一格另行書寫，徵引諸儒則兩行小字書寫於朱注之下，《四書集注大全凡例》云：

> 　　一、四書大書，朱子《集注》、諸家之説，分行小書。凡《集成》、《輯釋》所取諸儒之説，有相發明者，采附其下，其背戾者不取。凡諸家語錄文集，內有發明經注，而《集成》、《輯釋》遺漏者，今悉補入。
> 　　二、注文下凡訓釋一二字或二三句者，多取新安陳氏之説。①

《四書大全》是以吳真子（1271—1368）《四書集成》、倪士毅（1303—1348）《四書輯釋》為底本，刪削悖戾之處，增錄未收材料，未加標注者，出自陳櫟（1252—1334）《四書發明》，不過主要來源還是倪氏《四書輯釋》，顧炎武《日知錄》言之頗詳，云：

> 　　自朱子作《大學、中庸章句》、《或問》，《論語、孟子集注》之後，黃氏（榦，字直卿，號勉齋先生）有《論語通釋》，而采語錄附於朱子《章句》之下則始自真氏（德秀，字希元，號西山先生），名曰《集義》，止《大學》一書，祝氏（洙，字宗道）乃倣而足之，為《四書附錄》。後有蔡氏（模，字仲覺，號覺軒先生）《四書集疏》。趙氏（順孫，號格庵先生）《四書纂疏》，吳氏（真子，號克齋先生）《四書集成》。昔之論者，病其泛濫，於是陳氏（櫟，字

---

① 胡廣等纂修《四書大全》（《孔子文化大全》本，濟南：山東友誼書社，1989 年 7 月版）《四書大全凡例》，頁 21。

壽翁,號定宇先生)作《四書發明》,胡氏(炳文,字仲虎,號雲峰
先生)作《四書通》,而定宇之門人倪氏(士毅,字仲弘,號道川
先生)合二書為一,頗有刪正,名曰《四書輯釋》(有汪克寬序,
至正丙戌)。自永樂中,命諸臣纂修《四書大全》,頒之學官,而
諸書皆廢。倪氏《輯釋》今見於劉用章(剡)所刻《四書通義》
中。永樂中所纂《四書大全》特小有增刪,其詳其簡或多不如
倪氏。《大學、中庸或問》則全不異,而間有舛誤。①

顧氏列舉朱熹以下四書發展樣態,倪士毅《四書輯釋》綰合《四書發
明》與《四書通》,《四書大全》以此為本,乃是有其淵源。按覈朱彝
尊(1629—1709)《經義考》引楊士奇(1365—1444)言"而今讀《集
注》者,獨資《集成》及此書為多,他不能悉得也。《集成》博而雜,不
若此書,多醇少疵"、薛瑄(1389—1464)言"《四書集注章句》之外,
倪氏《集釋》最為精簡"、萬授一言"由宋迄元,不下數十家,而義理
明備,采擇精當,莫如道川倪氏之《輯釋》"②,倪氏匯聚眾家之長,
具有總結的地位③,《四書大全》援取《四書輯釋》為底本,顯然是揀
擇之後的結果。④ 至於未言出處之訓詁文字,比對之後,出自張存
中《四書通證》,《四書大全》顯然也嘗試結合義理與訓詁,不過就其
內容而言,是以宋、元諸儒四書講論為主,朱熹成學是從二程弟子
而及於二程,從二程而及於北宋諸儒,並由北宋諸儒而及漢、唐諸

　　① 顧炎武撰《原抄本顧炎亭日知錄》卷20"《四書五經大全》",頁925。
　　② 朱彝尊撰《經義考》(臺北:臺灣中華書局,1979年2月)第7冊,卷
255,頁8—9。
　　③ 參見顧永新撰《從四書輯釋的編刻看四書學學術史》,《北京大學學
報(哲學社會科學版)》43卷2期(2006年3月),頁104—112。
　　④ 倪士毅《四書輯釋》有元至正元年建陽劉氏日新堂初刻本,北京大學
圖書館、上海圖書館僅有殘本,參見顧永新撰《從四書輯釋的編刻看四書學學
術史》,頁105。全帙於今未見,《續修四庫全書》收有中國國家圖書館藏有明
初倪士毅《四書輯釋》、程復心《四書章圖纂釋》、王元善《通考》合刻本,與《四
書大全》纂修時間最為接近,為求明晰,本文以此作為比對材料。

儒見解,最後完成經典重構①,注解之外原就有徵引諸儒文字作爲
義理佐證的安排,後人師其方法,實屬自然,只是朱熹溯源而上,諸
儒衍流而下,採取不同發展方向。

三、形構詮釋脈絡

《四書大全》建構"官學"體系,補綴闕失之外,更重要的是從紛
雜講論中,確立一種詮釋模式。其實從朱熹以後,爲求正確解讀,
已經開始運用"以朱證朱"的詮釋方式,陳振孫(? 1183—? 1262)
《直齋書錄解題》載黃榦(1152—1221)《論語注義問答通釋》是"其
書兼載《或問》,發明婦翁未盡之意"。② 姜文龍跋蔡節《論語集説》
云:"《集説》之作,自《集義》中來,本之明道、伊川二先生,參以晦庵
《或問》。"③真志道《學庸集編後序》述其父真德秀(1178—1235)之
言"雖從《或問》、《輯略》、《語錄》中出,然銓擇刊潤之功亦多"④,以
《或問》解《四書章句集注》,還原朱熹的思考,日後兼取門人語錄,
從朱熹與弟子講論尋求用意所在,成爲四書詮釋的主軸,《四庫全
書總目》言趙順孫(1215—1277)《四書纂疏》云:

> 蓋公父少傅魏公雷師事考亭門人滕先生璘,授以尊所聞
> 集,公以得於家庭者,溯求考亭之原委,《纂疏》所由作也。則
> 順孫距朱子三傳矣。故是書備引朱子之説,以翼《章句集注》,
> 所旁引者,惟黃榦、輔廣、陳淳、陳孔碩、蔡淵、蔡沈、葉味道、胡
> 泳、陳埴、潘柄、黃士毅、真德秀、蔡模一十三家,亦皆爲朱子之

---

① 參見拙撰《義理與訓詁:朱熹四書章句集注之徵引原則》,《朱熹與四
書章句集注》,頁 326—329。
② 陳振孫撰《直齋書錄解題》(景印文淵閣四庫全書本,臺北:臺灣商務
印書館,1986 年 3 月)卷三,頁 575。
③ 引自朱彝尊撰《經義考》(臺北:臺灣中華書局,1979 年 2 月版)卷
219,頁 7。
④ 引自朱彝尊撰《經義考》卷252,頁 3。

學者,不旁涉也。①

以師門建構説解體系已經形成,只是後人一方面確立説解的正確性;另一方面又踵事增華,附入更多,於是眾説紛紜,各是其是,鄧文原(1259—1328)《四書通序》云:

> 《纂疏》、《集成》博採諸儒之言,亡慮數十百家,使學者貿亂而無所折衷,余竊病焉。近世爲圖爲書者益眾,大抵於先儒論著及朱子取捨之説有所未通,而遽爲臆説,以衒於世。余嘗以謂,昔之學者常患其不如古人,今之學者常患其不勝古人,求勝古人而卒以不如,予不知其可也。今新安雲峰胡先生之爲《四書通》也,悉取《纂疏》、《集成》之戾於朱夫子者,刪而去之,有所發揮者,則附己説於後,如譜昭穆以正百世不遷之宗,不使小宗得後大宗者,懼其亂也。②

胡炳文(1250—1333)《四書通》徵引人數遠過於趙順孫《四書纂疏》,體系更雜,然而言及體例,仍然標榜"如譜昭穆以正百世不遷之宗"。足見傳衍漸廣,後學於紛雜之中,仍然篤守朱熹學術的情形③,吳師道(1283—1344)爲許謙(1270—1337)《讀四書叢説》撰序云:

> 《讀四書叢説》者,金華白雲先生許君益之爲其徒講説,而其徒記之之編也。君師仁山金先生履祥,仁山師魯齋王先生

---

① 紀昀奉敕撰《四庫全書總目》(臺北:臺灣商務印書館,1985 年 5 月版)卷 35"《四書纂疏》二十六卷"提要,頁 731。
② 鄧文原撰《四書通序》,見胡炳文撰《四書通》(《通志堂經解》本,臺北:臺灣大通書局,1969 年 10 月版),頁 21203。
③ 周春健撰《元代四書學研究》(上海:華東師範大學出版社,2008 年 10 月版)整理元代四書著作,得出"理學的這種走勢恰好由四書學地位的升遷所決定"的觀察。頁 71。

柏,從登北山何先生基之門,北山則學於勉齋黃公,而得朱子
之傳者也。四書自二程子表章,肇明其旨,至朱子《章句集注》
之出,折衷群言,集厥大成,說者固蔑以加矣！門人高弟不爲
不多,然一再之後,不泯滅而就微,則泮渙而離真,其能的然久
而不失傳授之正,則未有如吾鄉諸先生也。①

吾鄉前輩是指金履祥(1232—1303)、許謙,屬於何基(1188—1268)
北山學派一系,同屬浙江還有黃震(1213—1280)東發一系②,都是
宗主朱熹四書之教的大儒。另外新安一系,出於鄉土情懷,堅守朱
熹之學更是鮮明③,吳氏歷數世系,以師承證明學術的純粹,關注
所及,乃是孰得其傳的問題,朱熹"道統"發展至此,遂有門户之別,
《四書大全》承自《四書輯釋》,汪克寬(1304—1372)撰《四書輯釋
序》云:

　　　　四書者,六經之階梯,東魯聖師以及顏、曾、思、孟傳心之
要,捨是無以他求也。孟子没,聖經湮晦千五百年,迨濂、洛諸
儒先抽關發矇,以啟不傳之秘,而我紫陽子朱子且復集諸儒之
大成,擴往聖之遺蘊,作爲《集注章句》、《或問》,以惠後學,昭
至理於皦日,蓋皜皜乎不可尚已！而其詞意渾然猶經,雖及門
之士,且或未能究其精微,得其體要,矧初學之昧昧乎。……
比年以來,家自爲學,人自爲書,架屋下之屋,疊牀上之牀,爭
奇衒異,竊自附於作者之列,鋟於木而傳諸人,不知其幾,益可

<hr/>

① 引自朱彝尊撰《經義考》第 7 册,卷 254,頁 7。
② 黃宗羲原撰 全祖望補修《宋元學案》卷 86《東發學案》云:"其能中振
之者,北山師弟爲一支,東發爲一支,皆浙産也。"頁 2812。
③ 朱熹生於福建,但祖籍爲徽州婺源,所以徽州學者視朱熹爲鄉邦大
儒,尊崇尤深,陳櫟、倪士毅、胡炳文爲其代表,由於徽州古稱新安,所以也稱
新安之學。參見周曉光撰《新安理學》(合肥:安徽人民出版社,2005 年 5 月
版)"元代新安理學家的學術活動"一節,頁 84—114。

歎矣。[①]

千五百年的湮晦,經濂、洛諸儒而及於朱熹,道統終能光大,氣魄所在,慨然承擔情懷因茲而起,只是孳生蔓衍,信念所在,更加留意學脈正統,《四書大全》反映此一現象,從趙順孫《四書纂疏》徵引黃榦、輔廣、陳淳(1159—1223)、蔡淵(1156—1236)、蔡沉(1167—1230)、葉味道、胡泳、陳埴、潘柄(1168—?)、黃士毅、真德秀、蔡模(1188—1246)等十三家[②],胡炳文《四書通》引用姓氏書目外,增至七十一家[③],至《四書大全》人數已逾百人,層層累聚,代表朱熹之後四書傳衍已廣;所謂"有相發明者,採附其下,其背戾者不取",乃是重新高舉朱熹爲義理核心,確立四書詮釋體系的安排。《四書集注大全凡例》列舉引用先儒姓氏,朱熹之外共計一〇五家,包括鄭玄(127—200)、孔穎達(574—648)、周敦頤(1017—1073)、程顥(1032—1085)、程頤(1033—1107)、張載(1020—1077)、邵雍(1011—1077)、呂與叔(1046—1092)、尹焞(1071—1142)、謝良佐(1050—1103)、游酢(1053—1123)、侯師聖、楊時(1053—1135)、胡瑗(993—1059)、范祖禹(1041—1098)、蘇軾(1037—1101)、林之奇(1112—1176)、胡寅(1098—1156)、羅從彥(1072—1135)、程迥、李侗(1093—1163)、陸九淵(1139—1192)、呂祖謙(1137—1181)、張栻(1133—1180)、陳傅良(1137—1203)、李衡(1100—1178)、陸佃(1042—1102)、陳淳、黃榦、輔廣、潘柄、蔡淵、蔡沈、蔡模、陳孔碩、趙氏、陳埴、胡泳、鄭南升、葉賀孫、黃士毅、趙順孫、洪興祖(1090—1155)、張九成(1092—1159)、鄧名亞、真德秀、葉夢得(1077—1148)、邵甲、郭忠厚、袁甫(1174—1240)、張庭堅、項安世(?—1208)、程氏、倪氏、顧元常、李道傳(1170—1217)、東窻李氏、陵陽

　　① 朱彝尊撰《經義考》第 7 册,卷 255,頁 7。
　　② 趙順孫撰《四書纂疏》(臺北:文史哲出版社,1981 年 12 月版)《四書纂疏引用總目》,頁 25—26。
　　③ 胡炳文撰《四書通》(景印文淵閣《四庫全書》本,臺北:臺灣商務印書館,1986 年 3 月版),經部 197,四書類,第 203 册,頁 5—7。

李氏(1167—1244)、陳知柔(？—1184)、陳用之(1042—1093)、譚惟寅、何夢貴(1229—?)、晏氏、潘時舉、鄭汝諧、王炎、薛氏、歐陽謙之、諸葛泰、朱祖義、朱伸、胡次焱(1229—1306)、張彭老、黃淵(1231—1312)、宣氏、汪廷直、張好古、張玉淵、王回(1023—1065)、饒魯(1193—1264)、盧孝孫、程若庸、劉彭壽(1273—1336)、王侗、沈毅齋、謝枋得(1226—1289)、齊夢龍、邢昺(932—1010)、方逢辰(1221—1291)、金履祥、馮椅、黃仲元、熊禾(1253—1312)、吳浩、吳仲迁、李靖翁、鄒季友(？—1209)、汪炎昶(1261—1388)、許衡(1209—1281)、吳澄(1249—1333)、歐陽玄(1283—1357)、胡炳文、陳櫟、張存中、倪士毅、許謙等。① 除鄭玄、孔穎達爲漢、唐儒者,其餘皆爲宋、元之儒,朱熹高一格書寫,隱然有引領諸儒用意,後人分別漢、宋之,以朱熹爲宋學代表,原因所在,恐是出自《四書大全》的影響。覈查其中,"張氏玉淵"生平今無可考;"晏氏"據《禮記集說》,以及阮元《十三經校勘記》所引②,疑爲"晏光";"鄧氏"《四書通》作"名世",《四書大全》誤作"名亞";"郭忠孝"《四書通》、《四書大全》作"郭忠厚";"倪氏"《四書通》、《四書大全》並無列名,據《禮記集說》應爲"倪思";"《四書通》、《四書大全》"永嘉薛氏"爲"薛季宣";"李東窗、東窗李氏"應爲"李性傳";"程若庸"《四書大全》分作"徽菴程氏"、"勿齋程氏",實爲一人;"黃仲元"於宋亡更名爲"淵",《四書大全》誤分"黃氏淵"、"四如黃氏仲元";《四書大全》"朱伸"疑爲"朱申"之誤;《四書大全》"宣氏",據《禮記集說》應是"宣繒";《四書大全》"趙氏",比對《四書通》、《四書大全》所引內容,"趙氏"即是趙順孫,《四書大全》卻分爲"格菴趙氏"與"趙氏";《四書大全》"魯齋王氏"下注名"侗",應是"柏"字之誤,成書倉促,確實多有訛誤,不過重出之間,也顯見《四書大全》有不同來源。

---

① 胡廣等纂修《四書大全·四書大全凡例》"引用先儒姓氏",頁21—27。

② 鄭玄注,孔穎達疏《禮記正義》(《十三經注疏》本,臺北縣:藝文印書館,1985年12月版)卷五十三引阮元《校勘記》云:"引楊時、譚維寅、晏光説,並作'然後行'。"頁904。

　　進一步按覈《宋元學案》(參見附錄"《四書大全》徵引人物之《宋元學案》譜系表"以及統計結果),人數最多爲"晦翁學案"、"滄州諸儒學案"、"明道學案"、"伊川學案"等學案,脈絡所在,正是二程、朱熹、朱門弟子一脈相承的"道學"譜系,徵引内容,顯然有内在肌理脈絡,全祖望於《宋元學案•滄洲諸儒學案》案語云:

　　　　朱門授受,偏于南方,李敬子、張元德、廖槎溪、李果齋皆宿老也,其餘亦多下中之士,存之以附青雲耳。李、張諸子之書,吾不得而見之矣。述《滄洲諸儒學案》。[1]

滄洲諸儒於朱學之末,地位可有可無,但按覈《四書大全》徵引情形,當可了解朱熹後學於四書著力之深,弟子篤守其學,從而證成朱熹道統地位,後世以理學角度分析,未能得見滄洲諸儒成就,顯然有所偏失,朱熹學術之成立,與弟子深究四書義理,深有關聯,此爲前人忽略之處,然而從《四書大全》建構詮釋體系,卻可以得見其轉折。朱熹以聖人事業相期,成就斐然,然而學術得以傳佈天下,乃是無數門人之力,陳榮捷(1901—1994)撰《朱子門人》整理戴銑(1506)《朱子實紀》、宋端儀《考亭淵源録》、韓國李滉(1501—1570)《宋季元明理學通録》、朱彝尊(1629—1709)《經義考》、張伯行(1651—1725)改訂之明人朱衡(1512—1584)《道南源委》、萬斯同(1638—1702)《儒林宗派》、黃宗羲(1610—1695)撰、黃百家(1643—1709)續編、全祖望(1705—1755)修補《宋元學案》、王梓材(1792—1851)、馮雲濠(1807—1855)編《宋元學案補遺》、日人田中兼二《朱門弟子師事年考》等所列弟子,共計六百二十九人,可稱門人四百六十七人,重以未及門而私淑者二十一人,合計四百八十八人,不知名而未考見者,當更倍於此數,遂得"然則朱門之弱點,亦

　　① 黃宗羲原著、全祖望補修《宋元學案》(臺北:華世出版社,1987年9月版)卷六十九《滄洲諸儒學案》,頁2258。

即朱門之優點也”的結論①，朱熹門人守成而少特出，遂少有關注，
其實於艱困之中，昂揚挺立，於家國淪亡之際，慨然承傳，山林鄉野
之間，講授不輟②，傳播四書義理，反映於《四書大全》徵引當中，貢
獻不可忽略。

　　檢視《四書大全》列舉方式，小注以朱熹《語類》、《或問》内容爲
主，後文輔以弟子門人意見，最末則以“雲峰胡氏”、“新安陳氏”等
元儒經解作結，分析引録結構，前者可見朱熹講論之義理方向，後
者可見訓詁與體例的補充，形成朱熹、門人、元儒一系相承的經説
體系。兹以《大學》“知止有后有定”一章爲例，朱注之下，引“朱子
曰”、“勉齋黃氏曰”、“雙峰饒氏曰”、“雲峰胡氏曰”、“新安陳氏曰”
五則文字③，與倪士毅《四書輯釋》相校，《四書大全》將“《語録》”改
爲“朱子曰”，並補入“知止，只是知有這箇道理……挽弓到臨滿時，
分外難開”一段，以及“勉齋黃氏”之説，而“饒氏曰”則作“雙峰饒
氏”，“《通》曰”則作“雲峰胡氏曰”，“先師曰”則作“新安陳氏曰”④，
所補朱熹語録，覈以《朱子語類》，乃楊道夫所録⑤，但文字差異頗
大。可見《四書大全》以倪士毅《四書輯釋》爲底本，但也有部分調
整，不僅補入失收文字，也改變稱謂，藉由齋號、地望區別，以免淆
亂。然而最具意義是其中的詮釋系譜，饒魯師承黃榦，黃榦爲朱熹
高足，於此建立説解脈絡，體系更爲明晰。只是援取倪氏之説，常
題爲陳櫟，如《中庸章句》“中者，不偏不倚，無過不及之名”一句，倪
士毅《四書輯釋》下注“不偏不倚，未發之中，以心論者也，中之體

————

　　①　陳榮捷撰《朱門之特色及其意義》，《朱子門人》，頁 22。
　　②　參見方彥壽撰《朱熹書院門人考》(上海：華東師範大學出版社，2000
年 7 月版)《序言》，頁 3。
　　③　胡廣等纂修《四書大全·大學章句大全》，頁 40—42。
　　④　倪士毅輯釋、程復心章圖、王元善通考《四書輯釋》(《續修四庫全書》
本，上海：上海古籍出版社，2002 年 3 月版)，頁 1。
　　⑤　黎靖德編《朱子語類》(臺北：文津出版社，1986 年 12 月版)卷 14《大
學一》，頁 279、280。

也;無過不及,時中之中,以事論者也,中之用也",後引"《語録》"、
"《通》曰"①,《四書大全》將"《語録》"文字,題爲"朱子曰"移置於
前,注解文字題爲"新安陳氏",移於最末,並補入"北溪陳氏"、"雲
峰胡氏"兩段文字②,陳淳爲朱熹高弟,胡炳文以朱子爲宗③,形成
朱熹、陳淳、胡炳文、陳櫟相承之論述脈絡,只是倪士毅受業於陳
櫟④,《四書輯釋》題爲"先師",《四書大全》卻將《四書輯釋》注文逐
題"新安陳氏",顯見層層轉録之後,題稱已有混淆。

四、訴求所在

　　《四書大全》建構朱熹、門人、元儒相承的經説體系,但着力最
多,還是梳理朱熹注文,比對《四書輯釋》與《四書大全》,引録朱熹
部分,删補調整最多,差異之中,得見追尋的方向。
　　A. 彰顯朱注原意
　　以《論語》"棖也慾,焉得剛"一句,《四書輯釋》徵引朱熹言
論,云:

　　　　《語録》:剛者外面退然自守,而其中不屈於慾,悻悻者外
　　面有崛強之貌,便是有計較勝負之意,此便是慾。聖人觀人,
　　直從裏面觀出,見得他中無所主,只是色莊,便是慾了。凡人
　　纔貪一件物事,便被這物事壓得頭低了,纔有些慾望,便被他

<hr/>

　　①　倪士毅輯釋、程復心章圖、王元善通考《四書輯釋·中庸章句》,頁
58。
　　②　胡廣等纂修《四書大全·中庸章句大全》,頁325。
　　③　黃宗羲原撰、全祖望補修《宋元學案》(臺北:華世出版社,1987年9
月版)卷89《介軒學案》黃百家案語云:"雲峰于朱子所注四書用力尤深。饒雙
峰從事朱學,而爲説多與朱子牴牾,雲峰因而深正其非,作《四書通》。"頁
2987。
　　④　汪克寬撰《環谷集》(景印文淵閣《四庫全書》本,臺北:臺灣商務印書
館,1986年3月版)卷4《重訂四書集釋序》云:"友人倪君仲弘實從遊於陳先
生,有得於講劘授受者,蓋愨且詳。"頁648。

牽引去，此中便無所主，焉得剛。①

同樣綰合潘時舉、鄭南升所録文字②，《四書大全》則作：

> 朱子曰：剛是堅強不屈，卓然有立，不爲物欲所累底人，故夫子以爲未見。凡人纔貪一件物事，便被這物事壓得頭低了，纔有些慾，便被他牽引去，此中便無所主，焉得剛。③

比較而言，《四書輯釋》於"剛"字頗多辨析，強調聖人觀人角度，乃是由内而論，但"只是色莊"後文略去"要人道好"一句，語意並不明晰，《四書大全》則援取鄭南升另一條語録文字④，直揭"剛"字之意，申明"剛"與"慾"之不相容，詮釋更爲純粹，意義更爲顯豁，可見《四書大全》徵引之際，留意釋義層次，務求清楚明白。《論語·學而篇》"主忠信"一句，《四書輯釋》引録：

> 《語録》：忠爲實心，信爲實事。陳氏曰：主與賓對，賓是外人，出入不常。主常在屋裏，主忠信是以忠信常爲吾心之主。心所主者忠信，則其中許多道理都實無忠信，則道理都虛了，主字極有力。⑤

《四書大全》引録：

---

① 倪士毅輯釋、程復心章圖、王元善通考《四書輯釋·論語集注》，頁206。

② 黎靖德編《朱子語類》卷28《公冶長上》所録"吾未見剛者……"、"上蔡這處最説得好……"、"或問剛與悻悻何異……"三則，頁723。

③ 胡廣等纂修《四書大全·論語集注大全》，頁1064。

④ 黎靖德編《朱子語類》卷28《公冶長上》所録"子曰吾未見剛者……"，頁722。

⑤ 倪士毅輯釋、程復心章圖、王元善通考《四書輯釋·論語集注》，頁161。

　　廣平游氏曰:忠信所以進德也,如甘之受和,白之受采。故善學者,必以忠信爲主,不言則已,言而必忠信也。故其言爲德言;不行則已,行而必以忠信也,故其行爲德行,止而思,動而爲,無往而不在是焉,則安往而非進德哉。朱子曰:忠爲實心,信爲實事。人若不忠信,如木之無本,水之無源,更有甚底,一身都空了。今當反看自身,能盡己心乎,能不違於物乎。若未盡己之心,而或違於物,則是不忠信。凡百處事接物,皆是不誠實,且謾爲之,如此四者,皆是脩身之要,就其中主忠信,又是最要。若不主忠信,便正衣冠,尊瞻視,只是色莊。爲學亦是且謾爲學,交朋友未必盡情,改過亦未必真能改過,故爲人須是主忠信。主忠信,是誠實無僞朴實頭,主字最重,凡事靠他做主。問主忠信,後於不重不威何也? 曰:聖賢言爲學之序,須先自外面分明,有形象處,把捉扶豎起來。陳氏曰:主與賓對,賓是外人,出入不常。主常在屋裏,主忠信是以忠信常爲吾心之主。心所主者忠信,則其中許多道理都實無忠信,則道理都虛了,主字極有力。[1]

從"忠爲實心,信爲實事"一句,增列材料有數倍之多,一方面引游酢闡明忠信爲進德之要,爲朱熹説法張本,另一方面針對"實心"、"實事",補入朱熹見解,"木之無本"、"水之無源"補充了游酢"甘之受和,白之受采"本質的觀點,強化"忠信"根源意義,從處事接物進一步申明"實心"、"實事"的價值,再從反面陳述,直指無忠信難以修身,至於強調"主"之涵意,則爲陳用之説法提供論述的來源,回歸經文,指出意義所在。比較之下,《四書大全》詮釋脈絡更嚴整清楚,《朱子語類》載李方子所録:

　　　　忠就心上看,信就事上看。"忠信,內外也。"《集注》上除

---

　　① 胡廣等纂修《四書大全·論語集注大全》,頁819—820。

此一句，甚害事！①

以"心"、"事"、"内"、"外"説"忠"、"信"，朱熹《四書集注》着力不多，但從《四書大全》徵引材料，從"心"與"事"進而及於"内"與"外"，補充諸多論述内容，不僅建立更爲清楚脈絡，無疑也證明徵引内容，確實符合朱熹晚年思考方向，《四書大全》用意所在，也就可以瞭然矣。

B. 建立體用架構

《四書大全》追尋朱注義理，完成詮釋架構，《四書大全》於"何必曰利，亦有仁義而已矣"下引：

> 朱子曰：仁言心之德，見得可包四者。義者心之制，只是説義。心之德是混淪説，愛之理，方説到親切處。心之制是説義之體，程子所謂處物爲義是也。事之宜，是就千條萬緒，各有所宜處説。揚雄言義以宜之，韓愈言行而宜之之謂義，若只以義爲宜，則義有在外意思，須如程子所言，則處物者在心，而非外也。事之宜雖若在外，然所以制其宜，則在心也。心之制，如利斧，事來劈將去，可底從這一邊去，不可底從那一邊去。仁兼義言者，是言體，專言者，是兼體用而言。仁對義爲體用，仁又自有仁之體用，義又自有義之體用。所謂事之宜，方是指那事物當然之理，未説到處置合宜處也。問人所以爲性者五，獨舉仁義何也？曰：天地所以生物，不過陰陽五行，而五行實一陰陽也。人性雖有五，然曰仁義，則大端已舉矣。……②

從揚雄（前53—18）、韓愈（768—824）、程子而下，揭櫫朱熹"仁者，心之德，愛之理；義者，心之制，事之宜"思考所在，於此義理關鍵，

---

① 黎靖德編《朱子語類》卷21《論語三》，頁488。
② 胡廣等纂修《四書大全·孟子集注大全》，頁2050—2051。

覈以《四書輯釋》,《語録》録至"不可底從那一邊去",而"問人所以
爲性者五"以下則標爲《或問》,《四書大全》統言爲"朱子曰",覈查
來源,内容是縮合葉賀孫、輔廣、潘時舉、甘節所録四條材料①,並
綴以甘節所録"仁兼義言者,是言體;專言仁者,是兼體用而言"以
及童伯羽所録"仁對義爲體、用。仁自有仁之體、用,義又有義之
體、用"兩段文字②,兩相校正,"專言者"抄漏"仁"字,文意不清,然
而《四書大全》承襲前説之餘,顯然更著意將朱熹"仁"、"義"義理内
涵納入體、用詮釋架構之中,形成更爲明確的性理體系。再者,《四
書大全》留意釋義内容的完整,《大學》"大學之道,在明明德"一章,
覈查倪士毅《四書輯釋》所引爲"《語録》問明德是心是性"③,《四書
大全》於前補入《朱子語類》游敬仲所録:

> 天之賦於人物者謂之命,人與物受之者謂之性,主於一身
> 者謂之心,有得於天而光明正大者謂之明德。④

於"命"、"性"、"心"、"明德"皆有説明,後文分别"明德是心是性"才
有説解的對象,《四書大全》並且將《四書輯釋》"程子曰:'心統性
情,此説最精密。'"改爲"張子曰"⑤,校正錯誤外,並且於後補入一
段文字:

> 虚靈不昧便是心,此理具足於中,無少欠闕便是性,隨感
> 而動便是情。虚靈自是心之本體,非我所能虚靈。耳目之視
> 聽,所以視聽者即其心也,豈有形象。然有耳目以視聽之,則
> 猶有形象也。若心之虚靈,何嘗有物。只虚靈不昧四字,説明

---

① 黎靖德編《朱子語類》卷 51《題辭·梁惠王上》,頁 1219—1220。
② 黎靖德編《朱子語類》卷 6《性理三》,頁 115、121。
③ 倪士毅輯釋、程復心章圖、王元善通考《四書輯釋·大學章句》,頁 1。
④ 黎靖德編《朱子語類》卷 14《大學一》,頁 260。
⑤ 胡廣等纂修《四書大全·大學章句大全》,頁 34。

德意已足矣，更説具眾理應萬事，包體用在其中，又卻實而不
爲虚，其言的確渾圓，無可破綻處。①

內容撮舉《朱子語類》林夔孫、萬人傑所録文字②，但“只虛靈不昧
四字……”一段未見於《朱子語録》，當另有來源。細究其中，説解
“心”、“性”、“情”脈絡中，強調“虛靈不昧”的本體義涵，不僅具有解
釋概念的作用，而且從説解經文更及於性理體系的觀察，朱熹兼及
體用的説法才能得到正確的理解。

　　C. 追尋定本內容

　　朱熹完成《四書章句集注》之後，用力日深，鍛鍊文字，幾至無
法自已③，臨終前修改《大學》更是後人熟悉之事④，《四書大全》承
襲朱熹晚年思考，對於《四書章句集注》刊布情形也多所留意，如
《大學》朱注“欲其必自慊而無自欺也”下引陳櫟之言云：

　　　　諸本皆作“欲其一於善而無自欺也。”惟祝氏附録本，文公

---

　　①　胡廣等纂修《四書大全·大學章句大全》，頁 34—35。
　　②　黎靖德編《朱子語類》卷 5《性理二》，頁 87、94—95。
　　③　參見拙撰《從體證到建構：朱熹四書章句集注的撰作歷程》，《朱熹與
四書章句集注》，頁 105—116。
　　④　不著撰人《兩朝綱目備要》（影印文淵閣《四庫全書》第三二九冊　臺
北：臺灣商務印書館，1986 年 3 月版）卷六“三月甲子朱熹卒”下云：“先是庚申
熹臟腑微利……辛酉改《大學》‘誠意’一章，此熹絶筆也。是日午刻暴下，自
此不復出書院……”頁 778。蔡沈撰《朱文公夢奠記》云：“初六日辛酉，改《大
學》‘誠意’一章，令詹淳謄寫，又改數字。……午後，大下，隨入宅堂，自是不
能復出樓下書院矣。”見蔡有鶡輯、蔡重增輯《蔡氏九儒書》（《四庫全書存目叢
書》集部第三四六冊，臺南縣：莊嚴文化事業公司，1997 年 6 月版）卷六，頁
793。不過江永撰《考訂朱子世家》云：“按：《儀禮經傳通解·大學篇》‘誠意
章’注與今本同，惟經一章注原本‘一於善’，今本作‘必自慊’，是所改者此三
字耳。”收入《近思録集注》（光緒乙酉孟春江西書局刊本）第四冊，頁 19。錢穆
《朱子新學案》第二冊，更進一步按斷朱熹最後所改，確實是經一章“實其心之
所發，欲其一於善而無自欺也”中“一於善”，爲《大學》“誠意”二字最先見處之
注，並非《大學》“誠意”章。頁 425。

適孫鑑書其卷端云:"四書原本",則以鑑向得先公晚年絕筆所更定,而刊之興國者爲據。此本獨作"必自慊而無自欺",可見絕筆所更定,乃改此三字也。按:《文公年譜》謂慶元庚申四月辛酉,公改誠意章句,甲子公易簀。今觀誠意章,則祝本與諸本無一字殊,惟此處有三字異,是所改正在此耳。"一於善"之云,固亦有味,但必惡惡如惡惡臭,好善如好好色,方自快足於己。如好仁必惡不仁,方爲真切,若曰"一於善",包涵不二於惡之意,似是歇後語,語意欠渾成的當,不若"必自慊"對"無自欺",只以傳語釋經語,痛快該備,跌撲不破也。況《語錄》有云:"誠與不誠,自慊與自欺,只爭毫釐之間。自慊則一,自欺則二。""自慊"正與"自欺"相對,誠意章只在兩箇自字上用功,觀朱子此語則可見矣。[1]

尋求版本始末,覈以語錄,言之頗詳,"必自慊"與誠意章"所謂誠其意者,毋自欺也,如惡惡臭,如好好色,此之謂自謙"[2]前後呼應,與"自欺"相反,至於"一於善",固然有期勉之意,卻不免有心有不善必求之於善的疑慮。"一於善"與"必自慊"的分歧,顯然出於朱熹反覆修改的結果,比較其中,"一於善"有勉以用功之意,"必自慊"強調本體清朗,一體一用,各具義理,後人見仁見智,無法分判,不過清人江永(1681—1762)撰《考訂朱子世家》云:"按:《儀禮經傳通解·大學篇》'誠意章'注與今本同,惟經一章注原本'一於善',今本作'必自慊',是所改者此三字耳。"[3]按覈《朱熹年譜長編》,朱熹

　　① 胡廣等纂修《四書大全·大學章句大全》,頁46。
　　② 朱熹撰《大學章句》,原作"……此之謂自謙,故君子必慎其獨也",朱熹注云:"謙讀爲慊……謙,快也,足也。"《四書章句集注》(臺北:長安出版社,1991年2月),頁7。
　　③ 江永撰《考訂朱子世家》,收入《近思錄集注》(光緒乙酉孟春江西書局刊本)第四冊,頁19。

慶元三年(1197)三月草成《儀禮集傳集注》,即是《儀禮經傳通解》①,距離正式序定《四書章句集注》已有八年,於朱熹去世尚有三年,似乎可以反映朱熹《四書章句集注》原本樣態,錢穆據此推斷朱熹所改其實是經一章"實其心之所發,欲其一於善而無自欺也"中"一於善",此爲《大學》"誠意"二字始見處,藉此確立論述主軸。② 印證朱熹所云:"《大學》又修得一番,簡易平實,次第可以絶筆。"③了解晚年由理學回歸經學,於經典詮釋力求簡潔明白,在樸實真誠中,生命歸於純粹,"必自慊"切中義理,呼應前後,更爲直截明白,《四書大全》務求定本,於此可見。《論語・爲政篇》"爲政以德"章,《四書大全》於"行道而有得於心也"下引倪士毅云:

　　　　祝氏《附録》本如此,他本作"得於心而不失也"。胡氏《通》必主"得於心而不失"之説,膠於胡泳伯量所記,謂先生因執扇謂曰:"德字須用不失訓,如得此物,可謂得矣。纔失之,則非得也。"此句含兩意,一謂得於有生之初者,不可失之於有生之後。一謂得於昨日者,不可失之於今日。先師謂此説縱使有之,亦必非末後定本,深思細玩,終不如行道而有得於心之精當不可易也。朱子訓德字,蓋倣《禮記》德者,得也。禮樂皆得謂之有德而言,初作得於身,後改得於心。夫道字廣大,天下所共由,德字親切,吾心所獨得,行道行之於身也,未足以言德,必有得於心,則躬行者始心得之。心與理爲一,斯可謂之德,有次第,有歸宿,精矣。今曰"得之於心而不失",則得於心者何物乎,方解德字,未到持守處,不必遽云不失。……況上文先云德,則行道而有得於心者也,其證尤明白,若遽云不失,則似失之急,又近於贅。《大學序》所謂本之躬行心得,躬

————————

①　東景南撰《朱熹年譜長編》(上海:華東師範大學出版社,2001年9月版)卷下,頁1287。
②　錢穆撰《朱子新學案》第二冊,頁425。
③　吕柟編《朱子抄釋》(景印文淵閣四庫全書本,臺北:臺灣商務印書館,1986年3月版)卷一頁260。

行即行道,心得即有得於心也,以前後參觀之,而祝氏定本爲尤信。①

反覆辨析,論證頗詳,於前人傳承之際,回歸於義理檢證,得見朱熹晚年思考的純粹,《四書大全》保留元儒對朱熹義理傳承的思考,此爲前人忽略之處,卻是《四書大全》着力所在,清儒不信《四書大全》,對定本説法多有質疑②,然而按覈徵引材料,《四書大全》追尋朱熹最終説法的努力,卻是無可懷疑。

五、結　論

對於《四書大全》前人意見分歧,顧炎武認爲纂修粗略,蠹害國本;王船山(1619—1692)《讀四書大全説》卻藉此興發義理思考③;《四庫書總目》認爲"有明一代士大夫學問根柢具在於斯",卻又詆爲"由漢至宋之經術於是始盡變矣"④,是之與非,無法論斷,原因所在,乃是混淆"道統"與"皇統",於是學術的堅持轉爲定其一説的要求,"官學化"的進程,使"道統"讓位於"皇統",制約更甚,"材辨聰明,激而橫絶"是可以理解之事⑤,只是袪除政教糾葛,考察流傳線索,官方的表彰,其實是民間學術的延伸,出於諸儒共同努力的結果,至於科舉之後,四書成爲獵取功名敲門磚,儒者看待四書爲榮身利祿之階,而非進德修業之途,風氣轉易,質性改變,核心價值的失落,朱熹抗懷千古,上繼孔、孟之傳的"道統"思惟,隱没消退;

---

① 胡廣等纂修《四書大全·論語集注大全》卷二,頁853—854。

② 吳英撰《四書章句集注定本辨》,收入朱熹撰《四書章句集注》,頁385。

③ 佐藤錬太郎撰、楊菁譯《王夫之讀四書大全説——集注支持和集注大全批判》,收入松川健二編、林慶彰等譯《論語思想史》(臺北:萬卷樓圖書公司,2006年2月版),頁431—455。

④ 紀昀奉敕撰《四庫全書總目》卷36"《四書大全》三十六卷"提要,頁742。

⑤ 紀昀奉敕撰《四庫全書總目》卷1《經部總序》,頁1。

“學”高於“政”的訴求，因而翻轉①，朱熹學術因《四書大全》而行於天下，卻也因《四書大全》喪失承繼絶學的懷抱，轉折之間，得見學術發展的無奈。

　　但無可諱言，《四書大全》於四書發展具有關鍵作用，在宋元諸儒紛雜意見當中，整合前説，形構詮釋體系，闡發朱熹注解意義，確立《四書章句集注》經典地位，朱熹《答潘端叔二》云：

> 《集注》屢改不定，卻與《或問》前後不相應矣。山間無人録得，不得奉寄，可只用舊本看，有不穩處，子細論及，卻得評量也。今年諸書都脩得一過，《大學》所改尤多，比舊已極詳密，但未知將來看得又如何耳。義理無窮，精神有限，又不知當年聖賢如何説得如此穩當精密，無些滲漏也。②

義理無窮，朱熹持續修改，將疑存信，逐字稱等，代表奮發不懈的進程，《答應仁仲一》云：

> 《大學》、《中庸》屢改，終未能到得無可改處。《大學》近方稍似少病，道理最是，講論時説得透，纔涉紙墨，便覺不能及其一二，縱説得出，亦無精彩。以此見聖賢心事，今只於紙上看，

---

　　①　余英時撰《朱熹的歷史世界——宋代士大夫政治文化的研究》（臺北：允晨文化實業公司，2003年6月版）強調朱熹有意分出“道統”與“道學”兩個階段，周公以後，内聖與外王已分裂爲二，歷史進入另一階段，這便是孔子開創“道學”的時代。至於後人流行的“道統”觀念，則出於朱熹弟子黄榦《聖賢道統傳授總敘説》上起堯、舜，下迄朱熹，一貫而下，以“道統”統合“道統”與“道學”兩階段的結果。頁42、43。於此細節，後人已有混淆，但朱熹於聖賢相傳系譜中，刻意彰顯孔子、曾子、子思、孟子一系，“雖不得其位，而所以繼往聖、開來學，其功反有賢於堯舜者”（《中庸章句序》），“學”高於“政”的訴求，確實清楚可見，儒者高尚其志，於此可知。
　　②　朱熹撰、陳俊民校編《朱子文集》第五册，卷五十“書”《答潘端叔二》，頁2264。

如何見得到底。每一念此,未嘗不撫卷慨然也。[①]

朱熹提醒學者要"反覆尋究,待他浹洽"、"且須壓這心在文字上"[②],深切的提醒,也就成爲後人持續努力方向,聖道廣大,難究精微,道德體會,難以言筌,朱熹門人持續思考,闡發精義,誠乃四書成爲經典關鍵,宋元諸儒經説内容,於今多數亡佚,然而共同的想望具現於《四書大全》之中,未能深究,也就失落四書發展中重要環節。剔除分歧,補強環節,於此關鍵問題,筆者檢覈《四書大全》纂修人員,於成祖敕命之下,得見隱藏的背景脈絡;梳理《四書大全》徵引諸儒,了解其中詮釋系譜的形成;比對《四書輯釋》與《四書大全》,得見用意所在,《四書大全》有其粗疏之處,卻也有形構"官學"的意義,承傳與局限,一窺明代詮釋四書的方向,歸納結論如下:

1.《四書大全》標舉皇權,以"皇統"取代"道統",原本學術的堅持轉爲定其一説的要求,四書"官學化"之後,制約更甚,未能分判,四書内涵易生誤解。

2.《四書大全》宣示政教歸屬,代表官方立場,然而按覈纂修人員,卻可一窺宋元學術發展脈絡,朱熹後學散於四方,儒學深植民間。

3. 朱熹之後,學脈日分,《四書大全》以門户世系,形塑朱熹、門人、元儒相承之脈絡,展現整合分歧,建構詮釋體系的訴求。

4.《四書大全》以兼具體用之詮釋方向,於紛雜説解當中,彰顯注解原意,追尋定本内容,終於得見朱熹義理之純粹。

5.《四書大全》總結宋元經説,確立《四書章句集注》經典價值,補入此一環節,才能真正了解朱熹之後四書學的發展樣態。

筆者梳理源流,分析體例,比對差異,得見《四書大全》追尋朱熹注解意義,建構詮釋體系的努力方向,只是依附於皇權,減抑"道

---

① 朱熹撰、陳俊民校編《朱子文集》第六册卷五十四"書"《答應仁仲一》,頁 2558。

② 黎靖德編《朱子語類》卷十四"《大學》一",頁 254、257。

"統"精神,也是不爭的事實,承傳與局限,細節之間,應有清楚的分判,只是所論粗略,不敢言是,尚祈博雅君子有以教之。

　　附記:本文乃執行"國科會"計畫,所獲致之成果,助理爲王志瑋同學,計畫編號爲:NSC 98-2410-H-004-155-MY2,在此一併致謝。

　　附錄:
《四書大全》徵引人物之《宋元學案》譜系表

《宋元學案》譜系	傳　　主	人數	人　　物
卷48,晦翁學案(上)	朱熹	12	朱熹、黄榦、陳淳、輔廣、陳埴、葉味道、蔡淵、蔡沈、李道傳、張栻、吕祖謙、項安世
卷63,勉齋學案	黄榦	3	黄榦、李道傳、饒魯
卷59,清江學案	劉靖之、劉清之	2	黄榦、陸九淵
卷41,衡麓學案	胡寅	2	陳淳、胡寅
卷68,北溪學案	陳淳	2	陳淳、邵甲
卷64,潛庵學案	輔廣	2	輔廣、熊禾
卷51,東萊學案	吕祖謙	5	輔廣、張栻、吕祖謙、陳孔碩、陳傅良
卷69,滄州諸儒學案(上)	李燔、張洽、廖德明、李方子等若干人	12	饒魯、潘柄、胡泳、歐陽謙之、黄士毅、潘時舉、陳孔碩、真德秀、趙順孫、黄仲元、陳櫟、倪士毅
卷67,九峰學案	蔡沈	2	蔡沈、蔡模
卷50,南軒學案	張栻	4	張栻、陳孔碩、吕祖謙、陳傅良
卷54,水心學案(上)	葉適	2	陳埴、項安世
卷65,木鐘學案	陳埴	3	陳埴、王柏、葉味道

《宋元學案》譜系	傳　主	人數	人　物
卷74,慈湖學案	楊簡	5	袁甫、鄒近仁、邵甲、顧平甫、真德秀
卷75,絜齋學案	袁燮	3	真德秀、陳傅良、袁甫
卷80,鶴山學案	魏了翁	2	真德秀、輔廣
卷81,西山真氏學案	真德秀	1	真德秀
卷1,安定學案	胡瑗	2	胡瑗、程頤
卷3,高平學案	戚同文、范仲淹	3	胡瑗、張載、周敦頤
卷4,廬陵學案	歐陽修	2	蘇軾、王回
卷5,古靈四先生學案	陳襄、鄭穆、陳烈、周希孟	1	張載
卷7,涑水學案(上)	司馬光	5	張載、邵雍、程顥、程頤、范祖禹
卷9,百源學案(上)	邵雍	4	張載、邵雍、程顥、程頤
卷13,明道學案(上)	程顥	8	程顥、程頤、游酢、呂大臨、張載、楊時、侯仲良、謝良佐
卷15,伊川學案(上)	程頤	9	程頤、楊時、游酢、呂大臨、尹焞、張載、謝良佐、羅從彥、郭忠孝
卷17,橫渠學案(上)	張載	5	張載、程顥、程頤、呂大臨、蘇軾
卷11,濂溪學案(上)	周敦頤	4	周敦頤、程顥、程頤、蘇軾
卷19,范呂諸儒學案	范鎮、呂公著	2	范祖禹、張庭堅
卷96,元佑黨案		6	張庭堅、陸佃、項安世、葉夢得、范祖禹、蘇軾
卷98,荊公新學略	王安石	2	陸佃、陳祥道
卷35,陳鄒諸儒學案	陳瓘、鄒浩等若干人	1	鄧名世
卷24,上蔡學案	謝良佐	2	游酢、謝良佐

《宋元學案》譜系	傳　主	人數	人　物
卷26,廌山學案	游酢	1	游酢
卷30,劉李諸儒學案	劉絢、李籲、侯仲良等若干人	5	侯仲良、薛季宣、李道傳、李性傳、李心傳
卷77,槐堂諸儒學案	傅夢泉、鄧約禮等若干人	1	顧平甫
卷40,橫浦學案	張九成	2	倪思、張九成
卷44,趙張諸儒學案	趙鼎、張浚等若干人	3	張栻、呂祖謙、陳傅良
卷32,周許諸儒學案	周行己、許景衡等若干人	2	陳傅良、呂祖謙
卷52,艮齋學案	薛季宣	2	薛季宣、陳傅良
卷56,龍川學案	陳亮	2	呂祖謙、薛季宣
卷97,慶元黨案		1	陳傅良
卷25,龜山學案	楊時	5	張九成、胡寅、楊時、羅從彥、程迵
卷34,武夷學案	胡安國	1	胡寅
卷82,北山四先生學案	何基、王柏、金履祥、許謙	5	王柏、金履祥、許謙、方逢辰、歐陽玄
卷20,元城學案	劉安世	1	張栻
卷42,五峰學案	胡宏	1	張栻
卷36,紫微學案	呂本中	1	呂祖謙
卷43,劉胡諸儒學案	劉勉之、胡憲等若干人	2	呂祖謙、林之奇
卷46,玉山學案	汪應辰	1	呂祖謙
卷83,雙峰學案	饒魯	4	饒魯、程若庸、吳迁、吳澄
卷79,丘劉諸儒學案	丘崈、劉光祖等若干人	1	饒魯
卷89,介軒學案	董夢程	3	沈貴瑤、汪炎昶、胡炳文

續表

《宋元學案》譜系	傳　主	人數	人　物
卷 84,存齋晦靜息庵學案	湯干、湯巾、湯中	2	謝枋得、吳澄
卷 90,魯齋學案	趙復、許衡等若干人	1	許衡
卷 31,呂范諸儒學案	呂大忠、范育等若干人	1	呂大臨
卷 27,和靖學案	尹焞	1	尹焞
卷 21,華陽學案	范祖禹	1	范祖禹
卷 58,象山學案	陸九淵	2	陸九淵、吳澄
卷 66,南湖學案	杜煜	1	吳澄
卷 92,草廬學案	吳澄	1	吳澄
卷 99,蘇氏蜀學略	蘇洵	1	蘇軾
卷 38,默堂學案	陳淵	1	羅從彥
卷 39,豫章學案	羅從彥	2	羅從彥、李侗
卷 29,震澤學案	王蘋	1	陸九淵
卷 47,艾軒學案	林光朝	1	陸九淵
卷 57,梭山復齋學案	陸九韶、陸九齡	1	陸九淵
卷 53,止齋學案	陳傅良	1	陳傅良
卷 28,兼山學案	郭忠孝	1	郭忠孝

※説明:

1. 各學案下所列人物,爲《四書大全》所徵引而列於《宋元學案》者。
2. 鄭玄、孔穎達因時代,未收入《宋元學案》。
3. 除鄭玄、孔穎達外,《宋元學案》未收《四書大全》所徵引之人物有:
   李衡、鄭南升、洪興祖、陳知柔、譚惟寅、何夢桂(《四書通》、《四書大全》作何夢貴)、晏氏(晏光)、鄭汝諧、王炎、諸葛泰、朱祖義、朱申、胡次焱、張彭老、宣氏(宣繒)、汪廷直、張好古、張玉淵、盧孝孫、劉彭壽、齊夢龍、邢昺、馮椅、吳浩、李靖翁、張存中等二十六人。

納經學入現代學術體系的先行者
——謝无量經學思想初探

劉永祥

摘要:謝无量是具有鮮明時代氣息和強烈創新精神的新型學者,一生著述宏富,兼通文、史、哲學,以獨到的學術眼光和敏鋭的學術意識體察到近代以來經學向現代知識體系分流和轉化的學術思潮,並進行大膽的嘗試。不僅率先以梳理二千年中國哲學和文學變遷史的形式,嘗試運用現代哲學和文學理念統攝經學;而且順乎"六經皆史料"的時代潮流,融經入史,既將儒家經典與諸子等先秦典籍平等看待,通過充分挖掘經典的史料價值以探究古代社會情形,又以歷史的眼光梳理經典的學術史演變,從而大大開拓了經典研究的新方法。值得一提的是,其對唯物史觀較早接受並嘗試加以運用。與此同時,和當時大多數學者一樣,其學術研究中亦帶有一定的傳統經學傾向,即表現出濃郁的"信古"風格。

關鍵詞:謝无量 經學 文史哲學 唯物史觀 "信古"

漢武帝獨尊儒術以後,儒家經學成爲二千多年封建社會的政治與學術指導思想。經典成爲頂禮膜拜之對象,故學者惟訓詁、闡釋而不敢妄加懷疑、非議。此種與封建專制制度相適應的學術模式,固爲後人留下豐富的經學遺產,然亦嚴重阻礙中國學術實現自我突破。近代以來,科舉廢除,專制消亡,加之中西學術不斷沖和,中國學術終至突破經學束縛而獲新生,經學時代宣告終結,經學研究時代方興未艾。皮錫瑞治經學史,梁啟超治學術史,恰恰是爲一個韶華逝去的時代作總結。質而言之,20世紀尤其是民國以後學術發展的一大走向是經學逐漸向哲學、史

學、文學等分流和轉化,逐漸被納入到現代知識體系中。① 在這
一由社會轉型而帶來的學術轉型過程中,諸多學者進行了探索和
努力,而謝无量正是較早對此時代大勢和學術思潮作出敏鋭反應
並進行有益嘗試的學者之一。然而,目前學界對其經學研究思想
尚未見有專文探討者,故不揣淺陋,撰此小文。不當之處,尚祈方
家教正。

一、以現代哲學、文學理念統攝經學的嘗試

　　謝氏學術成長的關鍵時期在 1898 至 1913 年。1898 年,拜湯
壽潛爲師並與湯的女婿馬一浮結爲金蘭,成爲其接受新思潮的開
始;1901 年,入上海南洋公學進修,與馬一浮、馬君武等創辦《翻譯
世界》,介紹西方學術與新思潮,並與章太炎結交,既接受革命思
想,又于經學上獲得教益;1903 年,《蘇報》案發,遠赴日本留學一
年;1905 年,與從美國留學歸來的馬一浮同至杭州,翻閲文淵閣
《四庫全書》,博覽社會科學名著,學問因之精進;1908 年,翻譯斯
賓塞著作;1910 至 1913 年,任教于四川存古學堂(後改稱國學
院),拜吳之英爲師,並與廖平、劉師培等厚相友善。要之,這十餘
年,謝氏不僅奠定雄厚的經學基礎,而且廣泛攝取西方社會科學知
識,尤其在馬一浮影響下偏愛哲學。此外,更爲重要的一點是,近
代學術的一大趨勢是將各種學問置於歷史眼光之下考察,而謝氏
學術發展的關鍵十年,恰逢梁啓超所開創的"新史學"風行于世,學

____

　　① 近代以來學科分類和大學課程的設置演變恰恰也可作爲經學向現代
知識體系分流和轉化的最佳注腳。比如,早在 1902 年,宋恕就提出將《周
易》、《詩經》分屬於社會學,《尚書》、《春秋》分屬於史學,《三禮》分屬於禮學,
《孝經》分屬於倫理學,《論語》、《孟子》分屬於倫理、政治、教育諸學,《爾雅》分
屬於原語學。(參見宋恕:《宋恕集》,中華書局 1993 年版,第 350 頁)至 1913
年,中華民國教育部頒佈《大學令》及《大學規程》,規定大學取消"經學科",分
文、理、法等七科,而文科則分爲史學、哲學、文學和地理學。而 1914 年,北京
大學改經學門爲哲學門則成爲這一時代潮流的典型例證。

者莫不受此思潮影響。有此種種,故謝氏治學兼通文史哲,以内容論,首重哲學,次則文學,史學居末;而以方法論,則實受"新史學"思潮影響。①

　　謝氏諳熟經學,又兼擅西方哲學,而經學在義理層面本與哲學更近,故謝氏首先以現代哲學理念統攝經學,便成爲符合學術内在理路的必然。② 他在撰成一系列哲學專門史著作後③,於 1916 年以高度的學術自覺和宏大的氣魄完成並出版第一部中國哲學通史——《中國哲學史》,首次嘗試以歷史眼光系統梳理中國古代哲學的演變。這部著作在經學向哲學轉化以及中國哲學學科建構過程中自有其價值和地位,不應一筆抹煞。

　　他在哲學定義上持中西哲學同質論④,認爲:"今世學術之大别,曰哲學,曰科學。哲學之名,舊籍所無,蓋西土之成名,東邦之

---

　　① 此處需要説明的是,"新史學"的内涵與外延甚爲深廣,然對當時學界影響最大的莫過於以進化論和因果律梳理歷史演進的脈絡並探尋其規律,因而重視通史和系統性的著述形式。謝無量即以此作爲其著述尤其是哲學史和文學史的方法論統領,只是偏重於進行歷史梳理和體系建構。他的《中國哲學史》(以下簡稱《哲學史》)和《中國大文學史》(以下簡稱《文學史》)雖然從内容上分屬哲學和文學,但因其現代哲學和文學理念尚不成熟又重在梳理、述多而論少,反而顯得史學的風格多了些,從這個角度講,二書又恰可作爲"新史學"在這兩大專門史領域的早期代表。事實上,作爲新歷史考證學派代表的胡適亦稱其早年曾受梁啟超無窮恩惠,其中一點即爲以歷史眼光整理傳統學術思想,獲得一個"學術史"的見解。(參見胡適:《四十自述》第一册,上海亞東圖書館 1939 年版,第 100—106 頁)

　　② 北大改經學門爲哲學門,馮友蘭、稽文甫出自經學門而皆從事哲學史研究,也都反映出這一學術趨勢。

　　③ 在《中國哲學史》成書以前,他已撰成《新制哲學大要(及參考書)》、《倫理學精義》(1914 年),《陽明學派》、《孔子》(1915 年),《韓非》、《朱子學派》、《佛學大綱》(1916 年)等著作,實已進入學術創作期,且速度驚人。

　　④ 雖如此,其亦明言中西哲學之不同特點,認爲"西方之俗,泥物質而急功利,故其哲學,雖有觀念論、實在論二派,互爲消長,要之實在論尤深著于人心,往往擬生民於機械,認心象爲實體,率與其科學進化相輔,不如吾國學者持論之超絕"。(謝无量:《新制哲學大要參考書·編輯大意》,中華書局 1914 年版)

譯語,而近日承學之士所沿用者也。雖然,道一而已。""在古之世,道術恒爲士君子之學,稱學而道在其中。及官學失散,乃謂之曰儒學,謂之曰道學,謂之曰理學;佛氏則謂之義學;西方則謂之哲學。其實一也。地雖有中外之殊,時雖有古今之異,而所學之事,所究之理,固無不同者矣。""吾國古有六藝,後有九流,大抵皆哲學範圍所攝。"①他對哲學的理解尚較含混粗淺,而將其完全等同於中國道術,但同時也隱含著中國哲學並不游離於世界哲學之外的意味,從而有力地反駁了黑格爾在《哲學史講演錄》中所言中國哲學不屬於哲學史的説法。當然,他並没有做到像胡適那樣專列一節論述中國哲學在世界哲學中的地位,但其論述對於尚處於起步階段的中國哲學而言,是有一定意義的。

謝氏對哲學的理解直接決定了其哲學史體系以儒家經學爲主體。比如,在論述上古和先秦時期哲學時,取材基本以六經爲主,而輔以其他典籍。他認爲哲學起源於對宇宙的認識,而《周易·繫辭》所載伏羲畫八卦正是基於對宇宙的觀察,因而"自伏羲始立古今哲學之元基"②;論述夏商時期的哲學時,主要依據《尚書·洪範》,對其五行、五事、八政、五紀、皇極、三德、稽疑、庶徵、五福六極等加以辨析;論述周代哲學時,直以"六藝哲學"命名,分易教和五學之教兩大部分對六藝哲學進行探討;等等。再如,他將經學演變作爲論述哲學變遷大勢的主要內容。其將中國哲學史分爲幾大階段,每一階段的篇首均設一章總論其時哲學變遷。而細究之,其所論實以經學演變爲主要內容。"漢代哲學總論"論述秦火後經學如何由立五經博士而逐步達到獨尊地位;論述兩漢經學之盛及今古文之分;論述兩漢陰陽讖緯之學的盛行,認爲"哲學之政治系統,雖至秦而廢,然學者猶多言天人感應之符,以災變爲人事之應。人君信之,至常以日蝕等變,罷免宰相大臣,

---

① 謝无量:《中國哲學史·緒言》,臺灣中華書局1976年版。
② 謝无量:《中國哲學史》,第6頁。

亦一種神秘哲學之影響矣"①，實言兩漢經學讖緯化和神秘化的政治影響。"宋代哲學總論"和"明代哲學總論"等亦皆以經學演變爲論述主線。再者，他認爲"統一代之學派而爲書者，莫詳于黃宗羲之《宋元學案》及《明儒學案》，此其體例皆近於今之所謂哲學史者也"②，因而在編纂體例上主要借鑒學案體，於各時期哲學總論下系以人物，而細察其所舉各時代哲學人物，先秦諸子以下幾乎皆爲儒家學者。

　　由此，其《哲學史》無論從主體内容還是著述體例上似乎都更像一部中國儒(經)學史。然而，在這一看似陳舊的主體之上卻有一條主線作爲總貫穿，即以現代哲學理念對不同時期不同學派的哲學思想加以分類提煉和叙述。謝氏對哲學分類有着自己的理解，在《新制哲學大要》中他將哲學分爲知之哲學和實在體之哲學兩大部，前者包括觀念論(知覺、思考)、認識論(真理之認識、個體之認識、普遍之認識、哲學、普通論理學、直接理會及説明)；後者則包括物之實體哲學(自然哲學觀念論與實在論、自然界之最高概念、自然科學與實在論、最終正鵠論與機械論)、心之實體哲學(心理學之物件、我之概念、觀念論之哲學系統、二元論及一元論、精神之不滅)、人生哲學(倫理學、美學、宗教哲學)。③ 如此看來，他對哲學的分類雖尚不清晰和準確，但從哲學範疇而言，則已頗能涵蓋現代哲學的基本内容。這一哲學分類運用到《哲學史》時，則又被他概括爲形而上學、認識論、倫理學三大主體部分，對每一時期每一學者的哲學思想論述基本都按照這一分類進行概括、提煉和論述。正如其所自言："用今世哲學分類之法述之。"④由此可以清晰地看出，謝氏是以哲學統攝經學，絕非像有些學者所言哲學附庸經學，代聖賢立言，爲經傳注解。同時，他又頗能照顧到中國哲學自身的特點，故而他在論述時並不嚴格按照上述分類，而以不同時期

---

①　謝无量：《中國哲學史》，第 223 頁。
②　謝无量：《中國哲學史·緒言》。
③　謝无量：《新制哲學大要參考書》。
④　謝无量：《中國哲學史·緒言》。

不同學者的思想特點立目。如他對孔子哲學思想的提煉即以"仁說"、"性説"、"德治論"、"忠恕"、"孝悌"、"五倫五常"設目，頗能抓住孔子學説的思想特點。再如他根據中國學術發展的特點和趨勢，指出宋代哲學爲中國哲學之極盛期，也是很有見識的看法。其言曰："中國哲學，當以宋代爲極盛。蓋古之儒者，講修齊治平之道，或詳盡人事，而略于宇宙之本原。宋儒始明人性與宇宙之關係，立理氣心性之説，不僅教人以實踐，且進而推求其原理，故有以立其大本。"①至於宋代哲學興盛的原因，他則歸結爲佛教之影響、道教之影響以及訓詁學之反動，這一結論後來爲周予同所吸收和完善。②

由上觀之，謝氏在經學向哲學分流和轉化及中國哲學體系建立的過程中，以超前的學術意識作出了自己的努力和貢獻。《哲學史》自出版至 1940 年再版 11 次，足見此著在當時確實產生了不小的社會影響；並非像某些學者所言《中國哲學史大綱》一出，此書即消沉無聞。然而，時人或後人卻較少提及這部著作，原因何在？因爲學者多從中國哲學發展的角度立論，而不是從經學研究轉型的視角加以觀察。平心而論，學者視此著毫無價值而略而不論是不公允的，但就其對中國哲學及哲學史發展的貢獻而言，無論從研究目的、研究方法還是編纂體例上言，均無法取代胡著的"劃時代"地位。謝氏自言"哲學史之作，在述自來哲學變遷之大勢，因其世以論其人，掇學説之要删，考思想之同異，以史傳之體裁，兼流略之義旨"③，因而雖以史學方法劃分中國哲學發展階段④，但在著述體例上頗似學案體，又重梳理不重分析，且未總結哲學史研究的方法

① 謝无量：《中國哲學史》，第 329 頁。
② 參見周予同：《朱熹》，載朱維錚編：《周予同經學史論著選集》（增訂本），上海人民出版社 1996 年版。
③ 謝无量：《中國哲學史·緒言》。
④ 從大處言，在中國哲學史分期劃分的關鍵點上，謝、胡二人認識相同，均以漢代、宋代爲關節點劃分爲上古、中古及近世哲學，只是謝著起自"邃古"而胡著斷自老子，謝氏過於迂腐而胡氏則過於求新。

論。質而言之，即未能建立一套新的研究範式。相比之下，胡適則不僅明確區分哲學與哲學史的區別，更提出哲學史研究的基本構想。他提出哲學史研究的基本任務在於"明變"、"求因"和"評判"，即梳理古今思想沿革變遷的線索，揭示沿革變遷的原因，認識各家學説的價值；在學術斷制上徑以老子講起，更具革新性和震撼力；在方法上則明確提出重視史料的審查及研治哲學史的步驟。毋庸置疑，胡適是在新時期突破經學束縛，以科學眼光和理性精神重新審查以經學爲主體的傳統學術從而建立現代哲學體系的真正擔當者。謝、胡兩書出版僅 3 年之隔，何以竟有如此大的反差？這恐怕要從謝氏所處時代及其自身學術特點中去尋找原因：首先，他的學術成長歷程及學術交遊使其學術帶有濃厚的傳統氣息，其雖未曾自標經學門户，因其所治並非傳統經學，但他早年與章太炎結交，存古學堂期間所交廖氏主今文，劉氏主古文，吳氏主調和，故學術思想中亦略帶有經學門户傾向，以其學術整體來看，這種傾向偏於古文；其次，他的現代哲學知識轉借於日本，且時間僅爲 1 年，實難與留學美國 5 年、系統接受西方哲學理念及史料審查方法的胡適相媲美；再者，他著書速度極快，自 1914 年開始，十年間著述 20 餘種，雖没有直接證據證明《中國哲學史》歷時多久完成，然通過其自 1914 年方始有系統著作問世、其參加社會活動的廣泛程度以及此書的内容和深度來推測，成書時間當在兩年以内；最後，他的學術有一個明顯特點，即善於搶佔學術陣地，前文所列在《哲學史》成書前的一系列著作及後來的《中國婦女文學史》、《大文學史》、《古代政治思想研究》等幾乎都可以視爲特定學術領域的先鋒之作，這確然顯示出其學術意識的超前，因爲從認識論上講，發現問題和提出問題實居於第一位，但其著作在學術形制和内容上又往往顯得粗略而深度不足，這恰恰又是與其搶注發明權所並生的缺陷。① 其《哲學史》即明顯表現出建構哲學體系的急切心態,而採用偏於學案體這一便於容納材料的編纂體例,終致出現新瓶裝舊酒的弊病。

以上論述謝氏如何以哲學統攝經學及其優劣得失,下面簡單評述其納經學入文學體系的嘗試。謝氏頗具中國文人的詩情才性②,一生偏愛哲學和文學,因而他既嘗試建構中國哲學體系,又試圖建立中國文學體系。《大文學史》即爲這方面的代表作,這部緊隨《哲學史》而出,較早嘗試以歷史眼光對二千年文學變遷"述其源流,明其盛衰"③的著作,以其宏偉的規模、貫通的氣勢鑄造了中國現代文學體系的雛形。④ 之所以不進行詳細論述,實因其優劣得失與《哲學史》幾乎如出一轍。比如,其體系之龐雜較之《哲學史》有過之而無不及,雖以文學爲主體,同時卻又涵納經、史、子、集等整個中國傳統學術。其採用章太炎《國故論衡》中對文學的分類:"分無句讀文、有句讀文爲二,下分十六科,即圖書、表譜、簿錄、算草、賦頌、哀誄、箴銘、占繇、古今體詩、詞曲、學說、歷史、公牘、典章、雜文、小說是也。"又說:"經典亦散入各科中。《周易》,占繇科也;《詩》者,賦頌科也;《尚書》者,歷史科之紀傳類、紀事本末類、公牘之詔誥類、

---

① 葛兆光曾評述説:"一九一六年,那個特別手快而且特別善於搶先佔領選題的謝無量就寫過六卷一冊的《中國哲學史》,不過他的著作常常只有一個新式的名稱和一堆粗加選擇的資料,儘管謝氏當時已經對'哲學'有一定的知曉,如説哲學分'形而上學,認識論,倫理學三種',但是,它的敘述並不具備範式(paradigm)的意義,所以當三年以後的 1919 年,胡適的《中國哲學史大綱》由商務印書館出版之後,一下子就被取而代之,後來,胡適自己説,'中國治哲學史,我是開山的人',仿佛謝無量的書壓根兒就沒有存在過似的。"(葛兆光:《思想史的寫法——中國思想史導論》,復旦大學出版社 2004 年版,第2—3 頁。)這段評述顯然帶有譏諷的色彩,亦有些過頭。但由此亦可看出,其著書及佔領學術陣地速度之快,確然給學者們留下深刻印象。
② 謝氏是學者,同時又是詩人和書法家,不僅留下大量詩篇,其"孩兒體"書法更是一絶,研究者不乏其人。在學術界幾乎被人遺忘,在書法界卻備受尊崇,此亦非謝氏所能料及。
③ 謝无量:《中國大文學史》卷一,中州古籍出版社 1992 年版,第 43 頁。
④ 這部著作亦先後再版 12 次,再度顯示出謝著的社會影響力。

奏議類、告示類也;《周禮》者,典章科之官禮類也;《儀禮》者,典章科之儀注類也;《禮記》者,典章科之儀注類、書志類,學説科之諸子類、疏證類,歷史科之紀傳類也;《春秋》者,歷史科之編年類……《論語》、《孝經》者,學説科之諸子類也;《爾雅》、《説文》者,學説科之疏證類也。"①他將經典按照内容和性質加以分解和歸屬值得肯定,但其文學分類較之現代文學理念顯得過於博雜②,實爲近代以來文學史撰著從寬而泛向專而精過渡的時代産物。再如,他評説《尚書》曰:"《尚書》,紀大政者也,猶《春秋》常事不書……《堯典》以下,每篇必紀一事之本末,則下開袁樞紀事本末之體者也。"③將史學體裁的演變也歸入文學的範疇。此外,他在武帝時代文學下設經術派、歷史派、縱横派、滑稽派、小學派;在唐初文學下設經術之統一及小學、諸史之纂集等,都顯示出這一特點。再以時代斷制來看,謝著《文學史》依然延續《哲學史》的傳統,大講邃古、五帝文學;胡適《白話文學史》徑從漢代講起,後來雖補充《詩經》,也較謝著爲新。因而這部著作遭到後來學者們的嚴詞批評,胡雲翼就在其《中國文學概論》導言部分"文學史的評價"中逐條列舉了謝著及早期文學史作品存在的問題,如認爲"不是文學史",把"文學史"當"學術史"、"文字學史";"不懂文學原理",遂致"取捨不當";"雜取古人舊説以評論","不辨作品的真僞";時代劃分以政治分期而不"以文學的本位";"缺乏現代的眼光";"篇幅不適比例";等等。④ 這一評價雖尖鋭卻也頗能擊中以謝著爲代表的早期文學史的要害。故王文濡所言"以世界之眼光,大同之理想,奮筆爲之提綱挈領,舉要治繁,品酌事例之條,明白頭訖之序,核名實而樹標準,薄補苴而重完全,百家於是退聽,六藝因而大明……不僅爲華士然犀之照,且可

---

① 謝无量:《中國大文學史》卷一,第8—9頁。
② 這恐怕正是其稱自己著作爲"大"文學史的原因所在。
③ 謝无量:《中國大文學史》卷二,第41頁。
④ 胡雲翼:《中國文學概論》,啓智書局1928年版。

爲樸學當璧之徵”①云云，顯是作序者的過譽之詞。

二、融經入史：開拓經典研究的新方法

　　由上面的論述我們還可以得出一個重要結論，即謝氏主觀上已將儒家經典與諸子平等對待，並對傳統學術進行歷史的清理。這在今天看來，似乎無足爲奇，事實上卻折射出民國學術的一大重要轉型：融經入史。民國時期，經學研究的群體逐漸發生根本性變化，由傳統經師轉爲現代學者、史家。前者宗奉六經，後者信仰科學。新式學者突破傳統注疏、訓詁式的經學闡釋模式，六經的載道與致用已非其研究出發點和目的地，而“六經皆史學”也難以準確反映新的學術潮流，因而“六經皆史料”就應運而生並迅速成爲此時期學者的共識②，與此並起的則是在以歷史眼光考察一切學問的時代思潮影響下興起的經學史研究。③ 謝氏在五四新文化運動以後，進一步嘗試挖掘經典的史料價值、以此探究古代社會情形並注重梳理經典的學術史。

---

　　① 王文濡：《中國大文學史》“序”，載謝無量：《中國大文學史》。
　　② 比如，錢玄同說：“‘經’是什麽？它是古代史料的一部分，有的是思想史料，有的是文學史料，有的是政治史料，有的是其他國故的史料。”（見錢玄同：《重論經今古文學問題》，《錢玄同文集》第 4 卷，中國人民大學出版社 1999 年版，第 138 頁）顧頡剛說：“以後沒有經學，而把經學的材料悉數變爲古代史和古代思想史的材料。”（見顧頡剛編著：《古史辨》第一冊自序，上海古籍出版社 1982 年版）周予同說：“現在只能說‘六經皆史料’，而不能說‘六經皆史’了。‘史’與‘史料’是不同的：‘史料’只是一大堆預備史家選擇的原料，而‘史’卻是透過史家的意識而記錄下來的人類社會。”（見周予同：《怎樣研究經學》，載朱維錚編《周予同經學史論著選集》（增訂本），上海人民出版社 1996 年版，第 634 頁）
　　③ 近年來，有學者認爲，五四新文化運動前後興起的經學史研究實際上使經學傳統斷裂，是以經學史研究取代了原本應該佔據主導地位的經學闡釋研究，認爲在中華民族復興的今天，應該接續經學傳統，建立現代經學學科。這種觀點有一定道理，但事實上不僅錯誤的貶低五四新文化運動對經學轉型的時代意義，也沒有注意到當時並非所有學者都不注重經學思想和真價值的闡發。

　　1923 年,他撰成《詩經研究》由商務印書館出版。這部書首先對《詩經》產生的時代地域、基本内容、義例、篇次、四家詩、詩序等基本問題加以論述,其中頗能顯示出新的時代精神和獨到見解。比如,他論《詩經》的性質和起源:"(《詩經》)是有詩以來的第一部大總集","要知道這一部大總集的來歷,當要先曉得詩的來歷……詩是人類性情中自然所發出,故其起原,必然甚早。"①這就抹去了《詩經》作爲經典的神聖光環,還原了其反映人們自然情感和源於社會生活的本質。事實上,還原《詩經》的文學本質正是五四新文化運動的一大功績。胡適、錢玄同等人都明確提出,《詩經》不是聖經賢傳,只是古代歌謠總集。錢玄同説:"《詩經》只是一部最古的'總集',與《文選》、《花間集》、《太平樂府》等書性質相同,與什麽'聖經'是風馬牛不相及的。"②當時學者爲示革新,多有稱《詩經》爲《詩三百》或《三百篇》者,蔣善國即將自己著作命名爲《三百篇演論》。再如,對於《詩經》學上爭議紛繁的《詩序》問題,謝氏亦站在時代前列提出了自己的獨到見解。他列舉三條證據,證明《詩序》非先漢之作,繼而考證作者當爲衛宏,並明確批評那些以爲將《詩序》作者定爲衛宏將大大降低《詩經》價值的觀點:"或以《詩序》如果衛宏所作,將使《詩經》聲價大减。不知《詩序》紕繆百出,往往失去古詩本意。學者倘誤認爲子夏毛公之作,不加攻擊,豈不真令《詩經》聲價大减嗎?"③這一論斷具有重要意義,因爲傳統經師對《詩經》教化功用的大肆宣揚正是主要通過對《詩序》大義的闡釋,而《詩序》既與孔子、子夏無關,也與先秦詩説無關,只是一位東漢經師所作,自然就没有任何神聖性和權威性了。學者在舉民國《詩序》衛宏説時,往往自黄優仕《詩序作者考證》(1928 年)及顧頡剛《毛詩序之背景與旨趣》(1930 年)始,卻没注意到謝氏之説均較二

---

　　①　謝无量:《詩經研究》,商務印書館 1923 年版,第 1 頁。
　　②　錢玄同:《論〈詩經〉真相書》,載顧頡剛編著:《古史辨》第 1 册,第 46頁。
　　③　謝无量:《詩經研究》,第 26—28 頁。

説爲早且考證頗詳。

　　其次,他對《詩經》學的演進脈絡較早進行梳理,雖流於簡略,卻頗能抓住不同時代的學術特點。比如,他認爲鄭玄作《毛詩箋》與衛宏作《詩序》是漢代《詩經》學中的兩件大事,自此三家詩便無法與毛詩爭衡。而毛詩獨傳的理由,他認爲主要有三點:“(一)三家詩傳世已久,人情厭故喜新,毛詩新出,故能風行一時。(二)鄭君當時大儒,聲望甚著,獨爲毛詩作箋,故學者群起附和。(三)西漢博士習氣最壞,三家詩久立學官,多被牽入緯書雜説,毛詩獨較純正,傳箋又復平實簡要,易於傳習。”①胡朴安在《詩經學》中則對漢代《詩經》學加以總結説:“要而論之,西漢爲今學時代,毛詩雖出,終不能與三家詩並行,所謂利祿之途然也。東漢爲古學時代,三家雖未亡,《毛詩》卒至大顯,所謂近於《詩》之本義故也。”②兩相比較,顯然謝説見解更能切中肯綮而給人以啟發。他對宋代《詩經》學也給予高度重視,認爲宋代學術是對漢唐訓詁學的一大反動,“可謂經術革命時期”,而治詩者多不輕從古説而能發前人所未發,“及朱子出,乃確開一詩學之新局面”。③　同時,他又指出:“漢唐訓詁的弊病,流爲穿鑿。宋明理學的弊病,又流爲空疏。至清朝考據學大興,復古派又標漢學的旗幟,以與宋學對抗。於是説詩者競尚古義。”④不僅重視《詩經》學自身演變中的關節點,而且將其演變置於整個中國學術演進大勢中加以考察,充分顯示出其深厚的國學功底、開闊的學術視野和高超的宏觀把握能力。

　　第三,他以史學家的眼光揭示《詩經》的史料價值並以此探究古代社會情狀。他明確指出:“詩與歷史,最有關係。周代采詩,本用史官。詩就是一種史料……詩本是史的一種。”⑤因而,他通過

①　謝无量:《詩經研究》,第 41 頁。
②　胡朴安:《詩經學》,商務印書館 1928 年版,第 91 頁。
③　謝无量:《詩經研究》,第 45 頁。
④　謝无量:《詩經研究》,第 45 頁。
⑤　謝无量:《詩經研究》,第 70 頁。

考證《詩經》所載詩的不同年代以與先秦時期史事相印證,並初步探究《詩經》所反映的古代家族禮制、國家制度以及思想意識和倫理道德等社會情狀,從而充分挖掘了《詩經》作爲保存先秦歷史的史料價值。比如,他引《小雅·采薇》篇以説明文王雖年年用兵,人民卻苦而不怨;引《大雅·大明》篇以描繪武王伐紂之事;引《國風·東山》篇以叙述周公東征管蔡之事等。除證明周室史事外,他還引《國風》諸篇以説明齊、晉、鄭、秦等各諸侯國的治亂興衰。他援引並解釋《詩經·大雅》等篇相關内容後指出:"以上證明中國古代第一對於天,第二對於祖宗的尊敬與崇拜,是當時社會上一種流行的普通習慣,也就是當時道德上一種根本的原理。我們在《詩經》上,容易看得出來的。"①從《詩經》中尋到了古代天人合一、尊祖敬宗思想的諸多證據。同時,他認爲先秦時期的政治思想有南北地域之分,分別以孔孟和老莊爲代表,而"《詩經》采詩的區域,多偏在北方。當然也是代表北方思想的一部著作"。② 這一觀點,由王國維首先提出和闡發③,而謝氏加以繼承並發展。他在出版《詩經研究》的同年出版了《古代政治思想研究》,對先秦政治思想南北之分問題加以詳細闡述。認爲北學淵源在周公,其所制定的封建、井田、學校是周政最有價值的,而孔子"著書大半根據周公舊典,加以删修,並未別創什麽政治的新辦法……公羊家曾説他有改制變周的意思,但實際上没有可以證明的條件",孔子更突出的是"利用倫理的方法來補充政治之不足"。④ 他還從《詩經》中爬梳出反映

----

① 謝无量:《詩經研究》,第57頁。
② 謝无量:《詩經研究》,第58頁。
③ 參見王國維:《屈子文學之精神》,周錫山編校《王國維集》第一册,中國社會科學出版社2008年版,第27—30頁。
④ 謝无量:《古代政治思想研究》,商務印書館1923年版,第13—14頁。這部著作部頭很小,重在闡述發揮春秋戰國時期政治思想的南北兩派,不過亦是較早嘗試以經典史料探究古代政治思想的著作。後來,梁啟超撰成《先秦政治思想史》,系統闡發先秦時期的政治思想演變,並嘗試發掘儒家經學的真價值。

當時國家制度、家族禮制、倫理道德的內容,對當時的教育、軍事、禮制和農事制度做了基本描述;對孝道、婦德、友愛等家庭道德和厚重、謹慎、克己、勤儉等個人道德作了提煉和探討。並且分析了當時國家觀念甚爲淡薄的原因:"第一,古代倫理思想以個人對家族爲第一種義務,對國家爲第二種義務……第二,《詩經》所經過的時代沒有完全成爲鞏固統一的國家,所以國家觀念不能很強劇的發達……第三,古代政治上向來只曉得服從個人不曉得服從國家。"①所論明白通達而多有創見,充分反映出其挖掘經典史料價值並以此探究古代社會情形的學術特色。1925 年,梁啟超在《要籍解題及其讀法》中說:"現存先秦古籍真贋雜糅,幾乎無一句無問題,其精金美玉,字字可信可寶者,《詩經》其首也,固其書于文學價值外尚有一價值焉,曰可以爲古代史料或史料尺度。"②此後,郭沫若以馬克思主義唯物史觀爲理論指導,通過充分挖掘《詩經》及其他先秦典籍的史料,系統研究殷周社會結構、意識形態的特點,分析出中國上古社會經歷過由原始公社制轉變到奴隸制、由奴隸制轉變到封建制兩個變革,認爲"這兩個變革的痕跡在《詩經》和《書經》上表現得更加鮮明"。③ 謝著自然與郭著相去甚遠,既沒有將《詩經》與其他典籍詳加比對,也沒有運用甲骨文、金文等考古資料,更沒有得出關於上古社會形態的系統認識,但如果我們本著"同情的理解"來看,他的開拓之功實不應被後人忽視。

此外,還需要指出的一點是,除上面論述的幾點外,謝氏還從《詩經》的詩形、詩韻以及修辭法等層面分析了《詩經》的文藝觀,揭示出其文學特色和價值。而上文所提他對《詩經》道德觀的分析,事實上即爲其所理解的哲學範疇中的倫理觀。因而,《詩經研究》

---

① 謝无量:《詩經研究》,第 129—131 頁。
② 梁啟超:《要籍解題及其讀法》,復旦大學出版社 1985 年版,第 118 頁。
③ 郭沫若:《中國古代社會研究》,《郭沫若全集》歷史編(1),人民出版社 1982 年版,第 90 頁。

最能反映他運用以文史哲爲主的現代學科理念和知識體系研究經學的治學旨趣。總體而言,這部著作雖然簡略,但卻時代特色鮮明,是五四時期將經典視爲考察物件並運用現代學術理念加以系統研究的代表作,具有重要的方法論創新和示範意義①,較之傳統《詩經》學而言,實前進了一大步,因而在《詩經》學史和中國經學史上都應該給予重視和恰當的評價,而不能以簡單的"文學作品概說"加以定位。② 他所開拓的以現代知識體系重新審視儒家經典的研究模式,恰恰反映出民國學術發展的大勢。以《詩經》而論,它本是源於先秦時期社會生活的一部歌詩總集,自兩漢以來,被層層塗抹上宣揚綱常倫理的封建衛道色彩,成爲統治者的教化之書。

---

　　① 後來胡朴安撰成《詩經學》,從體系上講,包括《詩經》基本問題;歷代《詩經》學;《詩經》之文字學、文章學、禮教學、史地學及博物學。雖從内容上講依然略帶傳統意味,且仍然尚顯簡略,但正如其所說,"余編此《詩經學》之主旨,爲學者得一研究《詩經》學之方法而設,並非以此即可以盡《詩經》學也"。(參見胡朴安:《詩經學》對目錄之解釋,商務印書館 1928 年版)我們正應從開拓經典研究的新方法這一視角給謝氏這部歷來被學者忽視的著作以合理的定位和評價。事實上,以分科理念研究經典,是當時許多學者的共識,只是多數尚停留在理論主張層面,尚未付諸實踐。如朱希祖曾舉例說"《詩》三百篇,用治文學的方法去觀察當時社會的現象及心理","《易》則用哲學的方法去觀察","《尚書》、《儀禮》、《春秋》用治史學的方法去觀察"。(參見朱希祖:《整理中國最古書籍之方法論》,載《北京大學月刊》,1919 年第 1 卷第 3 號,第 42—43 頁)呂思勉也說:"夫以經學爲一種學科而治之,在今日誠爲無謂,若如朱君之說,捐除經學之名,就各項學術分治,則此中正饒有開拓之地也。"(參見呂思勉:《答程鷺於書》,《呂思勉遺文集》上,華東師範大學出版社 1997 年版,第 243 頁)此外,陸懋德在 1925 年《清華學報》第 2 卷第 2 期《中國經書之分析》一文中也有相關論述,不再繁引。相較之下,謝氏等則對一部經典進行多學科視野下的綜合分析,實開經典研究一新路徑。

　　② 夏傳才稱此書爲"最早的一本把《詩經》當作文學作品向讀者介紹的概說"(見夏傳才:《二十世紀詩經學》,學苑出版社 2005 年版,第 112 頁),洪湛侯稱此書"是從經學角度立論,實際上還不能擺脱舊時說詩的樊籬"(見洪湛侯:《詩經學史》,中華書局 2002 年版,第 752 頁),恐都未能從經學轉型的角度真正把握此書的時代特色和學術價值。魯迅在其《漢文學史綱要》和《中國小說史略》中將此書推薦爲研究《詩經》者必讀參考書之一,恐怕也並非僅僅因爲其是"'五四'較早的概說"(見夏傳才:《二十世紀詩經學》,第 113 頁)。

自朱熹開懷疑之風氣，學者多有疑詩者，至近代魏源《詩古微》出，再經康有爲、梁啟超、章太炎、王國維、胡適、魯迅等學者的努力，附加在《詩經》上的封建性内容逐漸被剔除，《詩經》學也步入了現代轉型時期。以學術發展的内在理路而言，當研究積累到一定程度，必然開始有系統論著的問世。這正可説明，在謝著之後相繼出現胡樸安《詩經學》、張壽林《詩經六稿》以及蔣善國《三百篇演論》等眾多頗具系統性的研究著作，絶非偶然現象，而是時代發展和學術演進的必然。以此而論，這部小書的價值又反在兩個大部頭的《哲學史》和《大文學史》之上了，而這恰恰反映出謝氏學術隨著時代前進而不斷進步。

1932年，他又撰成《中國古田制考》，不僅延續以經典爲史料探究古代社會情形的學術方法，更爲重要的是，其對井田制的考察嘗試運用唯物史觀，從而使其論述顯得更加深刻而有説服力。關於井田制問題，1920年在《建設雜誌》上曾展開過激烈辯論，辯論雙方爲胡適與胡漢民等，胡適認爲古代並不存在井田制，那只是戰國時代的烏托邦，而胡漢民等則持完全相反的意見。時隔十年以後，謝无量認爲這一問題仍没有解決，因而以專著的形式對此加以詳細考辨。其在緒論中説："古田制，是歷史上一個聚訟的問題……從周朝起，到晚清一般漢學家爲止，不知經過若干的考證，費去了無數的筆墨。就是最近最有名的《建設雜誌》，和最流行的《胡適文存》，都載有長篇的辯論，好像這個問題，還没有得到適當的解決。"[1]他反對廖平、康有爲的"托古改制"説，也反對胡適的"烏托邦"説，認爲這種看法抹殺了中國民族從遊牧進到耕稼時期、由公有土地變成私有土地的實際演進情形。

他將井田制問題置於古代土地制度的發展演變過程中加以考察，從而證明其存在是社會發展的必經階段。他認爲農業文明可以分爲自由農業時代、國家管轄農業時代（夏殷周）和地主操縱農

---

① 謝无量：《中國古田制考》，商務印書館1932年版，第1頁。

業時代(周以後——買賣盛行)三個階段,而第一階段無所謂制度,第二階段土地皆歸國有,需要整齊劃一的制度,即爲井田制,第三階段貨幣經濟發展,土地逐漸成爲商品,井田制也就難以繼續存在。他通過援引《尚書》、《周易》、《詩經》等經籍以闡釋當時的社會結構如君權神授之確定、貴族階級之成立、宗法制之組成等,以此作爲井田制產生的社會背景。① 他在羅舉《孟子》、《公羊解詁》、《韓詩外傳》、《穀梁傳》、《漢書·食貨志》等肯定井田制存在的諸多證據後,指出“一種制度,經過千數百年,哪能沒有變遷。況傳述的人,又非一時一地,又各受其主觀成見的影響,安得絲毫不異。我們先要抽出封建時代之意象,看他如何與發現的事實相吻合。又看他的組織,是何等樣精密。豈是後人所能憑空結撰的麼? 並且各種連環的構造,如軍賦制度,宗法制度,色色都是與土地制度關係密切,更爲當時社會所需要而決不可少的。歷史進化之必然性,細證古書,自可釋然。大處既能確定,小處便不必多所訾議了”②,不僅以社會結構的關聯性和社會發展的必然性從宏觀上證明井田制的存在,而且認爲井田的劃分是很精密和規整的。關於此點,郭沫若後來在對其早年否定井田制的看法進行自我批判時,亦指出“古代必然有過豆腐乾方式的田制,才能夠產生得出這樣四方四正,規整劃分的田字”,“田有一定的畝積而且規整劃分的制度,除井田制之外不能想像”。③ 在證明井田制切實存在以後,謝氏進而探究了具體的制度情形,所依據主要爲《周禮》,其單獨設立一章“周禮中之土地制度”以闡明耕地分配之大要、宅地之分配、公家專用地等具體情形。此外,他還指出“自王莽以下,一般北朝的皇帝,一直到近世洪秀全,都要把井田的制度,斟酌審慎的摹擬一番。不知道社會經濟狀況不同,人民生活環境不同。這種制度,固不能求

① 謝无量:《中國古田制考》,第 13—14 頁。
② 謝无量:《中國古田制考》,第 27 頁。
③ 郭沫若:《古代研究的自我批判》,《郭沫若全集》歷史編(2),人民出版社 1982 年版,第 25—26 頁。

其再現，也不必求其再現了"①，明確批判復古井田制的錯誤做法，
而且對於有學者提出的井田制是古代共產制度的說法也進行了反
駁，他說："有人說井田制即是古之共產制度，將來社會進化，此等
制度仍當再現。此說亦未可置信。蓋工業文明發展以後，社會之
生產力，已不依於農業而分配。古田制適成其爲古田制，不必更希
望其復活。新時代自有新時代之重心，考古者何須強爲牽合
呢？"②從生產力決定生產關係，經濟基礎決定上層建築的角度加
以立論。以上種種已明顯帶有唯物史觀色彩，說明他是較早接受
唯物史觀並運用到經學研究中的學者之一。③

三、濃郁的"信古"風格

　　謝氏自接受新思潮後，廣泛參加各種進步的社會活動，尤其是
結識孫中山以後，更全身心投入革命事業，孫逝世後又轉而反對蔣

----

①　謝无量：《中國古田制考》，第 95 頁。
②　謝无量：《中國古田制考》，第 10 頁。
③　事實上，謝氏對馬克思主義的接觸是比較早的。早在 1901 年，他與
馬一浮等創辦《翻譯世界》時就曾因刊發論述社會主義的著作而遭到清政府
的限制和威脅。1917 年，他撰成《王充哲學》，對王充哲學思想中表現出來的
唯物思想大加讚賞，認爲"符與統固遠非充之匹也。以近世所謂哲學之意義
揆之，則充於天地萬物，皆用生物之理，推校其本，頗近於唯物論。而持說務
破虛妄，又近於實在論……充固斷爲漢代一大哲學家。"(參見謝無量：《王充
哲學》，中華書局 1917 年版，第 2 頁)1923 年，他在評述先秦政治思想南北兩
派時說："北派的政見，多依德性上的感情；南派的政見，多依據利害上的需
要。北派好比社會主義的烏托邦一派……南派好比社會主義中的唯物史觀
一派，應用內容，較爲切實。但嚴格論起來，北派儒家最高的政治思想（如大
同主義等），確近于社會主義，南派道家最高的政治思想，實近於無政府主
義。"(見謝無量：《古代政治思想研究》，第 4 頁)1926 年，他在東南大學講授歷
史研究法時，又"以唯物史觀痛駁梁啟超之歷史研究法，是唯物史觀在中國大
學生中的第一次講座，頗能吸引聽眾"。(參見謝祖儀：《回憶父親謝無量》，載
劉長榮、何興明著《國學大師謝無量》"附錄"，中國文史出版社 2006 年版)由
此可見，他對唯物史觀接觸較早，而且最遲在 20 世紀 20、30 年代就已經初步
嘗試運用到學術研究中了。這一點似乎還不太爲人所注意。

介石獨裁並積極參加抗日民主運動。其學術研究亦力求創新,尤
其在經學向現代知識體系分流、轉化的時代大潮中所率先作出的
嘗試和努力,都折射出強烈的創新意識和學術自覺。然而,其學術
研究在整體上又反映出濃郁的"信古"風格,這種略顯保守的理性
往往限制其學術創新達到更高層次。換句話說,其行爲、思想與學
術在某種程度上實現了分離而顯得並不同步。關於其"信古"風
格,前文已有提及,茲擇其大者再略加論述。

　　謝氏對蒙昧無稽的傳説時代不加懷疑。其《哲學史》和《大文
學史》依然從三皇五帝講起,設專節論述邃古時代的哲學與文學,
而且對古代典籍的相關記載基本取信而不加審查。胡適就曾批評
過謝氏對待史料不加抉擇的做法:"最可怪的是有人引《列子·天
瑞篇》'有太易,有太初,有太始'一段,及《淮南子》'有始者,有未始
有有始者'一段,用作'邃古哲學'的材料,説這都是'古説而諸子述
之。吾國哲學思想初萌之時,大抵其説即如此!'(謝无量《中國哲
學史》第一編第一章,頁六。)這種辦法,似乎不合作史的方法。"①
而且,謝氏對上古時期甚爲推崇。如,他認爲:"希臘柏拉圖著新共
和國,謂當以哲學者,宰製天下,而出政教。蓋僅出於想望,非謂必
可見諸實事也。獨吾國自羲農以來以至堯舜,皆以一世之大哲,出
任元首,故在中國歷史中爲治化最隆之世,後世靡得而幾焉。"②這
相較胡適的截斷眾流而言,無疑顯得甚爲保守和迂腐。當然,客觀
來説,胡適完全撤棄古代經籍、徑從老子講起,則未免又有些過頭。
正如梁啟超在評價《中國哲學史大綱》時所言那樣,古代經籍如
《詩》、《書》、《易》、《禮》等包含的思想爲後來哲學家提供了營養,是

---

　　①　胡適:《中國哲學史》上,姜義華主編《胡適學術文集》,中華書局1991
年版,第22—23頁。
　　②　謝无量:《中國哲學史》,第9頁。而且他認爲孔子的倫理政治思想中
的"中庸"觀念即導源於古代帝王:"中國古代學術皆出於帝王,故伊尹處畎畝
之中,以樂堯舜之道,孔子亦嘗稱堯舜。故自堯舜以來相傳之倫理政治原理,
有即爲孔學原理者,則中是已。"(見謝無量:《孔子》,中華書局1915年版,第
129頁)

中國哲學的重要源頭，胡適"把思想的來源抹殺得太過了"。①

謝氏推崇周公，認爲不僅《詩》、《書》、《禮》、《易》、《春秋》中多爲周公所作，故"周初文章，必推周公"②，而且"直到周初，出了周公一個卓越的人物，才想建設周朝的統一制度……他那典章制度，條理詳密，組織完備，實前古所無，在政治思想史上開一新紀元"。③ 又説："孔子生於魯國，魯是周公的封地，孔子盡見周禮，大大佩服周公的爲人……於是周遊列國，歷干諸侯，無非想要達到他從周的主張，實現周公的制度。晚年又將周公六藝，加以修定，格外發揮光大，就中間找出些倫理政治的標準，來教授門弟子。所以孔子可算當時的新學大家。新學創於周公，成於孔子。"④可見，他仍然信奉"六經皆周公之舊典"，而以孔子承周公之志，删述六經，集古代學術之大成。他對孔子删述六經深信不疑，因而在其眾多著作中，往往不加考證，而徑稱"孔子晚年，從事删述詩書六藝之文"⑤，只在《詩經研究》中對孔子删詩存在的疑問一一給予解釋，言曰："對於孔子删詩種種疑點，如孔子前存詩較多問題；僅取九國詩問題；五百年中多采後二百年詩問題；淫詩問題；細繹上説，均可次第解釋。吾輩自不能不相對的承認孔子曾經删詩，不能不承認現在流傳的詩篇最古之一部大總集——《詩經》，就是經孔子删定後貽留下來的了。"⑥其論與當時已逐漸興起的疑古思潮相較，可謂大有不同。疑古派不僅大多認爲孔子未曾删詩，甚至與其他五經亦無密切關係。比如，錢玄同就認爲"這書（《詩經》）的編纂，和孔老頭兒也全不相干，不過他老人家曾經讀過它罷了"⑦，而且認

---

① 梁啟超：《評胡適之中國哲學史大綱》，《飲冰室合集》文集之三十八，中華書局 1989 年版，第 52 頁。
② 謝无量：《中國大文學史》卷二，第 26 頁。
③ 謝无量：《古代政治思想研究》，第 2 頁。
④ 謝无量：《古代政治思想研究》，第 3 頁。
⑤ 謝无量：《孔子》，第 99 頁。
⑥ 謝无量：《詩經研究》，第 9 頁。
⑦ 錢玄同：《論〈詩經〉真相書》，載顧頡剛編著：《古史辨》第 1 册，第 46 頁。

爲"孔子無删述或製作'六經'之事","《詩》、《書》、《禮》、《易》、《春秋》,本是各不相干的五部書","六經配在一起當在戰國之末"。①顧頡剛則指出:"六經自是周代通行的幾部書,《論語》上見不到一句删述的話,到孟子,才説他作《春秋》;到《史記》才説他贊《易》、序《書》、删《詩》;到《尚書緯》,才説他删《書》;到清代的今文家,才説他作《易經》,作《儀禮》","'六經皆周公之舊典'一句話,已經給今文家推翻,'六經皆孔子之作品'一個觀念,現在也可駁倒了"。②由此可以看出二者治學方法與經學傾向的不同。另外,在研究孔子學術思想的取材上,他們之間亦存在很大差異。疑古派認爲,除《論語》一書較爲可信外,他書都不可輕信;謝氏則凡涉孔子事蹟、思想的典籍,在經過考證而覺可信的資料無一不加運用,有時爲求論説之備,對僞書之説亦加羅舉,此比較其與周予同之《孔子》即可明瞭。

此外,謝氏在井田制問題上,明確反對疑古派,並充分肯定《周禮》的史料價值。他説:"在疑古論盛行之下,而考古學的發掘和研究,都當是萌芽幼稚時代,除了幾部古書以外,很少其他確切的證據。我這種承認事實的人,或者竟被看作武斷,也是無可如何了。"③相較疑古派視《周禮》爲劉歆僞造而棄之不用,他認爲"研究古制度,除了幾部經書和諸子以外,更向何處去尋材料。周禮總有一部分是周朝制度,或也有一部分是六國附益。但説到古田制,他實有許多條理分明的記載,我們拿他和別的書參證,可以尋得一些頭緒"④,顯是繼承了古文學派重視《周禮》的遺風。

以上種種,足以説明,謝氏雖經五四精神洗禮,在經學研究方

---

　　① 錢玄同:《答顧頡剛先生書》,載顧頡剛編著:《古史辨》第 1 册,第 69—70 頁。
　　② 顧頡剛:《論孔子删述六經説及戰國著作僞書書》,《古史辨》第 1 册,第 42 頁。
　　③ 謝無量:《中國古田制考》,第 2 頁。
　　④ 謝無量:《中國古田制考》,第 43 頁。他曾明言:"講《周禮》是劉歆僞造,更是亂説。"(見謝無量:《古代政治思想研究》,第 13 頁)

法上大力開拓新路徑,但同時又反映出濃郁的"信古"風格,相較當時勢頭極盛的疑古思潮而言,其學說則偏於理性或者説更保守一些。這除了前文曾提及的學術成長經歷的因素外,與其對待傳統文化的態度也尤有關係。1921 年 8 月,胡適到上海,謝氏專程拜訪,二人在新文化和舊文化的傳播和發展上見解不同。以文學而論,謝認爲古文學必有不少精華,應特別重視文言改白話文的功夫;胡則以爲古文學是宣揚舊道德、舊文化,會影響新的開拓。①其子謝祖儀的回憶也能給我們一些啟發,他説其父認爲"要解決這些人們共有的舊觀念,最有效的方法之一,就是搜尋我國古老的傳統文化中到今天還閃爍着生命光輝的部分,探尋至今能鼓舞人們奮發向上的精神力量,幫助人們用這些健康的部分去克服那些腐朽僵化的部分"。②

　　謝氏自 20 世紀 30 年代以後,未再有學術專著問世,我們無從考見其晚年學術思想。僅從其晚年事蹟中,大略知道他依然積極參加各種社會活動,如參加沈鈞儒組織的"全國各界救國聯合會"等,更因在香港講述"屈原精神"而長期遭到杜月笙的監視,導致抑鬱成疾,一度靠賣字爲生;曾與馬一浮創辦復性書院,擔任主講;曾花費大量精力鑽研《道藏輯要》;曾受蒙文通邀請任四川大學中文系主任,講授"漢以後學術思想變遷史",對玄學、佛學、理學融會貫通,作類比綜合評析;曾在人民大學主講《文心雕龍》。此外,其晚年的很多精力都放在了書法與作詩上。從學術上講,要之似乎仍更多的關注傳統學術。

四、結語:時代轉型造成的特殊學術現象

　　進入 20 世紀尤其是民國以後,經學逐漸向以文史哲爲主的現

---

①　參見劉長榮,何興明:《國學大師謝无量》,第 33—34 頁。
②　謝祖儀:《回憶父親謝无量》,載劉長榮、何興明著《國學大師謝无量》"附錄"。

代知識體系中分流和轉化，新型學者在運用新學理和新方法研究經學這一大的方向上並無二致。然而，近代文化與傳統文化絕非截然對立，而是一脈相承，因此，新型學者雖然已經不再嚴守經學門戶之見，其學術研究卻又往往在一定程度上表現出或今文或古文的傾向，傳統經學的門戶之爭似乎依然能從現代學術中尋得蹤跡，新型學者身上折射出傳統與現代的張力，此正是時代和學術轉型所產生的必然現象。更爲值得關注的是，馬克思主義唯物史觀傳入中國以後，無論是帶有古文傾向抑或帶有今文傾向的學者，不論是新史學派抑或新歷史考證學派，均又或多或少、或早或晚的在某些方面、某種程度上接受並嘗試加以運用，從而使其學術研究展現出不同的氣象，達到新的境界。從學術發展的内在規律而言，當經過長時間各派紛爭、爭奇鬥豔的階段後，往往會出現學術一統的趨勢，而這種趨勢的出現又常常是與政治上的大一統相契合的，這從經學在漢代和唐代的兩次統一可以看得出來。總之，近代以來隨着社會轉型出現的經學轉型正有待學者們深入開掘。

（作者單位：北京師範大學歷史學院史學研究所）

"《詩》意畫"史料鉤稽

劉立志

摘要:與《詩經》相關的圖畫,或截取篇中詞語,或涵蓋全篇詩意,或象器物之形,或顯人物之狀,可以分爲三類。"《詩》意畫"居其一,傳統悠久,作品衆多,從東漢劉褒、兩晋衛協、司馬紹,到唐代程修己、宋代馬和之、元代盛懋、明代謝時臣、清代郎世寧、民國聯祐等,代不乏人,成就斐然。

關鍵詞:《詩》意畫 《毛詩圖》 《豳風圖》

我國古代繪畫傳統悠久,内容豐富,種類繁多,人物、山水、界畫、花鳥等,不一而足。其中專意爲配合文學經典勾勒的畫作,如詩詞畫譜、小説插圖、戲曲綉像等,數量極其可觀,影響不同尋常,足以成爲畫壇獨立的類别。近年來,這些文化史料開始受到學者的關注,研究漸次深化,取得了一些成果。① 這類畫作,或稱爲"詩畫",或謂之"詩圖",或以"詩意圖"名之,其基本特徵是"以詩文爲題材,表達詩文内涵的繪畫"。② 衣若芬先生對于這類畫作的分類明確而允當,她認爲,"繪畫以古代典籍或文學作品爲素材,依其取

---

① 如:衣若芬《宋代題"詩意圖"詩析論——以題"歸去來圖"、"憩寂圖"、"陽關圖"爲例》,《中國文哲研究集刊》第 16 期,2000 年 3 月;鄭文惠《身體、欲望與空間疆界——晚明唐詩畫譜女性意象版圖的文化展演》,《政大中文學報》2004 年第 2 期;趙達雄《中國古籍插圖研究》,《中國文化月刊》第 278 期,2004 年;徐小蠻、王福康《中國古代插圖史》,上海古籍出版社 2007 年;夏志穎《論"填詞圖"及其詞學史意義》,《文學遺産》2010 年第 5 期。小説圖像研究,詳參李芬蘭、孫遜《中國古代小説圖像研究説略》,《明清小説研究》2007 年第 4 期。

② 衣若芬《宋代題"詩意圖"詩析論——以題"歸去來圖"、"憩寂圖"、"陽關圖"爲例》,《中國文哲研究集刊》第 16 期,2000 年 3 月。

材與表現方式，大約有三種情況：一是作爲整部書或局部篇章的插圖或解説，如‘山海經圖’、‘大荒經圖’、‘爾雅圖’、‘搜神記圖’等。二爲圖繪歷史典故或民間傳説，如東漢桓帝建和年間（147—149）山東嘉祥‘武梁祠石刻畫’，畫荆軻刺秦王和專諸刺吴王等圖，這一類的繪畫又稱爲‘歷史故事畫’或‘故事人物畫’；其三則爲‘詩意圖’，有特定的單一文學文本作依據，除了叙述文學作品的内容，并闡發其義涵與意趣，以達畫中物象與詩文情致交融之境。”①古代“詩意圖”中那些數量衆多、堪稱系列的如離騷圖、水滸畫、紅樓人物畫等均可以劃歸以上不同的類别。本文鉤稽以《詩經》三百篇爲素材的畫作，其數量雖遠不如上述主題系列畫作，但也同樣趣味獨特，值得探研。

以《詩經》三百篇爲素材的畫作稱爲“《詩》意畫”，較之稱作“《詩》意圖”更爲妥當，因爲古代類書之中多有對于《詩經》學知識内容的圖表式概括表述，不能視爲畫作，“畫”之稱名能够與“圖”字之圖表義項明確區别開來。此處僅例舉《三才圖會》所載《詩經》一圖，以窺其一斑。

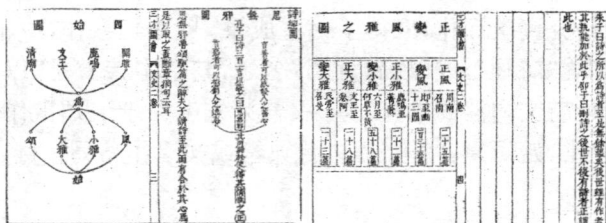

與《詩經》相關的圖畫，或截取篇中詞語，或涵蓋全篇詩意，或象器物之形，或顯人物之狀。按照上文所引衣若芬先生三分的見解，古代《詩》學著述之中繪列諸般名物圖畫者當屬第一類，較早者有：《新唐書·藝文志》載録開成中文宗命集賢院修撰《毛詩草木蟲

---

① 衣若芬《宋代題“詩意圖”詩析論——以題“歸去來圖”、“憩寂圖”、“陽關圖”爲例》，《中國文哲研究集刊》第 16 期，2000 年 3 月。

魚圖》二十卷。此書又名《毛詩疏圖》，繪圖者當爲程修己，羅振玉曰："程修己墓志'修己以畫供奉集賢院。嘗畫《毛詩疏圖》，藏于内府'。案：《新唐書·藝文志》：'《毛詩草木蟲魚圖》二十卷，開成中，文宗命集賢院修撰，并繪物象'，墓志所言《毛詩疏圖》，當即《毛詩草木蟲魚圖》，修己爲集賢院直院官，以咸通四年卒，其官職年代，以史亦吻合也。"①此書早已失傳；孔穎達《毛詩正義》很可能也有配圖，清代學者姚範説："《干旄》疏別圖旗旟十二于後，按當時疏複有圖。"②指實《鄘風·干旄》"孑孑干旟，在浚之都"詩句後孔疏："別圖于後：鄉旗、州旟、黨旟、族旐、閭旗、比旗、遂旗、縣旟、鄙旐、鄙旟、里旐、鄰旗。"③其説可從，至于今傳本爲何没有配圖，原因尚不明瞭。宋、元、明、清《詩經》名物類著作或亦沿襲配圖風習，如宋代佚名《纂圖互注毛詩》、元代朱公遷《詩經疏義會通》、明鍾惺《詩經圖史合考》、清徐鼎《毛詩名物圖説》，皆是圖文并茂，極便覽閲，日人岡元鳳纂輯之《毛詩品物圖考》在近代中國流傳頗廣，亦屬此類。第二類之例證也見于武梁祠畫像，建成于東漢建和六年（西元147年）的武梁祠堂，其左右室畫像已經漫漶不清，但其題字尚存，文云："顔淑獨處，飄風暴雨，婦人乞宿，升堂入室，燃蒸自燭，懼見意疑，未明蒸盡，榍芐續之。顔淑握火，乞宿婦。"④此事出于《詩經·小雅·巷伯》毛傳："昔者，顔叔子獨處于室，鄰之釐婦又獨處于室。夜暴風雨至而室壞，婦人趨而至，顔叔子納之而使執燭，放乎旦而蒸盡，縮屋而繼之。"⑤此圖屬于故事人物畫。這類畫作僅此一例。

　　較之前兩類繪圖綫索之簡明清晰，"《詩》意畫"的發展脉絡實

　　① 羅振玉《讀碑小箋》，羅振玉撰述、蕭文立編校《雪堂類稿甲·筆記彙刊》第45頁，遼寧教育出版社2003年3月。
　　② 姚範《援鶉堂筆記》卷六第439頁，《續修四庫全書》第1148册。
　　③ 《十三經注疏》第319頁下欄，世界書局1935年12月。
　　④ 葉程義《漢魏石刻文學考釋》第113頁，臺北新文豐出版公司1997年4月。
　　⑤ 《十三經注疏》第456頁上欄、中欄，世界書局1935年12月。

在是有些隱微、混亂，稽考群籍，費力殊多。“《詩》意畫”發源極早，張可禮曾撰文《漢末兩晋的〈詩經〉畫》對此進行查考，拈出東漢劉褒《雲漢圖》與《北風圖》、兩晋衞協《毛詩北風圖》與《毛詩黍離圖》、晋明帝司馬紹《毛詩圖》。① 劉褒畫作一取材于《大雅·雲漢》，一取材《邶風·北風》，皆是以詩篇的詩意爲内容素材，《歷代名畫記》曰：“劉褒，漢桓帝時人，曾畫《雲漢圖》，人見之覺熱。又畫《北風圖》，人見之覺涼。”②或以爲二作屬于山水畫範疇，已有學者予以辯駁，論定以爲人物畫，畫中的“熱”與“涼”“是通過人物的動態表情以及人物所處的環境表現出來的”。③ 張氏文中所言尚有缺漏，衞協另有《詩黍稷圖》，見録于《歷代名畫記》卷五④；晋宋時人陸探微有《毛詩新台圖》，見于裴孝源《貞觀公私畫史》；南朝宋人劉斌繪有《詩黍離圖》，見于《書史會要》卷一、《繪事備考》卷二。

　　六朝“《詩》意圖”，除上述之外，鄭樵《通志·藝文略》著録有《毛詩圖》三卷、《毛詩孔子圖經》三卷、《毛詩古聖賢圖》二卷，注云：“三書并蕭梁人作，已亡。”⑤又有《小戎圖》二卷，不知出于何人之手。諸作皆已失傳，其内容典籍亦闕載，在此僅述列而已。

　　唐宋以來“《詩》意畫”叠出，有名《吉日圖》者，宋代樓鑰以爲出于唐人，朱彝尊《經義考》卷一百十九全據其説立目爲“唐無名氏《吉日圖》”。北宋李公麟有《緇衣圖》，見于《宣和畫譜》，《經義考》據以載録。李公麟，字伯時，舒城人，熙寧年間進士，曾任大理寺丞。另據《石渠寶笈三編》記載，丁越公有《豳風圖册》。《石渠寶笈

　　① 　張可禮《漢末兩晋的〈詩經〉畫》，中國詩經學會編《第三届詩經國際學術研討會論文集》，天馬圖書有限公司 1998 年 6 月。

　　② 　張彦遠《歷代名畫記》卷四第 315 頁上欄，《景印文淵閣四庫全書》第 812 册。

　　③ 　袁有根《〈歷代名畫記〉研究》第 321 頁，北京圖書館出版社 2002 年 4 月。

　　④ 　張彦遠《歷代名畫記》卷五第 318 頁下欄，《景印文淵閣四庫全書》第 812 册。

　　⑤ 　鄭樵《通志二十略》第 1465 頁，中華書局 1995 年 11 月。

初編》載録李公年《豳風圖》一卷、馬遠《豳風圖》。迄于南宋，“《詩》意畫”領域出現了一位里程碑式的大家——馬和之。馬和之，錢塘（今浙江杭州）人，宋高宗紹興年間（1131—1162）進士，官至工部侍郎。他擅畫人物、佛像、山水，時有“小吳生”之譽。高宗、孝宗每寫《詩經》，均命其補圖。馬氏畫作後世流傳頗多，“根據美國學者孟久麗的收集統計，流傳至今的尚有 114 篇《詩經》的插圖”。[①] 周積寅、王鳳珠編著的《中國畫目大典》廣搜各地藏品，于其名下載録“《詩》意圖”各目，包括：《鹿鳴之什圖》字畫各十段、《閔予小子之什圖》十一段、《小雅節南山之什圖》十段、《豳風圖》七段、《唐風圖》十二開、《唐風圖》十二段、《清廟之什圖》十段、《魯頌三篇圖》、《陳風圖》。傳世馬和之畫作真偽雜出，學人尚存爭議。馬和之所作“《詩》意圖”數量多，成就高，近年受到學術界較多的關注。[②]

　　元明清三代“《詩》意圖”，郭偉其先生曾經稽查傳世畫目，簡要述列諸家，包括：元代趙孟頫《豳風圖》與《臨馬和之毛詩圖》，趙雍《毛詩十二幅圖》，林子奐《豳風圖》（或稱作《豳風圖卷》），王振鵬《豳風圖卷》（或稱作《豳風圖》），郭畀《豳風介壽圖軸》；明代謝時臣《豳風圖》與《鹿鳴嘉宴圖軸》，文徵明《豳風圖軸》、《豳風圖立軸》、《畫豳風圖》，蕭雲從《臨馬和之陳風圖册》；清代周鯤《張照書豳風周鯤繪圖一卷》、《豳風圖一卷》，賈全《繪詩經圖三十册》，郎世寧、唐岱、沈源《豳風圖一軸》，無名氏《二南詩畫》。文中另言及乾隆御筆《詩經全圖》。郭氏又有《潮汕的〈豳風七月〉圖》一文，言及清代“《詩》意圖”三種：光緒《潮陽縣志》卷二十《藝文》載録乾隆進士鄭

　　① 　郭偉其《詩經圖的形態——以廣東省博物館藏詩經壽屏爲例》，范景中、曹意強主編《美術史與觀念史》第 3、4 輯第 97 頁，南京師範大學出版社 2006 年 10 月。

　　② 　相關研究成果有：徐邦達《傳宋高宗趙構孝宗趙眘書馬和之畫〈毛詩〉卷考辨》，《故宫博物院院刊》1985 年第 3 期；顧平安《馬和之及其毛詩圖》，《南京藝術學院學報》（美術與設計版）1998 年第 1 期；楊仁愷《關于馬和之〈詩經圖〉的一些問題》，《東南文化》2000 年第 2 期；姜亞林《宋馬和之〈毛詩〉卷的詩經學意義》，2010 年 8 月第九屆詩經國際學術研討會論文。

安道《贈李侯豳風七月圖序》,記載鄉里父老稱頌地方官員李公而進獻《豳風七月圖》;潮州市文物管理委員會藏有題爲《豳風圖》的四扇屏風;廣東省博物館藏有《豳風七月圖》金漆屏風十二扇,製作于同治七年,乃是爲潮陽和靖里一位柯姓商人祝壽而作。[①]

　　郭氏查考之資料皆爲美術史文獻,所見難免缺漏,下文增補數例。

　　元代可補二人。《石渠寶笈》卷十二載録盛懋《豳風圖》一册。盛懋,字子昭,嘉興武塘人。生卒年不詳,主要活動于元至正(1341—1370)年間。父盛洪,字文裕,爲南宋畫院待詔,善畫人物、花鳥、山水。盛懋承襲父業,又師從趙孟頫,技藝高超,享有盛名。元代塔失不花繪有《豳風圖》。"英宗居東宮,塔失不花撰集前代嘉言善行,名曰《承華事略》,并畫《豳風圖》以進。帝覽之,獎諭曰:'汝能輔太子以正,朕深嘉之。'命置圖書于東宮,俾以太子時時觀省"。[②] 塔失不花,遼陽人,高天賜之孫,歷任章佩監丞、大司農、集禧院使等,生平附見《元史》卷一百五十三《高宣傳》。

　　乾隆年間陳尹繪有《毛詩圖》粉本册頁合集 12 册,是爲《毛詩正義》所配繪的詩意圖册,總計 306 圖,成于乾隆三十四年(1789)。陳尹,字萃野,號雲樵夫,江南青浦人,乾隆年間畫師。此畫集今藏北京市文物研究所圖書室。[③]

　　民國時期聯祐繪有《豳風圖》多幅。學苑出版社出版的《歷代日記叢鈔》收録《聯祐日記》,文中記載頗爲詳細,民國五年新十月十四日,"午刻爲張勛伯畫《豳風圖》"[④],十一月,"初一日丙寅午刻將連日畫成《豳風圖》十二塊親送至督署,張勛伯極其欣賞,即送銀

---

　　① 郭偉其《潮汕的〈豳風七月〉圖》,《汕頭大學學報》2009 年第 3 期。
　　② 宋濂等《元史》第 3615 頁,中華書局 1976 年 4 月。
　　③ 陳平、王繼紅《清陳尹〈毛詩圖〉粉本册頁合集》,《文物天地》1992 年第 4 期;又收入陳平《燕秦文化研究——陳平學術文集》,北京燕山出版社 2003 年 11 月。
　　④ 《聯祐日記》,俞冰主編《歷代日記叢鈔》第 168 册第 473 頁,學苑出版社 2006 年 4 月。

洋十元,先作潤筆"①,民國六年正月,"初九日甲辰午刻至蒯若木處將勛伯囑畫《豳風圖》交記,即贈潤筆十元".② 聯祐,生卒年不詳,字瑞芝,滿洲人,曾任清朝官員,居甘肅省,民國年間供職于國民政府,曾任甘肅省實業司、財政司額外科員、新城徵收局局長等。聯祐家境拮据,擅長字畫,長年以爲人作書畫獲取筆資來勉力維持生活,其所作《豳風圖》曾爲著名鑒賞家、時任甘肅鹽務署長的蒯壽樞所賞識。

古人詩作或爲題畫,其中不乏題咏"《詩》意圖"者。《四庫全書》之中,元代胡助《純白齋類稿》卷十七有《豳風圖二首》,明代淩雲翰《柘軒集》卷一有《豳風圖》,清代康熙敕輯《御定歷代題畫詩類》卷三十三收錄元代劉因《豳風圖二首》、明代錢龍錫《題豳風七月圖》、明代董其昌《豳風圖》諸詩。又清代無錫貢生華雲駭撰有《豳風圖咏》24首,已佚,《江蘇藝文志·無錫卷》據《錫山歷朝書目考》收錄。③ 因爲作者沒有明言何人畫作,因此這些詩篇所題咏的《豳風圖》也不能排除在上文所述之外。

"《詩》意圖"創作代不乏人,成就斐然,這些畫作不僅爲三百篇的流傳推波助瀾,還承擔着特殊的教化功能,對此俟後將有專文論述。

(作者單位:南京師範大學文學院)

① 《聯祐日記》,俞冰主編《歷代日記叢鈔》第168冊第474頁,學苑出版社2006年4月。
② 《聯祐日記》,俞冰主編《歷代日記叢鈔》第168冊第474頁,學苑出版社2006年4月。
③ 南京師範大學古籍整理研究所編著《江蘇藝文志·無錫卷》第767頁,江蘇人民出版社1995年1月。

《詩集傳》對《詩經》篇章結構的探討

徐有富

摘要：朱熹對鄭箋《毛詩》的篇章結構作了新的探討，這也是《詩集傳》的重要成就之一。本文首先將《詩集傳》與鄭箋《毛詩》加以比較，找出兩者在篇章結構方面的差異，然後分篇什與章句兩個部份分別論述之。論文重點探討了《詩集傳》十四篇不同於鄭箋《毛詩》的篇章結構的是非，並總結了朱熹在劃分篇什章句方面所採用的方法。

關鍵詞：朱熹 《詩經》 《詩集傳》

朱熹的《詩集傳》是《詩經》研究史上的里程碑，它在廢《序》，提出"淫詩說"，分析詩歌作品中所採用之賦、比、興創作方法等方面都有突破性的進展，並產生了深遠影響。此外，《詩集傳》對東漢鄭玄箋《毛詩》①的篇章結構也作了新的探索，現略述如下：

一、關於篇什

《詩集傳》對鄭箋《毛詩》篇什所作的調整集中於《小雅》。兩相比較有以下不同：

首先，兩者的名稱不同。《毛詩注疏·小雅》的篇什名稱是《鹿鳴之什》、《南有嘉魚之什》、《鴻雁之什》、《節南山之什》、《谷風之什》、《甫田之什》、《魚藻之什》；《詩集傳·小雅》的篇什名稱是《鹿鳴之什》、《白華之什》、《彤弓之什》、《祈父之什》、《小旻之什》、《北

---

　①　"鄭箋《毛詩》"指東漢鄭玄箋注的《毛詩》，本文依據中華書局 1980 年 10 月版《十三經注疏》本。

山之什》、《桑扈之什》、《都人士之什》。篇什名稱是由該篇什的第一首詩的名稱來命名的,兩相比較,除第一卷《鹿鳴之什》的名稱不得不同外,其餘篇什的名稱都各不相同。

其次,兩者的數量不同。《毛詩注疏・小雅》的篇什數爲七。其中《鹿鳴之什》、《南有嘉魚之什》各爲十三篇;《鴻雁之什》、《節南山之什》、《谷風之什》、《甫田之什》各爲十篇;《魚藻之什》爲十四篇。可見其各篇什的篇數是參差不齊的。《詩集傳・小雅》的篇什數爲八,其各篇什均爲十篇,篇數非常整齊。

第三,兩者各篇什所包含的詩篇也是不同的。即以《鹿鳴之什》爲例,除兩者共有的前九首詩外,鄭箋《毛詩》還包括《魚麗》、《南陔》、《白華》、《華黍》;《詩集傳》還包括《南陔》。其中《南陔》雖爲兩者所共有,但是該詩的位置有了調整,鄭箋《毛詩》將《南陔》置於《魚麗》之後,附在《鹿鳴之什》最後。而《詩集傳》將《魚麗》置於《白華》、《華黍》之後,作爲《白華之什》的第三篇。

此調整非常關鍵,它導致了《詩集傳・小雅》篇什一系列的變化。朱熹本人說明了作此重大調整的原因。他在《南陔》的題下注中說:"此笙詩也,有聲無詞,舊在《魚麗》之後。以《儀禮》考之,其篇次當在此,今正之。"[1]他在《白華之什》的題下注中復云:"毛公以《南陔》以下三篇無辭,故升《魚麗》以足《鹿鳴》什數,而附笙詩三篇於其後,因以《南有嘉魚》爲次什之首。今悉依《儀禮》正之。"[2]朱熹還在《華黍》的題下注中作了詳細解釋:

> 鄉飲酒禮,鼓瑟而歌《鹿鳴》、《四牡》、《皇皇者華》,然後笙入堂下,磬南北面立,樂《南陔》、《白華》、《華黍》。燕禮亦鼓瑟歌《鹿鳴》、《四牡》、《皇華》,然後笙入立於縣中,奏《南陔》、《白華》、《華黍》。《南陔》以下,今無以考其名篇之義,然曰笙、曰樂、曰奏,而不言歌,則有聲而無詞明矣。所以知其篇第在此

---

① ［宋］朱熹集注《詩集傳》,上海古籍出版社1958年7月出版,第109頁。
② ［宋］朱熹集注《詩集傳》,上海古籍出版社1958年7月出版,第109頁。

者,意古經篇題之下必有譜焉,如投壺魯薛鼓之節而亡之耳①。

應當説,毛公②與朱熹均注意到了鄉飲酒禮與燕禮都鼓瑟而歌《鹿鳴》、《四牡》、《皇皇者華》,然後奏笙樂《南陔》、《白華》、《華黍》。三首笙樂與《鹿鳴》等詩關係密切,但是在篇什的劃分上卻作了不同的處理。毛公將《魚麗》從後面調到《鹿鳴之什》,湊足十篇之數,再將三篇笙詩附在《鹿鳴之什》之後。這樣處理,優點是三篇亡其詞的笙詩放在同一篇什之中。其缺點是導致篇什之間的數量參差不齊,特別是最後的《魚藻之什》將餘下的十四篇詩歸在一起,顯得特別勉強。朱熹在篇什劃分時,使每個篇什都包含十篇詩,優點是非常整齊,缺點是將三篇亡其詞的笙詩分在前後兩個篇什。

既然《詩經》中的《小雅》、《大雅》、《周頌》都以某某“之什”名卷,“什”當爲量詞。通常以十篇爲“什”,如《文選》李善注云:“詩題曰《鹿鳴之什》,説者云:《詩》每十篇同卷,故曰‘什’也。”③朱熹在《小雅·鹿鳴之什》題下注中也指出:“雅頌無諸國別,故以十篇爲一卷,而謂之什,猶軍法以十人爲什也。”④事實上《小雅》、《大雅》、《周頌》每什基本上都包含十篇詩,所以《毛詩注疏·小雅》中的《鹿鳴之什》、《南有嘉魚之什》各爲十三篇,《魚藻之什》爲十四篇,顯然是不合理的。而《詩集傳·小雅》中的各篇什均爲十篇則是合理的。

在朱熹之前,蘇轍已經對毛公有關《詩經·小雅》篇什的劃分

---

　　①　[宋]朱熹集注《詩集傳》,上海古籍出版社1958年7月出版,第109頁。
　　②　“毛公”泛指西漢時期魯國毛亨與趙國毛萇,他們都爲現在流行的《詩經》做出了貢獻。阮元《重刻宋板注疏總目録》稱“毛詩正義七十卷漢毛公傳鄭元箋唐孔穎達等正義”(見《十三經注疏》,中華書局1980年10月出版,第1頁),對毛亨與毛萇已未區分,所以本文也采用泛輯。
　　③　沈約《宋書謝靈運傳論》注,見《文選》卷五十,中華書局,1977年11月出版,第702頁。
　　④　[宋]朱熹集注《詩集傳》,上海古籍出版社,1958年7月出版,第99頁。

作過修正。他在他所編撰的《詩集傳·小雅·南陔之什》首三首笙詩的篇什歸屬問題作了如下説明：

　　　　此三詩皆亡其詞。古者《鄉飲酒》、《燕禮》皆用之，孔子編《詩》，蓋亦取焉。歷戰國及秦，亡之，而獨存其義。毛公傳《詩》，附之《鹿鳴之什》，遂改什首。予以爲非古，於是復爲《南陔之什》，則《小雅》皆復孔子之舊。①

可見，蘇轍的《詩集傳》將《魚麗》一篇仍然保留在《鹿鳴之什》，而將《南陔》等三首笙詩移入下一篇什之首，並且題名爲《南陔之什》。這樣做的好處是，既使小雅各篇什都包含十首詩，同時又將三首亡其詞的笙詩置於同一篇什中。

　　朱熹與蘇轍的不同之處在於用《南陔》取代《鹿鳴之什》中的《魚麗》，而將次卷取名爲《白華之什》。他的主要依據就是《儀禮》中《鄉飲酒禮》與《燕禮》的相關記載。《鄉飲酒禮》的有關記載是"工人升自西階，北面坐。相者東面坐。遂授瑟，乃降。工歌《鹿鳴》、《四牡》、《皇皇者華》。卒歌，主人獻工，工左瑟一人拜。"②又説："笙入堂下，磬南北面立，樂《南陔》、《白華》、《華黍》……乃間歌《魚麗》，笙《由庚》；歌《南有嘉魚》，笙《崇丘》；歌《南山有臺》，笙《由儀》。"③《儀禮·燕禮》所述內容大致相同。顯然《鹿鳴》、《四牡》、《皇皇者華》等是以瑟伴奏的歌；而《魚麗》、《由庚》、《南有嘉魚》、《崇丘》、《南山有臺》、《由儀》等是由笙伴奏或演奏的歌曲，所以將《魚麗》從《鹿鳴之什》中取出與由笙伴奏或演奏的歌曲編在一起是恰當的。不够理想的是朱熹將亡其詞的三首笙詩中的第一首《南

　　① ［宋］蘇轍《詩集傳》卷十《小雅·南陔之什》，影印文淵閣《四庫全書》本。
　　② 《儀禮注疏》卷九，見《十三經注疏》，中華書局1980年10月出版，第985頁。
　　③ 《儀禮注疏》卷九，見《十三经注疏》，中華書局1980年10月出版，第986頁。

陔》依次移入《鹿鳴之什》之末，並將《小雅》中的第二卷取名爲《白華之什》。這樣就將這三首性質相同的詩分在了前後兩個篇什之中。

蘇轍與朱熹體現了宋人敢於疑古的精神，他們糾正了毛公《詩經・小雅》篇什的劃分方法，保證各篇什均爲十首詩是非常合理的。至於蘇轍與朱熹兩人在具體劃分方面的微小差別的是非尚需作進一步的研究，但是這與他們所取得的成就相比是次要的。

二、關於章句

如何分章，朱熹的《詩集傳》雖然同鄭箋《毛詩》大致相同，但是也有十四篇不同，這十四篇詩改變了鄭箋《毛詩》原有的章句劃分，大致有四種情況：

1. 吸取了前人的成果，共三篇：

其一爲《國風・鄘・載馳》，朱熹於題下注云："事見《春秋傳》。舊説此詩五章：一章六句，二章三章四句，四章六句，五章八句。蘇氏合二章三章以爲一章。按《春秋傳》，叔孫豹賦《載馳》之四章，而取其控於大邦誰因誰極之意，與蘇説合。"[①]"舊説"指鄭玄所繼承的毛公的分法。"蘇氏"指蘇轍，他於此詩實際上仍然採用了鄭箋毛詩的章句，在題下注中首先説明了此點，接着又附注道："或言四章：一章三章章六句，二章、四章章八句。以《春秋傳》叔孫豹賦四章義取控於大邦，非今之四章故也。"[②]

朱熹恰恰採納了蘇轍所附注的第二説。《春秋傳》指《春秋左傳》，據《春秋左傳注疏》卷十一記載閔公二年十二月"許穆夫人賦《載馳》"。[③] 據《春秋左傳注疏》卷三十四記載：襄公十九年冬"齊及晉平，盟於大隧，故穆叔會范宣子于柯。穆叔見叔向，賦《載馳》

---

① ［宋］朱熹《詩集傳》，上海古籍出版社，1958 年 7 月出版，第 34 頁。
② ［宋］蘇轍《詩集傳》卷三《鄘風・載馳》，影印文淵閣《四庫全書》本。
③ 《十三經注疏》，北京，中華書局 1980 年 10 月出版，第 1788 頁。

之四章。"晉杜預注:"四章曰:控於大邦,誰因誰極?'控',引也。
取其欲引大國以自救助。"①"《載馳》之四章"當指《載馳》的第四
章,也即最末一章。如果按照鄭箋《毛詩》,它應當是該詩的第五
章,如果按照朱熹的《詩集傳》,它就是該詩的第四章。朱熹在蘇轍
的基礎上朝前邁進了一大步,因爲蘇轍僅將這種分法作爲參考資
料,而朱熹則用這種分法取代了原有的分法。這種分法比較原始,
它爲我們重新探討這首詩的分章問題,提供了新的思路。

　　其二爲《小雅·鹿鳴之什·伐木》,朱熹題下注云:"劉氏曰:此
詩每章首輒云'伐木',凡三云'伐木',故知當爲三章。舊作六章,
誤矣。今從其說正之。"②"劉氏"指宋人劉敞,其說見《七經小傳》
卷上《毛詩》,有影印文淵閣《四庫全書》本。這一論斷言之鑿鑿,堪
稱定論,也爲後人所廣泛接受。如清方玉潤《詩經原始》卷九《小
雅·鹿鳴之什·伐木》云:"右《伐木》三章,章十二句。舊本六章,
從《集傳》引劉氏說爲三章,以詩中有三'伐木'也。"③

　　其三爲《大雅·文王之什·靈臺》,朱熹題下注云:"東萊呂氏
曰:前二章,樂文王有臺池鳥獸之樂也。後二章,言文王有鐘鼓之
樂也。皆述民樂之詞也。"④"東萊呂氏"指呂祖謙,他在《呂氏家塾
讀詩記》卷二十五《正大雅·文王之什·靈臺》中說過這段話,不過
有一字之差:"前三章,樂文王有臺池鳥獸之樂也。後二章,言文王
有鐘鼓之樂也。皆述民樂之詞也。"⑤呂祖謙說的是"前三章",朱
熹誤認爲是"前二章",這導致了篇什的劃分有很大的不同:《呂氏
家塾讀詩記》同鄭箋《毛詩》一樣爲"靈臺五章章四句",如前所述,
朱熹《詩集傳》對《靈臺》篇什的劃分卻有了很大的變化。由於對呂
祖謙所論的誤解,重新劃分《靈臺》的篇章結構是不適合的,如果從

---

①　《十三經注疏》,北京,中華書局 1980 年 10 月出版,第 1969 頁。
②　[宋]朱熹《詩集傳》,上海古籍出版社,1958 年 7 月出版,第 104 頁。
③　[清]方玉潤《詩經原始》,北京,中華書局 1986 年 2 月出版,第 336 頁。
④　[宋]朱熹《詩集傳》,上海古籍出版社,1958 年 7 月出版,第 187 頁。
⑤　[宋]呂祖謙《呂氏家塾讀詩記》卷二十五,影印文淵閣《四庫全書》本。

內容上考慮分章問題,朱熹完全接受了呂祖謙的觀點,兩人没有差別。如果從形式考慮分章問題,呂祖謙所繼承與堅持的鄭箋《毛詩》"靈臺五章章四句"的分法非常整齊,也適合配樂表演,而朱熹所分"《靈臺》四章:二章章六句,二章章四句",變得複雜了,而且也不容易配樂表演。

2. 回歸毛公的劃分方法,共兩篇:

其一爲《國風·周南·關雎》,朱熹的分法是"關雎三章,一章四句,二章章八句。"①鄭箋《毛詩注疏》的分法是:"關雎五章,章四句。故言三章,一章章四句,二章章八句。"②唐陸德明指出:"五章是鄭所分,'故言'以下是毛公本意。"③可見朱熹所分與毛公所分一模一樣,顯然是對毛公分法的回歸。應當説將《關雎》分爲三章更原始,也更可靠一些。如《周南》共十一首詩,除《卷耳》鄭分四章外,其餘均分爲三章,所以《關雎》分爲三章比較符合實際情況。當然究竟如何劃分,是可以探討的,參見拙作《論〈關雎〉的分章問題》。④

其二是《大雅·文王之什·思齊》,朱熹的分法是:"思齊五章:二章章六句,三章章四句。"⑤鄭箋《毛詩》的分法是:"思齊四章章六句。故言五章:二章章六句,三章章四句。"⑥可見朱熹所分與毛公所分一模一樣,顯然是對毛公分法的回歸。應當説鄭玄將《思齊》分爲"四章章六句"是有道理的。首先,鄭箋毛詩《文王之什》的十篇詩中,有八篇詩的章句劃分都是很整齊的,如《文王》七章章八句,《綿》九章章六句,《棫樸》五章章四句,《旱麓》六章章四句,《皇

①　[宋]朱熹《詩集傳》,上海古籍出版社,1958年7月出版,第2頁。
②　《十三經注疏》,中華書局1980年10月出版,第274頁。
③　《經典釋文》卷五《毛詩音義上·周南關雎故訓傳第一》,影印文淵閣《四庫全書》本。
④　《中國古代文學文獻學國際學術研討會論文集》,南京,鳳凰出版社2006年1月出版,第1—14頁。
⑤　[宋]朱熹《詩集傳》,上海古籍出版社,1958年7月出版,第193頁。
⑥　《十三經注疏》,中華書局1980年10月出版,第517頁。

矣》八章章十二句,《靈臺》五章章四句,《下武》六章章四句,《文王有聲》八章章五句。所以將《思齊》改爲四章章四句是符合《文王之什》篇什劃分規律的。其次,這樣劃分從内容上看也是符合邏輯的。前兩章毛公與鄭玄均爲每章六句,可以勿論。就毛公,也就是朱熹所劃分的後"三章章四句"的情況來看,導致了兩組具有因果關係的句子分在前後二章,以至於將兩組表示結果的句子置於四、五兩章之首。四章之首爲"肆戎疾不殄,烈假不瑕"。五章之首爲"肆成人有德,小子有造。""肆",鄭玄解釋"故今也"。[①] 朱熹也解釋道:"肆,故今也。"[②]可見"肆"是一個典型的表示因果關係的連詞,相當於"所以"與"因此",將表示結果的連詞放在一章的開頭,無論現代漢語還是古代漢語都是不符合語言習慣的。最好笑的是毛公與朱熹所分之第四章,前兩句爲第三章之結果,後兩句爲第五章之原因,而這四句卻不倫不類的放在一章中,不知唱起來誰人能懂? 所以朱熹所堅持的毛公的分法是不合理的。

3. 朱熹個人的劃分方法,共四篇:

其一爲《國風·邶·簡兮》,朱熹《詩集傳》的分法是:"簡兮四章:三章章四句,一章六句。"並附注:"舊三章章六句,今改定。"[③]"舊説"即指鄭箋《毛詩》的分法。我們首先討論鄭箋《毛詩》的分法,雖然三章各自均爲六句,但是前兩章重點寫了"碩人"在公庭進行舞蹈表演的全過程,鼓聲響起,太陽當空,碩人處於舞蹈者的前列;武舞階段,只見他手執馬的韁繩,有力如虎;文舞階段,只見他紅光滿面,左手拿着笛子,右手拿着野雞毛;演出結束,還受到了賞賜。第三章則寫一位貴族小姐看上了這位來自西方的領舞的美男子。以上是前兩章與第三章在内容上的不同;就語言形式而言,前兩章均爲四字句,而後一章三言兩句,四言三句,五言一句,是參差不齊的。就表現方法而言,用朱熹的話來説,前兩章都採用了"賦"

---

① 《十三經注疏》,中華書局 1980 年 10 月出版,第 517 頁。

② [宋]朱熹《詩集傳》,上海古籍出版社,1958 年 7 月出版,第 183 頁。

③ [宋]朱熹《詩集傳》,上海古籍出版社,1958 年 7 月出版,第 24 頁。

的方法，而第三章採用了“興”的方法。所以第三章與前兩章顯然不是並列關係。因此“簡兮三章章六句”的分法是不適合的。

從朱熹的附注可知，他對《簡兮》的分章問題作過深入思考，認爲“簡兮四章：三章章四句，一章六句”。這樣分的優點是將後面的“一章六句”與前面的“三章章四句”，從内容到形式，再到表現方法嚴格區分開了。朱熹從字面上將《簡兮》分爲四章，在演出的過程中，實際上可分爲三個單元，也就是前三章分别同第四章合在一起演唱三遍，男演員跳舞，女演員唱歌，邊唱歌邊伴舞，形式還是生動活潑的。

其二爲《大雅·生民之什·生民》，朱熹《詩集傳》與鄭箋《毛詩》的分法均爲“八章：四章章十句，四章章八句”。但是朱熹在附注中説明了兩者的差異：“舊説，第三章八句，第四章十句。今案第三章當爲十句，第四章當爲八句，則去、呱、訏、路音韻諧協，呱、聲、載、路文勢相貫，而此詩八章，皆以十句八句相間爲次。又二章以後，七章以前，每章章之首皆有‘誕’字。”①朱熹從協韻、文勢、行文規律等多個角度，探討了這個問題，理由還是比較充分的。

其三爲《大雅·生民之什·行葦》，朱熹《詩集傳》的分法是“行葦四章章八句”。其附注云：“毛七章：二章章六句，五章章四句。鄭八章章四句。毛首章以四句興二句，不成文理，二章又不協韻。鄭首章有起興而無所興，皆誤。今正之如此。”②應當説朱熹從文理、協韻、創作方法等角度，針對毛詩、鄭箋重新劃分此詩的章句頗有道理，也爲後人所廣泛接受。如清方玉潤分析道：“右《行葦》四章章八句。從《集傳》。此詩四章總提燕兄弟，次言酬酢，三言射禮，四言尊優耆老。詞意甚明。”③

其四爲《魯頌·閟宮》，朱熹《詩集傳》的分法是“閟宮九章，五章章十七句，内第四章脱一句。二章章八句，二章章十句”。附注：

---

①　[宋]朱熹《詩集傳》，上海古籍出版社 1958 年 7 月出版，第 192 頁。

②　[宋]朱熹《詩集傳》，上海古籍出版社 1958 年 7 月出版，第 193 頁。

③　[清]方玉潤《詩經原始》，北京，中華書局，1986 年，第 509 頁。

"舊説八章,二章章十七句,一章十二句,一章三十八句,二章章八句,二章章十句,多寡不均,雜亂無次。蓋不知第四章有脱句而然。今正其誤。"①文中"多寡不均,雜亂無次"八字,實際上提出了一個篇章劃分的原則,要章句均匀,整飭有序。鄭箋毛詩所分此詩章句,多到"一章三十八句",少到"二章章八句",這顯然是不合理的。朱熹將鄭箋毛詩"一章十二句,一章三十八句",再加上一個脱句,共五十一句,一分爲三章,各十七句。這樣《閟宫》作爲《詩經》中最長的一首詩,其章句的劃分,也就比較合理了。

4. 從毛、鄭並提出不同的劃分方法備考,共四篇:

其一爲《小雅·彤弓之什·車攻》,朱熹《詩集傳》與《毛詩正義》的分法相同,均爲"八章章四句"。但是朱熹附注云:"以五章以下考之,恐當作四章章八句。"②該詩五六兩章寫打獵的情況,七、八兩章寫打獵以後的情況,意思明確,合成兩章問題不大。但是前四章,第一章總寫車馬準備好了將出獵東方,第二章寫要到甫田打獵,第三章寫要到敖山打獵,第四章寫各路諸侯來會同一道去打獵。其中二、三兩章爲並列關係,所以將前四章合併成兩章顯然是不合式的,因此朱熹權衡再三,在《詩集傳》中還是採用了毛、鄭的分章方法,後世也没有見到誰採用了朱熹所提供參考的分章方法。

其二爲《小雅·彤弓之什·沔水》,《詩集傳》與《毛詩正義》的分法相同,均爲"三章,二章章八句,一章六句"。但是朱熹附注云:"疑當作三章,章八句。卒章脱前兩句耳。"③朱熹的懷疑是有道理的,因爲目前第三章的第一句"鴥彼飛隼"和前兩章的第三句一模一樣。前兩章的首句均爲"沔彼流水",則第三章所脱第一句也當爲"沔彼流水"。這樣三章的結構基本相同,也即同一曲調,演唱三遍,是合情合理的。

---

①　[宋]朱熹《詩集傳》,上海古籍出版社,1958年7月出版,第242頁。
②　[宋]朱熹《詩集傳》,上海古籍出版社1958年7月出版,第118頁。
③　[宋]朱熹《詩集傳》,上海古籍出版社1958年7月出版,第120頁。

其三、其四爲《周頌·閔予小子之什》中的《桓》與《賚》,前者爲"一章九句",附注:"《春秋傳》以此爲大武之六章,則今之篇次,蓋已失其舊矣。"①後者"一章六句",附注:"《春秋傳》以此爲大武之三章。"②"《春秋傳》"指《春秋左氏傳》,該傳"宣公十二年"云:

> 武王克商,作頌曰:"載戢干戈,載櫜弓矢,我求懿德,肆于時夏,允王保之。又作《武》,其卒章曰:耆定爾功。"其三曰:"鋪時繹思,我徂維求定。"其六曰:"綏萬邦,屢豐年。夫《武》,禁暴、戢兵、保大、定功、安民、和眾、豐財者也。"③

朱熹所注意到的這條材料非常重要,它告訴我們現在流行的《詩經》版本"已失其舊",特別是《周頌》所收各詩均爲一章,它們可能是原詩留下來的一些殘章殘句。

總之,朱熹的《詩集傳》對鄭箋《毛詩》的篇什章句提出了一些不同看法,並總結出了不少劃分篇什章句的方法,如注意吸收前人的研究成果,注意詩歌各部分的內容,注意章句間的勻稱,注意協韻,注意創作方法,注意行文規律、注意排比等修辭手法的運用,注意考證相關資料等。探討《詩經》的篇什章句是《詩經》研究的重要內容,我們在這方面繼續努力,將有利於深化《詩經》的研究工作。

(作者單位:南京大學文學院)

---

① [宋]朱熹《詩集傳》,上海古籍出版社1958年7月出版,第236頁。
② [宋]朱熹《詩集傳》,上海古籍出版社1958年7月出版,第236頁。
③ 《十三經注疏》,北京,中華書局1980年10月出版,第1882頁。

北大本《毛詩正義》下册標點破句例析

呂友仁

摘要:本文摘出北大本《毛詩正義》下册標點破句 150 餘例,蓋管窺所得,不敢必是。苟爲筆者不幸而言中,則冀爲再版訂正之資;苟爲筆者誤判,以不誤爲誤,則敬請高明不吝賜教,筆者必拜而領之。

關鍵詞:北大本　毛詩正義　古籍整理

標點古書,並不是一件輕而易舉之事。魯迅先生説:"標點古文,往往害得有名的學者出醜。"①黄侃先生在致其學生陸宗達的信中説:"侃所點書,句讀頗有誤處,望隨時改正。"②楊樹達先生《古書句讀釋例·敍論》説:"句讀之事,視之若甚淺,而實則頗難。"③這些都是深知其中甘苦之言。韓愈是唐代的大學者,但也慨歎:"余嘗苦《儀禮》難讀。"④朱熹是宋代大學者,他在作《韓文考異》時竟説:"然不知此句當如何讀。"⑤中華書局出版的《資治通鑑》點校本,是由國内第一流學者標點的,但還有很多錯誤,因而才有吕叔湘先生的《通鑑標點瑣議》之作。筆者由於學殖譾漏,也有過標點破句的時候。每次憶及,便覺耳熱;想到誤導讀者,便覺

---

① 《魯迅全集》第六卷《且介亭雜文二集·題未定草六》,北京:人民文學出版社,2005 年,437 頁。

② 《黄侃手批白文十三經·黄焯前言》,上海:上海古籍出版社,1983年,5 頁。

③ 楊樹達《古書句讀釋例·敍論》,北京:中華書局,1954 年,3 頁。

④ 馬通伯《韓昌黎文集校注》第一卷《讀儀禮》,上海:古典文學出版社,1957 年,22 頁。

⑤ 〔宋〕朱熹《韓文考異》卷二五《河南少尹李公墓誌銘》,文淵閣《四庫全書》本,1073 册,566 頁。

内疚。

　　本文摘出北大本《毛詩正義》下册標點破句 150 餘例,蓋管窺所得,不敢必是。苟爲筆者不幸而言中,則冀爲再版訂正之資;苟爲筆者誤判,以不誤爲誤,則敬請高明不吝賜教,筆者必拜而領之。

　　(1) 952 頁倒 10 行:孔疏:注云:"入戊午蔀二十九年時,赤雀衛丹書而命之。"

　　吕按:"時"字當下屬爲句。

　　(2) 953 頁 2 行:孔疏:《乾鑿度》云:"亡殷者,紂黑期火戊,倉精授汝位正昌。"

　　吕按:"紂"字當屬上爲句。

　　(3) 955 頁 3 行:孔疏:故《元命苞》云:"鳳凰衛《圖》置帝前,黄帝再拜受堯坐。中舟與太尉舜臨觀鳳凰負《圖》授。"

　　吕按:"堯坐"後之句號當改作逗號,"堯坐"二字當屬下爲句。

　　(4) 956 頁 13 行:孔疏:《書傳》云:"散宜生、南宫括、閎夭三子相,與學訟于太公,四子遂見西伯于羑里。"

　　吕按:"相"後之逗號當删。"相與",猶今言"一道"也。

　　(5) 957 頁 8 行:孔疏:言治民光大,天所加(當作"嘉")美以此,故爲天所命。

　　吕按:"以次"二字當下屬爲句。

　　(6) 959 頁倒 1 行:孔疏:《王制》言:"天子之縣内,諸侯禄也。"

　　吕按:"諸侯"二字當屬上爲句。孔疏:"此一經論天子縣内食采邑諸侯,得禄,不得繼世之事。"是其義。

　　(7) 953 頁倒 9 行:孔疏:《天官·小宰》"凡祭祀,贊裸將之事"。注云:"又從太宰助王裸,謂贊王酌鬱鬯以獻尸。"

　　吕按:"助王"下當置句號。"裸"字當屬下爲句。

　　(8) 963 頁倒 6 行:孔疏:本以德服之而來,不以威强使至行(當作"何")者,若爲畏威,當改從其周服,今服其故服,是慕德而來故也。

　　吕按:"不以威强使至行者",當作"不以威强使至。何者?"

　　(9) 964 頁 6 行:孔疏:故傳雖不明意,當同鄭。

吕按："意"字當屬下爲句。此言毛傳雖未講明,其意思當與鄭玄同也。

(10) 970 頁 12 行:毛傳:言受命之宜王基,乃始於是也。

吕按："王基"二字當屬下爲句。

(11) 971 頁 1 行:孔疏:既納幣於請期之後,文王親往迎之于渭水之傍,造其舟以爲橋梁。

吕按:"既納幣"之後,一定要有逗號。否則,昏禮六禮的順序就亂套了。

(12) 974 頁 9 行:孔疏:《周語》伶州鳩曰:"星與日辰之位皆在北,維顓頊之所建也,帝嚳受之。"

吕按:"北"字當屬下爲句。韋昭注云:"北維,北方水位也。"可證。下同,不一一。

(13) 984 頁 13 行:鄭箋:循西水厓沮、漆水側也。

吕按:"循西水厓"後應置逗號。"沮、漆水側也"是解釋"循西水厓"的。而"循西水厓"則是經文"率西水滸"的通俗説法。

(14) 985 頁倒 1 行:孔疏:王肅云:"於是始居之於是,先盡人事,謀之於衆。"

吕按:下"於是"當屬下爲句。

(15) 986 頁 5 行:孔疏:《禮》"將卜先筮"之言,卜則筮可知,故云"皆從"也。

吕按:這一句話裏有兩處破句。要引的話,那個"之"字也應該放在引文内。因爲《周禮·春官·筮人》:"凡國之大事,先筮而後卜。"注:"當用卜者,先筮之。"可知"之"字也當引。這是第一處破句。"言"字當屬下爲句,這是第二處破句。

(16) 988 頁 13 行:鄭箋:百堵同時起,蘗鼓不能止之,使休息也。

吕按:"止之"下的逗號要删去,否則意思就擰了。"蘗鼓不能止之使休息也"就是解釋經文"蘗鼓弗勝"的。下文孔疏云"鼓不能勝止人使休",是其義也。

(17) 990 頁 9 行:孔疏:《檀弓》云:"魯莊公之喪,既葬而絰,不入庫門。”

呂按：“而經”二字當屬下爲句。《禮記·檀弓下》孔疏云“故經不入庫門也，所以至庫門而去經”，是其義也。

（18）990頁倒6行：孔疏：孫炎曰：“大事，兵也。有事，祭也。宜求見，使佑也。”

呂按：“求見”二字當屬下爲句。“宜”是被解釋詞。這個“宜”字，就是上文孔疏“起大事，動大衆”至“謂之宜”的“宜”。

（19）995頁1行：孔疏：斑白，謂年老，其髮白黑雜也。以其年老不自提舉，其挈有少者代之也。

呂按：“其挈”二字當屬上爲句。“以其年老不自提舉其挈”，謂以其年老而不自己親自提舉手中持有之物。

（20）995頁倒5行：孔疏：箋于此獨言詩人自我者，此美文王之德，而云“我所”，我之事不明，故辯之言“文王之德所以至然者”，是也。

呂按：原標點至少有兩處破句。今試爲改正如下：箋于此獨言“詩人自我”者，此美文王之德而云“我”，所“我”之事不明，故辯之，言“文王之德所以至然者”是也。

（21）997頁倒13行：孔疏：此章言祭天之事，祭天則大報天，而主日配以月，可兼及日月，而總言三辰。

呂按：《禮記·郊特牲》：“大報天而主日也。”注：“大，猶徧也。天之神，日爲尊。”可知“而主日”三字當上屬爲句。

（22）998頁6行：鄭箋：祭祀之禮，王祼以圭瓚，諸臣助之，亞祼以璋瓚。

呂按：“諸臣助之”下之逗號當删。下文孔疏云：“其祭之時，親執圭瓚以祼，其左右之臣，奉璋瓚助之而亞祼。”可證。

（23）999頁1行：孔疏：彼注云：“容夫人有故攝焉。攝代王，后一人而已。言諸臣者，舉一人之事，以見諸臣之美耳。”

呂按：這裏説的“彼注”，是指《禮記·祭統》注。檢《祭統》注，只有“容夫人有故，攝焉”七字而已。此處引文多引了。又，“后”字當屬上爲句。這裏説的是由大宗伯代替王后亞祼。

（24）1006 頁 2 行：孔疏：彼謂隨命得賜，與九命外頓加九賜。別九賜者，《含文嘉》云："一曰車馬，……"

呂按："別"字當屬上為句。

（25）1011 頁 2 行：孔疏：《論語》云："無使大臣怨乎?"不以是人君當順大臣也。

呂按：《論語·微子》："不使大臣怨乎不以。"注："孔曰：以，用也。怨不見聽用。"可知當標作：《論語》云："無使大臣怨乎不以。"是人君當順大臣也。這樣的錯誤，只要核對一下原書，就可以避免。

（26）1013 頁 2 行：孔疏：鄭以為，此與下章連上二句，先言在宮在廟，卒二句又總結此二事。

呂按：短短一句，兩處破句。"連"字下當置逗號，"上二句"下之逗號當删。結合經文，不難看懂。

（27）1016 頁 4 行：孔疏：仁義之行，行之美者，尚能知其仁義。所以得不聞達者，仁義行之于心，聞達習之於學。

呂按："尚能知"下當置句號，"其仁義"下之句號當删。因為鄭箋原文有"有仁義之行，而不聞達者"之語，故孔疏有"其仁義所以得不聞達者"之文。

（28）1025 頁倒 3 行：孔疏：釋言云："荒，奄也。"孫炎曰："荒大之奄。"是荒、奄俱為大義，故云"奄，大也"。

呂按：孫炎曰："荒大之奄。"當標作：孫炎曰："荒，大之奄。"

（29）1027 頁 9 行：孔疏：德正即德音。政教是音聲號令也。

呂按："政教"二字當屬上為句，"德音"下之句號，當改作逗號。

（30）1032 頁倒 8 行：孔疏：必知己德盛威行乃遷居者，以威若不行，則民情未樂，遠方不湊，則隨宜而可令。威德既行，歸從益眾，……。

呂按："令"當作"今"，且當屬下為句。

（31）1033 頁 6 行：鄭箋：仇方，謂旁國。諸侯為暴亂大惡者，女當謀征討之。

呂按："旁國"下之句號當删。下文孔疏云："當詢謀汝怨偶之旁國,觀其爲暴亂大惡者而征討之。"可證。

(32) 1034 頁 3 行:孔疏:箋以大爲音聲,以作色忿人,長大淫恣而改其本性.。

吕按:"以作色"三字當上屬爲句,"忿人"二字當屬下爲句。"大爲音聲以作色",就是經文"大聲以色"的通俗説法。

(33) 1034 頁 8 行:孔疏:故天命文王使伐之人道,貴其識古知今。

吕按:"人道"二字當屬下爲句。鄭箋云:"其爲人,不識古,不知今。"可證。

(34) 1034 頁倒 5 行:孔疏:"怨偶曰仇",《左傳》云方者,居一方之辭,故爲傍國之諸侯。

吕按:"云",當作"文"。"文"下當置句號。

(35) 1036 頁 10 行:孔疏:《春官·肆師》注云:"類,禮依郊祀而爲之。"

吕按:"禮"字當屬上爲句。

(36) 1040 頁 2 行:孔疏:囿也,沼也,同言靈,於臺下爲囿爲沼,可知小學在公宮之左,太學在西郊。

吕按:"可知"二字當上屬爲句。"可知"下當置句號。

(37) 1047 頁破句:孔疏:彼謂一人之身,積漸以成,此則順父祖而成事,亦相類,故引以爲證。

吕按:"事"字當屬下爲句。

(38) 1056 頁倒 3 行:孔疏:張晏曰:"高辛所興地名嚳,以字爲號,上古質故也。"

吕按:當標作:張晏曰:"高辛,所興地名。嚳,以字爲號。上古質故也。"張晏注見《史記·五帝本紀》裴駰《集解》引。

(39) 1057 頁倒 10 行:孔疏:堯有賢弟七十,不用須舜舉之,此不然明矣。

吕按:當標作:堯有賢弟,七十不用,須舜舉之,此不然明矣。

(40) 1069 頁 10 行:孔疏:稍至秋初,禾又出穗,實盡發于管,實生粒皆秀更復少時其粒,實皆堅成,實又齊好,實穗重而垂穎。

　　呂按："皆秀"下當置逗號，"少時"下當置逗號，"其粒"二字當屬下爲句。

　　(41) 1086 頁 13 行：孔疏：知子路爲司射者，以《鄉射》云："司射袒決，遂取弓矢於西階，乃告請射事。"

　　呂按："遂"字當屬上爲句。這個"遂"不是副詞，而是名詞，謂射箭時穿的臂衣，這裏用爲動詞。

　　(42) 1092 頁倒 3 行：孔疏：《白虎通》引曾子曰："王者宗廟，以卿爲尸，射以公爲耦。不以公爲尸，避嫌三公尊近天子，親稽首拜尸，故不以公爲尸。"

　　呂按："避嫌"下當置句號。"天子"二字當屬下爲句。

　　(43) 1124 頁倒 2 行：孔疏：服虔注云："縶，發聲也，言黍稷牲玉，不易無德，薦之則不見饗。"

　　呂按："不易"二字當上屬爲句，"無德"二字當屬下爲句，"薦之"下當置逗號。此亦"黍稷非馨，明德惟馨"之義（《左傳》僖公五年）。

　　(44) 1136 頁 2 行：孔疏：《釋木》云："櫬，梧。"郭璞曰："今梧桐又曰榮桐木。"郭璞云："則梧桐也。"然則桐梧一木耳。

　　呂按：郭璞曰："今梧桐又曰榮桐木。"當標作：郭璞曰："今梧桐。"又曰："榮，桐木。""又曰"者，《爾雅·釋木》又曰也。

　　(45) 1137 頁倒 10 行：孔疏：車不獨賜駕，必以馬、車言眾多，則馬亦多矣。

　　呂按："駕"字當屬下爲句。"以馬"下之頓號當改作逗號。

　　(46) 1137 頁倒 4 行：孔疏：又解召公獻詩及言遂歌之意，以明王使公卿獻詩，以陳其所作之人志意，遂爲工師之歌故也。

　　呂按："以陳"二字當屬上爲句。

　　(47) 1163 頁 5 行：鄭箋：今王政暴虐，賢者皆佯愚不爲，容貌如不肖然。

　　呂按：當標作：今王政暴虐，賢者皆佯愚，不爲容貌，如不肖然。"不爲容貌，如不肖然"，意謂不注意外表，像是個没本事的人那樣。

　　(48) 1163 頁倒 4 行：鄭箋：人君爲政，無强于得賢人。得賢人則天下教化,於其俗有大德行,則天下順從其政。

吕按:當標作:人君爲政,無强于得賢人。得賢人則天下教化於其俗。有大德行,則天下順從其政。"得賢人則天下教化於其俗",是經文"四方其訓之"的演繹。"於其俗有大德行,則天下順從其政",是經文"有覺德行,四國順之"的通俗表述。

(49)1164頁15行:孔疏:《太宰職》曰:"正月之吉,始和,布治于邦國都鄙,乃懸治象之法于象魏。"

吕按:"始和"下之逗號當删。王引之《經義述聞·周官上》:"和,當讀爲宣……和布者,宣佈也。"孫詒讓《周禮正義》亦取王説。

(50)1166頁倒9行:孔疏:用戒戎,作爲中國,則用剔蠻方爲夷狄。

吕按:第一,"用戒戎"下之逗號當删去;第二,"用戒戎作"四字當加引號,因爲這是經文原文;第三,"爲中國"三字當屬下爲句。

(51)1166頁倒3行:孔疏:用此治九州之外不服者,謂治夷鎮蕃。三服,《大行人》既列其服朝見之數……

吕按:"三服"二字當上屬爲句,其下之逗號當删去。"夷鎮蕃",最好標作"夷、鎮、蕃"。

(52)1171頁1行:孔疏:言不愧屋漏,則屋漏之處有神居之矣,故言祭時於屋漏,有事之節,……

吕按:"屋漏"下之逗號當删去,"之節"下之逗號當改作句號。

(53)1171頁3行:孔疏:《特牲禮》尸謖之後云:"佐食徹尸薦俎,敦設於西北隅,几在南厞,用筵納一尊。"

吕按:"敦"字當屬上爲句。"厞"字當屬下爲句。"用筵"下當置逗號。"薦俎敦"爲三物,如能加頓號,標作"薦、俎、敦",更好。

(54)1172頁11行:孔疏:彼童羊實無角,而爲有角,自用妄爲,抵觸人。以喻王后本實無德,而爲有德,自用横干政事。

吕按:兩處破句。上下兩個"自用",俱當屬上爲句。

(55)1175頁3行:孔疏:上言借曰未知,冀其長大,有識此言。人意不滿,亦望在後更益,是冀王有晚成之意。

吕按:"有識"二字當上屬爲句。"此言"二字當屬下爲句。

（56）1175 頁倒 10 行：鄭箋：我教告王，口語諄諄，然王聽聆之貌貌然忽略，不用我所言爲政令，反謂之有妨害於事言。

呂按：這是鄭箋在串講經文，故當標作：我教告王口語諄諄然，王聽聆之貌貌然，忽略不用我所言爲政令，反謂之有妨害於事。

（57）1176 頁 7 行：孔疏：自上以來，諫王之情已極於此，自言諫意以結之。

呂按："於此"二字當屬下爲句。

（58）1185 頁 3 行：孔疏：正謂蟲災爲害五穀，盡病以言盡，故知總五穀也。

呂按：兩處破句。當標作：正謂蟲災爲害，五穀盡病。以言"盡"，故知總五穀也。

（59）1188 頁 3 行：鄭箋：天下之民，苦王之政，欲其亂亡，故安爲苦毒之行，相侵暴惛恚使之然。

呂按："相侵暴"三字當上屬爲句。下文孔疏云："天下之民，苦王之政，民欲其亂亡，故安然而爲此惡行，以相侵暴，謂强陵弱、衆暴寡也。此非民之本性，乃由惛恚王者使之然也。"是其義也。

（60）1188 頁 6 行：孔疏：荼，苦，葉毒者。螫蟲、荼毒皆惡物，故比惡行。

呂按：短短一句，三處破句。當標作：荼，苦葉。毒者，螫蟲。荼、毒皆惡物，故比惡行。孔疏是首先分釋，何者謂之荼，何者謂之毒。

（61）1189 頁 12 行：孔疏：貪人之識，不能鑑遠聞。淺近之言，合其志意，則應答之。

呂按："聞"字當屬下爲句，其下之句號當改作逗號。

（62）1189 頁倒 2 行：鄭箋：我豈不知女所行者，惡與直知之。女所行如是，猶鳥飛行自恣東西南北時，亦爲弋射者所得。

呂按："惡與"當上屬爲句。"時"字當屬下爲句，經文"時亦弋獲"可證。

（63）1193 頁倒 6 行：孔疏：春秋之世，晉之知氏世稱伯，趙氏世稱孟，仍氏或亦世稱，字叔，爲別人可也。

呂按:"字"當屬上爲句。"叔"當下屬爲句。

(64) 1193 頁倒 2 行:《釋文》:倬,陟角反,王云:"著也。"《説文》云:"著,大也。"

呂按:"著"下之逗號當删去。"著大也",這是《説文》對"倬"字的説解。

(65) 1199 頁 13 行:鄭箋:旱既不可卻止,熱氣大盛,人皆不堪言。我無所庇陰而處,衆民之命近將死亡。

呂按:"言"字當屬下爲句。

(66) 1199 頁倒 8 行:孔疏:故使旱之爲勢赫赫然,氣盛炎炎然熏熱,其時之人不能堪之。

呂按:"爲勢"下當置逗號。"氣盛"二字當屬上爲句。

(67) 1202 頁倒 7 行:孔疏:汝等諸臣,無有一人而不賙救。其百姓困急者,謂諸臣之中,無有自言不能賙救而止不爲者。

呂按:上"賙救"下之句號當删去。

(68) 1203 頁 2 行:孔疏:于此之時,則趣馬之官不以粟秣養其馬;師氏之官弛廢其兵,而不用所驅馳之大道,不使人除治之;

呂按:"而不用"三字當上屬爲句。

(69) 1203 頁 2 行:孔疏:左右,君之左右,總謂諸臣不修者,無所修作。

呂按:"總謂諸臣"下當置句號。孔疏是在解釋毛傳"左右布而不修"一句的。

(70) 1204 頁倒 6 行:鄭箋:使女無棄成功者何,但求爲我身乎?

呂按:"何"字當屬下爲句,經文"何求爲我"可證。

(71) 1207 頁 1 行:毛傳:嶽降神靈,和氣以生,申甫之大功。

呂按:"和氣"當上屬爲句,"以生"當屬下爲句。經文"維嶽降神,生甫及申"可證。

(72) 1207 頁倒 1 行:孔疏:《周語》又曰:"祚四岳,國命爲侯伯。"

呂按:"國"字當屬上爲句。

　　(73)1211 頁 8 行:孔疏:二十八年《左傳》曰:"王命王子虎策命晉侯爲侯伯,其策文云:王曰:'叔父用州牧之禮。'"是謂州牧爲侯伯。

　　呂按:檢《左傳》,這裏徵引的策問只有四個字,即"王曰叔父"。"用州牧之禮",是孔疏之文。

　　(74)1216 頁 12 行:毛傳:諸侯有大功則賜虎賁徒御。嘽嘽,徒行者、御車者嘽嘽喜樂也。

　　呂按:標點大誤。當標作:諸侯有大功則賜虎賁。徒御嘽嘽,徒行者、御車者嘽嘽喜樂也。"徒御嘽嘽"是經文,近在眉睫,何不一顧耶!

　　(75)1220 頁倒 10 行:孔疏:是順謂從其所爲言。君須爲善,從君之意以成善事也。

　　呂按:"言"字當屬下爲句,其下之句號當改作逗號。觀上文鄭箋,庶幾可避免此誤。

　　(76)1222 頁 9 行:鄭箋:人之言云:德甚輕然,而眾人寡能。獨舉之以行者,言政事易耳。

　　呂按:"然"字當屬下爲句。"寡能"下之句號當刪去。這幾句鄭箋,實際上是在串講經文"人亦有言:德輶如毛,民鮮克舉之"。

　　(77)1223 頁 6 行:孔疏:見其所乘之四牡業業然動而高大,所從眾人之征夫捷捷然敏而樂事于其祖。

　　呂按:"樂事"下當置句號。"于其祖"是另一句的開始。

　　(78)1227 頁 8 行:孔疏:服虔云:"韓萬,晉大夫曲沃桓叔之子,莊伯之弟。"

　　呂按:"晉大夫"下當置逗號。

　　(79)1231 頁倒 11 行:孔疏:不言雍州,而云"黑水西河"者,以《禹貢》大界,略言所至地形,不可如圖境界互相侵入。

　　呂按:"地形"當屬下爲句。"如圖"下當置逗號。

　　(80)1231 頁倒 5 行:孔疏:"綏,大綏"者,即《王制》所謂"天子殺下大綏"者是也。

　　呂按:"天子殺下"當置逗號。

(81) 1231 頁倒 5 行:孔疏:《天官·夏采》注云:"徐州貢夏翟之羽,有虞氏以爲綏。後世或無染鳥羽,象而用之。"

吕按:"後世或無"下當置逗號。

(82) 1232 頁 1 行:孔疏:軹爲軾中蓋,相傳爲然。

吕按:"蓋"字當屬下爲句。

(83) 1232 頁倒 7 行:孔疏:《巾車》注亦云:"錫馬面,當盧刻金爲之。"所謂鏤錫當盧者,當馬之額盧,在眉眼之上。

吕按:三處破句,一處引文少引。當標作:《巾車》注亦云:"錫,馬面當盧,刻金爲之,所謂鏤錫。"當盧者,當馬之額,盧在眉眼之上。

(84) 1233 頁 6 行:鄭箋:人君之車曰路車,所駕之馬曰乘馬。

吕按:下"車"字當屬下爲句。

(85) 1242 頁 13 行:孔疏:凡言來據,自彼至此之辭。

吕按:"據"字當屬下爲句,觀上下文可知。

(86) 1246 頁 4 行:《釋文》:錫,本或作"錫之"。山川土田附庸者,是因《魯頌》之文妄加也。

吕按:下"錫"字當作"錫"。"之"字當屬下爲句。

(87) 1248 頁 9 行:孔疏:謂如其召康公所言。"天子萬壽"以下是也。

吕按:"所言"下之句號當删去。觀經文可知。

(88) 1250 頁 17 行:孔疏:王肅云:"皇父以三公而撫軍也,殊南仲,于王命親兵也。"

吕按:"殊南仲"下之逗號當删去。"親兵"者,直接帶兵也。

(89) 1254 頁 16 行:孔疏:既敗其根本,又窮其枝葉,因復使人治彼淮浦之旁有罪之國,皆執而送之,來就王師之所而聽誓言,盡得其支黨也。

吕按:"言"字當屬下爲句。

(90) 1256 頁倒 5 行:孔疏:凡國,伯爵。

吕按:當標作:凡,國。伯,爵。

(91) 1257 頁 1 行:鄭箋:仰視幽王爲政,則不愛我下民甚久矣。天下不安，王乃下此大惡以敗亂之。

　　吕按："甚久矣"當屬下爲句。"甚久矣天下不安"，就是經文的"孔填不寧"。

　　（92）1258頁倒1行：鄭箋：厥，其也。其，幽王也。

　　吕按：當標作：厥，其也，其幽王也。"其幽王也"，意謂用"其"字來指代幽王也。鄭箋往往將人稱代詞活用作動詞。例如，《小雅·出車》："我出我車，於彼牧矣。"鄭箋："上我，我殷王也。下我，將率自謂也。"再如，《大雅·大明》："上帝臨女。"鄭箋："女，女武王也。"

　　（93）1261頁12行：孔疏：言三宫之夫人，亦容天子。三夫人，人各居一宫也。

　　吕按："亦容天子"下之句號當删去。

　　（94）1261頁16行：孔疏：彼注云："菜及早涼脆，采之風戾之，使露氣燥，乃可食矗。"

　　吕按："采之"當上屬爲句。

　　（95）1261頁20行：孔疏：彼注云："副褘，王后之服。而云夫人，記者容二王之後與？以記意或然，故言。與爲疑之辭。"

　　吕按：首先，據《禮記·祭義》注，"記者容二王之後與？"下當置引號。注文至此結束。再説破句。"王后之服"下之句號當删去。"故言"下之句號當删去。

　　（96）1262頁倒11行：孔疏：此經與上義相配成天，刺神不福，皆由政惡所致。

　　吕按："天"字當屬下爲句。此覆説經文"天何以刺？何神不富"？

　　（97）1263頁3行：孔疏：以"天之降罔"，是羅網寬廣優饒者，寬容之義，故易傳以優爲寬。

　　吕按："羅網寬廣"下當置句號。

　　（98）1265頁6行：鄭箋：王施刑罪，以羅網天下衆爲殘酷之人，雖外以害人，又自内爭相讒惡。

　　吕按："以羅網天下"下當置句號。"王施刑罪，以羅網天下"，是申講經文"天降罪罟"的;"眾爲殘酷之人,雖外以害人,又自内爭相讒惡",是申講經文"蟊賊内訌"的。

(99) 1266 頁倒 3 行:鄭箋:天下之人,戒懼危怖甚久矣,其不安也,我王之位,又甚隊矣。

吕按:"戒懼危怖"下當置句號。"其不安也"下之逗號,當改作句號。鄭箋的這三句話,正是對經文"兢兢業業,孔填不寧,我位孔貶"三句的申講。

(100) 1269 頁 7 行:《釋文》:案張揖《字詁》云:"頻,今濱。"則頻是古濱字者。與音餘。

吕按:"者"字當屬下爲句。最好標作"者與,音餘"。"者與"是上文鄭箋中的詞語。

(101) 1273 頁倒 2 行:孔疏:箋云:"成王既黜殷命,殺武庚,命微子代殷。後既受命,來朝而見也。"

吕按:"後"字當屬上爲句。"命微子代殷後",意謂命微子作殷的香火繼承人。《史記·宋微子世家》:"周公既承成王命誅武庚,殺管叔,放蔡叔,乃命微子開代殷後,奉其先祀。"是其事。

(102) 1275 頁 1 行:孔疏:但敘云"奏"者,容周公、成王時,所奏述其事而爲頌,故不可必定也。

吕按:"所奏"當屬上爲句。

(103) 1276 頁 16 行:孔疏:《臣工之什》言助祭祈報合樂,朝見事劣於《清廟》。

吕按:"朝見事"當上屬爲句。《臣工之什》10 篇,觀 10 篇小序可知。最好加上頓號,標作:《臣工之什》言助祭、祈報、合樂、朝見事,劣於《清廟》。

(104) 1276 頁倒 5 行:孔疏:以頌者,告神之歌,由於政平神悦所致,故説政從神,下歌以報神,所以爲頌之意。

吕按:"下"字當屬上爲句。

(105) 1277 頁 13 行:孔疏:《大傳》曰:"自禰率而上之至於祖遠者輕仁也;自祖率而下之至於禰高者,重義也。"

吕按:"重"字當屬上爲句。最好標作:《大傳》曰:"自禰率而上之至於祖，遠者輕，仁也；自祖率而下之至於禰，高者重，義也。"

（106）1277頁23行：孔疏：既爲其器，即立其神，神有制度，故可法象，猶社祀勾龍，廟祭先祖，亦人立之而效之。降命與此同。

呂按："降命"當上屬爲句，其下之句號當改作逗號。上文之"殺以降命"，殺即"效"之假借字。

（107）1278頁11行：孔疏：祭地得所，地不愛寶，山出器車，地生醴泉，銀甕丹甑金玉，百貨可盡爲人用焉。

呂按："金玉"當屬下爲句。"百貨"下當置逗號。

（108）1278頁倒6行：孔疏：頌之作也，主爲顯神，明多由祭祀而爲。

呂按："明"字當屬上爲句。

（109）1280頁1行：孔疏：《楚茨》經云"烝嘗"，序稱"祭祀"，是秋冬之祭亦以祀目之。此祀文王，自當在春餘，序之稱祀，不必皆春祀也。

呂按："餘"字當屬下爲句。

（110）1280頁9行：孔疏：此朝諸侯在明堂之上，于時之位，五等四夷莫不咸在。

呂按："五等"當上屬爲句。五等，謂三公、諸侯、諸伯、諸子即諸男也。詳《明堂位》。

（111）1282頁4行：孔疏：以此祀文王之歌，美其祀不美其廟，故云"周公之祭清廟也"。其禮儀敬且和者，謂周公祭祀能敬和也。

呂按：破句之處頗多。今爲之整理如下：以此祀文王之歌，美其祀不美其廟，故云。"周公之祭清廟也，其禮儀敬且和"者，謂周公祭祀能敬和也。觀上文鄭箋自知。

（112）1287頁10行：孔疏：杜預曰："籥舞者，所執南籥以籥舞也。"

呂按：檢《左傳》襄公二十九年杜注，當標作：杜預曰："籥，舞者所執。南籥，以籥舞也。"

（113）1288頁倒4行：孔疏：《我應》云："王曰：'於戲！斯在伐崇謝告。'"注云："斯，此也。天命此在伐崇侯虎，謝百姓，且告天。"

按："斯在"當屬上爲句。"天命此在"下當置逗號。

（114）1300 頁 4 行：孔疏：故《雜問志》云："不審周以何月，於《月令》則季秋正可。不審祭月必有大享之禮。"

呂按：核之《禮記·祭法》孔疏所引《雜問志》，"正可"二字當屬下爲句。《雜問志》引文止于"季秋"。

（115）1303 頁 13 行：孔疏：或將强以淩弱，恃衆以侵寡，擁遏王命，冤不上聞，而使遠道細民受枉。聖世聖王知其如是，故制爲此禮，時自巡之。

呂按："聖世"當屬上爲句。

（116）1303 頁 16 行：孔疏：（大司馬職）注云："師謂巡守。若會同，是巡守之禮，有伐罪正民之事也。"

呂按：首先，引文多引了。注文止于"會同"二字。再說破句。"巡守"下之句號當删去。"若"是連詞，"和"、"及"之義。整理一下是這樣：（大司馬職）注云："師，謂巡守若會同。"是巡守之禮，有伐罪正民之事也。

（117）1308 頁 11 行：《釋文》：將，七羊反，注同。《説文》作"蹡蹡"，行貌。

呂按：《説文》以下破句。當標作：《説文》作"蹡"，蹡，行貌。

（118）1313 頁倒 8 行：孔疏：玄之聞也，賓者，敵主人之稱，而《禮》，諸侯見天子稱之曰賓，不純臣，諸侯之明文矣。

呂按："不純臣"下之逗號當删去。

（119）1319 頁倒 1 行：鄭箋：亦，大服事也。

呂按：當標作：鄭箋：亦，大。服，事也。這是鄭玄在解釋經文"亦服爾耕"中的"亦"字和"服"字的。

（120）1320 頁倒 9 行：孔疏："亦，大服事"，《釋詁》文。彼"亦"作"弈"，音義同。

呂按：破句與上條同。

（121）1321 頁孔疏：鄭云："以至於畿，則中雖有都、鄙，遂人盡主其地。"是都、鄙與遂同制，此法明其共爲部也。

呂按：兩個"都、鄙"中間的頓號都應删去。"都鄙"是一個詞，鄭玄注《周禮·天官·太宰》云："都鄙，公卿大夫之采邑、王子弟所食邑。"

（122）1324頁13行：孔疏：色潔白之水鳥而集於澤，誠得其處也，以興有威儀之杞、宋。往，行也。

吕按："宋"下之句號與"往"下之逗號，皆應删去。

（123）1324頁倒4行：孔疏：《皋陶謨》曰："虞賓在位，此及有瞽。"皆云我客。

吕按：當標作：《皋陶謨》曰："虞賓在位。"此及《有瞽》皆云"我客"。

（124）1328頁倒7行：孔疏：知者，以《春官·典庸器》、《冬官·梓人》及《明堂位》《檀弓》皆言栒虡而不言業，此及《靈臺》言虞業而無栒文，皆與虡相配，栒業互見，明一事也。

吕按："文"字當屬下爲句。意謂"栒"字、"業"字皆與"虡"字相配。

（125）1328頁倒1行：孔疏：《靈臺》云："虞業維樅。"樅即崇牙上飾，卷然可以爲懸者也。

吕按："上飾"當屬下爲句。"卷然"下當置逗號。

（126）1329頁2行：孔疏：其上刻爲崇牙，似鋸齒捷業然，故謂之業牙，卽業之上齒也。

吕按：下"牙"字當屬下爲句。

（127）1329頁2行：孔疏：《大射禮》應鞞在建鼓東，則爲應和。建鼓、應鞞共文，是爲一器，故知"應，小鞞"也。

吕按："應和"下之句號當删去。"建鼓"下之頓號當改作逗號。按《儀禮·大射儀》："建鼓在阼階西，南鼓；應鼙在其東，南鼓。"鄭玄注："應鼙，應朔鼙也。先擊朔鼙，應之。鼙，小鼓也。"

（128）1329頁倒3行：孔疏：《太師》注："木柷，敔也。"

吕按："柷"字當屬下爲句。

（129）1335頁6行：孔疏：由皇考能遍使民智，故孝子得安皇考之德，又能安及皇天，使無三辰之災，而有征祥之瑞。

吕按："故孝子得安"下當置句號。

(130) 1335 頁 7 行:孔疏:以今禘祭,則皇考又安佑我之孝子,得年有秀眉之壽,光大孝子以繁多之福也。

呂按:"得年"當屬上爲句。

(131) 1339 頁 10 行:孔疏:俾緝熙是神,使辟公光明之,則綏以多福。是神安辟公以多福,非謂安孝子也。

呂按:"神"下之逗號當删去。"多福"下之句號當删去。整句應標作:"俾緝熙"是神使"辟公"光明之,則"綏以多福"是神安"辟公"以多福,非謂安孝子也。

(132) 1340 頁 7 行:鄭箋:今微子代之,亦乘殷之馬,獨賢而見尊異,故言亦駮而美之。

呂按:"故言亦"下當置逗號,"亦"字當加引號。"故言亦"之"亦",是針對經文"亦白其馬"的"亦"字的。

(133) 1340 頁倒 10 行:孔疏:《檀弓》曰:"殷人戎事,乘翰翰白色馬。"雖戎事,乘之亦以所尚,故白言亦白其馬。

呂按:此句既有引文多引,又有多處破句。今爲之整理如下:《檀弓》曰:"殷人戎事乘翰。"翰,白色馬。雖戎事乘之,亦以所尚故白。言"亦白其馬"……

(134) 1341 頁 6 行:鄭箋:追,送也。于微子去,王始言餞送之,左右之。臣又欲從而安樂之,厚之無已。

呂按:"餞送之"下之逗號當改作句號。"左右之"下之句號當删去。鄭玄是在串講經文"薄言追之,左右綏之"。

(135) 1344 頁 1 行:孔疏:《訪落》與羣臣共謀敬之,則羣臣進戒,文相應和,事在一時,則俱是未攝之前。

呂按:"共謀"下當置逗號。"敬之"是《詩經》篇名,應加書名號,其下逗號當删。

(136) 1347 頁 11 行:孔疏:又重解難成之事,謂諸政教已有,基業未得平。平亦成也。

呂按:"基業"當屬上爲句。

(137) 1351 頁 1 行:《釋文》:螫音釋,《韓詩》作辛。赦,赦事也。

　　吕按："螫"前脱"辛"字,此失校。整句當標作:辛螫,音釋,《韓詩》作"辛赦"。赦,事也。

　　(138)1354頁9行:孔疏:韋昭云:"王無耦,以一耜耕。班,次也。三之者,下各三。其上王一發,公三,卿九,大夫二十七。"

　　吕按:"其上"當上屬爲句,其下之句號當改作逗號。

　　(139)1358頁倒2行:孔疏:箋申特美之意,故云"先長者傑"。既是先長,明厭厭,其餘衆苗齊等者。

　　吕按:"傑"字當屬下爲句。"厭厭"下之逗號當删去。觀上文經注可知。

　　(140)1363頁倒11行:孔疏:《族師》雖云祭酺,不言即爲醵;《飲酒禮記》自有醵語,不云醵是族法。

　　吕按:"飲酒"二字不應在書名號之内,當屬上爲句。

　　(141)1364頁5行:孔疏:然則社稷用黝,牛色以黑。而用黄者,蓋正禮用黝,至於報功,以社是土神,故用黄色。

　　吕按:"牛色以黑"下之句號當删去。

　　(142)1367頁2行:孔疏:直言"自堂徂基"何？知非廟堂之基者。以繹禮在門,不在廟,故知非廟堂也。

　　吕按:當標作:直言"自堂徂基",何知非廟堂之基者,以繹禮在門,不在廟,故知非廟堂也。

　　(143)1371頁2行:鄭箋:允,信也。王之事所以舉兵克勝者,實維女之事信,得用師之道。

　　吕按:"信"字當屬下爲句。"信得用師之道",説的就是經文"允師"二字。

　　(144)1419頁17行:孔疏:計地所出,則非常故。成出一車,以其非常,故優之也。

　　吕按:當標作:計地所出則非常,故成出一車。以其非常,故優之也。

　　(145)1430頁7行:《商頌譜》:自後政衰,散亡商之禮樂,七世至戴公時,當宣王,大夫正考父者,校商之名頌十二篇于周太師,以《那》爲首,歸以祀其先王。

呂按："散亡"當上屬爲句。"時"字當屬下爲句。

（146）1442 頁 7 行:《釋文》:案此序一,注舊有兩本,前祫後禘是前本,兩禘夾一祫是後本也。

呂按："注"字當屬上爲句。

（147）1452 頁倒 2 行:毛傳:諸夏爲外幅廣也。

呂按:當標作:諸夏爲外。幅,廣也。觀經文可知。

（148）1454 頁倒 8 行:孔疏:韋昭云:"周之禘祫文、武,不先不窋,故通謂之王。"

呂按:"文、武"當下屬爲句。

（149）1454 頁倒 1 行:孔疏:"率履不越",文承"是達"之下,明民從政化,非契身率禮,故云……

呂按:"非"字當屬上爲句。

（150）1456 頁 3 行:孔疏:言天之所以命契之事,自契之後,世世行而不違失,天心雖已漸大,未能行同於天。

呂按:"天心"當上屬爲句。

（151）1465 頁 2 行:鄭箋:降,下。遒,暇也。天命乃下視下民,有嚴明之君。

呂按:"下民"當下屬爲句。"天命乃下視",就是經文的"天命降監下民有嚴";"下民有嚴明之君",就是經文的"下民有嚴"。

（152）1466 頁倒 4 行:孔疏:王肅云:"桷楹以松栢爲之,言無雕鏤也。陳列其楹。有閑,大貌。"

呂按:"陳列其楹"下之句號當改作逗號。"有閑"下之逗號當删去。這兩句是解釋經文"旅楹有閑"的。

（作者單位:河南師範大學歷史系）

《詩・衛風》創作年代考論(下)
——春秋詩歌創作年代考論之五[*]

邵炳軍

摘要:《有狐》爲衛女思夫之作,當爲衛懿公九年(前 660 年)狄入衛而衛遷都河南之前所作;《河廣》爲宋桓夫人望宋救衛之作,當爲宋桓夫人于赤狄伐衛而赤狄又未入衛都邑朝歌之際所作,即宋桓公二十二年(前 660 年);《竹竿》爲許穆夫人憂時之作,作于衛文公元年(前 659 年);《木瓜》爲衛大夫美齊桓公城楚丘以封衛之作,作于齊桓公城楚丘以封衛之年,即衛文公二年(前 658 年)。

關鍵詞:《詩經》 《衛風》 創作年代 研究

《詩》的斷代研究,至遲從《詩序》產生的時代已經開始了。我們可以從《國語》、《左傳》、《論語》等戰國以前的文獻中看到,春秋時期人們賦《詩》、引《詩》、論《詩》時,往往會提到《詩》中具體篇目的作者,自然亦明白某一詩篇的創作年代。因爲,在《詩》之傳播與接受過程中,要瞭解某首詩歌的思想內容與藝術形式,首先必須瞭解其創作背景、創作緣由;也只有準確瞭解某一詩篇的創作背景、創作緣由及其創作年代,《詩》之研究方可做到"知人論世",方可把握其時代特徵,方可進一步考察詩歌創作流變的基本狀況及其藝術規律。這就是自漢代以降至今人們依然關注《詩》的斷代研究的基本緣由,亦是我們進行"春秋政治變革與詩歌創作考論"課題研究的基礎。本文擬以先哲時賢已有的研究成果爲基礎,提出我們對《詩・衛風・有狐》、《河廣》、《竹竿》、《木瓜》四篇創作年代的一

---

* 上海市哲學社會科學資助項目"春秋政治變革與詩歌創作考論"(項目批准號:2007BWY007)階段性成果。

孔之見，以求教于方家。

一、衛女作《有狐》

《有狐》爲衛女思夫之作（程俊英、蔣見元《詩經注析》）。其創作年代，先哲時賢主要有五説：一爲闕疑説，毛《序》："《有狐》，刺時也。衛之男女失時，喪其妃耦焉。古者國有凶荒，則殺禮而多昏，會男女之無夫家者，所以育人民也。"①漢韓嬰《韓詩外傳》卷三、宋王質《詩總聞》卷三、朱熹《詩集傳》卷三、戴溪《續呂氏家塾讀詩記》卷一、明季本《詩説解頤正釋》卷五、朱謀㙔《詩故》卷二、清范家相《詩瀋》卷六、姚際恒《詩經通論》卷四及劉大白《白屋説詩·説毛詩》、胡義成《〈詩經〉中"勞者"之歌產生及編纂成集時的社會》、陳子展《詩經直解》皆同。② 二爲衛頃公之世（約前 965 年—前 954年）以後説，漢鄭玄《詩譜·邶鄘衛譜》："七世至頃侯，當周夷王時，衛國政衰，變風始作。故作者各有所傷，從其國本而異之，爲《邶》、《鄘》、《衛》之詩。"三爲衛宣公之世（前 718 年—前 700 年）説，《詩譜·邶鄘衛譜》孔《疏》："《伯兮》云：'爲王前驅'；《有狐序》云：'衛之男女失時'；皆不言謚。在《河廣》、《木瓜》之間，則似文公詩矣。但文公、惠公之時無從王征伐之事，惟桓五年秋蔡人、衛人、陳人從

---

① 宋朱熹：《詩序辨説》（《朱子全書》，上海古籍出版社、安徽教育出版社點校四部叢刊三編日本東京岩崎氏靜嘉文庫藏宋本，朱傑人等點校，2002 年）卷上："'男女失時'之句未安，其曰'殺禮多昏'者，《周禮·大司徒》'以荒政十有二聚萬民十日多昏'者是也。《序》者之意，蓋曰衛於此時不能舉此之政耳。然亦非詩之正意也。"

② 毛《序》之"刺衛之男女失時"説，《韓詩外傳》之"君子閔窮民"説，《詩總聞》之"貧婦憂憤"説，朱《傳》之"寡婦欲嫁鰥夫"説，《續呂氏家塾讀詩記》之"國人閔鰥夫"説，《詩説解頤正釋》之"役婦絶欲淫者"説，《詩故》之"君子傷貧困"説，《詩瀋》之"憂亂"説，《詩經通論》之"婦人以夫從役於外而憂其無衣"説，《白屋説詩》之"戀歌"説，《〈詩經〉中"勞者"之歌產生及編纂成集時的社會》之"饑者之歌"説，《詩經直解》之"男子嘲弄女子"説，詩旨解説雖異，然皆不著作世。

王伐鄭,當宣公時,則《伯兮》亦宣公詩也。《伯兮》既爲宣公詩,則《有狐》亦非文公詩。文公滅而復興,詩無刺者,不得有‘男女失時’之歌,則《有狐》亦宣公詩也。”四爲衛懿公九年(前 660 年)說,元許謙《詩集傳名物鈔》卷二:“《有狐》,寡婦思婚姻。……《有狐》,疑戴世。”①五爲衛懿公九年(前 660 年)之前說,清魏源《詩古微·詩序集義》:“《有狐》,閔窮民也。在位君子憂民饑寒而圖其衣食焉。‘淇梁’、‘淇側’、‘淇厲’,明爲先世故都之詩。”《邶鄘衛答問》說同。筆者此從魏氏《詩古微》“衛懿公九年之前”說。兹補證有二:

其一,詩人所寫“無裳”、“無帶”、“無服”内容相合與怨女曠夫無涉。詩之首章曰:“有狐綏綏,在彼淇梁”;次章曰:“有狐綏綏,在彼淇厲”;末章曰:“有狐綏綏,在彼淇側。”詩人以“狐”喻夫君,以狐之處所的變換喻夫君之流離失所。又,詩之首章曰:“心之憂矣,之子無裳”;次章曰:“心之憂矣,之子無帶”;末章曰:“心之憂矣,之子無服。”此詩人明確寫出心之所憂的緣由爲憂念丈夫流離失所、生活窘況,從一個側面反映出詩歌創作的亂世背景。

其二,詩之首章曰:“在彼淇梁”;次章曰:“在彼淇厲”;末章曰:“在彼淇側”。詩人寫狐之處所的變換即夫君之流離失所,均不出淇水。衛都河北,其地在朝歌之東,淇水之北。據閔二年《春秋》、《左傳》、《史記·十二諸侯年表》、《衛世家》,衛懿公九年(前 660 年),狄入衛,懿公被殺,戴公立,遂南渡黃河而寄居曹邑。此與衛文公元年(前 659 年)許穆夫人所作《泉水》“毖彼泉水,亦流于淇。有懷于衛,靡日不思。孌彼諸姬,聊與之謀”諸語相異,而與衛武公五十五年(前 766 年)武公薨後衛人所作《淇奥》“瞻彼淇奥,綠竹猗猗。有匪君子,如切如磋,如琢如磨。瑟兮僩兮,赫兮咺兮。有匪君子,終不可諼兮”諸語相類,亦與衛惠公元年(前 699 年)衛人所作《桑中》“爰采唐矣? 沬之鄉矣。云誰之思? 美孟姜矣。期我乎

────────────

① 衛懿公九年(前 660 年)狄入衛,懿公被殺,戴公立,遂南渡黃河而寄居曹邑(即今河南省滑縣西南之白馬故城)。事見:閔二年《春秋》、《左傳》、《史記·十二諸侯年表》、《衛世家》。

桑中,要我乎上宫,送我乎淇之上矣"諸語相類。則《有狐》詩人猶以"淇"入詠者,並非以興復舊都之事望之,而是衛遷都河南(前660年)之前所作。惜其具體作時不可詳考,姑繫于狄滅衛前一年,即衛懿公八年(前661年),且從今本《詩經》篇次繫於《旄丘》之後。

二、宋桓夫人作《河廣》

關於宋桓夫人其人,閔二年《左傳》:"初,惠公之即位也少,齊人使昭伯烝于宣姜,不可,強之。生齊子、戴公、文公、宋桓夫人、許穆夫人。"①《史記·衛世家》:"自懿公父惠公朔之讒殺太子伋代立至於懿公,常欲敗之,卒滅惠公之後而更立黔牟之弟昭伯頑之子申爲君,是爲戴公。戴公申元年卒。齊桓公以衛數亂,乃率諸侯伐翟,爲衛築楚丘,立戴公弟毀爲衛君,是爲文公。"《宋世家》:"(桓公)二十三年,迎衛公子毀于齊,立之,是爲衛文公。文公女弟爲桓公夫人。……(桓公)三十一年春,桓公卒,太子兹甫立,是爲襄公。"閔二年《左傳》杜《注》:"昭伯,惠公庶兄、宣公子頑也。"《春秋釋例·世族譜下》:"宣姜,昭伯烝之,生齊子、戴公、文公、宋桓夫人、許穆夫人,本宣公夫人。……昭伯,頑,宣公子。……宋桓夫人,昭伯女;許穆夫人,昭伯女。"宋程公説《春秋分記·世譜七》:"莊公爲一世;莊公生四子:曰孝伯,曰桓公,曰州吁(以上並無後),曰宣公,爲二世;宣公生七子:曰急(無後),曰壽(無後),曰黔牟(無後),曰公子頑,曰惠公,曰洩(無後),曰職(無後),爲三世;頑生三子:曰齊子(後爲齊氏)、曰戴公(無後)、曰文公,惠公生懿公,爲四世(懿公無後)。"則宋桓夫人爲衛宣公晉庶子公子頑(昭伯)烝其庶母宣姜所生之次女,然其生年未詳。

今考:閔公二年《左傳》所謂"齊人",即齊僖公祿父,其立于魯

惠公三十九年(前 730 年),卒于魯桓公十四年(前 698 年)十二月丁巳(二日),則齊人使昭伯烝于宣姜當在魯桓公十四年(前 698 年)十二月丁巳(二日)之前。所謂"宣姜",即齊僖公之女,衛宣公晉夫人,衛惠公朔之母;而衛宣公立于魯隱公四年(前 718 年),卒于魯桓公十二年(前 700 年)十一月丙戌(十八日),則齊人使昭伯烝于宣姜當在魯桓公十二年(前 700 年)十一月丙戌(十八日)之後。那麼,齊人使昭伯烝于宣姜當在魯桓公十二年(前 700 年)十一月至十四年(前 698 年)十二月之間。又,衛惠公立于魯桓公十三年(前 699 年),十六年(前 696 年)十一月出奔齊。則推其年月可知,齊人使昭伯烝于宣姜當爲魯桓公十三年(前 699 年)之事。所謂"齊子",即僖十七年《左傳》齊桓公内寵長衛姬(衛共姬),其爲昭伯烝于宣姜後所生姊妹中最長者,自然生於魯桓公十四年(前 698 年)之後。宋桓夫人爲齊子(衛共姬)、衛戴公申、文公毀之妹,其在姊妹中行次爲四(閔二年《左傳》、《史記·十二諸侯年》、《宋世家》),當生於魯桓公十八年(前 694 年)之後,其于魯莊公十九年(前 675 年)嫁于宋桓公爲嫡夫人(《史記·十二諸侯年表》)。《禮記·内則》:"十有五年而笄,二十而嫁;有故,二十三年而嫁。"《雜記下》:"女雖未許嫁,年二十而笄,禮之,婦人執其禮。"據此,若宋桓夫人當生於魯桓公十八年(前 694 年),時年正好二十(虛)歲,正合"二十而嫁"之制。[①] 宋桓夫人于魯莊公二十年(前 674 年)後生太子兹父(宋襄公兹甫),兹父于魯僖公九年(前 651 年)繼位時當爲二十三、四歲。則宋桓夫人(前 694 年—前? 年),宋其夫國,桓其夫謚,姓姬,帝嚳元妃姜嫄子后稷棄之裔,季歷(公季)之孫、文王昌第九子康叔封之後,宣公晉之孫,公子頑(昭伯)次女,宣姜所出,齊子(衛共姬)、戴公申、文公毀之妹,許穆夫人之姊,宋桓公御説夫

---

① 《國語·越語上》載句踐致其父母昆弟而誓之曰:"女子十七不嫁,其父母有罪;丈夫二十不娶,其父母有罪。"此乃在越欲伐吳復仇而急需繁殖人口這一特殊情況下所規定的女子最小的結婚年齡。則此爲特例而非常制。

人，太子茲父（襄公）之母，名字、卒年皆未詳。[①] 其熱愛母國，參與
國事，素有令名，善於辭令，富有文才，爲春秋前期宋國著名貴族女
詩人，傳世有《河廣》一詩。

　　《河廣》爲宋桓夫人望宋救衛之作（清陳奐《詩毛氏傳疏》卷
五）。其創作年代，先哲時賢主要有五説：一爲闕疑説，漢桓寬《鹽
鐵論・執務篇》載孔子曰：“吾於《河廣》，知德之至也。”宋王質《詩
總聞》卷三、元劉玉汝《詩纘緒》卷四及袁梅《詩經譯注》皆同。[②] 二
爲衛文公十年（前651年）説，毛《序》：“《河廣》，宋襄公母歸於衛，
思而不止，故作是詩也。”[③]三家詩無異義。三爲衛惠公之世（前
699年—前669年）説，宋范處義《詩補傳・篇目》：“宋桓夫人，乃
宋襄公之母也。嫁宋桓公，既生襄公而被出。思其子，不能止，卒
以禮自克。此聖人所取也。既被出而歸衛，宜系惠公。”四爲衛懿
公九年（前660年）之前説，宋楊簡《慈湖詩傳》卷五：“文公之時，衛
已遷國河南，無河可渡。”[④]五爲衛懿公九年（前660年）説，清陳奐
《詩毛氏傳疏》卷五：“當時衛有狄人之難，宋襄公母歸衛，見其宗
國顛覆，君滅國破，憂思不已，故篇内皆敘其望宋渡河救衛，辭甚急
也。”筆者此從陳氏《詩毛氏傳疏》“衛懿公九年”説。兹補證有四：

　　其一，“河”在《詩》中凡二十五見，均爲黄河之專名。除《河廣》
“誰謂河廣”之外，他如《周南・關雎》首章之“在河之洲”，《邶風・
新臺》首章之“河水瀰瀰”、次章之“河水浼浼”，《鄘風・柏舟》首章
之“在彼中河”、卒章之“在彼河側”，《衛風・碩人》卒章之“河水洋
洋”，《王風・葛藟》首章之“在河之滸”、次章之“在河之涘”、卒章之

　　① 關於衛公室之族屬與世系，説詳：《史記・十二諸侯年表》、《衛世家》。
　　② 孔子之“至德”説，《詩總聞》之“僑居衛國者思鄉”説，《詩纘緒》之“宋
桓夫人之作”説，《詩經譯注》之“流浪在衛國的宋人所唱的思鄉曲”説，作者、
詩旨解説雖異，然皆不著作世。
　　③ 宋朱熹《詩序辨説》無説。又，僖九年《左傳》：“九年春，宋桓公卒，未
葬而襄公會諸侯，故曰子。……（冬）宋襄公即位，以公子目夷爲仁，使爲左師
以聽政，於是宋治。”
　　④ 衛懿公九年（前660年），狄入衛。事見：閔二年《春秋》、《左傳》。

"在河之滸",《鄭風·清人》首章之"河上乎翱翔"、次章之"河上乎逍遙",《魏風·伐檀》首章之"寘之河之干兮,河水清且漣猗"、次章之"寘之河之側兮,河水清且直猗"、卒章之"寘之河之漘兮,河水清且淪猗",《陳風·衡門》次章之"必河之魴"、卒章之"必河之鯉",《小雅·巧言》卒章之"居河之麋",《周頌·時邁》"及河喬嶽",《般》"允猶翕河",等等皆是。以上所列之"河"均爲實寫。當然,亦有虛寫者,如《鄘風·君子偕老》首章之"君子偕老,副笄六珈。委委佗佗,如山如河。"此以"河"比喻衛宣姜德容之美(唐陸德明《經典釋文·毛詩音義上》引韓《詩》)。又如《小雅·小旻》卒章之"不敢暴虎,不敢馮河。人知其一,莫知其他。戰戰兢兢,如臨深淵,如履薄冰"。此以徒步涉河之險比喻國破家亡前夕士大夫的恐懼心理(《小旻》毛《傳》)。《河廣》全詩兩章反復詠歎,説明河並不廣,宋並不遠,此當爲實寫而非"假有渡者之辭"(《河廣》孔《疏》)。況且,不論實寫、虛寫,西周春秋時期"河"均爲黃河之專名。我們知道,衛都河北,宋都河南,自衛適宋,必涉河。① 那麼,作者肯定是居於河北,而且是在衛渡河南遷之前所作。

其二,春秋時期諸侯出夫人之制,即所謂"來歸"、"大歸"、"歸於某"者。《禮記·雜記下》:"諸侯出夫人,夫人比至於其國,以夫人之禮行。"漢戴德《大戴禮記·本命篇》:"婦有七去:不順父母去,無子去,淫去,妒去,有惡疾去,多言去,竊盜去。不順父母,爲其逆德也;無子,爲其絕世也;淫,爲其亂族也;妒,爲其亂家也;有惡疾,爲其不可與共粢盛也;口多言,爲其離親也;盜竊,爲其反義也。"此正與先秦文獻關於諸侯出夫人之載相合。如《春秋》經、傳載諸侯出夫人者六:一爲魯桓公十八年(前694年),桓公夫人文姜歸於齊(桓十八年、莊元年《春秋》、《左傳》),此所謂"淫去"者;二爲魯莊公十二年(前682年),紀侯夫人叔姬歸於酅(莊十二年《春秋》、《公羊傳》、《穀梁傳》），此國亡于齊者；三爲魯文公十五年（前 612 年），齊昭公夫人子叔姬歸於魯（文十五年《春秋》、《左傳》、《公羊傳》、《穀梁傳》），此所謂夫亡子死“無子去”者；四爲魯文公十八年（前 609年），文公夫人出姜（哀姜）歸於齊（文十八年《春秋》、《左傳》），此襄仲殺嫡立庶“無子去”者；五爲魯宣公十六年（前 593 年），郯君夫人郯伯姬歸於魯（宣十六年《春秋》、《左傳》），此不詳爲何所出；六爲魯成公五年（前 586 年），杞伯夫人杞叔姬歸於魯（成五年《春秋》），此當爲所謂“有惡疾去”者。① 故宋桓夫人出於衛是合乎春秋婚制的。

其三，宋桓夫人在詩中突出望宋救衛之義。漢桓寬《鹽鐵論·執務篇》：“有求如《關雎》，好德如《河廣》，何不濟不得之有？……而欲得之，各反其本，復諸古而已。”晉袁宏《後漢紀·孝獻皇帝紀》載獻帝曰：“祖宗皆在洛陽，靈懷皇后宅兆立，未遑謁也，夢想東轅，日夜以冀，臨河誰謂其廣，望宋不謂其遠，而氾復欲西乎？”宋李昉等《文苑英華》卷五百二十載唐孫欽望《對》：“故桂林望斷，漢臣嗟其水源；航葦無因，衛女歎其河廣。”明孫礦《批評詩經》卷一：“但灑灑言宋之近，曾不一及欲往之意，然意亦湧渤。句法頓挫，自呼應，絕有妙致。”清顧炎武《日知錄》卷四：“宋襄之母獲罪於君，歸其父母之國。及襄公即位欲一見而義不可得。作《河廣》之詩以自悲。然宋亦不迎而致也。爲嘗獲罪於先君，不可以私廢命也。孔子論其詩而著之，以爲宋姬不爲不慈，襄公不爲不孝，今文姜之罪大，絕不爲親何傷於義哉？”《河廣》全詩兩章反復詠歎，說明河並不廣，宋並不遠，其言外之意說是居衛之宋人思子，或思國，或思鄉，皆可通。而《詩毛氏傳疏》雖專申毛義，更突出宋桓夫人望宋救衛之義，正孔子所謂“至德”之行。

其四，宋桓夫人被出於衛之具體年代。毛《序》所謂“宋襄公母

---

① 　成四年《左傳》：“杞伯來朝，歸叔姬故也。”則杞伯欲出夫人杞叔姬而先來朝，明年春，杞叔姬“來歸”，八年卒（成八年《春秋》、《左傳》），故杞伯欲出夫人杞叔姬時杞叔姬或已有惡疾。

歸於衛”之說，雖不見現存先秦文獻，但漢劉向《說苑·立節篇》爲我們提供了線索：“宋襄公茲父爲桓公太子，桓公有後妻子曰公子目夷，公愛之，茲父爲公愛之也。欲立之，請於公曰：‘請使目夷立，臣爲之相以佐之。’公曰：‘何故也？’對曰：‘臣之舅在衛，愛臣，若終立，則不可以往，絕跡于衛，是背母也。且臣自知不足以處目夷之上。’公不許，強以請公，公許之。將立公子目夷，目夷辭曰：‘兄立而弟在下，是其義也；今弟立而兄在下，不義也；不義而使目夷爲之，目夷將逃。’乃逃之衛，茲父從之。三年，桓公有疾，使人召茲父，若不來，是使我以憂死也，茲父乃反，公復立之，以爲太子，然後目夷歸也。”《說苑》所載太子茲父（茲甫）與庶兄目夷（子魚）讓賢之事，正與僖八年《左傳》、《史記·宋世家》所載相合。故宋呂祖謙《呂氏家塾讀詩記》卷六謂茲父“不曰欲見母而曰欲見舅者，恐傷其父之意也”。那麼，茲父所謂“絕跡于衛，是背母也”，亦即毛《序》“宋襄公母歸於衛”之義，則宋桓公有疾、復立襄公茲父爲太子時（前652年）宋桓夫人的確已經歸於衛。閔二年《春秋》：“十有二月，狄入衛。”《左傳》：“冬十二月，狄人伐衛。……及狄人戰於熒澤，衛師敗績，遂滅衛。……狄入衛，遂從之，又敗諸河。……及敗，宋桓公逆諸河，宵濟。衛之遺民男女七百有三十人，益之以共、滕之民爲五千人。立戴公以廬（寄居）于曹。”則赤狄入衛都邑朝歌，衛懿公敗死，救衛者宋、齊皆衛之婚姻之國：宋桓公迎衛之敗眾于黃河，以共、滕之民立戴公寄居于曹。[①] 從《河廣》全詩兩章反復詠歎河並不廣、宋並不遠來看，宋桓夫人出於衛自然在赤狄入衛都邑朝歌宋桓公迎衛之敗眾于黃河之前，則《河廣》一詩當爲宋桓夫人于赤狄伐衛而赤狄又未入衛都邑朝歌之際所作。故將其繫于赤狄伐衛之年，即宋桓公二十二年（前660年）。

---

① 共爲衛邑，即今河南省輝縣。滕亦衛邑，不詳所在。曹，衛邑，當即今河南省滑縣西南之白馬古城。

三、許穆夫人作《竹竿》

　　關於許穆夫人之身世，先哲時賢向有四説：一爲衞公子頑（昭伯）與宣姜之季女説，閔二年《左傳》：“初，惠公之即位也少，齊人使昭伯烝于宣姜，不可，強之。生齊子、戴公、文公、宋桓夫人、許穆夫人。”①二爲衞懿公之女説，《列女傳·仁智篇》：“許穆夫人者，衞懿公之女，許穆公之夫人也。”②三爲衞宣姜之女説，朱《傳》：“宣姜之女爲許穆夫人。”四爲衞懿公之姊妹説，温紹坤《我國最早的女詩人許穆夫人》：“她是衞宣姜之女，衞國國君衞懿公的姊妹，嫁于許國穆公，爲許穆夫人。”筆者此從閔二年《左傳》“衞公子頑（昭伯）與宣姜之季女”説。兹補證如下：

　　閔公二年《左傳》所謂“齊人”，即齊僖公祿父，其立于魯惠公三十九年（前 730 年），卒于魯桓公十四年（前 698 年）十二月丁巳（二日），則齊人使衞宣公庶子公子頑（昭伯）烝其庶母宣姜當在魯桓公十四年（前 698 年）十二月丁巳（二日）之前。所謂“宣姜”，即齊僖公之女，衞宣公晉之夫人，衞惠公朔之母；而衞宣公立于魯隱公四年（前 718 年），卒于魯桓公十二年（前 700 年）十一月丙戌（十八日），則齊人使昭伯烝于宣姜當在魯桓公十二年（前 700 年）十一月丙戌（十八日）之後。那麽，齊人使昭伯烝于宣姜當在魯桓公十二年（前 700 年）十一月至十四年（前 698 年）十二月之間。衞惠公立于魯桓公十三年（前 699 年），十六年（前 696 年）十一月出奔齊，則推其年月可知，齊人使昭伯烝于宣姜當爲魯桓公十三年（前 699 年）之事。昭伯與宣姜所生三女：長女齊子（即齊桓公内寵衞共姬）當生於魯桓公十四年（前 698 年）頃，次女宋桓夫人當生於魯桓公

---

　①　《韓詩外傳》卷二、《列女傳·仁智篇》並載許穆夫人事，不具引。

　②　據《史記·衞世家》，懿公赤爲宣公晉之孫，惠公朔之子。

十八年(前 694 年)頃,小女許穆夫人當生於魯莊公四年(前 690年)頃。① 則許穆夫人(前 690 年—前? 年),許其夫國,穆其夫諡,姓姬,帝嚳元妃姜嫄子后稷棄之裔,季歷(公季)之孫、文王昌第九子康叔封之後,宣公晉之孫,公子頑(昭伯)季女,宣姜所出,齊子(衛共姬)、衛戴公申、文公毀、宋桓夫人之妹,許穆公新臣(許男新臣)夫人,許僖公業(許男業)之母,名字、卒年皆未詳。② 其頗具政治才幹與外交才能,熱愛母國,素有令名,善於辭令,富有文才,爲春秋前期許國著名貴族女詩人,傳世有《竹竿》、《載馳》、《泉水》三詩。③

《竹竿》爲許穆夫人憂時之作(明何楷《詩經世本古義》卷二十三)。其創作年代,先哲時賢主要有七説:一爲闕疑説,毛《序》:"《竹竿》,衛女思歸也。適異國而不見答,思而能以禮者也。"④宋蘇轍《詩集傳》卷三、王質《詩總聞》卷三、朱熹《詩集傳》卷三、明季本《詩説解頤正釋》卷五、姚舜牧《重訂詩經疑問》卷二、清方玉潤《詩經原始》卷四及中國臺灣林慶彰《從〈詩經〉看古人的價值觀》皆同,三家詩無異義。⑤ 二爲衛宣公之世(前 718 年—前 700 年)説,《詩譜·邶鄘衛譜》孔《疏》:"《氓》云'宣公之時',則宣公詩也。《竹

---

　　① 衛共姬,當即僖十七年《左傳》之"長衛姬"。魯莊公十一年(前 683年)桓公所娶"王姬",亦諡"共姬",故此加"衛"字以别之。參見:[日]竹添光鴻《左傳會箋》,巴蜀書社影印明治三十六年(1903)日本明治講學會雕版印行本,2008 年,頁 270。關於許穆夫人生年,參見:程俊英、蔣見元《詩經注析》,頁 148—154。

　　② 關於衛公室之族屬與世系,説詳:《史記·十二諸侯年表》、《衛世家》。

　　③ 《載馳》屬今《詩·鄘風》,《泉水》屬今《詩·邶風》。又,清章學誠《文史通義·内篇五·婦學》(葉瑛《文史通義校注》,中華書局,1985 年):"歷覽《春秋》内外諸傳,諸侯夫人,大夫内子,並能稱文道故,斐然有章。……以致泉水逶流,委宛賦懷歸之什;燕飛上下,淒涼送歸媵之詩。凡斯經禮典法,文采風流,與名卿大夫有何殊别?"案:此對包括許穆夫人在内的春秋時期女性作者的文學創作作了全面概括,録此備參。

　　④ 宋朱熹《詩序辨説》卷上:"未見不見答之意。"

　　⑤ 毛《序》之"衛女思歸"説,《詩總聞》之"去家歸人"説,《詩説解頤正釋》之"淫詩"説,《重訂詩經疑問》之"衛女思遊翔"説,《詩經原始》之"衛女念舊"説,《從〈詩經〉看古人的價值觀》之"衛女失戀"説,詩旨解説雖異,然皆不著作世。案:蘇《傳》、朱《傳》皆從毛《序》之"衛女思歸"説,然對所謂"續序"提出質疑。

竿》從上言之,亦宣公詩也。"三爲衛懿公九年(前660年)之後說,偽《申培詩説》:"宋桓姬之媵和其小君之賦,賦《竹竿》。"偽《子貢詩傳》同。四爲衛懿公九年(前660年)説,明何楷《詩經世本古義》卷二十三上:"《竹竿》,許穆夫人念衛也。此詩之語多與《泉水》相出入,彼曰'毖彼泉水,亦流於淇',此曰'泉源在左,淇水在右';彼曰'女子有行,遠兄弟父母',此曰'女子有行,遠父母兄弟';且末皆曰'駕言出遊,以寫我憂',其出於一人之手明矣。愚所以定爲許穆姬詩者,以《載馳》之詩,《左傳》謂許穆夫人所賦,彼曰'驅馬悠悠,言至於漕',而《泉水》之詩亦曰'思須與漕,我心悠悠',其爲戴公廬曹而作無可疑者;又,戴公之女兄弟三人,長齊子,嫁於大國,其力足以援衛;次宋桓夫人,則已被出在衛,皆與三詩語意不合,故斷當屬之穆姬。而三詩作之先後,則宜以《竹竿》爲首,意其詩初聞衛破而尚未及知廬曹之事;次賦《載馳》,則已知戴公廬曹而自傷國小不能救;其後復賦《泉水》,則以自傷不能救之,故而更望救於他國。蓋其用情之真切如此,夫子所以備録之也。"劉心予《關於〈詩經〉各篇的年代問題》説大同。[①] 五爲衛懿公九年(前660年)之前説,明朱朝瑛《讀詩略記》卷一:"此詩與《泉水》相出入。蓋亦憂衛國之將亂,思歸而不得,故作此詩。"六爲衛惠公十九年至文公九年(前681年—前651年)之間説,清錢澄之《田間詩學》卷二:"《序》謂'不見答'者,當是宋桓夫人初失志於桓公所作。衛方全盛,故思在淇,極言其風土、親戚之可懷也。……夫人未幾爲桓公所出,歸於衛。在衛思宋,復爲《河廣》之詩。"[②]七爲衛文公元年(前659年)説,清姚際恒《詩經通論》卷四:"《小序》謂'衛女思歸',是。《大序》增以'不見答',臆説也。何玄子謂泉水及此篇皆許穆夫人作。按

---

① 《關於〈詩經〉各篇的年代問題》認爲:"《竹竿》當是西元前660年或此之前的作品(相傳是許穆夫人作,可參考)。"則其持兩可之説。

② 《河廣》鄭《箋》:"宋桓夫人,衛文公之妹,生襄公而出。"案:宋桓夫人何時生襄公,何時失志於桓公,何時歸於衛,皆未詳,然必宋桓公在位之世,即衛惠公十九年至文公九年(前681年—前651年)。

泉水云：'女子有行，遠父母、兄弟'，又云：'駕言出遊，以寫我憂'，此篇亦皆有之。夫兩人之作，或前或後，用其語可也，必無一人之作而兩篇重複者。……此或許穆夫人之媵——亦衛女——而思歸，和其嫡夫人之作。如此則用其語乃可耳。故愚於兩篇重句，益知主許穆夫人之作之說爲非，而信其媵之作者之或是也。"筆者以爲，關於《竹竿》作者，何氏《詩經世本古義》"許穆夫人"說是；其作時，姚氏《詩經通論》"衛文西元年"說是。則《竹竿》當作於《泉水》之後，與《載馳》爲一時之作，即衛文公元年（前659年），且依今本《詩經》篇次繫於《載馳》之後。

四、衛大夫作《木瓜》

《木瓜》爲衛大夫美齊桓公城楚丘以封衛之作（毛《序》），其創作年代，先哲時賢主要有二說：一爲闕疑說，《孔叢子·記義篇》載孔子曰："（吾）於《木瓜》，見包且（苞苴）之禮行也。"①上博簡《詩論》第十八簡："因《木苽（瓜）》之保（報），吕（以）俞（喻）丌（其）悥（捐）者也。"第十九簡："《木苽（瓜）》又（有）臧（藏）忢（願）而未导（得）達也。"第二十簡：帚"（幣）帛之不可迲（去）也，民眚（性）古（固）然，丌（其）陞（離）志必又（有）吕（以）俞（逾）也。"宋王質《詩總聞》卷三、朱熹《詩集傳》卷三、楊簡《慈湖詩傳》卷五、輔廣《詩童子問》卷二、明梁寅《詩演義》卷三及陳戍國《詩經芻議》皆同。② 二爲衛文公二年（前658年）說，毛《序》："《木瓜》，美齊桓公也。衛國有狄人之敗，出處于漕，齊桓公救而封之，遺之車馬器服焉。衛人思之，欲厚報之，而作是詩也。"三爲衛戴公之世（前660年）說，宋范

---

① 《木瓜》毛《傳》引同。案：此當爲魯《詩》說。
② 《孔叢子》載孔子之"薄施厚報"說，《詩論》之"藏願而未得達"說，《詩總聞》之"實用所報皆虛美"說，朱《傳》之"男女相贈答之辭"說，《慈湖詩傳》之"士大夫相報施之詩"說，《詩童子問》之"朋友相贈答之詞"說，《詩演義》之"感人之恩而欲厚報之"說，《詩經芻議》之"以建旗賞馬賜贈絲帛之禮招賢者"說，詩旨解說雖異，然皆不著作世。

處義《詩補傳·篇目》：“《木瓜》，戴公。《木瓜》美齊桓公而詩系之衛，蓋作于衛人也。……齊遺戴公以車馬器服，故系之戴公。”四爲衛文公二年（前 658 年）之後説，清姜炳璋《詩序廣義》卷五：“意當楚丘既城，衛人漸至殷富，而追念桓德，銘入肺腑，詩所由作也。”五爲衛懿公九年（前 660 年）之前説，程俊英、蔣見元《詩經注析》：“《衛風》（包括《邶風》、《鄘風》——筆者注）都是衛被狄人滅亡（公元前 660 年）以前的作品。”筆者此從毛《序》“衛文公二年”説。兹補證如下：

　　閔二年《左傳》：“僖之元年，齊桓公遷邢於夷儀。二年，封衛于楚丘。邢遷如歸，衛國忘亡。”僖二年《春秋》：“二年春王正月，城楚丘。”《左傳》：“二年春，諸侯城楚丘而封衛焉。不書所會，後也。《國語·齊語》：“狄人攻衛，衛人出廬于曹，桓公城楚丘以封之。其畜散而無育，桓公與之系馬三百。天下諸侯稱仁焉。”《史記·衛世家》：“齊桓公以衛數亂，乃率諸侯伐翟，爲衛築楚丘，立戴公弟燬爲衛君，是爲文公。”《十二諸侯年表》、《齊世家》並載此事而略異。[①] 衛文公二年（前 658 年），齊桓公率諸侯城楚丘以封衛，國人歡悦，衛國忘亡。可見，毛《序》説詩史相合，故繫于齊桓公城楚丘以封衛之年，即衛文公二年（前 658 年），且依今本毛《詩》篇次繫於《干旄》之後。

　　綜上所考，《有狐》爲衛女思夫之作，當爲衛懿公九年（前 660年）狄入衛而衛遷都河南之前所作；《河廣》爲宋桓夫人望宋救衛之作，當爲宋桓夫人于赤狄伐衛而赤狄又未入衛都邑朝歌之際所作，即宋桓公二十二年（前 660 年）；《竹竿》爲許穆夫人憂時之作，作于衛文公元年（前 659 年）；《木瓜》爲衛大夫美齊桓公城楚丘以封衛之作，作于齊桓公城楚丘以封衛之年，即衛文公二年（前 658 年）。

（作者單位：上海大學中國古代文學與文化研究中心）

---

　　① 《史記·十二諸侯年表》、《齊世家》載此事繫于魯僖公二年、齊桓公二十八年、衛文公二年，説與《左傳》同。而《衛世家》則將文公立與築楚丘皆繫于衛文公元年，其蓋統言之。

陳古諷今與《毛詩序》的歷史詮釋

車行健

摘要：諷諫是漢人應用與詮釋《詩經》的主要手段，而"陳古諷今"則是其具體表現的一種方式，透過指陳古代事蹟的美或惡來達到諷喻當前時政的實踐目的，《毛詩序》對《詩經》篇章的具體詮釋可以說主要就是透過這種方式來展開的。而這種詮釋因為要大量地依賴或訴諸實際的歷史事實，所以從某個角度來說，這也是一種歷史式的詮釋。《毛詩序》因其對詩篇史實的詮釋之具體翔實，是其在長期的流傳接受過程中能夠脫穎而出的重要關鍵之一，但歷代也不乏學者對其歷史式的詮釋感到懷疑，甚至大加批判，如朱熹就曾直斥《毛詩序》"附會書史"。本文希望能透過對其"陳古諷今"的探索及具體實踐的全面檢討，來對此問題做一較具信服力的解答。

關鍵詞：陳古諷今　歷史詮釋　《詩經》　《毛詩序》

——

《毛詩序》是兩千年來《詩經》學史上最重要的文獻之一，不論贊同與否，解《詩》者在面對《詩經》文本解釋時，都很難迴避《毛詩序》的詮釋。《毛詩序》的重要就在於它提供了詩篇的創作背景，可以讓讀者理解詩人的心志及詩文的意旨。若離開了這樣的創作背景與歷史情境的輔助說明，對於詩人用比興託喻的創作手法所寫就詩篇，一般讀者是很難直接透過詩文的表面文句來了解詩旨大義的。此所以元代的馬端臨(1254—1323)在《詩序論》一文中就疾呼"《詩序》不可廢"。①

　　不過馬端臨爲此文的背景是在宋代懷疑漢代《毛詩序》的權威之學術風潮下,力主《毛詩序》之可信。但在《詩經》學史中的所謂尊《序》與疑《序》、廢《序》的爭辯,其對諍的焦點都在《毛詩序》之詮釋可信與否的問題上,並没有從本質上來懷疑這種提供歷史或創作背景來了解詩旨大義的做法,所以宋儒之疑《序》、廢《序》,所疑所廢者皆只爲《毛詩序》一書而已,而其所爲者依然是在這套藉由"知人論世"的方式來掌握詩篇意旨的詮釋進路下,所詮釋出來的另一套《詩》義系統。② 由此可知,無論尊《序》或反《序》者,其整體的詮釋進路與方法思維可以説是大體一致的,只有在小細節上有出入,但在大的方向上卻没有太大的分歧。一直要到民國以後,某些學者從歌謡或文學的角度來看待《詩經》,才揚棄了這套"知人論世"式的詮釋方式。③ 所以從此角度來看,《毛詩序》在兩千年來的中國《詩經》詮釋史,乃至古典詩歌的詮釋史上,都具有開創性的地

_____

　　① 朱彝尊《點校補正經義考》,馮曉庭等點校,臺北:"中央研究院"中國文哲研究所,1997年,第三册,卷99,詩二,頁717。

　　② 王國維(1877—1927)在《玉谿生年譜序》文中謂:"善哉,孟子之言《詩》也! 曰:'故説《詩》者不以文害辭,不以辭害意,以意逆志,是爲得之。'顧意逆在我,志在古人,果何修而能使我之意不失古人之志乎? 其術孟子亦言之,曰:'誦其詩,讀其書,不知其人可乎? 是以論其世也。'是故由其世以知其人,由其人以逆其志,則古人之詩,雖有不能解者,寡矣。漢人傳《詩》,皆用此法。故四家《詩》皆有《序》。《序》者,序所以爲作者之意也。"(見張爾田:《玉谿生年譜會箋》(臺北:臺灣中華書局,1984年臺3版,頁3。)"知人論世"與"以意逆志"二者須相互配合,一起運用,方能收效。《毛詩序》是負責"知人論世"的部分,而《毛詩詁訓傳》則是負責"以意逆志"的部分。整個中國二千年的詩歌箋釋傳統可以説就是由這套方法意識所構築而成的。詳見顔崑陽先生《李商隱詩箋釋方法論》(臺北:臺灣學生書局,1991年。)

　　③ 以顧頡剛(1893—1980)爲例,他對清代方玉潤(1811—1883)的《詩經原始》有極高評價,其云:"此書最好處,在能以後世之詩詞歌謡與《三百篇》相比較,故頗能見其真意義。"他雖承認方氏此書"固較一般《詩》注爲好",但總嫌"其牽於史事,以致拖泥帶水,纏擾不清"。所以他主張:"將來説《詩》,必將史事一起推翻(至少在《國風》中須完全排去),然後可見《詩》義真相。"(見《顧頡剛文庫古籍書目》,第3卷,《題記編·附錄》,頁10。)

位與典範性的意義。①

二

　　《毛詩序》這套所謂藉由"知人論世"來掌握詩篇意旨的詮釋進路,其本質也可以說是一種歷史性或歷史式的詮釋方式,亦即還原詩人及詩篇產生的歷史環境脈胳,來了解詩人的原意與詩篇的意義。就產生於周代的三百篇詩作而言,這種歷史的考察方式的確有其必要,而將《詩經》中之詩篇的歷史情境與背景脈胳陳述出來的做法,也確實是《毛詩序》令人印象深刻的地方,而這也讓其在長期的學術競爭中,獲得較多學者的青睞,最終取得獨尊的優越地位。

　　不過,《毛詩序》訴諸歷史的解詩方式,並不只是純粹的還原或呈現歷史現場而已,而是帶有強烈的價值取向。亦即在歷史的詮釋當中,同時就帶進了善惡好壞的倫理意涵。誠如顧頡剛在《毛詩序之背景與旨趣》一文中所云:

　　　　《詩序》者,確定《詩三百篇》之時代,使其可合于史事者也。以詩證史,本無不可;特如《詩序》之以詩證史之方法則大不可耳。《詩序》之方法如何? 曰:彼以"政治盛衰"、"道德優劣"、"時代早晚"、"篇第先後"之四事納之于一軌。凡詩篇之在先者,其時代必早,其道德必優,其政治必盛。反是,則一切皆反。②

---

　　①　當然,若從較精確的學術史的脈胳來細究,這套"知人論世"的解詩方式是否始於《毛詩序》,此猶有爭論。但即以作品的完整性與對後世的影響而言,無論是戰國時的楚簡《詩論》,或同樣盛行於漢代的《三家詩》皆無法與《毛詩序》相提並論。
　　②　《古史辨》(臺北:藍燈文化事業公司,1987年),第三冊下編,頁402。

其操作方式,用趙制陽先生的話來説,就是"正變美刺以及史事的附會"。① 説得更具體一點,正變及史事的附會是手段,以此來確定詩篇的時代,而美刺則是目的,將三百篇做爲諷諫君主的工具。而在《毛詩序》的實際詮釋過程中,運用得最廣泛的就是"陳古諷今",解經者用這個方法來達到對具體詩篇的内容進行美刺指陳的目的。如《王風·大車》,《毛詩序》云:"《大車》,刺周大夫也。禮義陵遲,男女淫奔,故陳古以刺今大夫,不能聽男女之訟焉。"又如《鄭風·女曰雞鳴》,《毛詩序》釋之曰:"《女曰雞鳴》,刺不説德也。陳古義以刺今,不説德而好色也。"《毛詩序》的思維是這樣的:詩文表面所陳之古人古事皆爲美好正面的,但詩人如此做的目的,就是爲了諷喻現今身居上位者之敗德惡行,希望能達到警戒自省的效果。由此可知,《毛詩序》這套結合美刺諷喻的歷史式的詮釋方式,並不是純粹的歷史考察,也非價值中立的客觀學術研究,而是帶有濃厚的實用傾向與倫理意識。可以説,諷諫才是《毛詩序》的詮釋目的,而歷史性的詮解方式則是達到諷諫目的的手段。這一套訴諸歷史來達到藉古諷今的勸諫思維是先秦至漢代儒家參與政治、關懷現實的最主要表現模式,落實在《詩經》的實踐中就是漢人王式所謂的"以三百篇爲諫書"。② 這樣的諷諫或諫書傳統無疑是與先秦時人以應用或實用的眼光來看待《詩經》的態度是一致的。因而也可以認定《毛詩序》這套陳古諷今的詮釋方式仍是籠罩在春秋戰國以來的"以《詩》爲用"的用《詩》傳統之中。

三

有了這種體認之後,再回過頭來重新省思《毛詩序》運用歷史方式所詮釋出的詩旨大義之可靠與否的問題,或許就可以對此問

---

① 趙制陽:《詩序評介》,收入氏撰:《詩經名著評介》(臺北:臺灣學生書局,1983 年),頁 37。
② 班固撰、顏師古集注:《漢書集注》(點校本,臺北:鼎文書局,1991 年 7 版),《儒林傳》,頁 3610。

題獲致有別於歷來研究的不同觀察。蓋自宋代以來,學者屢對《毛
詩序》之詮釋深致其疑,遂開啟了《詩經》學史上著名的疑《序》、反
《序》思潮。南宋的朱熹(1130—1200)是此思潮中最具代表性的人
物,其《詩序辨說》一書專門針對《詩序》之說加以辨駁,如其斥《詩
序》對《邶風·柏舟》之詮釋云:

> 詩之文意事類可以思而得,其時世名氏則不可以強而
> 推,故凡《小序》,唯詩文明白,直指其事,如《甘棠》、《定中》、
> 《南山》、《株林》之屬。若證驗的切,見於書史,如《載馳》、
> 《碩人》、《清人》、《黃鳥》之類,決爲可無疑者。其次,則詞旨
> 大概可知必爲某事,而不可知其的爲某時某人者,尚多有
> 之。若爲《小序》者,姑以其意推尋探索,依約而言,則雖有
> 所不知,亦不害其爲不自欺,雖有不當,人亦當恕其所不及。
> 今乃不然,不知其時者,必強以爲某王某公之時;不知其人者,
> 必強以爲某甲某乙之事,於是傅會書史,依託名諡,鑿空妄語,
> 以誑後人。①

朱熹這段話是其對《毛詩序》較長的批駁,其中不但指出《毛詩序》
"傅會書史,依託名諡,鑿空妄語"之錯謬,也提出正確詮釋詩旨的
原則,如"詩文明白,直指其事"、"證驗的切,見於書史"等。但無論
是"見於書史"或"傅會書史",顯然在朱熹的思維中,書史之可驗證
與否,才是正確詮釋詩人意圖及詩歌本義的重要準據之一。由此
可知,朱熹實是從客觀學術研究的角度來對《毛詩序》中的歷史詮
釋看似不合理之處加以抨擊。但若還原到西漢儒者"以《詩》爲
用",甚至以"以經爲用"的實用傳統,包括大小毛公在內的說經解
經者,他們難道就完全遵循客觀學術研究的方式,如實地呈顯出經

---

① 朱熹《詩序辨說》(收入朱傑人等主編:《朱子全書》第一冊,上海:上海
古籍出版社、合肥:安徽教育出版社,2002 年),卷上,頁 361。本文標點稍與
之不同,請讀者參照。

書的原意與經書時代的歷史背景？陳澧(1810—1882)嘗對漢代
《詩》學有深入的觀察,其云：

> 《漢書·藝文志》云：齊、魯、韓《詩》,"或取《春秋》,采雜
> 説,咸非其本義"。今本《韓詩外傳》有元至正十五年錢惟善序
> 云："斷章取義,有合於孔門商賜言《詩》之旨。"澧案：《孟子》
> 云："憂心悄悄,愠于群小,孔子也。"亦《外傳》之體。《禮記》
> 《坊記》、《中庸》、《表記》、《緇衣》、《大學》引《詩》者尤多似《外
> 傳》,蓋孔門學《詩》者皆如此。其於《詩》義,洽熟於心,凡讀古
> 書,論古人古事,皆與《詩》義相觸發,非後儒所能及。西漢經
> 學,惟《詩》有毛氏、韓氏兩家之書傳至今日,讀者得知古人内
> 傳、外傳之體,乃天之未喪斯文也。《直齋書録解題》云："《韓
> 詩外傳》多記雜説,不專解《詩》,果當時本書否？"杭堇浦云：
> "董生《繁露》、韓嬰《外傳》,倍背經旨,鋪列雜説,是謂畔經。"
> 此則不知内外傳之體矣。[①]

陳澧企圖用内傳體與外傳體解經方式的不同來區别毛氏與韓氏兩
家解《詩》之不同。從今存的《韓詩外傳》一書來看,固然可以説其
采雜説,斷章取義,不專解詩,重在論古人古事來引證《詩》義,藉此
達到相互觸發的效果。但就以被陳澧視爲内傳體的毛氏解《詩》成
果而言,其對詩人與詩篇的所謂史事史實之引證,難道就一定是因
應着客觀學術研究的目的所從事的解經活動？而没有現實的實用
目的？其實從漢人看待與應用《詩經》的方式來看,純粹客觀學術
的研究應較晚出,在《毛詩序》形成及出現的時代,以《詩》爲用的用
詩性格還是較爲明顯的,因而當時的公卿大臣及經生學者仍多是
從諷諫的角度來應用《詩經》,《毛詩序》對詩義的詮釋恐怕也脱離
不了實用的性質,其目的爲對讀者(可能主要爲那些身爲統治階層

---

　　① 　見陳澧：《東塾讀書記》(外一種)(楊志剛校點,北京：三聯書店,1998
年1版),卷6,頁107—108。

的特殊讀者，包括君王、王公貴族與公卿大臣等）進行勸喻諷諫。則其對詩篇所陳之古恐怕也不能完全以真實的歷史事實來看待，這其中理想或假借的情況也就不能排除。

<h1 style="text-align:center">四</h1>

　　由此可知，《毛詩序》用陳古諷今的方式來詮釋詩篇，在鋪陳了大量的歷史時空背景之餘，解經者其現實的關懷恐怕才是其最主要的詮釋意圖與目的。所以欲對《毛詩序》這種具高度實用及實踐色彩的解經路數的理解，似仍應將其置放入漢代的諍諫論述與實踐當中，如此才有助於吾人對其諷諫思維及"陳古諷今"手段的把握。正如劉向（公元前77—6）在《說苑·正諫篇》中所說的：

　　　　人臣之所以蹇蹇為難而諫其君者，非為身也，將欲以匡君之過，矯君之失也。君有過失者，危亡之萌也。見君之過失而不諫，是輕君之危亡也。夫輕君之危亡者，忠臣不忍為也。三諫而不用則去，不去則身亡，身亡者仁人所不為也。是故諫有五：一曰正諫，二曰降諫，三曰忠諫，四曰戇諫，五曰諷諫。孔子曰："吾其從諷諫矣乎！"夫不諫則危君，固諫則危身，與其危君，寧危身，危身而終不用，則諫亦無功矣。智者度君權時，調其緩急而處其宜，上不敢危君，下不以危身，故在國而國不危，在身而身不殆。①

對於身處君主權威不斷上升的戰國秦漢的士人來說，正因為既要諫君之過失以盡忠，但又要避禍遠害以全身，所以才發展出了諷諫的手段。《詩大序》所提出的"主文而譎諫，言之者無罪，聞之者足

---

① 左松超：《新譯說苑讀本》（臺北：三民書局，1996年），頁298。

以戒,故曰風”的思想,也應該都要置放在戰國秦漢儒者因應君主
專制的政治格局,爲了有效地參與政治而所自覺興起的諍諫論述
的脈胳中來理解,方能究其實際。

　　　　　　　　　(作者單位:臺灣政治大學中文系)

《詩經》中的人道教誨

韓高年

摘要:《詩經》既是中國文學的源頭,也是中國哲學的源頭;對於前者學者們談得很充分,但對於《詩經》對中國哲學的影響卻發掘不够。本文認爲,作爲一部產生于前諸子時代的經典,它對道家、儒家的的思想都有導夫先路之功。本文分六個方面簡要梳理了《詩經》中所包含的人道教誨及其影響。

關鍵詞:《詩經》 哲學 人道教誨 影響

  《詩經》中的大部分詩篇,通過具體的生活事件的歌詠,傳達了當時社會各階層的人們在人生實踐方面的經驗和教訓。這些詩篇借助藝術的形式,形象地指示人們如何正確地對待生活和傳統,如何處理個人與家族、個人與社會之間的關係,以及如何對待安頓自己的生命等等。春秋時代,孔子以《詩》爲教,並倡言詩中的文學、言語、德行、政事方面的内涵,即是注重其中蘊含的人道教誨。上博簡《孔子詩論》評論《葛覃》等詩抒發了詩人的自然天性,[①]則看到了《詩經》對人性中本真質樸品性的展示。胡適曾説:"從前第八世紀,到前第七世紀,這兩百年的思潮,除了一部《詩經》,別無可考。"[②]作爲一部帶有原創性的元典,學術界對其思想性的揭示還很不够,故就此題目,尚有進一步探討的餘地。

---

① 上博簡《孔子詩論》評價《葛覃》、《木瓜》、《甘棠》三詩作者表現的情感爲"民性固然","民"即"人","民性固然",即指人性的天然狀態。
② 胡適《中國哲學史大綱》卷上之"導言",商務印書館 1924 年版。

一、好修樹德,積極有爲

《詩經》詩篇產生於當時民眾的社會實踐,涉及宗教祭祀、政治、軍事、節慶娛樂、勞動生產、日常人際交往、婚喪嫁娶等社會生活的層面,作詩者的身份與詩中涉及的人物包括王者、貴族、巫祝之官、農夫、士兵、怨婦、中下層官吏等。無論何種情形,詩篇中總是有意宣導好修樹德、積極有爲的生活態度。

周代貴族的詩作中表現出對在進德修業方面嚴格要求自己的君子風範的肯定與讚揚。《小雅·六月》從正面歌頌了堪爲萬邦之範的尹吉甫,説他:"文武吉甫,萬邦爲憲。"吴闓生《詩義會通》引舊評曰:"通篇俱摹寫'文武'二字,至末始行點出。"程俊英説:"作者塑造了能文能武的吉甫形象。描寫他抵抗六月入侵的玁狁,表現了緊張着急的神態;對待這次戰事,表現認真嚴肅的心理;每日行軍三十里,積極抗拒外侮,表現他是爲了幫助領袖匡救、安定祖國。這種愛國主義的精神,是寫'能文'。四牡、比物,寫馬。戎車、軒輊,寫車。織文,寫徽。央央,寫旗。常服、我服,寫軍服。元戎,寫先啟行的敢死隊——都是寫軍容之盛。焦穫、鎬、方、涇陽,寫玁狁深入侵略之地和氣焰之盛。吉甫帶領兵士居然把敵人逐出太原,取得勝利。是寫'能武'。"①吉甫之德,文能治國,武能安邦。反映了當時人對貴族的君子好修樹德,積極有爲的評價標準。

再如《衛風·淇奥》云:"有匪君子,如切如磋,如琢如磨。瑟兮僴兮,赫兮咺兮。有匪君子,終不可諼兮。"這首詩裏所讚美的君子是兩周之際的衛武公。據《國語·楚語》的記載,他是一個有賢德之人,年近耄耋,還自警修德。詩中切、磋、琢、磨,《爾雅·釋器》:"骨謂之切,象謂之磋,玉謂之琢,石謂之磨。"這裏比喻君子研究學問和陶冶情操的精益求精。王充《論衡·量知》:"切磋琢磨,乃成

---

① 程俊英、蔣見元《詩經注析》,中華書局 1991 年版,第 498 頁。

寶器。人之學問之能成就,猶骨象玉石切瑳琢磨也。"《大雅·抑》一詩,據歷代研詩者所考證,也是歌頌衛武公好修樹德,至老猶奮發有爲的。

此外,《小雅·湛露》亦云:"顯允君子,莫不令德。""豈弟君子,莫不令儀。"也強調"令德"、"令儀"。不僅如此,對君子的修養方式也有所表現。除上述《淇奥》中的自我修養外,還提倡向他人學習。《小雅·鶴鳴》也説:"他山之石,可以爲錯。""他山之石,可以攻玉。"這幾句詩以攻玉之事爲喻,肯定了善師他人之長的修養途徑。《魯頌·泮水》:"穆穆魯侯,敬明其德。敬慎威儀,維民之則。允文允武,昭假烈祖。靡有不孝,自求伊祜。"又云:"明明魯侯,克明其德,既作泮宫,淮夷攸服。矯矯虎臣,在泮獻馘;淑問如皋陶,在泮獻囚。""濟濟多士,克廣德心。桓桓于征,狄彼東南。烝烝皇皇,不吴不揚。不告於訩,在泮獻功。"《秦風·小戎》:"厭厭良人,秩秩德音。"《豳風·狼跋》:"公孫碩膚,德音不瑕。"

貴族之外,其他社會階層的人士所作的詩也表現出積極有爲的人生態度。

二、敬畏免禍,謹慎成功

《荀子·勸學》云:"神莫大於化道,福莫長於無禍。"《大戴禮記·勸學》亦云:"言有招禍,行有招辱,君子慎其所立焉。""是故君子靖居恭學,修身致志。"[①]儒家宣導爲學之目的之一,在於免禍。荀子引《詩》來説明免禍之道:以爲欲免禍,就必須"靖共爾位,好是正直"。特別強調敬與慎。傳達了當時有識之人的共識。《左傳·僖公十一年》載:周襄王使召武公、内史過賜晉惠公命。晉惠公受玉而惰。内史過歸周,告襄王曰:"晉侯其無後乎?王賜之命而惰於受瑞,先自棄也已,其何繼之有?禮,國之幹也。敬,禮之興也。

---

①　王聘珍《大戴禮記解詁》,中華書局 1983 年點校本,第 132—133 頁。

不敬則禮不行，禮不行則上下昏，何以長世？”敬體現了“禮”的實質，所以《詩》的時代無論在任何場合，對待任何事情，態度都特別恭敬持重。

敬畏之心起源於人對不可知世界如天命、鬼神等所產生的焦慮感，在《詩經》用於宗教祭祀的頌詩及大雅祭祖詩中有最爲充分的表現。《周頌·清廟》爲廟祭文王之詩，開篇言：“於穆清廟，肅雍顯相。”意謂祭者“既内敬於心，且外和於色”。《維天之命》爲太平告祭文王之詩，亦云：“維天之命，於穆不已。”意謂“文王德既顯大，而亦行之不已，與天同功，又以此嘉美之道，以戒慎我子孫，言欲使子孫謹慎行其道。”①《敬之》大講敬畏可以成功之道，最具代表性。詩云：

> 敬之敬之，天維顯思。命不易哉！無曰：高高在上。陟降厥士，日監在兹。維予小子，不聰敬止。日就月將，學有緝熙于光明。佛時仔肩，示我顯德行。

此外，如《大雅·板》亦云：“敬天之怒，無敢戲豫；敬天之渝，無敢馳驅。”也表現了對天命的敬畏。可以説“肅穆”、“齋敬”、“敬畏”、“慎”、“謹”等表示虔敬意義的語彙在與祭祖有關的《頌》和《大雅》詩篇中出現的頻率相當之高。

敬畏之心向世俗生活的落實，首先表現在處世態度方面。在《小雅·小旻》一詩中，詩人説：“不敢暴虎，不敢馮河。人知其一，莫知其他。戰戰兢兢，如臨深淵，如履薄冰。”又在《小雅·小宛》中，另一位詩人也説：“溫溫恭人，如集于木。惴惴小心，如臨于谷。戰戰兢兢，如履薄冰。”道出了賢者對天命的敬畏與恐懼警惕之心，寓意深微，可爲倫常之戒。

敬畏也表現在對情感的節制方面。具體説，就是在一些看來

---

① 　孔穎達《毛詩正義》，李學勤主編《十三經注疏》（標點本），北京大學出版社 1999 年版，第 1284 頁。

應當狂喜或者大悲的時侯，而保持理智的清醒。《小雅・車轄》中一位迎親的新郎唱道："高山仰止，景行行止。"這是詩人在迎娶新娘的途中所寫。詩中説："雖無旨酒，式飲庶幾；雖無嘉肴，式食庶幾；雖無德與女，式歌且舞。""高山仰止，景行行之。"本意是説詩人看新娘就象仰望高山、置身大道一樣。以高山和大道比喻美德的女子，表示對她的敬仰和愛慕。後來也用以比喻學問、德行俱佳的賢者。俗話説，新婚爲人生得意之事，而此詩作者，卻能在得意之時保持適度的節制和應有的清醒，實屬難得。從文藝心理學角度來看，這表現出"發乎情止乎禮義"的節制。美學家李澤厚指出這種節制使中國古代文學"絶不可能朝酒神精神方向展開。中國文藝少狂歡、少浪漫、少激情，一以平和中正爲指歸，這是優點，也是缺點"。[①] 但對於做人來説，這種節制、理性，卻是必要的。

對於因敬畏而聞名的賢者君子，詩人總是做詩以頌揚之。在以詩爲教的古代社會，這無疑通過詩篇的傳播，成爲人們學習的楷模。《國語・楚語》載上史倚相曰："昔衛武公年數九十有五矣，猶箴敬于國。"衛武公持事恭敬的事見於《衛風・淇奧》、《小雅・賓之初筵》、《大雅・抑》的歌詠。

在上位者宜保持敬畏恭敬的處世態度，在下位者如弟、子、臣等更應如此。《左傳・隱公三年》載石碏説："君義，臣行，父慈，子孝，兄愛，弟敬，所謂六順也。去順效逆，所以速禍也。"《國語・齊語》管仲説："閑燕則父與父言義，子與子言孝，其事君者言敬，其幼者言弟。少而習焉，其心安焉，不見異物而遷焉。"《左傳・僖公五年》："失忠與敬，何以事君？"可見弟子事兄，子之事父，臣之事君，必以敬。所以《小雅・節南山》的作者説："如何昊天，辟言不信？如彼行邁，則靡所臻。凡百君子，各敬爾身。胡不相畏？不畏於天！"對那些輕慢忘身的人予以最爲嚴厲的警告。

敬畏還意味著一種在言行方面的應當遵循的原則，即謹言慎

---

① 參李澤厚《論語今讀》，安徽文藝出版社 1998 年版，第 407 頁。

行。孔子曾説"一言可以興邦，一言可以喪邦"者，意即在此。《大雅·抑》云："質爾人民，謹爾侯度，用戒不虞。慎爾出話，敬爾威儀，無不柔嘉。白圭之玷，尚可磨也；斯言之玷，不可爲也。"《民勞》的作者也説："敬慎威儀，以近有德。"告誡人們要慎言慎行。

深於《詩》學的孔子講："君子有三戒：少之時，血氣未定，戒之在色；及其壯也，血氣方剛，戒之在鬥；及其老也，血氣既衰，戒之在得。"（《論語·季氏》）又説："君子有三畏：畏天命，畏大人，畏聖人之言。小人不知天命而不畏也，狎大人，侮聖人之言。"（《論語·季氏》）這一方面是其人生經驗的總結，另一方面恐怕也可以説是讀《詩》、説《詩》的心得體會。

三、重情重義，忠誠守信

前人評詩，習言"發乎情，止乎禮義"。由此來看，禮是《詩三百》的主心骨，而情、義則是禮與詩結合的紐帶。也就是説，詩歌借情感的抒發表現了禮；合乎禮的要求的，即是合乎人的内在情感的。禮儀規範的核心是人的自覺的情感訴求，而非純粹外在的約束。《詩經》詩篇對重情重義、忠誠守信的行爲的歌詠，就是對禮的形象化的表達。

在愛情方面，《周南·關雎》的作者唱道："關關雎鳩，在河之舟，窈窕淑女，君子好逑。"《詩序》説此詩表現"樂得淑女以配君子"，道出了此詩體現的男女之間相愛以德，相愛以禮的風範。上博楚簡《孔子詩論》云："……情愛也。《關雎》之改，則其思益矣。""改"當指君子以禮制情修養而言。《孔子詩論》又云："《關雎》以色喻於禮……好①，反納於禮，不亦能改乎？"見女色之美，反納其心於禮，故曰"改"。從讀詩的角度來説，的確是"其思益矣"。又云：

---

① 按：此簡"好"字上缺 18 字，據上下文推斷，當爲述詩中君子樂配淑女而不得之情節。

"以琴瑟之悦,凝好色之願;以鐘鼓之樂……"①《關雎》給人的啟示即是以道德情感來昇華原欲。後世以《關雎》爲房中樂,大概也是因爲這個原因。

在社會關係中,友情也是十分重要的方面。然而友誼的基礎,則仍然是重情重義,忠誠守信。《邶風·擊鼓》描述了將要上戰場的戰友的約定:"死生契闊,與子成説;執子之手,與子偕老。"詩寫衛國士兵從征之事。《鄭箋》釋此章云:"執其手,與之約誓,示信也。言俱老者,庶幾俱免於難。"意謂軍士相互約言,于危難時互相救助,共度難關。

《王風·采葛》中的女主人公唱道:"彼采蕭兮,一日不見,如三秋兮。"表現出情義與時間的衝突。《鄭風·子衿》中的戀人説:"青青子衿,悠悠我心。縱我不往,子寧不嗣音?"表現了對戀人重情有義的一份自信。《周南·桃夭》:"桃之夭夭,灼灼其華。之子于歸,宜其室家。"則表現了婚禮的主人公對家庭和家族的責任感。《甘棠》云:"蔽芾甘棠,勿翦勿伐。召伯所茇。"召伯愛其民,後人思其德美,愛其樹而不忍伐。故《孔子詩論》評之曰"《甘棠》之愛"。《詩經》不僅從正面歌頌了重情重義之人,同時也從反面對無情之人、無情之事予以諷刺和批評,以引起人們的警惕。《衛風·氓》中的女主人公在被棄後痛苦地唱道:"總角之宴,言笑晏晏。信誓旦旦,不思其反。"譴責其夫不信守當初他們"及爾偕老"的誓言。《小雅·我行其野》中詩人反復申説:"昏姻之故,言就爾居。爾不我蓄,復我邦家。"投奔姻親而遭對方無情相拒,不肯援手,反失親戚之義。②《大雅·蕩》:"天生烝民,其命匪諶?靡不有初,鮮克有終。"這是一首政治諷刺詩。《毛序》:"《蕩》,召穆公傷周室大壞也。

---

① 李零指出:"這四句應是從《關雎》化出。'凝',原從心從矣,簡文多用爲'疑'。'願',原從心從元,原書讀爲表示貪愛之義的'憮'字。"説見其《上博楚簡三篇校讀記》,中國人民大學出版社2007年版,第18頁。

② 此詩《序》、《箋》以來諸家以爲棄婦詩,魏源《詩古微》、龔橙《詩本誼》則以爲被棄女子之父兄所寫。細繹詩意,當爲亂世中投奔姻親而不得其助者書其所憤而歌。

厲王無道,天下蕩蕩然無綱紀文章,故作是詩也。"此句出自詩之首
章,意謂上天生下此無道眾人,其言行無準則,作事有始無終。

　　總之,詩不同于道德的說教,是作詩者情動於中而形於言,又
借詠歌鼓舞以表現在人際交往中的所感所遇。故能使讀詩者受其
感染,得其彰明美德之良苦用心。

四、有禮有節,禮尚往來

　　在《詩經》的時代,是禮樂文明盛行的時代。《左傳·昭公七
年》載魯國貴族孟僖子說:"禮,人之幹也。人無禮,無以立。"齊國
的晏嬰也說:"禮,上下之紀,天地之經緯也。民之所以生也,是以
先王尚之。故人之能曲直以赴禮者,謂之成人。"人們普遍認爲,人
無禮不立,事違禮不成。因此在《詩經》中對禮的重要性及各種禮
儀特別予以表現。在《鄘風·相鼠》中詩人說:

> 相鼠有皮,人而無儀。人而無儀,不死何爲?
> 相鼠有齒,人而無止。人而無止,不死何俟?
> 相鼠有體,人而無禮。人而無禮,胡不遄死?

　　在春秋貴族社會中,有很多人不懂禮。這在當時已經引起一
些有識之士的憂慮。這首《相鼠》,就是從消極的一面對當時社會
上一些人違禮失禮的行爲予以諷刺和批評,其目的在於闡明禮對
於人的社會實踐的重要性。這也決定了詩與禮的密切關聯。《禮
記·仲尼燕居》載:"子曰:'禮也者,理也。樂也者,節也。君子無
禮不動,無節不作。不能詩,于禮謬;不能樂,于禮素;薄于德,于禮
虛。'"①由此可知,古人以詩歌來表現禮,同時讀詩的人也借詩來
修習禮。孔子還曾說:"興于詩,立于禮,成于樂。"(《論語·泰伯》)

---

　　①　孔穎達《禮記正義》,見《十三經注疏》,中華書局 1980 年影印本,第
1614 頁。

正是在上述意義上,他才將詩、禮、樂在本質上統一起來看。

　　詩人還借助具體的生活場景的描述,對各種禮儀及人們在相應場合下的合乎禮儀的文雅舉動予以讚揚。在詩人看來,合乎禮儀的儀錶、舉止和行爲,即是出於人的自然天性的。如《召南・羔羊》、《鄘風・君子偕老》、《鄭風・羔裘》、《鄭風・緇衣》、《唐風・羔裘》、《秦風・終南》、《檜風・羔裘》、《小雅・都人士》等詩,均描繪並讚揚了當時的君子合乎禮儀的服飾和容貌。讀上述這些詩,足以知君子之容貌服飾之禮。此外,有些詩還描寫了當時社會裏通行的具體禮儀。如《周南・桃夭》、《召南・何彼穠矣》、《衛風・碩人》之述婚禮;《小雅・鹿鳴》:“呦呦鹿鳴,食野之蘋。我有嘉賓,鼓瑟吹笙。”即表現了以樂侑賓之禮。又説:“人之好我,示我周行。”則表現了賓主以禮相交之和。《小雅・楚茨》等詩詳細鋪陳秋收後舉行的報祭之禮,以及祭者虔敬莊重之情。明人孫鑛評之曰:“寫祀事如儀注,莊敬誠孝之意儼然。”(《批評詩經》)所謂儀注,即指禮儀細節的説明。這是説《楚茨》真實再現了報祭禮儀的細節,以及人們在祭禮上的應有的舉止和態度。孫氏可謂善讀詩者。

　　從《詩經》詩篇對於禮的歌詠來看,當時人們普遍認爲,在人際交往中,禮並不是單向的,而是雙向動態的關係。詩人特別強調人際交往禮儀中的“報”,説到底就是相互尊重,受人滴水之恩,報以湧泉。孔子曰:“何以報德? 以直報怨,以德報德。”(《論語・憲問》)《衛風・木瓜》:“投我以木瓜,報之以瓊琚。”《大雅・抑》:“投我以桃,報之以李。”上博簡《孔子詩論》言“《木瓜》之報”,也是切中此詩所言之要害。這種詩化的對禮的精神的表現,實際上有意突出了禮發乎性情的本質特點,體現了禮持人性情的功能。《國語・晉語四》子餘對重耳之問引《禮志》曰:“將有請於人,必先有入焉;將人之愛己也,必先愛人;將人之從己也,必先從人。無德於人,而求用人,罪也。”充分闡釋了禮尚往來的精神。詩人對此也有充分的表現。

五、孝敬父母，友愛兄弟

孝爲百善之先，孝道是一切美德的基礎。《禮記·祭統》曰："忠臣以事其君，孝子以事其親，其義一也，上則順於鬼神，外則順於君長。"孝爲統貫周人家庭、社會、政治、道德、宗教的内在精神。在孝敬父母的基礎上，才會建構起仁、義、信等道德規範體系。唐君毅指出："人生而知孝悌，固中外人性之所同。然在中國古代宗法制度中，則本人之孝于其父母之心，而教人依理以充達其情于父之父、父之祖，以至于遠祖，至以祖配享于天，敬祖如敬天之大祭，並將人對天之宗教上之崇敬，融攝于敬祖之中。……由是而敬君之心，亦可由自然孝悌之情以生出。于是人人同有之自然孝悌之情，皆爲支持此宗法之社會制度及政治之統系者。故人能爲孝子，即能爲忠臣，而敬及于天子，亦及于天。是敬神、敬祖即敬人也。"①

《詩經》中的詩篇對於孝敬父母、友愛兄弟的君子加以頌揚，同時還揭示了孝悌的道德、心理及宗教内涵。對於孝子養親的孝行予以讚揚的詩，往往能從父母與子女親情出發，強調侍奉父母爲做人之本，是報答父母養育之恩的自然之事。如《小雅·蓼莪》："哀哀父母，生我劬勞。"父母的恩德是給予了自己生命，並辛苦地將子女撫養成人。"欲報之德，昊天罔極。"即使恭敬地孝順父母，也不能報答其浩浩之恩。因此孝道並不止於此。

《禮記·祭統》："孝者，畜也。順于道，不逆于倫，是之謂畜。是故孝子之事親也，有三道焉：生則養，没則喪，喪畢則祭。養則觀其順也，喪則觀其哀也，祭則觀其敬也。盡此三道者，孝子之行也。"這段話的意思是説，所謂孝，就是畜的意思，對父母的敬愛至情畜積於心就是孝。順從道義，不悖倫常，這就叫畜。因此，孝子

---

① 唐君毅《中國文化之精神價值》，廣西師範大學出版社，2005 年版，第31—32 頁。

事奉雙親有三項階段要求：父母在世時要供養，父母去世要服喪，服喪期畢要祭祀。供養時看他是否恭順，服喪時看他是否悲哀，祭祀時看他是否誠敬與及時。能夠盡心致力地做到這三項，才算是孝子的行爲。①《詩經》之《周頌》、《大雅》多詠祭祖之事，或者大多是祭祖儀式所用樂歌，體現了祭祖追孝之心理，這是對孝道的另一種表述。《周頌》31首，絕大多數與祭祖有關。孔穎達云：

> 《周頌》皆太平之歌，所論多告神之事，篇多而事相類，所次意不似風、雅。觀其大歸，《清廟之什》陳文、武盛德，郊宗柴望配禮之大者。《臣工之什》言助祭祈報合樂，朝見事劣於《清廟》。《閔予之什》傷家道之未成，創往時之禍難，又陳繹告之未祭，類祃之小禮，比《臣工》又差劣焉。大率《周頌》之次，雖其中有曲而變，要以盛者爲先。

這段話的大意是説《周頌》31首多歌祭祖之事，但其排列次序是以文王、武王、成王爲序，並考慮了周人祖先功業的大小，文王武王功業盛大，故祭文王武王之詩在前。祭祖爲孝道的另一種表現形式。因此，鄭玄《詩譜·周頌譜》云："禮行于祖廟，而孝慈服焉。"孔穎達《正義》："祖廟得所，則民化上，知孝于祖禰，慈愛子孫，而服於君之政教矣。"②曾子也因此而發議論説："慎終追遠，民德歸厚矣"（《論語·學而》）。何晏《論語注》云："孔曰：'慎終者，喪盡其哀。追遠者，祭盡其敬。'"邢昺《論語正義》："'慎終'者，終謂父母之喪也。以死者人之終，故謂之終。執親之喪，禮須謹慎盡其哀也。'追遠'者，遠，謂親終既葬，日月已遠也。孝子感時念親，追而祭之，盡其敬也。'民德歸厚'者，言君能行此慎終、追遠二者，民化其德，皆歸

---

① 此處譯文參王文錦《禮記譯解》，中華書局2004年版，第707頁。
② 孔穎達《毛詩正義》，李學勤主編《十三經注疏》（標點本），北京大學出版社1999年版，第1278頁。

厚矣。言不偷薄也。"①《周頌》和《大雅》祭祖詩所表現的正是孝子之敬與對死去的父母的懷念之情。從這一角度來説,過去被視爲阿諛之作,甚至被視爲糟粕②的《周頌》諸詩,實際也表現了詩人的自然本性,亦自有其倫理上的價值。

孔子弟子有若曾説:"孝弟也者,其爲仁之本與"(《論語·學而》),其爲人也,孝于父母,必能順于兄長。弟,即悌,順也。《詩經》詩篇對此也有形象的表現。《小雅·常棣》云:"凡今之人,莫如兄弟。""死喪之威,兄弟孔懷。原隰裒矣,兄弟求矣。""兄弟既具,和樂且孺。"《大雅·皇矣》是周民族史詩之一,其第三章特別歌頌太伯、仲雍、季歷兄弟之間相互友愛、相互謙讓的事蹟,並且以爲這是周人歷史上特別值得紀念的大事。詩云:"帝作邦作對,自大伯王季。維此王季,因心則友。則友其兄,則篤其慶,載錫之光。受禄無喪,奄有四方。"據説太王古公亶父有子三人,長子太伯,次子仲雍,少子季歷(王季)。季歷生子昌,有才德,太王想傳位於昌。太伯和仲雍知父之意,遂逃于吴地,讓位于季歷,好傳位給姬昌。才有了後來文王興周之事。所以《皇矣》的作者認爲周朝的基業的奠定與季歷三兄弟的友愛有直接關係。

與正面讚揚孝敬父母、兄友弟恭相反,詩人對因故不能盡孝于父母,也表示特別的痛苦或不安,或者對有違孝悌之道的人和事,也毫不留情地進行了批評。《邶風·凱風》的作者,對於不能盡孝于母親,在詩中進行了懺悔:

---

① 邢昺《論語注疏》,李學勤主編《十三經注疏》(標點本),北京大學出版社 1999 年版,第 9 頁。

② 夏傳才先生《論西周的頌歌》云:"魯迅先生有一句名言:'《頌》詩早已拍馬。'《頌》詩本來是廟堂祭祀樂歌,《大雅》本來是貴族朝會樂歌,魯迅先生的評論,對於揭示這類樂歌的階級實質,可説是入木三分。幾十年來,在古代文學研究領域,多數評論認爲這些頌歌反映貴族階級的意識形態,是爲統治者歌功頌德的阿諛之辭,思想性和藝術性都没有多大價值,是古代文學中的糟粕,很少深入研究。其實,魯迅的那句話,並不是全面的評述。"收《思無邪齋詩經論稿》,南開大學出版社 1995 年版,第 58 頁。

> 凱風自南,吹彼棘心。棘心夭夭,母氏劬勞。
> 凱風自南,吹彼棘薪。母氏聖善,我無令人。
> 爰有寒泉,在浚之下。有子七人,母氏勞苦。
> 睍睆黃鳥,載好其音。有子七人,莫慰母心。

還有《唐風·鴇羽》反復申說:"王事靡盬,不能藝稷黍。父母何怙?悠悠蒼天,曷其有所?"詩人是一位農夫,因爲長年的徭役,使其不得養其父母,詩人作詩來抒發内心的怨痛。再如《邶風·柏舟》作者則譴責其兄弟説:"亦有兄弟,不可以據。薄言往愬,逢彼之怒。"本來希望兄弟在自己需要幫助時能支援自己,但對方卻態度惡劣地責罵自己。詩人爲此十分傷心和憤怒。

由上述可知,孝敬父母,友愛兄弟,也是《詩經》詩篇所闡述的人道之一。

六、交友有道,互幫互勉

親情之外,《詩經》詩篇還著重歌詠了友情。在宗法社會中,人既歸屬於家族,同時也歸屬於各種社會關係。其中最重要的社會關係即是朋友關係。《小雅·伐木》:"伐木丁丁,鳥鳴嚶嚶。出自幽谷,遷于喬木。嚶其鳴矣,求其友聲。相彼鳥矣,猶求友生。矧矣人矣,不求友生?"鳥獸尚且合群而居,以人類社會的複雜,萬萬不能沒有朋友。《毛序》:"《伐木》,燕朋友故舊也。至天子至於庶人,未有不須友以成者。親親以睦,友賢不棄,不遺故舊,則民德歸厚矣。"從天子至於庶人,一個人如想成就一番事業,就必須有朋友的幫助。

一個人如果與有德行才幹的人爲友,得其相助,就會取得事業的成功。《小雅·六月》一詩敘寫周宣王時尹吉甫抗擊外敵的入侵,凱旋而歸,設宴慶功,不忘朋友之功。詩云:"吉甫燕喜,既多受祉。來歸自鎬,我行永久。"又云:"飲御諸友,炰鱉膾鯉。侯誰在矣?張仲孝友。"詩人稱頌張仲,是因爲他對尹吉甫有許多幫助。

詩中雖然略去了張仲如何幫助尹吉甫建功立業的細節，但在凱旋儀式上寫到他，其用意是十分明顯的。

同樣是《小雅》中作于周宣王朝的《假樂》，是周宣王宴請群臣的詩。周王稱群臣爲"朋友"，充分肯定了他們的崇高品德，並表達了願意與之一道成就事業的願望。詩云："之綱之紀，燕及朋友。百辟卿士，媚于天子。不解於位，民之攸墍。"這表明即使是至高無上的天子，也需要朋友的幫助。

此外，《大雅·既醉》爲祭祀祖先時，工祝代表神尸對主祭的周王所致的祝辭。詩中讚美周王説："其告維何？籩豆靜嘉。朋友攸攝，攝以威儀。""威儀孔時，君子有孝子。孝子不匱，永錫爾類。"意思是説周王祭祖的祭品很豐盛，參加"朋友"(祭祀的群臣)，禮儀都很周全，態度都很恭敬，他們都是懂得慎終追遠的孝子。周王有了這些朋友的輔助，會永久地保有天命。詩人借工祝的祝頌之辭所要表達的仍是"由天子至於庶人，未有不須友以成者"的道理。

《大雅·抑》篇爲衛武公自誠之詩，其第五章云："無言不讎，無德不報。惠于朋友，庶民小子。子孫繩繩，萬民靡不承。"屈萬里解説此章云："如能惠愛朋友，以及眾民小子，則家國必昌；必致子孫繁盛，萬民順承也。"①第六章亦云："視爾友君子，輯柔爾顏，不遐有愆。""視"、"示"古通用，即告也。"輯"、"柔"，皆意爲和順。此四句意思是告誠自己如能與有德有才之君子爲友，且待之以和順之禮，則不至於有過錯。衛武公爲有德之君子，此詩能從立身行事的角度，總結許多爲政爲人之經驗，以爲修養之標準，殊爲難得。此處所引述的兩章主要是從正面樹立了友賢友德、互幫互助的交友之道，讀來發人深省。

有朋友相助，當然是值得慶幸的事，但實際生活有時也不能盡如人意。朋友之間在危難時不肯援手，甚至落井下石的情況，也引發了詩人們的浩歎。《大雅·桑柔》爲憂時傷亂之作，其第九章説：

---

① 屈萬里《詩經詮釋》，臺灣聯經出版事業公司 1984 年版，第 518 頁。

"瞻彼中林,牲牲其鹿。朋友已譖,不胥以穀。人亦有言:進退維谷。"此章首言中林之鹿尚且能見食相呼,有朋友之相,反襯當時朋友之間互相欺騙,互不信任。林義光《詩經通解》釋此章云:"言朋友僭偽太過,不能相與以善,不如林中之鹿尚能群居。"在詩的第十三章,詩人又説:"嗟爾朋友! 予豈不知而作? 如彼飛蟲,時亦弋獲。既之陰女,反予來赫。"當假朋友譖害自己的行徑被揭穿後,反而來恐嚇自己。這不能不令人嗟歎、憤慨。《小雅·何人斯》是寫朋友絶交的詩。詩人和"何人"絶交的原因,《毛序》《鄭箋》以爲何人在周王面前進讒言,致使詩人失職。詩云:"二人從行,誰爲此禍? 胡逝我梁,不入唁我! 始者不如今,云不我可。""彼何人斯? 胡逝我陳? 我聞其聲,不見其身。不愧于人,不畏于天。"亂世之中,勢利之交盛行,真正的朋友很少。

　有時詩人還因爲行無同道、孤獨無友而徘徊憂傷。《十月之交》的作者歎息道:"民莫不逸,我獨不敢休。天命不徹,我不敢效,我友自逸。"詩人因没有志同道合的朋友,倍感孤獨。《魏風》的《園有桃》的作者是一位"士",他説:"心之憂矣,我歌且謡。"爲什麽憂慮呢? "不知我者,謂我士也驕。彼人是哉? 子曰何其? 心之憂矣,其誰知之。"原來作者是因爲遭人誤解,没有志同道合的朋友而憂愁。

　在亂世中,如果要堅持原則,有時也會影響到朋友之間的關係。《小雅·雨無正》的作者説:"哀哉不能言! 匪舌是出,維躬是瘁。哿矣能言,巧言如流,俾躬處休。"朝廷之上讒言橫行,小人囂張。正直的人進退兩難,所謂"維曰于仕,孔棘且殆。云不可使,得罪于天子;亦云可使,怨及朋友"。意思是説"王之出令不正,我言'不可從'則得罪于天子。言'可從',則是助君爲惡,必怨及朋友矣"(王引之《經義述聞》),和朋友一樣講真話也不行,講假話又違背良心,可見在亂世爲官,保持友誼之難。

　孔子以《詩》爲教,説《詩》可以興、觀、群、怨(《論語·陽貨》),其中"群"字道出了《詩》教人處理人際關係方面的實質。具體到交友方面,孔子曰:"益者三友,損者三友。友直,友諒,友多聞,益矣。

友便辟,友善柔,友便佞,損矣。"邢昺正義曰:"此章戒人擇友也。'益者三友,損者三友'者,以人爲友,損益于己,其類各三也。'友直,友諒,友多聞,益矣'者,直謂正直,諒謂誠信,多聞謂博學。以此三種之人爲友,則有益於己也。'友便辟,友善柔,友便佞,損矣'者,便辟,巧辟人之所忌,以求媚者也。善柔,謂面柔,和顏悦色以誘人者也。便,辨也,謂佞而復辨。以此三種人爲友,則有損於己也。"①這可以看作是對《詩》中交友之道的高度概括。

　　　　　　　　　　　　　　(作者單位:西北師範大學文史學院)

————————

　　① 邢昺《論語注疏·季氏》,李學勤主編《十三經注疏》(標點本),北京大學出版社 1999 年版,第 226 頁。

明神宗與《詩經》講習

連文萍

　　摘要:《詩經》是《五經》之一,也是各體詩歌的源頭,在經學及文學上均有深遠的意義與影響。本論文以明神宗朱翊鈞的《詩經》講習狀況作爲論述重點,兼及其他皇族成員的學習經驗,也探討明神宗的輔臣們,對於《詩經》的不同講習觀點,宗藩《詩經》講習的成效,《詩經》對明代皇族詩歌創作上的意義。祈能透過明神宗的《詩經》講習,了解明代皇族傳承《詩經》的部分面向,也觀察《詩經》講習對於明神宗及其他皇族從事詩歌創作的影響。

　　關鍵詞:《詩經》　詩歌　明神宗　皇族　教育　明代

一、前　言

　　明代教育以儒家學説爲主軸,皇族的教育内容,①亦以《四書》、《五經》爲主,但其講習目的不同於一般士人,皇帝或皇太子研讀經書,除了涵養君德,尤在學習治國之道;親王及就藩各地的宗藩子弟,以修德正心,端正自我言行爲務,要求"先行後文"。② 他

---

　　① "明代皇族"主要指皇帝、皇后、皇太子、親王、公主,及分封各地的宗藩,包括藩王、鎮國將軍、輔國將軍、奉國將軍、鎮國中尉、輔國中尉、奉國中尉、郡主、縣主、郡君、縣君等,還有被廢的庶人。本論文限於資料及篇幅,討論主題集中在明神宗的《詩經》講習,兼及男性的皇族子弟,女性皇族的教育問題暫不討論。

　　② 《明神宗實錄》(臺北:"中央研究院"歷史語言研究所影印本,1965年),卷 50,(萬曆四年五月壬寅),頁 1150,河南撫按孟重等條上宗學事宜十二事:"其各生講解經書、《性鑒》外,仍授以《皇明祖訓》、《孝順事實》諸書,使知先行後文之意。"

們都不必如士人爲因應科舉,在章句、文辭上嚴格訓練、刻意用心,如明成祖朱棣(1360—1424)在皇長孫朱瞻基(1435—1399)出閣就學時曉諭輔臣,即謂:"爾等宜盡心開導,凡經史所載孝弟仁義,與夫帝王大訓可以經綸天下者,日與講究,浸漬之久,涵養之深,則德性純而器識廣,他日所資甚大,不必如儒生繹章句、工文辭爲能也。"①皇族接受講習的方式、師生關係,也由於地位特殊而別有不同,特別是皇帝經筵、日講,②因爲皇權至上,輔臣及講官多畏懼臣服,講習内容及方式須經請示,皇帝亦可質疑、評鑑講官,不合意者甚至予以貶斥。③

　　《詩經》是明代皇族教育的重點之一,同時也是各體詩歌的源頭及寫作的典範,具有經學與文學上的深遠意義與影響。本論文以幼年即位、學習紀錄較完整的明神宗朱翊鈞(1563—1620)作爲觀察重點,論述其《詩經》講習的實況及延伸的相關問題,兼及其他皇族的學習經驗,祈能了解明代皇族傳承《詩經》的部分面向,也觀察《詩經》講習對明神宗及其他皇族從事詩歌創作的影響。

二、明神宗的《詩經》講習進程

　　明代立國即側重儒學教育,皇族皆是《五經》俱習。其中皇帝或皇太子的教育,因爲攸關國家的治亂興亡,所以特別注重,有一定的講習制度。皇帝經筵一般皆以《大學》、《尚書》起步,如天順八

---

①　見《明太宗實錄》,卷66,(永樂五年夏四月辛卯),頁926。

②　經筵與日講都是針對皇帝進行的教育制度。經筵在明初時無定制,亦無定所,據[明]李東陽等撰,[明]申時行等重修:《大明會典》(揚州:廣陵書社,2007年),卷52,《禮部十·經筵》,頁917:"正統初始著爲儀常,以月之二日御文華殿進講,月三次,寒暑暫免。"換言之,經筵即爲每月的二日、十二日、二十二日,儒臣會講於文華殿。日講即每日講讀,是在經筵之外的時日進行,《大明會典》,卷52,《禮部十·經筵》,頁917,謂:"日講於文華穿殿,其儀簡。"

③　如明世宗朱厚熜(1507—1567)不賞識講官魏校(1483—1543)的《尚書》講讀而加以貶斥,相關始末,陳恆嵩:《魏校及其〈尚書〉經筵講義析論》(揚州:首屆國際《尚書》學學術研討會,2010年6月16—18日)有所論述,可參。

年(1464)八月,明英宗朱祁鎮(1427—1464)初開經筵,由大學士李
賢(1408—1466)講《大學》經之一章,陳文(1405—1468)講《尚書·
堯典》首章,①故黃佐《翰林記》謂:“當今儒臣進講,《四書》以《大
學》爲先,《五經》以《尚書》爲先,今經筵因之。”②日講亦是如此,張
居正(1525—1582)爲明神宗制定的日講課程,即由講讀《大學》、
《尚書》開始。③

　　明代親王的講習内容也是《四書》、《五經》,尚未就藩的親王,
可能與皇太子一起學習。④ 親王分封就藩後,許多宗藩樂於學,重
視子弟教育,要求自幼研讀經書,日後能知書好禮,如唐藩朱彌鍗
(1490—1542)“生負奇質,甫七歲,王考命教授授書,能成誦”。⑤
而唐藩子孫如康穆王朱芝垃等,也能以“博通群經”著稱。⑥

　　《詩經》在帝王教育中的講讀次序,並没有如《大學》、《尚書》被
强調及記載,所以必須考察皇帝的生活細節,方能勾勒具體“課
表”。明代皇帝的幼年求學紀録中,明神宗因沖齡即位,又有嚴格
的輔臣從旁督促,可資詳考。《明神宗實録》記録萬曆十年(1582)
正月丁亥,大學士張居正等上疏:

　　　　二月十二日經筵開講,除《孟子》照常進講外,其《書經》去

<hr>

　　① 見《明憲宗實録》,卷8,(天順八年八月癸未),頁177。
　　② [明]黃佐:《講讀合用書籍》,《翰林記》(臺北:臺灣商務印書館《叢書
集成簡編》本,1966年),卷9,頁122。
　　③ [明]張居正:《擬日講儀注疏》,《新刻張太岳先生文集》(上海:上海古
籍出版社《續修四庫全書》,第1346册,影印明萬曆四十年唐國達刻本,2002
年),卷37,頁314。
　　④ 如[清]張廷玉等:《興宗孝康皇帝傳》,《明史》(臺北:鼎文書局,1979
年),卷115,頁942,記録明太祖朱元璋(1328—1398)“建大本堂,取古今圖籍
充其中,徵四方名儒教太子、諸王,分番夜直,選才俊之士充伴讀”。
　　⑤ [明]張璧:《承休昭毅王墓表》,《陽峰家藏集》(臺南:莊嚴出版公司
《四庫存目叢書》影明嘉靖二十四年世恩堂刻本,1997年),卷33,頁618。
　　⑥ [明]朱謀㙔:《唐藩》,《藩獻記》(北京:書目文獻出版社《北京圖書館
古籍珍本叢刊》影明萬曆刻本,1994年),卷3,頁766,767。

年講完,今歲應講《詩經》。此書本人情,該物理,近之可以修
身齊家,遠之可以治國平天下,於君德治道,裨益不淺。①

可知,明神宗的《尚書》經筵講習,在萬曆九年(1581)已講習完畢,
接著要進講《詩經》。張居正提議後,明神宗的《詩經》經筵講習狀
況,並無明確的紀録,但《明神宗實録》在萬曆十年二月辛丑、辛亥;
三月庚申、庚辰;四月己亥等,都有"上御經筵"的記載,②可見明神
宗均循往例御經筵接受講習。

張居正及講官爲經筵進講所需,編有講章《詩經直解》。③此
部《詩經直解》内容完備,應有實際進講,但可能没有講完。因爲萬
曆十年六月丙午,張居正就因病離世,不久,更被削爵抄家,④所以
此部講章也未照例發下司禮監鏤板刊行,顯然是受到牽連。

講章的編撰及刊行,是帝王教育的重要環節,輔臣及講官在開
講前預撰講章,講完後,要重復校閱及修改,再進呈御覽,以備温故
知新,並要發下司禮監刊板印行,以傳久遠。這種處理程序已成定
制,張居正《進講章疏》即謂:

臣等一歲之間,日侍皇上講讀,伏見聖修益懋、聖志益堅,
盛暑隆寒,緝熙罔間,臣等備員輔導,不勝慶幸。但惟義理必
時習而後能悦,學問必温故而能知新,況今皇上睿明日開,若

---

① 《明神宗實録》,卷120,(萬曆十年正月丁亥),頁2250。
② 二月"辛丑,上御經筵"見《明神宗實録》,卷121,頁2260;"辛亥,上御
經筵"見同卷,頁2264。三月"庚申,上御經筵"見卷122,頁2271;"庚辰,上御
經筵"見同卷,頁2284。四月"己亥,上御經筵"見卷123,頁2293。五月"己
未,上御經筵"見卷124,頁2306。此外,明神宗上文華殿講讀的"日講"記録
更多。可見到六月丙午張居正病卒的前後,明神宗的經筵、日講均如常進行。
③ 《詩經直解》有萬曆四十年(1612)張居正之子張懋修蒐集刊行之本,
書名爲《新鐫張閣老進呈經筵詩經直解》,現已由上海:學林出版社於2009年
重新排版發行,書名改作《張居正講評詩經皇家讀本》。
④ 關於張居正身後被削爵抄家,韋慶遠:《張居正和明代中後期政局》
(深圳:廣東高等教育出版社,1999年)有詳述,可參。

將平日講過經書，再加尋繹，則其融會悟入，又必有出乎舊聞之外者。臣等僅將今歲所進講章，重復校閱，或有訓解未瑩者，增改數語，支蔓不切者，即行刪除，編成《大學》一本、《虞書》一本、《通鑑》四本，裝潢進呈。伏望皇上萬幾有暇，時加溫習，庶舊聞不至遺忘，新知日益開豁，其於聖功，實爲有補。以後仍容臣等接續編輯，進呈御覽，仍乞敕下司禮監鏤板印行，用垂永久。雖章句淺近之言，不足以仰窺聖學精微之奧，然行遠升高，或亦一助云爾。[①]

是故，講章雖爲帝王啟蒙之用，内容雖爲章句之説解，但講讀完畢並未廢棄。張居正先前已經進完的《書經直解》，即在校閱及修改完畢後，付諸司禮監刊刻。[②]

　　明神宗的《詩經》講習，在萬曆十一年(1583)仍持續着。二月一日，新的教習年度開始，輔臣大學士張四維(1526—1585)等上疏云：

　　　　二月十二日經筵開講，去年秋講《四書》、《書經》講完，今見講《詩經》，仍該用一經進講。《周易》一書，先王明天道以修人紀，其理雖奧衍宏深，至于擬議言行，會通典禮，關于君德治道，最爲詳切。故自祖宗列聖以來，凡幸太學，必令儒臣以是書敷講，厥有深意。合無今次以《周易》同《詩經》進講，用爲聖學緝熙之助。上然之。[③]

　　① 　見《新刻張太岳先生文集》，卷38，頁329。此疏亦見《萬曆起居注》(北京：北京大學出版社影印明末抄本及民國抄本，1988年)，第1冊，(萬曆元年十二月十九日乙丑)，頁138—139，可知講章的校閱、修改、刊刻，在萬曆元年已確立，其後成爲定制。
　　② 　[清]張廷玉等：《明史》，卷96，《志第七十二·藝文一·經類·書類》，頁634、635，著録張居正《書經直解》八卷。
　　③ 　《明神宗實録》，卷133，(萬曆十一年二月甲申)，頁2469。

《詩經》在萬曆十一年爲經筵講讀的主要内容之一，惟當時所編的
講章，並無留存與紀録。然而明神宗少了張居正的嚴格督促，接任
的輔臣又軟弱怕事，故此後經筵、日講俱日易曠廢，如萬曆十四年
（1580）十二月二十三日，大學士申時行（1535—1614）上疏即謂：
"今通查一年之内，日講不過數次，講章甚少，不能成帙。"①最後終
於完全停止。萬曆十六年（1582），申時行上疏建議改以預撰講章、
先行進呈的方式，由明神宗先行閲讀學習，並祈請神宗能親臨
講筵：

> 臣等擬令講讀諸臣將逐日講章照常撰寫，雖遇免講，仍進
> 講章，皇上特賜覽觀，就便温習，俟金秋涼爽，玉體康寧，特御
> 講筵，接續進講，庶聖學無暴寒之間，而諸臣亦得效其啟沃之
> 忠，伏乞聖明裁允，令臣等遵奉施行。②

此舉改變了明神宗的講習方式，經筵及日講的形式雖在，然由講官
預撰講章進呈，讓皇帝自行閲讀，君臣之間已無實際的講讀互動。
　　《詩經》日講講章的進呈，據《萬曆起居注》所載，萬曆二十一年
（1593）五月十四日，大學士王錫爵（1534—1610）題請進日講講章
事宜，希望在《禮記》之外，進講《詩經》及《孝經》：

> 先該臣等欽奉聖諭，令講官將《禮記》逐日進講，令已進過
> 講章將及《儒行》終篇，臣等看得《儒行》而後，有冠、婚等項，六
> 義皆儀文器數之類，於理道不甚緊關，講臣無可敷衍議論、陳
> 獻忠蓋者。臣等又看得經書之中有《詩經》、《孝經》二書，皆經
> 先師孔子删定，《詩》得性情之正，《孝》爲德教所先，以此進講，
> 庶乎博而有要，可以羽翼諸經、日新聖學。伏望皇上隨意擇講

---

① 見《萬曆起居注》，第 2 册，（萬曆十四年十二月二十三日癸未），頁
757。
② 《萬曆起居注》，第 3 册，（萬曆十六年六月二日癸未），頁 68—69。

一書，使臣等可以傳諭諸臣，令其接續《禮記》之後，預撰講章
進呈，以候皇上親臨聽講。①

此份奏疏日後刊入《王文肅公奏草》，②可見是王錫爵爲官經歷中
的重要文件。然當時是否獲得明神宗的裁示，並沒有進一步的記
錄。萬曆二十二年（1594）十二月十日，大學士趙志皋（1524—
1601）等，應明神宗要求，預撰講章進呈時，特將近年所撰講章作一
考查，有謂：

　　　謹查得見今講書三項：《易經》于萬曆十九年三月内進講
　章，自《周易》上經起，至今年十二月終，進至《繫辭》《序卦傳》
　止，六本將完。《詩經》于萬曆二十一年五月内進講章，自《國
　風》起，至今年十二月終，進至《小雅・瓠葉》章止，計四本半未
　完。《通鑑纂要》于萬曆十七年七月内進講章，自太昊帝起，至
　今年十二月終，進至東漢光武建武八年止，計十本半未完。除
　《詩經》、《通鑑纂要》二項，所餘本數，陸續進講外，其《易經》待
　開春講完，臣另擬當講書籍，恭候聖明裁定遵行。③

可知明神宗確實接受王錫爵的建議，並選讀了《詩經》。因此，《詩
經》於萬曆二十一年五月開始進《國風》講章，到萬曆二十二年十二
月進至《小雅・瓠葉》，合計進講章四本半，且後續將把《詩經》進完。
　　輔臣進呈明神宗御覽的講章，仍照張居正講習時的往例，每年
年終發下司禮監刊板，以備皇帝温習觀覽。所以萬曆二十二年十
二月二十三日，大學士趙志皋等上疏謂：

_____

　　① 《萬曆起居注》，第 4 册，（萬曆二十一年五月十四日丁卯），頁 339—
340。
　　② 見《王文肅公全集・王文肅公奏草》（臺南：莊嚴出版公司《四庫存目
叢書》影印明萬曆王時敏刻本，1997 年），卷 11，頁 231。
　　③ 《萬曆起居注》，第 4 册，（萬曆二十二年十二月十日癸丑），頁 870—
871。

今查萬曆二十一年至今所撰講章:《易經》豫卦至離卦一本,咸卦至益卦一本;《詩經》《國風·周南·關雎》至《豳風·狼跋》一本,《小雅·鹿鳴》至《我行其野》一本;《禮記·祭統》一本,《經解》《哀公問》《仲尼燕居》《孔子閒居》一本,《坊記》《表記》一本,《緇衣》《儒行》一本;《通鑑纂要》秦二世至沛公入武關一本,沛公至霸上至楚與漢約中分天下一本,孝文帝元年至大旱蝗詔弛利省費以振民一本,類寫裝潢進呈,伏望皇上萬幾之暇,時加觀覽,以求溫故知新之益。①

可知,萬曆二十一、二十二年,輔臣所進講章包括《易經》、《詩經》、《禮記》、《通鑑纂要》。② 至於《詩經》講章何時進完? 萬曆二十五年(1597)二月一日,大學士趙志皋等上疏:"看得《詩經》講章見今將及進完。"③到萬曆三十年(1602)閏二月十九日,大學士沈一貫(1531—1615)爲日講事所上奏章,有謂:

伏覩皇上自臨御以來,典學時敏,《學》、《庸》、《語》、《孟》之外,《五經》則《易》、《書》、《詩》、《禮》俱已講過。④

可見到萬曆二十五年二月,《詩經》講章即將進完;到萬曆三十年閏

----

① 《萬曆起居注》,第 4 冊,(萬曆二十二年十二月二十三日丙寅),頁882—883。

② 按,《易經》、《詩經》、《通鑑纂要》三書講章的進呈,俱見前引《萬曆起居注》,第 4 冊,(萬曆二十二年十二月十日癸丑),頁 870—871,趙志皋的題疏。《禮記》一書的講章進呈,則見前引《萬曆起居注》,第 4 冊,(萬曆二十一年五月十四日丁卯),頁 339—340,王錫爵的題疏。故萬曆二十一、二十二年進呈的講章包括《禮記》、《易經》、《詩經》、《通鑑纂要》。

③ 《萬曆起居注》,第 5 冊,(萬曆二十五年二月一日壬戌),頁 499。趙志皋等在此日題請,將祖宗實錄中足以垂法後世者,每日摘取一條,預撰講章,待《詩經》講完,接續進呈。

④ 見《萬曆起居注》,第 7 冊,(萬曆三十年閏二月十九日壬子),頁376—377。

二月,則《詩經》講章已進呈完畢。明神宗所閱讀的《詩經》講章,趙志皋疏文說已發司禮監刊板,但今日未見留存。

三、張居正與王錫爵進講《詩經》的觀點

觀察明神宗的講習紀錄,萬曆十、十一年間,在張居正、張四維等輔臣的引導下,《詩經》接續《大學》、《尚書》之後,作爲經筵講讀的内容之一。萬曆二十一年五月,則在王錫爵等的題請下,接續《禮記》之後,以預撰日講講章的方式,開始進呈《國風》的講章。這是明神宗接受《詩經》講習的兩段主要時間,倡議者分別是張居正與王錫爵,他們都上疏説明進講《詩經》的理由,同時也揭示他們對《詩經》的講習觀點。

張居正幼穎悟,五歲入學,十歲通《六經》大義,對於程朱一脈儒學傳統,自是熟稔貫通。前引他在萬曆十年(1582)正月丁亥的上疏,即謂《詩經》"此書本人情,該物理,近之可以修身齊家,遠之可以治國平天下,於君德治道,裨益不淺",可知在張居正的講習觀念中,《詩經》具有由内而外、内聖外王的教學意義和效果。其説實即朱熹(1130—1200)於《詩集傳序》所言:

> 本之《二南》以求其端,參之列國以盡其變,正之於《雅》以大其規,和之於《頌》以要其止,此學《詩》之大旨也。於是乎章句以綱之,訓詁以紀之,諷詠以昌之,涵濡以體之,察之情性隱微之間,審之言行樞機之始,則修身及家,平均天下之道,其亦不待他求而得之於此矣。[1]

所以張居正主張以《詩經》接續《尚書》之後的進講,正在修身、齊家、治國、平天下之道,不待他求,而可由《詩經》得之。

---

① [宋]朱熹:《詩集傳·序》,見朱傑人等校點:《朱子全書》(上海:上海古籍出版社,2002年),頁351。

　　王錫爵是嘉靖四十一年(1562)會試第一、廷試第二,熟稔經書制義,所作程試之文,傳誦天下。[①] 他在萬曆二十一年五月十四日上疏題請進日講講章事宜,希望在《禮記》之外,進講《詩經》及《孝經》,有謂:

　　　　《詩經》、《孝經》二書,皆經先師孔子删定,《詩》得性情之正,《孝》爲德教所先,以此進講,庶乎博而有要,可以羽翼諸經、日新聖學。伏望皇上隨意擇講一書,使臣等可以傳諭諸臣,令其接續《禮記》之後,預撰講章進呈,以候皇上親臨聽講。[②]

這份疏文值得注意。其一,王錫爵也像申時行一般,在疏文中祈請明神宗能親臨聽講,使講讀成效更顯著。其所謂"預撰講章進呈,以候皇上親臨聽講"的祈請,已成爲此後輔臣上奏的固定陳述用語,軟弱無力也没有作用,進呈講章終究取代經筵、日講,成爲明神宗主要的講習方式。而其"隨意擇講一經"的説法,也可具體看出,皇權高漲下的講習模式與師生關係俱十分獨特,皇帝雖是"受教者",但擁有核可講習内容及方式的權力,輔臣和講官畏懼臣服,只能從旁建議,並消極的等候皇帝的親臨聽講。
　　其二,前述張居正認爲《詩經》"本人情,該物理,近之可以修身齊家,遠之可以治國平天下",所以主張接續《尚書》之後進講。王錫爵則認爲《詩經》是經過孔子删定,讀《詩經》可得性情之正,可以博而有要,作爲諸經的羽翼、日新聖學,因而建議繼《禮記》之後接續進講。由此可窺出,同一部《詩經》,在不同輔臣的講習觀念中,其先後次第及教讀目的有所不同。

---

　　① 見[明]馮時可:《王文肅公傳》,《王文肅公全集‧王文肅公哀榮録》,卷14,頁481。
　　② 見《萬曆起居注》,第4册,(萬曆二十一年五月十四日丁卯),頁339—340。

　　其三,王錫爵將《詩經》與《孝經》並置而論,請明神宗擇一進講。說明了在他的觀念中,《詩經》雖屬《五經》之一,但就帝王學而言,其地位與不屬《五經》之列的《孝經》相當,是居於從屬、輔翼諸經的位置,所以"可以隨意擇講一書"。推究其中原因,與其所謂《詩經》得性情之正、《孝經》是德教之先有關,在王錫爵看來,《詩經》、《孝經》的講習重點,在於情志的發抒移易與道德品行的陶冶,主要是内修的功夫,而未強調治國之道。

　　其四,王錫爵所謂《詩經》"得性情之正",可能不只是在遣詞用字上,與《孝經》"爲德教所先"相對,而是其對《詩經》價值的詮釋。相較於張居正視講讀《詩經》足以修身、齊家、治國、平天下,王錫爵之說的面向較爲單一。此說與王守仁(1472—1528)力倡心學,認爲《六經》與人心相通可能存有關係。王陽明之說對其後士人解讀《詩經》產生深遠影響,有固守朱熹《詩集傳》之說者,有專務漢學、考據路線者,也有諸多從性情、藝術角度臆說者。[①] 王錫爵是否受到學術風氣移轉變動的影響,而對《詩經》的接受偏重於性情的角度,值得推敲。考察王錫爵的《王文肅公全集》,並無有關《詩經》的專述,但其《唐詩會選序》,在論述詩歌起源於《詩經》時,有謂:

　　　　詩之爲教,非小技也;其感人,非小用也。夫古昔《三百篇》,不過里巷歌謠之語,與夫大夫君子舒洩其胸中之夭紹,并禋祀、朝會、燕享之樂章耳。然夫子選之,至與義、文、周公之《易》,堯、舜、禹相授受之《書》,垂教萬世,且諄諄爲訓曰:"何莫學夫詩",何哉灼見。其發之性情,止于禮義,悲而不傷,憂而不怨,温厚和平之旨,溢于言表。其于養性淑身,誠哉有賴也。[②]

---

　　①　王守仁之說對明代《詩經》學的影響,劉毓慶:《陽明心學與明代〈詩經〉研究》(《齊魯學刊》,2000年第5期,頁52—57)有論述,可參。
　　②　見《王文肅公全集·王文肅公文草》,卷1,頁197。

序文中,王錫爵認爲《詩經》不過里巷歌謠、禋祀、朝會、燕享之作,然經孔子選定,與《易經》、《尚書》俱垂教後世,可以養性淑身。此與他在疏文中所言相類,顯見是其對《詩經》的一貫觀點,特別是"養性淑身",正是所謂"得性情之正",是其認爲明神宗研習《詩經》所能達到的功能與目的。是故,王錫爵所陳述的《詩經》講習觀點,除反映其屈奉順從的教學風格,也令人聯想心學的盛行,可能讓明神宗《詩經》日講的内容及目的有所變化。①

四、明神宗的《詩經》講習内容

由前述明神宗的《詩經》講習紀録可知,《詩經》的講授順序爲《國風》、《小雅》、《大雅》,其實際講讀的内容,則可透過張居正等所編撰之《詩經直解》考察。此書今日已重新出版,書名題作《張居正講評詩經皇家讀本》。②

考察此書,即由《國風》、《小雅》、《大雅》依序進講,每首詩之前先有"總評",詩歌則全文引述,並區分段落以利説解,因此每段落後均有"今譯"及"張居正講評",當然這樣的編排形式是今人重編的。經由此書可以發現,張居正等輔臣與講官們並未嘗試建立自

---

① 王錫爵文集中並無《詩經》專述,因此其與心學之間的關係,仍有待進一步考索。其另篇《題大學解》(《王文肅公全集·王文肅公文草》,卷3,頁264—265),或可體察其論學之旨:"蓋昔者夫子始删《六經》,而文多闕疑,不敢自用。乃今《大學》盛行,自好事者表章賈、鄭二古文,而今文幾廢。愚間嘗竊取西河切問近思之義,研泳其間,則見格物致知决當附之誠意章中,義無容補,而他文出秦火斷爛之餘,正亦不必章章字字爲之守殘而射隱,如新之爲親、謙之爲慊;《大學》與《中庸》之爲經、爲緯,總之毋庸辯也。愚所知者,《大學》言誠,《中庸》亦言誠;《大學》言謹獨,《中庸》亦言謹獨;《大學》言忠信,《中庸》言忠恕。士皆業已一一拈出,則當涵而探之,毋使西河之民更疑于夫子。"按,文中"士皆"爲王錫爵的同年蔡士皆,著有《大學解》。

② 陳生璽等譯解:《張居正講評詩經皇家讀本·前言》,頁4、5,謂此書的底本爲萬曆四十年刊刻的《新鐫張閣老進呈經筵詩經直解》,此本現僅存"海内孤本",故重新出版。

己的説解觀點,而是以朱熹《詩集傳》之説爲藍本。

其中《雅》、《頌》多屬朝廷王臣的述作頌歌,適合作爲帝王之學,如,刺幽王任用小人之詩《大雅·召旻》,"張居正講評"有謂:"吁,親賢臣遠小人,此盛周之所以興隆也;親小人遠賢臣,此所以衰周之傾頹也,用人得失,興亡遂判,宜詩人嘆息致恨于幽王歟?"又如,微子見祖廟之詩《周頌·有客》,"張居正講評"有謂:"吁,周人于微子之朝廟既喜且至,復悲其去而留之切如此,可謂親愛之無已矣。後世有天下者,反忌人之子孫至于殄災無遺,亦獨何哉。"①是故,《雅》、《頌》用於帝王之學,正足以曉示國家興亡治亂之道以資借鏡。

《雅》、《頌》之外,《國風》亦皆編入教材,包括朱熹《詩集傳》中目爲"淫詩"的篇章。這些"淫詩"如何説解? 對於帝王之學有何意義? 自是應該詳考。

張居正説解的方式,仍是以《詩集傳》爲藍本。有悉照《詩集傳》説解的詞語者,如《邶風·靜女》,《詩集傳》謂:"此淫奔期會之詩也。"《張居正講評詩經皇家讀本》全詩"總評"曰:"此淫奔期會而作也。"②

有精簡《詩集傳》之説者,如《鄭風·揚之水》,《詩集傳》:"淫者相謂言:'揚之水,則不流束楚矣。終鮮兄弟,則維予與女矣。豈可以它人離間之言而疑之哉? 彼人之言,特誑女耳。'"張居正"總評":"淫者相謂。"③

有總括《詩集傳》之説者,如《鄘風·桑中》,《詩集傳》:"衛俗淫亂,世族在位,相竊妻妾,故此人自言將采唐於沫,而與所思之人,相期會迎送如此也。"張居正"總評"曰:"淫奔者歌此。"④

---

① 《大雅·召旻》"張居正講評",見《張居正講評詩經皇家讀本》(以下簡稱《詩經讀本》),頁 516;《周頌·有客》,見頁 538。
② 《靜女》見《詩集傳》,頁 438;《詩經讀本》,頁 62。
③ 《揚之水》見《詩集傳》,頁 479;《詩經讀本》,頁 123。
④ 《桑中》見《詩集傳》,頁 444;《詩經讀本》,頁 68。

　　有敷演《詩集傳》之説者，如《衛風·木瓜》，《詩集傳》謂："言人有贈我以微物，我當報之以重寶，而猶未足以爲報也，但欲其長以爲好而不忘耳。疑亦男女相贈答之詞，如《靜女》之類。"張居正"總評"曰："疑亦男女贈答之詞，言人交際之禮，施而不報則情中輟，報而不厚則情不堅。"①

　　朱熹《詩集傳》視爲"淫詩"的篇章，張居正的説解大體一致。甚至朱熹三傳弟子王柏(1197—1274)在所著《詩疑》力主删削的《召南·野有死麕》，②《詩集傳》謂此詩："南國被文王之化，女子貞潔自守，不爲強暴所汙者，故詩人因所見以興其事而美之。"張居正的"總評"亦不以"淫詩"目之，而謂："此美貞女之自守也。若曰：情欲人所易徇，求其能以禮自防者，惟我貞女乎，何言之。"③

　　張居正的講章對於《詩集傳》"淫詩"之説，僅有《鄭風·叔于田》是部分採用、不納入有疑義之説。《詩集傳》謂此詩："段不義而得眾，國人愛之，故作此詩。言叔出而田，則所居之巷若無居人矣。非實無居人也，雖有而不如叔之美且仁，是以若無人耳。或疑此亦民間男女相説之詞也。"張居正"總評"即採用前段説解，判爲："國人愛段而作此。"④而不將之視爲男女相悦之詞。

　　爲了順應教學，張居正的説解均較《詩集傳》簡明，然在"總評"中直言"此淫奔期會而作也"、"淫者相謂"、"淫奔者歌此"，具有什麼教育意義？考察他對諸詩的説解，可以一窺這些所謂"淫詩"作爲教材的立意：

　　其一，以知世變。如《王風·大車》，全詩"總評"曰："大夫有以刑政治其私邑，淫奔者畏而歌之。"詩末"張居正講評"謂："若謂予同穴之言爲不信，則有如皦日在焉，足以鑒我之初衷而永不逾盟者

　　①　《木瓜》見《詩集傳》，頁460；《詩經讀本》，頁94。
　　②　見[宋]王柏：《詩疑》(北京：學苑出版社《詩經要籍集成》第10册，2002年)，頁123。
　　③　《野有死麕》見《詩集傳》，頁418；《詩經讀本》，頁30。
　　④　《叔于田》見《詩集傳》，頁470；《詩經讀本》，頁108。

矣,徒爲一時感激之言哉。吁,觀淫奔者畏大夫之刑政而不敢奔,是特苟免刑罰耳,而相奔之心未嘗忘也。其去二南之化遠矣哉,是可以觀世變矣。"①

其二,以觀風俗。如《鄘風·桑中》詩末"張居正講評"謂:"吁,衛之淫亂至此,所謂其政敝,其民流,誣上行私而不可止者也,要皆宣公、宣姜誨淫于上,則其俗之不美有自來矣。"②

其三,以察人情。如《衛風·木瓜》詩末"張居正講評"謂:"是人之交際如此,故能相與有終也,然則男女之際,其物之厚往薄來者豈有他哉,亦欲其情好之有來耳。"③

其四,以資借鑒。如《衛風·氓》之"總評"曰:"此淫婦爲人所棄作也,言天下之事不謹于始,未有不悔于終,我也懲創往事,有不勝其□者矣。"詩之最末"張居正講評"曰:"夫既不思其反覆以至此,則以往之失已不可追,而今日之悔將无所及,則亦如之何哉?亦已而已矣。吁,淫婦失身于始,而獨不慮及于終,及夫見棄于終而後追悔于始,不亦晚乎?是足以爲淫奔者之永鑒矣。"④

以上四端,多就詩意引伸評述,然也有純就詩句講解、不另引伸者,如《王風·采葛》,全詩"總評"謂:"淫奔者歌此。"詩末"張居正講評"謂:"斯人也,我所欲常常見之而日相親者也,故一日不見,則思念之切猶如三月之久矣。夫以一日之近而視之以三月之久,則我之于爾,豈忍一日相違也乎?"⑤

既然是"淫詩",爲何被選入《詩經》? 又有何種教化意義? 朱熹在《詩序辨説·鄘風·桑中》已作説明:

---

① 《詩經讀本》,頁 104、105。其説本於《詩集傳》頁 467—468:"周衰,大夫猶有能以刑政治其私邑者,故淫奔者畏而歌之如此。然其去《二南》之化則遠矣。此可以觀世變也。"而能由人的心靈層面切入分析,説得更加入細。

② 《詩經讀本》,頁 69。

③ 《詩經讀本》,頁 94。

④ 《詩經讀本》,頁 84、89。

⑤ 《詩經讀本》,頁 104。

夫子之於《鄭》、《衛》，蓋絕其聲於樂以爲法，而嚴立其詞
於詩以爲戒。如聖人固不語亂，而《春秋》所記無非亂臣賊子
之事，蓋不如是無以見當時風俗事變之實，而垂監戒於後世，
故不得已而存之，所謂道並行而不相悖者也。①

張居正顯然贊同朱熹的觀點，所以他的《詩經》講章，除解詩本於
《詩集傳》，其視"此淫奔期會而作也"、"淫者相謂"之詩，也認爲足
以知世變、觀風俗、察人情、資借鑒，因此沒有刪廢的問題。②

張居正等編《詩經》講章，所以依循朱熹《詩集傳》，最主要是明
成祖時編纂《五經、四書大全》，其中《詩傳大全》即以朱熹《詩集傳》
爲底本，書成頒行天下，③作爲士子課讀《詩經》、投考科舉的範本，
明代皇族的《詩經》講習，亦皆以其説爲依據。

張居正等撰的《詩經》講章之外，張廷玉《明史》另著録易貴的
《詩經直指》十五卷。④ 易貴，字天爵，宣慰司籍吉水人，幼聰穎出
群，長大後有"通朗剛正，淹貫載籍"之譽，景泰五年(1454)登進士，
高中廷試二甲第二名，歷官辰州府知府。⑤ 所著《詩經直指》，今已
亡佚，但據易貴登第時間，此書可能是明景帝朱祁鈺(1428—
1457)，或是明英宗朱祁鎮(1427—1464)復辟之後教習所用，屬於
明代較早期的《詩經》講章。

明代宗藩的《詩經》講讀，亦本於朱熹《詩集傳》，並有好學宗藩
卓然有成，對《詩經》特別精研，能有所著述。如周藩鎮國中尉朱睦

---

① 《朱子全書·詩序辨説》，頁 365。
② [清]沈德潛:《説詩晬語》(臺北:藝文印書館《清詩話》本,1977 年)，
卷下，頁 683,亦謂:"《詩》本六籍之一，王者以之觀民風、考得失，非爲豔情發
也。"
③ 關於《五經大全》之纂編，陳恆嵩:《五經大全纂修研究》(臺北:東吳大
學中研所博士論文,1998 年)已有論述，可參。
④ 見《明史》，卷 96,《志第七十二·藝文一·經類·詩類》，頁 635。
⑤ 見[明]過庭訓等編:《易貴》，《明分省人物考》(臺北:明文書局《明代
傳記叢刊》，第 140 册,1991 年)，卷 15,頁 738。

樗(1517—1586),"被服儒素,覃精經學,從河、洛間宿儒游。年二十通《五經》,尤邃於《易》、《春秋》","約宗生以三、六、九日午前講《易》、《詩》《書》,午後講《春秋》、《禮記》,雖盛寒暑不輟。"所著《五經稽疑》中,有《毛詩稽疑》專著。① 又如,寧藩鎮國中尉朱謀瑋(1549—?),幼由其父奉國將軍朱多火量(?—1585)"自督課,授《五經》《史》《漢》,旁及星曆",長則精於《詩經》,著有《詩故》。②

　　朱睦樗《五經稽疑》,初題名"六經稽疑",其《五經稽疑序》謂:"余少靡所好,遊心《六經》,嘗作《春秋稽疑》,餘未及爲也。"後因病閉門謝客,而取四經時加披閱,"或有疑者,參定諸家之説而折衷之",③故此書有折衷諸家的意圖。朱謀瑋《詩故》亦要"通乎毛、韓、齊、魯之周",破除四家詩説的偏蔽,闡明詩篇的意旨。④ 二位宗藩論《詩》不隨同流俗,亦不偏執一説,其立意與作法均難能可貴。

五、明神宗《詩經》講習與詩歌創作的關係

　　明代皇族的《詩經》講習,除了就經文説解,用爲修身、齊家、治國、平天下的教材之外,因爲《詩經》同時是各體詩歌的源頭及典範,所以具有創作上的意義。

　　明代皇帝因有寫作朝廷廟堂頌歌的任務,故多四言詩之作。以朱彝尊《明詩綜》所纂録的二十三首明代皇帝詩作觀察,明神宗

---

　　① 《明史》,卷116,《列傳第四·諸王一·鎮國中尉睦樗》,頁948。所著《五經稽疑·毛詩稽疑》,臺北:臺灣商務印書館影入《景印文淵閣四庫全書》第184册,1983年出版。
　　② 見[明]焦竑:《輔國將軍拱概》,《國朝獻徵録》(臺北:明文書局《明代傳記叢刊》影印本,第109册,1991年),卷1,頁52。
　　③ 見《五經稽疑》(臺北:臺灣商務印書館《景印文淵閣四庫全書》第184册,1983年),卷前,頁680。
　　④ 《詩故》的撰著及内容,林慶彰:《詩故提要》,《詩故》(北京:學苑出版社《詩經要籍集成》,第14册,2002年),卷前,頁1,有所説明,可參。

的詩作共收二首,分別爲《畫眉山龍王廟碑詩》及《潯縣景命殿詩》,
二詩均爲四言詩,該書還收録明成祖朱棣(1360—1424)《勃泥長寧
鎮國山詩》、明宣宗朱瞻基(1399—1435)《思賢詩》、明憲宗朱見深
(1447—1487)《闕里孔子廟詩》、明孝宗朱祐樘(1470—1505)《闕里
孔子廟詩》,亦均爲四言詩。① 這些四言詩與《詩經》是什麼關係?

　　首先,皇帝寫作四言詩,是一種文化傳統的繼承,因爲在詩歌
寫作的傳統中,四言詩是朝廷廟堂述作頌歌的重要形式,李東陽
(1447—1516)在《書讀卷承恩詩後》對科舉不以詩賦取士提出建言
時,即曾強調詩賦記録誦揚朝廷典章制度的功能,謂“《九敘》之歌,
用之邦國;《二雅》之詩,施之廟朝,古之紀盛事而詠成功者,皆是物
也。”②所以皇帝有御製四言詩的任務與需求,《詩經》也成爲摹寫
的範本。③

　　其次,皇帝除了在《詩經》形式與寫作意義上的追摹,也有詩句
與詩意的引用,如明神宗的《畫眉山龍王廟碑詩》:

　　　　於赫龍王,不顯其光。上下帝旁,噓翕無方。爲雷爲霆,
　　爲雲爲雨。有開必先,靡求不與。我求伊何,黍稷稻粱。爾與

<hr>

　　①　以上《畫眉山龍王廟碑詩》及《潯縣景命殿詩》,見[清]朱彝尊:《明詩
綜》(臺北:世界書局影印本,1970 年),卷 1 上,頁 12、13;《勃泥長寧鎮國山
詩》見頁 3;《思賢詩》見頁 4;明憲宗《闕里孔子廟詩》見頁 9;明孝宗《闕里孔子
廟詩》見頁 10。 又如[清]陳田:《明詩紀事》(上海:上海古籍出版社,1993
年),亦收録明神宗的《潯縣景命殿詩》(《甲籤》,卷 1 上,頁 19)。其他分別爲
明成祖《闕里孔子廟詩》、《淳泥長寧鎮國山詩》、《柯枝鎮國山詩》(頁 7、8);明
宣宗《招隱詩》(頁 12);明憲宗《闕里孔子廟詩》(頁 16);明孝宗《闕里孔子廟
詩》(頁 16);明世宗朱厚熜(1507—1567)《欽天頌》(頁 18)。
　　②　見[明]李東陽:《李東陽集·文後稿》(長沙:岳麓書社,1985 年),卷
13,頁 193、194。
　　③　明代四言詩的摹寫範本,不一定全爲《詩經》,也有以漢魏古詩爲摹擬
對象,如[明]李攀龍:《白雪樓詩集》(上海:上海古籍出版社《續修四庫全書》
影印明隆慶四年汪時元刻本,2002 年),卷 12,《四言》,頁 562,有四言詩《效阮
公二首》。

伊何，千倉萬箱。眉山之下，龍王之宇，迄用康年，穀我
士女。①

詩中"黍稷稻粱"、"千倉萬箱"、"穀我士女"俱出自《小雅·甫田》；
"迄用康年"出自《周頌·臣工》；"不顯其光"則用《周頌·維天之
命》"於乎不顯"之意。其《漷縣景命殿詩》詩中，"周原膴膴"亦出自
《大雅·緜》；"鳥革翬飛"出自《小雅·斯干》，顯見明神宗的《詩經》
講習，對於詩歌創作有深刻影響。②

　　明神宗的四言詩作也顯示，皇帝對《詩經》的摹寫，多集中在
《雅》、《頌》。此與一般士人不盡相同，士人沒有帝王身份、朝廷述
作的需求，所以多見摹寫《國風》，用以言志抒情或憂時諷諫，如明
代詩文大家王世貞（1526—1590）的次子王士騄，即有多首摹擬《詩
經》之作，如《陟陂》三章，下署"畏讒也"；《六月》三章，係"自傷也"；
《清露》四章，自署"勞者之歌"；《桃之華》三章，係"有刺也"。③

　　此外，前述諸詩雖爲"御製"，但也可能有文臣代筆或是誤傳的
問題。朱彝尊《明詩綜》在明神宗《漷縣景命殿詩》後即謂：

　　　　內府向藏御製詩文一卷，今已無存。《列朝詩集》所載《勸
　　學詩》一章，未必出於御製也。謹錄《龍王廟》、《景命殿》二碑
　　銘詩。④

　　　　────────

　　① 見《明詩綜》，卷1上，頁12。
　　② 明宣宗《招隱詩》（見《明詩紀事》，《甲籤》，卷1上，頁12）亦有"《卷
阿》之思，梧桐鳳凰"之句。《卷阿》爲《大雅》中的篇章，爲召康王從成王游於
卷阿所作，"梧桐鳳凰"即詩中"鳳凰鳴矣，于彼高崗。梧桐生矣，于彼朝陽"，
意即鳳凰鳴於高崗，將擇梧桐以棲；梧桐生於東方朝陽照耀之處，將爲鳳凰所
棲。所以明宣宗引用此詩，以示治世之賢才思效用於君，治世之賢君將委用
賢才，就好像鳳凰與梧桐的相需而相遇。
　　③ 見［明］王士騄：《中弇山人稿》（北京：北京出版社《四庫禁燬書叢刊》
影印明萬曆刻本，集部第32冊，2000年），卷1，頁537—539。
　　④ 見《明詩綜》，卷1上，頁13。

顯然朱彝尊考慮到真偽的問題，所以選擇著録碑刻上的銘詩。不過《勸學詩》是否出自明神宗御筆，實已難以考辨。皇帝能御製詩歌，雖屬語文能力的訓練及文化傳統的傳承，不過，以帝王學的觀點，並不是講習重點。張居正在萬曆二年（1574）訓勉明神宗勿沉溺於書法技藝時，謂：

> 竊以爲帝王之學當務其大，自堯舜以來，至於唐宋所稱英賢之主，皆以其修德行政，治世安民，不其聞其有技藝之巧也。惟漢成帝知音律，能吹簫度曲；六朝梁元帝、陳後主、隋煬帝、宋徽宗、寧宗，皆能文章善畫，然皆無救於亂亡，可見君德之大，不在技藝之間也。①

儘管如此，在張居正眼中，詩歌寫作對於帝王學仍有意義。如他在萬曆九年（1581）正月十四日所上的疏文所説："故雖筆札小技，非君德治道所關，而燕間游息之時，藉以調適性情，收斂心志，不悖于孔氏游藝博文之指，比之珍奇玩好、馳騁放侠之娛，則相去遠甚，未必非皇上進德養心之一助也。"②但因爲有文臣可以隨侍代筆，皇帝就不必花費過多的時間精力來學詩，此亦自古以來的傳統，所以他在疏文中説：

> 國朝建置翰林，於一榜進士中，拔其英儁特異者，除授此官，固欲儲養德望，以備啟沃、任樞機。然文史詞翰，撰述討論，亦其本等職務。皇上即有任使，不必他求，如日講諸臣，皆文學優贍，臣等慎選以充見，今記注起居，日逐在館供事外，其餘見任翰林各官，亦皆需次待用者，臣等擬令分番入直，每日輪該四員，與同日講官在館祇候。皇上萬幾之暇，如披閱古

---

① 《萬曆起居注》，第 1 冊，（萬曆二年閏十二月十七日丁亥），頁 251—252。
② 《萬曆起居注》第 2 冊，（萬曆九年正月十四日乙卯），頁 115—118。

文,欲有所采録;鑒賞名筆,欲有所題詠,即以屬之諸臣,令其撰具草稿,送臣等看定,然後繕寫進呈聖覽。①

"代筆"的制度,使得皇帝的學詩寫詩,變成没有迫切性,所以明神宗的《詩經》講習重點並不在寫作的摹習。

至如明代宗藩,因爲無政治實權,又深被朝廷所防備,所以多從事文藝,尤喜致力於詩歌創作,此即李維楨(1547—1626)在《朱宗良詩序》所謂:"余惟國家以宗正條束濕諸宗人,四民之業,一無得與,則趨騖於立言,而所謂立言,不在文而在詩。"②

宗藩喜以寫詩立言,但實際以四言詩著稱者並不多,如《明詩綜》收録蜀獻王朱椿(?—1423)有《送方希直先生還漢中》;鄭世子朱載堉有《南陔》三首、《白華》五首、《華黍》五首等,俱爲四言詩;③《明詩紀事》則收録楚憲王朱季埀(?—1443)有《昭王碑詩》、《莊王碑詩》。④ 在該書所録詩作中屬少數,其中朱載堉精於音律,其四言詩或能絃歌,楚憲王之作則是碑文銘詩。

宗藩雖能詩者眾,但四言詩並非他們寫作的興趣和學習標的,因此《詩經》對宗藩詩歌創作的影響並不是非常顯著。不過,遼藩奉國將軍朱術垳(1551—1598)的學習經驗,仍值得觀察。朱術垳五歲學習屬對,即有"金睛玉爪不凡材"之句,長成後,學詩於趙郡宋山人,宋山人檢驗他的詩作,並曉示學詩之法:

> 宋謂,君得詩法,未知詩味也。因舉杜少陵詩注中語示之,君益喜,妙析奇致。山人旁通《五經》,君復爲受經,自《三

---

① 同前注。
② [明]李維楨:《朱宗良詩序》,《大泌山房集》(臺南:莊嚴出版公司《四庫存目叢書》影明萬曆三十五年刊本,集部第152冊,1997年),卷19,頁713。按,朱宗良即寧藩輔國中尉朱多熲(1530—1607)。
③ 《送方希直先生還漢中》見《明詩綜》,卷1下,頁2;朱載堉詩見卷1下,頁15—17。
④ 《明詩紀事》,《甲籤》,卷2上,頁46。

百篇》以降,至國朝諸名家詩,揚推上下,往返精苦,左右進食,
冷而復煖者數四,夜入帳眠,至曉迴轉,不得快熟。思懷所通,
冥翅儒域矣。①

"趙郡宋山人"即宋登春,曾長期客居遼藩,②朱術垿深受其影響,
並在其指導下研讀《五經》,又苦心上溯《詩經》,得到創作的啟發。
由宋登春對朱術垿的引領,可以窺知《詩經》對於詩歌創作的意義,
不在於字句形式上的摹寫,而是在於"詩味",切重於情性思想上的
提昇會通,也是境界的追求。

六、結·論

　　明代皇族教育是個複雜的議題,皇族對《詩經》的講讀接受,也
不只限於《詩經》本文的講習,而應是多元的,包括養性淑身、應用
治世等等,本論文的討論,自然難以齊備,篇幅所限,以下僅以數點
作爲總結:
　　其一,《詩經》爲明代皇帝經筵、日講的重要内容,以明神宗的
講習過程來看,多接續在《四書》及《尚書》之後進講,也有列在《禮
記》之後,顯示《詩經》在《五經》之中,並非帝王學的入門經典,且不
同的輔臣對於《詩經》在帝王學中的意義,可能有各異的觀點。
　　其二,爲明神宗《詩經》講讀所需,輔臣編有《詩經》講章,其内
容以朱熹《詩集傳》爲藍本,朱熹視爲"淫詩"的篇章,均編入教材。
透過張居正等所編講章的内容,可以歸納出這些所謂的"淫詩",具
有知世變、觀風俗、察人情、資借鑒的教育意義,與張居正在上疏時
力主《詩經》"本人情,該物理,近之可以修身齊家,遠之可以治國平

---

① [明]李維楨:《遼府奉國將軍桂亭公墓誌銘》,《大泌山房集》,卷77,
頁319—320。
② 宋登春,字應元,號海翁、鵝池生。[清]錢謙益:《列朝詩集小傳》(臺
北:世界書局,1985年),丁集中,頁514—515,有徐學謨《鵝池生傳》。

天下,於君德治道,神益不淺",堪稱符合,因此没有删廢的問題。

其三,由明神宗所接受不同階段的《詩經》講習狀況,可以察見帝王教育所面臨的最大考驗,在於"受教者"是否樂於學。其關鍵爲帝位崇高、皇權高漲,皇帝可以決定講習的内容、方式,亦可質疑或評鑑講官,決定他們的去取。明神宗年齡增長,自主性增強,學業卻是日易曠廢,輔臣及講官們在講習的過程中節節敗退,教學風格也趨於屈奉順從,教學成效自是難以更加彰顯。

其四,明代宗藩《五經》俱習,但朝廷並不在意教學成效,也未刻意鼓勵。其《詩經》的講讀内容亦本於朱熹《詩集傳》,並有好學宗藩能有所著述,甚至不隨同流俗,能折衷舊説,提出己見。

其五,由於《詩經》是各體詩歌的源頭及典範,所以在帝王教育中具有創作上的意義,明神宗所寫《畫眉山龍王廟碑詩》及《漷縣景命殿詩》,除襲用四言詩的形式,具有繼承及發揚文化傳統的意義,也直接引用《詩經》的詩句與詩意,可見出《詩經》講習的多方面影響。不過因爲"帝王之學當務其大"的觀念,及詞臣代筆的制度,所以摹寫《詩經》並非其《詩經》講習的重點。至如明代宗藩熱衷寫詩,有直接擬寫《詩經》,也有視之爲情性思想的提昇標的,但均十分少數,宗藩的《詩經》講讀成效,仍以經義的説解,如周藩鎮國中尉朱睦㮮《毛詩稽疑》、寧藩鎮國中尉朱謀㙔《詩故》,較爲出色。

參考文獻

(一)古籍:

[1][宋]王柏:《詩疑》,北京:學苑出版社《詩經要籍集成》第10册,2002。

[2][宋]朱熹著,朱傑人校點:《朱子全書·詩集傳》,上海:上海古籍出版社,2002。

[3][宋]黎靖德編,王星賢校點:《朱子語類》,北京:中華書局,1999。

[4][明]不著撰人:《萬曆起居注》,北京:北京大學出版社影印明末抄本及民國抄本,1988。

[5]〔明〕不著撰人:《明實録》,臺北:"中央研究院"歷史語言研究所影印本,1965。

[6]〔明〕王錫爵:《王文肅公全集》,臺南:莊嚴出版公司《四庫存目叢書》影印明萬曆王時敏刻本,1997。

[7]〔明〕朱睦㮮:《五經稽疑》,臺北:臺灣商務印書館《景印文淵閣四庫全書》第 184 册,1983。

[8]〔明〕朱謀㙔:《詩故》,北京:學苑出版社《詩經要籍集成》第 14 册,2002。

[9]〔明〕朱謀㙔:《藩獻記》,北京:書目文獻出版社《北京圖書館古籍珍本叢刊》影印明萬曆刻本,1994。

[10]〔明〕李東陽等撰,申時行等重修:《大明會典》,揚州:廣陵書社,2007。

[11]〔明〕李維楨:《大泌山房集》,臺南:莊嚴出版公司《四庫存目叢書》影明萬曆三十五年刊本,1997。

[12]〔明〕黄佐:《翰林記》,臺北:臺灣商務印書館《叢書集成簡編》本,1966。

[13]〔明〕張居正:《新刻張太岳先生文集》,上海:上海古籍出版社《續修四庫全書》影印明萬曆四十年唐國達刻本,2002。

[14]〔明〕過庭訓:《明分省人物考》,臺北:明文書局《明代傳記叢刊》第 140 册,1991。

[15]〔明〕劉若愚:《酌中志》,北京:北京古籍出版社,2001。

[16]〔清〕朱彝尊:《明詩綜》,臺北:世界書局,1970。

[17]〔清〕張廷玉等:《明史》,臺北:鼎文書局,1979。

[18]〔清〕陳田:《明詩紀事》,上海:上海古籍出版社,1993。

[19]〔清〕錢謙益:《列朝詩集小傳》,臺北:世界書局,1985。

[20] 陳生璽等譯解:《張居正講評詩經皇家讀本》,上海:學林出版社,2009。

(二) 近人論著:

[21] 尹選波:《培養聖德,開導聖學——張居正對萬曆皇帝朱翊鈞的早期教育論述》,《廣東社會科學》,2007 年第 4 期,頁

118—125。

[22] 朱子彦:《明萬曆朝經筵制度述論》,《社會科學戰線》,
2007 年第 2 期,頁 122—128。

[23] 朱鴻林:《明神宗經筵進講書考》,《華學》第 9、10 輯,上
海:上海古籍出版社,2008 年 8 月,頁 1367—1378。

[24] 朴建國:《明代皇族教育問題研究》,吉林:吉林大學文學
院史學碩士論文,2006 年 10 月。

[25] 林慶彰:《中國經學發展的幾種規律》,《經學研究集刊》,
第 7 期,2009 年 11 月,頁 107—116。

[26] 韋慶遠:《張居正和明代中后期政局》,深圳:廣東高等教
育出版社,1999。

[27] 陳恆嵩:《五經大全纂修研究》,臺北:東吳大學中研所博
士論文,1998。

[28] 楊晉龍:《明代詩經學研究》,臺北:臺灣大學中研所博士
論文,1997。

[29] 劉毓慶:《陽明心學與明代〈詩經〉研究》,《齊魯學刊》,
2000 年第 5 期,頁 52—57。

（作者單位:東吳大學中文系）

《孔傳》或成於漢末晉初

錢宗武

摘要:"咸"、"胥"是西漢兩個常用的範圍副詞。《詩經》中作範圍副詞的"咸"、"胥",《毛傳》未作解釋,説明"咸"、"胥"的詞彙意義和語法意義爲當時全社會公認。東漢末年的鄭玄解《詩經》箋《毛傳》,就需要補充《毛傳》,因而,《鄭箋》需要解釋"咸,義多爲'皆'的意思","胥,義多爲'相'的意思"。《孔傳》如果是西漢孔安國所撰,孔安國自然會像毛亨一樣,不需要解釋西漢常見的範圍副詞"咸"、"胥"。文獻真偽的考辨,一般採取文獻學方法和文化學方法,然而,對今文《尚書》範圍副詞"咸"、"胥"共時和歷時的考察分析,不僅可以幫助我們判斷《孔傳》的作者不是西漢孔安國,還可以幫助我們推測《孔傳》的成書年代可能在漢末晉初。語言學方法可以爲我們考訂文獻真偽和成書年代提供新的解釋和證據。

關鍵詞:《孔傳》 孔安國 咸 胥

《尚書》辨偽是學術史上一項非常重要的學術研究工作。傳世本東晉梅賾所上《孔傳古文尚書》之偽,始則疑自吳棫、朱熹,後經吳澄、梅鷟辨難,直至閻若璩、惠棟等考辨,這一聚訟紛紜的公案方始定讞。《孔傳古文尚書》是《尚書》唯一的傳世經典,一直是王朝政治最爲重要的教科書,到頭來竟然是部偽書。《尚書》辨偽的成就不僅僅具有文獻學價值,也具有深刻的認識論價值。研究辨偽本身的理念、歷史和方法,對於經學研究、學術史研究和文獻學研究都具有理論價值。

一、選題緣起及其理據

孔傳本《古文尚書》之辨偽開始多爲感性的認知。吳棫《書裨傳》分別從文體、辭氣等方面立論,認爲《尚書》原有之三十三篇文辭古奧,難以理解,而後來多出的二十五篇卻文從字順,實在可疑。繼之而起的朱熹更進一步,不僅懷疑經文本身,而且懷疑《孔傳》和《書序》,也是大體從文體和語言風格方面認爲不像是西漢人文章。到了元代的吳澄斷然認爲增多之二十五篇爲僞作,著《書纂言》開創了僅注《今文尚書》之例。《四庫全書總目》:"《古文尚書》自貞觀敕作《正義》以後,終唐世無異説。宋吳棫作《書裨傳》,始稍稍掊擊,《朱子語録》亦疑其僞。然言性、言心、言學之語,宋人據以立教者,其端皆發自古文,故亦無肯輕議者。其考定今文、古文,自陳振孫《尚書説》始。其分編今文、古文,自趙孟頫《書古今文集注》始。其專釋今文,則自澄此書始。"①

　　明梅鷟著《尚書考異》,《尚書》之辨僞始入理性之途,除了前人提出的文體風格以外,注重文獻材料的搜集,主要從文獻證據和歷史事實方面爲辨僞提供新佐證。諸如:二十五篇之數與"逸篇"之數不符;漢代古文家並未引用過二十五篇經句;漢人的記載中並未涉及孔安國注解《尚書》之事;《孔傳》中有些州郡之設是孔安國身後事。最終將孔傳《古文尚書》定爲僞作,並爲世人普遍接受要歸功於閻若璩,其《古文尚書疏證》凡一百二十八條,詳細地列舉了文獻證據、歷史事實以及歷代學者的辨僞材料等,多信而有徵,卓然的論,是一部集歷代《尚書》辨僞大成之作。此外,惠棟等學者,在閻氏的基礎之上,又進一步補充材料,羽翼閻説更趨完備。

　　無可諱言,《尚書》辨僞取得巨大的成就,然尚不完美。孔傳本《古文尚書》既是僞作,那麼孔傳本《古文尚書》又當爲何時何人之作呢?梅鷟曾認爲應爲皇甫謐所作,但證據不足。我們不能苛求古代學者,學術研究理念和技術手段受到學術研究條件的制約,語言學發展新的理論和方法可以使我們運用語言學方法,從《孔傳古文尚書》文本的語言本身進行探討。文獻語言具有極強的時空性,

---

不同時代的語言具有不同的語言規則和語言特點，對於文獻文本語言規則和語言特點的研究，可以爲文獻文本的辨僞提供新的證據和新的解釋。二十多年來，我們一直在做歷代《尚書》訓詁材料的匯纂工作，一邊做一邊與《詩經》歷代共時的訓詁材料比對，我們發現《尚書》孔傳與《詩經》毛亨的傳相似度小，但是於東漢末年《詩經》鄭玄的箋相似度大。我們又分別從實詞構詞法及義項、虚詞類別及功能、短語和單句等幾個方面對三者進行窮盡性的語料統計和逐一比對，有不少新發現。本文限於篇幅，採取以斑窺豹的方法，通過《尚書》孔傳、《詩經》毛亨傳與鄭玄的箋對於範圍副詞“咸”“胥”的訓解來論證《孔傳》之僞和僞《孔傳》的大致形成時代。

　　孔安國與毛亨都是西漢的著名學者，生卒年雖已不詳，但史皆有傳，二者主要活動于漢武帝時期。《漢書·儒林傳》：“毛公，趙人也。治《詩》，爲河間獻王博士。”①河間獻王爲漢景帝第三子，則毛公武帝時當在。再説其籍貫，漢高祖時廢趙王敖爲宣平侯，徙代王如意爲趙王，王趙國。將巨鹿郡從趙國分出，又設清河、河間二郡，到文帝二年始置河間國，可知河間國設置前一直是趙國的屬地，毛公趙人，也可以説是河間人，即今河北人。《漢書·儒林傳》記載：“（《古文尚書》）遭巫蠱，未立於學官。安國爲諫大夫”，“司馬遷亦從安國問故，遷書載《堯典》、《禹貢》、《洪範》、《微子》、《金縢》諸篇，多古文説。”②又司馬遷《史記·孔子世家》：“安國爲今皇帝博士，至臨淮太守，早卒。”③則孔安國亦主要活動于武帝時期。另外，《漢書·儒林傳》記載稱毛公之《詩》四傳而至徐敖，孔安國之《古文尚書》五傳而至徐敖，則可見毛亨與孔安國所處時代當相去不遠。

　　鄭玄（127—200），“字康成，北海高密人也。八世祖崇，哀帝時尚書僕射”。④ 鄭玄主要活動于東漢末年，與毛亨、孔安國相差兩

---

①　［漢］班固：《漢書》，中華書局，1962 年，3614 頁。

②　［漢］班固：《漢書》，中華書局，1962 年，3607 頁。

③　［漢］司馬遷：《史記》，中華書局，1959 年，1947 頁。

④　［南朝宋］范曄：《後漢書》，中華書局，1965 年，1207 頁。

百多年。鄭玄曾著《古文尚書傳》，唐代陸德明《經典釋文·序録》、
《隋書·經籍志》、《舊唐書·藝文志》和《新唐書·藝文志》並載鄭
玄《尚書注》九卷，可惜早亡佚。對鄭玄《古文尚書注》的輯佚工作，
肇自宋王應麟，其後清代的李調元、孔廣林、黄奭、袁鈞、孫星衍等
遞有增訂和補證。輯佚資料主要有以下幾種：《古文尚書》十一卷，
東漢鄭玄注，宋代王應麟輯，清代乾隆三十九年抄本。在王輯基礎
上有清代李調元證訛，《函海》第三函（乾隆本、道光本），第二十四
函（光緒本）；清代孔廣林增訂，《學津討原》第二集，《鄭學彙函》本，
《叢書集成初編·史地類》。《尚書注》十卷，見《通德遺書所見録》，
《鄭學十八種》。《尚書古文注》十卷，漢代鄭玄注，清代黄奭輯，見
《高密遺書》（清道光二十三年黄奭刻本）。《尚書注》九卷，漢代鄭
玄注，清代袁鈞輯，見《鄭氏佚書》。《古文尚書》十卷，漢代馬融、鄭
玄注，宋代王應麟輯，清代孫星衍補輯佚，乾隆六十年孫氏問字堂
刻本。舊輯題"王應麟輯"者大抵採自經傳、史注和《經典釋文》。
李調元僅就王氏所輯"證訛"，但並未加以增補。孔廣林增訂王應
麟所輯約四十餘條，且於王氏之訛誤亦頗多訂正。黄奭所輯，多因
孔廣林本，但亦於孔本外別有增益。袁鈞所輯，較孔、黄兩家更多
出十餘條，且諸書所引間有未注明爲鄭注者，袁氏亦用力考證而採
納。孫星衍據王應麟輯本加以增補，兼採馬融、鄭玄二家注，但較
王謨、馬國翰二氏所輯爲略，亦不及孔廣林、黄奭和袁鈞所輯，所善
者全録經文，引注句下。遍檢《孔傳》對今文《尚書》範圍副詞"咸"、
"胥"的訓解，僅有《虞夏書·禹貢》一見，而且不是直接訓解，還是
間接訓解。可知諸家對鄭玄注解的輯佚尚不達與《尚書》孔傳比對
的語料學要求，只能作爲《尚書》孔傳、《詩經》毛亨傳與鄭玄箋比對
的佐證材料。

二、範圍副詞"咸"的比較

咸，今文《尚書》凡 25 見，除《酒誥》一例通假作動詞以及《君
奭》一例作人名外，皆作副詞，皆作副詞中的範圍副詞，表示範圍的

全體,多可譯爲"都",偶或可譯爲"全都"、"全部"、"完全"、"共同"。凡 23 見。有兩種用法。

1.1　咸,表示主語所指事物的全部。凡 21 見。

允釐百工,庶績咸熙。《虞夏書·堯典》

《孔傳》:"咸,皆。"①

竄三苗于三危,殛鯀於羽山,四罪而天下咸服。《虞夏書·堯典》

《孔傳》:"皆服舜用刑當其罪,故作者先敘典刑而連引四罪,明皆徵用所行,於此揔見之。"②

黜陟幽明,庶績咸熙。《虞夏書·堯典》

《孔傳》:"考績法明,衆功皆廣。"③

咸若時,惟帝其難之。《虞夏書·皐陶謨》

《孔傳》:"言帝堯亦已知人安民爲難。故曰:'吁'。"④《孔傳》未解"咸"。

翕受敷施,九德咸事,俊乂在官。《虞夏書·皐陶謨》

《孔傳》:"翕,和也。能合受三六之德而用之,以布施政教,使九德之人皆用事。謂天子如此,則俊德治能之士竝在官。"⑤

外薄四海,咸建五長,各迪有功。《虞夏書·皐陶謨》

《孔傳》:"薄,迫也。言至海。諸侯五國立賢者一人爲方伯,謂之五長,以相統治,以獎帝事。"⑥《孔傳》未解"咸"。

厎慎財賦,咸則三壤成賦。《虞夏書·禹貢》

《孔傳》:"皆法壤田上中下大較三品,成九州之賦,明水害除。"⑦

---

① 　[唐]孔穎達:《尚書正義》,《十三經注疏》本,中華書局,1980 年,120 頁。
② 　同上,128 頁。
③ 　《尚書正義》,132 頁。
④ 　《尚書正義》,138 頁。
⑤ 　《尚書正義》,139 頁。
⑥ 　《尚書正義》,143 頁。
⑦ 　《尚書正義》,152 頁。

郑玄注曰:"众土美恶及高下得其正矣,亦致其贡篚,慎奉其财物之税,皆法定制而入之也。"①

其有众咸造,勿亵在王庭。《商书·盘庚中》

《孔传》:"造,至也。众皆至王庭,无亵慢。"②

乃咸大不宣乃心,钦念以忧动予一人。《商书·盘庚中》

《孔传》:"汝皆大不布腹心,敬念以诚感动我,是汝不尽忠。"③

肇称殷礼,祀于新邑,咸秩无文。《周书·洛诰》

《孔传》:"言王当始举殷家祭祀,以礼典祀于新邑,皆次秩不在礼文者而祀之。"④

惇宗将礼,称秩元祀,咸秩无文。《周书·洛诰》

《孔传》:"厚尊大礼,举秩大祀,皆次秩无礼文而宜在祀典者,凡此待公而行。"⑤

万邦咸休,惟王有成绩。《周书·洛诰》

《孔传》:"使万国皆被美德,如此惟王乃有成功。"⑥

王宾杀禋咸格,王入太室,祼。《周书·洛诰》

《孔传》:"王宾异周公,杀牲精意以享文武,皆至其庙亲告也。"⑦

自朝至于日中昃,不遑暇食,用咸和万民。《周书·无逸》

《孔传》:"从朝至日昳不暇食,思虑政事,用皆和万民。"⑧

小臣屏侯甸,矧咸奔走,惟兹惟德称,用乂厥辟。《周书·君奭》

① 《尚书郑注》,[东汉]郑玄注、[宋]王应麟辑、[清]孔广林增订,商务印书馆,《丛书集成初编》本,1927年,35页。
② 《尚书正义》,170页。
③ 《尚书正义》,170页。
④ 《尚书正义》,214页。
⑤ 《尚书正义》,215页。
⑥ 《尚书正义》,216页。
⑦ 《尚书正义》,216页。
⑧ 《尚书正义》,222页。

《孔傳》:"王猶秉德憂臣,況臣下得不皆奔走,惟王此事,惟有德者舉,用治其君事。"①

後暨武王,誕將天威,咸劉厥敵。《周書·君奭》

《孔傳》:"言此四人後與武王皆殺其敵。謂誅紂。"②

我咸成文王功于不怠,丕冒海隅出日,罔不率俾。《周書·君奭》

《孔傳》:"今我周家皆成文王功於不懈怠,則德教大覆冒海隅日所出之地,無不循化而使之。"③

嗚呼!予旦已受人之徽言,咸告孺子王矣。《周書·立政》

《孔傳》:"歎所受賢聖說禹湯之美言,皆以告稚子王矣。"④

太保暨芮伯咸進,相揖。《周書·顧命》

《孔傳》:"冢宰與司徒皆共羣臣諸侯並進陳戒。不言諸侯,以內見外。"⑤

哀敬折獄,明啟刑書,胥占,咸庶中正。《周書·呂刑》

《孔傳》:"當憐下人之犯法,敬斷獄之害人,明開刑書,相與占之,使刑當其罪,皆庶幾必得中正之道。"⑥

哲人惟刑,無疆之辭,屬於五極,咸中有慶。《周書·呂刑》

《孔傳》:"言智人惟用刑,乃有無窮之善辭,名聞於後世。以其折獄屬五常之中正,皆中有善,所以然也。"⑦

1.2　咸,表示賓語所指事物的全部。2 見。

周公咸勤,乃洪大誥治。《周書·康誥》

《孔傳》:"周公皆勞勉五服之人,遂乃因大封命,大誥以

---

① 《尚書正義》,224 頁。
② 《尚書正義》,224 頁。
③ 《尚書正義》,225 頁。
④ 《尚書正義》,232 頁。
⑤ 《尚書正義》,244 頁。
⑥ 《尚書正義》,250 頁。
⑦ 《尚書正義》,251 頁。

治道。"①

周公若曰："拜手稽首,告嗣天子王矣。"用咸戒于王曰:"王左右常伯、常任、准人、綴衣、虎賁。"周公曰:"嗚呼! 休兹知恤,鮮哉!"《周書·立政》

《孔傳》:"周公用王所立政之事皆戒於王曰"②根據《孔傳》,"咸"表示介詞賓語所指事物的全部。有學者認爲"咸"或通"箴",歷來多有歧解。

《爾雅·釋詁》:"咸,皆也。"《説文·口部》:"咸,皆也。悉也。""咸"在甲文中已作副詞。《説文》析形"從口、從戌"會意,甲文和今文字形象從口從斧鉞之形。《商周古文字讀本》認爲"'咸'之本義當爲'殺',從斧鉞形取意。《尚書·周書·君奭》:'咸劉厥敵。'《逸周書·克殷》:'則咸劉商王紂。'《爾雅·釋詁》:'劉,殺也。'此'咸'、'劉'連言,'咸'亦當訓'殺',若訓'皆',則僅殺紂一人,不當言'咸劉'。"(頁 309)"殺"或有"完畢"、"結束"之義,甲文和金文亦有語例,再引申爲"都"、"皆"、"悉"之義,金文中語例亦多。

今文《尚書》中範圍副詞"咸"凡 23 見,《孔傳》對"咸"字的注釋情況見下表:

表 1

篇　名	經文頻次	釋爲"皆"	備　注
堯　典	3	3	
皋陶謨	3	1	2 未釋
禹　貢	1	1	
盤庚中	2	2	
康　誥	1		

① 《尚書正義》,202 頁。
② 《尚書正義》,230 頁。

篇　名	經文頻次	釋爲"皆"	備　注
洛　誥	4	4	
無　逸	1	1	
君　奭	3	3	
立　政	2	2	
顧　命	1	1	
吕　刑	2	2	
合　計	23	21	2

《詩經》經文"咸"字凡 3 見,毛亨無解,而鄭玄都作了解釋。

周邦咸喜,戎有良翰。《大雅·崧高》

《鄭箋》:"周,徧也。戎,猶女也。翰,幹也。申伯入謝,徧邦内皆喜曰:女乎,有善君也。相慶之言。"①

敦商之旅,克咸厥功。《魯頌·閟宫》

《鄭箋》:"敦,治。旅,衆。咸,同也。武王克殷,而治商之臣民,使得其所,能同其功於先祖也。后稷、大王、文王亦周公之祖考也。伐紂,周公又與焉,故述之以美大魯。"②

四海來假,來假祁祁。景員維河,殷受命咸宜,百禄是何。《商頌·玄鳥》

《毛傳》:"景,大。員,均。何,任也。"③

《鄭箋》:"假,至也。祁祁,衆多也。員,古文作云。河之言何也。天下既蒙王之政令,皆得其所,而來朝覲貢獻。其至也祁祁然衆多。其所貢於殷大至,所云維言何乎? 言殷王之受命皆其宜也。

---

① 〔唐〕孔穎達,《毛詩正義》,《十三經注疏》本,中華書局,1980 年,567 頁。

② 《毛詩正義》,615 頁。

③ 《毛詩正義》,623 頁。

百祿是何,謂當擔負天之多福。"①

　　《詩經》經文中的三例"咸"字,西漢毛亨均没有注釋,這説明毛亨所在的年代"咸"字還無須注釋,而東漢末年的鄭玄均作了箋釋,二例釋爲"皆",一例釋爲"同"。鄭玄對《古文尚書》範圍副詞"咸"唯一的箋釋,釋"咸"爲"皆"。比較《尚書》孔傳、《詩經》毛亨傳和鄭玄箋,《孔傳》對範圍副詞"咸"字的解釋與鄭玄相似度大,而與毛亨相似度小。倘若《孔傳》真是西漢孔安國所作,則很難解釋這一現象。看來,《孔傳》當非西漢孔安國所作。

三、範圍副詞"胥"的比較

　　胥,今文《尚書》凡 19 見,僅《多方》《吕刑》各有一見作名詞,餘皆作副詞,作副詞皆作範圍副詞,可譯爲"互相"。凡 17 見。

　　不能胥匡以生,卜稽,曰其如台?《商書·盤庚上》

　　《孔傳》:"言民不能相匡以生,則當卜稽於龜以徙,曰:'其如我所行。'"②

　　相時憸民,猶胥顧于箴言。《商書·盤庚上》

　　《孔傳》:"言憸利小民,尚相顧於箴誨。"③

　　汝曷弗告朕,而胥動以浮言,恐沈于衆?《商書·盤庚上》

　　《孔傳》:"責其不請告上,而相恐欲以浮言,不徙,恐汝沈溺於衆,有禍害。"④

　　古我先王,暨乃祖乃父,胥及逸勤,予敢動用非罰?《商書·盤庚上》

　　《孔傳》:"言古之君臣相與同勞逸,子孫所宜法之,我豈敢動用非常之罰脅汝乎?"⑤

---

① 《毛詩正義》,623 頁。
② 《尚書正義》,168 頁。
③ 《尚書正義》,169 頁。
④ 《尚書正義》,169 頁。
⑤ 《尚書正義》,169 頁。

爾忱不屬，惟胥以沈。《商書·盤庚中》

《孔傳》：“汝忠誠不屬逮古，苟不欲徙，相與沈溺。”①

永敬大恤，無胥絕遠！《商書·盤庚中》

《孔傳》：“長敬我言，大憂行之，無相與絕遠棄廢之。”②

惟大艱人，誕鄰胥伐于厥室，爾亦不知天命不易。《周書·大誥》

《孔傳》：“惟大爲難之人，謂三叔也。大近相伐於其室家，謂叛逆也。若不早誅汝，天下亦不知天命之不易也。”③

無胥戕，無胥虐，至于敬寡，至于屬婦，合由以容。《周書·梓材》

《孔傳》：“當教民無得相殘傷，相虐殺，至於敬養寡弱，至於存恤妾婦，和合其教，用大道以容之，無令見冤枉。”④

周公曰：“嗚呼！我聞曰古之人猶胥訓告，胥保惠，胥教誨。民無或胥譸張爲幻。《周書·無逸》

《孔傳》：“歎古之君臣，雖君明臣良，猶相道告，相安順，相教誨以義方。譸張，誑也。君臣以道相正，故下民無有相欺誑幻惑也。”⑤

乃胥惟虐于民，至于百爲，大不克開。《周書·多方》

《孔傳》：“桀之眾士，乃相與惟暴虐於民，至於百端所爲。言虐非一。大不能開民以善。”⑥

今予一二伯父，尚胥暨顧，綏爾先公之臣，服于先王。《周書·顧命》

《孔傳》：“天子稱同姓諸侯曰伯父。言今我一二伯父，庶幾相

---

① 《尚書正義》，170頁。
② 《尚書正義》，171頁。
③ 《尚書正義》，200頁。
④ 《尚書正義》，208頁。
⑤ 《尚書正義》，222頁。
⑥ 《尚書正義》，228頁。

與顧念文武之道,安汝先公之臣,服於先王而法循之。①

民興胥漸,泯泯芬芬,罔中于信,以覆詛盟。《周書·呂刑》

《孔傳》:"三苗之民漬於亂政,起相漸化,泯泯爲亂,芬芬同惡,皆無中於信義,以反背詛盟之約。"②

哀敬折獄,明啟刑書,胥占,咸庶中正。《周書·呂刑》

《孔傳》:"當憐下人之犯法,敬斷獄之害人,明開刑書,相與占之,使刑當其罪,皆庶幾必得中正之道。"③

《説文·肉部》:"胥,蟹醢也。"《説文解字注》:"蟹者,多足之物,引申假借爲相與之義。《釋詁》曰:'胥,皆也。'又曰:'胥,相也。'"(頁 175)《詞詮》:"胥,副詞,皆也";"副詞,相也。"(頁 340) "胥"作範圍副詞多見於上古文獻。

今文《尚書》中"胥"作范围副词凡 17 見,《孔傳》對"胥"字的注釋情況見下表:

表 2

篇　名	經文頻次	釋爲"相"	釋爲"相與"
盤　庚	6	3	3
大　誥	1	1	
梓　材	2	2	
無　逸	4	4	
多　方	1		1
顧　命	1	1	
呂　刑	2	1	1
合　計	17	12	5

今文《尚書》中還有一例"咸"作範圍副詞的語例,見于《商書·

---

① 《尚書正義》,244 頁。
② 《尚書正義》,247 頁。
③ 《尚書正義》,250 頁。

盤庚上·小序》:"民諮胥怨。"《孔傳》:"胥,相也。民不欲徙,乃諮嗟憂愁,相與怨上。"①

《詩經》中"胥"字凡 18 見,其中 2 例《毛傳》、《鄭箋》均釋爲"相",但爲動詞"相看"之意。

古公亶父,來朝走馬。率西水滸,至于岐下。爰及姜女,聿來胥宇。《大雅·緜》

《毛傳》:"率,循也。滸,水崖也。姜女,大姜也。胥,相。宇,居也。"②

《鄭箋》:"來朝走馬,言其辟惡早且疾也。循西水厓,沮、漆水側也。爰,于。及,與。聿,自也。於是與其妃大姜自來相可居者,著大姜之賢知也。"③

篤公劉,于胥斯原,既庶既繁,既順迺宣,而無永歎。《大雅·公劉》

《毛傳》:"胥,相。宣,徧也。民無長歎,猶文王之無悔也。"④

《鄭箋》:"于,於也。廣平曰原。厚乎公劉之於相此原地以居民,民既眾矣,既多矣,既順其事矣,又乃使之時耕。民皆安今之居,而無長歎,思其舊時也。"⑤

《詩經》中還有 16 例"胥",《毛傳》僅一例釋爲"皆",其餘均未注解,而這釋爲"皆"的一例,《鄭箋》釋爲名詞,那麼《毛傳》訓釋"皆"爲範圍副詞還有爭議。

君子樂胥,受天之祜。《小雅·桑扈》

《毛傳》:"胥,皆也。"⑥

《鄭箋》:"胥,有才知之名也。祜,福也。王者樂臣下有才知文

①　《尚書正義》,168 頁。
②　《毛詩正義》,510 頁。
③　《毛詩正義》,510 頁。
④　《毛詩正義》,542 頁。
⑤　《毛詩正義》,542 頁。
⑥　《毛詩正義》,480 頁。

章,則賢人在位,庶官不曠,政和而民安,天予之以福祿。"①

《桑扈》篇中還有一例《毛傳》未釋,《鄭箋》釋爲名詞。

君子樂胥,萬邦之屛。《小雅·桑扈》

《鄭箋》:"王者之德,樂賢知在位,則能爲天下蔽捍四表患難矣。蔽捍之者,謂蠻夷率服,不侵畔。"②

《毛傳》未釋的其餘 14 例"胥",《鄭箋》一半釋爲範圍副詞"相",一半釋爲範圍副詞"皆"。

胥,《毛傳》未釋,《鄭箋》釋爲程度副詞"相"。凡 7 例:

若此無罪,淪胥以鋪。《小雅·雨無正》

《鄭箋》:胥,相。鋪,徧也。言王使此無罪者見牽率相引而徧得罪也。③

如彼泉流,無淪胥以敗!《小雅·小旻》

《鄭箋》:"淪,率也。王之爲政者,如原泉之流,行則清。無相牽率爲惡,以自濁敗。"④

兄弟昏姻,無胥遠矣。《小雅·角弓》

《鄭箋》:"胥,相也。骨肉之親,當相親信,無相疏遠。相疏遠,則以親親之望,易以成怨。"⑤

其何能淑,載胥及溺。《大雅·桑柔》

《鄭箋》:"淑,善。胥,相。及,與也。女若云:此於政事,何能善乎?則女君臣皆相與陷溺於禍難。"⑥

瞻彼中林,牲牲其鹿。朋友已譖,不胥以穀。《大雅·桑柔》

《鄭箋》:"譖,不信也。胥,相也。以,猶與也。穀,善也。視彼林中,其鹿相輩耦行,牲牲然眾多。今朝廷羣臣皆相欺,皆不相與

---

① 《毛詩正義》,480 頁。
② 《毛詩正義》,480 頁。
③ 《毛詩正義》,447 頁。
④ 《毛詩正義》,449 頁。
⑤ 《毛詩正義》,490 頁。
⑥ 《毛詩正義》,559 頁。

以善道,言其鹿之不如。"①

天何以刺? 何神不富? 舍爾介狄,維予胥忌。《大雅·瞻卬》

《毛傳》:"刺,責。富,福。狄,遠。忌,怨也。"②

《鄭箋》:"介,甲也。王之爲政,既無過惡,天何以責王見變異乎? 神何以不福王而有災害也? 王不念此而改修德,乃舍女被甲夷狄來侵犯中國者,反與我相怨。謂其疾怨羣臣叛違也。"③

俾爾昌而熾,俾爾壽而富。黄髮台背,壽胥與試。《魯頌·閟宫》

《鄭箋》:"此慶僖公勇於用兵,討有罪也。黄髮台背,皆壽徵也。胥,相也。壽而相與試,謂講氣力,不衰倦。"④

胥,《毛傳》未釋,《鄭箋》釋爲程度副詞"皆"。凡 7 例:

爾之遠矣,民胥然矣。爾之教矣,民胥傚矣。《小雅·角弓》

《鄭箋》:"爾,女,女幽王也。胥,皆也。言王,女不親骨肉,則天下之人皆如之。見女之教令,無善無惡,所尚者,天下之人皆學之。言上之化下,不可不慎。"⑤

肆皇天弗尚,如彼泉流,無淪胥以亡。《大雅·抑》

《毛傳》:"淪,率也。"⑥

《鄭箋》:"肆,故今也。胥,皆也。王爲政如是,故今皇天不高尚之,所謂仍下災異也。王自絶於天,如泉水之流,稍就虛竭,無見率引爲惡,皆與之以亡。戒羣臣不中行者,將并誅之。"⑦

籩豆有且,侯氏燕胥。《大雅·韓奕》

《鄭箋》:"且,多貌。胥,皆也。諸侯在京師未去者,於顯父餞之

① 《毛詩正義》,560 頁。
② 《毛詩正義》,578 頁。
③ 《毛詩正義》,578 頁。
④ 《毛詩正義》,617 頁。
⑤ 《毛詩正義》,491 頁。
⑥ 《毛詩正義》,555 頁。
⑦ 《毛詩正義》,555 頁。

時，皆來相與燕，其籩豆且然榮其多也。"①

振振鷺，鷺于下。鼓咽咽，醉言舞，于胥樂兮。《魯頌·有駜》

《毛傳》："振，振羣飛貌。鷺，白鳥也，以興絜白之士咽咽鼓節也。"②

《鄭箋》："于，於。胥，皆也。僖公之時，君臣無事則相與明義明德而已。絜白之士，羣集於君之朝，君以禮樂與之飲酒，以鼓節之，咽咽然至於無算爵，則又舞燕樂以盡其歡。君臣於是則皆喜樂也。"③

振振鷺，鷺于飛。鼓咽咽，醉言歸。于胥樂兮。《魯頌·有駜》

《鄭箋》："飛，喻羣臣飲酒醉欲退也。"④

自今以始，歲其有。君子有穀，詒孫子。于胥樂兮。《魯頌·有駜》

《毛傳》："歲其有豐年也。"⑤

《鄭箋》："穀，善。詒，遺也。君臣安樂，則陰陽和而有豐年，其善道則可以遺子孫也。"⑥

《魯頌·有駜》二、三兩章"于胥樂兮"《鄭箋》無釋，依文例，鄭氏承第一章"于胥樂兮"之"胥"解省略。

在《毛傳》時代，"胥"是常見的範圍副詞，還無需注釋。到了東漢末年，《鄭箋》有半數"胥"釋爲"相"。《孔傳》把《尚書》經文中的"胥"全釋爲"相"（"相與"）。範圍副詞"胥"的演變，在《毛傳》、《鄭箋》、《孔傳》的訓解中形成了一個完整的縱向發展鏈。

---

① 《毛詩正義》，571 頁。
② 《毛詩正義》，610 頁。
③ 《毛詩正義》，610 頁。
④ 《毛詩正義》，610 頁。
⑤ 《毛詩正義》，610 頁。
⑥ 《毛詩正義》，610 頁。

四、《孔傳》成書年代的推測

　　文獻真僞的考辨,一般採取文獻學方法和文化學方法,然而,對今文《尚書》範圍副詞"咸"、"胥"共時和歷時的考察分析,不僅可以幫助我們判斷《孔傳》的作者不是西漢孔安國,還可以幫助我們推測《孔傳》的成書年代可能在漢末晉初。語言學方法可以爲我們考訂文獻真僞和成書年代提供新的解釋和證據。

　　語言具有時空性。語言構成的各種要素在時空中不斷發展,我們必須注重不同時期語言各要素的發展變化研究。在語言各要素的發展變化中,辭彙的變化尤爲明顯。在不同的時空轄域中,新詞不斷產生,舊詞不斷消亡;更多的語詞詞形没有變化,但詞彙意義和語法意義皆有變化,不同的時代具有不同的詞彙意義或語法意義。所有這些變化都是漸進的悄無聲息不知不覺的。我們在某個詞語發展變化的時間鏈上可以清晰地看到不同時期展現的不同意義及其特點。

　　語言還具有社會性,任何文獻語言詞語的使用不可能是"孤立"的,而具有"普遍性"和"繫聯性",要體現出那個時代的語言規則和表達習慣。"咸"、"胥"是西漢兩個常用的範圍副詞。《詩經》中作範圍副詞的"咸"、"胥",《毛傳》未作解釋,説明"咸"、"胥"的詞彙意義和語法意義爲當時全社會公認。隨着時空的變化,到了東漢,"咸"、"胥"已漸漸失去作爲範圍副詞的語法功能,與之相對應的常用範圍副詞已爲"皆"和"相"。東漢末年的鄭玄解《詩經》箋《毛傳》,就需要補充《毛傳》,因而,《鄭箋》需要解釋"咸,義多爲'皆'的意思","胥,義多爲'相'的意思"。《孔傳》如果是西漢孔安國所撰,孔安國自然會像毛亨一樣,不需要解釋西漢常見的範圍副詞"咸"、"胥"。

　　古代的教育,無論是私學還是官學,無論是師承還是家學,都有特定的傳統和範式。《論語·述而》曾記載:"子所雅言,《詩》、《書》、執禮,皆雅言也。"毛亨、孔安國和鄭玄都是漢代著名學者,都接受過當時的正規教育。《書經》和《詩經》都是儒家最重要的經典，都需要用典範的語言解讀。毛亨、孔安國和鄭玄詮釋經典的語言風格是相同的。三者的差異性不是詮釋者個體語言風格的差異性，主要是語言在時空轄域中演變的差異。語言的發展演變，人們觀察到的往往只是結果，過程往往隱藏在若干微小演變中，如果不對特定研究對象，運用語言學方式進行窮盡性的數據統計和精細的逐一比對，人們很難發現不同結果的差異性，更難發現語言差異的漸變過程。文獻在漫長的時間和遼闊的空間傳承，各個時代有各個時代的語言特點，作偽者是很難在語言的各個要素方面都進行偽作的。因而，對於《孔傳》的考證辯偽，除了文化學方法、歷史學方法和文獻學方法，除了利用傳統的"小學"疏通語言疑難，也可以運用語言學的理論和方法進行考證辯偽。

（作者單位：揚州大學文學院）

《酒誥》、《賓之初筵》與中國酒禮之濫觴[*]

［美］顧史考

摘要：中國經典中，對飲酒之正當用途及過度行爲有不少記載。本文討論其中最有代表性的兩篇，即《尚書》的《酒誥》與《詩經》的《賓之初筵》。《酒誥》蓋爲周成王告誡康叔之辭，對飲酒方面的勸告，可以分析爲幾點要旨，即：酒爲一切罪根、酒以祭祀爲主、酒可用以孝順、敬長可以醉飽、嚴禁群飲活動及節酒即是愛國本。要之，酒是可以喝的，但允許喝酒的場合乃相當有限。《賓之初筵》大概寫於西周與東周之際，以極其工巧的筆法描述一種宴射及祭祀活動中的飲酒過程，從其初始之有禮至其終了之喝醉敗德，以委婉譎諫的方式警告以過分飲酒之後果。與《酒誥》一樣，《賓之初筵》並無勸阻一切飲酒行爲之意，酒仍不失其所以成禮者之用，只是再次強調其慎之節之的必要。兩篇從不同的角度而以不同的手法論述基本相同的道理，爲中國傳統的酒禮與酒文化鋪設了某種歷代可遵循的中庸之道。本文簡略分析此兩篇的要義，歸納出幾點共同的觀點，以便對中國酒文化的先河作某種初步的探究。

關鍵詞：《尚書》 《酒誥》 《詩經》 《賓之初筵》 酒禮 酒文化

壹　前言

《尚書》的《酒誥》篇，蓋爲周成王告誡康叔之辭。^② 武庚之亂

　＊　本文在南京師範大學舉行的"2010 年中國經學國際學術研討會"發表時，得到學者的良好意見，之後又在復旦大學的文史研究院給了一次與此相關的講座，亦得到若干建議，尤其是在座的程浩先生，提出不少寶貴意見，對本文的修改幫助非淺，在此特致謝忱。

　②　《史記·衛康叔世家》曰："周公旦懼康叔齒少，乃申告康叔曰：必求殷之賢人君子長者，問其先殷所以興，所以亡，'而務愛民'。告以紂所（**轉下頁**）

初平，成王乃以殷之餘民封康叔於衛，亦即殷朝故都所在地，不想讓他重蹈此地舊君之覆轍，乃誥之以殷人之所以敗亡的主因，即《史記·衛康叔世家》所謂："告以紂所以亡者以淫於酒，酒之失，婦人是用，故紂之亂自此始。"[1]將一代王朝之敗亡全歸於佳酒美女之過度使用，固然是把事情過於簡單化了，然殷人嗜酒本是無法否認之實，一觀其青銅酒器種類之多即已明白無疑，因而其最後敗於酒荒，並非憑空造出來的，確實可能是個關鍵因素之一。以酒之淫爲萬失之源，等於是將酗酒作爲所有過度行爲的代表。然而《酒誥》並無全面禁酒之意，而只是欲對其飲用的範圍嚴加限制。

經典中針對過度飲酒之爲害者，非只《酒誥》一篇，《詩》及三《禮》中亦有相關的記載。其中最爲重要的，該推《詩經》的《賓之初筵》一首。《賓之初筵》蓋寫於西周與東周之際，相傳爲朝廷大臣衛武公所作，以極其工巧的筆法描述一種宴射及祭祀活動中（或爲大

（接上頁）以亡者以淫於酒，酒之失，婦人是用，故紂之亂自此始。爲梓材，示君子可法則。故謂之《康誥》、《酒誥》、《梓材》以命之。康叔之國，既以此命，能和集其民，民大說。"依司馬氏之意，《酒誥》爲周公所作。然據段玉裁（1735—1815 年）之說，此實爲司馬氏誤讀《書序》所致。《書》小《序》云："成王既伐管叔、蔡叔，以殷餘民封康叔，作《康誥》《酒誥》《梓材》。"似從"作"字下貫三篇連讀，而段氏則謂後二篇實乃"有目無序者廁其間"，與《康誥》之序言無關。詳說見屈萬里，《尚書集釋》（臺北：聯經出版社，1983 年），頁 157—158。儘管如此，屈氏（及歷代多數學者）仍以此篇爲周公代替成王（或成王本人）於武庚之亂平後所命告於衛康叔之辭（唯屈氏以《康誥》則視作武王初封康叔於康時之誥）。然《康誥》、《酒誥》、《梓材》等三篇中之"王"究竟爲何王，歷代還是多有爭議，詳情見李振興，《尚書學述（上）》（臺北：東大圖書，1994 年），頁 247—294。《酒誥》開頭"王"字前，三家及馬融、鄭玄、王肅等漢本皆有"成"字。馬融即"以爲後錄《書》者加之"，然段玉裁則認爲"實生稱成王"，而僞孔傳亂去"成"字；皮錫瑞（1850—1908 年）亦以"成王"爲其本貌。詳情見［清］孫星衍（1753—1818年）撰，《尚書今古文注疏》（陳抗、盛冬鈴點校；北京：中華書局，1986 年 1 月），頁 373—374；［清］皮錫瑞撰，《今文尚書考證》（盛冬鈴、陳抗點校；北京：中華書局，1989 年 12 月），頁 321—322。屈萬里則以爲"成王"之稱與一般時人單稱時王爲"王"之常例不符；見其《尚書集釋》，頁 157 及 158—159 注 1。

① ［漢］司馬遷撰，《史記》，北京：中華書局，1959 年 9 月，頁 1590。

射禮)的飲酒過程,從其初始之有禮至其終了之喝醉敗德,以委婉譎諫的方式警告以過分飲酒之後果。與《酒誥》一樣,《賓之初筵》並無勸阻一切飲酒行爲之意,酒仍不失其所以成禮者之用,只是再次強調其慎之節之的必要,以便導之於和而避開其亂。兩篇從不同的角度而以不同的手法論述基本相同的道理,爲中國傳統的酒禮與酒文化鋪設了某種歷代可遵循的中庸之道。本文擬簡單地分析此兩篇的要義,歸納出幾點共同的觀點,以便對中國酒文化的先河作某種初步的探究。

貳　《酒誥》及其要旨

在此先扼要地看一下《酒誥》全文:

> 王若曰:"明大命于妹邦。乃穆考文王,肇國在西土;厥誥毖庶邦庶士,越少正、御事,朝夕曰:'祀兹酒。'惟天降命肇我民,惟元祀。天降威,我民用大亂喪德,亦罔非酒惟行。越小大邦用喪,亦罔非酒惟辜。文王誥教小子,有正、有事:'無彝酒。'越庶國:'飲惟祀;德將,無醉。'惟曰:'我民迪小子,惟土物愛,厥心臧,聰聽祖考之彝訓。越小大德,小子惟一。'

大意即成王告誡康叔説:"要明告大命於此牧野舊地:你過世的善父文王開國於西方,曾告教各邦諸侯、庶士,及少正、御事等人士,一天到晚説:'要把酒用來祭祀。'("祀",俞樾説"乃'巳'之叚借",即"止"義,屈萬里亦從之;今仍讀如字,説見下)。[①]　天降大命讓我

---

①　見[清]俞樾,《群經平議》,《春在堂全書》第壹冊,南京:鳳凰出版社,2010年1月,頁79。

們開國改元，大行祭祀。① 天發威力，我們人民因而大亂喪德，無非是由於以喝酒爲常，而大國小國因此而敗亡，亦無非是要歸罪於喝酒。② 文王又告教青年③及各位長官、官吏：'不要常喝酒'；也叫眾多侯國：'只可以祭祀時喝，且要以德爲扶，不要喝醉。'他説：'勸你們年輕人愛惜穀物，好心地去聽從祖考的常教，一切大小的德行要專心在意。'

妹土嗣爾股肱，純其藝黍稷，奔走事厥考厥長，肇牽車牛遠服賈，用孝養厥父母。厥父母慶，自洗腆，致用酒。庶士有正，越庶伯君子，其爾典聽朕教。爾大克羞耇惟君，爾乃飲食醉飽。丕惟曰：爾克永觀省，作稽中德。爾尚克羞饋祀，爾乃自介用逸。茲乃允惟王正事之臣，茲亦惟天若元德，永不忘在王家。"

大意是説："牧野此地舊臣繼續作你們的幫手，可要專心去耕種黍稷等穀物，以便勤勉地服侍其父親及長者；或牽著車牛到遠地去經商，以便孝順地奉養父母。他們父母高興，可自己先洗碗準備菜餚美酒，隨即可飲之而無妨。眾士、長官及諸侯等在位之君子，希望你們常聽我的教誥。你們大進美食給老年人及君長時，才可以大吃大喝，到醉飽爲止。只要你們能夠永久觀察、反省，即將合乎中正的美德而無過。你們另外若能奉行祭祀時，才可自己祈求玩樂。這樣才算成是周王的大臣或官吏，這樣老天也就會順成大德，讓你們能永遠善存在王朝之内。"④

---

① "惟元祀"，孔穎達《正義》曰："言酒惟用於大祭祀，見戒酒之深也"。[漢]孔安國傳、[唐]孔穎達正義，《尚書正義》，黃懷信整理；上海：上海古籍出版社，2007 年 12 月，頁 551。

② 屈萬里謂"此三語皆假設之辭"，然似所言指過去之事或從中所得出的普遍道理，今不從。屈説見《尚書集釋》，頁 159。

③ "小子"，(偽)孔《傳》云"民之子孫"，而孫星衍以爲即謂康叔本人。今從屈萬里當"青年"之義。

④ "永不忘"，(偽)孔《傳》謂"長不見忘"；或讀"忘"如"亡"，亦通。

　　　　王曰:"封! 我西土棐徂邦君、御事、小子,尚克用文王教,
　　不腆于酒。故我至于今,克受殷之命。"

即成王又説:"康叔! 我西土輔佐的諸侯、御事、青年,尚能服從文王之
教,而不沉迷於酒中。因此到現在,還能保持從殷朝轉授的天命。"

　　　　王曰:"封! 我聞惟曰:在昔殷先哲王,迪畏天,顯小民,經
　　德秉哲。自成湯咸至于帝乙,成王畏相。惟御事厥棐有恭,不
　　敢自暇自逸,矧曰其敢崇飲? 越在外服,侯、甸、男、衛、邦伯;
　　越在内服,百僚庶尹、惟亞、惟服、宗工;越百姓里居,罔敢湎于
　　酒。不惟不敢,亦不暇。惟助成王德顯,越尹人祇辟。

意即成王又説:"康叔! 我聽説以前殷朝的明王敬畏天威,照顧老
百姓,行德而用智。自從成湯一直到帝乙,都成就王業而敬畏臣
相。御事者亦能恭敬地輔佐,不敢放縱蕩逸,豈敢大聚而暢飲呢?
至於朝外各級諸侯、朝内各等官吏及各種宗室官員與里長等,都没
有敢沉湎於酒的。他們不但不敢,亦没閒功夫去喝,只忙着輔助王
業之成功顯德,治理人民而敬重法規。

　　　　我聞亦惟曰:在今後嗣王酗身,厥命罔顯于民,祇保越怨
　　不易。誕惟厥縱淫泆于非彝,用燕、喪威儀,民罔不盡傷心。
　　惟荒腆于酒,不惟自息,乃逸。厥心疾很,不克畏死;辜在商
　　邑,越殷國滅無罹。弗惟德馨香,祀登聞于天;誕惟民怨,庶群
　　自酒,腥聞在上。故天降喪于殷,罔愛于殷,惟逸。天非虐,惟
　　民自速辜。"

意即:"我亦聽説到了近世的後王紂,就喝酒醉身,没用天命來興起
人民,只置民怨於不顧而不改正自己的行爲。總是放縱淫蕩於非
法,舉宴會,失去威儀,人民無不心裡傷痛。但他還是沉迷於酒中,
並没想要停止,反而只顧淫蕩不已。他心狠手辣,且天地不怕,並

未能憂慮殷朝因開罪於天而將滅亡的事。未能施行美德以上聞於天，但聽任民怨增加，聚會喝酒自樂，讓其惡行酒氣上聞於天。因此老天不愛惜殷朝而令之滅絕，這就是由其放逸縱慾所致。老天並不殘忍，罪禍都是人家自己召來的。"

　　　　王曰："封！予不惟若茲多誥。古人有言曰：人無於水監，當於民監。今惟殷墜厥命，我其可不大監撫于時？予惟曰：汝劼〈誥〉毖殷獻臣：侯、甸、男、衛；矧太史友、内史友，越獻臣百宗工；矧惟爾事、服休、服采；矧惟若疇：圻父薄違，農父若保，宏父定辟，矧汝剛制于酒。厥或誥曰'群飲'，汝勿佚。盡執拘以歸于周，予其殺。又惟殷之迪諸臣、惟工，乃湎于酒，勿庸殺之，姑惟教之，有斯明享。乃不用我教辭，惟我一人弗恤，弗蠲乃事，時同于殺。"

意即成王説："康叔！我就不想多這樣告誡了。古人有一句話：人不要照鑑於水，而應該照鑑於人民。現在殷已失去了天命，我們怎麽可以不大大照鑑於這種經驗呢？只想跟你説，你去告誡殷國的各級賢臣諸侯，太史、内史等僚友及宗氏百官，朝廷與宴席間的近臣，以及各種保衛治安、維護法規的大官：喝酒將要強加以控制。若有人來報告有聚會飲酒的事，你可不要放縱，要全部拘捕而帶回周朝來砍頭。[①] 不過殷國諸般臣僕及官吏，若還是習於舊俗而沉迷於酒，且不用殺他們，姑且教導他們，如此你將有明訓而可以享國。假如你反而不接納我的教辭，不以寡人爲慮，並不好好地敬重任務，那就會一樣在砍頭之列。"

　　　　王曰："封！汝典聽朕毖，勿辯乃司民湎于酒！"

––––––––––––

　　① "殺"，孫星衍讀同"殺（从米）"，即"散"、"放"之義；今讀如字。

末句之意即是成王説："康叔！你要永聽我的勸告，不可讓你屬下的民眾沉迷於酒！"①

從《酒誥》一篇對飲酒方面的勸告，可以分析出以下幾點要旨：

（一）酒爲一切罪根：天命之喪失，政朝之失敗，幾乎全都歸罪於酒："我民用大亂喪德，亦罔非酒惟行；越小大邦用喪，亦罔非酒惟辜。"即此之謂。過去的明王都是"畏天，顯小民，經德秉哲"，因此而不敢絲毫放鬆，更何況大爲飲酒作樂："不敢自暇自逸，矧曰其敢崇飲？"，而其治下的各種官僚，亦"罔敢湎于酒"，且"不惟不敢，亦不暇"，正是因爲他們盡心於輔佐王室、照顧百姓之事。相反，商代末王紂就是因爲不顧百姓對其曠職的不滿，才敢"縱淫泆于非彝，用燕、喪威儀"，不理四方之怨言與痛楚而"荒腆于酒，不惟自息，乃逸"，此同時亦即其不畏天命的表現。② 如此言之，亂喝酒亦可以説即是不敬王室、不顧百姓的象徵。然老天有眼，而且有鼻，竟可以聞到喝酒曠職的醺味，而天網恢恢，疏而不失，紂之喪失天命，罪有應得。後人就要借鑒於這種經驗，要以國家人民爲務，而

---

① "辯"，（偽）孔《傳》訓爲"使"。按，古文"吏"、"弁"二字易混，此蓋本寫"吏"字而被誤讀爲"弁"，後又爲"辯"字所代替。類似的情況見郭店楚簡《老子甲》第一到二簡"三言以爲吏（使／事）不足"及第三十五簡的"心吏（使）氣曰強"之"吏"字寫法（學者亦或讀前者爲"辯"）。"司民"，（偽）孔《傳》解作"主民之吏"，與今所取義不同。

② 西周早期金文中亦有類似的記載。大盂鼎云："王若曰：'盂，不（丕）顯玟（文）王，受天有（佑）大令（命），在武王嗣玟（文）乍（作）邦，闢厥匿（慝），匐（敷）有四方，畯正厥民，在于御事，虘（从又）酉（酒）無敢酖，有髭（祡）蒸祀，無敢醉。古（故）天異（翼）臨子，法保先王，□有四方。我聞殷述（墜）令（命），佳（唯）殷邊侯、田（甸）與殷正百辟，率肆于酉（酒），古（故）喪師巳（祀）。'"（以上難印字從寬處理）。參郭沫若，《兩周金文辭大系圖錄考釋》，錄編頁18.1、釋文頁33.2—35.1；其釋文與此稍異。在此釋爲"酖"之字，左从酉，右邊上舌下火，依朱芳圃之説此右邊爲"炎（从舌）"字異體，在此爲聲符，字可視爲"酖"之本字。釋爲"醉"之字，左从酉，右邊略像"夔"字而有別，高鴻縉以爲乃畫人醉之形，以字爲"醉"之初文。或以此字讀"醻"（"酬"），未知孰是。朱、高二説，見李圃主編，《古文字詁林》第10册，上海：上海教育出版社，2004年10月，頁1173—1174、1176。

不可沉湎於酒而自娛自樂。

（二）酒以祭祀爲主：《酒誥》並未全面禁酒，只是對其用途範圍加以限制。所謂"祀茲酒"，俞樾以"祀"讀爲"巳"，然"巳"字何等普遍，如此加上無意之意符，似較難以説明。況且本誥之意並非要完全停止喝酒，因爲同時又説："無彝酒"，即不要以喝酒爲常，那麼就表示適當的時候也可以喝一點。然則最適當的時候，莫過於向祖先祭祀的場合，將酒醮給祖先享用，表現孝順之心，同時可以自己飲用一點，與祖先共享。如此説來，酒似有某種"通神"的妙用，這也就是它天經地義的用途，而如果反而偷偷用來群飲玩樂，這或亦等於是某種褻瀆神明之舉。更何況連祭祀時也不可過用：必須以"德將"且以"無醉"爲要求。喝酒有其適當的場合，亦有其恰當的限度。

（三）酒可用以孝順：除了祭拜祖先時可喝點酒外，適當的場合亦可以與在世的父母共飲一杯，以表現孝順之心："用孝養厥父母。厥父母慶，自洗腆，致用酒。"即謂此。當然，從某種意義來講，孝順父母與祭拜祖先同理，都是晚輩慶祝前輩，向之報酬其德業之遺傳，與之共享其累代建立事業的成果。

（四）敬長可以醉飽：除了祭祀與孝親時可用酒外，敬祝君長及長老時亦可以飲用酒水，甚至可以大吃大喝："爾大克羞耇惟君，爾乃飲食醉飽。"此似與祭祀時之限度不同：祭祀時雖可"自介用逸"，但總要"無醉"，蓋是爲了能向祖先保持敬重之態。然向君上及長輩進食敬酒時，則可以喝個痛快，直到興盡而反，惟一的要求即是："爾克永觀省，作稽中德。"一切行爲要合乎中正的美德，喝酒之意尤其不可不正。喝酒之用只要是爲了輔佐王室，則偶爾爲此飲酒作樂，在適當的場合仍是允許的，如此還算得上是"王正事之臣"，且尚可得到王室的好處。

（五）嚴禁群飲活動：爲了敬祖先、父每、長老及君上，或多或少都可以用酒，然則何種情況要加以防備呢？主要就是"群飲"。一個人獨喝悶酒，所能搗亂之事有限，而數人大眾聚集共飲，卻很容易鬧出大事，甚至叛逆造反都有可能。因而對此種行爲，即要嚴加禁止，乃至以殺頭之刑爲嚇，即所謂“盡執拘以歸于周，予其殺”是也。

（六）節酒即愛國本：《酒誥》爲何要特別強調“惟土物愛”？蓋無非是因爲酒就是以穀物釀成的，而穀物是寶貴的，因而亂喝酒亦即是不愛惜農作物，不關心國家之本。所以國民就要“純其藝黍稷”，而以此黍稷釀酒時，要用來孝順父母或祭拜祖先方可。

歸根究底，意思就是説不要亂喝：尊受天命之要求即“不腆于酒”，本誥最後的警語亦即“勿《辯》（使）乃司民湎于酒。”勸人不要跟不三不四的一群人無緣無故地喝酒，而要在有所成功而值得慶祝時才可以大吃大喝。一言以蔽之：不要以酒誤事。喝酒是可以喝的，但允許喝酒的場合乃相當有限。喝酒就跟聽音樂一樣：既有其“雅頌之聲”，又有其“鄭衛之音”，只不過“酒”的負面影響似乎遠多於其正面的作用，基本上還是被視爲必須加以防備之物，所以才要專門宣佈個“酒誥”以明之。

叁　《賓之初筵》要義

到了春秋戰國之際，學者早已將《書》類資料奉爲經典，《酒誥》歸入儒家經書的重要篇章之一，其對春秋大士乃至戰國諸子的影響自然是深遠重大的。然《詩經》中有關飲酒活動的詩亦相當不少，而其中最可觀的一首，無疑當推《小雅》的《賓之初筵》。據毛《小序》之説，此詩爲：“衛武公刺時也。幽王荒廢，媟近小人，飲酒無度，天下化之，君臣上下，沈湎淫液，武公既入而作是詩也。”[1]此説是否可靠很難説，然此詩之有諷刺之用該是可以肯定的。先對全詩作簡略的分析。

詩的第一段爲：

---

[1]　《韓詩序》則云“衛武公飲酒悔過，而作是詩”，朱熹《集傳》亦從之而非毛《序》之説。此後名士多有議論，詳情可參劉毓慶等撰，《詩義稽考》，北京：學苑出版社，2006年8月，第七册，頁2562—2566。

賓之初筵，左右秩秩。籩豆有楚，殽核維旅。酒既和旨，飲酒孔偕。鍾鼓既設，舉酬逸逸。大侯既抗，弓矢斯張。射夫既同，獻爾發功。發彼有的，以祈爾爵。

依鄭玄《箋》說，則此及下章皆"陳古大射行祭之事"（見孔穎達《正義》）。本章大義爲宴客當初入席之時，其進退周旋皆井然有序，籩豆裡整齊地陳列着各種嘉肴。酒既是香醇美味，賓客飲之亦和氣融融。既設鍾鼓而奏樂，諸賓舉杯相敬往來有序。到了擺起大箭靶而張弓射箭時，諸賓同心協力地各獻其能，祈求射中以便贏得讓對方喝光酒爵的權利。此段形容的都是一種彬彬有禮、本末有序的局面，至此毫無失禮之傾向。清儒鳳應韶形容得好："謂（在大射儀中）賓及庭至拜酒，公受爵至卒爵，其儀皆鍾鼓舉節之而莫愆。"[①]到了射箭時，揖讓之情亦更有體現，乃至"發彼有的，以祈爾爵"。鄭《箋》謂："射之禮，勝者飲不勝，所以養病也"；朱熹《集傳》曰："爵，射不中者，飲豐上之觶也。"鄭注之義亦見於《禮記·射義》末尾："詩云：'發彼有的，以祈爾爵。'祈，求也，求中以辭爵也。酒者，所以養老也，所以養病也。求中以辭爵者，辭養也。"有趣的是，勝者飲不勝，儘管是一種揖讓之舉，然此種揖讓未免同時又有輸者罰酒之義焉。此蓋可算是中國飲酒遊戲的濫觴，而凡是玩過此種遊戲的人都知道，如果不限之以禮數，這樣比下去的結果會是什麼樣的。然射儀正是限以禮數的，看人家遵不遵守而已。

第二段繼續形容此種和諧成禮之局，而以祖先之感應降福爲要：

籥舞笙鼓，樂既和奏。烝衎烈祖，以洽百禮。百禮既至，有壬有林。錫爾純嘏，子孫其湛。其湛曰樂，各奏爾能。賓載手仇，室人入又。酌彼康爵，以奏爾時。

大義即:既已奏樂獻舞,和音滿堂,亦通過祭祀而感應於有功德的祖宗,使之陶醉醺酣,以便令百禮融洽協調。百禮既已行到極至,既盛大又繁富,①祖宗便將降大福給子孫,使之沾沾自喜,中心如醉而樂莫大焉,以至在大射中各盡其能。② 到此時,各賓已親手倒酒相敬(依鄭讀則"仇"爲"斟"即"挹"之義;今取馮登府説讀爲"酬")③,佐食者亦進來相侑相勸,斟滿已空的酒爵(鄭訓"康"爲"虚";馬瑞辰讀"荒"而訓大,亦通),以便有機會及時向你敬酒。

　　值得注意的是,此章雖然並未提及"酒"字,然字裡行間都離不開酒。按,"烝衎烈祖,以洽百禮"兩句,鄭《箋》訓"烝"爲"進",訓"衎"爲"樂",又以"洽"解作"合",雖然大致之義没錯,然似猶未盡其各字的蘊涵。"烝"字此用法,亦見《詩·周頌·豐年》篇,言以豐年的穀物"爲酒爲醴,烝畀祖妣,以洽百禮,降福孔皆"("皆"蓋通"諧");前三句亦見於《詩·周頌·載芟》:"爲酒爲醴,烝畀祖妣,以洽百禮。"何以用"烝"字,蓋因其原指"火气上行"(《説文》),引申的一個常訓亦即"升也。""酒醴"之所以"烝畀祖妣",蓋即是其酒氣上聞於天之義。《楚辭·九章》:"紛郁郁其遠承兮",朱熹《集注》謂"承(烝)"即"芳氣之遠聞也",正是其義。《大盂鼎》銘文曰:"有髭(祡)蒸祀,無敢醻。"可見"蒸祀"與祭酒、飲酒之關係是如何的密

① 　[清]馬瑞辰曰:"壬狀其禮之大也,林狀其禮之多也。"見《毛詩傳箋通釋》(北京:中華書局,1989年3月),頁750。筆者對二字亦有新解,説見下。

② 　鄭玄以此段言祭禮而與上段之言射儀無涉,與毛《傳》以爲仍言古燕射之禮者不同。孔氏《疏》謂"言各獻其射藝之能";馬瑞辰亦依《儀禮·鄉射禮》之"賓對曰:'某不能也。'"而以"能"字指射能:"是古以善射者爲能。則知詩言'各奏爾能'者,仍謂射也。"馬説見《毛詩傳箋通釋》,頁745。此詩各段該指同一個活動從始到尾的經過,今以毛説爲勝於鄭。

③ 　[清]馮登府《十三經詁答問》:"仇、讐通字……讐即酬,謂酬酢也。"見劉毓慶等撰,《詩義稽考》頁2574。毛《傳》則以"手"爲"取"意,而將"仇"作爲射禮中之匹偶解;射禮中"仇"字的此種用法,可參陳劍,《據郭店簡釋讀西周金文一例》,收入氏著《甲骨金文考釋論集》,北京:綫裝書局,2007年4月,頁26—28。

切。① 那麼爲何"酒醴"能"洽百禮"呢？大概是因爲"洽"本即有"霑"、"潤"一類的意思，酒此種奇妙的液體，正有通過人心及四體的流動而使其行禮的舉止及心思更加順暢，"洽"字的用法似乎正與其此種妙用有關。② 至於"衎"字，《詩·商頌·那》曰："奏鼓簡簡，衎我烈祖。"與本詩一樣是以音樂的演奏使"烈祖"進入"衎"境。然酒與樂是不分家的，而酒同樣是能够使人"衎"的。《詩·小雅·南有嘉魚》曰："君子有酒，嘉賓式燕以衎。"毛《傳》曰："衎，樂也。"同詩前一行居"衎"字位置的就是"樂"字，然則"衎"可能確實與"樂"義近而又或更加深焉。"衎"，《説文》謂"行喜皃"，喝酒雖然可以讓人家（或乃至祖先）行走喜悦，然詩中用的該是其引申義。值得注意的是，此"衎"字通常的用法亦是與飲食有關。《周易·漸卦·六二》爻辭："鴻漸于磐，飲食衎衎，吉"；《象》曰："飲食衎衎，不素飽也。"《釋文》引馬氏云"饒衎"；《爾雅·釋詁上》邢昺疏亦謂"衎者，飲食之樂也"。"衎"與"衍"蓋同源字，"衍"本有"水漲"、"水溢"之義，又引申爲"饒裕"一類的意思。《詩·小雅·伐木》曰："釃酒有衍。"陳奐曰："謂多溢之美也。"《周禮·春官·大祝》言"九祭"之二曰"衍祭"，孫詒讓《周禮正義》引夏炘云"即禮之挼祭"，又引淩廷堪云"謂祭酒也"，是"衍"字亦與"酒"有關。③ "衎"又通"侃"，而後者通常訓爲"和樂"或"剛直"之貌。"衎"字用法之所以常與"飲食之樂"有關，又疑是由其讀音與"酣"字相近所致。"衎"爲溪紐元部，"酣"爲匣紐談部，發音部位及主要元音皆相同，"干"、"甘"二聲系雖無通假前例，然二字因爲聲近而有關聯仍是有一定的可能性。"酣"常訓爲"酒樂也"（《説文》）、"樂酒也，不醉也"（《玉篇》），又解作"不醒不醉"（應劭説），亦可以説是有五分醉意的狀態。以酒"烝

① 《大盂鼎》銘文此句，見本文第 10 注所引。此釋爲"醉"之字，或讀爲"疇"。

② 《晏子春秋·内篇諫上》曰："古之飲酒也，足以通氣合好而已矣。"彼"通氣合好"亦與此"洽"字用意相近。

③ ［清］孫詒讓撰《周禮正義》，王文錦、陳玉霞點校，北京：中華書局，1987 年 12 月，頁 2003—2004。

衍烈祖”，其“樂”亦難説不與聞酒氣而半醉的作用有關，無論能够直讀“衍”如“酳”與否。

至於“錫爾純嘏，子孫其湛。其湛曰樂，各奏爾能”四句，其中“湛”字更是離不開酒的。《詩·小雅·北山》：“或湛樂飲酒，或慘慘畏咎；或出入風議，或靡事不爲。”彼詩“湛樂飲酒”與“燕燕居息”、“息偃在床”、“不知叫號”、“棲遲偃仰”及“出入風議”等怠慢之事相應，可知此“湛樂”有負面意義。相類的用法見《毛詩·大雅·抑》：“其在于今，興迷亂于政。顛覆厥德，荒湛于酒。女雖湛樂，從弗念厥紹。罔敷求先王，克共明刑。”此“荒湛于酒”與“湛樂飲酒”義同。“湛”字，注者恆以“讀曰‘沈’”爲訓，且《毛詩·抑》的“荒湛于酒”，魯、齊《詩》“湛”字正作“沈”（韓《詩》作“愖”），而《毛詩·小雅·常棣》“和樂且湛”的“湛”，魯《詩》亦正作“沈”。《墨子·非命下》：“昔三代暴王桀紂幽厲，貴爲天子，富有天下，於此乎，不而（能）矯其耳目之欲，而從其心意之辟，外之敺騁、田獵、畢弋，内湛於酒樂，而不顧其國家百姓之政，繁爲無用，暴逆百姓，遂失其宗廟。”[1]此亦是以“湛”爲“沉湎”之義，且《非命》之《中》篇“湛”亦正作“沈”。《莊子·則陽》亦曰：“衛靈公飲酒湛樂，不聽國家之政；田獵畢弋，不應諸侯之際。”《管子》等書中亦見同樣的用法。[2]《説文》：“湛，没也。”用於酒方面蓋即沈没於酒的意思。《大戴禮記·保傅》：“天子宴私安如易，樂而湛，飲酒而醉……凡此其屬，太史之任也。”亦以沉湎於酒樂爲意。字亦通作“耽”、“媅”、“尤（從女）”、“酖”等。“湛”字大多都與飲酒有關，然其“沈没”之意亦有引申用法，如《莊子·漁父》：“惜哉，子之蚤湛於人僞而晚聞大道也！”及“甚矣，由之難化也！湛於禮義有間矣，而朴鄙之心至今未去”；《晏

---

① 又《墨子·非樂上》云：“武觀曰：‘啟乃淫溢康樂，野于飲食，將將銘莧磬以力，湛濁于酒，渝食于野，萬舞翼翼，章聞于大〈天〉，天用弗式。’故上者天鬼弗戒〈式〉，下者萬民弗利。”又《魯問》篇：“國家説音湛湎，則語之非樂、非命。”大部分的用法都是如此。

② 《管子·匡君小匡》：“昔先君襄公，高臺廣池，湛樂飲酒，田獵畢弋，不聽國政。”《管子·四稱》：“湛琨於酒，行義不從。不修先故，變易國常。”

子春秋》第一卷内篇諫上第一："願君教荼以禮而勿陷于邪,導之以義而勿湛于利";以及《吕氏春秋·誣徒》"湛於巧智,昏於小利,惑於嗜欲",及同書《爲欲》篇"桀、紂不能離,不能離而國亡者,逆其天也。逆而不知其逆也,湛於俗也。久湛而不去則若性"等,同樣都是有負面意義的。① 又《國語·周語下》:"昔共工棄此道也,虞于湛樂,淫失其身。"韋昭注"湛"字曰"淫也"。《論衡·明雩》篇曰:"久雨爲湛。"《爾雅·釋天》則曰:"久雨謂之淫。"是"湛"、"淫"皆有下雨過度之義。總之,"湛"多有沉湎、久浸義,多指淹没於酒或某種不良習慣,與"淫"字用法極近。

　　《詩》中用"湛"字亦有並未帶負面義者,然而仍與酒有關,如《小雅》之《鹿鳴》:"鼓瑟鼓琴,和樂且湛,我有旨酒,以燕樂嘉賓之心。"毛《傳》云"湛,樂之久",《釋文》:"湛,字又作'耽'。"此四句屬該詩的末章,雖其"燕樂嘉賓之心"並無過度之義焉,然至此大概已喝了不少,"和樂且湛"蓋言其和樂已久,歡情已極之意。同句又見《常棣》,亦即"宴兄弟"之詩,位於其倒數第二章,似比其前章的"和樂且孺"更深一層(《韓詩》解"湛"作"樂之甚也")。②

　　鳳應韶亦認識到"湛"字與酒多有關,然或因爲在《鹿鳴》與《常棣》二首中其與酒的關係並不如他詩明顯,而認爲在《賓之初筵》中,亦本來即與酒無關。鳳氏分析"湛"字本意甚是,謂其有"没"、"深"、"浸"等義,亦引申有"久"義,而言《鹿鳴》、《常棣》二詩之"和樂且湛"説:"然'湛'係'樂'言,則爲樂之久,單言'湛',無樂意也",且謂"湛"如"没"一樣"有沉溺意",正如上舉《抑》與《北山》兩詩的用法。然鳳氏又謂"沉溺於樂事,亦兼酒,而樂事不但酒。《書·無逸》'湛樂從',則沉溺於樂事,專爲縱逸言也。'没'則有漸漬潤澤意,此詩'子孫其湛'是也",強調"湛"本身並非專言縱酒,而在此

　　① 第 10 注所引《大盂鼎》銘文亦有"虘(从又)酉(酒)無敢酖"一句,不過釋爲"酖"之字寫法特殊,不知是否確爲"酖"字。
　　② 參[清]王先謙撰《詩三家義集疏》,吴格點校,北京:中華書局,1987年 2 月,頁 568。

《賓之初筵》中則是謂"尸嘏主人,其多福之致子孫,漸漬潤澤焉"。①

　　按,"湛"與"久"義有關,然以其本義該說是久浸於液體中的那種"久",即沈没而浸透了之謂。正因此,才常用來形容飲酒之深度。凡所謂"樂事"主要有三種,一曰旨酒,二曰樂舞,三曰美女,而後二者一般亦離不開酒,《無逸》之"惟耽樂之從",酒無疑亦在其中矣。合觀所有早期文獻用例,"湛"字與酒可說是息息相關的,《賓之初筵》亦是如此。久浸於酒中,一般視爲一種過度的行爲,所以"湛"字一般的引申意也是負面的,如上所舉數例所示。然多喝幾杯是否壞事,也要看場合,由"樂"而"湛"的經過之臧否,同樣是由該詩的意境所決定,所以在"燕樂嘉賓"之《鹿鳴》及"燕兄弟"之《常棣》那種形容嘉禮的二詩中,宴會進行到"和樂且湛"的地步就是美事。所以"湛"之用法偶而也有其積極之意,甚至如鳳氏所說的"漸漬潤澤",但就在此種用法上,同樣是離不開酒的。請以《小雅》的《湛露》一首,即"天子燕諸侯"之詩爲例:

> 湛湛露斯,匪陽不晞,厭厭夜飲,不醉無歸。
> 湛湛露斯,在彼豐草,厭厭夜飲,在宗載考。
> 湛湛露斯,在彼杞棘,顯允君子,莫不令德。
> 其桐其椅,其實離離,豈弟君子,莫不令儀。

此詩言天子之恩澤,從宗室至於大小諸侯,無所不被,如濃厚之甘露,從"豐草"及"杞棘",無所不潤澤;此乃以"湛湛"來形容之。大陽未出,則露澤不蒸發,那麼於慶祝天子恩德之宴會,酒亦可以當作恩澤之象徵物,與宴諸侯整夜受其沾溉,自然亦要喝個醉飽方息。此種醉意,並不光是在酒,而更是陶醉於天子之德澤,以至於與會諸君亦"莫不令德"、"莫不令儀。"此種醉飽,在《酒誥》中當然

---

　　① [清]鳳應韶《鳳氏經說》;見劉毓慶等撰,《詩義稽考》第七册,見注11,頁2571—2572。

也算是在允許之列。

現在可回去再看《賓之初筵》的"有壬有林"一句。上已依馬瑞辰說而解"壬"、"林"二字爲"大"、"盛"二義。然既已了解其他字多與酒有關,此處之"有壬有林"頗疑該讀爲"又淫又淋"或"又霪又霖"才是。"淫"以"壬"爲聲符,而"壬"爲日紐侵部,"淫(霪)"爲喻紐侵部,聲音極近;而"霖(淋)"又以"林"爲聲符而同爲來紐侵部。《楚辭》中宋玉的《九辯》曰"皇天淫溢而秋霖兮,后土何時而得漧",西漢《楚辭》的《哀時命》曰"夕淫淫而淋雨",《黃帝內經·氣交變大論》"四維發振拉飄騰之變,則秋有肅殺霖霆之復",是"淫(霪)"與"霖(淋)"搭配之例。蓋宴會中"百禮既至",而大家仍是繼續飲酒,酒水如豪雨般地愈下愈大,子孫自然乃"湛"於其中而越來越"樂"矣。

如此說來,在《賓之初筵》第二章之中,從"烝衎烈祖,以洽百禮",到其"錫爾純嘏"而從祭的子孫既"湛"且"樂",形容的既是一種美好的祭祀與競射禮儀,然字裡行間同樣又是種大家喝得越來越多的、喝到很高興的過程,乃至"各奏爾能"可能已經帶有一種雙重意義:既講射能,而似又同時隱言酒量。至於各賓親手倒酒相敬,室人又進來相勸相侑,一杯續着一杯倒滿,各賓互相祝賀射能,浸酒之意乃愈來愈濃。

到此時,宴會仍算是合乎禮儀。如《湛露》之義,在某些場合甚至可"不醉無歸",只要合乎正規,多喝點也是允許的。然反過來說,則是既醉可就要歸去,以免失禮失態。《賓之初筵》的大轉折點,就是從其第三章開始的:

> 賓之初筵,溫溫其恭。其未醉止,威儀反反。曰既醉止,威儀幡幡。舍其坐遷,屢舞僊僊。其未醉止,威儀抑抑。曰既醉止,威儀怭怭。是曰既醉,不知其秩。

言賓初入席時,皆柔和恭敬。其尚未喝醉,舉止尚可自救以禮。①
然喝醉之後,舉止乃輕佻失度,將捨棄坐起遷徙之禮儀,屢次起來
飄逸地舞動。尚未喝醉,舉止謹慎收斂,然喝醉之後,規矩全都忘
光了。

　　孔穎達《正義》《賓之初筵》序言引毛、鄭論整詩的結構曰:"此
經五章。毛以上二章陳古燕射之禮,次二章言今王燕之失。鄭以
上二章陳古大射行祭之事,次二章言今王祭末之燕。俱以上二章
陳古以駮今,次二章刺當時之荒廢,卒章乃言天下化之。"是毛、鄭
皆以古今爲比,不同意的只是在其形容的是燕射禮抑是大射禮此
種問題上。後一問題歷代皆有爭論,然前一問題既然毛、鄭是一致
的説法,而後儒乃並無異議。如清儒陳奐(1786—1863 年)《詩毛
氏傳疏》曰"上二章陳古,下三章刺今",亦不出此框架。② 本章
《淺》云"此復言初筵者,既祭,王與族人燕之筵也",馬瑞辰(1782—
1853 年)《通釋》按語曰"前二章爲陳古,舉初筵以見賓之始終皆
敬。此章以刺今,則舉初筵以刺始敬終怠,非必有異禮也",同樣主
此古今之説。③ 方玉潤《詩經原始》(1811—1883 年)曰:"詩本刺
今,先陳古義,以見飲酒原未嘗廢,但須射祭大禮而後飲,而飲又當
有節,不至失儀,乃所以爲貴。古之飲也如是,今之飲酒則不然。
飲不至醉,醉必失儀,不至伐德不止,其無禮也又如是。"④至今對

----

　　① 《詩·周頌·執競》云:"降福簡簡,威儀反反。既醉既飽,福祿來反",
反而是以"威儀反反"形容"既醉既飽"的情況,與本詩似正相反。然《執競》是
"祀武王"之詩,意境與本詩不同,且彼"既醉既飽"所言該是祭祀的對象武王,
與本詩之言行禮者之既醉者亦異。
　　② 引自雒江生編著,《詩經通詁》,西安:三秦出版社,1998 年 7 月,頁
639。
　　③ [清]馬瑞辰撰,《毛詩傳箋通釋》,頁 752。
　　④ [清]方玉潤撰,《詩經原始》,李先耕點校;北京:中華書局,1986 年 2
月,頁 452。

本詩的説法大底皆是如此。①

　　按，毛、鄭之説，蓋是爲了迎合毛《序》之言此詩爲“衛武公刺幽王也”所致，以古今爲比則較好點出今世之毛病。然若細讀全詩，事實上始終未見一字是牽涉到古今的，而顯是以“醉”與“醉”爲比。若硬要以古今作比，則首章“初筵”之“初”字亦全無著落了。② 全詩是以前後爲對比没錯，然依筆者之見，既非以古今直接爲對，又非以前二章與後兩三章爲絕對之比，而描述的實爲一種漸漸由未醉至既醉乃至大醉的過程。其實方玉潤儘管仍以古今爲比，然同時亦注意到此種對比的非絕對性：“前四章雖若古今二義平説，其實章法各極變化，盡作者之能事，又非後世鱗次排比者比。”③只是筆者認爲此種“極變化”之原由正是因爲本詩並非以古今作比，而是以由清醒有禮至大醉敗德爲敘。

　　第四章乃進一步形容諸賓的醉狀，越喝越離譜：

　　　　　賓既醉止，載號載呶。亂我籩豆，屢舞僛僛。是曰既醉，不知其郵。側弁之俄，屢舞傞傞。既醉而出，並受其福。醉而不出，是謂伐德。飲酒孔嘉，維其令儀。

言宴賓既已喝醉，到最後也開始亂吼亂叫，又把籩豆食品弄亂（此“亂我籩豆”遙應首章的“籩豆有楚”），且屢次起來歪七扭八地跳舞（毛《傳》“僛僛，舞不能自正也”，《韓詩》“僛，醉舞貌”）。既已喝醉，對自己的失態並無知覺，乃至帽子都戴得歪一邊，又屢次起來跌跌

---

　　①　今人程俊英與蔣見元則説：“全詩採用的是前後對比的方法。前兩章描寫大射燕飲的場面，是以正面事物入爲襯托。雖然在全詩來説是副綫，但鋪敘詳備，落筆濃古，越是寫得典雅莊重，同後面的對比作用也越顯得强烈。”此則並無直接以古今爲比，不過尚未指出此前後所比的“正面事物”和負面事物究竟是什麽事物耳。見程俊英、蔣見元著，《詩經注析》，北京：中華書局，1991 年 10 月，頁 695。

　　②　若欲依馬瑞辰之説，則第二章亦未見賓出宴回家之事，難見其“始終皆敬”之“終”竟在何處。

　　③　[清]方玉潤撰，《詩經原始》，頁 452。

撞撞地跳舞("傞",三家《詩》作"娑"。"屢舞"由"僛"而"傲"而"傞",蓋所以描述其越舞越亂)。① 假如醉了就知道出走回家,那大家都會因此而受到福氣。然而假如醉了而硬要留下,這樣只將損害其德。因此"飲酒之所以甚美者,以其有全儀耳,今若此,則無復有儀矣!"(朱熹《集傳》語)。

　　值得注意的是,作者的結論是可以喝到醉也無妨,然而一醉就要知道趁早回去,不然將吼叫醉舞,醜態百出,乃至敗名失德。那麼即使宴會之旨在"不醉無歸",然同時也可以説是"既醉務歸"的。

　　最後第五章作個總論:

　　　　凡此飲酒,或醉或否。既立之監,或佐之史。彼醉不臧,不醉反恥。式勿從謂,無俾大怠。匪言勿言,匪由勿語。由醉之言,俾出童羖。三爵不識,矧敢多又。

從"凡此飲酒"到"不醉反恥",鄭《箋》云:"飲酒於有醉者,有不醉者,則立監使視之,又助以史使督酒,欲令皆醉也。彼醉則已不善,人所非惡,反復取未醉者恥罰之。言此者,疾之也。"依鄭玄之意,則此處"立之監"、"佐之史"並非爲了維持禮數,反而是爲了勸酒不漏,讓大家喝個大醉方行! 朱熹《集傳》則謂:"監、史,司正之屬。燕禮鄉射,恐有解倦失禮者,立司正以監之,察儀法也",以"監、史"取其正面意義。② 馬瑞辰進一步引經文以申此説,且批評鄭説曰:

---

　　① 程俊英與蔣見元形容得好:"三章'屢舞僛僛'是初醉之貌,四章'屢舞傲傲'是甚醉之狀,'屢舞傞傞'則是極醉之態。三句'屢舞',一層進一層,由淺入深,再加上'舍其坐遷','亂我籩豆','側弁之俄'等點綴,真是活畫出一幅醉客圖來,可稱得上'窮形盡相'了。"見其《詩經注析》,頁695—696。

　　② 朱熹所謂"司正",《儀禮》的《鄉飲酒》、《鄉射》、《燕禮》、《大射》等篇皆載其監行酒禮之事。最近出土問世的清華楚簡中,《耆夜》篇第2、3兩簡亦記有"耶(呂)上(尚)甫(父)命爲司政(正),監飲酉(酒)"之文,可參看;見李學勤主編,《清華大學藏戰國竹簡(壹)》,上海:中西書局,2010年12月,頁150。

“《箋》謂監史督酒,欲令皆醉,失之。”①兩説之中未知孰是,然毫無疑問,鄭氏之説是比較有趣的。如此講則是喝到後來,勸酒的行爲越來越甚,乃至立監立史以督促未醉者,頗有點玩起飲酒遊戲的意思,甚至於反使未喝醉者感到羞恥。到此,所有的禮義價值觀乃完全顛倒,甚至設立模仿禮官的監史來維持非禮之事,此蓋即鄭氏所謂“言此者,疾之也”。鄭玄以海量見名,史書有記載,此種立監立史的勸酒遊戲,或有其親身體會之驗歟?②

“式勿從謂,無俾大怠”句,蓋言在如此的局面,就無從而勸阻醉者,使之不至於大怠大慢之狀。然後“匪言勿言”以下,蓋言此無從而勸阻的内容,即:不該説的就不要説,没理由講的就不要講,因爲聽由醉人的狂話,就好比造出無有之物(“童羖”即無角之羖羊,一種不可能的動物)。③ 然而喝過尚合乎禮數的三爵酒之後,此種善言勸告都已經記不住,更何況在已多次勸飲(“又”通“侑”)的情况下呢?④

總而言之,《賓之初筵》以巧妙的文學筆法,微婉而活躍地鈎勒出一種喝酒過度的過程。全詩未嘗明用説教的口氣,然而勸阻的力量卻因此而倍增。從“初筵”到“不出”,從“左右秩秩”到“不知其秩”,從“孔偕”到“伐德”,由“逸逸”而“湛樂”乃至“僛僛”地醉舞,全詩以“未醉”與“既醉”爲比,活生生地描繪出一種慢慢喝醉而失禮

---

① 〔清〕馬瑞辰,《毛詩傳箋通釋》,頁754—755。

② 《後漢書·張曹鄭列傳》言鄭玄“身長八尺,飲酒一斛,秀眉明目,容儀温偉”。

③ “式勿從謂”以下,鄭、朱、馬諸説各異,今所取説近於鄭而又不同焉,詳情今從略。馬瑞辰説見《毛詩傳箋通釋》,頁755—757。“童羖”一詞,鄭《箋》曰:“女從行醉者之言,使女出無角之羖羊。脅以無然之物,使戒深也。”此一解諸家比較一致。唯雒江生則曰:“童羖爲怪相,謂醉則使人出怪相。”亦可備一説;見雒江生編著,《詩經通詁》,見注25,頁641。

④ 鄭《箋》則曰:“當言我於此醉者,飲三爵之不知,況能知其多復飲乎?三爵者,獻也,酬也,酢也。”

的經過。當時凡是聽聞此詩者,相信莫不爲之而心中惶恐,深以爲戒。①《詩》之《賓之初筵》與《書》之《酒誥》,誠可以説是殊途而同歸,形成中國經典中勸人節酒的代表大作。

肆　結語

王充《論衡·語增》篇糾正當時誤傳誇語云:

傳語曰:"文王飲酒千鍾,孔子百觚。"欲言聖人德盛,能以德將酒也。

如一坐千鍾百觚,此酒徒,非聖人也。飲酒有法,[聖人]胸腹小大,與人均等,飲酒用千鍾,用肴宜盡百牛,百觚則宜用十羊。夫以千鍾百牛、百觚十羊言之,文王之身如防風之君,孔子之體如長狄之人,乃能堪之。案文王、孔子之體,不能及防風、長狄,以短小之身,飲食眾多,是缺文王之廣,貶孔子之崇也。

案《酒誥》之篇:"朝夕曰:'祀兹酒。'"此言文王戒慎酒也。朝夕戒慎,則民化之。外出戒慎之教,内飲酒盡千鍾,導民率下,何以致化? 承紂疾惡,何以自别?

且千鍾之效,百觚之驗,何所用哉? 使文王、孔子因祭用酒乎? 則受福胙不能厭飽。因饗射之用酒乎? 饗射飲酒,自有禮法。如私燕賞賜飲酒乎? 則賞賜飲酒,宜與下齊。賜尊者之前,三觴而退,過於三觴,醉酗生亂。文王、孔子,率禮之人也,賞賚左右,至於醉酗亂身,自用酒千鍾百觚,大之則爲桀、紂,小之則爲酒徒,用何以立德成化,表名垂譽乎?

世聞"德將毋醉"之言,見聖人有多德之效,則虛增文王以爲千鍾,空益孔子以百觚矣。②

---

① 方玉潤説得好:"其寫酒客醉態,縱令其醒後自思,亦當發笑,忸怩難安,此所以善爲諷諫也。"見《詩經原始》,見注 27,頁 452。

② 黄暉撰,《論衡校釋(附劉盼遂集解)》,北京:中華書局,1990 年 2 月,頁 346—348。

　　王充匡正謬論的衡量，一以先聖經典《酒誥》爲準。飲酒百觚甚至千鍾，儘管是以古昔那種度數較低的酒類而言，實非常人所能勝之事。然而聖人之所以過常人者，以德而非以怪力。彼傳語（今見《孔叢子·儒服》篇）誇大二聖之酒量，"欲言聖人德盛，能以德將酒也"，可算是對《酒誥》所言"德將毋醉"的一種誤解，而王氏乃以《酒誥》本文來正之。文王既已朝夕曰"祀兹酒"，若又自己私下"飲酒千鍾"，則是個内外矛盾的僞君子，與紂無以爲别，何以爲聖人？依《酒誥》之文，飲酒主要是爲了配合祭祀，然祭者不得厭飽飲醉，經典上有明文。且其他飲酒的場合皆有禮數，饗射飲酒有其成法，私燕賞賜亦有其常規，文王與孔子爲率禮之先聖，豈有可能以酒量見名？

　　蓋飲食男女，人之常情，酒爲妙物，生人多好飲之，鬼神又於生後暢飲不絶。與家人好友飲之有團結之用，與祖先共享有通神之福，節而用之，則樂亦在其中，難怪有欲付予先聖以海量之名者。然醉之酗之，則凶多吉少，過去因酒敗事而喪德者多在，不可不借以爲鏡。《詩》以道志，《書》以道事，爲了引導我們的飲酒行爲，使我們受其福而避其亂，《詩》、《書》皆有重要篇章，後世不斷引以爲鑑。《酒誥》以場合用途爲主而導酒事，《賓之初筵》用節酒失度之文來導酒志，此外禮書更以明確的飲食規則來導酒行，如此殊途同歸以達致人們飲酒的和諧妙用，而避免其匪言匪語、屢起醉舞之病。中國後世飲酒文化將有千變萬化之色彩，文人飲酒亦將有其豪放不羈的一面，然無論如何，多多少少仍不得不以《酒誥》、《賓之初筵》等經典的教訓爲衡量，其誠可謂爲中國酒禮之濫觴，華夏酒文化之精髓。

（作者單位：美國郡禮大學東亞語言文學系）

慧琳《一切經音義》引《尚書》考

許建平

摘要：慧琳《一切經音義》引用《尚書》經文近 200 條，本文以高麗藏再雕本爲底本，以經注合刻本——《監本纂圖重言重意互注點校尚書》與《慧琳音義》所引《尚書》經傳對勘，並逐條作了詳細的考辨。在此基礎上，從慧琳在撰作《音義》過程中雜採諸書、慧琳改《玄應音義》之隸古定字爲今字、保存不少隸古定《尚書》的隸古字、保存了《尚書》傳本的異文等四個方面對其性質、特點、價值作了探討。

關鍵詞：《慧琳音義》 《尚書》 引文 考辨

一、前　言

　　唐釋慧琳所撰《一切經音義》(後簡稱"《慧琳音義》")是佛經音義書的集大成之作，約在蒙元時失傳於中土。自清末從日本回傳後，引起了學界極大關注，對此書的材料進行輯佚、校勘、考辨者比肩繼踵。姚永銘君《慧琳〈一切經音義〉研究》專闢一節縷述研究概況[1]，從中可以看出，歷來的研究，重點在於音韻、訓詁的研究及小學書的輯考。對於《慧琳音義》所引儒家經籍的研究，只有寥寥幾位學者做過一點工作[2]，對於《慧琳音義》所引《尚書》的研究，迄今只有楊思範《〈慧琳音義〉引儒家經典研究》作過輯錄、校正[3]，但所

---

　　① 姚永銘《慧琳〈一切經音義〉研究》壹《緒論》五《〈慧琳音義〉研究簡史》，南京，江蘇古籍出版社 2003 年 5 月，第 19—26 頁。
　　② 楊思範有介紹，見氏著《〈慧琳音義〉引儒家經典研究》，蘇州大學 2008 年博士論文，第 2 頁。
　　③ 楊思範《〈慧琳音義〉引儒家經典研究》，第 42—54 頁。

論較爲簡略。

　　在輯録《尚書》經傳過程中，必須注意《慧琳音義》所引確否《尚書》經文或孔傳。

　　有誤經文爲孔傳者，如卷 76《佛説法句經》"絙繩"條："孔注《尚書》'木從繩則正'也。"此所謂孔注《尚書》，實《尚書》經文也。

　　有誤孔傳爲經文者，如卷 13《大寶積經》第五十五卷"鞭撻"條："《尚書》曰：'不勤道業則撻之。'"此所謂《尚書》，實孔傳也。

　　有非《尚書》文句而誤爲《尚書》經文者，如卷 21"或名簡言詞"條："《尚書》曰：'詞尚簡要。'"《尚書》經傳均無此句。

　　有誤《論語》孔注爲《尚書》孔傳者，如卷 1"兇黨"條："孔注《尚書》云：'相助匿非爲黨。'""相助匿非爲黨"是《論語·述而》"吾聞君子不黨，君子亦黨乎"句之孔注。

　　最後共輯得《慧琳音義》引用《尚書》經文 197 條[1]，其中包括僞孔《尚書序》4 條。本文只論經文，不考孔傳，惟傳文關涉經文異文時方才論及。

　　《慧琳音義》通行者有上海古籍出版社於 1986 年影印的日本獅谷白蓮社刊本，但此本有脱葉，故本文以《中華大藏經》影印高麗藏再雕本（後簡稱"高麗藏本"）爲底本，每條下括注《中華大藏經》的册數、頁碼，如（58/48 下）即指《中華大藏經》第 58 册第 48 頁下欄。

　　本文只爲考辨《慧琳音義》所引《尚書》經文，當避免做成彙校式的考證，陷入曠日持久及繁複的異本對勘中，故取經注合刻本——《四部叢刊初編》影印南宋坊刻《監本纂圖重言重意互注點校尚書》（後簡稱"刊本"）與《慧琳音義》所引《尚書》經傳對勘。

二、引文考辨

【01】卷 32《順權方便經》上卷"丘聚"條引《尚書序》："丘亦聚

---

① 　楊思範《〈慧琳音義〉引儒家經典研究》的統計數字是 252 條。

也。"(58/48 下)

《尚書序》:"丘,聚也。言九州所有,土地所生,風氣所宜,皆聚此書也。"

【02】卷 64《四分律删補隨機羯磨》卷上"撮略"條:"孔安國《尚書叙》云:'撮其機要。'"(58/758 下)

《尚書序》:"芟夷煩亂,翦截浮辭,舉其宏綱,撮其機要,足以垂世立教。"

【03】卷 86《辯正論》卷第七"坑爇"條云:"孔安國《尚書序》云'秦始皇焚書坑儒'是也。"(59/114 上)

《尚書序》:"及秦始皇滅先代典籍,焚書坑儒。"

案:此節引其文也。

【04】卷 80《開元釋教録》第十二卷"摭之"條云:"孔安國《尚書序》云'採摭羣言,以立訓傳'也。"(58/1090 下)

《尚書序》:"於是遂研精覃思,博考經籍,採摭羣言,以立訓傳。"

【05】卷 89《高僧傳》第六卷"儁爽"條:"《尚書》云:'克明儁德。'"(59/164 上)

《堯典》:"克明俊德,以親九族。"

案:雷濬云:"莊公十一年傳'得儁曰克',《説文》無'儁'字,陸《釋文》曰:'儁,本或作俊。'案《漢書·陳湯傳》注引此文作'俊'。"①《玉篇》始見"儁"字②,乃"俊"之後起別體。徐鼒云:"俊字亦作'儁',蓋'俊'之俗體。"③清人所謂俗體者,不見於《説文》之後起字也。

【06】卷 46《大智度論》第十五卷"不睦"條:"《尚書》:'九族既

①　[清]雷濬《説文外編》,李學勤主編《中華漢語工具書書庫》第 35 册,合肥,安徽教育出版社 2002 年 1 月,第 309 頁。

②　[南朝梁]顧野王撰、[宋]孫强重修《宋本玉篇》,北京,北京市中國書店 1983 年 9 月,第 47 頁。

③　[清]徐鼒《讀書雜釋》,閆振益、鍾夏點校,北京,中華書局 1997 年 5 月,第 109 頁。

睦。'"（58/327 上）

《堯典》:"九族既睦,平章百姓。"

【07】卷 19《般若三昧經》上卷"四隅"條云:"《尚書》'嵎夷曰暘谷'是也。"（57/781 下）

《堯典》:"分命羲仲,宅嵎夷,曰暘谷。"孔傳:"日出於谷而天下明,故稱暘谷。暘谷、嵎夷一也。"

案:此條引《尚書》作"暘谷",與刊本同。然卷 75《法觀經》"禺中"條云:"孔注《尚書》曰:'出於陽谷。谷,隅夷也。'"①（58/981 下）則慧琳所據本又作"陽谷"。敦煌寫卷 BD14681《尚書》殘存之孔傳曰:"陽,明也。日出於谷而天下明,故稱陽谷。陽谷、嵎夷一也。"《史記·五帝本紀》"分命羲仲,居郁夷,曰暘谷"張守節《正義》云:"陽或作'暘'……日所出處,名曰陽明之谷。"②則張守節所見本亦作"陽谷",是《尚書》確有作"陽谷"之本。

《說文·日部》:"暘,日出也。從日易聲。《虞書》曰'暘谷'。"又《山部》:"嵎,嵎山,在遼西。從山易聲。一曰嵎鐵,嵎谷也。"《土部》:"堣,堣夷,在冀州陽谷,立春日日值之而出。"③馬宗霍《說文解字引經攷》於卷一"暘"字下云:"嵎、陽皆暘之異文,且各有本義,蓋爲今文叚借字。此引作暘,則爲古文正字。敦煌唐寫本尚書釋文殘卷云:暘,古陽字。……暘、嵎、陽、湯皆從易聲,故通用。"④

【08】卷 82《西域記序》"启妙覺"條:"孔注《尚書》云:'启,開也。'"（59/25 上）

《堯典》:"放齊曰:'胤子朱啓明。'"孔傳:"啓,開也。"

案:慧琳所據本《孔傳》"啓"寫作"启",則《尚書》經文亦作"启"

---

①　"谷隅夷也","谷"前疑脫"陽"字。

②　[漢]司馬遷《史記》,北京,中華書局 1982 年 11 月,第 1 册第 17 頁。

③　[漢]許慎《說文解字》,北京,中華書局 1963 年 12 月,第 138、190、286 頁。

④　馬宗霍《說文解字引經攷》,北京,科學出版社 1958 年 1 月,第 2 册第 1 卷第 37A 頁。

也。《玉篇·口部》:"启,《書》曰:'胤子朱启明。'启,開也。本亦作
啓。"①正與慧琳所據本同。《説文·口部》:"启,開也。"②P. 3315
《尚書釋文》云:"启,古文啓字。"則陸德明所據本《尚書》作"启"也。
《武成》"惟先王建邦启土",S. 799《尚書》寫卷"啓"作"启";《説命
上》"啓乃心,沃朕心",P. 2516、P. 2643《尚書》寫卷"啓"皆作"启",
是"啓"字在敦煌寫卷中寫作"启",此衛包未改字前之古文也。

又《慧琳音義》卷 10《勝天王般若經》第一卷"敷啓"條:"又作
启。孔注《尚書》以爲古文啓,同。"(57/579 上)卷 75《雜寶藏經》第
五卷"启門"條:"孔注《尚書》以爲古文'啓'字也。"(58/984 上)"敷
啓"、"启門"兩條皆慧琳轉録玄應《一切經音義》(後簡稱"玄應音
義")③,玄應所以如此説者,知其所見本《尚書》經傳皆作"啓"也。
《説文·口部》:"启,開也。"《攴部》:"啟,教也。"④孔傳既以"開"釋
"啓"(啓、啟偏旁位置之異),必以此"啓"即"启"也。

【09】卷 98《廣弘明集》第二十二卷"必俆"條:"孔注《尚書》云:
'俆,見也。'《説文》從人弄聲。"(59/309 上)

《堯典》:"共工方鳩俙功。"孔傳:"俙,見也。"

案:《説文·人部》:"俆,具也。从人弄聲。讀若'汝南俆朱'。
《虞書》:'旁救俆功。'"⑤P. 3315《尚書釋文》出"救俆"二字,與《説
文》同。《原本玉篇殘卷·方部》"方"字下引《尚書》云:"方鳩俆
功。"⑥亦作"俆"。《説文》無"俆"字,後起別體也。《慧琳音義》詞
目作"俆",引文作"俆",蓋慧琳所見本《尚書》作"俆",其詞目作
"俆",慧琳據《説文》改也。

---

① 《宋本玉篇》,第 98 頁。
② 《説文解字》,第 32 頁。
③ 《勝天王般若經》收在《玄應音義》卷三,《雜寶藏經》收在《玄應音義》
卷十二,此皆慧琳轉録。唯《玄應音義》"孔注尚書"簡作"孔尚"。
④ 《説文解字》,第 67 頁。
⑤ 《説文解字》,第 162 頁。
⑥ [梁]顧野王《原本玉篇殘卷》,北京,中華書局 1985 年 9 月,第 348
頁。

【10】卷 44《宋照神變三摩地經》"焚蕩"條："孔注《尚書》：'蕩，除也。'"（58/294 下）卷 80《大唐內典錄》第四卷"蕩滌"條："孔注《尚書》云：'蕩，言水奔突有所滌除也。'"（58/1073 上）卷 33《月光童子經》"滔天"條："《尚書》云：'浩浩滔天。'"①（58/62 上）

《堯典》："蕩蕩懷山襄陵，浩浩滔天。"孔傳："蕩蕩，言水奔突有所滌除。"

　　案："焚蕩"、"蕩滌"兩條所引孔傳作"蕩"，明經文亦作"蕩"，與刊本同。然卷 45《優婆塞戒經》第六卷"盪滌"條引孔傳曰："盪，滌除也。"②（58/308 上）注作"盪"，則其所據經文亦作"盪"也。

《說文·水部》："潒，水潒瀁也。从水象聲，讀若蕩。"③潒瀁即今之蕩漾④，水波起伏貌。《廣雅·釋訓》"浩浩、潒潒，流也"王念孫《疏證》："潒潒與蕩潒同。"⑤黃侃《說文段注小箋》云："浩蕩借爲'潒'，放蕩借爲'儻'，蕩滌借爲'盪'。"⑥蕩蕩之義爲水流大，孔傳釋爲"滌除"，《說文·皿部》："盪，滌器也。"⑦故字轉而寫作"盪"也。

　　又卷 83《大唐三藏玄奘法師本傳》第八卷"浩汗"條引《尚書》孔傳："浩汗，盛大也。"（59/60 下）刊本《尚書》不見"浩汗"一詞。《史記·河渠書》："瓠子決兮將柰何？皓皓旰旰兮閭殫爲河！"⑧《淮南子·俶真》"浩浩瀚瀚，不可隱儀揆度而通光耀者"高誘注：

---

　　①　《月光童子經》收在《玄應音義》卷八，此慧琳轉錄。

　　②　徐時儀《一切經音義三種校本合刊》標點作"盪滌，除也"，誤。（上海，上海古籍出版社 2008 年 12 月，中冊第 1290 頁）

　　③　《說文解字》，第 229 頁。

　　④　金景芳、呂紹綱《〈尚書·虞夏書〉新解》，瀋陽，遼寧古籍出版社 1996 年 6 月，第 75 頁。

　　⑤　[清]王念孫《廣雅疏證》，南京，江蘇古籍出版社 1984 年 4 月，第 183 頁。

　　⑥　黃焯編《說文箋識四種》，上海，上海古籍出版社 1983 年 4 月，第 192 頁。

　　⑦　《說文解字》，第 104 頁。

　　⑧　《史記》，第 4 冊第 1413 頁。

"浩浩瀚瀚，廣大貌也。"①浩浩瀚瀚即晧晧旰旰，可省作"浩瀚"、"晧旰"，同聲通用，寫作"浩汗"，《晉書·孫楚傳》錄《遺孫晧書》："三江五湖浩汗無涯，假氣遊魂，迄兹四紀。"②又《文苑傳·成公綏》錄《天地賦》："川瀆浩汗而分流，山嶽磊落而羅峙。"③浩汗者，水廣大貌。《尚書》諸本及歷代引用未見有作"浩汗"者，此"浩汗"當即"浩浩滔天"之"浩浩"，"浩浩"者，水盛大也。

【11】卷27《妙法蓮花經》序品"族姓"條："《尚書》：'方命圮族。'"（57/967 上）又譬喻品"圮"條："《虞書》：'方命圮族。'"（57/972 上）

《堯典》："帝曰：'吁，咈哉！方命圮族。'"

【12】卷93《續高僧傳》第十二卷"庂陋"條："《書》曰：'明明揚庂陋。'"（59/211 下）

《堯典》："明明揚側陋。"孔傳："堯知子不肖，有禪位之志，故明舉明人在側陋者。廣求賢也。"

案：卷91《續高僧傳》第四卷"庂陋"條："孔注《尚書》云：'明人在庂陋者，廣求賢也。'"（59/191 下）傳文作"庂"者，明經文亦作"庂"也。"庂"者，"仄"之後起增筆字。段玉裁云："《文選》沈休文《宋書恩倖傳論》'明敭幽仄'，李注引《尚書》'明明敭仄陋'。李時《尚書》作'敭仄'，假令同今本作'揚側'，則李作注之例必引書而申之，曰：'敭，古揚字，仄同側。'用此知衛包改'敭'作'揚'，'仄'作'側'。李昉等又删《釋文》'敭仄'字音釋也。師古注《漢書》云：'仄，古側字。'此衛包所由改'仄'爲'側'也。"④

————————

　　①　劉文典《淮南鴻烈集解》，馮逸、喬華點校，北京，中華書局1980年5月，上册45頁。
　　②　［唐］房玄齡等《晉書》，北京，中華書局1974年11月，第5册1540頁。
　　③　《晉書》，第8册2372頁。
　　④　［清］段玉裁《古文尚書撰異》，四部要籍注疏叢刊本《尚書》，北京，中華書局1998年8月，中册第1789頁。

　　段玉裁謂《古文尚書》作"仄"，蔡根祥先生即贊成其説。① 然段謂此字衛包所改，則未必然。BD14681《尚書》寫卷即作"側"，而此卷並非衛包改字後的今字本，而是隸古定本《尚書》。② "班固《漢書》用小夏侯本作'仄'，而漢碑多作側，蔡邕丹書石經，用小夏侯本，是小夏侯本亦作'側'，是'仄''側'漢時已通用"③，漢時仄、側二字並用，陸德明《經典釋文》云："仄，字又作庂，古側字。"④傳抄者據《釋文》改"仄"爲"側"，亦平常之事，非必要據師古《漢書注》而改也，亦不必待衛包方始改此字也。

　　【13】卷41《大乘理趣六波羅蜜多經》卷第三"鰥寡"條："《尚書》云：'有鰥在下。'"（58/220下）

　　《堯典》："有鰥在下，曰虞舜。"

　　案：《説文》有"鰥"無"鰥"，"鰥"爲後起别體。

　　【14】卷30《寶雨經》第一卷"頑嚚"條："《尚書》云'舜，父頑，母嚚，象慠'是也。"（57/1038下）

　　《堯典》："瞽子，父頑，母嚚，象傲。"

　　案：卷4"據慠"條："孔注《尚書》云：'慠，慢也。'"（57/460下）其所據經文亦作"慠"。又卷60《根本説一切有部毗奈耶律》第七卷"傲慢"條："上遨到反，孔注《尚書》云：'慢也。'"（58/662上）卷92"倨傲"條："孔注《尚書》云：'傲，慢也。'"（59/208下）其所據經文當是作"傲"，與刊本同。《説文·人部》："傲，倨也。"⑤無"慠"字，"慠"爲"傲"之後起别體。

　　【15】卷9《放光般若經》第六卷"諧耦"條："《尚書》：'克諧以

　　① 蔡根祥《〈後漢書〉引〈尚書〉考辨》，臺北，花木蘭文化出版社2007年3月，第62頁。

　　② 許建平《北敦14681號〈尚書〉殘卷的抄寫時代及其版本來源》，《敦煌學輯刊》2002年第2期，第37頁。

　　③ 《〈後漢書〉引〈尚書〉考辨》，第62頁。

　　④ 據敦煌寫卷P.3315《尚書釋文》。

　　⑤ 《説文解字》，第163頁。

孝。'"①(57/560 上)

《堯典》:"克諧以孝,烝烝乂,不格姦。"

【16】卷 33《六度集經》第二卷"德徽"條引《尚書》:"昚徽五典。"②(58/54 上)

《舜典》:"慎徽五典,五典克從。"

案:《經典釋文·序録》云:"乃取王肅注《堯典》從'昚徽五典'以下分爲《舜典篇》以續之。"③P. 3315《尚書釋文》云:"昚,古慎字。"《玉篇·目部》:"昚,古文慎。"④是作"昚"者爲隸古定字。

又卷 16《幻士仁賢經》"普徽"條引《尚書》:"慎徽五典。"(57/722 下)《幻士仁賢經》亦慧琳轉録《玄應音義》。高麗藏本、磧砂藏本及日本七寺藏《玄應音義》均作"昚徽五典"⑤,則此條作"慎"者,蓋慧琳所改也。

【17】卷 86《辯正論》第六卷"璇璣"條:"《尚書》云'在璇璣玉衡,以齊七政'是也。"(59/111 下)

《舜典》:"在璿璣玉衡,以齊七政。"

案:《説文·玉部》:"璿,美玉也,从玉睿聲。《春秋傳》曰'璿弁玉纓'。璃,瓊或从㷎;瑢,瓊或从雟;琁,瓊或从旋省。"⑥席世昌云:"'瓊'與'琁'古書多不通,疑是兩字。攷《玉篇》'璇,似宣切,美石次玉,亦作琁'。而上文'瓊'字重文只有'璃'、'瑢'二字,是《説文》'琁'字上當脱去'璇'字正字,而'琁'字注中徐氏誤增一'瓊'字,遂以'琁'爲亦瓊字之重文也。當照《玉篇》補'璇'字以正

---

①　《放光般若經》收在《玄應音義》卷三,此慧琳轉録。
②　《六度集經》收在《玄應音義》卷二十,此慧琳轉録。
③　[唐]陸德明《經典釋文》,上海,上海古籍出版社 1985 年 10 月,上册第 31 頁。下凡引《經典釋文》均簡稱《釋文》。
④　《宋本玉篇》,第 88 頁。
⑤　所引七寺藏、金剛寺藏《玄應音義》等皆據《玄應一切經音義二十五卷》,《古寫經善本叢刊》第一輯,國際佛教學大學院編,2006 年 3 月。
⑥　《説文解字》,第 10 頁。

之。"①沈濤云："歷考經傳,皆'璇'與'璿'通。李善《文選注》引《説文》曰:'璿亦璿字。'則知許書'璇'字乃'璿'字之重文,今二徐誤以爲'瓊'之重文,遂與《書傳》不合。觀崇賢所引,則知唐《説文》本尚不誤也。"②席、沈二氏皆認爲徐鉉以"琁"爲"瓊"之重文爲誤,《説文》應是以"琁"爲"璿"之重文③。雷濬云:"《説文・玉部》無'璇'字,'琁'爲'瓊'之重文,注云'瓊或從旋省',據此則'璇'者'琁'之不省者也。"④《魏受禪表》有"上在璿機"句⑤,皮錫瑞云:"此亦引《古文尚書》也,《今文尚書》以旋機爲北極,伏生《大傳》明言之曰:'旋者,還也。機者,幾也。'依伏傳義,旋機不當從玉旁,後人因馬鄭古文説以璇璣玉衡爲渾天儀,云以美玉爲之,其字從玉,遂改《史記》等書旋機字亦從玉旁,於是兩漢古書旋、琁、璇、璿、機、璣字參錯不一,然其字皆淺人所改。此係石刻,非後人改之。蓋當魏初,馬鄭古文已行之後,故'旋'字作'璿',而'機'字猶不從玉。"⑥P.3315《尚書釋文》云:"璿,古璿字,音旋,美玉也。"是隸古定《尚書》與漢時《古文尚書》同也,唯據《説文》改"璿"爲隸古字也。

　　《後漢書・李固傳》"琁機不平"李賢注:"《書》:'琁機玉衡以齊七政。'孔安國注曰:'琁,美玉也。機,衡也。'"⑦又《孝安帝紀》"莫不據琁機玉衡,以齊七政"李賢注:"孔安國《尚書注》曰:'琁,美玉也。以琁爲機,以玉爲衡,王者正天文之器也。'"⑧《晉書・天文志

　　①　[清]席世昌《席氏讀説文記》,《續修四庫全書》第223册,上海,上海古籍出版社1995年,第8頁。
　　②　[清]沈濤《交翠軒筆記》卷三,《清人考訂筆記(七種)》,北京,中華書局2004年1月,第466頁。
　　③　沈濤認爲"許書璇字乃璿字之重文",應是誤讀大徐本"琁,瓊或從旋省"句。
　　④　《説文外編》,第340頁。
　　⑤　[宋]洪适《隸釋》,北京,中華書局1985年11月,第189頁。
　　⑥　[清]皮錫瑞《漢碑引經考》,《石刻史料新編》,臺北,臺灣新文豐出版公司1982年,第1輯第27册20495頁。
　　⑦　[南朝宋]范曄撰,[唐]李賢注《後漢書》,北京,中華書局1965年5月,第8册第2085頁。
　　⑧　《後漢書》,第1册第210頁。

上》:"《虞書》曰:'在琔璣玉衡,以齊七政。'"①是唐初史臣及李賢
所見《古文尚書》作"琔"也,《慧琳音義》所據本作"璇"也。此《古文
尚書》傳本之異者。

《慧琳音義》卷 87《甄正論》卷中"璿璣"條:"《虞書》云:'在璿
璣玉衡,以齊七政。'"(59/125 下)又卷 96《弘明集》第十四卷"璿
璣"條:"《尚書》云:'璿璣玉衡,以齊七政。'"(59/271 上)皆作
"璿",與刊本同。

【18】卷 95《弘明集》第一卷"瀛岱"條:"《尚書》'二月東巡狩,
至于岱宗'是也。"(59/243 下)

《舜典》:"歲二月,東巡守,至于岱宗,柴。"

案:作"狩"爲長,説詳拙文《BD14681〈尚書〉殘卷考辨》。②

【19】卷 84《古今譯經圖記》第一卷"角試"條:"《虞書》曰:'明
試以功。'"(59/67 下)

《舜典》:"敷奏以言,明試以功,車服以庸。"

【20】卷 32《藥師瑠璃光如來本願功德經》"鞭撻"條:"《尚書》:
'鞭作官刑。'"(58/28 下)卷 41《六波羅蜜多經》卷第五"財贖"條:
"《尚書》云:'金作贖刑。'"(58/225 上)卷 65《五百問事經》"購贖"
條:"《尚書》:'金作贖刑。'"(58/767 下)

《舜典》:"流宥五刑,鞭作官刑,扑作教刑,金作贖刑。"

【21】卷 6《大般若波羅蜜多經》第四百八十七卷"濟恤"條:
"《尚書》云:'惟刑之恤。'"(57/501 下)

《舜典》:"欽哉,欽哉,惟刑之恤哉!"

【22】卷 10《仁王般若經》卷下"凶喪"條:"《尚書》曰:'百姓如
喪考妣。'"(57/586 上)

《舜典》:"二十有八載,帝乃殂落。百姓如喪考妣。"

【23】卷 28《維摩詰所説經》卷上"稽首"條:"《書》云'禹拜稽

---

①　《晉書》,第 2 册第 284 頁。

②　許建平《BD14681〈尚書〉殘卷考辨》,項楚、鄭阿財主編《新世紀敦煌
學論集》,成都,巴蜀書社 2003 年 3 月,第 81—82 頁。

首'是也。"①(57/1003 下)

《舜典》:"禹拜稽首,讓于稷、契暨皋陶。"

【24】卷 86《辯正論》卷第六"皋繇"條:"孔注《尚書》云:'皋繇,舜帝臣也。'……《尚書》作'咎',古字也。'繇'字作'陶',音洮,古人借用也。"(59/105 上)

《舜典》:"禹拜稽首,讓于稷、契暨皋陶。"

案:據慧琳之注,似其所見《尚書》經文作"咎陶",孔氏傳文作"皋繇"。段玉裁云:"攷自來《古文尚書》有作'皋陶'者,有作'咎繇'者,是以顏注《漢書》引《尚書》皆作'咎繇',李注《文選》則皆作'皋陶'。要之,衡以古音,則皋陶二字古在尤幽,《説文》引《虞書》作'咎繇',則壁中元本也。"②段氏謂李注《文選》皆作"皋陶",不知所據何本?中華書局影印胡刻本《文選》多作"咎繇",如卷 11 何晏《景福殿賦》"庶事既康,天秩孔明"李善注:"《尚書》咎繇曰:'庶事康哉。'"卷 15 張衡《思玄賦》"咎繇邁而種德兮,樹德懋于英六"李注:"《尚書》禹曰:'咎繇邁種德。'"卷 47 陸機《漢高祖功臣頌》"拔奇夷難,邁德振民"李注:"《尚書》曰:'咎繇邁種德。'"③敦煌《尚書》寫卷"皋陶"皆作"咎繇"(P. 2549、P. 3315、P. 3605、S. 574、BD14681),作"皋陶"者,皆後人所改。傳世文獻亦仍有作"咎繇"者,如《後漢書·梁統列傳》"爰制百姓于刑之衷"李賢注:"《尚書·呂刑》云:'士制百姓于刑之中。'孔安國注云:'咎繇作士,制百官于刑之中。'"④《晉書·劉寔傳》:"昔舜以禹爲司空,禹拜稽首,讓于稷契及咎繇。使益爲虞官,讓于朱虎、熊、羆。使伯夷典三禮,讓于夔龍。"⑤皆改而未盡者。慧琳注所引《尚書》經文作"咎陶",傳文作"皋繇",是又傳寫之淆亂者。

---

① 《維摩詰所説經》收在《玄應音義》卷八,此慧琳轉錄。

② 《古文尚書撰異》,中册第 1811 頁。

③ [南朝梁]蕭統編,[唐]李善注《文選》,北京,中華書局 1977 年 11 月,上册第 172、218 頁,下册第 663 頁。

④ 《後漢書》,第 5 册第 1168 頁。

⑤ 《晉書》,第 4 册第 1194 頁。

【25】卷 33《佛説決定總持經》"謙遜"條:"孔注《尚書》云:'遜,順也。'"(58/69 下)

《舜典》:"百姓不親,五品不遜。"孔傳:"遜,順也。"

案:《慧琳音義》所引孔傳作"愻",則其所據《尚書》經文亦作"愻"也。

段玉裁云:"《説文》十篇《心部》曰:'愻,順也。從心孫聲。'《唐書》曰:'五品不愻。'玉裁按:愻訓順,遜訓遁,今本古文作'遜',未審衛包所改,抑衛包已前已然。"[1]李惇云:"《説文》'愻'字下云:'順也,《唐書》五品不愻。'此古文也。後人並改作'遜',而經典中遂罕見'愻'字矣。"[2]馬宗霍云:

> 《説文·辵部》云:"遜,遁也。"義不爲順,則作"遜"爲叚借字。許引作"愻",《説文》正字也。……今書作"遜"者,惠棟以爲衛包所改,愚案敦煌唐寫本《尚書釋文》殘卷《舜典篇》"不遜"下云:"音遜,順也。"疑陸氏所據經文蓋作"不愻",與許同,故云"音遜"。若經文亦是"遜"字,則無煩作音矣。此寫本偶誤,可參稽而知者。然《正義》曰:"遜,順。常訓也。"則孔穎達所據本實是"遜"字,與陸德明本異。穎達知"遜"本不訓順,故曰"常訓",常訓蓋即通常之訓,與《洪範》"彝倫攸斁"下云"斁敗相傳訓"同例。惠氏以爲衛包所改,恐未然。今經典通用"遜"而"愻"微矣。[3]

案 BD14681《尚書》寫卷亦作"遜",亦可證作"遜"者非衛包所改。

---

① 《古文尚書撰異》,中册第 1813 頁。

② [清]李惇《群經識小》,《清經解》第 4 册,上海書店 1988 年 10 月,第 875 頁。

③ 《説文解字引經攷》,第 2 册第 2 卷第 11B—12B 頁。

【26】卷 40《毗沙門天王經》"開尃"條："孔注《尚書》：'尃，尃布也。'"①（58/201 上）卷 53《起世因本經》第十卷"牀尃"條："孔注《尚書》云：'尃，布也。'"（58/495 下）

《舜典》："汝作司徒，敬敷五敎，在寬。"孔傳："布五常之敎務在寬，所以得人心。"

案："敬敷五敎"之"敷"，日本古寫本內野本、足利本、影天正本作"尃"②，《書古文訓》作"尃"③。《説文・寸部》："尃，布也。"④王筠《句讀》云："尃，今字作尃，……經典皆作敷。"⑤方濬益《綴遺齋彝器款識考釋・克編鐘》："《説文》'尃，布也'，經傳作'敷'，爲古今字。"⑥朱珔《説文假借義證》："尃，隸變作尃。"⑦敦煌寫本"敷"字多作"尃"或"尃"，如《大禹謨》"帝乃誕敷文德"，S. 801 作"尃"；《禹貢》"禹敷土"，P. 3615 作"尃"；《盤庚下》"今予其敷心腹腎腸"，P. 2643 作"尃"。郭忠恕《汗簡》引《尚書》作"🔯"⑧，隸定即爲"尃"。

《慧琳音義》卷 55《得道梯隥錫杖經》"敷演"條："孔注《尚書》云：'敷，布也。'"（58/534 上）卷 64《四分僧羯磨》卷上"敷榮"條："孔注《尚書》：'敷，布也。'"（58/759 下）卷 74《佛本行讚傳》"敷鮮"條："孔注《尚書》：'敷，布也。'"（58/942 上）其所據《尚書》經文皆當作"敷"，與刊本同。

---

① 標題下標明玄應撰，而《玄應音義》中並無，《毗沙門天王經》有不空譯本，晚於玄應作《音義》，所以這應是慧琳據不空譯本所撰。説詳徐時儀《一切經音義三種校本合刊緒論》，第 146、154 頁。

② 本文所引日本古寫本岩崎本、九條本、內野本、足利本、影天正本、八行本等皆據《尚書文字合編》，顧頡剛、顧廷龍輯《尚書文字合編》，上海，上海古籍出版社 1996 年 1 月。

③ 本文所引《書古文訓》皆據《四庫全書存目叢書》經部第 49 冊所收清康熙十九年通志堂經解本。

④ 《説文解字》，第 67 頁。

⑤ ［清］王筠《説文解字句讀》，北京，中華書局 1988 年 7 月，第 106 頁。

⑥ 李圃主編《古文字詁林》第 3 冊，上海，上海教育出版社 2001 年 12 月，第 596 頁。

⑦ ［清］朱珔《説文假借義證》，合肥，黃山書社 1997 年 3 月，第 190 頁。

⑧ ［宋］郭忠恕《汗簡》，北京，中華書局 1983 年 12 月，第 7 頁。

【27】卷 75《雜寶藏經》第八卷"狡猾"條："《尚書》：'蠻夷猾夏。'"①(58/985 上) 卷 26《大般泥洹經》第二卷"羅寇"條："《尚書》：'寇賊姦宄。'"②(57/956 下) 卷 34《超日明三昧經》卷下"寇害"條："《尚書》：'寇賊姦宄。'"③(58/93 下) 卷 43《陁羅尼雜集》第二卷"寇賊"條："《尚書》：'寇賊奸宄。'"(58/258 上) 卷 73《甘露阿毗曇論》卷上"心寇"條引《尚書》："寇賊姦宄。"④(58/918 上)

《舜典》："皋陶，蠻夷猾夏，寇賊姦宄。汝作士，五刑有服，五服三就。"

案：《五經文字》卷下《女部》："姦，私也。俗作奸，訛。"⑤

【28】卷 55《義足經》卷下"俞曰"條引《尚書》："帝曰：'俞，往哉。'"⑥(58/546 上)

《舜典》："垂拜稽首，讓于殳斨暨伯與。帝曰：'俞，往哉！汝諧。'"

【29】卷 98《廣弘明集》卷第二十"秋龠"條："《尚書》云：'八音克諧，無相奪倫。'"(59/307 下)

《舜典》："八音克諧，無相奪倫，神人以和。"

【30】卷 52《中阿含經》第十四卷"手拊"條："《尚書》'擊石拊石'是也。"⑦(58/459 上) 卷 52《長阿含經》第二十二卷"拊匈"條："《尚書》'擊石拊石'是也。"⑧(58/456 下) 卷 56《佛本行集經》第五十一卷"拂塵"條："《尚書》'擊石拊石'是也。"(58/572 上)

---

① 《雜寶藏經》收在《玄應音義》卷十二，此慧琳轉錄。
② 《大般泥洹經》收在《玄應音義》卷七，此慧琳轉錄。
③ 《超日明三昧經》收在《玄應音義》卷五，此慧琳轉錄。
④ 《甘露阿毗曇論》收在《玄應音義》卷十八，題作《甘露味阿毗曇論》，此慧琳轉錄。
⑤ [唐]張參《五經文字》，鮑廷爵編《後知不足齋叢書初編》，清光緒十年(1884)刊本，下卷第 18B 頁。
⑥ 《義足經》收在《玄應音義》卷十二，此慧琳轉錄。
⑦ 《中阿含經》收在《玄應音義》卷十一，此慧琳轉錄。
⑧ 《長阿含經》收在《玄應音義》卷十二，此慧琳轉錄。高麗藏本、日本七寺一切經本《玄應音義》無"拊匈"條，磧砂藏本有。

《舜典》:"於! 予擊石拊石,百獸率舞。"

【31】卷 83《大唐慈恩寺三藏法師玄奘傳》第六卷"宸眷"條:"《尚書》:'皇天眷命。'"(59/56 上)卷 20《寶星陁羅尼經》序"捣頓"條:"《尚書》云:'捣有四海,爲天下君。'"(57/791 上)

《大禹謨》:"皇天眷命,奄有四海,爲天下君。"

案:《爾雅·釋器》"圜弇上謂之鬴"《釋文》:"弇,古奄字。"①商承祚云:"'弇'即'掩'之初字,……後復增手作'掩',今'掩'行而'弇'廢矣。"②葉玉森《鐵雲藏龜拾遺考釋》云:"許君訓'弇'爲蓋,'奄'爲覆,實則弇、奄一字,掩、掩竝爲今文。"③是奄、掩古今字也。

【32】卷 67《阿毗達磨識身足論》第十一卷"躭婬"條:"孔注《尚書》云:'婬,過也。'"(58/806 下)

《大禹謨》:"罔遊于逸,罔淫于樂。"孔傳:"淫,過也。"

案:《慧琳音義》引孔傳作"婬",則其所據《尚書》經文作"婬"也。《說文·女部》:"婬,私逸也。"又《水部》:"淫,侵淫隨理也。一曰久雨爲淫。"④郭慶藩《說文經字正誼》云:"《五經文字》云:'婬佚之婬,經典多作淫。'《書·大禹謨》'罔淫亏樂',《多士》'誕淫厥德',……竝當以'婬'爲正字。"⑤

【33】卷 3《大般若波羅蜜多經》第三百二十七卷"邪命"條:"《書》曰:'去衺勿疑。'"(57/446 下)

《大禹謨》:"任賢勿貳,去邪勿疑。"

案:《戰國策·趙策二》引《書》:"去邪無疑,任賢勿貳。"⑥惠棟

①　《經典釋文》,下册第 1634 頁。

②　商承祚《說文中之古文考》,上海,上海古籍出版社 1983 年 3 月,第 20 頁。

③　《古文字詁林》第 3 册,第 190 頁。

④　《說文解字》,第 264、231 頁。

⑤　丁福保《說文解字詁林》,北京,中華書局 1988 年 1 月,第 13 册第 12260 頁。

⑥　諸祖耿《戰國策集注彙考》,南京,江蘇古籍出版社 1985 年 7 月,第 2 册第 991 頁。

認爲《大禹謨》即襲取此文。①

《説文·邑部》:"邢,琅邪郡。"又《衣部》:"裹,褱也。"②"褱"即回邪之"回"。《五經文字》卷中《衣部》:"裹,經典多借'邪'字爲之。"③段玉裁於《説文》"衺"篆下云:"俗人乃以人之裹正作邪,物之裹正作衺。"④姦邪之"邪"本字爲"裹",内野本即作"裹",存古字也。

【34】卷 13《大寶積經》卷四十"疲倦"條:"孔注《尚書》云:'惓,懈也。'"(57/645 上)

《大禹謨》:"耄期倦于勤。"孔傳:"言己年老,厭倦萬機。汝不懈怠於位,稱總我衆,欲使攝。"

案:《説文·人部》:"倦,罷也。"⑤《説文》無"惓"字,《集韻·線韻》:"倦,或作惓。"⑥乃後起別體。《慧琳音義》此條引孔傳作"惓",而詞目出"倦",蓋慧琳以惓、倦字同,故以作"惓"之例釋佛經"倦"字。卷 89《高僧傳》第二卷"忘倦"條:"孔注《尚書》云:'倦猶懈也。'"(59/152 下)卷 4《大般若波羅蜜多經》第三百九十八卷"疲倦"條:"孔注《尚書》:'倦,懈。'"(57/466 上)此兩條引孔傳爲"倦"字。是《慧琳音義》所據《尚書》經文有作"倦"者,亦有作"惓"者。

【35】卷 42《金剛頂瑜伽分別聖位修證法門序》"警覺"條:"孔注《尚書》云:'警,戒也。'"(58/238 下)卷 66《阿毗達磨法藴足論》第七卷"警覺"條:"孔注《尚書》云:'警,戒也。'"(58/792 上)卷 68《阿毗達磨大毗婆沙論》第二卷"警覺"條:"孔注《尚書》:'警,戒也。'"(58/819 下)卷 85《辯正論》卷第二"幾警"條:"孔注《尚書》

①　[清]惠棟《古文尚書考》,《清經解》第 2 册,上海書店 1988 年 10 月,第 706 頁。

②　《説文解字》,第 135、172 頁。

③　《五經文字》,中卷第 19B 頁。

④　[清]段玉裁《説文解字注》,上海,上海古籍出版社 1981 年 10 月,第 718 頁。

⑤　《説文解字》,第 167 頁。

⑥　[宋]丁度等《集韻》,上海,上海古籍出版社 1985 年 5 月,上册 576 頁。

云：‘警，戒也。’”(59/93 下)

《大禹謨》：“降水儆予。”孔傳：“儆，戒也。”

案：《孟子·滕文公下》引《書》曰：“洚水警余。”①惠棟認爲《大禹謨》即襲取此文。②《原本玉篇殘卷·言部》：“《尚書》：‘洚水警予。’孔安國曰：‘警，戒也。’”③亦作“警”，與《孟子》同。顧野王所引者僞古文也，僞古文與先秦孟子所見本《尚書》同。今《慧琳音義》四處引用僞孔傳“警”字，明其所見《尚書》經文亦作“警”也。許錟輝《先秦典籍引尚書考》云：“警，僞孔改作儆。”④據《慧琳音義》所引知僞孔亦作“警”，作“儆”者後人所改也。又《慧琳音義》卷 39《不空羂索經》第二十六卷“儆策”條：“孔注《尚書》云：‘儆，戒也。’”(58/178 下)與刊本同，則其所據者亦有作“儆”之本也。

【36】卷 94《續高僧傳》第二十卷“譽負”條：“孔注《尚書》云：‘譽，過也。’字書正作‘愆’。”(59/230 上)卷 96《弘明集》第十卷“招僭”條：“孔注《尚書》云：‘僭，過也。’……《説文》云：此籀文，僭字正作愆。”(59/264 下)

《大禹謨》：“帝德罔愆，臨下以簡，御衆以寬。”孔傳：“愆，過也。”

案：《説文·心部》：“愆，過也。𠎢，籀文。”⑤“𠎢”隸定則爲“僭”。“僭”當是“譽”之訛省。《牧誓》“今日之事，不愆于六步、七步”，S. 799“愆”亦寫作“僭”。《龍龕手鏡·言部》：“譽，古文，音愆，過也。”⑥“愆”爲“愆”之俗字⑦，“譽”應是“譽”之譌體，《蔡仲之

①　［東漢］趙岐注，［宋］孫奭疏《孟子注疏》，阮元編《十三經注疏》，北京，中華書局 1980 年 10 月，下册 2714 頁。

②　《古文尚書考》，《清經解》第 2 册，第 706 頁。

③　《原本玉篇殘卷》，第 3 頁。

④　許錟輝《先秦典籍引尚書考》，臺灣師範大學 1970 年博士論文，第 144B 頁。

⑤　《説文解字》，第 221 頁。

⑥　［遼］釋行均《龍龕手鏡》，北京，中華書局 1985 年 5 月，第 41 頁。

⑦　《宋本玉篇》，第 159 頁。

命》“爾尚蓋前人之愆，惟忠惟孝”，S. 2074“愆”寫作“諐”；《無逸》“時人丕則有愆”，P. 3767“愆”亦寫作“諐”。作“諐”者隸古定《尚書》原字也。《原本玉篇殘卷·言部》“諐”下字云：“《尚書》：‘帝德罔諐。’孔安國曰：‘諐，過也。’”①“諐”亦“諐”之訛變也。

又《慧琳音義》卷 41《大乘理趣六波羅蜜多經》第一卷“罪愆”條：“孔注《尚書》云：‘愆，過也。’”（58/212 上）卷 41《大乘理趣六波羅蜜多經》第四卷“斯愆”條：“孔注《尚書》：‘愆，過也。’”（58/222 下）卷 44《心明經》“愆咎”條：“孔注《尚書》云：‘愆，過也。’”（58/290 下）卷 60《根本説一切有部毗奈耶律》第二十五卷“愆咎”條：“孔注《尚書》云：‘愆，過也。’”（58/672 上）卷 85《辯正論》第一卷“小愆”條：“孔注《尚書》云：‘愆，過也。’”（59/91 下）據其所引孔傳“愆”字，知《尚書》經文亦作“愆”也。

【37】卷 27《妙法蓮花經》方便品“矜高”條：“《尚書》云：‘汝惟弗矜，天下莫與汝争能。’”②（57/968 下）

《大禹謨》：“汝惟不矜，天下莫與汝爭能。汝惟不伐，天下莫與汝爭功。”

案：此條弗、不二字，古常混用。劉肅《大唐新語·匡贊》：“又曰：‘汝唯弗矜，天下莫與汝争功。’”③亦作“弗”，與窺基所引同。《玉篇·人部》“伐”字下引《尚書》：“汝惟弗伐。”④下句作“弗”，則其所據本上句“汝惟不矜”之“不”當亦作“弗”。

【38】卷 31《新翻密嚴經》序“弑訛”條：“孔注《尚書》云：‘弑，況也。’……今作㓝，俗字。”（58/11 下）

《大禹謨》：“至誠感神，矧兹有苗。”孔傳：“矧，況也。”

案：邵瑛《説文解字群經正字》“弑”字下云：“今經典作‘矧’，如

---

①　《原本玉篇殘卷》，第 10 頁。

②　《妙法蓮花經》乃慧琳轉録窺基《妙法蓮花經音義》。徐時儀以“天下”屬上讀（《一切經音義三種校本合刊》，第 974 頁），誤。

③　［唐］劉肅《大唐新語》，北京，中華書局 1984 年 6 月，第 5 頁。

④　《宋本玉篇》，第 53 頁。

《書·大禹謨》'矧兹有苗'……《説文》無'矧'字,正字當作'㹜'。
郭璞《方言注》云:'㹜,古矧字。'"①《慧琳音義》所引孔傳作"㹜",
知其所據經文亦作"㹜"也。《書古文訓》亦作"㹜"。

【39】卷 95《弘明集》第一卷"聖喆"條:"《尚書》云:'知人則
喆。'"(59/245 下)

《皋陶謨》:"知人則哲,能官人。"

案:《説文·口部》:"哲,知也,从口折聲。悊,哲或从心。嚞,
古文哲,从三吉。"②《説文》無"喆"字,《玉篇》始收入"喆"字,以爲
"哲"字異體。③ 商承祚云:"《詩·抑》'靡喆不愚',从二吉,與三吉
同義。古文複體之字,从二者或从三,从三者或从四。"④是"喆"爲
"哲"之古文"嚞"之省體。

《慧琳音義》卷 22《新譯大方廣佛華嚴經音義》第二十卷"聰
哲"條:"《書》曰:'知人則哲。'"⑤(57/836 上)卷 43《陁羅尼雜集》
第三卷"勇喆"條:"《尚書》:'知人則哲。'"(58/259 上)皆作"哲",
與刊本同。

【40】卷 11《大寶積經》序"恒佚"條:"孔安國注《尚書》云:'佚,
豫也。'"(57/603 下)

《皋陶謨》:"無教逸欲有邦。"孔傳:"不爲逸豫貪欲之教,是有
國者之常。"

案:敦煌寫卷 P.2494《楚辭音》"佚"字條:"《書》曰'無教佚欲
有邦',孔安國曰:'佚,豫也。'"《玉篇·人部》"佚"字下云:"《書》
曰:'無教佚欲有邦。'佚,豫也。"⑥則《慧琳音義》所引即"無教逸欲
有邦"句之孔傳也。

---

① ［清］邵瑛《説文解字群經正字》,《續修四庫全書》第 221 册,上海,上
海古籍出版社 1995 年,第 147 頁。
② 《説文解字》,第 32 頁。
③ 《宋本玉篇》,第 97 頁。
④ 《説文中之古文考》,第 10 頁。
⑤ 《新譯大方廣佛華嚴經音義》乃慧琳轉録慧苑之作。
⑥ 《宋本玉篇》,第 54 頁。

《漢書·王嘉傳》引王嘉所上封事：“臣聞咎繇戒帝曰：‘亡敖佚欲有國，兢兢業業，一日二日萬機。’”①繆祐孫云：“《史記》‘無逸’作‘無佚’，《漢石經》‘逸’字皆作‘佚’。”②慧琳所見本僞孔《尚書》作“佚”，與《漢石經》同。或以作“逸”者爲古文，作“佚”者爲今文③，誤也。

【41】卷75《修行道地經》第一卷“機微”條：“孔注《尚書》云：‘機亦微也。’今字書多不從木，單作幾也。”（58/969上）卷83《大唐慈恩寺三藏法師玄奘傳》序“逗機”條：“孔注《尚書》：‘微也。’”（59/43上）

《皋陶謨》：“兢兢業業，一日二日萬幾。”孔傳：“幾，微也。”

案：《説文·幺部》：“幾，微也。”又《木部》：“機，主發謂之機。”④作“機”者“幾”之借字。《藝文類聚》卷23《人部七·鑒誡》引《書》曰：“兢兢業業，一日二日萬機。”⑤《後漢書·崔駰列傳》錄崔篆《慰志賦》“睹嫚藏而乘釁兮，竊神器之萬機”李賢注引《尚書》：“兢兢業業，一日二日萬機。”⑥皆作“機”，與《慧琳音義》所引同。

又《慧琳音義》卷85《辯正論》第二卷“幾警”條：“孔注《尚書》云：‘微也。’”（59/93下）則其所據本《尚書》作“幾”也，與刊本同。

【42】卷1《大般若波羅蜜多經》第四十七卷“壙野”條：“孔注《尚書》：‘壙，空也。’”（57/419上）

《皋陶謨》：“無曠庶官，天工人其代之。”孔傳：“曠，空也。”

案：《説文·日部》“曠，明也”段注：“廣大之明也，會意兼形聲

①　[漢]班固撰，[唐]顏師古注《漢書》，北京，中華書局1962年6月，第11冊第3494頁。
②　[清]繆祐孫《漢書引經異文錄證》，光緒十一年（1885）刊本，第6卷第17A頁。
③　《〈尚書·虞夏書〉新解》，第215頁。
④　《説文解字》，第84、123頁。
⑤　[唐]歐陽詢《藝文類聚》，汪紹楹校，上海，上海古籍出版社1982年1月新1版，上冊第413頁。
⑥　《後漢書》，第6冊第1707頁。

字也。引伸爲虚空之偁。"①《説文・土部》："壙,塹穴也。"②"壙"爲"曠"之借字。

《慧琳音義》卷19《大集須彌藏經》上卷"險壙"條："孔注《尚書》云:'曠,空也。'"(57/773下)卷67《阿毗達磨品類足論》第一卷"寬曠"條："孔注《尚書》云:'曠,空也。'"(58/808下)這兩條所據《尚書》經文當是作"曠",與刊本同。

【43】卷48《瑜伽師地論》第四卷"繪車"條："《尚書》:'山龍華蟲曰繪。'"③(58/374下)

《益稷》："予欲觀古人之象,日、月、星辰、山、龍、華蟲,作會。"孔傳："會,五采也,以五采成此畫焉。"

案:卷13《大寶積經》第四十四卷"綺繪"條："孔注《尚書》云:'繪,五采也。'"(57/651上)卷15《大寶積經》第一百一十九卷"繪以"條："孔注《尚書》云:'會畫以五彩曰繪。'"(57/706上)卷33《佛説大乘造像功德經》下卷"繪飾"條："孔注《尚書》云:'繪者,會五綵繡也。'"(58/52上)卷87《破邪論》上卷"飾繪"條："孔注《尚書》云:'繪,五采也。'"(59/118上)卷97《廣弘明集》卷一"繪飾"條："孔注《尚書》云:'繪,會五彩色也。'"(59/275下)以上五條所引孔傳皆作"繪",是其所據經文亦作"繪"也。

《説文・糸部》："繪,會五采繡也。《虞書》曰:'山、龍、華蟲,作繪。'"④《釋文》出"會"字,云:"馬、鄭作繪。"⑤馬宗霍《説文解字引經考》"繪"字下云:"《正義》引鄭玄云:'會讀爲繪。'則鄭所據本作'會',讀爲主於易字。故陸氏以爲鄭亦作'繪'也。會本訓合,本經此文不取合義,則作'會'爲叚借字。古文正字當作'繪',故馬鄭皆與許同。"⑥鄭玄注本作"會",是古文《尚書》也;許慎所引作"繪",

---

①　《説文解字注》,第303頁。

②　《説文解字》,第288頁。

③　《瑜伽師地論》收在《玄應音義》卷二十二,此慧琳轉錄。

④　《説文解字》,第273頁。

⑤　《經典釋文》,上册第152頁。

⑥　《説文解字引經攷》,第2册第2卷第25A頁。

當爲今文《尚書》。日本古寫本内野本、足利本、影天正本、八行本皆作“岜”，“會”之隸古字也。《釋文》之“會”，宋人所改training也，本亦當作“岜”。《初學記》卷 27《寶器部》引《尚書》曰：“予欲觀古人之象，日、月、星辰，山、龍、華蟲，作繪。”①《舊唐書·輿服志》録楊炯奏議：“謹按《虞書》曰：‘予欲觀古人之象，日、月、星辰、山、龍、華蟲作繪，宗彝、藻、火、粉米、黼、黻絺繡。’”②徐堅、楊炯所見《尚書》爲僞孔本，其作“繪”者，蓋據《説文》改也。

至於《玄應音義》所引“曰繪”之“曰”，當是誤改。

【44】卷 20《寶星陁羅尼經》第四卷“繒綵”條：“《尚書》云：‘以五綵彰施于五色。’”（57/796 下）卷 21《新譯大方廣佛華嚴經音義》第一卷“彩雲”條：“《尚書》云：‘以五彩彰施於五色。’”③（57/813 下）

《益稷》：“以五采彰施于五色，作服，汝明。”

案：《説文》有“采”無“彩”、“綵”，鄭珍《説文新附考》：“經史皆作‘采’，後加作綵，又仿乿字加彡，更晚出。”④《原本玉篇殘卷·糸部》“綵”字下引《尚書》：“以五采彰施于五色。”⑤與刊本同，存本字。

【45】卷 56《佛本行集經》第十卷“呱然”條：“《尚書》‘啓呱呱而泣’是也。”⑥（58/559 下）

《益稷》：“啓呱呱而泣，予弗子，惟荒度土功。”

【46】卷 51《手杖論》“强逼”條：“孔注《尚書》：‘逼，迫也。’”

①　[唐]徐堅《初學記》，北京，中華書局 2004 年 2 月第 2 版，下册第 656 頁。
②　[後晉]劉昫《舊唐書》，北京，中華書局 1975 年 5 月，第 6 册第 1947 頁。
③　《新譯大方廣佛華嚴經音義》乃慧琳轉録慧苑之作。
④　[清]鄭珍《説文新附考》，《續修四庫全書》第 223 册，第 307 頁。
⑤　《原本玉篇殘卷》，第 177 頁。
⑥　《佛本行集經》在《玄應音義》第十九卷，此慧琳轉録。高麗藏本、磧砂藏本《玄應音義》作“啓呱呱泣”，無“而”字。

（58/449 上）

《益稷》：“外薄四海，咸建五長。”孔傳：“薄，迫也。”

案：刊本《尚書》無“逼”字，孔傳釋爲“迫”義者唯兩處，一在《益稷》，一在《酒誥》（“矧惟若疇圻父，薄違農父”孔傳：“況能迫廻萬民之司徒乎”），皆以“迫”釋“薄”。《釋名·釋言語》：“薄，迫也，單薄相偪迫也。”王先謙曰：“輕少之‘薄’與偪近之‘薄’本二義，此通爲一。”①《爾雅·釋言》：“逼，迫也。”②薄、逼不僅同義，而且又是同源字③。慧琳引孔傳作“逼”，則其所據本《尚書》經文作“逼”也。

【47】卷 75《修行道地經》第四卷“九韶”條：“《尚書》‘蕭韶九成’是也。”（58/968 下）

《益稷》：“簫韶九成，鳳凰來儀。”

案：《修行道地經》在《玄應音義》第十二卷，此慧琳轉錄。獅谷本《慧琳音義》、高麗藏本《玄應音義》“蕭”作“簫”。《説文·竹部》：“簫，參差管樂，象鳳之翼。”又《艸部》：“蕭，艾蒿也。”④孔穎達《尚書正義》云：“簫乃樂器，非樂名，簫是樂器之小者。”⑤故當從“竹”而不當從“艸”，所以作“艸”者，因竹、艸偏旁古多混用故也。

【48】卷 41《大乘理趣六波羅蜜多經》第三卷“三股”條：“《書》曰‘君爲元首，臣作股肱’，左右輔也。”（58/216 下）

《益稷》：“股肱喜哉！元首起哉！百工熙哉！”孔傳：“元首，君也。股肱之臣喜樂盡忠，君之治功乃起，百官之業乃廣。”

案：此所引《書》内容，乃綜合經文與孔傳而言也。

---

① ［清］王先謙《釋名疏證補》，上海，上海古籍出版社 1984 年 3 月，第 173 頁。

② ［晉］郭璞注，［宋］邢昺疏《爾雅注疏》，阮元編《十三經注疏》，北京，中華書局 1980 年 10 月，下册第 2585 頁。

③ 王力《同源字典》，北京，商务印書館 1982 年 10 月，第 264 頁。《説文》無“逼”字，其本字當爲“畐”（《章太炎説文解字授課筆記》，北京，中華書局 2008 年 12 月，“部首”第 3 頁）。

④ 《説文解字》，第 98、20 頁。

⑤ 僞孔安國傳，［唐］孔穎達正義《尚書正義》，阮元編《十三經注疏》，北京，中華書局 1980 年 10 月，上册第 144 頁。

【49】卷 71《阿毗達磨順正理論》第十九卷"屢辯"條："《尚書》：'屢省乃成。'"①(58/883 下)

《益稷》："屢省乃成，欽哉！"

【50】卷 19《大集譬喻王經》上卷"嬾憜"條："孔注《尚書》：'憜，懈怠也。'"(57/784 上)卷 24《莊嚴菩提心經》"嬾憜"條："下徒臥反……孔注尚書：'亦懈怠也。'"(57/888 下)

《益稷》："元首叢脞哉，股肱惰哉，萬事墮哉！"孔傳："君如此，則臣懈惰，萬事墮廢，其功不成。"

案：刊本《尚書》無"憜"字，《說文·心部》："憜，不敬也。惰，憜或省自。"②是"憜"爲"惰"之別體。《尚書》"惰"字兩出，一在《益稷》"股肱惰哉，萬事墮哉"，一在《盤庚上》"惰農自安，不昏作勞"。《慧琳音義》卷 94《續高僧傳》第二十九卷"惰瘝"條："孔注《尚書》云：'惰，猶懈怠也。'"(59/241 上)與刊本《尚書》同，亦作"惰"也。《益稷》孔傳曰"則臣懈惰"，是以"懈惰"釋"惰"；《盤庚上》孔傳曰"如怠惰之農"，則以"怠惰"釋"惰"。《說文·心部》："懈，怠也。"③懈、怠同義，懈惰即怠惰也。

【51】卷 42《大佛頂經》"陸殄"條："孔注《尚書》云：陸，廢也。……經作隳，俗用字也。"(58/242)

《益稷》："元首叢脞哉，股肱惰哉，萬事墮哉！"孔傳："君如此，則臣懈惰，萬事墮廢，其功不成。"

案：《說文》"陸"字下段注："'隓'爲篆文，則'陸'爲古籀可知也。……小篆'陸'作'隓'，隸變作'墮'，俗作'隳'。用'墮'爲崩落之義，用'隳'爲傾壞之義，習非成是，積習難反也。《虞書》曰'萬事墮哉'，'墮'本敗城自之偁，故其字从自。"④慧琳所據本《尚書》作"陸"，從古字也。《慧琳音義》卷 94《續高僧傳》第十九卷"隳壞"

---

① 《阿毗達磨順正理論》收在《玄應音義》卷二十五，此慧琳轉録。
② 《說文解字》，第 220 頁。
③ 《說文解字》，第 220 頁。
④ 《說文解字注》，第 733 頁。

條:"孔注《尚書》云:'隳,廢也。'"(59/228 上)慧琳所據別本《尚書》作"隳",從俗字也。P. 3605＋P. 3615《尚書》寫卷亦作"隳",與慧琳所據之別本同。

【52】卷 27《妙法蓮花經》方便品"鉛錫"條:"《尚書》:'青州貢鉛。'"(57/969 上)卷 35《蘇悉地羯囉供養法》下卷"鉛錫"條:"《尚書·禹貢》:'青州所貢。'"(58/113 下)

《禹貢》:"海、岱惟青州。……厥貢鹽、絺,海物惟錯。岱畎絲、枲、鈆、松、怪石。"

案:此節略《禹貢》之文也。《宋本玉篇·金部》:"鉛,亦作鈆。"①"鈆"爲"鉛"之後起別體。

【53】卷 55《太子本起瑞應經》上卷"和埴"條:"《尚書》:'厥土赤埴墳。'"②(58/538 上)卷 58《五分律》第一卷"和埴"條:"《尚書》云:'厥土赤埴墳。'"③(58/623 上)

《禹貢》:"厥土赤埴墳,草木漸包。"

【54】卷 81《集神州三寶感通傳》下卷"磬聲"條:"《尚書》云:'泗濱浮磬。'"(59/7 下)卷 99《廣弘明集》第二十九卷"浮磬"條:"《尚書》云:'泗濱浮磬。'"(59/321 上)

《禹貢》:"泗濱浮磬,淮夷蠙珠暨魚。"

【55】卷 54《梵摩喻經》"如砥"條:"《尚書》:'礪砥砮石。'"④(58/509 下)

《禹貢》:"厥貢羽、毛、齒、革,惟金三品,杶、榦、栝、柏,礪、砥、砮、丹。"

案:"石"應是"丹"之誤。

---

① 《宋本玉篇》,第 329 頁。
② 《太子本起瑞應經》收在《玄應音義》卷十三,此慧琳轉錄。"和埴"條高麗藏本《玄應音義》無此句,磧砂藏本有。
③ 《五分律》收在《玄應音義》卷十五,此慧琳轉錄。
④ 《梵摩喻經》收在《玄應音義》卷十三,此慧琳轉錄。高麗藏本《玄應音義》"如砥"條未引《尚書》文,日本金剛寺藏、七寺藏本、西方寺藏本均同高麗藏本;磧砂藏本有此條引文。

【56】卷 11《大寶積經》第二卷“谿澗”條：“《尚書》曰：‘伊、洛、澗、澗既入於河。’”（57/607 下）

《禹貢》：“伊、洛、瀍、澗既入于河。”

案：《字彙補·水部》：“澗，瀍之譌。”①“澗”字其實可看作“瀍”之省筆字，此句之孔傳“瀍出河南北山”，P. 5522《尚書》寫卷“瀍”即寫作“澗”。“於”、“于”二字古多通用。

【57】卷 2《大般若波羅蜜多經》第一百八十一卷“沈溺”條：“《書》曰：‘道弱水，西流至合黎。’”（57/437 下）

《禹貢》：“導弱水，至于合黎，餘波入于流沙。”孔傳：“弱水餘波西溢入流沙。”

案：此蓋據孔傳之意而改。

【58】卷 10《勝天王般若經》後序“彭匯”條：“《尚書》：‘東匯澤爲彭蠡。’”（57/582 上）

《禹貢》：“南入于江。東匯澤爲彭蠡。”

案：《勝天王般若經》收在《玄應音義》卷三，此慧琳轉録。高麗藏本《玄應音義》“蠡”作“蠡”。《集韻·薺韻》：“蠡，蟲齧木中也。或省。”②《集韻》所謂“或省”者，省一“虫”也。“蠡”變而爲“蠡”，“蠡”又變爲“蠡”也。《説文·蚰部》有“蠡”字③，“蠡”則“蠡”之變體。

【59】卷 85《辯正論》第三卷“江沱”條：“《尚書》曰：‘岷山導江，東別爲沱。’”（59/95 上）

《禹貢》：“岷山導江，東別爲沱；又東至于澧，過九江，至于東陵。”

【60】卷 46《大智度論》第十八卷“盪滌”條：“《尚書》：‘九川滌源。’”（58/329 上）

《禹貢》:"九山刊旅,九川滌源,九澤既陂。"

　　案:《大智度論》收在《玄應音義》卷第九,此慧琳轉録。高麗藏本《玄應音義》"盪滌"條未引《尚書》文,磧砂藏本作"九州滌源"。孔傳云:"九州之川已滌除泉源無壅塞矣。"《周禮·地官·叙官》"川衡"鄭玄注引《禹貢》曰:"九川滌源。"①磧砂藏本"州"乃"川"之誤。

　　【61】卷21《新譯大方廣佛華嚴經音義》賢首品下"無所拒"條:"渠吕反。字正宜作岠。孔安注《書》曰:'岠,違也。'"②(57/831上)

　　《禹貢》:"祇臺德先,不距朕行。"孔傳:"王者常自以敬我德爲先,則天下無距違我行者。"

　　案:高麗藏本《新譯大方廣佛華嚴經音義》云:"渠吕反。字正宜作岠。孔安注《書》:'拒,違也。'"③

　　《説文·足部》:"距,雞距也。"④《説文外編》"拒"字下云:"止部'岠,止也',此'拒'之正字。"⑤黄侃《字通》云:"岠,後出作拒。"⑥錢大昕《經典文字考異》云:"岠,距字之訛。"⑦"不距朕行"之"距",敦煌寫卷P.2533作"岠",正與《慧琳音義》所引同。"距"爲"岠"之借字,《尚書》原本當是作"岠"。

　　【62】卷58《僧祇律》第十七卷"若秸"條:"《尚書》:'三百里納秸服。'"⑧(58/607上)卷75《修行道地經》第五卷"秸草"條引《尚

---

　　① 〔漢〕鄭玄注,〔唐〕賈公彦疏:《周禮注疏》,阮元編《十三經注疏》,北京,中華書局1980年10月,上册第700頁。

　　② 慧苑《新譯大方廣佛華嚴經音義》乃慧琳轉録。

　　③ 《中華大藏經》第59册,北京,中華書局1984年4月,第490頁。

　　④ 《説文解字》,第47頁。

　　⑤ 《説文外編》,第255頁。

　　⑥ 《説文箋識四種》,第89頁。

　　⑦ 陳文和主編:《嘉定錢大昕全集》第1册,南京,江蘇古籍出版社1997年12月,第6頁。

　　⑧ 《僧祇律》收在《玄應音義》卷十五,此慧琳轉録。

書》：“三百里納秸服。”①（58/969 上）

《禹貢》：“二百里納銍，三百里納秸服。”

【63】卷 75《雜寶藏經》第七卷“綏化”條：“《尚書》：‘五百里綏服。’”②（58/984 下）卷 76《阿育太子法益壞目因緣經》“綏化”條：“《尚書》：‘五百里綏服。’”③（58/992 上）

《禹貢》：“百里采，二百里男邦，三百里諸侯，五百里綏服。”

【64】卷 10《勝天王般若經》後序“錫珪”條：“《書》‘禹錫玄珪’是。”④（57/581 下）

《禹貢》：“禹錫玄圭，告厥成功。”

案：《説文・土部》：“圭，瑞玉也。……珪，古文圭从玉。”⑤高田忠周《古籀篇》云：“珪爲後出異文。”⑥《説文》所謂古文，六國古文也⑦，非謂字之初文。

【65】卷 94《續高僧傳》第十八卷“妻孥”條：“《尚書》云‘予則孥戮汝’也。”（59/226 下）

《甘誓》：“用命，賞于祖；弗用命，戮于社。予則孥戮汝。”

【66】卷 62《根本説一切有部毗奈耶雜事律》第二十三卷“畋遊”條：“《尚書》云：‘畋于有洛之表。’”（58/714 下）卷 90《高僧傳》第十三卷“畋獵”條：“《尚書》曰：‘畋于有洛之表。’”（59/177 上）

《五子之歌》：“畋于有洛之表，十旬弗反。”

---

①　《修行道地經》收在《玄應音義》卷十二，此慧琳轉録。高麗藏本《玄應音義》未引《尚書》，磧砂藏本引作“三百納秸”，海山仙館叢書本引作“三百里納秸”。

②　《雜寶藏經》收在《玄應音義》卷十二，此慧琳轉録。高麗藏本《玄應音義》未引《尚書》，磧砂藏本有。

③　《阿育太子法益壞目因緣經》收在《玄應音義》卷二十，此慧琳轉録。高麗藏本《玄應音義》未引《尚書》，磧砂藏本有。

④　《勝天王般若經》收在《玄應音義》卷十三，此慧琳轉録。

⑤　《説文解字》，第 289 頁。

⑥　高田忠周：《古籀篇》，臺北，大通書局 1982 年 9 月，第 536 頁。

⑦　王國維：《説文所謂古文説》，《觀堂集林》第 2 册，北京，中華書局 1959 年 6 月，第 314 頁。

【67】卷 49《攝大乘論》序"圖牒"條："《五子之歌》云'怨豈在明,不見是圖'也。"(58/409 下)

《五子之歌》："一人三失,怨豈在明,不見是圖。"

【68】卷 18《大乘大集地藏十輪經》第二卷"乘馭"條："《尚書》云:'若朽索之馭六馬。'"(57/756 下)卷 56《本事經》第四卷"朽墜級"條："《尚書》曰:'朽索之馭六馬。'"(58/574 下)

《五子之歌》："予臨兆民,懍乎若朽索之馭六馬。"

【69】卷 18《大乘大集地藏十輪經》第二卷"耽湎"條："《尚書》曰:'義和湎淫。'"(57/759 下)卷 57《佛說孝子經》"沈沔"條："孔注《尚書》云:'沔,飲酒過差失度也。'"(58/588 下)

《胤征》："義和湎淫,廢時亂日。"孔傳："承太康之後,沈湎於酒,過差非度。"

案:《漢書•五行志下之下》："湛湎于酒,君臣不別,禍在內也。"又《霍光傳》："與從官官奴夜飲,湛沔於酒。"[1]是"湎"與"沔"通。《慧琳音義》引孔傳作"沔",則其所據《尚書》經文"湎淫"必作"沔淫"也。《說文•水部》："沔,沔水,出武都沮縣東狼谷,東南入江。""湎,沈於酒也。"[2]是"沔"爲"湎"之借字。

【70】卷 14《大寶積經》第五十八卷"恐憯"條："《尚書》曰:'憯從罔治。'"(57/667 下)卷 18《大乘大集地藏十輪經》第七卷"迫憯"條："《尚書》云:'殲厥渠魁,憯從罔治。'"(57/767 上)

《胤征》："殲厥渠魁,脅從罔治。"

案:《方言》卷一"謾臺、脅閾,懼也"錢繹疏："《衆經音義》卷四及卷十一、卷十三凡三引《方言》云:'憯閾,懼也。'脅並作憯……憯與脅同。"[3]《說文》無"憯"字,"憯"是"脅"之逼迫、恐懼義的後起專字。

---

①　《漢書》,第 5 冊第 1505 頁、第 9 冊第 2944 頁。

②　《說文解字》,第 225、236 頁。

③　[清]錢繹《方言箋疏》,上海,上海古籍出版社 1984 年 5 月,上冊第 70 頁。

【71】卷 18《大乘大集地藏十輪經》第四卷"所賚"條："《尚書》曰：'予其大賚汝。'"（57/763 上）

《湯誓》："爾尚輔予一人，致天之罰，予其大賚汝。"

【72】卷 55《生經》第一卷"俘囚"條："《尚書》：'俘厥寶玉。'"①（58/543 下）

《湯誓》："遂伐三朡，俘厥寶玉。"

【73】卷 8《大般若波羅蜜多經》第五百六十六卷"慙恥"條："《尚書》'唯慙德'是也。"②（57/534 下）卷 32《佛説觀無量壽佛經》"慙愧"條："《尚書》云：'惟有慙德。'"（58/39 下）卷 33《無字寶篋經》"慙愧"條："《尚書》云：'惟有慙德。'"（58/60 下）卷 51《轉識論》"三慙"條："《尚書》云：'惟有慙德。'"（58/434 上）卷 54《摩鄧女經》"阿難慙"條："《尚書》云：'惟有慙德。'"（58/525 下）卷 63《根本説一切有部百一羯磨》第八卷"慙報"條："《尚書》云'唯有慙德'也。"（58/733 下）卷 78《經律異相》第一卷"慙愧"條："《尚書》云'惟慙德'也。"（58/1033 下）

《仲虺之誥》："成湯放桀于南巢，惟有慙德。"

案：《説文·心部》："慙，媿也。"③"慚"爲後起別體。惟、唯二字古多混用不別。《經律異相》"慙愧"條所引脱"有"字。

【74】卷 85《辯正論》第四卷"乃纘"條："《尚書》'纘禹舊服'是也。"（59/99 下）

《仲虺之誥》："天乃錫王勇智，表正萬邦，纘禹舊服。"

【75】卷 55《義足經》上卷"不撟"條："《尚書》：'撟誣上帝。'"④（58/545 上）

《仲虺之誥》："夏王有罪，矯誣上天，以布命于下。"

---

① 《生經》收在《玄應音義》卷十二，此慧琳轉録。
② 高麗藏本"唯"字處空格，此據獅谷本補。
③ 《説文解字》，第 223 頁。
④ 《義足經》收在《玄應音義》卷十二，此慧琳轉録。高麗藏本《玄應音義》不引《尚書》。

案：磧砂藏本《玄應音義》卷十二《義足經》上卷"不撟"條云："《説文》：'撟，擅也，假詐也，亦舉手也。'《尚書》'撟誣上帝'孔安國曰：'託天以行罪。'《國語》'其形撟誣'賈逵曰：'非先王之法曰矯①，加誅無罪曰誣。'字從手，今皆作'矯'也。"《墨子·非命上》："於《仲虺之告》曰：'我聞于夏人，矯天命布命于下，帝伐之惡，龔喪厥師。'"②惠棟以此爲僞書所本③。

《説文·矢部》："矯，揉箭箝也。"④《手部》"撟，……一曰撟，擅也"段注："凡矯詔當用此字。"⑤是作"撟"者本字。

【76】卷32《象腋經》"稗莠"條："《尚書》云'若苗之有莠，若粟之有秕'是也。"（58/37 上）卷51《唯識二十論》後序"子莠"條：《尚書》云：'若苗之有莠。'"（58/435 下）卷66《集異門足論》第九卷"稗莠"條："《尚書》云'若苗之有莠'也。"（58/800 上）

《仲虺之誥》："肇我邦于有夏，若苗之有莠，若粟之有秕。"

【77】卷100《安樂集》上卷"可穌"條："孔注《尚書》：'息也。'"（59/343 下）

《仲虺之誥》："攸徂之民，室家相慶，曰：'徯予后，后來其蘇。'"孔傳："待我君來，其可蘇息。"

案：《孟子·梁惠王下》："《書》曰：'徯我后，后來其蘇。'"惠棟以此爲僞書所本⑥。《廣雅·釋詁》"穌，生也"王念孫《疏證》："穌者，鄭注《樂記》云：'更息曰蘇。'《孟子·梁惠王》篇引《書》'后來其蘇'，蘇與穌通。"⑦

---

① 高麗藏本作"撟"，是。
② ［清］孫詒讓《墨子閒詁》，孫以楷點校，北京，中華書局1986年2月，上冊第246頁。
③ 《古文尚書考》，《清經解》第2冊，第707頁。
④ 《説文解字》，第110頁。
⑤ 《説文解字注》，第604頁。
⑥ 《古文尚書考》，《清經解》第2冊，第708頁。
⑦ 《廣雅疏證》，第29頁。

【78】卷 30《深密解脱經》序"德懋"條："《尚書》云'懋①昭大德'是也。"(57/1051 下)

《仲虺之誥》："王懋昭大德，建中于民，以義制事，以禮制心，垂裕後昆。"

【79】卷 54《力士移山經》"勠力"條："《尚書》：'與之勠力。'"②(58/515 下)卷 100《金錍决瞙論》"令緝"條："《書》曰：'聿求元聖，與之勠力，緝寧邦家。'"(59/348 上)

《湯誥》："聿求元聖，與之戮力，以與爾有衆請命。上天孚佑下民，罪人黜伏，天命弗僭，賁若草木，兆民允殖。俾予一人，輯寧爾邦家。"

【80】卷 20《寶星陁羅尼經》第四卷"戰慄"條："《尚書》云'慄慄危懼'也。"③(57/796 上)卷 34《佛説私呵昧經》"戰慄"條："《尚書》云'慄慄危懼'是也。"(58/85 下)卷 84《集古今佛道論衡》第四卷"戰慄"條："《尚書》云'慄慄危懼'也。"④(59/83 下)

《湯誥》："慄慄危懼，若將隕于深淵。"

【81】卷 57《燈指因緣經》"飲酣"條："《尚書》：'酣歌于室。'"⑤(58/592 上)

《伊訓》："敢有恒舞于宫，酣歌于室，時謂巫風。"

【82】卷 6《大般若波羅蜜多經》第四百九十卷"不徇"條："《尚書》云：'徇于貨色。'"(57/501 下)卷 3《大般若波羅蜜多經》第三百

---

① 高麗藏本"懋"誤作"憖"，此據獅谷本改正。

② 《力士移山經》收在《玄應音義》卷十三，此慧琳轉録。高麗藏本《玄應音義》此條未引《尚書》，磧砂藏本有。

③ 徐時儀標點誤作"慄慄，危懼也"(《一切經音義三種校本合刊》，第 842 頁)。

④ 徐時儀標點誤作"慄慄，危懼也"(《一切經音義三種校本合刊》，第 1992 頁)。

⑤ 《燈指因緣經》收在《玄應音義》卷十三，此慧琳轉録。高麗藏本《玄應音義》此條未引《尚書》，磧砂藏本有。

二十六卷"不徇"條："《尚書》：'求也。'"①(57/445 下)

《伊訓》："敢有殉于貨色，恒于遊畋，時謂淫風。"孔傳："殉，求也。"

案："不徇"條引《尚書》作"徇"，"不徇"條引孔傳作"徇"，皆與刊本作"殉"不同。雷濬云："《説文》無'殉'字，'殉'者'徇'之俗……其字從彳。而《説文》亦無'徇'字。《玉篇》：'徇，同狥。'"②《説文·彳部》："狥，行示也。"③黃侃《字通》："狥，俗作徇、殉。"④"殉"之"求"義見於《玉篇》⑤，乃由"行示"義引伸而來。至於"徇"，《説文》釋爲"疾"⑥，非此義也。彳、亻偏旁古多混用⑦，故"徇"亦寫作"徇"。

卷 20《大方廣佛華嚴經》第十三卷"不殉"條："《尚書》：'殉于貨色。'"⑧(57/804 上)其作"殉"，與刊本同。

【83】卷 46《大智度論》第十卷"以肅"條："《尚書》：'罔弗祇肅。'"(58/324 下)

《太甲上》："社稷宗廟，罔不祇肅。"

案：《大智度論》收在《玄應音義》卷九，此慧琳轉錄。高麗藏本《玄應音義》此條未引《尚書》，磧砂藏本有。内野本、天理本、足利本、影天正本、八行本皆作"弗"，與《玄應音義》所據本同。

【84】卷 65《五百問事經》"綜習"條："《尚書》曰：'習與性成。'"(58/767 下)

《太甲上》："兹乃不義，習與性成。"

---

①　所引《尚書》，實即《尚書》孔傳。詞目出"徇"，知所據《尚書》經文作"徇"。

②　《説文外編》，第 264 頁。

③　《説文解字》，第 43 頁。

④　《説文箋識四種》，第 90 頁。

⑤　《宋本玉篇》，第 223 頁。

⑥　《説文解字》，第 162 頁。

⑦　例可參韓耀隆《中國文字義符通用釋例》，臺北，文史哲出版社 1987 年 2 月，第 92 頁。

⑧　《大方廣佛華嚴經》收在《玄應音義》卷一，此慧琳轉錄。

【85】卷 31《大灌頂經》第十二卷"妖蠥"條："孔注《尚書》云：
'蠥，災也。'"①(58/25 下)

《太甲中》："天作孽，猶可違；自作孽，不可逭。"孔傳："孽，災；
逭，逃也。"

案：《説文·子部》："孽，庶子也。"又《虫部》："蠥，衣服歌謡艸
木之怪謂之祅，禽獸蟲蝗之怪謂之蠥。"②徐灝云："'蠥'者，妖蠥本
字，'孽'其假借也。"③

《禮記·緇衣》："《太甲》曰：'天作孽，可違也；自作孽，不可以
逭。'"④《孟子·公孫丑上》："《太甲》曰：'天作孽，猶可違；自作孽，
不可活。'"又《離婁上》："《太甲》曰：'天作孽，猶可違。自作孽，不
可活。'"⑤惠棟《古文尚書考》以此爲僞古文所取資。⑥

【86】卷 75《雜寶藏經》第六卷"今享"條："《尚書》：'克享天
心。'"⑦(58/984 上)

《咸有一德》："克享天心，受天明命。"

【87】卷 72《阿毗達磨顯宗論》第十卷"寬陜"條："《尚書》云'無
自廣以陜人'也。"(58/901 下)

《咸有一德》："無自廣以狹人，匹夫匹婦，不獲自盡，民主罔與
成厥功。"

案：《説文·阜部》"陜，隘也"段注："俗作陿、陜、狹。"⑧裘錫圭

---

① 《大灌頂經》收在《玄應音義》卷四，此慧琳添修，高麗藏本、磧砂藏本、海山仙館本《玄應音義》此條未引孔注《尚書》，當是慧琳所增。
② 《説文解字》，第 310、283 頁。
③ [清]徐灝《説文解字注箋》，《續修四庫全書》第 226 册，上海，上海古籍出版社 1995 年，第 632 頁。
④ [漢]鄭玄注、[唐]孔穎達正義《禮記正義》，阮元編《十三經注疏》，北京，中華書局 1980 年 10 月，下册第 1649 頁。
⑤ 《孟子注疏》，下册第 2690、2719 頁。
⑥ 《古文尚書考》，《清經解》第 2 册，第 708 頁。
⑦ 《雜寶藏經》收在《玄應音義》卷十二，此慧琳轉録。高麗藏本《玄應音義》此條未引《尚書》，磧砂藏本有。
⑧ 《説文解字注》，第 732 頁。

謂"陝"爲"狹"之本字，"陿"爲"陝"之異體。① 案《説文》無"陿"字，乃"陝"之後起別體也。《原本玉篇殘卷·阜部》"陝"字下引《尚書》："无自廣以陝人。"②正用本字。

【88】卷16《文殊師利佛土嚴净經》上卷"恪恭"條："《尚書》：'恪謹天命。'"③(57/719上)卷74《賢愚經》第七卷"忠恪"條："《尚書》：'恪謹天命。'"④(58/955上)

《盤庚上》："先王有服，恪謹天命，兹猶不常寧。"

【89】卷81《集神州三寶感通傳》中卷"爲栟"條："孔注《尚書》云：'栟謂木餘更生。'"(59/7下)

《盤庚上》："若顛木之有由蘖。"孔傳："言今往遷都，更求昌盛，如顛仆之木，有用生蘖哉。"

案：《釋文》："蘖，五達反，本又作栟。"⑤《慧琳音義》所引孔傳作"栟"，則其所據《尚書》經文作"栟"也，正與《釋文》所引別本同。《説文·木部》："櫱，伐木餘也。從木獻聲。《商書》曰：'若顛木之有粤櫱。蘖，櫱或從木薛聲。不，古文櫱，從木無頭。榿亦古文櫱。"⑥桂馥謂"栟"當爲"榿"。⑦

又《慧琳音義》卷77《釋迦譜》第四卷"栽蘖"條："孔注《尚書》云：'顛仆之木而生曰蘖。'"(58/1015下)卷82《大唐西域記》第九卷"捽株"條："《尚書》曰：'若顛木之有由蘖。'"(59/39下)均作"蘖"，與刊本同。唯"捽株"之"捽"乃"榿"之誤。

【90】卷64《四分律删補隨機羯磨》卷上"紊亂"條："《尚書》云：

① 裘錫圭《文字學概要》，北京，商務印書館1988年8月，第183頁。
② 《原本玉篇殘卷》，第492頁。
③ 《文殊師利佛土嚴净經》收在《玄應音義》卷五，此慧琳轉録。高麗藏本、日本七寺藏經《玄應音義》无"恪恭"條，磧砂藏本、海山仙館本則無此經。
④ 《賢愚經》收在《玄應音義》卷十二，此慧琳轉録。高麗藏本《玄應音義》此條未引《尚書》，磧砂藏本有。
⑤ 《經典釋文》，上册第166頁。
⑥ 《説文解字》，第125頁。
⑦ ［清］桂馥《説文解字義證》"粤"字下注，北京，中華書局1987年7月，第599頁。

'若冈在綱，有條而不紊。'"（58/758 下）

《盤庚上》："若網在綱，有條而不紊。"

案："冈"爲"网"之省筆別體，"网"是"網"的初文。① 网加聲旁"亡"爲"罔"②，"罔"加形旁"糸"爲"網"也。慧琳所據本原當作"网"。

【91】卷 88《法琳法師傳》第一卷"原燎"條："《尚書》云'若火之燎於原'也。"（59/135 上）

《盤庚上》："若火之燎于原，不可嚮邇，其猶可撲滅。"

案：于、於古多混用，《文選集注》卷 98 干寶《晉紀總論》"其勢常若積水于防，燎火于原，未嘗蹔靜也"李善注引《尚書》曰："若火之燎於原。"③亦作"於"。

【92】卷 42《大佛頂經》第九卷"猥媟"條："孔注《尚書》云：'媟，嫚也。'"（58/247 上）卷 44《佛乘般涅盤略説教戒經》"媟慢"條："孔注《尚書》云：'媟亦慢也。'"（58/289 上）卷 60《根本説一切有部毗奈耶律》第二卷"鄙媟"條："孔注《尚書》云：'媟，慢也。'"（58/657 下）卷 47《遺教論》"媟慢"條："孔注《尚書》云：'媟亦慢也。'"（58/350 上）

《盤庚中》："咸造勿褻在王庭。"

案：刊本不見"媟"字，磧砂藏本《玄應音義》卷十四《四分律》第四十九卷"媟嬻"條下云："今作褻，同。梵結反。謂鄙媟也。……《尚書》'咸造忽媟'，孔安國曰：'媟，慢也。'"段玉裁謂"咸造忽媟"即《盤庚中》"咸造勿褻在王庭"句之"咸造勿褻"，"忽者，字之誤。'褻'本作'媟'，'褻'蓋衛包所改也"。④ 孫星衍亦謂作"媟"者爲衛

---

① 《文字學概要》，第 155 頁。

② 楊樹達《積微居小學金石論叢》，北京，中華書局 1983 年 7 月，第 18 頁。

③ 《唐鈔文選集注彙存》，上海，上海古籍出版社 2000 年 7 月，第 3 册第 446 頁。

④ 《古文尚書撰異》，中册第 1911 頁。

包改字前之本。^①"㜮"爲"㜓"之後起別體。

【93】卷5《大般若波羅蜜多經》第四百五十五卷"劓鼻"條:"孔氏曰:'劓,割也。'"(57/493上)卷7《大般若波羅蜜多經》第五百五十二卷"劓鼻"條:"孔安國云:'劓,割也。'"(57/529上)卷14《大寶積經》第六十四卷"劓耳"條:"孔注《尚書》云:'劓,割也。'"(57/671下)卷76《阿育王傳》第五卷"劓其"條:"孔注《尚書》云:'劓,割也。'"(58/991上)

《盤庚中》:"我乃劓殄滅之,無遺育,無俾易種于兹新邑。"孔傳:"劓,割;育,長也。"

案:慧琳四引孔傳皆作"劓",則其所據《尚書》經文亦作"劓"也。《説文・刀部》:"劓,刑鼻也。从刀臬聲。劓,臬或从鼻。"^②"劓殄滅之"句,敦煌《尚書》寫卷P.2643、P.2516皆作"劓",作"劓"者當是隷古定《尚書》也。

《慧琳音義》卷8《大般若波羅蜜多經》第五百八十二卷"劓鼻"條:"孔注《尚書》云:'劓,割也。'"(57/550下)卷24《大悲經梵天品》第一卷"刑劓"條:"孔注《尚書》云:'劓,割也。'"(57/895上)卷28《無量義經》"聾劓"條:"孔注《尚書》云:'劓,割也。'"(57/1000下)卷82《大唐西域記》第二卷"劓鼻"條:"孔注《尚書》云:'割也。'"(59/32上)以上四條所引孔傳皆作"劓",則其所據《尚書》經文亦必作"劓",與刊本同。

【94】卷20《大方廣佛華嚴經》第一卷"罣礙"條:"《尚書》'高宗夢得説'是。"(57/801上)卷27《妙法蓮花經》方便品"無礙"條:"《尚書》'高宗夢得説'是也。"(57/967下)

《説命上》:"高宗夢得説,使百工營求諸野。"

案:《大方廣佛華嚴經》收在《玄應音義》卷一,此慧琳轉録。高麗藏本《玄應音義》"罣礙"條下引《尚書》"得"作"导",慧琳轉録《玄

---

①　[清]孫星衍《問字堂集》,駢宇騫點校,北京,中華書局1996年7月,第100頁。

②　《説文解字》,第92頁。

應音義》後改爲“得”。《説文·彳部》：“得，行有所得也。，古文省彳。”①“寻”爲“”之隸變。敦煌《尚書》寫卷 P. 2643、P. 2516 此字亦皆作“寻”，作“寻”者隸古定《尚書》也。

【95】卷 73《立世阿毗曇論》第二卷“磨礪”條：“《尚書》：‘若金，用汝作礪。’”②（58/924 下）

《説命上》：“若金，用汝作礪；若濟巨川，用汝作舟楫。”

【96】卷 10《新譯仁王經序》“沃朕”條：“《尚書》曰：‘啓乃心，沃朕心。’”（57/588 下）

《説命上》：“啓乃心，沃朕心。若藥弗瞑眩，厥疾弗瘳；若跣弗視地，厥足用傷。”

【97】卷 67《阿毗達磨界身足論》上卷“瞑眩”條：“《尚書》云：‘若藥不瞑眩，厥疾不瘳。’”（58/807 上）卷 75《金剛力士哀戀經》“瞑眩”條：“《尚書》云：‘若藥不瞑眩，厥疾不瘳。’”（58/977 上）卷 81《集神州三寶感通傳》下卷“跣行”條：“《尚書》云：‘若跣不視地，厥足用傷。’”（59/9 下）

《説命上》：“若藥弗瞑眩，厥疾弗瘳；若跣弗視地，厥足用傷。”

案：《孟子·滕文公上》引《書》：“若藥不瞑眩，厥疾不瘳。”③《國語·楚語上》：“得傅説以來，升以爲公，而使朝夕規諫，曰：‘……若藥不瞑眩，厥疾不瘳；若跣不視地，厥足用傷。’”④《玉篇·足部》“跣”字下引《尚書》：“若跣不視地。”⑤皆作“不”，與慧琳所見本同。P. 2643《尚書》寫卷“若藥弗瞑眩”句殘缺，後“厥疾弗瘳”及“若跣弗視地”句均作“弗”；P. 2516“若藥弗瞑眩，厥疾弗瘳”句亦均作“弗”，“若跣弗視地”句則作“不”。不、弗二字間出，二字同義

---

① 《説文解字》，第 43 頁。

② 《立世阿毗曇論》收在《玄應音義》卷十八，此慧琳轉録。

③ 《孟子注疏》，下册第 2701 頁。

④ ［清］徐元誥《國語集解》，王樹民、沈長雲點校，北京，中華書局 2002 年 6 月，第 503—504 頁。

⑤ 《宋本玉篇》，第 132 頁。

混用之證也。

【98】卷 16《大聖文殊師利佛刹功德經》中卷"準繩"條引《尚書》："木從繩則正,君從諫則聖。"(57/720 上)

《説命上》："惟木從繩則正,后從諫則聖。后克聖,臣不命其承。"

案:S. 1380《應機抄》引《尚書》云:"木從繩則正,君受諫則聖。"亦作"君"。后者,君也。作"君"者,以訓詁字代之也。《慧琳音義》卷 6《大般若波羅蜜多經》第五百一十五卷"呵諫"條:"《尚書》云:'后從諫則聖。'"(57/512 下)此所據本仍作"后"。

又《慧琳音義》卷 76《佛説法句經》"絙繩"條:"孔注《尚書》'木從繩則正'也。"(58/996 上)此所謂孔注《尚書》,實《尚書》經文也。

【99】卷 46《大智度論》第五卷"純淑"條:"《尚書》:'政事唯純。'"①(58/322 上)

《説命中》："惟厥攸居,政事惟醇。"

案:楊樹達云:"《説文》十四篇下《酉部》云:'醇,不澆酒也。'不澆謂不薄,引申爲醇駁之醇。純訓絲,無不雜義也。"②則"醇"爲本字,"純"爲借字。《原本玉篇殘卷·糸部》"純"字下引《尚書》:"政事惟純。"③亦作借字"純"。

《慧琳音義》卷 18《大乘大集地藏十輪經》序"醇化"條:"孔注《尚書》云:'醇,粹也。'"(57/748 下)卷 66《阿毗達磨發智論》第十八卷"醇質"條:"孔注《尚書》云:'粹也。'又云:'爲醇一之行也。'"(58/787 上)卷 87《甄正論》卷上"醇澆"條:"孔注《尚書》云:'醇,粹也。'"(59/124 上)卷 95《弘明集》第一卷"清醇"條:"孔注《尚書》云:'醇,粹也。'"(59/249 上)以上四條孔傳皆作"醇",則其所據本《尚書》經文亦當作"醇"。P. 2643《尚書》經文"政事惟醇"之"醇"

---

① 《大智度論》收入《玄應音義》卷九,此慧琳轉錄。高麗藏本、磧砂藏本及日本藏金剛寺本、七寺藏本《玄應音義》均無"純淑"條,海山仙館本有。
② 楊樹達《漢書窺管》,上海,上海古籍出版社 1984 年 1 月,第 525 頁。
③ 《原本玉篇殘卷》,第 123 頁。

作"醇"，孔傳亦作"醇"，可以爲證。《集韻·諄韻》："醇，古作醇。"①
《説文·西部》小篆有"醇"字②，隸定則爲"醇"。

【100】卷66《阿毗達磨法藴足論》第一卷"麴糵"條："《尚書》云
'若作酒醴，尒唯麴糵'也。"(58/788下)卷84《集古今佛道論衡》第
一卷"麹糵"條："《尚書》云：'若作酒醴，爾雅麹糵。'"(59/76上)

《説命下》："若作酒醴，爾惟麴糵；若作和羹，爾惟鹽梅。"

案：作爲人稱代詞之"爾"、"尒"皆"汝"之借③，古多寫作"尒"，
後世多寫作"爾"。④ "麹糵"條之"雅"應是"惟"之誤，惟、唯古多通
用。字書無"麹"字，當是"麴"之誤。

【101】卷85《辯正論》第三卷"戡戡"條："《尚書》從'今'作
'戗'。……孔注《尚書》云：'戡，勝也。'"(59/94下)

《西伯戡黎》："作《西伯戡黎》。"孔傳："戡亦勝也。"

案：注文既謂"從今"，則當作"戡"，作"戗"者，因金、今同音而
誤書也。《慧琳音義》卷83《大唐慈恩寺三藏法師玄奘傳》"戡亂"
條："孔注《尚書》：'戡亦勝也。'"(59/59上)卷87"戡翦"條："孔注
《尚書》云：'戡，勝也。'"(59/132上)此兩條慧琳皆引作"戡"，足可
爲證。《説文·戈部》："戡，殺也。从戈今聲。《商書》曰：'西伯既
戡黎。'"⑤《釋文》："戡，音堪。《説文》作'戡'。"⑥是元朗所見本《尚
書》未有作"戡"者，敦煌《尚書》寫卷 P. 2643、P. 2516 亦皆作"戡"。
馬宗霍云："戡、戡既並有勝克之義，則作戡作戡皆可。"⑦

【102】卷78《經律異相》第一卷"刳剔"條："下聽亦反。……
《尚書》作'勢'，古字也。"(58/1033上)

---

① 《集韻》，上冊第 121 頁。
② 《説文解字》，第 312 頁。
③ 《説文解字注》，第 128 頁。
④ 張涌泉《敦煌俗字研究》，上海，上海教育出版社 1996 年 12 月，下編
第 7 頁。
⑤ 《説文解字》，第 266 頁。
⑥ 《經典釋文》，上冊第 171 頁。
⑦ 《説文解字引經攷》，第 2 冊第 2 卷第 23A 頁。

《泰誓上》："焚炙忠良，刳剔孕婦。"

案：日本古寫本《尚書》神田本、内野本皆作"勞"，此確爲《尚書》隸古定字。

【103】卷55《義足經》上卷"遍徇"條："又作狥，同，辭遵反。《尚書》：'乃狥師而誓。'孔安國曰：'狥，循也。'"①（58/545上）

《泰誓中》："王乃徇師而誓。"

案：《說文》無"徇"字，黄侃《字通》："狥，俗作徇、殉。"②考釋請參【82】。

【104】卷32《藥師瑠璃光七佛本願功德經》上卷"讎隙"條："《尚書》云：'撫我則后，虐我則讎。'"（58/31上）卷45《梵網經盧舍那佛說菩薩心地戒品經》下卷"報讎"條："《尚書》云：'虐我則讎。'"（58/309下）卷47《能斷金剛般若波羅蜜多經論》上卷"怨讎"條："《尚書》云：'虐我則讎。'"（58/346下）

《泰誓下》："古人有言曰：'撫我則后，虐我則讎。'"

【105】卷46《大智度論》第十八卷"猛毅"條："《尚書》：'尚由果毅。'"（58/330上）

《泰誓下》："爾衆士其尚迪果毅，以登乃辟。"

案：《大智度論》收在《玄應音義》卷九，此慧琳轉錄。高麗藏本、磧砂藏本《玄應音義》"猛毅"條引《尚書》皆作"尚迪果毅"，慧琳轉錄本"由"當是誤字。③

【106】卷35《菩提場所說一字頂輪王經》第一卷"鉞斧"條："《尚書》云：'王左仗黄鉞。'"（58/104下）

《牧誓》："王左杖黄鉞，右秉白旄以麾。"

案：《說文·木部》"杖"字下段注："凡可持及人持之皆曰杖。

---

① 《義足經》收在《玄應音義》卷十二，此慧琳轉錄。高麗藏本《玄應音義》此條未引《尚書》，磧砂藏本有。

② 《說文箋識四種》，第90頁。

③ 《一切經音義三種校本合刊》已校改爲"迪"（中册第1308頁）。

喪杖、齒杖、兵杖皆是也。兵杖字俗作仗,非。"①雷濬云:"《説文》無'仗'字,《木部》'杖,持也',此'杖'之本義,爲'仗'之正字。"②

【107】卷58《五分律》第三十卷"勗勉"條:"《尚書》:'勗哉夫子。'"③(58/627下)

《牧誓》:"勖哉夫子! 尚桓桓。"

案:《字彙·子集·力部》:"勖。勗,同上,俗字。"④

【108】卷75《迦葉赴佛經》"狎貔"條:"《尚書》:'如虎如貔。'"(58/976下)

《牧誓》:"如虎如貔,如熊如羆,于商郊。"

案:《龍龕手鏡·犬部》:"貔,俗音毗,正作貔。"⑤

【109】卷84《集古今佛道論衡》第一卷"戎貊"條:"《尚書》云:'華夏蠻貊,罔不率俾。'"(59/74上)

《武成》:"華夏蠻貊,罔不率俾。"

案:《説文·豸部》"貉,北方豸種"段注:"俗作貊。"⑥雷濬云:"《説文》無'貊'字。《中庸》'施及蠻貊',陸《釋文》作'貊',引《説文》云'北方人也',今《説文》作'北方豸種',此蠻貊之正字。"⑦

【110】卷88《集沙門不應拜俗等事》卷第三"彝章"條:"《尚書》'彝倫攸叙'是也。'"(59/144下)

《洪範》:"惟天陰騭下民,相協厥居,我不知其彝倫攸叙。"

【111】卷81《大唐西域求法高僧傳》上卷"寧堙"條:"孔注《尚書》:'堙,塞也。'"(59/19上)卷83《大唐慈恩寺三藏法師玄奘傳》卷第六"堙方輿"條:"孔注《尚書》:'堙,塞也。'"(59/55下)卷99《廣弘明集》卷二十九"堙心"條:"孔注《尚書》云:'堙,塞也。'或作

---

① 《説文解字注》,第263頁。
② 《説文外編》,第342頁。
③ 《五分律》收在《玄應音義》卷十五,此慧琳轉録。
④ [明]梅膺祚《字彙》,上海,上海辭書出版社1991年6月,第58頁。
⑤ 《龍龕手鏡》,第317頁。
⑥ 《説文解字注》,第458頁。
⑦ 《説文外編》,第250頁。

‘垔’。”(59/319 下)

《洪範》：“我聞在昔，鯀陻洪水，汩陳其五行。”孔傳：“陻，塞；汩，亂也。”

案：刊本不見“堙”字，“堙心”條謂“或作垔”，考《説文·土部》：“垔，塞也。《尚書》曰：‘鯀垔洪水。’”①《玉篇·土部》“垔”字下云：“《書》曰：‘鯀垔洪水。’孔安國曰：‘垔，塞也。’”②與《説文》所引同。段注《説文》：“此字古書多作‘堙’、作‘陻’，真字乃廢矣。”③則慧琳所引“堙”字必《洪範》“鯀陻洪水”之“陻”也。《慧琳音義》卷94《續高僧傳》卷二十八“陻山”條：“孔注《尚書》云：‘陻，塞也。’《字書》下作‘垔’，或作‘堙’。”(59/239 上)此慧琳所據別本《尚書》作“陻”，與刊本同。《史記·宋微子世家》云：“在昔鯀陻鴻水，汩陳其五行，帝乃震怒，不從鴻範九等，常倫所斁。”④亦作“陻”。《山海經·海內經》：“洪水滔天。鯀竊帝之息壤以堙洪水，不待帝命。”⑤則作“堙”，與慧琳所據本《尚書》同。雷濬云：“《説文》無‘陻’字，《土部》：‘垔，塞也。《尚書》曰鯀垔洪水。’此‘陻’之正字。‘陻’作‘堙’，尤俗。”⑥馬宗霍《説文解字引經考》“垔”條下云：“《説文》無‘陻’字，垔已從土，而又增𨸏，非正體也。……今垔塞字皆作‘陻’，‘陻’行而‘垔’廢，又或作‘堙’，更俗矣。”⑦案睡虎地出土秦簡已有“堙”字⑧，“堙”非俗也。至於“陻”，柳榮宗云：“既從𨸏，又從土，非

①　《説文解字》，第 288 頁。
②　《宋本玉篇》，第 27 頁。
③　《説文解字注》，第 691 頁。
④　《史記》，第 5 册第 1611 頁。
⑤　袁珂《山海經校注》，成都，巴蜀書社 1993 年 4 月，第 536 頁。
⑥　《説文外編》，第 271 頁。
⑦　《説文解字引經考》，第 2 册第 2 卷第 29A 頁。
⑧　參洪燕梅《説文未收録之秦文字研究：以〈睡虎地秦簡〉爲例》，臺北，文津出版社 2006 年 9 月，第 127 頁。

字體也。"①《陳喜壺》有"🔹"字②,于省吾釋作"陞",爲"裡"之通假③,馬承源《陳喜壺》④、陳邦懷《對〈陳喜壺〉一文的補充》、黃盛璋《關於陳喜壺的幾個問題》釋作"隋"⑤,並無定論。

【112】卷11《大寶積經》第五卷"潤洽"條:"《尚書》:'水曰潤下。'"(57/614下)卷7《大般若波羅蜜多經》第五百五十三卷"鹹鹵"條:"《尚書》云:'水曰潤下,潤下作鹹。'"(57/529下)卷4《大般若波羅蜜多經》第三百八十一卷"潤滑"條:"《尚書》:'水曰潤下,潤下作鹹。'"(57/462上)卷29《金光明最勝王經》卷第九"鹹醋"條:"《洪範》云:'水曰潤下,潤下作鹹。'"(57/1026上)卷8《大般若波羅蜜多經》第五百九十四卷"鹹鹵"條:"《尚書·洪範》云:'潤下作鹹。'"(57/555上)卷13《大寶積經》第五十五卷"醎病"條:"《書》曰:'潤下作醎。'"(57/657下)卷36《挮呵耶寘怛囉經》"鹹鹻"條:"《尚書》:'潤下作鹹。'"(58/118上)卷61《根本説一切有部毗奈耶律》第三十五卷"鹹鹵"條:"孔注《尚書》云:'潤下作鹹。'"(58/680上)

《洪範》:"水曰潤下,火曰炎上,木曰曲直,金曰從革,土爰稼穡。潤下作鹹,炎上作苦,曲直作酸,從革作辛,稼穡作甘。"

案:《廣韻·咸韻》:"鹹,不淡。醎,俗。"⑥

【113】卷4《大般若波羅蜜多經》第三百五十卷"狀貌"條:"《尚書》:'五事,一曰皃。'"(57/458上)卷5《大般若波羅蜜多經》第四百四十六卷"何貌"條:"《尚書·洪範》云:'一曰貌。'"(57/489上)卷4《大般若波羅蜜多經》第四百零一卷"能聽"條:"《尚書》:'五

　　① 〔清〕柳榮宗《説文引經攷異》,李學勤主編《中華漢語工具書書庫》第35冊,合肥,安徽教育出版社2002年1月,第26頁。
　　② 《殷周金文集成》第15冊,北京,中華書局1993年10月,第243頁。
　　③ 于省吾《陳喜壺銘文考釋》,《文物》1961年第10期第35頁。
　　④ 《文物》1961年第2期第45頁。
　　⑤ 《文物》1961年第10期第36、37頁。
　　⑥ 〔宋〕陳彭年等《宋本廣韻》,北京,北京市中國書店1982年6月,第209頁。

事,四曰聽。'"(57/473 下)

《洪範》:"五事。一曰貌,二曰言,三曰視,四曰聽,五曰思。"

案:據《説文》,"皃"爲小篆隸定字,"貌"爲籀文隸定字①。

【114】卷 16《大方廣三戒經》卷下"聰黠"條:"《尚書》:'聽曰聰,必微諦。'又曰:'聰作謀,所謀必成。'"(57/711 下)卷 60《根本説一切有部毗奈耶律》第九卷"聰叡"條:"《尚書》云:'聽曰聰。'……《洪範》曰:'叡作聖。'"(58/663 下)卷 66《阿毗達磨法藴足論》第二卷"聰叡"條:"《尚書》云'聽曰聰'也。……《尚書》云'叡作聖'也。"(58/789 上)卷 72《阿毗達磨顯宗論》第一卷"聰叡"條:"《尚書》云:'聽曰聰。'……《尚書》云:'叡作聖。'"(58/897 下)卷 47《大乘阿毗達磨集論》第六卷"英叡"條:"《尚書》云:'五事,思心曰叡。'孔安國曰:'叡必通於術。'"(58/358 下)卷 29《金光明經》卷第六"聰叡"條:"《尚書》:'叡作聖。'"(57/1022 下)卷 67《阿毗達磨界身足論》上卷"聰叡"條:"《尚書》云:'叡作聖。'"(58/807 上)

《洪範》:"貌曰恭,言曰從,視曰明,聽曰聰,思曰睿。恭作肅,從作乂,明作晢,聰作謀,睿作聖。"

案:《説文·叔部》:"叡,深明也,通也。睿,古文叡。"②"思曰睿","英叡"條所引作"思心曰叡"。《漢書·五行志下之上》引《洪範五行傳》:"思心之不容,是謂不聖。"③是《五行傳》作"思心"。《史記·宋微子世家》:"五事:一曰貌,二曰言,三曰視,四曰聽,五曰思。貌曰恭,言曰從,視曰明,聽曰聰,思曰睿。"④《漢書·五行志中之上》:"五事:一曰貌,二曰言,三曰視,四曰聽,五曰思。貌曰恭,言曰從,視曰明,聽曰聰,思曰睿。"⑤"思"下皆無"心"字。劉起釪曰:"此處五事,貌言視聽四事都是一字,《五行傳》於'思'獨

①　《説文解字》,第 177 頁。
②　《説文解字》,第 85 頁。
③　《漢書》,第 5 册第 1441 頁。
④　《史記》,第 5 册第 1612 頁。
⑤　《漢書》,第 5 册第 1351 頁。

爲兩字是不應當的。‘心’當是涉‘思’字下半而衍，不過後來
《傳》的流行本已定爲兩字。段玉裁舉漢人著作中證據九條以證
此處當作‘思心’，殊不知那都是根據《五行傳》衍文做的文章，與
《洪範》本文無涉。”①慧琳所據本《尚書》作“思心”者，蓋據《五行
傳》而改也。

　　【115】卷30《寶雨經》第十卷“惸獨”條：“孔注《尚書》云：‘惸，
單也。謂無兄弟也。’或作煢。”(57/1042上)卷61《根本説一切有
部毗奈耶律》第三十四卷“孤惸”條：“孔注《尚書》云：‘惸，單也。’”
(58/679下)卷33《佛説老母女六英經》》“悇悇”條：“孔注《尚書》曰：
‘悇，單也。謂無兄弟曰悇也，無子曰獨。’字書云‘煢煢無所依’是
也。或從卂作‘煢’。”(58/61下)

　　《洪範》：“無虐煢獨而畏高明。”孔傳：“煢，單，無兄弟也。”

　　案：慧琳所引孔傳“煢”字作“惸”或“悇”，則其所據《尚書》版本
有作此二字者。《原本玉篇殘卷》：“惸，仇營反。《尚書》：‘無害惸
獨。’孔安國曰：‘惸，單也。謂無兄弟也。’”②與慧琳所見本同。雷
濬云：“《説文》無‘惸’字，《勹部》‘匑，驚辭也。从勹旬聲’，或从心
作‘悇’，爲‘惸’之本字。从子者，从勹之變。”③是“惸”爲“悇”之變
體，實一字也。《説文·卂部》：“煢，回疾也。”④張舜徽云：“凡言煢
獨，乃借‘煢’爲‘趬’。”⑤因《説文·走部》曰：“趬，獨行也。从走匀
聲，讀若煢。”⑥楊樹達謂煢、惸皆“趬”之借字。⑦

　　《慧琳音義》卷56《佛本行集經》第十九卷“煢獨”條：“《尚書》：

　　①　劉起釪《尚書校釋譯論》，北京，中華書局2005年4月，第3册第
1155頁。
　　②　《原本玉篇殘卷》，第2頁。
　　③　《説文外編》，第279頁。
　　④　《説文解字》，第246頁。
　　⑤　張舜徽《説文解字約注》，鄭州，中州書畫社1983年3月，下册第22
卷第42B頁。
　　⑥　《説文解字》，第36頁。
　　⑦　楊樹達《積微居小學述林》，北京，中華書局1983年7月，第130頁。

'無虛棨獨。'"①(58/564 上)則慧琳所據本《尚書》亦有作"棨"者，與刊本同。

【116】卷 46《大智度論》第三卷"蕃息"條："《尚書》：'庶草蕃蕪。'"(58/321 下)

《洪範》："五者來備，各以其叙，庶草蕃廡。"

案：《後漢書·班彪列傳下附班固傳》引《兩都賦》"百穀溱溱，庶卉蕃蕪"李賢注引《尚書》曰："庶草蕃蕪。"②《群經音辨》云："蕃，茂也，扶鬴切。《書》'庶艸蕃蕪'。"③皆與慧琳所據本《尚書》同。《國語·晉語四》："黍稷無成，不能爲榮。黍不爲黍，不能蕃廡。稷不爲稷，不能蕃殖。"④則與刊本同。

"蕪"字《説文》引作"森"，《説文·林部》："森，豐也。……《商書》曰：'庶艸繁森。'"⑤《説文·艸部》："蕪，薉也。"又《广部》："廡，堂下周屋。"⑥徐灝云："森、蕪蓋本一字，因'無'借爲語詞，又增艸作'蕪'耳。""《洪範》、《晉語》'蕃廡'皆假'廡'爲'森'也。"⑦

【117】卷 34《賢劫經》第三卷"怯弱"條："《尚書》：六極曰弱。孔安國曰：弱，尫劣也。"⑧(58/94 下)

《洪範》："六極。一曰凶短折，二曰疾，三曰憂，四曰貧，五曰惡，六曰弱。"

【118】卷 22《新譯大方廣佛華嚴經音義》卷中《經卷第十九》

---

① 《佛本行集經》收在《玄應音義》卷十九，此慧琳轉錄。高麗藏本《玄應音義》引《尚書》作"無虛棨獨"，慧琳轉錄本"虛"誤"虛"。

② 《後漢書》，第 5 册第 1372 頁。

③ ［宋］賈昌朝：《群經音辨》，張元濟等編《四部叢刊續編》，上海，商務印書館 1934 年，第 1 卷第 9A 頁。

④ 《國語集解》，第 331 頁。

⑤ 《説文解字》，第 126 頁。

⑥ 《説文解字》第 23、192 頁。

⑦ 《説文解字注箋》，《續修四庫全書》第 225 册第 199 頁、第 226 册第 247 頁。

⑧ 《賢劫經》收在《玄應音義》卷四，此慧琳轉錄。高麗藏本《玄應音義》"怯弱"條不引《尚書》，磧砂藏本有。

“珍玩”條：“《書》曰：‘玩人喪德，玩物喪志。’”①（57/835 下）卷 27
《妙法蓮花經》譬喻品“珍玩”條：“《尚書》：‘玩人喪德，玩物喪志。’”
（57/971 上）

《旅獒》：“玩人喪德，玩物喪志。”

【119】卷 6《大般若波羅蜜多經》第五百一十卷“病念”條：“《尚
書》云：‘有疾，不念。’”（57/510 下）

《金縢》：“既克商二年，王有疾，弗豫。”

案：《釋文》云：“豫，本又作忬。”②則元朗所見《尚書》未有作
“念”者。內野本作“弗念”，《書古文訓》作“𢙴念”。

《說文·心部》“念，忘也，嘽也。从心余聲。《周書》曰：‘有疾
不念。’念，喜也”段注：“今本作‘弗豫’。許所據者，壁中古文。今
本則孔安國以今文字易之也。”③馬宗霍云：

　　《一切經音義》卷二十四以“忬”爲“豫”之古文。今案《礼
記》鄭玄注：“予、余古今字。”則予、余本通，疑“念”變爲“悇”，
又變爲“忬”。故阮元《尚書校勘記》以爲《釋文》別本作‘忬’，
蓋即‘念’字”。敦煌唐寫本隸古定《尚書》殘卷《夏書·五子之
歌》“大康尸位日逸豫”，《商書·說命中》篇“弗惟逸豫”，兩
“豫”字皆作“念”。以彼例此，則偽孔本此文當亦作“念”，與
許同。④

　　案：馬氏所謂敦煌寫卷，指 P.2533 與 P.2643。《五子之歌》
“太康尸位以逸豫”之“豫”日本古寫本《尚書》九條本、內野本、足利
本、影天正本皆作“念”；《說命中》“不惟逸豫”之“豫”岩崎本、內野
本、元亨本、足利本、影天正本亦皆作“念”。廖云仙《周書斠理》云：
“今本‘豫’字原應作‘念’，如《說文》、內野本然。……段氏以今本

---

① 　《新譯大方廣佛華嚴經音義》是慧琳轉錄慧苑之音義。
② 　《經典釋文》，上冊第 179 頁。
③ 　《說文解字注》，第 509 頁。
④ 　《說文解字引經攷》，第 2 冊第 2 卷第 13B 頁。

'豫'字乃孔安國所改。然由《釋文》之'又作忬'、内野本之作'忿',
是知此字當由衛包改也。"①

皮錫瑞云:"《金縢》'王有疾,弗豫',《史記·魯世家》、《論衡·
死僞篇、卜筮篇、知實篇》引經文皆作'不豫',蓋古文作'弗',今文
作'不'。"②查《史記·周本紀》張守節《正義》引《金縢篇》云:"惟克
商二年,王有疾,不豫。"③《初學記》卷 20《政理部》引《尚書》曰:"武
王有疾不豫。"④張守節、徐堅所見者皆古文《尚書》,是僞古文亦有
作"不"者。《慧琳音義》所引《尚書》作"不",其所據確爲僞古文也。

【120】卷 46《大智度論》第十五卷"不睦"條:"又作穆,同。亡
竹、莫禄二反。《尚書》……又曰:'我其如睦。'孔安國曰:'睦,敬
也。'"(58/327 上)

《金縢》:"二公曰:'我其爲王穆卜。'周公曰:'未可以戚我先
王。'"孔傳:"穆,敬;戚,近也。"

案:《大智度論》收在《玄應音義》卷九,此慧琳轉録。高麗藏本
《玄應音義》"不睦"條云:"又作穆,同。亡竹、莫禄二反。睦,和也;
睦,敬也。"日本七寺藏、金剛寺藏本皆同。磧砂藏本此條下云:"又
作穆,同。亡竹、莫禄二反。《尚書》:'九族既睦。'孔安國曰:'睦,
和也。'又曰:'我其如睦。'孔安國曰:'睦,敬也。'"與《慧琳音義》所
引相同。

《尚書》不見"我其如睦"句,《金縢》有"二公曰:'我其爲王穆
卜'"句,孔傳曰:"穆,敬。"段玉裁云:"舊本蓋作'睦卜'。釋元應
《大唐衆經音義》卷十引作'睦',引孔安國曰:'睦,敬也。'古睦、穆
相假借。……此字蓋亦衛包拘於俗用睦訓和、穆訓敬所改。"⑤段
氏謂"我其如睦"句即《金縢》"我其爲王穆卜"之異,其説當是。然

①　《周書斠理》,第 46 頁。
②　《漢碑引經考》,第 20508 頁。
③　《史記》,第 1 册第 120 頁。
④　《初學記》,中册第 488 頁。
⑤　《古文尚書撰異》,中册 1953 頁。

謂作"穆"者，爲衛包所改，其説未必然。《史記·周本紀》："武王病。天下未集，羣公懼，穆卜。"裴駰《集解》引孔安國曰："穆，敬也。"①是《史記》所據《尚書》作"穆"也，裴駰所見《古文尚書》亦作"穆"也。《初學記》卷 20《政理部》引《尚書》曰："武王有疾不豫，二公曰：'我其爲王穆卜。'"②《初學記》成於衛包改字前③，亦作"穆"。若謂《史記》、《初學記》有被後人改動之可能，則日本所藏隸古定本《尚書》，乃傳承衛包未改字本《古文尚書》也，内野本、足利本、影天正本、八行本皆作"穆"。《平輿令薛君碑》有"吏民穆卜，嘗禱屏营"句，皮錫瑞《漢碑引經攷》認爲"穆卜"即據漢人所傳《今文尚書》④，是漢代《今文尚書》亦作"穆卜"也。

【121】卷 21《新譯大方廣佛華嚴經音義》卷上《經卷第八》"壇埠形"條："《尚書》曰：'爲三壇同埠。'"⑤(57/820 下)

《金縢》："公乃自以爲功，爲三壇同埠。"

【122】卷 27《妙法蓮花經》譬喻品"於某"條："《尚書》：'尓元孫某。'"⑥(57/979 上)

《金縢》："惟爾元孫某，遘厲虐疾。"

案："尓"爲"尒"之手寫變體，後又譌作"尔"形。爾、尒之别，説參【100】。

【123】卷 32《月燈三昧經》第九卷"瘳愈"條："《尚書》'翌日乃瘳'是也。"⑦(1/1280) 卷 33《六度集經》第一卷"瘖瘳"條："《尚書》：

① 《史記》，第 1 册第 131 頁。

② 《初學記》，第 2 册第 488 頁。

③ ［宋］王溥：《唐會要》卷 36《修撰》"開元十五年五月一日"條："集賢學士徐堅等纂經史文章之要，以類相從，上制名曰《初學記》，至是上之。"（北京，中華書局 1955 年 6 月出版，第 658 頁）［宋］歐陽修《新唐書·藝文志》書類"《今文尚書》十三卷"下小注："天寶三載，又詔集賢學士衛包改古文從今文。"（北京，中華書局 1975 年 2 月出版，第 5 册第 1428 頁）

④ 《漢碑引經考》，第 20508 頁。

⑤ 《新譯大方廣佛華嚴經音義》是慧琳轉錄慧苑之音義。

⑥ 《妙法蓮花經》音義乃慧琳轉錄窺基《妙法蓮花經音義》。

⑦ 高麗藏本《慧琳音義》未收《月燈三昧經》，此據獅谷本。

'王翌日乃瘳。'"(58/53 下)卷 49《大莊嚴經論》第七卷"瘳降"條："《尚書》'王翌日乃瘳'是也。"(58/408 上)卷 52《別譯阿含經》第七卷"瘳損"條："《尚書》：'王翌日乃瘳。'"(58/477 下)卷 54《梵摩喻經》"病瘳"條："《尚書》：'王翌日乃瘳。'"(58/509 下)

《金縢》："公歸，乃納冊于金縢之匱中。王翼日乃瘳。"

案：以上諸經皆慧琳轉錄《玄應音義》。高麗藏本《玄應音義》卷十三所釋《梵摩喻經》沒有"病瘳"條，磧砂藏本有。

段玉裁云：

> 翌，《唐石經》及各本作"翼"，衛包所改也。《爾雅·釋言》曰："翌，明也。"郭注引《書》"翌日乃瘳"。貞觀時元應《衆經音義》亦引"翌日乃瘳"，《漢書·五行志》顏注引"王翌日乃瘳"，《文選》陸士衡《弔魏武帝文》李注引《尚書》"翌日乃瘳"孔安國曰："翌日，明日也。"然則唐初《尚書》未誤也。凡古書翌日字，斷無作"翼"者。其作"翼"者，皆天寶已後淺人妄改也。《説文·羽部》有"翊"無"翌"，"翌"即"翊"字。[1]

《慧琳音義》卷 80《開元釋教錄》第八卷"翌日"條："孔注《尚書》云：'翌，明也。'"(58/1088 下)是慧琳所見本《尚書》亦作"翌"不作"翼"也。《武成》"越翼日癸巳，王朝步自周"，S.799《尚書》寫卷"翼"亦寫作"翌"。

【124】卷 62《根本説一切有部毗奈耶雜事律》第十一卷"鉆拔"條："《尚書》云：'大木斯拔。'"(58/705 上)

《金縢》："禾盡偃，大木斯拔，邦人大恐。"

【125】卷 50《佛性論》第三卷"靖約"條："孔注《尚書》云：'靖，安也。'"(58/426 上)

《大誥》："有大艱于西土，西土人亦不靜。"孔傳："西土人亦

---

① 《古文尚書撰異》，中冊第 1955 頁。

不安。"

案:《慧琳音義》所據孔傳作"靖",明《尚書》經文亦作"靖",然刊本孔傳"靖"皆釋爲"謀",無釋"安"者。《洪範》"用靜吉,用作凶"孔傳"安以守常則吉,動則凶",《大誥》"有大艱于西土,西土人亦不靜"孔傳"西土人亦不安",《大誥》:"民不靜,亦惟在王宮邦君室"孔傳"言四國不安,亦在天子諸侯教化之過",皆以"安"釋"靜"。《漢書‧翟方進傳附翟義傳》引王莽《大誥》:"反虜故東郡太守翟義擅興師動衆,曰'有大難于西土,西土人亦不靖'。"[1]"靜"字作"靖",蓋慧琳所據本《尚書》"西土人亦不靜"之"靜"作"靖"也。

【126】卷54《治禪病秘要法經》"苗裔"條:"《尚書》云:'德垂後裔。'"(58/523上)

《微子之命》:"功加于時,德垂後裔。"

【127】卷18《大乘大集地藏十輪經》"失魄"條:"《尚書》云:'哉生魄。'"(57/749上)

《康誥》:"惟三月哉生魄,周公初基,作新大邑于東國洛,四方民大和會。"

【128】卷34《超日明三昧經》上卷"消殄"條:"《尚書》:'殄戎殷。'"[2](58/93上)卷55《瑠璃王經》"殄人"條:"《尚書》:'殄戎殷。'"(58/534下)

《康誥》:"天乃大命文王,殄戎殷,誕受厥命。"

【129】卷58《僧祇律》第十七卷"刵劓"條:"《尚書》'無或劓刵人'也。"(58/606下)

《康誥》:"非汝封又曰劓刵人,無或劓刵人。"

案:此慧琳轉録《玄應音義》,高麗藏本、磧砂藏本《玄應音義》卷十五引《尚書》作"無或劓刵人"。《説文‧刀部》:"劓,刑鼻也。

---

① 《漢書》,第10冊第3429頁。

② 《超日明三昧經》收在《玄應音義》卷五,此慧琳轉録。高麗藏本《玄應音義》未引《尚書》,磧砂藏本未收此經音義。

从刀枲聲。劋，枲或从鼻。"①是"劋"爲"剿"之別體。《盤庚中》"我乃劋殄滅之，無遺育"，P. 2643、P. 2516"劋"作"剿"；《多方》"日欽劋割夏邑"，S. 2074"劋"作"剿"。《書古文訓》兩處皆作"劋"。作"剿"者當是隸古定《尚書》也。此作"劋"，蓋慧琳所改也。

【130】卷 37《廣大寶樓閣善住秘密陀羅尼經》中卷"抨界道"條："孔注《尚書》：'抨，使也。'"（58/133 下）卷 72《阿毗達磨顯宗論》第十六卷"索拼"條："孔注《尚書》云：'拼，使也。'"（58/903 下）

案：刊本無"抨"字，亦無"拼"字。《爾雅・釋詁》："俾、拼、抨，使也。"②《釋文》云："抨，字又作伻，音同，使人也。"③知"抨"或有作"伻"者。《洛誥》"伻來以圖及獻卜"孔傳云："遣使以所卜地圖及獻所卜吉兆。"又"予齊百工，伻從王于周"孔傳："我整齊百官，使從王於周，行其禮典。"是孔傳釋"伻"爲"使"也。《洛誥》"伻來以圖及獻卜"句《群經音辨》引《尚書》"伻"作"平"④，王引之云："《洛誥》'平來以圖'，《羣經音辨》所引如此，蓋據《釋文》原書，《唐石經》作'伻'，衛包所改。今本《釋文》作'伻'，則又陳鄂所改也。《集韻》：'拼，使也。或作伻，古作平苹。'"⑤段玉裁云："《尚書》之'平'即《爾雅》之拼、抨也，'伻'字後出爲俗。"⑥

《慧琳音義》卷 37《陀羅尼集》第一卷"拼繩"條："《尒雅》云：'拼，使、從也，孔注《尚書》云：'亦從也。'"（58/138 上）案刊本《尚書》無"拼"、"抨"二字，孔傳亦無釋"平"、"伻"爲"從"者，此條注釋可疑。

【131】卷 55《太子本起瑞應經》上卷"享之"條："《尚書》：'其有

①　《説文解字》，第 92 頁。

②　《爾雅注疏》，下册第 2577 頁。

③　《經典釋文》，下册第 1606 頁。

④　《群經音辨》，第 2 卷第 13B 頁。

⑤　［清］王引之：《經義述聞》，南京，江蘇古籍出版社 2000 年 9 月，第 66 頁。

⑥　《古文尚書撰異》，中册第 1989 頁。

弗享。'"①(58/537 上)

《洛誥》:"汝其敬識百辟享,亦識其有不享。"

案:不、弗古多混用,説參【37】【97】。

【132】卷 17《慧上菩薩問大善權經》上卷"殫盡"條:"《尚書》:'乃殫文祖。'注云:'殫,盡也。'"(57/735 下)

《洛誥》:"考朕昭子刑,乃單文祖德。"孔傳:"我所成明子法,乃盡文祖之德,謂典禮也。"

案:《慧上菩薩問大善權經》爲慧琳轉録《玄應音義》,是玄應所據本《尚書》作"殫"。《詩經·周頌·維天之命》"於乎不顯,文王之德之純"鄭箋:"《書》曰:'考朕昭子刑,乃單文祖德。'"是鄭玄所見本作"單";P. 2748《尚書》寫卷亦作"單",皆與傳本《尚書》同。《説文·吅部》:"單,大也。"②章太炎云:"《説文》訓'單'爲大,此乃'鼉'字之借,非其本義。"③"單"字之本義爲何,今不可知④。然古多釋"單"爲盡,《國語·鄭語》"夏禹能單平水土"韋昭注:"單,盡也。"⑤《左傳·襄公二十七年》"匹夫一爲不信,猶不可,單斃其死"杜預注:"單,盡也。"⑥《説文·歺部》"殫,極盡也"段注:"古多假'單'字爲之。"⑦單、殫二字古書亦多見異文,如《莊子·列御寇》"單千金之家"王叔岷校釋:"《文選》張景陽《七命》注,《藝文類聚》九六,《御覽》八二八、九二九,《事類賦》二六《鱗介部一》,《記纂淵海》五六,《事文類聚後集》三三引'單'並作'殫',疏:'殫,盡也。'是

---

①　《太子本起瑞應經》收在《玄應音義》卷十三,此慧琳轉録。高麗藏本《玄應音義》未收此條,磧砂藏本有。

②　《説文解字》,第 35 頁。

③　《章太炎説文解字授課筆記》,第 8 頁。

④　關于"單"字本義,説甚紛纭,詳參李玲璞主編《古文字詁林》第 2 册,上海,上海教育出版社 2000 年 12 月,第 164—182 頁。

⑤　《國語集解》,第 466 頁。

⑥　[晉]杜預注,[唐]孔穎達正義:《春秋左傳正義》,阮元編《十三經注疏》,北京,中華書局 1980 年 10 月,下册第 1996 頁。

⑦　《説文解字注》,第 163 頁。

成本正作'殫'，'單'即'殫'之借。"①《史記·春申君列傳》"王又割
濮曆之北，注齊秦之要，絕楚趙之脊，天下五合六聚而不敢救。王
之威單矣"裴駰《集解》引徐廣曰："單，亦作殫。"司馬貞《索隱》："單
者，盡也。"②古文字不見"殫"字，應是"單"之孳乳字。

　　《慧琳音義》卷 42《大佛頂經》第十卷"畢殫"條："孔注《尚書》
云：'殫，盡也。'"（58/247 上）卷 67《阿毗達磨界身足論》後序"殫
言"條："孔注《尚書》亦云：'盡也。'"（58/808 上）卷 83《大唐三藏玄
奘法師本傳》卷第八"學殫"條："孔注《尚書》：'殫，盡也。'"（59/62
上）卷 88《法琳法師本傳》卷第一"殫玉牒"條："孔注《尚書》：'殫，
盡也。'"（59/133 下）卷 94《續高僧傳》第十七卷"殫言"條："孔注
《尚書》云：'殫，盡也。'"（59/224 下）卷 97《廣弘明集》卷第七"殫
生"條："孔注《尚書》：'殫，盡也。'"（59/286 上）則慧琳所見本《尚
書》亦作"殫"也。

　　【133】卷 18《大乘大集地藏十輪經》第二卷"耽染"條："《説文》
正合作'媅'。《尚書》云：'媅樂之徒③。'孔注云：'過樂謂之媅。'"
（57/758 上）卷 68《阿毗達磨大毗婆沙論》第二卷"耽嗜"條："正作
'媅'。孔注《尚書》云：'樂過謂之媅。'"④（58/819 下）

　　《無逸》："不聞小人之勞，惟耽樂之從。"孔傳："過樂謂之耽。
惟樂之從，言荒淫。"

　　案：《説文·女部》"媅，樂也"段注："《衛风》'無與士耽'，傳曰：
'耽，樂也。'《小雅》'和樂且湛'，傳曰：'湛，樂之久也。'耽、湛皆叚
借字，'媅'其真字也，叚借行而真字廢矣。"⑤是慧琳所據本《尚書》
作"媅"，存正字也。

　　《慧琳音義》卷 30《寶雨經》第二卷"耽著"條："孔注《尚書》云：

_____

　　①　王叔岷：《莊子校釋》，臺北，历史語言研究所 1993 年 4 月，下册第 5
卷第 51B 頁。
　　②　《史記》，第 7 册第 2388、2389 頁。
　　③　"徒"爲"從"之形誤。
　　④　"樂過"爲"過樂"之倒。
　　⑤　《説文解字注》，第 620 頁。

'過樂謂之耽。'"（57/1039下）卷34《慈氏菩薩所説大乘緣生稻幹喻經》"躭著"條："孔注《尚書》云：'過樂謂之躭。'"（58/81上）卷53《起世因本經》第八卷"躭樂"條："孔注《尚書》云：'過樂謂之躭。'"（58/493下）案《玉篇·身部》："躭，俗耽字。"①是慧琳所據本《尚書》亦有寫作"耽"者。

【134】卷57《燈指因緣經》"譸張"條："《尚書》云：'無或譸張爲幻。'"（58/592下）

《無逸》："民無或胥譸張爲幻。"

案：《燈指因緣經》收在《玄應音義》卷十三，此慧琳轉録。高麗藏本《玄應音義》"譸張"條未引《尚書》，海山仙館本有；磧砂藏本引作"無或胥譸張爲幻"，較慧琳所轉録及海山仙館本多一"胥"字，與傳本《尚書》同。

《爾雅·釋訓》"侜張，誑也"郭璞注引《書》曰："無或侜張爲幻。"②《説文·言部》"譸"字、《予部》"幻"字兩引《周書》皆作"無或譸張爲幻"③，皆與慧琳所轉録及海山仙館本《玄應音義》同。《唐石經》，P.3767、P.2748敦煌《尚書》寫卷，内野本、足利本、影天正本、八行本諸日本寫本及《書古文訓》均有"胥"字。

段玉裁云："無'胥'字爲是。上文三'胥'字皆君臣相與之詞，此'胥'字不倫。下文'人乃或譸張爲幻'，亦無'胥'字。蓋因僞孔傳有'相'字而增之也。"④吳承志《爾雅注引尚書文與今本異同考》云："《説文·言部》'譸'字下、《予部》'幻'字下並引作'無或譸張爲幻'，則許所見之真古文並無'胥'字，枚本當與之合。段氏玉裁曰：作僞時杜林、衛宏、賈逵、馬融、鄭康成之《古文尚書》皆存，天下皆曉然知此等爲孔氏遞傳之本，作僞者安肯點竄塗改，以啓天下之疑。此説

---

①　《宋本玉篇》，第62頁。
②　《爾雅注疏》，下册第2592頁。
③　《説文解字》，第54、84頁。
④　《古文尚書撰異》，中册第2003頁。

可信。"①

【135】卷79《經律異相》卷三十六"不啻"條："《尚書》云'若時弗啻'也。"(58/1059 上)

《無逸》："厥愆,曰:'朕之愆。'允若時不啻不敢含怒。"

案:P.2748、P.3767 兩敦煌寫本及内野本、八行本作"弗",與慧琳所見本同;足利本、影天正本作"不",與刊本同。

【136】卷16《優填王經》"身冒"條："《尚書》:'冒聞于上帝。'"②(57/725 下)

《君奭》："迪見冒聞于上帝,惟時受有殷命哉!"

【137】卷16《無量清净平等覺經》下卷"稸氣"條："孔注《尚書》:'稸,積也。'"③(57/713 上)卷83《大唐三藏玄奘法師本傳》卷第八"蓄疑"條："孔注《尚書》:'蓄,積也。'"(59/61 下)

《周官》："蓄疑敗謀,怠忽荒政,不學牆面,莅事惟煩。"孔傳:"積疑不決,必敗其謀。"

案:刊本無"稸"字,"蓄"字唯見於《周官》"蓄疑敗謀"句。《説文》無"稸"字,《艸部》:"蓄,積也。"④"稸"當是後起換旁字,從艸從禾義同也。

【138】卷60《根本説一切有部毗奈耶律》第二十一卷"𡉦色"條："孔注《尚書》云:'𡉦,亂也。'"(58/670 上)

《周官》："推賢讓能,庶官乃和,不和政厖。"孔傳:"賢能相讓,俊乂在官,所以和諧。厖,亂也。"

案:刊本無"𡉦"字,《説文·厂部》"厖,石大也"段注:"'石大'其本義也,引伸之爲凡大之偁。……或假此'厖'爲𡉦襍字。"⑤《説

----

①　[清]顏宗儀輯:《詁經精舍三集·己巳年官師課合刻卷上》,同治間刻本,第5冊上卷第4A頁。

②　《優填王經》收在《玄應音義》卷十三,此慧琳轉録。高麗藏本、磧砂藏本、海山仙館本《玄應音義》"身冒"條未引《尚書》。

③　《無量清净平等覺經》收在《玄應音義》卷八,此慧琳轉録。高麗藏本、磧砂藏本、海山仙館本《玄應音義》"稸氣"條未引《尚書》孔傳。

④　《説文解字》,第27頁。

⑤　《説文解字注》,第447頁。

文·犬部》"尨,犬之多毛者"段注:"引伸爲襍亂之偁。"①"尨"有亂義,"尨"假作"厖",故"厖"亦有亂義。《周官》有"不和政厖"句,孔傳"厖,亂也",慧琳所引孔傳"尨,亂也"之"尨"當是指《周官》"不和政厖"句之"厖"。

【139】卷45《文殊悔過經》"德馨"條:"《尚書》云:'明德惟馨。'"(58/317下)卷83《大唐三藏玄奘法師本傳》卷第四"芬馨"條:"《尚書》云:'明德惟馨。'"(59/52下)

《君陳》:"至治馨香,感于神明。黍稷非馨,明德惟馨。"

【140】卷5《大般若波羅蜜多經》第四百二十七卷"顧命"條:"《尚書》'成王作顧命'是也。"(57/483下)

《顧命》:"成王將崩,命召公、畢公,率諸侯相康王,作《顧命》。"

案:此節引其文也。

【141】卷24《大唐新譯方廣大莊嚴經》第五卷"其杪"條:"孔注《尚書》:'杪杪,微細也。'"(57/899上)

《顧命》:"眇眇予末小子,其能而亂四方,以敬忌天威?"

案:《史記·秦始皇本紀》:"寡人以眇眇之身,興兵誅暴亂,賴宗廟之靈,六王咸伏其辜,天下大定。"②《後漢書·明帝紀》永平二年十月詔"眇眇小子,屬當聖業"李賢注:"《尚書》康王曰:'眇眇予末小子。'孔安國注云:'眇眇猶微微也。'"③作"眇眇",此詞淵源於《顧命》可知也。《晉書·涼武昭王李玄盛傳》引《述志賦》:"杪杪余躬,迢迢西邦,非相期之所會,諒冥契而來同。"④則作"杪杪",與慧琳所據本《尚書》同。從少聲之字有"小"義,"眇"者小目,"杪"者木端細枝,"眇眇"與"杪杪"同聲通用。

【142】卷7《大般若波羅蜜多經》第五百四十八卷"端拱"條:"《尚書》曰:'垂拱仰成。'"(57/525下)

《畢命》:"嘉績多于先王,予小子垂拱仰成。"

---

① 《説文解字注》,第473頁。
② 《史記》,第1冊第236頁。
③ 《後漢書》,第1冊第102—103頁。
④ 《晉書》,第7冊第2266頁。

【143】卷 7《大般若波羅蜜多經》第五百二十六卷 "無翼" 條：
"孔注《尚書》云：'翼，輔也。'"(57/519 下)卷 22 卷《新譯大方廣佛
華嚴經音義》卷中《經卷第二十六》"翼從" 條："孔注《尚書》：'翼，輔
也。'"①(57/841 上)卷 41《大乘理趣六波羅蜜多經》序 "翼衛" 條：
"孔注《尚書》云：'翼，輔也。'"(58/206 上)卷 66《集異門足論》第九
卷 "嗦翼" 條："孔注《尚書》云：'翼，輔也。'"(58/800 下)

《君牙》："今命爾予翼，作股肱心膂。"孔傳："今命汝爲我輔翼
股肱心體之臣。"

案：刊本釋 "翼" 爲 "輔" 者唯《君牙》"今命爾予翼" 句，孔傳曰：
"今命汝爲我輔翼股肱心體之臣。""無翼"、"翼從"、"翼衛"、"嗦翼"
四條所引孔注應即《君牙》孔傳。

《群書治要》引 "翼" 作 "翊"②，内野本、《書古文訓》亦作 "翊"。
《慧琳音義》卷 77《釋門系錄》"翊化" 條："孔注《尚書》云：'翊，輔
也。'"(58/1026 下)慧琳所引應即此句，孔傳作 "翊"，則《尚書》經
文亦作 "翊" 也。

王叔岷《尚書斠證》云："《治要》引 '翼' 作 '翊'，翼、翊正、假
字。"③廖云仙《周書斠理》云："今本之字爲正，内野、《治要》所引爲
叚借。"④段玉裁於《説文·日部》"昱" 字下云："凡經傳子史翌日
字，皆昱日之叚借。'翌' 與 '昱' 同立聲，故相叚借。本皆在緝韻，
音轉又皆入屋韻。劉昌宗讀《周禮》'翌日乙丑' 音育是也。俗人以
'翌' 與 '翼' 形相似，謂 '翌' 即 '翼'，同入職韻。唐衛包改《尚書》六
'翌' 皆爲 '翼'，而昱日之義廢矣。"⑤段氏又於《金縢》"王翼日乃

---

①　《新譯大方廣佛華嚴經音義》是慧琳轉錄慧苑之音義。
②　[唐]魏徵：《群書治要》(一)，古典研究會叢書《漢籍之部》第 9 卷，東
京，汲古書院 1989 年 2 月，第 135 頁。
③　王叔岷：《尚書斠證》，《歷史語言研究所集刊》第三十六本上册，1965
年 12 月，第 146 頁。
④　《周書斠理》，第 208 頁。
⑤　《説文解字注》，第 306 頁。

癙”句下云：“《説文·羽部》有‘翊’無‘翌’，‘翌’即‘翊’字。”①“昱”
爲正字，“翌”、“翊”、“翼”均借字，王、廖誤以“翊”爲“翼”之借字。

【144】卷42《法炬陁羅尼經》第二十卷“祁寒”條：“《尚書》：‘冬
祁寒，小民亦惟怨咨。’”（58/237下）

《君牙》：“冬祁寒，小民亦惟曰怨咨。”

案：此慧琳轉録《玄應音義》，高麗藏本、海山仙館本《玄應音
義》卷一同②。《禮記·緇衣》：“《君雅》曰：‘夏日暑雨，小民惟曰
怨。資冬祁寒，小民亦惟曰怨。’”③郭店簡與上博簡《緇衣》皆有
“曰”字，林素清謂簡本“曰”字應隸成“日”，今本《尚書》之“曰”應是
“日”之誤④。虞萬里亦謂“曰”爲“日”之誤⑤。《玄應音義》所引無
者，脱也。

【145】卷32《寶網經》“忼惕”條：“《尚書》云：‘忼惕唯厲。’”⑥
（58/41下）卷55《過去現在因果經》第一卷“忼惕”條：“《尚書》：‘忼
惕唯厲。’”⑦（58/538下）

《冏命》：“忼惕惟厲，中夜以興，思免厥愆。”。

案：唯、惟古多混用。

【146】卷16《大聖文殊師利佛刹功德經》中卷“準繩”條：“《尚
書》曰：‘繩愆糾謬，格其非心。’”（57/720上）

《冏命》：“繩愆糾繆，格其非心，俾克紹先烈。”

案：“愆”爲“愆”之譌體，“愆”者隸古定《尚書》原字也，説已詳

---

①　《古文尚書撰異》，中册第1955頁。

②　磧砂藏本“冬”誤作“反”。

③　《禮記正義》，下册第1650頁。

④　林素清：《利用出土戰國楚竹書數據檢討〈尚書〉異文及相關問題》，
《龍宇純先生七秩晉五壽慶論文集》，臺北，臺灣學生書局2002年11月，第93
頁。

⑤　虞萬里：《上博館藏楚竹書〈緇衣〉綜合研究》，武昌，武漢大學出版社
2009年12月，第58頁。

⑥　《寶網經》收在《玄應音義》卷五，此慧琳轉録。高麗藏本、獅谷本《慧
琳音義》“惕”原誤作“揚”，此據高麗藏本《玄應音義》改正。

⑦　《過去現在因果經》收在《玄應音義》卷十三，此慧琳轉録。

【36】。

《廣韻·黝韻》：“糾，俗作紌。”①

【147】卷55《佛說八師經》“臭胜”條：“孔注《尚書》云：‘胜，臭也。’”（58/530 上）卷64《四分尼羯磨》“羶胜”條：“孔安國注《尚書》：‘胜，臭也。’”（58/755 下）卷14《大寶積經》第七十一卷“腥臭”條：“昔精反，或作胜。孔安國注《尚書》云：‘胜，殠也。’”（57/673 下）

《呂刑》：“上帝監民，罔有馨香，德刑發聞惟腥。”孔傳：“天視苗民無有馨香之行，其所以爲德刑，發聞惟乃腥臭。”

案：刊本無“胜”字，卷8《大般若波羅蜜多經》第五百六十卷“腥臊”條：“上姓精反，或作胜。孔注《尚書》云：‘胜，臭也。’”（57/536 下）卷55《貧窮老翁經》“腥臊”條：“孔注《尚書》云：‘腥，臭也。’”（58/536 下）是“胜”爲“腥”之異文。刊本《尚書》“腥”字兩見，《酒誥》“庶羣自酒，腥聞在上，故天降喪于殷，罔愛于殷，惟逸”，《呂刑》“上帝監民，罔有馨香，德刑發聞惟腥”。孔傳釋《酒誥》句爲“腥穢聞在上天”，釋《呂刑》句爲“發聞惟乃腥臭”，《慧琳音義》引孔傳“臭也”者當是釋《呂刑》“發聞惟乃腥臭”句。

《五經文字》卷上《肉部》：“胜、腥：上先丁反，下先定反，今經典通用‘腥’爲‘胜’字。並先丁反。”②王鳴盛《尚書後案》云：“‘腥’當作‘胜’，從星別是一字。”③“胜”爲“腥”之本字也。“殠”爲“臭”之後起本字④。

【148】卷72《阿毗達磨顯宗論》第一卷“蠲除”條：“《尚書》云‘上帝不蠲’也。”（58/897 下）

《呂刑》：“上帝不蠲，降咎于苗。”

【149】卷7《大般若波羅蜜多經》第五百四十卷“譴罰”條：“《尚書》云：‘墨罰之屬千，劓罰之屬五百。’”（57/521 上）

---

① 《宋本廣韻》，第308 頁。

② 《五經文字》，上卷第39B 頁。

③ ［清］王鳴盛：《尚書後案》，《清經解》第3 冊，上海，上海書店1988 年10 月，第190 頁。

④ 《文字學概要》，第248 頁。

《吕刑》："墨罰之屬千，劓罰之屬千，剕罰之屬五百，宮罰之屬三百，大辟之罰其屬二百。五刑之屬三千。"

【150】卷34《超日明三昧經》上卷"浮譁"條："《尚書》：'無譁，聽命。'"①（58/93上）

《費誓》："公曰：'嗟！人無譁，聽命。'"

【151】卷4《大般若波羅蜜多經》第三百九十八卷"垣牆"條："《尚書》曰'無敢逾垣牆'是也。"（57/466下）卷33《大乘伽耶山頂經》"牆壁"條："《尚書》云：'無敢逾垣牆。'"（58/63下）

《費誓》："無敢寇攘，踰垣牆。"

案：此節引其文也。《説文·足部》"踰，越也"段注："踰與逾音義略同。"②P.3871V《尚書》寫卷亦作"逾"，與慧琳所引本同。

【152】卷84《利涉論衡》"諸崤"條："《尚書》云：'晉襄公帥師敗諸崤。'"（59/85上）

《秦誓》："秦穆公伐鄭，晉襄公帥師敗諸崤，還歸，作《秦誓》。"

三、結　語

（1）慧琳在撰作《音義》過程中雜採諸書

《慧琳音義》中轉録了慧苑《新譯大方廣佛華嚴經音義》、雲公《大般涅槃經音義》、窺基《妙法蓮花經音訓》、玄應《衆經音義》，其實其他所謂慧琳自撰之諸經音義，其中很多内容並不一定是慧琳自己逐條寫來，極有可能參考了當時流傳的其他音義書，諸如北齊道慧《一切經音》、隋智騫《衆經音》、唐善遇《一切經音》、唐法宣《大般涅槃經音義》、佚名《四分律音訓》等。③

慧琳在引書時，引用同一本書的同一句話，在不同的地方，出

①　《超日明三昧經》收在《玄應音義》卷五，此慧琳轉録。高麗藏本《玄應音義》未引《尚書》，磧砂藏、海山仙館本無此經。

②　《説文解字注》，第81頁。

③　徐時儀《一切經音義三種校本合刊》緒論，上册第11—12頁。

現了兩處甚至三處以上的異文,這在本文的【08】【10】【17】【39】【111】【115】【130】等條目中都有體現。有的甚至引文完全不同,如卷 77《釋迦譜》第四卷"栽櫱"條引孔傳:"顛仆之木而生曰櫱。"而在卷 81《集神州三寶感通傳》中卷"爲枿"條引孔傳則作"枿謂木餘更生",内容完全不同。如果説是一人獨立創作,別無凭藉,恐怕是很難解釋這種現象的。田潛《一切經音義引説文箋》云:"詳覽慧琳之引證,固視玄應爲優,而亦有以意爲去取之病,往往一字數見,有異同,有詳略。"①"一字數見,有異同,有詳略"並不一定都是慧琳以意去取,而是資料來源不同所致。

(2)慧琳改《玄應音義》之隸古定字爲今字

《玄應音義》成書於太宗末②,當時通行者隸古定《尚書》。慧琳撰此書,始於唐德宗建中末年(783),成於憲宗元和二年(807)③,上距衛包改字的天寶三載(743)已達四十年,改字本《尚書》早已施行天下。所以慧琳在改纂《玄應音義》時④,不免將隸古定字改成當時通行的今字。本文【16】【94】【129】三條即是慧琳將《玄應音義》中的隸古定字改爲了今字。

(3)保存不少隸古定《尚書》的隸古字

由於慧琳撰作時所依據的材料基本上是衛包改字前的音義著作,這些音義書引用的都是隸古定本《尚書》,所以《慧琳音義》中還是保留了大量的《尚書》隸古字,本文【12】【16】【25】【26】【38】【39】【93】【102】【103】【119】【123】【133】等條即爲此種情況的體現。

(4)保存了《尚書》傳本的異文

《尚書》在流傳過程中,由於轉輾傳抄,或隨意纂改,不可避免

① 田潛:《一切經音義引説文箋》,臺北,藝文印書館 1988 年 3 月,第 2 頁。

② 徐時儀:《慧琳音義研究》,上海,上海社會科學院出版社 1997 年 11 月,第 102 頁。

③ 丁福保:《重刊正續一切經音義序》,《正續一切經音義附索引兩種》,上海,上海古籍出版社 1986 年 10 月,第 5 册第 5791 頁。

④ 《慧琳音義研究》,第 105 頁。

地産生了大量異文。

　　清人在研究《尚書》過程中,對相關異文作了竭澤而漁式的搜集,如阮元《尚書校勘記》、段玉裁《古文尚書撰異》、繆祐孫《漢書引經異文録證》、鍾麐《易書詩禮四經正字考》、邵瑛《説文解字群經正字》、沈廷芳《十三經注疏正字》等,近人則有屈萬里《尚書異文彙録》等。而《慧琳音義》所引《尚書》,有未及爲諸家所見之異文,如本文【10】【42】【46】【50】【69】【82】【92】【120】【125】【137】【138】【141】等條目。可爲了解《尚書》流傳過程中的文本變化以及版本沿革提供重要材料,對於近代文字學的研究也極有意義。

2010 年 11 月 9 日初稿

2011 年 6 月 14 日定稿

參考文獻:

　　[1]《BD14681〈尚書〉殘卷考辨》,許建平,項楚、鄭阿財主編《新世紀敦煌學論集》,成都,巴蜀書社 2003 年 3 月。

　　[2]《北敦 14681 號〈尚書〉殘卷的抄寫時代及其版本來源》,許建平,《敦煌學輯刊》2002 年第 2 期。

　　[3]《陳喜壺》,馬承源,《文物》1961 年第 2 期。

　　[4]《陳喜壺》,中國社會科學院考古研究所編《殷周金文集成》第 15 册,北京,中華書局 1993 年 10 月。

　　[5]《陳喜壺銘文考釋》,于省吾,《文物》1961 年第 10 期。

　　[6]《初學記》,[唐]徐堅等,北京,中華書局 2004 年 2 月第 2 版。

　　[7]《春秋左傳正義》,[晉]杜預注、[唐]孔穎達正義,阮元編《十三經注疏》,北京,中華書局 1980 年 10 月。

　　[8]《大唐新語》,[唐]劉肅,北京,中華書局 1984 年 6 月。

　　[9]《讀書雜釋》,[清]徐鼒撰,閻振益、鍾夏點校,北京,中華書局 1997 年 5 月。

　　[10]《對〈陳喜壺〉一文的補充》,陳邦懷,《文物》1961 年第

10 期。

　　[11]《敦煌俗字研究》,張涌泉,上海,上海教育出版社 1996 年 12 月。

　　[12]《爾雅注疏》,[晉]郭璞注、[宋]邢昺疏,阮元編《十三經注疏》,北京,中華書局 1980 年 10 月。

　　[13]《方言箋疏》,[清]錢繹,上海,上海古籍出版社 1984 年 5 月。

　　[14]《古文尚書考》,[清]惠棟,[清]阮元編《清經解》第 2 冊,上海,上海書店 1988 年 10 月。

　　[15]《古文尚書撰異》,[清]段玉裁,四部要籍注疏叢刊本《尚書》,北京,中華書局 1998 年 8 月。

　　[16]《古文字詁林》第 2 冊,李玲璞主編,上海,上海教育出版社 2000 年 12 月。

　　[17]《古文字詁林》第 3 冊,李圃主編,上海,上海教育出版社 2001 年 12 月。

　　[18]《古籀篇》,高田忠周,臺北,大通書局 1982 年 9 月。

　　[19]《詁經精舍三集》,[清]顏宗儀輯,同治間刻本。

　　[20]《關於陳喜壺的幾個問題》,黃盛璋,《文物》1961 年第 10 期。

　　[21]《廣雅疏證》,[清]王念孫,南京,江蘇古籍出版社 1984 年 4 月。

　　[22]《國語集解》,[清]徐元誥撰,王樹民、沈長雲點校,北京,中華書局 2002 年 6 月。

　　[23]《汗簡》,[宋]郭忠恕,北京,中華書局 1983 年 12 月。

　　[24]《漢碑引經考》,[清]皮錫瑞,《石刻史料新編》第 1 輯第 27 冊,臺北,臺灣新文豐出版公司 1982 年。

　　[25]《漢書》,[漢]班固撰、[唐]顏師古注,北京,中華書局 1962 年 6 月。

　　[26]《漢書窺管》,楊樹達,上海,上海古籍出版社 1984 年 1 月。

[27]《漢書引經異文録證》,[清]繆祐孫,光緒十一年(1885)刊本。

[28]《〈後漢書〉引〈尚書〉考辨》,蔡根祥,臺北,花木蘭文化出版社 2007 年 3 月。

[29]《後漢書》,[南朝宋]范曄撰、[唐]李賢注,北京,中華書局 1965 年 5 月。

[30]《淮南鴻烈集解》,劉文典撰,馮逸、喬華點校,北京,中華書局 1980 年 5 月。

[31]《慧琳〈一切經音義〉研究》,姚永銘,南京,江蘇古籍出版社 2003 年 5 月。

[32]《〈慧琳音義〉引儒家經典研究》,楊思範,蘇州大學 2008 年博士論文。

[33]《慧琳音義研究》,徐時儀,上海,上海社會科學院出版社 1997 年 11 月。

[34]《積微居小學金石論叢》,楊樹達,北京,中華書局 1983 年 7 月。

[35]《積微居小學述林》,楊樹達,北京,中華書局 1983 年 7 月。

[36]《集韻》,[宋]丁度等,上海,上海古籍出版社 1985 年 5 月。

[37]《交翠軒筆記》,[清]沈濤,《清人考訂筆記(七種)》,北京,中華書局 2004 年 1 月。

[38]《晉書》,[唐]房玄齡等,北京,中華書局 1974 年 11 月。

[39]《經典釋文》,[唐]陸德明,上海,上海古籍出版社 1985 年 10 月。

[40]《經典文字考異》,[清]錢大昕,陳文和主編《嘉定錢大昕全集》第 1 册,南京,江蘇古籍出版社 1997 年 12 月。

[41]《經義述聞》,[清]王引之,南京,江蘇古籍出版社 2000 年 9 月。

[42]《舊唐書》,[後晉]劉昫,北京,中華書局 1975 年 5 月。

[43]《禮記正義》，[漢]鄭玄注、[唐]孔穎達疏，阮元編《十三經注疏》，北京，中華書局 1980 年 10 月。

[44]《利用出土戰國楚竹書數據檢討〈尚書〉異文及相關問題》，林素清，《龍宇純先生七秩晉五壽慶論文集》，臺北，臺灣學生書局 2002 年 11 月。

[45]《隸釋》，[宋]洪適，北京，中華書局 1985 年 11 月。

[46]《龍龕手鏡》，[遼]釋行均，北京，中華書局 1985 年 5 月。

[47]《孟子注疏》，[東漢]趙岐注、[宋]孫奭疏，阮元編《十三經注疏》，北京，中華書局 1980 年 10 月。

[48]《墨子閒詁》，[清]孫詒讓撰，孫以楷點校，北京，中華書局 1986 年 2 月。

[49]《群經識小》，[清]李惇，[清]阮元編《清經解》第 4 冊，上海，上海書店 1988 年 10 月。

[50]《群經音辨》，[宋]賈昌朝，張元濟等編《四部叢刊續編》，上海，商務印書館 1934 年。

[51]《群書治要》，[唐]魏徵，古典研究會叢書《漢籍之部》第 9 卷，東京，汲古書院 1989 年 2 月。

[52]《山海經校注》，袁珂，成都，巴蜀書社 1993 年 4 月。

[53]《上博館藏楚竹書〈緇衣〉綜合研究》，虞萬里，武昌，武漢大學出版社 2009 年 12 月。

[54]《〈尚書・虞夏書〉新解》，金景芳、呂紹綱，瀋陽，遼寧古籍出版社 1996 年 6 月。

[55]《尚書後案》，[清]王鳴盛，《清經解》第 3 冊，上海，上海書店 1988 年 10 月。

[56]《尚書斠證》，王叔岷，《歷史語言研究所集刊》第三十六本上冊，1965 年 12 月。

[57]《尚書文字合編》，顧頡剛、顧廷龍輯，上海，上海古籍出版社 1996 年 1 月。

[58]《尚書校釋譯論》，劉起釪，北京，中華書局 2005 年 4 月。

[59]《尚書正義》，偽孔安國傳、[唐]孔穎達疏，阮元編《十三

經注疏》,北京,中華書局 1980 年 10 月。

　　[60]《史記》,[漢]司馬遷撰、[南朝宋]裴駰集解、[唐]司馬貞索隱、[唐]張守節正義,北京,中華書局 1982 年 11 月。

　　[61]《釋名疏證補》,[清]王先謙,上海,上海古籍出版社 1984 年 3 月。

　　[62]《書古文訓》,[宋]薛季宣,《四庫全書存目叢書》經部第 49 册,濟南,齊魯書社 1997 年 3 月。

　　[63]《説文假借義證》,[清]朱珔,合肥,黄山書社 1997 年 3 月。

　　[64]《説文箋識四種》,黄侃著、黄焯編次,上海,上海古籍出版社 1983 年 4 月。

　　[65]《説文解字》,[漢]許慎,北京,中華書局 1963 年 12 月。

　　[66]《説文解字詁林》,丁福保,北京,中華書局 1988 年 1 月。

　　[67]《説文解字句讀》,[清]王筠,北京,中華書局 1988 年 7 月。

　　[68]《説文解字群經正字》,[清]邵瑛,《續修四庫全書》第 221 册,上海,上海古籍出版社 1995 年。

　　[69]《説文解字義證》,[清]桂馥,北京,中華書局 1987 年 7 月。

　　[70]《説文解字引經攷》,馬宗霍,北京,科學出版社 1958 年 1 月。

　　[71]《説文解字約注》,張舜徽,鄭州,中州書畫社 1983 年 3 月。

　　[72]《説文解字注》,[清]段玉裁,上海,上海古籍出版社 1981 年 10 月。

　　[73]《説文解字注箋》,[清]徐灝,《續修四庫全書》第 225、226 册,上海,上海古籍出版社 1995 年。

　　[74]《説文所謂古文説》,王國維,《觀堂集林》第 2 册,北京,中華書局 1959 年 6 月。

　　[75]《説文外編》,[清]雷濬,李學勤主編《中華漢語工具書書

庫》第 35 册,合肥,安徽教育出版社 2002 年 1 月。

[76]《説文未收録之秦文字研究:以〈睡虎地秦簡〉爲例》,洪燕梅,臺北,文津出版社 2006 年 9 月。

[77]《説文新附考》,[清]鄭珍,《續修四庫全書》第 223 册,上海,上海古籍出版社 1995 年。

[78]《説文引經攷異》,[清]柳榮宗,李學勤主編《中華漢語工具書書庫》第 35 册,合肥,安徽教育出版社 2002 年 1 月。

[79]《説文中之古文考》,商承祚,上海,上海古籍出版社 1983 年 3 月。

[80]《宋本廣韻》,[宋]陳彭年等,北京,北京市中國書店 1982 年 6 月。

[81]《宋本玉篇》,[南朝梁]顧野王撰、[宋]孫强重修,北京,北京市中國書店 1983 年 9 月。

[82]《唐鈔文選集注彙存》,上海,上海古籍出版社 2000 年 7 月。

[83]《唐會要》,[宋]王溥,北京,中華書局 1955 年 6 月。

[84]《同源字典》,王力,北京,商務印書館 1982 年 10 月。

[85]《文選》,[南朝梁]蕭統編、[唐]李善注,北京,中華書局 1977 年 11 月。

[86]《文字學概要》,裘錫圭,北京,商務印書館 1988 年 8 月。

[87]《問字堂集》,[清]孫星衍撰,駢宇騫點校,北京,中華書局 1996 年 7 月。

[88]《五經文字》,[唐]張參,鮑廷爵編《後知不足齋叢書初編》,清光緒十年(1884)刊本。

[89]《席氏讀説文記》,[清]席世昌,《續修四庫全書》第 223 册,上海,上海古籍出版社 1995 年。

[90]《先秦典籍引尚書考》,許錟輝,臺灣師範大學 1970 年博士論文。

[91]《新唐書》,[宋]歐陽修、宋祁,北京,中華書局 1975 年 2 月。

［92］《玄應一切經音義二十五卷》,國際佛教學大學院編《日本古寫經善本叢刊》第一輯,2006 年 3 月。

［93］《一切經音義三種校本合刊》,徐時儀,上海,上海古籍出版社 2008 年 12 月。

［94］《一切經音義引説文箋》,田潛,臺北,藝文印書館 1988 年 3 月。

［95］《藝文類聚》,［唐］歐陽詢撰,汪紹楹校,上海,上海古籍出版社 1982 年 1 月新 1 版。

［96］《原本玉篇殘卷》,［梁］顧野王,北京,中華書局 1985 年 9 月。

［97］《戰國策集注彙考》,諸祖耿,南京,江蘇古籍出版社 1985 年 7 月。

［98］《章太炎説文解字授課筆記》,章太炎,北京,中華書局 2008 年 12 月。

［99］《中國文字義符通用釋例》,韓耀隆,臺北,文史哲出版社 1987 年 2 月。

［100］《重刊正續一切經音義序》,丁福保,《正續一切經音義附索引兩種》,上海,上海古籍出版社 1986 年 10 月。

［101］《周禮注疏》,［漢］鄭玄注、［唐］賈公彦疏,阮元編《十三經注疏》,北京,中華書局 1980 年 10 月。

［102］《周書斠理》,廖雲仙(自印本,無出版信息)

［103］《莊子校釋》,王叔岷,臺北,歷史語言研究所 1993 年 4 月。

［104］《字彙》,［明］梅膺祚,上海,上海辭書出版社 1991 年 6 月。

［105］《字彙補》,［清］吳任臣,上海,上海辭書出版社 1991 年 6 月。

(作者單位:浙江大學古籍研究所)

讀《尚書今古文注疏》條議[*]

焦桂美

　　摘要："曰若稽古"、"璿璣玉衡"、"在治忽"、"《甘誓》"、"《高宗肜日》"、"《金縢》"等六條，是歷代聚訟紛紜的問題，孫星衍對其進行了深入探討。他不取宋元"曰若稽古"乃史官追述的觀點，致力於疏通馬、鄭注，提出"同天"乃釋"帝堯"之"帝"，非訓"稽古"，認爲馬、鄭説實質無二；他將"璿璣玉衡"之星象説在久被宋元湮埋後重新發揚光大；於"在治忽"不取段玉裁"七始詠"當爲"七始訓"説，但又提出"忽"當爲"𥅆"的意見；於《甘誓》提出"夏后相"乃"伯禹"，將禹、啟伐扈説並存；於《高宗肜日》不取《大傳》、《書序》，獨取《史記》，對宋元之祖庚肜祭武丁説不予采納；於《金縢》提出"秋大熟"下乃《亳姑》逸文等觀點。這些做法體現了孫星衍綜括漢魏及時人之説，力求集其大成；全面發掘故訓，慎取别擇，精研深思，力求創獲的注釋特點。但孫氏申漢抑宋的學術傾向也使其摒棄了宋元學説中近於合理、正確的成分，其在努力嚴謹求是的同時也難免主觀臆斷，而客觀研究條件也在一定程度上制約了其對分歧問題的進一步探究。

　　關鍵詞：孫星衍　《尚書今古文注疏》　條議

　　清乾嘉學者孫星衍的《尚書今古文注疏》是《尚書》注疏的代表作之一，是清代《尚書》學的集大成之作，其成就引人注目。光緒十年(1884)二月初八日王懿榮上奏"請復古本《尚書》附入《十三經注疏》與今本《尚書》並行"摺子，對孫書極爲推崇，稱其："搜輯前漢

　　* ［基金項目］本文爲第四十二批中國博士後科學基金面上資助項目《孫星衍研究》(編號 20070420211)，第一批中國博士後科學基金特别資助項目(編號 200801407)及 2008 年山東省博士後創新項目《孫星衍與乾嘉學派》(編號 200803081)，山東理工大學重大攻關團隊項目階段性成果。

今、古文及各家古注之僅存者,編次成書,類復其舊。又徧采前人傳記之涉《書》義者,備疏其下,不逞私臆,最稱矜慎。"①皮錫瑞《經學通論》專設《論治〈尚書〉當先看孫星衍〈尚書今古文注疏〉陳喬樅〈今文尚書經説考〉》一節,其論清代《尚書》注疏各家優劣,對孫書評價尤高:"孫星衍《尚書今古文注疏》,於今古説搜羅略備,分析亦明","優於江、王,故王懿榮請以立學"。② 今中華書局點校本《尚書今古文注疏》點校説明云孫氏此書"雖較晚出,然積二十二年之研究,博稽慎擇,在許多方面超越了前人,是代表乾嘉時期《尚書》學研究水平的總結性著作"。③

　　對《尚書今古文注疏》這樣一部具有經典意義的詮釋著作的研究,是學術史尤其是經學史研究的重要一環。但是這方面的研究長期以來極爲薄弱,大陸方面尚未見有專題探討,臺灣學者吳國宏先生的《孫星衍〈尚書今古文注疏〉研究》是近年來對其進行討論的最好成果。該書對孫星衍之生平行誼、治學態度、學術成就等進行了綜述,對乾嘉考據學風興盛之因及孫氏《尚書今古文注疏》成書的學術背景進行了宏觀考察,對清代《書》學四大家江聲、王鳴盛、段玉裁、孫星衍新疏之時代意義做出了比較客觀的認識與評價,對孫《疏》之著作動機、方法,孫氏輯注、疏釋之内在體式等進行了總結與探討。吳先生將孫《疏》置於乾嘉學術大背景下予以考察,卓有建樹,也很有意義,其書洵爲《尚書今古文注疏》研究方面的一部力作。本文擬對具體經文的詮釋進行比較細密的個案探討,希望通過對歷史上這些存在分歧的問題的探討來具體觀察孫星衍的注釋特點,體察其貢獻,這對《尚書今古文注疏》研究的深化與細化應該是有幫助的。

---

　　① ［清］王懿榮《王文敏公遺集》卷二奏疏,民國劉氏刻《求恕齋叢書》本。
　　② ［清］皮錫瑞《經學通論》,北京,中華書局 2008 年 6 月出版,第103 頁。
　　③ ［清］孫星衍《尚書今古文注疏·點校説明》,陳抗、盛冬鈴點校,北京,中華書局 1998 年 12 月出版,上册第 2 頁。

　　傳統學術研究的推進離不開前賢時彥的已有成果。發掘、梳理、吸收、利用已有成果，是開展新研究的前提與基礎。歷史上《書》經注解無數，對主要觀點進行梳理的時間也已經很長。唐宋以來的《尚書》研究者，不僅對《尚書》經文進行注解，而且還要引用前人舊說並予以疏釋，對舊說的搜集因此日漸豐富。加上清代的輯佚成就，積累的舊說越來越多，至清江聲、王鳴盛、皮錫瑞、王先謙等，對故訓的梳理已十得其九。晚清以來，王國維、陳夢家、于省吾等利用出土文獻研究《尚書》，取得了一些新的進展。可以説，出土文獻爲《尚書》研究開闢了新方法，提供了新思路。但出土文獻數量有限，能夠利用出土文獻解決的問題更加有限，何況有些問題即使利用新材料也未必能夠得出新結論。因此，出土文獻的發掘，在大部分問題上尚不能代替舊説。出土文獻之外，近代有些學者（如吳其昌先生）利用新方法從事《尚書》研究，同樣取得了一些新的進展。這些是近現代以來《尚書》研究的新成果。在廣泛搜羅舊説並充分吸納近現代人研究成果的基礎上，形成了顧頡剛、劉起釪先生的《尚書校釋譯論》這個本子。這個本子爲我們今天研究《尚書》提供了更多線索，其中某些線索可以幫助我們更客觀地認識孫氏成果，界定其成就與局限。在研讀孫氏《尚書今古文注疏》、撰寫本文的過程中，這個本子與江聲《尚書集注音疏》、王鳴盛《尚書後案》、段玉裁《古文尚書撰異》、皮錫瑞《今文尚書考證》、王先謙《尚書孔傳參正》、蔣善國《尚書綜述》是最重要的參照本，特作簡要説明。限於篇幅，此僅分析孫氏注疏六條，以觀照其成就與不足，條議如下。

一、《堯典》“曰若稽古”

　　“曰若稽古”一句自漢代以來爲經學家們格外關注，秦恭解説四字竟至三萬言，①其説惜未傳下。東漢以來的注疏者對該句的理解主要持三種意見：一、賈逵、馬融、王肅的"順考古道"説；二、鄭玄的"稽古同天"説；三、宋元人的史官追述説。賈逵、馬融、王肅皆釋爲"順考古道"，②僞孔傳承其説，並作了進一步闡釋："若，順；稽，考也。能順考古道而行之者帝堯。"③鄭玄訓"稽"爲"同"，訓"古"爲"天"，意爲"言能順天而行之，與之同功"。④ 知馬、鄭皆訓"若"爲"順"，但因對"稽古"二字的理解不同，對該句的闡發因而不同。

　　至宋，程頤將"若稽古"三字連釋，認爲是"史官之體，發論之辭"，意爲"史官記載前世之事，若考古某人之事言之"。⑤ 這一闡釋體現了程氏對《堯典》作者及體例的基本理解。

　　朱熹釋"稽"承馬融説，解爲"考"，在此基礎上進一步闡發馬、鄭、程等未釋之"曰"字，認爲"曰"乃發語辭，與"粵"、"越"通，爲古之常用字，並舉《周書》"越來三月"爲證。朱熹亦將"曰若稽古帝堯"釋爲史臣追述之體："史臣將敘堯事，故先言考古之帝堯者，其

---

　　① 桓譚云："秦近君能説《堯典》篇目，兩字之説，至十餘萬言。但説'曰若稽古'，三萬言。"[漢]桓譚《桓子新論》，北京，中華書局《四部備要》本，1989年3月出版，第54冊第10頁。

　　② [晉]陳壽撰[劉宋]裴松之注《三國志·魏書》卷四《三少帝紀》"高貴鄉公髦紀"引，北京，中華書局1987年12月出版，第136—137頁。

　　③ [唐]孔穎達《尚書正義》卷二，北京，中華書局《十三經注疏》本，1983年11月出版，上冊第118頁。

　　④ 《尚書正義》卷二，上冊第119頁。

　　⑤ 林之奇《尚書全解》引程頤説："程氏云：'若稽古'者，史官之體，發論之辭也。史官記載前世之事，若考古某人之事言之。下篇云'若稽古帝舜'、'若稽古大禹'、'若稽古皋陶'，皆謂考古某人之事爲如此也。"[宋]林之奇《尚書全解》卷一，上海，上海古籍出版社《四庫全書》本，1987年6月出版，第55冊第8—9頁。《程氏經説》云："史氏追紀前世之事，若考古之帝堯其事云放勳以下是也。'堯典'字爲題，下加'曰'者，謂堯典之辭'曰'也。'若'，發語辭，如書中'王若曰'之類也。古史之體如此。下若稽古帝舜、大禹、皋陶，皆謂考古之某人某事如此也。"[宋]程頤《程氏經説》，不注編輯者，《四庫全書》本，第183冊第51頁。

德如下文所云。"①蔡沈《書經集傳》全承朱説。陳經《尚書詳解》在
繼承馬融解"稽"爲"考"的基礎上,進一步認爲"曰若稽古帝堯曰放
勳"一句,"上'曰'字是史臣之辭,下'曰'字是言堯之事"②,他的認
識實爲馬、程、朱説之綜括。

　　宋陳大猷《書傳會通》、元王天與《尚書纂傳》、明王樵《尚書日
記》皆引元城劉安世説,在認同"曰"當爲"粵"的前提下,將"粵若"
理解爲無意義的發語詞,認爲以"粵若"開篇,言史臣考古以此事
也。③　清王先謙《尚書孔傳參正》在該問題的認識上爲以上諸家之
同調。④

　　由上所述,宋人多認爲《堯典》以"曰若稽古"開篇,乃史官敘事
之體,"曰若"爲無意義的發語辭。清戴震、焦循等仍執此説。⑤　清
臧琳、江聲、王鳴盛等則力主鄭説。

　　臧琳《經義雜記》於"曰若稽古"條明確指出"稽古"之説當從鄭

――――――――――

　　①　朱熹云:"'曰'、'粵'、'越'通'曰'者,發語辭,古人文字中多用之。
《周書》所謂'越來三月'亦此例也。稽,考也,史臣將敘堯事,故先言考古之帝
堯者,其德如下文所云。'曰'者,猶言其説如此也。"[宋]朱熹《晦庵集 晦庵先
生朱文公文集》卷第六十五,《四部叢刊》影明嘉靖本。
　　②　[宋]陳經《尚書詳解》卷一,《四庫全書》本,第59册第5頁。
　　③　陳大猷云:"元城劉氏曰《堯典》下'曰若'當爲'粵若',發語之辭。"
[宋]陳大猷《書傳會通》卷一,上海,上海古籍出版社《續修四庫全書》本,2002
年3月出版,第42册第4頁。王天與云:"元城劉氏曰當爲'粵若稽古'。'粵
若',發語之辭,言史臣考古以此事也。'粵若',所謂'越若來三月'是也。"
[元]王天與《尚書纂傳》卷一,《四庫全書》本,第62册第593頁。王樵云:"劉
安世曰:'自昔在帝堯'至'作《堯典》',《序》文也。'堯典'二字,古篇目也。
'曰若',發語辭也。"[明]王樵《尚書日記》卷一,《四庫全書》本,第64册第
225頁。
　　④　王先謙云:"'越'與'若'義同也,連言之則爲'曰若'。《召誥》'越若來
三月',來之言至也。'越若'與此'曰若'同。"[清]王先謙《尚書孔傳參正》卷
一,《續修四庫全書》本,第51册第435頁。
　　⑤　戴震云:"發端之辭,或言于,或言爰,或言粵,聲義相近。"[清]戴震
《尚書義考》卷一,《續修四庫全書》本,第45册第369頁。焦循云:"'帝堯'二
字當不連上字。'曰若稽古'乃史臣之言,於堯殂落後書其故事,故云稽古。
乃自今述古之稱,若書當時之事則不加此四字也。"[清]焦循《尚書補疏》卷
上,《續修四庫全書》本,第48册第2頁。

義："《後漢書·李固傳》'臣聞君不稽古，無以承天'。李賢注：
'《書》曰：粵若稽古帝堯。鄭玄注曰：稽，同也；古，天也。言能同天
而行者帝堯。'案：'稽古'當從鄭義，詳琳所撰《尚書集解》。"①是臧
琳從鄭態度鮮明，其舉《後漢書·李固傳》及李賢注，意欲證成
己説。

　　江聲《尚書集注音疏》"粵若稽古帝堯曰放勳"條注"粵若稽古"
僅取鄭説："鄭康成曰：稽，同；古，天也。言能順天而行之，與之同
功。"江氏從文字訓釋的角度疏通鄭注，爲"稽"釋"同"，"古"訓"天"
補充證據："先鄭司農注《周禮·小宰職》云：'稽，猶計也，合也。'
《説文》曰部云：'同，合會也。'則'稽'、'同'皆有'合'誼，故云'稽，
同'。'稽'又與'禾'通。禾者，木之曲頭，止不能上也。是極上而
止，則亦'上'、'同'之誼也。《逸周書·周祝解》曰：'天爲古。'又
《詩·商頌》云：'古帝命武湯。'古帝謂天帝也，故云天也。"江氏下
引《三國志·魏志·三少帝紀》高貴鄉公申鄭之語，認爲"此説甚
善，頗能申鄭恉。"②由上可見，江聲採取輾轉相訓的辦法溝通
"稽"、"同"，他通過舉證指出"稽"有"合"義，"同"也有"合"義，故
"稽"亦"同"也；又從"稽"與"禾"通假的角度指出禾有"上"、"同"義
（此《説文》文，江氏未標，王鳴盛《尚書後案》標注，見下引），故"稽"
也有"上"、"同"義，以此疏通"稽"爲"同"説。復舉《逸周書·周祝
解》、《詩經·商頌》爲釋"古"爲"天"説提供證據。江氏通過這樣的
辦法，申説、發揚鄭注。

　　王鳴盛亦執鄭説。其解鄭注所用材料江氏之外，又增《禮記·
儒行》"古人與稽"句之鄭注及"虞翻述八卦逸象亦云天爲古是也"
兩條：

　　　　案曰：鄭以"稽"爲"同"者，《説文》卷六下云："稽，從禾"，

　· ①　［清］臧琳《經義雜記》卷十二，清嘉慶四年拜經堂刻本。
　　②　《尚書集注音疏》卷一，［清］阮元、王先謙編《清經解　清經解續編》
本，南京，鳳凰出版社 2005 年 6 月出版，第 3 冊第 2976 頁。

“禾，木曲頭，止不能上也。”極於上而止，是上、同之意也。《儒行》“古人與稽”，注：“稽，猶合也，合亦同也。”“古”爲“天”者，《逸周書·周祝解》云：“天爲古。”《毛詩·商頌·玄鳥》云“古帝命武湯”，箋云：“古帝，天也。”虞翻述八卦逸象亦云：“天爲古，是也。”“若”爲“順”者，《釋言》文。據《論語·泰伯篇》云“唯天爲大，唯堯則之，巍巍成功”，故鄭云“順天而行，與之同功”，馬、孔非也。①

　　江聲、王鳴盛既然皆申鄭注，鄭玄未能圓滿解決的問題也因此重新擺在他們面前。《堯典》、《皋陶謨》皆以“曰若稽古”開篇，若如鄭注以“稽古”爲“同天”來考量，則聖人可同天，人臣不得同天，是同天之義可釋堯，卻無以處皋陶，故難以將兩文篇首句在同一語境下疏通。鄭玄通過不同的斷句處置這一問題，他採用了《堯典》六字爲句，讀爲“曰若稽古帝堯”，《皋陶謨》則四字爲句，以“皋陶”下屬的方式，欲彌縫二説，但鄭氏的做法似乎不能從根本上真正解決問題。

　　唐宋以來的學者多不從鄭説，解“曰若”爲史官發語之辭，釋“稽古”爲“順考古道”，鄭注因此長時間未得探討。至清，這一問題又被推崇鄭學的江聲、王鳴盛提起，二氏力圖尋求更合理的解決方案。爲解決這一問題，江、王各尋辦法。江疏《堯典》用鄭説，疏《皋陶謨》（江作《咎陶謨》）則用馬説：“斯則解爲順考古道可也，不必泥於同天之誼，説經固不可執一也。”②王氏則追隨鄭玄，仍着眼於斷句：“鄭以‘皋陶’下屬爲句者，鄭於前篇解‘稽古’爲‘同天’，堯德則然，皋陶人臣，不可以同天言之，則此經‘稽古’不得與‘皋陶’連讀也。”③是王氏無所發明，江氏前後歧説。二氏未能解決的問題留

---

　　①　[清]王鳴盛《尚書後案》卷一，《續修四庫全書》本，第 45 册第 4 頁。
　　②　[清]江聲《尚書集注音疏》卷二，《清經解　清經解續編》本，第 3 册第 2995 頁。
　　③　《尚書後案》卷二，《續修四庫全書》本，第 45 册第 28 頁。

給了稍後之孫星衍。

　　孫星衍鑒於江聲"曰若稽古帝堯"與"曰若稽古臯陶"兩説歧義,作《帝堯臯陶稽古論》。[①] 在這篇文章中,孫氏對以朱熹、蔡沈爲代表的釋此句爲"史官追述之體,發論之詞"的觀點予以否定,云:"至蔡沈之解'稽古',直曰在昔,既與馬、鄭殊,如其言,則夏之史臣不宜稱臯陶爲古,其書雖行,似此臆説甚多,更不足辨。"[②]可以看出,孫氏否定蔡沈根據有二:一爲其説與馬、鄭殊,二爲虞夏史臣與臯陶同時,不得稱臯陶爲古,故以臯陶爲"在昔"説不通。前者表明的是孫氏之治經傾向,而非直接證據。後者展示的觀點,宋人已經提出,[③]非孫氏創獲。孫氏以此類皆爲臆説,明確表達了其反對、否定宋元學説的基本態度。

　　至於如何疏通前後兩説,解決鄭玄、江聲遺留的問題,孫氏在《帝堯臯陶稽古論》中提出了自己的見解。細揣其説,觀點有四:

　　(一)認爲鄭玄"同天"是解"帝堯"之"帝"字,非解"稽古"。"鄭意蓋以堯稱帝爲同天",孫氏引緯書爲證:"故司馬貞、鄭注《中候勅省圖》云:'德合五帝坐星者稱帝。'《白虎通》引《禮記·謚法》云:'德象天地稱帝。'《初學記》引《易緯》曰:'帝者,天號也。德配天地,不私公位,曰帝。'《尚書緯》曰:'帝者,天號。天有五帝以立名。'"是諸説皆以"德合五帝"、"德象天地"、"德配天地"等解"帝"字,意爲帝有同天之功,故鄭解爲"同天"是針對"帝"字言,非釋"稽

---

　　① 孫星衍云:"吾見友人江叔澐注《尚書》,以堯稽古爲同天,以臯陶稽古爲順考古道,不必泥於同天之誼,前後歧説,故作此文以寄之。江君著《尚書》五十餘年,體大思精,他無可議。"[清]孫星衍《問字堂集岱南閣集》,駢宇騫點校,北京,中華書局1996年7月出版,第87頁。

　　② 《問字堂集岱南閣集·帝堯臯堯稽古論》,第87頁。

　　③ 林之奇《尚書全解》引蘇氏説:"《虞書》謂堯爲古可也。禹、臯陶其時尚存,亦謂之古可乎? 則此説不通。若從周官唐虞稽古之文以稽古爲堯,則下加'曰'字,又爲難説如'允迪厥德臯陶'之言也。謂'若稽古臯陶曰'可也,放勳、重華、文命以下非堯舜禹之言,而加'曰'字則其義不行,此説爲難折,故當闕之以俟知者。"[宋]林之奇《尚書全解》卷一,《四庫全書》本,第55册第9頁。

古”:“是鄭云同天,因帝而生義。”①認爲《尚書正義》鄭注釋“稽”爲“同”,釋“古”爲“天”,乃誤引。若依孫説,將“同天”理解爲釋“帝堯”之“帝”字,似確可疏通鄭注“曰若稽古帝堯”與“曰若稽古臯陶”之間的矛盾:同天乃帝者專有,臯陶人臣,故不云同天。

(二)“天”爲“古”説,無故訓。鄭玄釋“古”爲“天”,孫氏從“古”爲“天”非故訓的角度提出質疑:“天爲古之説,雖見于《周書》,未必唐時卽有此義”,“許叔重《説文》必徵文義,惟云‘古,故也。從十口。識前言者也’。”孫氏之所以否定此説,是因爲如釋“古”爲“天”,堯可稱天,臯陶不可,原有矛盾仍難以解決:“且因堯則天爲大,始解稽古爲同天,何以處臯陶稽古之説?”其進一步舉例證明“古”不爲“天”之訓:“《周書・寤儆解》云‘奉若稽古惟王’,又《武穆解》云‘粵若稽古,昭天之道,熙帝之載’。若古卽訓天,則下文不必稱天道帝載。《鬼谷子・捭闔篇》云‘粵若稽古,聖人之在天地間也’,亦不可稱爲同天。”②實際上,孔穎達《尚書正義》已經對鄭玄訓“稽”爲“同”,訓“古”爲“天”提出質疑,且明言“古之爲天,經無此訓”:

> 鄭玄信緯,訓“稽”爲“同”,訓“古”爲“天”,言能順天而行之,與之同功。《論語》稱“惟堯則天”,《詩》美文王“順帝之則”,然則聖人之道莫不同天合德,豈待同天之語,然後得同之哉?《書》爲世教,當因之人事,以人系天,於義無取,且“古”之爲天,經無此訓。③

《四庫全書總目》持論同:“《書》之‘曰若稽古’用鄭康成之義,實則訓‘古’爲‘天’,經典更無佐證。”④孫星衍提出以上兩説,或受

① 《問字堂集岱南閣集・帝堯臯堯稽古論》,第 85 頁。
② 《問字堂集岱南閣集・帝堯臯堯稽古論》,第 85—86 頁。
③ 《尚書正義》卷二,上册第 119 頁。
④ [清]永瑢等:《四庫全書總目》卷三十三“《九經古義》十六卷”條,北京,中華書局 1987 年 7 月出版,上册第 277 頁。

孔疏、《總目》之啟發。孫氏以"同天"釋"帝"，又不以"古"訓"天"，既認同了鄭說，又藉此將帝、臣區分，其義仍在彌縫鄭注，力求在同一語境下融通堯與皋陶皆"稽古"之說。如按孫氏之釋，歧說似確可得到解決。從這一點看，他做出的貢獻在江聲、王鳴盛之上。

（三）馬融"順考古道"與鄭玄"稽古同天"之義並無二致。孫氏既以"同天"訓"帝"，爲堯專有，與皋陶無涉，打通了"曰若稽古帝堯"與"曰若稽古皋陶"之間的障礙，在此基礎上，又進一步融通了馬融"順考古道"與鄭玄"稽古同天"說，認爲二家觀點一致，只是闡釋的著眼點不同：賈逵、馬融、王肅"順考古道"說皆不兼"帝"字生義，故解爲"順考古道"；鄭玄兼釋"帝"字，故云"稽古同天"，究其實質馬、鄭無異："王逸《魯靈光殿賦》云：'粵若稽古帝。'漢張載注：'若，順也；稽，考也。言能順天地，考行古之道者，帝也。'此張載用《禮記·諡法》'德象天地'之義，天統地，故鄭可言同天也。然則《魏志》引賈、馬及肅皆以爲順考古道者，但不兼帝字生義，究與鄭說不異也。"①

（四）釋"稽古"爲"法天"。孫氏提出不僅聖人法天，皋陶輔堯、舜，亦法天行政："政莫大乎稽古。稽古卽法天也。古之聖人製作，無所本則求之於仰觀俯察。"②"皋陶輔舜製作，故亦有稽古之稱。《白虎通·聖人篇》云：'何以言咎繇聖人？以目篇曰'若稽古咎繇'是也。《皋陶謨》稱天工、天敍、天秩、天命、天討、天聰明、天明威，是堯、舜之同天稱帝，皆皋陶輔翼成之，故與堯同蒙稽古之號。而先儒不以同天解之者，皋陶非帝，鄭注以'皋陶'下屬爲句。"③

以上是孫氏爲疏通鄭注《堯典》與《皋陶謨》開篇同一句式不同闡釋的矛盾而提出的看法。若依孫說，稽古爲法天，則聖賢如堯、皋陶皆當法之；同天爲言帝，則可專釋堯，皋陶非帝，故不以同天訓

① 《問字堂集岱南閣集·帝堯皋堯稽古論》，第86頁。
② 《問字堂集岱南閣集·帝堯皋堯稽古論》，第86頁。
③ 《問字堂集岱南閣集·帝堯皋堯稽古論》，第86—87頁。

之；馬融不兼"帝"義，鄭玄著眼於"帝"，馬之"順考古道"與鄭之"稽古同天"説實則一致。是孫氏此説，融通前後，申鄭而附王。簡朝亮《尚書集注述疏》已明孫説之旨："申鄭附王，以通《皋陶謨》也"。① 黄式三《尚書啓蒙》則認爲"孫氏淵如説帝謂同天，稽古爲法古，别一義"。②

　　孫氏在《堯典》及《皋陶謨》開篇"曰若稽古"注疏中申述了以上觀點，但没有《帝堯皋陶稽古論》表達得詳實、明確。③

　　皮錫瑞《今文尚書考證》堅執"稽古"爲"考古"説，否定了鄭玄以"稽古"爲"同天"的説法："稽古之義，今文家皆以爲考古。"④皮氏博徵《大誓》、匡衡《告祭毁廟文》、《漢書》之《郊祀志》、《律曆志》顏師古注、《武帝紀》元狩六年詔、《董賢傳》、《杜鄴傳》、《後漢書》之章帝詔、《范升傳》，班固《東都賦》、蔡邕《和熹平太后謚議》、《劉寬碑》等兩漢大量文獻後得出結論："凡此諸説，皆不可以同天解之，

---

　　① 簡朝亮云："孫氏星衍謂堯稱帝故謂之同天。《論語》云：'惟天爲大，惟堯則之。'《文選·魯靈光殿賦》云：'粤若稽古帝漢祖宗。'張載注云：'若，順也；稽，考也。言能順天考行古之道者，帝也。'《白虎通》引《禮·謚法》曰：'德象天地稱帝。'《詩·商頌》云：'古帝命武湯。'箋云：'古帝，天也。'此孫氏申鄭附王，以通《皋陶謨》也。"［清］簡朝亮《尚書集注述疏》卷一，《續修四庫全書》本，第 52 册第 30—31 頁。

　　② 黄式三云："江氏艮庭、王氏西莊申鄭君康成説。若，順也；稽，同也；古，天也。王氏又謂稽有合義，合亦同也。孫氏淵如説帝謂同天，稽古爲法古，别一義。"［清］黄式三《尚書啓蒙》卷一，《續修四庫全書》本，第 48 册第 680 頁。

　　③ 孫星衍於"曰若稽古帝堯曰放勳"句下並列馬、鄭説，於疏文中先申述"聖人爲政，必先稽古"之觀點，指出"堯稱帝故謂之同天"，是"同天"釋"帝"，非釋"稽古"。既然"同天"釋"帝"字，則孔《疏》引鄭云"稽"爲同，"古"爲"天"説不確，認爲"稽古"之"古"不得兼天生義。其於《皋陶謨》"曰若稽古"下疏有"稽古者，《泰誓》云：'正稽古立功立事。'本經云：'予欲觀古人之象。'非稽古不稱聖人。堯之同天，以帝號稱之。皋陶聖臣，稽古不必同天。《召誥》言：'稽我古人之德。'下云：'稽謀自天。'"云云，觀點與《帝堯皋堯稽古論》同。見《尚書今古文注疏》卷一，上册第 2—4、77 頁。

　　④ ［清］皮錫瑞：《今文尚書考證》，盛冬鈴、陳抗點校，北京，中華書局 1998 年 12 月出版，第 3 頁。

是以稽古爲考古，兩漢諸儒皆無異義。賈、馬、王肅説爲順考古道，今文家説蓋亦相同，惟鄭君解爲同天。《正義》云用《尚書緯》説。緯書多同今文，似亦今文異義，然與漢人所引稽古之義皆不相合。"①皮氏因此認爲孫氏"同天"爲解帝堯之"帝"字，非解"稽古"之説"近是"："孫星衍以鄭君同天之解爲解帝堯'帝'字，非解稽古，其説近是。或《正義》誤引鄭注歟？"②

　　然縱觀此後《尚書》注疏，於該條闡釋，皮氏之外，孫説更無嗣響。清戴震、段玉裁、焦循、周用錫，現代學者蔣善國、劉起釪等皆主史官追述往昔體説，③不採孫氏一家之言，是孫説似未能引起時、後人關注並得到普遍認可。

　　究其因，孫氏囿於馬、鄭，苦心疏通，而馬、鄭之説是以聖賢稽古爲前提，故無論順考古道還是稽古同天，可釋古昔賢聖，而不可通釋于古昔他人，孫氏固然疏通了堯與皋陶，卻無法用馬、鄭説疏通"曰若稽古蚩尤"之類，明王樵《尚書日記》已經發現了馬融囿於聖賢順考古道説之不合理並提出異議："自漢以來《書序》篇名與經文連讀之，故説者因誤以'曰'爲史氏之言，'若稽古'爲順考古道。若然，則'若'、'古'有訓。蚩尤惟始作亂，豈蚩尤亦能順考古道而行之者邪？"④相比之下，宋人提出的史官追述説打破了聖賢稽古之限制，似更加合理。"曰若稽古某某"，相當於今之"考古之某某"云云，乃史官敘事之體，本無需將簡單的問題複雜化，但乾嘉申漢抑宋的學術風尚及孫星衍本人的治經傾向決定了他在闡釋這一問

　　① 《今文尚書考證》卷一，第4頁。
　　② 《今文尚書考證》卷一，第4—5頁。
　　③ 焦循云："謂堯同天固非，謂堯考古亦未善。""'帝堯'二字當不連上四字。'曰若稽古'，乃史臣之言，於堯殂落後書其故事，故云稽古。乃自今述古之稱，若書當時之事則不加此四字也。"《尚書補疏》卷上，《續修四庫全書》本，第48冊第2頁。周用錫云："此古史記載之體，追述往昔，故冠以曰若稽古，其下或記事，或記言。"[清]周用錫《尚書證義》卷一，《續修四庫全書》本，第48冊第81頁。
　　④ 《尚書日記》卷一，《四庫全書》本，第64冊第225頁。

題時,視野、態度上受到了制約。

　　"網羅放失舊聞"①是孫氏注疏的基本原則,但他有明確的取材範圍,以擇取漢魏及時人説爲主,不取宋以後説。② 這就決定了他不僅對宋元人的觀點持反對、否定態度,對同時代執宋元説的學者的觀點亦不予採納。由此可見,崇漢抑宋既是乾嘉學者的共性,也是孫星衍個人一以貫之的鮮明的學術態度。孫氏對宋元學説的全盤否定使他也同時摒棄了其中的進步成分,這一點在該條中即有明顯體現。相對於馬、鄭注,宋元之史官追述説似乎更爲合理,但孫星衍的學術傾向不允許他接受宋學中相對合理的成分,博采、疏通漢魏故訓才是孫氏注疏的核心任務。

　　孫氏注疏是在比較全面地綜括漢魏主要觀點的基礎上完成的,對待舊説中的自相矛盾或不够合理之處,他力圖通過自己的思考予以疏通,使之趨於合理。就此條來看,孫星衍爲疏通馬、鄭,做了很多努力,他提出的"同天"釋"帝","稽古"爲"法天"之義,馬、鄭説義同等觀點應該説超越了同時持同類意見的其他學者,有一定的合理性。如果將孫氏的努力放在乾嘉學術背景下、聯繫乾嘉學術傾向、單從疏通馬、鄭注的角度來看待,其做出的思考、提出的觀點應該是有一定啟發意義的。皮錫瑞評江聲《尚書集注音疏》之優劣,特出"曰若稽古"前後兩歧之例,並明孫氏辨析之功:"如解'曰若稽古'兩歧,孫星衍已辨之。"③

---

　　① 孫星衍云:"此書之作,意在網羅放失舊聞,故録漢魏人佚説爲多。"《尚書今古文注疏·凡例》,上册第1頁。
　　② 《尚書今古文注疏序》云:"徧采古人傳記之涉《書》義者,自漢魏迄于隋唐。不取宋已來諸人注者,以其時文籍散亡,較今代無異聞,又無師傳,恐滋臆説也。"上册第2頁。
　　③ 皮錫瑞:"江聲《尚書集注音疏》,疏解全經,在國朝爲最先,有蓽路藍縷之功,惟今文搜輯未全,立説亦有未定(如解'曰若稽古'兩歧,孫星衍已辨之)。又承東吳惠氏之學,好以古字改經,頗信宋人所傳之古《尚書》,此其未盡善者。"《經學通論·論治〈尚書〉當先看孫星衍〈尚書今古文注疏〉陳喬樅〈今文尚書經説考〉》,第103頁。

二、《堯典》"璿璣玉衡"

歷代闡釋者對"璿璣玉衡"意見不一,爭論達兩千年之久,直到今天天文、考古工作者仍在對其繼續探究。綜括以往研究,主要有兩種觀點:璿璣玉衡究竟是星象還是天文儀器?

主星象説者源於漢代伏生。其於《大傳》中指璿璣爲北極:"琁者,還也;機者,幾也,微也,其變幾微而所動者大,謂之琁機,是故琁機謂之北極。"①司馬遷認爲璿璣玉衡爲北斗七星:"北斗七星,所謂旋璣玉衡以齊七政。"②《春秋緯》如《運斗樞》、《文耀鈎》等對北斗七星之名、形有記載:"斗,第一天樞,第二旋,第三璣,第四權,第五衡,第六開陽,第七搖光。第一至第四爲魁,第五至第七爲標,合而爲斗。"《文耀鈎》云"斗者,天之喉舌。玉衡屬杓,魁爲琁璣"。③《漢書·律曆志》認爲玉衡爲北斗:"其在天也,佐助旋機,斟酌建指,以齊七政,故曰玉衡。"④梁劉昭注《續漢天文志》引《星經》則認爲:"璿璣,謂北極星也。玉衡,謂斗九星也。"⑤《説苑·辨物篇》引此經説之云:"璿璣謂北辰勾陳樞星也,以其魁杓之所指二十八宿,爲吉凶禍福,天文列舍盈縮之占,各以類爲驗。"⑥

綜上諸説,主星象説者意見也不完全一致:《大傳》、《星經》、《説苑·辨物篇》認爲璿璣是北極、北辰。《史記·天官書》則認爲是北斗七星。就現代天文學知識來看,北斗由天樞、天璿、天璣、天

---

① [清]陳壽祺《尚書大傳輯校》一,《清經解　清經解續編》本,第 10 册第 1851 頁。

② [漢]司馬遷撰、[唐]司馬貞索隱《史記》卷二十七《天官書》,北京,中華書局 1975 年 3 月出版,第 1291 頁。

③ 《史記》卷二十七《天官書》司馬貞《索隱》引,第 1291—1292 頁。

④ [漢]班固撰、[唐]顏師古注《漢書》卷二十一《律曆志》,北京,中華書局 1987 年 12 月出版,第 969 頁。

⑤ 《尚書今古文注疏》卷一引,上册第 36 頁。

⑥ [漢]劉向撰、趙善詒疏證《説苑疏證》卷十八,上海,華東師範大學出版社 1985 年 2 月出版,第 524 頁。

權、玉衡、開陽、搖光七星組成。古人把這七星聯繫起來想像成古代舀酒的斗形,天樞、天璿、天璣、天權組成爲斗身,古曰魁;玉衡、開陽、搖光組成爲斗柄,古曰杓。

北辰即北極星,古人稱之爲"勾陳一"。在星座圖形上,它處於小熊的尾巴尖端。從"天璿"通過"天樞"向外延伸一條直線,大約延長五倍多些,即可見到一顆和北斗七星差不多亮的星星,這就是北極星。可見,北斗七星與北辰星位置不同,更非同一顆星,古人認識模糊,故作出不同解釋。闡釋雖異,旨歸一致:皆認爲璿璣玉衡爲星象。

主儀器説者以孔安國、馬融、蔡邕爲代表。孔安國云:"在,察也。璿,美玉。璣衡,玉者正天文之器可運轉者。"馬融曰:"渾天儀可旋轉,故曰璣衡。"蔡邕云"玉衡長八尺,孔徑一寸,下端望之以視星辰。蓋懸璣以象天而衡望之,轉璣窺衡以知星宿"。① 以上諸家皆認爲璿璣玉衡是一種可以旋轉的、用來觀察天文的渾天儀,舜時已經開始使用。

《宋史》卷四十八《志》第一《儀象》中將璿璣玉衡這一測天儀器的發明時代進一步上推,並引吳王蕃之論言其形制、作用:

> 曆象以授四時,璣衡以齊七政,二者本相因而成。故璣衡之設,史謂起於帝嚳,或謂作于宓犧。又云璿璣玉衡乃羲、和舊器,非舜創爲也。漢馬融有云:"上天之體不可得知,測天之事見於經者,惟有璣衡一事。璣衡者,即今之渾儀也。"吳王蕃之論亦云:"渾儀之制,置天梁、地平以定天體,爲四游儀以綴赤道者,此謂璣也;置望筩橫簫於游儀中,以窺七曜之行,而知其躔離之次者,此謂衡也。"②

宋元明人多持占天儀器説。宋袁燮《絜齋家塾書鈔》、夏僎《尚

---

① 《尚書正義》卷三引,上册 126—127 頁。
② [元]脱脱等《宋史》卷四十八《志》第一《天文》一"儀象",北京,中華書局 1985 年 6 月出版,第 951 頁。

書詳解》、蔡沈《書經集傳》、陳經《尚書詳解》，元吳澄《書纂言》、陳
櫟《尚書集傳纂疏》、董鼎《尚書輯録纂注》、陳悦道《書義斷法》、黄
鎮成《尚書通考》、王充耘《書義矜式》，明胡廣《書經大全》、王樵《尚
書日記》等皆執渾儀説。説者往往長篇累牘，詳加闡釋漢魏以來之
渾儀機制、測量方法。諸説中唯宋朱熹、元黄鎮成、明馬明衡在主
渾儀説的同時，尚不廢星象説。黄鎮成《尚書通考》引朱子説主渾
儀與北斗並存："朱子曰璿璣，所以象天體之轉運，玉衡所以窺璣而
齊七政之運行，猶今之渾天儀也。曆家又以北斗魁四星爲璣，杓三
星爲衡，今詳。經文簡質，不應‘北斗’二字獨用寓名，姑存其説，以
廣異聞。"①明馬明衡《尚書疑義》持論同："璣衡之説，注家甚詳，但
曆家以斗魁爲璣，斗杓爲衡，其説恐亦不可棄。"②

　　至清，仍有持渾儀説者。如王鳴盛《尚書後案》："聖人爲璿璣
以象之，玉衡以窺之。"③戴震《尚書義考》雖持此説，但他認爲唐虞
之機衡與漢時不同，以漢人製作解説唐虞不符合歷史真實。戴震指
出渾儀見於記載的比較可信的資料是揚雄《法言》，《法言·重黎》記
渾儀創於漢洛下閎、鮮于妄人、耿中丞三人，三人所創與唐虞之制名
同實異："璇璣玉衡，先儒徒據漢以後之渾天儀爲説，皆失之。揚雄
《法言》或人問渾天於雄，雄曰：‘洛下閎營之，鮮于妄人度之，耿中丞
象之。幾幾乎，莫之違也。’渾天之器，創於此三人，遂以其轉旋名之
曰璇璣，以其中之窺管名之曰玉衡，雖襲取古名，非唐虞時所謂機衡
也。"④"惜乎！漢以來爲渾天儀未能深考機衡本象，使古者測天之
器不傳，釋《堯典》者因漢制附會，故似同而異，似是而非。"⑤

　　江聲《尚書集注音疏》是清人中較早重拾星象説者。他採取自
注自疏的形式，注列《大傳》、《春秋緯》之《運斗樞》、《文耀鈎》及《史

①　［元］黄鎮成《尚書通考》卷三，《四庫全書》本，第 62 册第 57 頁。
②　［明］馬明衡《尚書疑義》卷一，《四庫全書》本，第 64 册第 113 頁。
③　《尚書後案》卷一，《續修四庫全書》本，第 45 册第 14 頁。
④　《尚書義考》卷二，《續修四庫全書》本，第 45 册第 396 頁。
⑤　《尚書義考》卷二，《續修四庫全書》本，第 45 册第 397 頁。

記·天官書》説,認爲"北極與斗魁皆爲旋機,斗炳爲玉衡也",是對諸説之綜合:

> 在,詧也。《大傳》曰:"旋者,環也。機者,幾也,微也。其變幾微而所動者大,謂之旋機,是故旋機謂之北極。"《運斗樞》云"斗,弟一天樞,弟二旋,弟三機,弟四權,弟五衡,弟六開陽,弟七搖光。弟一至弟四爲魁,弟五至弟七爲杓。"《文耀鈎》云"斗者,天之喉舌。玉衡屬杓,魁爲旋機"。《天官書》云:"北斗七星,所謂旋機玉衡以齊七政。"然則北極與斗魁皆爲旋機,斗炳爲玉衡也。①

　　江氏疏中認爲"諸説皆以旋機玉衡爲北斗,雖與《大傳》不同,其誼實皆是,故備列諸説而折衷之,故云。然則北樞與斗魁皆爲旋機,斗炳爲玉衡也","蓋北極者,天體左旋之機","則斗魁爲恒星右旋之機,故北極斗魁皆爲旋機也"。②

　　如粗略梳理一下唐宋以來對"璿璣玉衡"的看法,可以看到,江聲之前,主渾儀説者居多。江氏《尚書集注音疏》於此條捨馬、鄭而從《史記》、《大傳》,這種別擇態度表現了其對該問題的基本認識。

　　孫星衍既以"網羅放失舊聞"爲注疏原則,在注解此條時將前人主要觀點進行了比較全面的綜括。其將史遷璿璣玉衡爲北斗七星,《大傳》"琁機謂之北極",馬融、鄭玄"渾儀"之説並列注中,③並

---

　　① 《尚書集注音疏》卷一,《清經解　清經解續編》本,第3册第2984—2985頁。
　　② 《尚書集注音疏》卷一,《清經解　清經解續編》本,第3册第2985頁。
　　③ 史遷説:"北斗七星,所謂'旋璣玉衡,以齊七政。'"又説:"旋璣玉衡,以齊七政,即天地二十八宿。十母,十二子。"《大傳》説:"琁者,還也。機者,幾也,微也。其變幾微,而所動者大,謂之琁機。是故琁機謂之北極。"馬融曰:"璿,美玉也。璣,渾天儀,可轉旋,故曰璣。衡,其中橫筩,所以視星宿也。以璿爲璣,以玉爲衡,蓋貴天象也。"鄭康成曰:"璿璣玉衡,渾天儀也。"《尚書今古文注疏》卷一,上册第36頁。

對諸家之説——疏釋。孫氏雖星象、渾儀並舉,《史記》、《大傳》、馬、鄭並疏,但於行文中似能感覺到其主觀傾向。孫氏在列舉了《魏志》魏王上書、《蜀志·先主傳》議郎陽泉侯劉豹等上言、《魏志·管寧傳》王基薦寧言等材料後,云:"是漢魏人多不以璿璣爲渾儀也"①,指出馬注"以璿爲美玉、璣爲渾天儀、衡爲橫箾者,'箾',《書》疏引作'簫',説本《書》緯"②,鄭注"以璿璣玉衡爲渾天儀,亦本緯書"③,字裏行間隱含了其對緯書材料的不信任及對馬、鄭渾儀之説的不認同。

較之江聲,孫星衍運用的材料更加豐富,其於《史記·天官書》例中補充了蕭吉《五行大義》引《尚書》説,云"琁璣,斗魁四星。玉衡,拘橫三星",指出此同史公之説。他補充了《漢書·律曆志》、劉昭注《續漢天文志》引《星經》、《説苑·辨物篇》對此經文之解説,以證諸書所云璿璣玉衡皆爲星象,不爲渾儀。又補充《魏志》載魏王上書、《蜀志·先主傳》載議郎陽泉侯上言及《魏志·管寧傳》王基薦寧語等,意在證明"是漢魏人多不以璿璣爲渾儀也"。復於《大傳》疏解下補充《公羊疏》引孫炎説、《史記索隱》引《春秋合誠圖》對北極、北辰的闡釋,以便使之更加明瞭。通過這些材料的補充,璿璣玉衡爲星象説證據更加充實,更富有説服力。

皮錫瑞《今文尚書考證》一方面繼承了江聲、孫星衍的觀點,指出:"古無測天儀器,故《大傳》、《史記》不以機衡爲渾儀;古無測五星法,故《大傳》、《史記》不以七政爲七緯。"④另一方面指出孫星衍在今、古文判别上存在的不足:"孫氏以《大傳》云旋機爲北極爲今文説,《史記》云北斗爲玉衡爲古文説,非是。"⑤孫星衍注取五家三科之説:孔安國、司馬遷之古文説,伏生、歐陽、夏侯之今文説,衡

---

① 《尚書今古文注疏》卷一,上册第 37 頁。
② 《尚書今古文注疏》卷一,上册第 38 頁。
③ 《尚書今古文注疏》卷一,上册第 38 頁。
④ 《今文尚書考證》卷一,第 47 頁。
⑤ 《今文尚書考證》卷一,第 46 頁。

宏、賈逵、馬融、鄭玄之孔壁古文説。① 孫氏認爲"司馬氏遷從孔氏安國問故,是古文説"②,將《史記》所引《書》説皆作古文看待,皮錫瑞已予辯駁,認爲《史記》所引多爲今文,孫星衍"誤執《史記》皆古文,致今古文家法大亂".③ 至於孫氏判別今、古文之成績與不足,容另撰專文討論。

就研究方法來看,皮錫瑞直接繼承了孫星衍的做法,通過補充證據進一步證成璿璣玉衡爲星象而非渾儀的説法。其在徵引了孫星衍引用過的《大傳》、《説苑》、《續漢志》,《史記》之《律書》、《天官書》及《索隱》所引《春秋·運斗樞》、《文耀鈎》等材料後,力圖調和伏生北極説與史公北斗説,認爲伏生、史公之説皆爲今文,其説一致,伏生、史公各舉其一而已:"疑伏生專就北極言之,史公專就北斗言之,旋機玉衡各舉其一,古書簡略,多不分析,非《大傳》爲今文,《史記》爲古文也。"④孫氏引用的材料之外,皮氏復補充《春秋感精符》、揚子《太玄摛》、《甘泉賦》、《長楊賦》、劉歆《遂初賦》等材料,意在印證其"考兩漢人所引經義皆以機衡爲星"⑤之結論。皮氏指出以上材料皆於馬、鄭説未出之前執璿璣玉衡爲星象説,故從文獻記載來看,星象説在前,渾儀説後起。

王先謙《尚書孔傳參正》於此條主要採用皮錫瑞、段玉裁之説,皆明確標注,而其所舉馬、鄭異説出現後仍持斗、極爲璣衡之義者數家,如《魏志》載魏王上書、《蜀志》先主傳載議郎陽泉侯上言、《管寧傳》王基薦寧表等數條證據,皆不出孫氏範圍,唯未加標注而已。⑥ 是王先謙無論在觀點上還是材料上都没有跳出孫、皮之外。

魏源《書古微》同樣主璿璣玉衡爲星象説,認爲上古觀天文齊

① 《尚書今古文注疏·凡例》,第1頁。
② 《尚書今古文注疏·凡例》,第1頁。
③ 《經學通論·論治〈尚書〉當先看孫星衍〈尚書今古文注疏〉陳喬樅〈今文尚書經説考〉》,第103頁。
④ 《今文尚書考證》卷一,第47頁。
⑤ 《今文尚書考證》卷一,第47頁。
⑥ 《尚書孔傳參正》卷二,《續修四庫全書》本,第51册第454頁。

人事:"憑天象不憑儀器。天文以此正,地理以此分,人事以此齊,四時以此定,故曰以齊七政。"①魏源同樣取證於文獻記載:"自唐虞三代西漢曆法皆如此。自《周髀算經》、《甘石星經》、《淮南子·天文訓》、《史記·天官書》、《律書》、《説苑》、《書大傳》説皆如此。"②魏源追溯渾儀説之起源,云馬融、鄭玄是受西漢哀、平時期緯書的影響發明了璿璣玉衡爲渾儀説:"及東漢馬、鄭,沿哀、平緯書羲和立渾儀之説,遂以漢武時洛下閎所創銅儀解唐虞之機衡,易天象之自然,爲人事之機巧"③,魏源指出"東漢以前初無此説"④,是進一步證成了星象説之可信。

綜上所述,對"璿璣玉衡"的闡釋,自馬、鄭至宋元明迄清初學者多執渾儀説,影響很大,致相對合理的星象説久被湮没。孫星衍繼江聲之後,發揚此説,爲之發掘材料,補充證據,並表明自己的主觀傾向。由其伸張,復經皮錫瑞、王先謙、魏源諸人努力,該説發揚光大,影響深遠,迄今已據主流。劉起釪先生在《尚書校釋譯論》中從舊説、天文、考古等多個角度對"璿璣玉衡"進行了精密細緻的探討,最終指出:"旋機玉衡只能解釋爲北斗七星。"⑤則孫氏於此振起發覆之功不可埋没。

三、《皋陶謨》"在治忽"

"在治忽",漢代以來已經出現異文,主要有"來始滑"、"采政

---

①　魏源《書古微》卷二,《續修四庫全書》本,第 48 册第 490 頁。

②　魏源《書古微》卷二,《續修四庫全書》本,第 48 册第 490 頁。

③　魏源《書古微》卷二,《續修四庫全書》本,第 48 册第 490 頁。

④　魏源云《書大傳》及《星經》皆謂璿機北極星,玉衡斗六星,"《史記》、《周髀算經》、《淮南子·天文訓》皆同之,從無儀器之説。至馬、鄭始創釋爲渾天儀,以璿饎機,以玉作衡,而七政爲日月五行,東漢以前初無此説者何? 北斗有歲差"云云。《書古微》卷二,《續修四庫全書》本,第 48 册第 489 頁。

⑤　顧頡剛、劉起釪《尚書校釋譯論》,北京,中華書局 2005 年 4 月出版,第 1 册第 118 頁。

忽”、“七始詠”、“七始華”等,歷代注疏家各隨文而訓。

《史記·夏本紀》作“來始滑”:“予欲聞六律五聲八音來始滑,以出入五言,女聽。”裴駰《史記集解》指出“滑”本當作“曶”,音“忽”,引鄭注解爲“曶者,臣見君所秉,書思對命者也,君亦有焉,以出內政教於五官”。①

司馬貞《史記索隱》作“采政忽”:“古文尚書作‘在治忽’,今文作‘采政忽’,先儒各隨字解之。”指出作“來始滑”於義不通,乃“采政忽”之誤,並爲分析致誤之由:“蓋來采字相近,滑忽聲相亂,始又與治相似,因誤爲‘來始滑’。今依今文音‘采政忽’三字。劉伯莊云‘聽諸侯能爲政及忽怠者’是也。”②

《漢書·律曆志》作“七始詠”:“《書》曰‘予欲聞六律、五聲、八音、七始詠,以出內五言,女聽’。”③

漢高祖唐山夫人《安世房中歌》作“七始華”。《漢書·禮樂志》:“《安世房中歌》十七章,其詩曰:‘……七始華始,肅倡和聲’”云云,孟康注曰:“‘七始,天地四時人之始。華始,萬物英華之始也。’”④

宋元學者多作“在治忽”,隨文而解。清代小學的發展激發了學者對該條異文的進一步探究。孫星衍之前,江聲、段玉裁的關注值得注意。江聲認爲《尚書大傳》即有“六律五聲八音七始之文”,據此推斷“七始詠”乃當時博士所傳,原出於伏生,爲今文,信實可據。基於此,認爲“七始詠”精於“在治忽”,故“擇善而從”。對《史記索隱》明注“采政忽”爲今文,“在治忽”爲古文,此“七始詠”亦爲今文的情況,江氏解釋爲:“蓋當時今文家有三,其本容有互異”,其

① 《史記》卷二《夏本紀》,第79—80頁。
② 《史記》卷二《夏本紀》司馬貞《索隱》引,第80頁。按:劉伯莊,彭城人,唐初學者,貞觀中累官至弘文館學士,遷國子博士,與許敬宗等論撰甚多,終崇賢館學士。自所著書百餘篇,其中有《續爾雅》、《史記音義》、《史記地名》、《漢書音義》等。《新唐書》卷一百九十八《儒林上》有傳。
③ 《漢書》卷二十一《律曆志》,第972頁。
④ 《漢書》卷二十二《禮樂志》,第1046頁。

承《史記》説認爲"采政忽乃誤字"。① 江聲於此强調了其對今文
"七始詠"的認同並作出了自己的選擇。

王鳴盛《尚書後案》疏鄭爲主,於此條重點分析鄭注"昒者,笏
也"之義,末列《漢書·律曆志》作"七始詠",《禮樂志》作"文始舞",
《安世房中歌》作"七始華"諸異文,但未作判斷與評價。

段玉裁較早、較全面地列舉了"在治忽"的多種異文,諸如"來
始滑"、"采政忽"、"七始華"、"七始詠"等,云《尚書》言七政、七始,
《傳》言七事、七音、七律,實爲一物,他詳細分析了諸説致誤之由:
蓋"七"與"桼"通假,"桼"或誤作"來",或誤作"采",皆形近而誤等
等。段玉裁於此條在異文的梳理、致誤之由的分析上所做的努力、
所取得的成就是此前其他經學家無法比肩的。

段氏又見《隋書·律曆志》引《漢志》作"七始訓",於是從訓詁、
用韻角度進行分析,認爲今本《漢書》作"詠"誤:"順以歌詠五常之
言",是"以'順'釋'訓',非以歌詠釋'詠'也","且'訓'與'忽'於音
韻同類,文物相爲平入,若作'詠'則無關涉矣"。② 又因《藝文志
考》、《困學紀聞》皆引作"七始詠",段氏認爲"是宋時《漢書》已無善
本矣"。③ 可以看出,段氏新説建立在《隋書·律曆志》孤證基礎之
上,或《隋書》誤寫,亦未可知。其後陳喬樅《今文尚書經説考》、崔
適《史記探源》、俞樾《群經平議》、王先謙《尚書孔傳參正》等皆從段
氏"七始訓"説。

孫星衍在江聲、段玉裁研究的基礎上,將異文綜括爲"來始
滑"、"采政忽"、"七始詠"、"七始華"五説。其分析致誤之由,詳釋
"七始"之義,以證今文作"七始詠"之有本,觀點、材料多承段氏。
但他不取段玉裁"七始訓"之説,表現了其對段説建立在《隋書·律
曆志》孤證基礎上的不信任,顯示了他對時人新説取捨的嚴謹態
度:並非一味求創、從新,而是慎思精擇,小心謹慎。

---

① 《尚書集注音疏》卷二,《清經解　清經解續編》本,第 3 册第 3000 頁。
② [清]段玉裁《古文尚書撰異》卷二,《續修四庫全書》本,第 46 册第
78 頁。
③ 《古文尚書撰異》卷二,《續修四庫全書》本,第 46 册第 80 頁。

　　魏源《書古微》"予欲聞六律五聲八音七始詠，以出内五言，女聽"條繼承了孫氏成果，其基本觀點、研究方法、所用材料均在孫氏範疇之内。魏源對"七始訓"之説予以否定："或又謂《律曆志》作'七始訓'而釋爲'順以出内五言'，恐非是。"蔣善國《尚書綜述》、劉起釪《尚書校釋譯論》均不取段氏"七始訓"説。① 從後人的進一步研究中可見孫星衍在這個問題上取捨之謹嚴，識見之精卓。

　　值得注意的是，在此條中，孫星衍對"忽"字提出了新的闡釋，認爲"忽"當爲"𣲘"。爲比較完整地呈現孫氏觀點，此將相關引文列下：

　　　　"在治忽"，"忽"當爲"𣲘"。《説文》："水流也，從川日聲。"《廣雅・釋詁》注："颮疾。"故汨通忽。𣲘音近滑。在近采，治近始，故《史記》作"來始滑"。始與政義又相近，滑忽音相近，古字在作才，與七形相近，𣲘詠形又相近，故今文爲"七始詠"。𣲘智形聲又相近，故鄭注爲"智"也。一作"來始滑"者，當爲"采治滑"，猶言采治亂也。《堯典》"蠻夷猾夏"，鄭注云："猾，亂也。"《潛夫論》引作"滑"。"滑"與𣲘、汨俱通。《華嚴音義》下引《書大傳》云："汨，亂也。"《樂記》云："治世之音安以樂，其政和；亂世之音怨以怒，其政乖；亡國之音哀以思，其民困。聲音之道，與政通矣。"史公作"來始滑"者，"來始"蓋"采治"之誤，故《索隱》云"'來始滑'，義無所通。依今文爲'采政忽'三字"。政、治義相通也，史公之意亦以爲"采治亂"。《索隱》引劉伯莊云："聽諸侯能爲政及忽怠者。"意亦似是，其以忽爲忽怠，非也。一作"七始詠"者，見《漢書・律曆志》引此文作"七

---

① 蔣善國先生列"七始華"、"七始詠"、"在治忽"、"來始滑"、"采政忽"（鄭玄注本作智）五種異文，見《尚書綜述》第392頁。劉起釪先生在以上五種外增"漢《熹平石經》殘字則作'七始滑'，《隋書・律曆志》轉引作'七始訓'"。其分析"七始"之義，認爲當以《漢書・律曆志》作"七始詠"爲確。《尚書校釋譯論》，第1冊第450頁。

始詠”，云：“予者，舜也。言以律和五聲，施之八音，合之
成樂。”①

細揣孫説，似迂曲無據。孫氏既云“忽”當爲“𣲷”，需以充分的證據
疏通二者，但他没有舉出足以證明二者相通的材料，而是尋一亦從
水之“汨”字，把闡釋重點轉移到“汨”上。孫氏之所以這樣做，是因
爲“汨”是多音多義字，與“𣲷”、“忽”皆有關聯，或欲借“汨”爲橋樑，
企圖融通“𣲷”與“忽”字。

“汨”主要音義有：

（一）gǔ，《廣韻》古忽切，入没見。術部。意爲“治水”，引申爲
治、亂。《説文·水部》：“汨，治水也。從水，曰聲。”段注：“《天問》
‘不任汨鴻，師何以尚之’。王云：‘汨，治也；鴻，大水也。’引伸之，
凡治皆謂汨。《書序》‘汨作’，‘汨，治也’。‘汨’本訓‘亂’，如‘亂’
之訓‘治’，故《洪範》‘汨陳其五行’，‘汨，亂也’。”②

（二）yù，《廣韻》于筆切，入質韻。術部。意为水流急貌，《廣
韻·質韻》於“𣲷”云：“《説文》曰水流也。”於“汨”云：“上同。”③《廣
雅疏證》云：“汨者，《方言》‘汨，疾行也’，《楚辭·離騷》‘汨余若將
不及兮’，王逸注云：‘汨，去貌，疾若水流也。’《九章》云：‘分流汨
兮。’‘汨’與‘𣲷’同。”④

（三）hú，《集韻》胡骨切，入没匣。術部。《集韻·没韻》：“汨，
涌波也。”⑤

我們看到，“𣲷”僅有水流義，未見其他。《廣韻》亦云于筆切，

———

① 　《尚書今古文注疏》卷二，第 104 頁。
② 　［漢］許慎撰、［清］段玉裁注《説文解字注》十一篇上二水部，上海，上
海古籍出版社 1984 年 11 月出版，第 567 頁。
③ 　周祖謨《廣韻校本》入聲五“質”，北京，中華書局 1988 年 8 月出版，上
册第 473 頁。
④ 　［清］王念孫《廣雅疏證》卷一上，上海，上海古籍出版社 1983 年 6 月
出版，第 37—38 頁。
⑤ 　［宋］丁度等《集韻》卷九入聲上十一“没”，《續古逸叢書三編》本，北
京，中華書局 1985 年據北京圖書館藏宋刻本影印，第 9 册第 29 頁。

入質韻。術部。則"汩"、"□"在水流義上同，而"汩"、"忽"相通（如《楚辭·九章》"浩浩沅湘，分流汩兮；修路幽蔽，道遠忽兮"。"汩"、"忽"押韻，相通），孫氏企圖借"汩"建立"□"與"忽"之間的聯絡。但"忽"與水無關，孫氏於是從"疾"義入手。"汩"爲水流急貌，"颮"爲"疾風"，"忽"也有"疾"義（《楚辭·離騷》"日月忽其不淹兮，春與秋其代序"。"忽"即疾、速義），這樣便在"疾"義上疏通了"忽"、"颮"、"汩"之間的相通關係，因云"汩"與"忽"通。实际上，"汩"、"忽"、"滑"、"猾"，古音一聲之轉，固可通，且皆有"亂"（亦即"治"）義，故孫氏釋"忽"爲"亂"。可以看出，孫氏疏解此條極盡迂曲，"汩"、"忽"、"滑"、"猾"相通，"亂"義，本不難理解，卻因孫氏欲證成"忽"當爲"□"說，而輾轉相訓，最終也未能爲自己提出的觀點找到依據。究其因，"汩"、"□"在水流義上音義同，但在其他意義上不具有相通處。"□"無"治"、"亂"之義，孫氏欲在此義上將"忽"解爲同"□"，顯然是無立足點的。雖輾轉解說，實際僅停留在疏解"汩"、"忽"、"滑"之間的相通關係上，並沒有解決"忽"、"□"之間是否存在直接關聯。是孫氏企圖從文字、音韻、訓詁的角度在"忽"、"□"之間建立聯繫，雖迂曲往返，卻最終陷入憑空聯絡、無據臆說之境地，尤其是在該條異文本已聚訟紛紜的情況下繼續妄增己見，顯示了他也有做得不夠嚴謹的地方。

　　孫氏釋"忽"、"滑"爲"亂"，與王引之說相近。王引之《經義述聞》釋"在治忽"云"忽"、"滑"相通，"亂"義："'忽'讀爲'滑'，《周語》'滑夫二川之神'，《淮南·精神篇》'趣舍滑心'，韋昭、高誘注並曰：'滑，亂也。'在治滑，謂察治亂也。《樂記》曰：'治世之音安以樂，其政和；亂世之音怨以怒，其政乖。'又曰：'宮亂則荒，其君驕；商亂則陂，其官壞；角亂則憂，其民怨；徵亂則哀，其事勤；羽亂則危，其財匱。蓋以此察之也。''滑'、'忽'古同聲，故字亦相通，《史記·夏本紀》正作'滑'。"①可以看出，孫氏"滑"、"忽"相通，"亂"義之釋，與

---

　　①　［清］王引之《經義述聞》三《尚書》上，濟南，山東友誼出版社 1990 年 9 月出版，第 315—316 頁。

王引之説相承。孫星衍進一步引申爲“汩”、“忽”、“滑”通，並在釋“忽”爲“亂”的前提下，厘正了唐劉伯莊釋“忽”爲“忽怠”的説法，在這一點上將對該問題的認識又向前推進了一步。

就此條來看，孫星衍既有擇善而從的一面，也有迂曲強説之處。他不取段氏“七始訓”説，顯示了他的嚴謹與識見。但他提出的“忽”當爲“𥅆”的意見卻是妄增異文、無據臆斷。努力求新，勇於創獲，促進了乾嘉學術的發展與進步，也導致了憑空臆説之弊端，此乃乾嘉學者之通病，這一點在段玉裁、俞樾身上體現尤爲明顯。研讀二氏著述，雖新見迭出，亦不乏臆説武斷，比起王念孫、王引之父子之嚴謹求是遜色不少。孫星衍在乾嘉學者中屬於比較嚴謹的一位，但從此條來看，也難以避免時代學者之通病。

四、《甘誓》

《甘誓》的糾結之一是：到底夏朝哪一個君王與有扈大戰於甘？先秦兩漢文獻的記載主要有三：夏啟、夏禹、夏后相。

《書序》、《史記》、《漢書》、《白虎通》等皆主啟伐有扈説。《書序》云：“啟與有扈戰于甘之野，作《甘誓》。”①《史記·夏本紀》云：“有扈氏不服，啟伐之，大戰於甘。將戰，作《甘誓》。”②《漢書·地理志·右扶風》説：“扈，夏啟所伐。”③《白虎通·三軍》説：“《尚書》曰：‘今予惟恭行天之伐。’此言開自伐扈也。”④開即啟，因避漢景帝諱改。

《墨子·明鬼》、《莊子·人間世》、《楚辭·天問》、《説苑·政理》等云夏禹攻有扈。《墨子·明鬼下》引作《禹誓》，云：“然則姑嘗

---

① 《尚書今古文注疏》卷三十《書序》，第 560 頁。
② 《史記》卷二《夏本紀》，第 84 頁。
③ 《漢書》卷二十八《地理志》，第 1547 頁。
④ ［清］陳立《白虎通疏證》卷五《三軍》，《清經解　清經解續編》本，第 13 册 6292 頁。

上觀乎《夏書・禹誓》曰：'大戰於甘'"①云云。《莊子・人間世》云："禹攻有扈，國爲虛厲。"②《吕氏春秋・召類》云："禹攻曹魏、屈驁、有扈，以行其教。"③《説苑・政理》云："子貢曰：'不識哉！昔禹與有扈氏戰，三陳而不服。禹於是脩教一年而有扈氏請服"④云云。

《吕氏春秋・先己》："夏后伯啟與有扈，戰於甘澤而不勝，六卿請復之。"⑤宋王應麟《困學紀聞》引作"夏后相"。

清代之前的《尚書》闡釋者多持啟伐有扈説，不列其他觀點。僞孔傳、孔穎達《尚書正義》，宋金履祥《尚書表注》、林之奇《尚書全解》，元陳櫟《尚書集傳纂疏》，明王樵《尚書日記》等皆如此。

清代學者博采異説，或不加評判，或擇善而從，或標舉己見，在材料的發掘上超邁前代。孫氏之前，王鳴盛《尚書後案》在主啟伐有扈的基礎上，已引入禹、相説，但王氏對後者持否定態度："以爲夏后相（《説苑・政理篇》卷七）又以爲禹，則皆誤也。"⑥

戴震《尚書義考》、段玉裁《古文尚書撰異》未及該問題。孫星衍於清代學者中較早比較全面地發掘並梳理了關於有扈氏大戰於甘的史料，指出《書序》、《史記・夏本紀》皆云啟伐有扈："《書序》云：'啟作《甘誓》。'《史記・夏本紀》云：'有扈氏不服，啟伐之，大戰於甘。將戰，作《甘誓》。'俱以爲啟伐有扈。"⑦在此基礎上，進一步梳理其他材料，引《墨子・明鬼》、《莊子・人間世》、《吕氏春秋・召

---

① ［清］孫詒讓《墨子閒詁》卷八，孫以楷點校，北京，中華書局《新編諸子集成》本，1986 年 2 月出版，第 217 頁。

② ［清］王先謙《莊子集解》卷一，沈嘯寰點校，北京，中華書局 1987 年 10 月出版，第 33 頁。

③ 許維遹《吕氏春秋集釋》卷二十《召類》，北京，中國書店 1985 年 5 月出版，下册第 13 頁。

④ ［漢］劉向撰、趙善詒疏證《説苑疏證》卷七，上海，華東師範大學出版社 1985 年 2 月出版，第 174 頁。

⑤ 《吕氏春秋集釋》卷三《先己》，上册第 11 頁。

⑥ 《尚書後案》卷四，《續修四庫全書》本，第 45 册 104 頁。

⑦ 《尚書今古文注疏》卷四，上册第 208 頁。

類》、《楚辭·天問》、《説苑·政理》等記載,指出故訓有作"禹伐有扈者".① 對於《吕氏春秋·先己》所載夏后相伐有扈之説,孫星衍做出了自己的推斷,認爲"相"乃"柏"之誤,"伯"即"伯禹",從而否定了夏后相伐有扈説:"《吕氏春秋·先己篇》云'夏后相與有扈戰於甘澤而不勝,六卿請復之.'案:相,當爲柏字.又《召類篇》云'禹攻曹魏、屈驁、有扈,以行其教.'則所云'柏'者,謂伯禹也."②

這樣,孫星衍在比較全面地梳理、分析史料的基礎上,將"啟伐有扈"和"禹伐有扈"説並列,並表明了自己的判斷依據及主觀傾向:"凡此諸書,或與孔子同時,皆未見《書序》,而以《甘誓》爲禹事,當必本古文《書》説也.""至《書序》以爲啟作者,因此篇序在《禹貢》後,故定爲啟事耳,亦不必以《書序》廢古説也."③是孫氏認爲禹伐有扈本之古説,不當因《書序》云啟伐而廢之.

對於有扈氏之身份,孫星衍之前的注疏者亦未及探討.孫星衍引《淮南子·齊俗訓》高誘注云有扈乃"夏啟之庶兄也",雖"不知高注所據何書",但爲進一步研究提供了重要線索:

> 《莊子》既云"國爲虚厲",則有扈滅於禹時,不應啟復伐之.惟《淮南·齊俗訓》云:"昔有扈氏爲義而亡."注云:"有扈,夏啟之庶兄也,以堯、舜舉賢,禹獨與子,故伐啟.啟亡之."不知高誘所據何書,又與禹伐有扈違異.至《書序》以爲啟作者,因此篇序在《禹貢》後,故定爲啟事耳,亦不必以《書序》廢古説也.④

梁玉繩《史記志疑》認爲《莊子·人間世》、《吕覽·召類》、《説苑·政理》均云禹伐有扈,當爲有徵之言,進而推斷"禹先有伐扈

① 《尚書今古文注疏》卷四,上册第 208 頁.
② 《尚書今古文注疏》卷四,上册第 208 頁.
③ 《尚書今古文注疏》卷四,上册第 208 頁.
④ 《尚書今古文注疏》卷四,上册第 208 頁.

事”，但認爲《甘誓》所記當爲啟事，非禹。[①] 是較孫星衍又進了一步，將歷史事實推斷爲禹、啟先後皆曾伐扈。

皮錫瑞針對孫星衍“《莊子》既云‘國爲虛厲’，則有扈滅於禹時，不應啟復伐之”的謹慎態度，直接認定爲“禹伐有扈，啟可再伐”，較梁玉繩説更爲決斷：“古者天子征討諸侯，誅其君，不絶其後。若舜伐三苗，禹復伐三苗；周公踐奄，成王復踐奄(是兩事，説見《多士》、《多方》篇)，皆其明證。又或別封一姓，仍其國名不改，如成王滅唐而封叔虞，國仍號唐之類。則禹伐有扈，何必啟不再伐？且高氏今文説以有扈爲啓之庶兄，則禹或滅有扈，以封其庶子，至啓卽位，不服，而啓伐之，亦未可知。”[②]與皮氏幾乎同時的孫詒讓持論幾同，其於《墨子間詁》中認爲“是《吕覽》有兩説，或禹、啟皆有伐扈之事，故古書或以《甘誓》爲《禹誓》與？”[③]

朱駿聲、姚永樸、劉逢祿等則采啟伐有扈並用孫星衍引高注有扈乃啟庶兄之説，對禹及夏后相伐扈説未加採納。[④]

陳夢家先生《尚書通論》並舉三説：1. 禹説。列《墨子·明

---

① 梁玉繩云：“或問《墨子·明鬼篇》引《甘誓》全文以爲《禹誓》，何歟？曰：禹先有伐扈事，《莊子·人間世》及《吕覽·召類》、《説苑·政理》皆言之，而《甘誓》一篇與《禹貢》相接，遂謬以爲禹矣。”[清]梁玉繩《史記志疑》卷二《夏本紀》“有扈氏不服”條，北京，中華書局 1981 年 4 月出版，第 1 册第 38 頁。

② 《今文尚書考證》卷四，第 190 頁。

③ 《墨子間詁》卷八，上册第 217 頁。

④ 朱駿聲云：“《書序》曰：‘啓與有扈戰于甘之野，作《甘誓》。有扈，夏同姓之國。’《淮南·齊俗訓》高誘注：‘有扈，夏啟之庶兄也。以堯舜舉賢，禹獨與子，故伐啓，啓亡之。’云‘庶兄’，不知何據。《莊子》‘禹攻有扈’，《説苑》‘禹與有扈氏戰’，《吕覽·先己篇》又以爲夏后相，皆傳聞之異。”[清]朱駿聲《尚書古注便讀》卷二《夏書》，民國《華西國學叢書》活字本。姚永樸云：“《甘誓》序啓與有扈戰于甘之野，作《甘誓》。《史記》啓卽天子之位，有扈氏不服，啟伐之，大戰于甘。將戰，作《甘誓》。鄭曰：有扈與夏同姓，馬曰：甘，有扈南郊，地名。甘，水名，今在鄠縣西。孔曰：《曲禮》云約信曰誓。《史記》稱啟立，有扈氏不服，蓋由自堯舜受禪相承，啟獨見繼，以此不服。孫星衍曰：《淮南·齊俗訓》云昔有扈爲義而亡。注：有扈，夏啟之庶兄也，以堯舜舉賢，禹獨與子，故伐啟，啓亡之。不知所據何書。”[清]姚永樸《尚書誼略》卷四《虞夏書》四，清光緒刻《集虛草堂叢書》本。

鬼》、《呂覽·召類》及高誘注、《説苑·正理篇》、《莊子·人間世》爲證。2. 啟説。舉《書序》、《夏本紀》爲説。3. 相説。列《呂覽·先己》。云:"《太平御覽》八十二啟事中引此作'夏后伯啟',然《困學紀聞》亦引作夏后相。"①是陳夢家先生三説並存,更爲謹慎,然其所用材料皆在孫氏網羅之内。

　　蔣善國先生認爲今本《呂氏春秋·先己篇》的"夏后相"顯係"夏後伯啟"之誤寫,"大約禹、啟都曾伐過有扈,把《甘誓》認作是禹伐有扈或啟伐有扈的誓詞均無不可",②其説與梁玉繩、皮錫瑞、孫詒讓一脈相承。劉起釪先生亦認爲《先己篇》夏后相之"相"當爲"伯",據《太平御覽》判斷"伯"當爲"伯啟"。其列禹、啟伐扈二説,認爲"這是古代史事的傳聞異辭",表達了"傾向於《史記》這一説法"的基本態度。③

　　由上所述,此條同樣比較充分地體現了孫星衍"網羅放失舊聞"的注疏原則、對材料的取捨態度及分析水準。在《尚書今古文注疏》中,孫氏對相關文獻作了大量的發掘、梳理、選擇、分析工作,資料詳實,態度謹嚴,觀點有據,富有啟發,因此成爲孫疏的突出特點。就此條言,此後的研究者觀點或有不同,但就材料的選擇與利用上無出孫氏之右者。孫氏對材料的發掘、梳理爲其第一貢獻。孫氏不僅努力發掘材料,而且對其進行小心謹慎地分析與鑒別,字裏行間展現的觀點及態度對從事傳統學術研究具有重要的啟示作用。如該條中孫氏對"夏后相"説的過濾與摒棄,對禹伐有扈諸材料的梳理與分析,對歷代相沿的《書序》説的突破等對此後乃至今天的研究者都具有重要的啟發作用,其觀點至今仍爲學者借鑒、吸納。而孫氏多存古説,謹慎評判的治學態度,同樣彰顯了一種可貴的實事求是的治學精神、治學方法。

---

① 陳夢家《尚書通論》,北京,中華書局 1985 年 10 月出版,第 178 頁。
② 《尚書綜述》,第 200 頁。
③ 《尚書校釋譯論》,第 2 册第 864—865 頁。

五、《高宗肜日》

　　《高宗肜日》篇的關鍵是何爲"肜祭"？"肜祭"是針對何人的祭祀？搞不清這一問題，即無法對前人疏解作出判斷。

　　關於《高宗肜日》之本事，漢代説法主要有三：

　　1.《尚書大傳》云："武丁祭成湯，有飛雉升鼎耳而雊。武丁問諸祖己，祖己曰：'雉者，野鳥也，不當升鼎。今升鼎者，欲爲用也，遠方將有來朝者乎！'故武丁内反諸己，以思先王之道。三年，編髮重譯來朝者六國。"①此云武丁祭成湯，"雉飛升鼎耳而雊"，祖己爲武丁言此爲吉兆，預言將有遠方來朝之盛事。

　　2.《史記・殷本紀》云："帝武丁祭成湯。明日，有飛雉登鼎耳而呴，武丁懼。祖己曰：'王勿憂！先修政事。'祖己乃訓王曰……武丁修政行德，天下咸驩，殷道復興。帝武丁崩，子帝祖庚立。祖己嘉武丁之以祥雉爲德，立其廟爲高宗，遂作《高宗肜日》及《訓》。"②據此知《史記》亦載爲武丁祭成湯，云"飛雉登鼎耳而呴，武丁懼"，是視飛雉升鼎爲凶兆，祖己訓以修正行德，天下咸歡而殷道復興。又云武丁崩後，祖己嘉其德，立廟爲高宗，作《高宗肜日》、《高宗之訓》，則《史記》認爲《高宗肜日》乃武丁崩後祖庚時祖己追作。

　　3.《書序》云："高宗祭成湯，有飛雉升鼎耳而雊，祖己訓諸王，作《高宗肜日》、《高宗之訓》。"③《書序》不稱"武丁"，直云"高宗"。東漢馬融、鄭玄、王肅與僞孔傳、孔穎達《正義》等基本承用這一説法。此外，《説苑・辨物篇》、《後漢書・曹節傳》、《三國志・高堂隆傳》、《漢書・五行志》引劉歆《五行傳》、《杜欽傳》等文獻所載與以

---

①　《尚書大傳輯校》一，《清經解　清經解續編》本，第 10 册 1856 頁。
②　《史記》卷三《殷本紀》，第 103—104 頁。
③　《尚書今古文注疏》卷三十《書序》，下册 582 頁。

上諸説無大出入，多承《書序》。①

綜括以上三説，可以看出，《大傳》、《史記》、《書序》皆主高宗武丁祭成湯説，但稱謂不同：《大傳》、《史記》稱“武丁”，《書序》云“高宗”。本事亦有異：《大傳》以飛雉升鼎示吉，祖己之言與《高宗肜日》完全不同；《史記》以飛雉升鼎示凶，祖己訓王之言與《高宗肜日》全同。

漢人的説法是否合理？高宗肜日是否如漢人所言乃高宗武丁肜祭成湯？判斷這一問題的關鍵是要理解何爲“肜祭”。宋代以前對“肜祭”認識模糊。《爾雅·釋天》云“肜祭”指祭之明日又祭，殷稱肜，周稱繹。《孔傳》同。《詩·鳧鷖》鄭箋云：“祭天地社稷山川，五祀皆有繹祭。”諸説雖云“祭之明日爲肜祭”，但“不知此肜是何祭之肜也”，②則祭主爲誰不得而知，故唐宋學者多沿高宗武丁祭成湯説。

除佔據主流的武丁祭成湯説外，也有於“典祀無豐於昵”句做出其他闡釋者。《爾雅·釋詁》釋“昵”爲“近”，孔傳承之。馬融釋爲“考”，認爲是禰廟，王肅沿襲。③ 這一説法爲宋蔡沈繼承。其《書經集傳》認爲是祭禰廟，而非湯廟：“蓋祭禰廟也。《序》言湯廟者非是。”④則蔡沈明言所祭非湯廟，當爲禰廟，但他尚未明確提出即武丁祭父小乙之廟。

---

① 諸説詳見王先謙《尚書孔傳參正》卷十二引，《續修四庫全書》本，第51 册第 552—553 頁。

② 《爾雅·釋天》云：“繹，又祭也。周曰繹，商曰肜。”孫炎曰：“祭之明日尋繹復祭也。”“肜”者，相尋不絶之意。《春秋》宣八年六月“辛巳，有事於太廟。壬午，猶繹”。《穀梁傳》曰：“繹者，祭之旦日之享賓也。”是肜者，祭之明日又祭也。《孔傳》：“祭之明日又祭。殷曰肜，周曰繹。”諸説皆見《尚書正義》卷十，上册第 176 頁。

③ 《釋詁》云：“即，尼也。”孫炎曰：“即猶今也，尼者近也。”郭璞引《尸子》曰“悦尼而來遠”，是“尼”爲近也。“尼”與“昵”音義同。《孔傳》云：“昵，近也。”馬融云：“昵，考也，謂禰廟也。”王肅云：“高宗豐於禰，故有雉雊升遠祖成湯廟鼎之異。”諸説皆見《尚書正義》卷十，上册第 176 頁。

④ ［宋］蔡沈《書經集傳》卷三，《四庫全書》本，第 58 册第 63 頁。

宋末金履祥始以爲可能是祖庚祭武丁。其《尚書表注》云："高宗，廟號也，似謂高宗之廟。昵，近廟也，似是祖庚繹于高宗之廟。"①元鄒季友才完全肯定是祖庚祭武丁，其《書傳音釋》云："此必祖庚肜祭高宗之廟，而祖己諫之，故有封昵之戒，辭旨淺直，亦告少主之語耳。肜祭高宗而曰高宗肜日者，謂于高宗之廟肜祭也。"②

孫星衍之前的清代學者多沿漢説，如王鳴盛《尚書後案》於此條討論的重點是《高宗肜日》是作于高宗之世還是祖庚之時，認爲"肜祭"爲"宗廟之肜"，③顯然是承漢人認同武丁祭成湯之説。段玉裁《撰異》僅從文字學角度釋"肜"，未涉經義。

較之時人，孫星衍申漢抑宋之態度更爲鮮明、堅決，其注取五家三科之説，疏用漢魏諸儒舊説及時人成果，不取宋人之説，這一注疏原則使他於此條中也不可能考慮宋人意見。

值得注意的是，孫氏雖不取宋元學説，但以"網羅放失舊聞"爲己任，在《尚書今古文注疏》中對漢魏人説多廣采並存，一一疏解，通過疏文體現自己的見解與態度，其做法由以上對"曰若稽古"、"在治忽"的分析可以看出。但也有些條目，孫氏於注中即做出了選擇，濾去了他認爲不合理或不正確的漢魏之注，只呈現能夠體現自己觀點的前人説法。該條即屬此類。對漢人三説，孫星衍僅取《史記·殷本紀》説，而未取《大傳》與《書序》，當是其慎取別擇的結果。其注云："史遷説：'帝武丁崩，子帝祖庚立。祖己嘉武丁之以

①　[宋]金履祥《尚書表注》卷上，《四庫全書》本，第60冊第450頁。
②　[宋]蔡沈集傳[元]鄒季友音釋《書傳音釋》，清光緒戶部公刊於江南書局本。
③　王鳴盛列《序》以爲高宗祭成湯"與《大傳》云"武丁祭成湯"説，認爲"此説（《大傳》）與《序》同，然以二説與經文考之，雖書當作於高宗之世，要亦未有明文也"，復列《史記·殷本紀》"據此則是訓王雖在武丁時，作書實在祖庚時。高宗乃系廟號，書若作於武丁時宜稱王不宜稱高宗。《史記》之説不爲無理。然其與《序》合否未詳，以備一解可也"。其論肜祭，云："今此經有豐昵之言，知爲宗廟之肜也。"《尚書後案》卷七，《續修四庫全書》本，第45冊第119—120頁。

祥雉爲德,立其廟爲高宗,遂作《高宗肜日》及《訓》。'"①針對司馬遷説,孫星衍進一步分析,認爲:"史公説此爲祖庚時祖己作,古文義也。""既稱高宗,則是立廟後追記其事。"②是孫星衍通過對注文的疏解肯定了該篇作者及寫作時間:高宗卒後,祖庚爲立廟,祖己作《高宗肜日》及《訓》。孫氏對史公説的選擇、疏釋、肯定,實際也就等於對《大傳》及《書序》的懷疑與否定。通過愼擇顯示態度,是孫星衍注解《尚書》的方法之一。

　　同樣,對肜祭的認識,孫氏亦秉承漢人之説,引用《爾雅·釋天》、《公羊》何休注、《詩·鳬鷖》鄭玄箋等,因終不得其解,故謹愼存疑:"此是祭成湯,其何時之祭,無文可知。"③

　　孫氏之後,皮錫瑞調和《史記》與《大傳》説,"史公以《高宗肜日》作於祖庚之時,正如《般庚》作於小辛之時,其事仍當爲高宗時事,高宗崩後,追序其事以美之耳。《史記》與《大傳》本無不合",並認爲《史記》與《大傳》皆爲今文説,孫星衍以史公爲古文義,失之。④ 簡朝亮《尚書集注述疏》繼承了孫星衍的觀點,執馬遷説否定伏生《大傳》:"今考經曰高宗稱既崩之廟號,則遷言追作者是也。"⑤朱駿聲雖以《書序》稱高宗祭成湯爲據,觀點與孫同:"此二篇作於武丁子祖庚之世,故書廟號也。"⑥

　　孫氏之後,學者對"肜祭"之義的探討仍在繼續,趙佑、魏源、簡

────────────

① 《尚書今古文注疏》卷七,上册第 242 頁。
② 《尚書今古文注疏》卷七,上册第 242 頁。
③ 《尚書今古文注疏》卷七,上册第 242 頁。
④ 《今文尚書考證》卷七,第 216 頁。
⑤ 《尚書集注述疏》卷七,《續修四庫全書》本,第 52 册第 260 頁。
⑥ 朱駿聲云:"《書序》曰:'高宗祭成湯,有飛雉升鼎耳而雊,祖己訓諸王,作《高宗肜日》、《高宗之訓》。'按此二篇作於武丁子祖庚之世,故書廟號也。《高宗之訓》一篇亡于秦、項之火。"《尚書古注便讀》卷三,民國《華西國學叢書》活字本。

朝亮、俞正燮等對"昵"爲"禰"、"近"廟,肜祭乃祖己祭武丁説均不予認同。①

　　漢宋學者之聚訟,直至殷墟卜辭出土後,始得迎刃而解,以王國維先生的貢獻最突出。其《高宗肜日説》據甲骨卜辭研究成果,肯定了金履祥之説,得出"高宗肜日爲祖庚祭高宗之廟,而非高宗祭成湯無疑"之結論。② 劉起釪先生稱王國維先生的研究"完全駁倒了武丁祭成湯這一漢代以來説法,而標出了殷代'高宗肜日'一詞的意義。"③

　　綜上所述,從孫星衍對《高宗肜日》釋題的分析中大約可以得到三點啟示:

　　1. 研究條件對學術研究具有重要作用。清代學者已經極爲重視利用出土文獻尤其是金石證經考史,但甲骨卜辭的發現是光緒二十六年(1900)以後的事情,孫星衍及同時代的學者們還没有條件利用新材料對久已闕疑的問題做出進一步回答,我們今天也不能以後來取得的進步否定前人所作的貢獻,將學者的貢獻置於其所處的時代背景下進行考察是實事求是的做法。

────────

　　① 趙佑云:"典祀無豐於昵,敬鬼神而遠之也。""孔傳言近廟,蓋失之,然未以昵爲禰。其言禰廟者乃出馬氏、王氏而蔡《傳》宗之,並謂《序》祭成湯之非"。"然而裴氏《集解》之引《孔傳》,於'近'下本無'廟'字,已與唐《正義》本不同。《集解》每載孔安國曰與今《書》傳異同甚多)夫傳文且難讀,殆無怪經文之叢誤也歟。"[清]趙佑《尚書質疑》卷上《典祀無豐于昵解》,《續修四庫全書》本,第 45 册第 503—504 頁。魏源云:"金氏履祥誤會《史記》之説,遂以此書爲繹祭高宗之廟,斥《書序》爲不足信,豈《史記》、《書大傳》及西漢今古文家之言祭成湯者皆不足信乎! 燕説郢書,説經通弊,何怪焉。"《書古微》卷六《高宗肜日發微中》,《續修四庫全書》本,第 48 册第 572 頁。簡朝亮云:"《高宗肜日》非肜于高宗之日,猶所謂高宗諒陰也。金氏履祥疑祖庚肜于高宗者,非也。"《尚書集注述疏》卷七,《續修四庫全書》本,第 52 册第 260 頁。俞正燮云:"《書序》《史記》俱言祭成湯,而馬融以昵爲考,謂祭近廟。《左傳》以妻爲昵,古者媲父,豈得以父爲昵,今枚、孔用馬説,與安國故訓適相反。"[清]俞正燮《癸巳存稿》卷一,《續修四庫全書》第 1159 册 616 頁。

　　② 王國維《王國維遺書》第一册《觀堂集林》卷一《藝林》一《高宗肜日説》,上海,上海古籍出版社 1983 年 9 月出版,第 6 頁。

　　③ 《尚書校釋譯論》,第 2 册 1025 頁。

2. 門户之見對學術研究有弊無利。孫星衍恪守漢魏學説，不取宋元，這種門户之見使其不能客觀分析並吸納宋元學説中的合理、進步成分，從而使某些方面的研究未能取得持續性進展。

3. 孫星衍對漢魏學説進行了選擇與過濾，以體現自己的學術主張。故其對《尚書》的注疏不是大全式的、不加選擇的全面網羅，而是經過了深思別擇，體現了自己的學術傾向，隱含了自己的學術態度，顯示了自己的學術觀點，這不是一般經學家能夠做到的。就此條來説，蔣善國先生認爲僅就《大傳》、《史記》、《書序》三説來看，《書序》説最荒謬，高宗是武丁的廟號，死後追稱，如是武丁時候的作品一定不稱高宗;《大傳》只片面地説到故事的前半段。相比之下，《史記》的記載比較全面。[①] 這些認識與孫星衍的選擇顯然是一致的。孫星衍濾去《大傳》與《書序》説，顯示了在當時的歷史條件和學術氛圍下他所作選擇的相對合理性。

六、《金縢》

《金縢》是一篇疑竇叢生、爭論較大的文字。自漢代以來即對其作者、寫作緣由、著作時代、其在《尚書》中的順序等存有爭議。這些問題也是孫星衍關注並予以討論的。孫星衍是如何認識《金縢》篇的？有無新的見解？其見解是否有價值？影響如何？此就這些問題簡單討論。

《金縢》全文由三部分組成。自篇首至"王翼日乃瘳"爲第一部分，寫武王克商二年疾，周公禱以身代，武王病癒。自"武王既喪"至"王亦未敢誚公"爲第二部分，寫武王崩，成王即位，管、蔡流言，周公居東二年，罪人斯得。自"秋大熟"以下爲第三部分，寫風雷示變，王啟金縢之書，見周公禱疾記録，反周公。前人對《金縢》的爭

① 《尚書綜述》，第 209 頁。

論集中在"秋大熟"以下段,歧説之焦點爲:這段所寫風雷示變到底發生在周公生前還是身後?

　　關於風雷示變事首見於《尚書大傳》,云周公臨終請葬成周以示臣於成王,成王欲葬成周,風雷示變,成王得金縢書,葬之於畢,示不敢臣,以彰聖功:

　　　　周公疾,曰:"吾死必葬于成周,示天下臣于成王也。"周公死,天乃雷雨以風,禾盡偃,大木斯拔,國恐,王與大夫開金縢之書,執書以泣曰:"周公勤勞王家,予幼人弗及知。'乃不葬于成周而葬之於畢,示天下不敢臣。"①

　　《白虎通》②、《後漢書》之《周舉傳》③、《張奐傳》④、《公羊傳》僖

_____

①　《漢書》卷六十七《梅福傳》顏師古注引,第 2926 頁。
②　《白虎通》云:"周公不之魯何?……周公身薨,天爲之變,成王以天子之禮葬之,命魯郊,以明至孝,天所興也。"《白虎通疏證》卷四《封公侯》,《清經解　清經解續編》本,第 13 册第 6285 頁。又云:"養從生,葬從死,周公以王禮葬何? 以爲周公踐阼理政,與天同志,展興周道,顯天度數,萬物咸得,休氣充塞,原天之意,子愛周公與文武無異,故以王禮葬,使得郊祭。《尚書》曰:'今天動威,以彰周公之德。'下言:'禮亦宜之。'"《白虎通疏證》卷十一《喪服》,《清經解　清經解續編》本,第 13 册第 6339 頁。
③　《後漢書》卷六十一《周舉傳》載永和元年災異數見,帝召問群臣,云:"言事者多云:昔周公攝天子事,及薨,成王欲以公禮葬之,天爲動變。及更葬以天子之禮,即有反風之應。"周舉對曰:"昔周公有請命之應,隆太平之功,故皇天動威,以章聖德。"注引《尚書洪範五行傳》曰:"周公死,成王不圖大禮,故天大雷雨,禾偃,大木拔。及成王寤金縢之策,改周公之葬,尊以王禮,申命魯郊,而天立復風雨,禾稼盡起。"[劉宋]范曄撰[唐]李賢注《後漢書》,北京,中華書局 1973 年 8 月出版,第 2027—2028 頁。
④　《後漢書》卷六十五《張奐傳》奐上疏有"昔周公葬不如禮,天乃動威"。李賢注引《尚書大傳》:"周公薨,成王欲葬之于成周,天乃雷雨以風,禾即盡偃,大木斯拔,國人大恐。王葬周公畢,示不敢臣也。"《後漢書》,第 2141 頁。

公三十一年何休解詁①等史料中亦有相關記載。以上風雷示變皆云周公薨後,成王因狐疑於用臣禮還是君禮葬周公而發;《金縢》則將風雷示變事與周公爲武王禱疾、遭讒、居東、平叛管、蔡相連。《金縢》與以上諸文獻的共同點是都有風雷示變、開金縢之書的記載。但一云周公卒後、一云生前,各執己見。這一爭論在王充《論衡·感類篇》中已經提出:

> 《金縢》曰:"秋大熟,未穫。天大雷電以風,禾盡偃,大木斯拔,邦人大恐。"當此之時,周公死,儒者説之,以爲成王狐疑於周公:欲以天子禮葬公。公,人臣也;欲以人臣禮葬公,公有王功。狐疑於葬周公之間,天大雷雨,動怒示變,以彰聖功。古文家以武王崩,周公居攝,管、蔡流言,王意狐疑周公,周公奔楚,故天雷雨以悟成王。夫一雷一雨之變,或以爲葬疑,或以爲信讒,二家未可審。②

由《論衡》的記載可見漢代今、古文兩家的説法已截然不同。其以"儒者説之"與"古文家"相對而言,知此"儒者"指今文家。則今文家認爲風雷示變是周公死後、周成王對以天子禮還是人臣禮葬周公狐疑不決而出現的。古文家則以周武王卒後,成王年幼,周公居攝,管叔、蔡叔散佈流言,成王疑周公,周公奔楚,故天雷雨示警。《論衡》將前者概括爲"葬疑",後者爲"信讒"。

---

① 僖公三十一年:"卜郊何以非禮? 魯郊非禮也。"何休注曰:"以魯郊非禮,故卜爾。昔武王既没,成王幼少,周公居攝,行天子事,制禮作樂,致太平,有王功。周公薨,成王以王禮葬之,命魯使郊,以彰周公之德,非正,故卜。"《春秋公羊傳注疏》卷十二,《十三經注疏》本,下册第2263頁。成王十七年徐彦疏用何説,參2298頁。
② [漢]王充《論衡》卷十八,《四部備要》本,第54册第160頁。

　　與《金縢》所記信讒説相類的另有《史記•蒙恬傳》與《魯周公世家》後文。①《史記•蒙恬傳》云：

　　　　昔周成王初立，未離襁褓，周公旦負王以朝，卒定天下。及成王有病甚殆，公旦自揃其爪以沈於河，曰：'王未有識，是旦執事。有罪殃，旦受其不祥。'乃書而藏之記府，可謂信矣。及王能治國，有賊臣言：'周公旦欲爲亂久矣，王若不備，必有大事。'王乃大怒，周公旦走而奔於楚。成王觀於記府，得周公旦沈書，乃流涕曰：'孰謂周公旦欲爲亂乎！'殺言之者而反周公旦。②

《史記•魯周公世家》後文云：

　　　　初，成王少時，病，周公乃自揃其蚤沈之河，以祝於神曰："王少未有識，奸神命者乃旦也。"亦藏其策於府。成王病有瘳。及成王用事，人或譖周公，周公奔楚。成王發府，見周公禱書，乃泣，反周公。③

以上皆記周公遭讒奔楚，成王發書，見禱書而反周公。但這兩條中周公爲之禱病的爲成王，非武王；周公奔楚，非居東。此蓋譙周所言"秦既燔書，時人欲言金縢之事，失其本末"④，故傳聞各異。
　　孫星衍之前，段玉裁在其《古文尚書撰異》"王出郊，天乃雨，反

　　①　按：《史记•魯周公世家》前文云武王克商二年，周公爲禱疾。武王崩，成王幼，周公不避管、蔡流言，卒相成王，並興師東伐，平定叛亂事。後文又記周公爲年幼的成王禱疾，後遭讒，奔楚事。將風雷示變置於周公卒後，成王狐疑於以君禮還是臣禮葬周公之時。即《魯周公世家》並載周公爲武王、成王禱疾事。
　　②　《史記》卷八十八《蒙恬傳》，第 2569 頁。
　　③　《史記》卷三十三《魯周公世家》，第 1520 頁。
　　④　《史記》卷三十三《魯周公世家》注引，第 1520 頁。

風,禾則盡起,二公命邦人,凡大木所偃盡起而築之,歲則大孰"條
中對以上材料進行了比較全面的梳理,段氏録《史記·魯周公世
家》並記周公禱武王、成王事,在相關部分以小注形式列舉《史記》
之《周本紀》、《蒙恬傳》及《易林》等古文家説,復列《尚書大傳》、《漢
書》之《杜鄴傳》、《儒林傳》谷永上疏,《後漢書》之《周舉傳》與《張奐
傳》、《春秋公羊傳》僖公三十一年傳及何休注、《白虎通·喪服》、
《論衡·感類》、徐幹《中論·智行》等今文説。段氏通過梳理今、古
文諸説,認爲今文家葬疑之説爲荒謬,其根據是《尚書》史官記事按
年代順序,而從武王克商至周公薨中間間隔多年,其間大事很多,
《金縢》未作記載,而直接切到周公卒後,不合史官記事之體:

　　　　案:今文之説最爲荒謬。史官記事前云既克商二年,云武
　　　王既喪,云居東二年,何等分明,豈有"爲詩詒王"之後,"秋大
　　　孰"之前間隔若干年若干大事不書,周公薨而突書其薨後之
　　　事,令人讀罷不知其顛末者。[1]

段氏對今文家説的指責顯然是以認定風雷示變乃周公薨後事爲前
提,故云與克商等相隔多年。即段氏是沿着今文家的思路而不是順
着《金縢》本身來認識《金縢》"秋大熟"以下風雨示變的内容的。他否
定了"秋大熟"以下爲周公薨後之葬疑,但没有提出更合理的看法。
　　孫星衍疏文中陳列了代表前人主要觀點的史料,除補充《琴
操》一條外,就取材範圍來看,其他都在段氏網羅視野之内。通過
史料的排列,不僅以《大傳》、《魯周公世家》後文爲代表的"葬疑"説
及以《魯周公世家》前文並《蒙恬傳》爲代表的信讒説均得到呈現,
而且諸説之同異亦不言自明:《魯世家》前文、《金縢》言禱武王疾與
《魯周公世家》後文、《蒙恬傳》、《易林》言禱成王疾不同;《金縢》居
東與《魯周公世家》、《蒙恬傳》奔楚相異。

────────────

① 《古文尚書撰異》卷十四,《續修四庫全書》本,第 46 册第 200 頁。

　　面對史料歧説，孫氏謹慎存異，小心推斷。對《蒙恬傳》、《魯世家》後文所記周公爲成王禱疾説，其以蒙恬曾見秦始皇焚書前之文，説當有據，故爲司馬遷所採爲由，提出了周公可能曾爲武王、成王並禱疾的説法，主張不以傳聞異辭等加以推斷，而是各遵所聞，並存異文："恬時百篇之書未焚，當親見之而爲此説，史公用其言以作《魯世家》，是周公尚有爲成王禱疾之事。"①

　　《琴操》二卷，傳爲東漢蔡邕撰。孫星衍曾爲作《補遺》一卷，並於嘉慶十一年（1806）將《琴操》並《補遺》刻入《平津館叢書》中。《琴操》中的相關資料，此前的研究者似未及發掘。孫星衍對該書之研究，使其熟悉並有機會利用其中的相關材料。《琴操》中記載周公囚誅管、蔡後受謗，成王欲囚之，周公奔魯而死。成王欲以公禮葬周公，天風雷示變，成王發金縢書，見周公爲武王禱疾事，誅讒者，天乃反風、禾則盡起之事，顯然是糅合了信讒與葬疑説。《琴操》之記載與其他文獻多有不同：不言爲王禱疾，云周公遭讒在囚誅管、蔡後，周公受讒奔魯而死非奔楚或居東。對這些相異之處，孫氏疏文以極其簡約的文字指明異處，不作評判："此言周公被譖奔魯，在誅管、蔡之後，與《史記》同而不言爲成王禱疾。"②

　　如做簡單比較可以發現，段玉裁的貢獻是較早、較全面地發掘並梳理了相關材料，並對今文家説提出了批評，但他尚未涉及其他問題的討論。相比之下，孫星衍的探討涉及的問題更多，討論也更加深入。其觀點主要見於《金縢》釋題、"秋大熟"句疏解及《亳姑逸文考》中。孫氏於此提出的最重要的觀點是《金縢》"秋大熟"以下爲《亳姑》逸文，"秋大熟"以前的兩段乃史官所記，非如《書序》言出周公之手。先看前者。

　　孫星衍鑒於《書序》云"周公在豐，將没，欲葬成周，公薨，成王葬於畢，告周公，作《亳姑》"的記載，認爲《金縢》自"秋大熟"以下"是《亳姑》逸文，成王所作"，"與周公所作《金縢》別是一篇"。其依

---

① 《尚書今古文注疏》卷十三"秋，大孰，未獲"句疏，下册第 335 頁。
② 《尚書今古文注疏》卷十三"秋，大孰，未獲"句疏，下册第 336 頁。

據主要有二：

1. 《史記·魯周公世家》之記載。《史記·魯周公世家》於“王亦未敢誚周公”下述營雒邑還政之事及作《多士》、《母逸》、《周官》、《立政》諸篇，其後乃稱周公在豐及卒後暴風雷雨之事，孫氏據此提出：“事隔武王、成王及周公生死，中隔《大誥》、《微子之命》、《歸禾》、《嘉禾》、《康誥》、《酒誥》、《梓材》、《召誥》、《洛誥》、《多士》、《無逸》、《君奭》、《成王征》、《將薄姑》、《多方》、《周官》、《立政》、《賄息慎之命》凡十八篇，何得合而爲一？”孫氏據此推斷“明經文‘秋大熟’已下非《金縢》本文矣。”①即孫氏根據《史記》的記載爲《金縢》“秋大熟”以下乃《亳姑》逸文説尋求證據。

可以看出，孫星衍呈現的《史記》材料包括兩個層面：一是對歷史事實的記載。從《史記》記載的歷史事實來看，“王亦未敢誚周公”距周公薨風雷示變間隔多年，其間尚有許多大事，不當如《金縢》直接將風雷示變置於周公居東之後；二是對“王亦未敢誚周公”以後產生的《尚書》篇目的記載。《尚書》諸篇基本按時間順序排列，就《史記》所載，周公爲武王禱疾的《金縢》與記載風雷示變之《亳姑》相隔數篇，不容合之爲一。

2. 《書序》之記載。《書序》言《亳姑》所敍乃葬畢告周公事，與《大傳》前文及《史記》合，故推“秋大熟”段可能是《亳姑》逸文：“《序》稱《亳姑》爲葬畢告周公之事，正與《大傳》前文及《史記》合，是知告周公即告以悔悟尊禮之事也。”②同時，《書序》云《金縢》乃周公所作，《亳姑》乃成王所作。風雷示變乃周公卒後事，則周公不應自言卒後之事，孫星衍據此認爲“秋大熟”下乃《亳姑》逸文：“孔子見百篇之《書》，而《序》稱周公作《金縢》，周公不應自言死後之事，此篇經文當止於‘王翼日乃瘳’。或史臣附記其事，亦止于‘王

① ［清］孫星衍《孫淵如先生全集·嘉穀堂集》之《尚書錯簡考·亳姑逸文》，《續修四庫全書》本，第 1477 册第 497 頁。

② 《孫淵如先生全集·嘉穀堂集》之《尚書錯簡考·亳姑逸文》，《續修四庫全書》本，第 1477 册第 497 頁。

亦未敢誚公’也。其‘秋大熟’已下，考之《書序》有成王告周公作
《薄姑》，則是其逸文。”①“又載周公卒後，乃有暴風雷雨，命魯郊祭
之事。是經文‘秋大熟’已下，必非《金縢》之文。”②

孫氏認爲之所以產生錯簡，是因爲“後人見其詞有‘以啓《金
縢》之書’，乃以屬于《金縢》耳。”③認爲錯簡漢時已經出現，後人不
察而已：“伏生見全書所傳今文，知有周公死天乃雷雨之事，司馬遷
從孔安國問故，言亦如之，是古文與今文本相符合，特漢時錯簡已
在《金縢》，後人不察耳。”④之所以錯簡一直流傳，是因經典權威，
經文傳之既久，不可改易：“但馬、鄭曾見孔壁古文，不爲別白者，
馬、鄭所守衞宏、賈逵古文説，又與史公之問故孔氏安國者不同。
經文傳之既久，不可改易。”孫星衍雖認爲該段乃錯簡，但鑒於經文
長期流傳，“仍爲一篇，分行以別之”。⑤

孫氏既認爲“秋大熟”下乃《亳姑》逸文，爲周公卒後事，以往釋
“惟朕小子其新迎，我國家禮亦宜之”之“新迎”爲“親迎周公”、“改
過自新遣使者迎之”⑥説就不通了。又，下文“王出郊，天乃雨，反
風，禾則盡起”之“出郊”，今、古文説皆釋爲郊祭，林之奇云“郊勞而
親逆之”⑦均無法疏通。孫星衍於此吸納了畢以田的觀點，解“迎”
爲“迎尸”，“郊”即“郊祭周公”，非出駕郊迎周公。釋“我國家禮亦
宜之”之“禮”爲“祭”，以此疏通“秋大熟”後乃《亳姑》逸文之説，而
這一觀點與舊解成王郊迎周公不同：

---

① 《尚書今古文注疏》卷十二，下册第 323 頁。
② 《尚書今古文注疏》卷十二，下册第 323 頁。
③ 《尚書今古文注疏》卷十二，下册第 323 頁。
④ 《孫淵如先生全集·嘉穀堂集》之《尚書錯簡考·亳姑逸文》，《續修四
庫全書》本，第 1477 册第 497 頁。
⑤ 《尚書今古文注疏》卷十二，下册第 323 頁。
⑥ 鄭玄《詩經·東山序》箋云：“成王既得金縢之書，親迎周公。”[唐]孔
穎達《毛詩正義》卷八，上册第 395 頁。孔穎達《尚書正義》云：“親迎者，改過
自新遣使者迎之。”《尚書正義》卷十三，上册第 197 頁。
⑦ 林之奇《尚書詳解》卷二十六，《四庫全書》本，第 55 册第 514 頁。

　　畢以田按：《尚書》“王出郊，天乃雨，反風”。出郊者，謂祭天於郊，以周公配之也。《書序》所云成王葬周公于畢，告周公，作《亳姑》，即其事。此經上文云“今天動威以彰周公之德，惟予小子其親迎”，言親迎而祭之。迎，迎尸也，惟郊是郊祭周公之事，故言“我國家禮亦宜之”。禮者，謂祭也，《尚書大傳》曰：“乃不葬周公成周而葬于畢，尊以王禮，申命魯郊。”據此而言則魯之郊禘，由風雷之變始也。舊解不察此篇爲《亳姑》逸文之錯簡，乃以郊爲郊天，親迎爲生迎周公，不特“我國家禮亦宜之”句不可通，且周公居東，遠在千里之外，豈能迎于一日之內以致反風之應乎，厥誼疏矣！①

　　孫氏《尚書今古文注疏序》云：“莊進士述祖、畢孝廉以田，解經又多有心得。”②其注疏中明確標注莊述祖說者數條，而畢以田說似未標出。惟在其《尚書錯簡考》之《亳姑逸文》、《成王征疑義》等文中有明確標識者。實則，以田深受孫星衍賞識，長期供職於孫氏幕府，與顧廣圻、嚴可均、洪頤煊、李貽德一起成爲孫氏幕府最重要的成員，孫氏成果多出諸君之手。畢以田，山東文登人，學問優長，以經學著名，尤精《尚書》，於孫氏《今古文注疏》必出力甚多。惜以田之功，難以具體考見，甚憾。此乾嘉幕府之共同現象。畢氏創見或由此條可窺一斑。

　　孫星衍在注疏中於“秋，大熟，未穫”下疏《書序》“周公在豐，將没，欲葬成周。公薨，成王葬于畢，告周公，作《亳姑》”之“告周公”是“以天變祝告改葬”事告，接下來說：“則所云‘惟朕小子，其迎我國家禮，亦宜之’，謂惟我小子，其逆于國家應有之禮，亦宜有此天變也。”③又於“惟朕小子其新迎，我國家礼亦宜之”條末云：“言遭

　　① 《孫淵如先生全集·嘉穀堂集》之《尚書錯簡考亳姑逸文》，《續修四庫全書》本，第 1477 册第 497—498 頁。
　　② 《尚書今古文注疏序》，上册第 3 頁。
　　③ 《尚書今古文注疏》卷十三，下册第 335 頁。

天變有逆禮之處,逆非迎周公也。"①其意皆爲成王先以臣禮葬周公于成周,逆於國家應有之禮,因天示變而改葬之。這些意思與其説"秋大熟"以下乃周公薨後事、是《亳姑》逸文的觀點相一致。

孫氏數數申述《金縢》"王亦未敢誚公"以下乃《亳姑》逸文之觀點,釋題之外,於該句下予以重申:"其'秋大熟'已下,今文以爲周公死後之事,《史記》亦云:'周公卒後,秋大熟。'考是《亳姑》逸文,故別行以別之。"②其《與王引之書》持論同:"衍考《尚書大傳》即《史記》,知《金縢》'秋大熟'已下,實非《金縢》之詞,蓋《亳姑》逸文。"③

孫氏這一觀點此後產生了一定影響。皮錫瑞《尚書今古文考證》、王先謙《尚書孔傳參正》承其説。皮氏《考證》釋題云:"《大傳金縢》列《大誥》之後,葉夢得曰:'伏生以《金縢》作於周公歿後,故次《大誥》之下。'"④皮氏從編排順序的角度認同了孫氏《金縢》風雷示變乃《亳姑》逸文的觀點:"《大傳》以雷雨開金縢在周公薨後,則當次於《立政》、《周官》之下,乃僅列《大誥》後,豈當時已合《亳姑》於《金縢》乎?"⑤又於"秋大熟"句後引孫説,云"孫説近是"。⑥王先謙《尚書孔傳參正》直接引用孫、皮之説。⑦

魏源《書古微》中有《金縢發微》上中下三篇,其下篇論此事。魏源所引材料與孫氏全同,其中包含了孫星衍補充的《琴操》條。其對"秋大熟"下是否爲《亳姑》逸文持狐疑態度,一方面據《書序》、《大傳》,認爲"秋大熟"下或爲《亳姑》逸文:"伏生所得二十九篇内《太誓》《金縢》皆殘缺不全,而《書序》言周公在豐將没,欲葬成周,

① 《尚書今古文注疏》卷十三,下册第 338 頁。
② 《尚書今古文注疏》卷十三,下册第 334 頁。
③ [清]孫星衍《孫淵如外集》卷五,王重民輯,民國 21 年國立北平圖書館線裝本。
④ 《今文尚書考證》卷十三,第 290 頁。
⑤ 《今文尚書考證》卷十三,第 290 頁。
⑥ 《今文尚書考證》卷十三,第 299 頁。
⑦ 《尚書孔傳參正》卷十七,《續修四庫全書》本,第 51 册第 583 頁。

公薨,成王葬於畢,告周公作《亳姑》,則《大傳》、《史記》所述'周公卒後,秋大孰,未獲'以下或是《亳姑》篇之佚文,合於《金縢》篇内未可知也。"另一方面認爲如將"秋大熟"理解爲《亳姑》逸文,則《金縢》有首無尾,《亳姑》有尾無首,皆爲殘缺,難以斷定:"惟是《亳姑》篇既不存而突以周公卒葬之文承於'王亦未敢訓公'之下則上篇無尾,下篇無首,橫決不屬,且成王啟金縢與周公納策金縢事比詞屬,亦無以決其必爲《亳姑》篇之文。"魏源最終没有提出更好的解決方案,在《亳姑》亡佚、没有更多證據的情況下,他選擇了從馬、鄭説以息爭鬥的做法:"竊疑'未敢訓公之下'必有缺文,合之兩美,離之兩傷,故後半篇不如從馬、鄭説以定經義而息鬪諍。"①魏源雖然退從馬、鄭,但材料上完全吸收了孫氏,也充分考慮了孫氏"秋大熟"以下爲《亳姑》逸文的觀點。

今天的《尚書》研究者仍有繼承孫説認爲《金縢》原文應止于"王翼日乃瘳"者。趙光賢先生《説〈尚書·金縢〉篇》云:"孫氏説此經原文應止于'王翼日乃瘳',我以爲甚確,其見解實高出一般經學家。"但他認爲孫氏以"秋大熟"以下爲《薄姑》逸文,證據不足:"至於説'秋大熟'以下是《薄姑》篇逸文,則嫌證據不足,只可備一説而已。"②

現代《尚書》研究者也有不認同孫説者。蔣善國先生認爲《金縢》不存在錯簡問題,之所以被後人懷疑是由於《書序》將《金縢》作者誤定爲周公及今文家用《亳姑》葬疑説解《金縢》,因而得出《金縢》"秋大熟"以下既爲周公卒後事,周公不能自言身後事,故爲錯簡的説法。蔣先生分析了孫星衍執錯簡説的原因:"孫星衍把'秋大熟'以下當作《亳姑》錯簡,也是受今文家誤混《亳姑》的影響。"認爲"今文家用《亳姑》本事誤解《金縢》;孫星衍又誤割《金縢》加于《亳姑》。"他進一步認爲:"今《金縢》經文確系信讖,足證古文家説

① 《書古微》卷九,《續修四庫全書》本,第48册第636頁。
② 趙光賢《説〈尚書·金縢〉篇》,《中華文史論叢》(1980年)第3輯總第15輯,第1頁。

《金縢》是信讒，實屬可信。縱使《金縢》下半篇風雷示變與《亳姑》類似，而信讒與葬疑，生死有分，絕不相同，一事兩載，是由於傳聞異詞，正如《金縢》上篇記周公請以身代武王，與蒙恬所説周公請以身代成王事相混一樣。"①劉起釪先生《尚書校釋譯論》亦持信讒説。

　　孫星衍除提出"秋大熟"下乃《亳姑》逸文的觀點外，其對《金縢》作者的探討亦值得重視。關於《金縢》的作者，《書序》認爲是周公，②這一説法一直爲後世奉行。孫星衍打破了這一傳統認識，其於"王亦未敢誚公"下提出了該篇爲史臣所記的觀點："經文自‘武王既喪’至此，蓋史臣所記，以終周公作《金縢》之事。其‘秋大熟’已下，今文以爲周公死後之事。《史記》亦云：‘周公卒後，秋大熟’，考是《亳姑》逸文，故別行以別之。"③孫氏雖將"秋大熟"以下與《金縢》前兩段分開，認爲"秋大熟"以下爲《亳姑》逸文，但他提出《金縢》篇前兩部分爲史臣所記的觀點，當爲有識之見。蔣善國先生認爲"就《金縢》經文看，全篇都是史官的口氣，顯非周公所作"。④

　　由此條可見，面對《金縢》文獻記載不一的情況，段玉裁、孫星衍之前的學者隨文而釋，未及深入探討。段玉裁較早對相關文獻進行了比較全面的發掘，並否定了今文家所持的葬疑説，實際是認同了古文家之信讒説。孫星衍進一步對材料進行了梳理、補充、分析、思考，試圖做出更爲合理的闡釋。他最終據《書序》、《史記》等提出了《金縢》"秋大熟"以下是《亳姑》逸文的觀點。他的説法是否合理？因《亳姑》早亡，在當前的研究條件下仍然難下定論，但孫星衍的觀點是以《書序》、《史記》的記載爲憑依，並非無據之談，其説足備一家之言。

----

　　① 《尚書綜述》，第 236 頁。
　　② 《書序》云："武王有疾，周公作《金縢》。"《尚書今古文注疏》卷三十，下册第 597 頁。
　　③ 《尚書今古文注疏》卷十三，下册第 334 頁。
　　④ 《尚書綜述》，第 236 頁。

結　語

《尚書》最古,來源不一,文義艱深,在流傳過程中歷經磨難,以致問題叢雜。對這些重要問題,歷代闡釋者都想發表自己的意見,尋求解決方案,力求渙然冰釋。各家觀點不一,復成聚訟。在現有的研究條件下,對這些自古聚訟的問題仍然難以取得突破性進展。既然沒有定論來考量,如何評價或者説拿什麽標準來衡量歷代重要的《尚書》注釋者的貢獻就成了一個問題。本文以孫星衍爲例,抽取六條,意欲將孫氏成果置於《尚書》學史中進行探討。通過分析哪些是無根之談,哪些是有據之論,力圖利用已有成果對孫氏注疏的特點、貢獻、不足做出比較客觀的評判。如能將《尚書今古文注疏》中涉及各個層面的聚訟問題逐一分析,孫氏貢獻大約可見;如能將這一方法應用於其他重要的《尚書》注釋學著作的研究,則可由多個個案研究最終彙聚成《尚書》學史研究。此爲本文嘗試之初衷。

本文抽取六條歷代聚訟問題,從史的角度對主要觀點進行梳理,將孫星衍《尚書今古文注疏》作爲其中的一個鏈環予以考量。通過具體分析,可以看出孫氏注疏的部分特點:

1. 綜括前説,集其大成。此爲孫氏《尚書今古文注疏》之突出特點。孫星衍於《序》中申述著述之旨,之所以於孔氏《正義》後重新作疏,旨在剔除僞古文,努力恢復《書序》舊觀:"《書》有孔氏《正義》,復又作疏者,以孔氏用梅賾書雜于廿九篇,析亂《書序》,以冠各篇之首,又作《僞傳》而捨古説。欽奉高宗純皇帝鑒定四庫書,採梅鷟、閻若璩之議,以梅氏《書》爲非真古文,則《書》疏之不能已于復作也。"①孫氏説明其注疏方法是效法孔穎達"覽古人之傳記,質近代之異同,存其是而去其非,削其繁而增其簡"的做法,廣採諸

---

① 《尚書今古文注疏序》,上册第1頁。

説，不專出己意。其搜集範圍爲漢魏隋唐及時人之説，不採宋以後注：“徧採古人傳記之涉《書》義者，自漢魏迄于隋唐。不取宋已來諸人注者，以其時文籍散亡，較今代無異聞，又無師傅，恐滋臆説也。”①時人之作以王鳴盛、江聲、錢大昕、王念孫父子、惠棟、宋鑒、唐煥、莊述祖諸家採獲尤多。孫氏於《凡例》中又申“此書之作，意在網羅放失舊聞，故録漢魏人佚説爲多”，注取五家三科之説，兼採先秦諸子、漢魏舊説之涉《書》義者等原則。這些原則在注疏中得到了較好的貫徹，此由以上六條可窺一斑。

“在治忽”、“璿璣玉衡”、“甘誓”諸篇之異文、歧説漢魏已出，此後無新發展，孫氏全面網羅，逐一疏釋；有些問題宋元以來又出現了新觀點，如對“曰若稽古”、“高宗肜日”之解説，孫星衍申漢抑宋，一概不取。隨着研究的日漸深入及出土文獻的發掘與研究，回頭審視宋元學説，有些實際近乎正確，如宋元説“曰若”乃史官追述之體，解“肜祭”爲祖庚祭武丁都已趨於合理、科學，但孫星衍的漢學傾向一方面使其抛棄了宋元學説中的進步成分，沒有將研究在宋元成果的基礎上持續開展，而是把重點退回到發掘、梳理、分析漢魏故訓中。另一方面，孫氏伸張漢學，一些漢魏比較合理的説法在被宋元湮没了很長時間之後，經其發掘、梳理、發揚，得以光大，如“璿璣玉衡”條，宋元人多秉馬、鄭“渾儀説”，不取《大傳》等星象説，孫星衍繼承江聲將此説重新提起，補充證據，闡述傾向，終使之由衰歇而嗣興，至今仍居主導地位。發覆之功，不可埋没。

2. 全面發掘，慎取別擇。孫氏注疏旁徵博引，務求信而有徵，彙集的資料非常豐富。由對以上六條的分析大約可以看出其發掘、梳理、選取、利用材料的方法與態度。

孫氏在全面搜羅材料的基礎上，並非將所有材料不加選擇地全部呈現，而是慎取別擇，通過不同的方式展示材料，並通過材料彰顯自己的思想。孫氏以網羅放失舊聞爲原則，對漢魏故訓多衆

① 《尚書今古文注疏序》，上册第2頁。

説並存，但於並存間或不加評判或表明自己的選擇及態度。如"璿璣玉衡"與"甘誓"條，孫氏即在全面梳理前人觀點的基礎上表明了自己的傾向。有的條目，孫氏並沒有將前人觀點全面呈現，而是僅顯示了其中一種或幾種説法。這一現象我們不能理解爲是因其材料搜集不備而致，而應該是孫星衍對自己認爲不合理的説法進行了過濾，濾去了一些説法，從而顯示出自己的傾向。如"在治忽"條，孫氏即沒有呈現段玉裁以"七始訓"爲是的説法。在《尚書今古文注疏》中孫氏數引段説，對段氏《撰異》必精心研讀，此處未採段説意味着其對段説的不信任，而他的取捨取得了後人如魏源、蔣善國、劉起釪等的認同。"高宗肜日"條孫氏僅取《史記》説，蔣善國先生認爲漢人三説中《史記》説最全面、完善。應該説，不是一般的經學家都有能力對前人的觀點進行甄別，更不是一般的經學家就能夠從前人觀點中濾出相對合理的説法，因此經學家的選擇尤其是選擇的合理程度是衡量其識見的重要標誌。就以上六條來看，如將孫氏發掘、別擇、識見之功置於時代背景下考察，其貢獻不言而喻。

　　3. 精研深思，力求創獲。學術的發展與進步以創新與突破爲標誌，乾嘉學者憑着自己深厚的經學根柢，空前的小學功力，融貫經史的治學方法以及對目録、版本、校勘學的重視與實踐，在經學研究領域提出了很多新觀點，取得了不少新突破。這些觀點雖然未必都正確，但精研深思，力求創獲成爲乾嘉學人的共同追求。孫星衍也不例外。

　　孫星衍的《尚書今古文注疏》雖以綜括前賢時人之説爲主，但在經義的發明、文字的判斷、今古文的別擇方面屢有創獲。僅就以上六條來看，這一特點也比較突出。如其鑒於鄭注"曰若稽古"解説帝堯與皋陶難以融通、江聲仍然前後兩歧的現象，提出了鄭注"稽，同；古，天"之説乃釋"帝堯"之"帝"字，而非釋"稽古"並進一步否定了釋"古"爲"天"的説法。通過他的闡釋，不僅融通了鄭玄前後歧説，而且打通了馬、鄭之釋，認爲二説實質無異，着眼點不同而已。其於《金縢》，提出了"秋大熟"以下乃"《亳姑》逸文"，"秋大熟"

以上兩段出自史臣載筆而非如《書序》云周公所作的觀點。這一觀點雖因《亳姑》早亡,迄今尚無出土文獻佐證而難下定論,但孫星衍的推斷是以《史記》、《書序》爲據,並非無根之談,這一點是毫無疑問的。孫氏類似探討既顯示了其研究《尚書》所做的思考及達到的水平,又爲後來的研究者提供了有益的啟發與借鑒。

但是,創見與臆斷往往一步之遙。嚴謹求是是制約學者避免因過求創見而陷入主觀臆說的重要尺度。乾嘉學者在經史研究中一方面創獲良多,備受讚揚;另一方面,也因有失嚴謹,招致詬病。段、王治學多所創見,比較而言,王氏父子更爲謹慎,段氏則勇於創獲,發明中不乏臆說。俞樾、孫詒讓乃清學殿軍,俞樾較之段氏愈走愈遠,孫詒讓則比較審慎。孫星衍屬於比較嚴謹的學者,但就以上六條看,也有不够謹慎處。如其釋"在治忽",徒增"忽"當爲"𥇤"之說,將二者憑空聯絡,設法疏通,殊不知因前提立足無據,疏通亦陷妄說。

本文力求將經學家的貢獻還原到其身處的歷史條件下,放在經學發展的鏈條中進行具體考察,期望做出比較合乎歷史真實的客觀評價。本着這樣的原則,從對以上六條的分析中,我們說《尚書今古文注疏》是當時條件下產出的一部《尚書》詮釋方面的集大成之作,在清代《尚書》注疏方面具有重要的里程碑意義,應當不是溢美之論。

(作者單位:山東理工大學文學院)

莊存與《尚書》學探析

何銘鴻

　　摘要：莊存與(1719—1788)，江蘇武進人，乾隆十年(1745)進士，以《春秋正辭》一書聞名，説經不談名物訓詁，專求"微言大義"，故爲晚清今文學家所重，每視其爲晚清今文學之導師，然就莊氏本身之著作加以檢視，則並非如是也。本文嘗試從莊存與之《尚書》著作着手，予以分析統整，進一步探求莊氏《尚書》學的特點與思想義涵，以期對莊氏學術之面貌有更完整的呈現。

　　關鍵詞：莊存與　晚清今文學　《尚書》

一、前　言

　　莊存與(1719—1788)，字方耕，號養恬，江蘇武進人，生於清康熙五十八年，卒於乾隆五十三年，享年七十。乾隆十年(1745)高中一甲二名進士，授翰林院編修，後逐次陞遷至禮部侍郎、内閣學士，歷任湖南、順天、河南、山東等地學政，主湖北、浙江鄉試各兩次，並於南書房、上書房行走近四十年①，其所著《春秋正辭》一書，由於説經不談名物訓詁，專求"微言大義"，尤爲晚清今文學家所重，每每在晚清今文學之譜系上，視其爲始祖，而將存與所傳之此系家學稱爲"常州學派"。梁啟超《清代學術概論》即云："今文學啟蒙大

---

　　① 阮元：《莊方耕宗伯經説序》云："通籍後在上書房授成親王經史垂四十年。"《味經齋遺書》(光緒八年陽湖莊氏藏版)，卷首。蔡長林先生以爲此説或有商榷之虞，然以《族譜》及其弟莊勇成《少宗伯養恬兄傳》所載，則"存與授讀之皇子不獨成親王一人而已"，"阮元四十年之説，或可由此角度觀之"。見氏著：《常州莊氏學術新論》(臺北市：臺灣大學中國文學研究所博士論文，2000 年 6 月)，頁 134。

師，則武進莊存與也。存與著《春秋正辭》，刊落訓詁名物之末，專求所謂'微言大義'者，與戴、段一派所取途徑，全然不同。"①錢穆先生亦云："言晚清學術者，蘇州、徽州而外，首及常州。常州之學，始於武進莊存與，字方耕，其學不顯於當世，而頗爲後之學者所稱許。"②張舜徽先生在其《清儒學記·常州學記第九》亦總論莊存與云："莊存與的重要著作是《春秋正辭》，是讀了明初趙汸的《春秋屬辭》後繼之而作的……莊氏闡發《春秋》大義，也着重在經世致用。……爲了經世的需要，特重視經書的大義。……莊存與生值乾隆盛時，卻提倡這種學風（案：指乾嘉考據學風）於舉世不爲之日，可以稱爲清代復興今文經學的創始人。他的學風，和宋元以來所講的義理之學既不相同，與當時精究訓詁名物的吳皖兩派也迥然有別，而獨立自成一派。但他本人畢竟是個開風氣的先導者而已，其學不大行於當時。"③然而，蔡長林先生則從莊存與的著作中，進一步釐清他與晚清今文學的關係：

筆者並未發現莊存與在著作中，有基於今文學之立場或偏向今文學之論述。莊存與著作中，明白提出今文、古文字眼者，就筆者管見所及，惟在其《尚書說·商書·咸有一德》中見之。其云："尹躬既湯，古文也；二公及王，今文也。疏通知遠之教，非屬辭比事之教。毋輕議古人書。"然觀其論述重點，並非比較今古文孰優孰劣，或是今而非古。而在於認爲不論古文《咸有一德》篇中提到的伊尹個人和商湯，或是今文《金縢》篇中提到的太公、召公和周成王，二者都在說明大臣和君主的一心一德，所以《尚書》乃政治學的疏通知遠之教，而非歷史學

① 梁啟超：《清代學術概論》，收於《中國近三百年學術史—附清代學術概論》（臺北：里仁書局，2000年5月），頁64。
② 錢穆：《中國近三百年學術史》（臺北：臺灣商務印書館，1996年7月），頁580。
③ 張舜徽：《清儒學記·常州學記第九》（武漢：華中師範大學出版社，2005年12月），頁324。

的屬辭比事之教，後人不宜輕議古人之書。此非立於今文學立場之論明矣。事實上，存與經説雖有右《公羊》駁《左氏》之處，然所持理由與其右《毛傳》駁鄭玄是一致的，同是以誰得聖人真義爲依據，而非立於今文學之立場判其優劣，此爲尤需注意者。①

也就是説蔡長林先生從莊存與的著作看來，他本身並非是一位立基於今文學或自以爲是今文家的人，存與之《易》，根源於朱子；《毛詩説》，講的是古文《毛詩》；三《禮》之學，講的是古文《周禮》。② 莊氏之經説，包括《春秋正辭》在内，其目的皆是作爲授讀皇子的教科書。在形式上，有如經筵席上的講章；在内容上，自以醇正可資講貫爲準。③ 我們不能僅因《春秋正辭》的關係，遂將莊氏納入晚清今文學的敘述架構之中，而無視於存與著作的整體性及所欲表達的理想；更不能無視存與著作取材兼容並包之論學目的，而僅由晚清今文學的角度討論之。④ 蔡長林先生自莊氏的著作入手，重新釐清了莊氏常州學派的脈絡源流，清楚的給予了莊存與在常州學術的地位⑤。本文擬在蔡先生的研究基礎上，嘗試從莊存與的《尚書》著作着手，進一步探求莊氏《尚書》學的思想義涵，以期對莊氏學術之面貌有更完整的呈現。

二、莊氏之著作與學術根源

明清之間出身常州而於科甲以一甲及第者比例甚高，據蔡長林先生於《常州莊氏學術新論》中初步的統計，約有：劉綸及其次子

---

① 蔡長林：《常州莊氏學術新論》，頁 20—21。
② 蔡長林：《常州莊氏學術新論》，頁 21—22。
③ 蔡長林：《常州莊氏學術新論》，頁 23。
④ 蔡長林：《常州莊氏學術新論》，頁 24。
⑤ 關於蔡長林先生對於常州學術完整的論述，可參閱氏著：《常州莊氏學術新論》。

劉躍雲、錢維城、莊存與及弟莊培因、彭啟豐、呂宮、趙熊詔、錢名世、湯大紳、趙翼、孫星衍、洪亮吉等,另外還有明朝的唐順之、孫慎行、錢謙益等人。至於莊存與之父莊柱及莊述祖二人,原本也在一甲之列,卻因故被挪到一甲以外①,李兆洛對常州之文風鼎盛曾有一番描述:"吾邑科第之盛,頗盛于旁邑。……蓋名師宿儒,實有以振起之。弟子有志於學者,無不擇師,華顛碩望,開堂講學,常盈階溢席,爭轅恐後。"②因此,劉躍雲亦云:"江左科名之盛,頗推吾郡,而吾郡科名之盛,尤推莊氏。"③可知常州莊氏在當時實爲科舉場上頗具盛名的世家大族。

根據《毗陵莊氏族譜》與《毗陵莊氏增修族譜》④卷首各篇之序所記載,常州莊氏之先世由金壇遷武進,至存與已歷十二世,《易》、《詩》、《書》、《禮》、《春秋》等五經皆爲莊氏傳家之學,乃莊氏學問之大宗,觀莊存與《味經齋遺書》中所收之著作包括:《象傳論》二卷、《八卦觀象解》二篇、《卦氣解》一篇、《周官記》五卷、《周官說》二卷、《春秋正辭》十一卷、《春秋舉例》一卷、《春秋要指》一卷、《繫辭傳論》二卷、《卦氣解》一卷、《尚書既見》三卷、《尚書說》一卷、《毛詩說》、《四書說》、《樂說》等,即涵蓋了多部重要經書。又觀其著作形式,包括了"論"、"說"、"解"、"見"、"正辭"、"舉例"等,其內容大抵多爲講求義理之作,且篇幅不大,與乾嘉當時講求訓詁考據之學風有明顯不同。蔡長林先生說:"仔細觀察可以發現,莊氏博雅之家學有著與科舉相應的理路,即是對於制藝之作的嫻熟,這可稱得上是莊氏家學用力之所在。……講求義理的特色,決定了制藝與考

---

① 蔡長林:《常州莊氏學術新論》,頁53。
② 李兆洛:《澤古齋遺文後序》,《養一齋文集》(光緒戊寅年重刊本),卷3,頁27。
③ 劉躍雲:《毗陵莊氏族譜序》,《毗陵莊氏增修族譜》,光緒元年刊本,卷首,頁4。
④ 《毗陵莊氏族譜》,毗陵莊氏族譜續修編纂委員會編(常州市:濟美堂,2008年);莊壽承:《毗陵莊氏增修族譜》(北京市:北京燕山出版社,2006年),據光緒元年刊本影印。

據之間成學路徑上的區隔。”①莊勇成描述存與之成學的過程云：
“(存與)制藝得力於閑汀公，初好金、陳，深入閫奧，晚喜唐荆川。
研經求實用，則肇端於蔣濟航、錢太拙兩先生。其篤志深邃，窮源
入微，獨有會心，於漢則宗仰江都……於宋則取裁五子，於明則欣
慕念臺……要其寢食弗諼，則薈萃於六經四子之書，蓋自幼耳濡目
染，秉承庭訓，至天文、輿地、算法、樂律、諸子百家靡不瀏覽，由於
意所篤好，博觀而約取。”②可見存與致力於制藝之外，遍及經史百
家之學，學有根柢。臧庸《禮部侍郎莊公小傳》云：“戊辰(乾隆十三
年)散館列二等，仍留教習，奉諭旨云：‘閉户讀書，留心經學。’一時
驚爲儒臣異數。”③又朱珪《春秋正辭序》説存與：“始入翰林，即以
經學受主知。”④可知存與經學湛深，早已受到皇帝之賞識，故於乾
隆十七年大考後，即將存與擢爲侍講，劉逢祿《記外王父莊宗伯公
甲子次場墨卷後》云：“越歲大考，翰詹擬董仲舒天人策第三篇，公
素精董子春秋，且于原文册曰以下四條，一字不遺。上大嘉歎，即
擢侍講。”⑤其後入直南書房、升侍讀學士、充湖北鄉試正考官、擢
內閣學士兼禮部侍郎等，皆與其制藝之表現優異、善於發揮經義於
議論，有着密不可分的關係。

　　關於常州莊氏一門如此重視制藝之學，可引存與之弟莊培因
的話來進一步加以説明：

　　　　伏讀制策，以文章本乎六經，解經即所以載道。宜崇尚清
　　真雅正，而欲其一稟先民別裁僞體，誠昌明文治之盛軌也。臣
　　惟才德有厚薄，則文辭有良窳，蓋心之所思，發而爲言，言之所

　　①　蔡長林：《常州莊氏學術新論》，頁58。
　　②　見《毗陵莊氏增修族譜》，卷30，頁29。
　　③　臧庸：《禮部侍郎莊公小傳》，《拜經文集》(清同治九年上元宗氏據漢
陽葉氏舊藏本)，卷5，頁1。
　　④　朱珪：《春秋正辭序》，《春秋正辭》(光緒八年陽湖莊氏藏版)，卷首。
　　⑤　劉逢祿：《記外王父莊宗伯公甲子次場墨卷後》，《劉禮部集》(道光十
年思誤齋刊本)，卷10，頁8。

發，比而成文，此表裏相應之驗也。故不知道德而以文辭爲能者，昔人以藝事鄙者，而或者飾輪轅、繡肇帨，榮華其言，將以是爲發策決科計，豈務實之意歟？唐裴行儉論人才而譏盧照鄰、駱賓王之躁薄；宋歐陽修知貢舉，而黜劉幾之險怪。當時以詩、賦、策、論取士，而程式之嚴如此，況乎制義爲代聖立言者哉！①

又云：

> 士人讀聖賢書，發爲詞章，要當根柢六經，閎中而肆外，而其辭必己出，不爲勦説雷同，始無愧乎作者。或且溺于揣摩之習，擷撏餖飣，求工字句閒，浮摩輕薄，轉相仿傚，去大雅之旨逾遠，此其弊始於文體，而實有關於人心風俗之大，非淺鮮也。帖括之文，昉于宋、元，其言則孔、孟之言也，其理則唐、虞以來相傳之心法也，本之性命，以端其源，證之《詩》、《書》，以宣其蘊，參之儒先之遺論也定其識，如是而理足，理足而詞不工者，未之有也。②

可知制藝之作，所言乃孔孟之道，所陳乃唐、虞以來聖賢之言，需"本之性命，以端其源，證之《詩》、《書》，以宣其蘊"，不可"浮摩輕薄"，以致"去大雅之旨逾遠"。"此其弊雖始於文體"，最終則關於人心風俗甚大。故李兆洛云："夫古今以來載籍博矣，而其統必歸之六經。六經旨趣繁矣，而其統必歸之孔、孟。孔、孟之書……故制藝之設，合心術、經術、治術而爲教者也。"③觀培因、李氏之言，

---

① 莊培因：《殿試策對》，《虛一齋集》（光緒九年刊本），卷5，頁19。
② 莊培因：《丙子福建鄉試錄序》，《虛一齋集》，卷5，頁17。
③ 李兆洛：《毓文書院課藝序》，《養一齋文集》（光緒戊寅年重刊本），卷2，頁25。

實不宜單存將制藝視爲常州士人獵取功名的工具而已。①

三、莊存與《尚書》著作之特色

魏源云:"武進莊方耕少宗伯,乾隆中以經術傳成親王於上書房十有餘載,講幄宣敷,茹吐道誼。子孫輯録成書,爲《八卦觀象上下篇》、《尚書既見》、《毛詩説》、《春秋正辭》、《周官記》如干卷。"②蓋以《尚書既見》、《春秋正辭》、《周官記》等書,乃存與於上書房教授皇子之教學講義,正如蔡長林先生所云:"存與之《春秋正辭》,從後世來看,固然在今文學發展的歷史上具有重要意義,只是包括《春秋正辭》在內,存與的《味經齋遺書》,就筆者的觀察,乃是教學之講義,顯然並未寓有今文學之意圖。……將《春秋正辭》與晚清今文學搭上關係,並無助於瞭解晚清今文學真正興起的原因。"③亦即"莊氏上書房的經歷,關乎其學術著作之旨趣"。④ 莊氏之著作既是上書房教授皇子之教學講義,則莊氏在深知古文《尚書》乃僞《書》之後,仍極力維護周全,也就不難想見了。龔自珍在《資政大夫禮部侍郎武進莊公神道碑銘》提到存與維護僞古文《尚書》之緣由:

> 大儒莊君,諱存與,江南武進人也。幼誦六經,尤長於《書》,奉封公教,傳山右閻氏之緒學。……閻氏所廓清,已信於海內,江左束髮子弟,皆知助閻氏,言官學臣則議上言於朝,重寫二十八篇於學官,頒賜天下,考官命題,學童諷書,僞書毋得與。將上矣,公以翰林學士,直上書房爲師傅,聞之,……乃計其委曲,思自晦其學,欲以借援古今之事勢。退直上書房,

① 蔡長林:《常州莊氏學術新論》,頁 67—68。
② 魏源:《武進莊少宗伯遺書序》,《魏源集》(北京:中華書局,1983 年),頁 236。
③ 蔡長林:《常州莊氏學術新論》,頁 135。
④ 同前注,頁 134。

日著書,曰《尚書既見》如干卷,數數稱《禹謨》、《胤誥》、《伊訓》……公是書頗爲承學者詬病,而古文竟獲仍學官不廢……自語曰:"辨古籍真偽,爲術淺且近者也,且天下學童盡明之矣,魁碩當弗復言。古籍墜湮十之八,頗藉偽書存者什二,帝胄天孫,不能旁覽雜氏,惟賴幼習五經之簡,長以通於治天下。昔者《大禹謨》廢,人心道心之旨,殺不辜寧失不經之誠亡矣;《説命》廢,股肱良臣啟沃之誼喪矣;《旅獒》廢,不寶異物賤用物之誠亡矣;《冏命》廢,左右前後皆正人之美失矣。今數言幸而存,皆聖人之真言,言尤痾養關後世,宜貶須臾之道,以授肆業者。①

因此,今日研究莊存與之學術,應該從莊存與之學術背景、經歷與著作本身來加以考察,方能還其本來之學術面貌。

莊存與的《尚書》著作,就其《味經齋遺書》中所著錄,僅有兩部:《尚書既見》三卷與《尚書説》一卷。此二部書基本上卷帙不大,主於三代聖王理想之闡發,與當時辨偽考證之學風頗不相容,故其書不行,且爲世儒所詬病,如李慈銘即云:

莊氏之《尚書既見》,向讀龔定盦所譔《碑文》云云,私揣其書必毛氏《古文尚書冤詞》之流,而侍郎素稱魁儒,又在毛氏之後,既有爲而作,當更援據精慎,不似毛氏之武斷。乃今閲之,既無一字辨證其真偽,亦未嘗闡發其義理,但泛論唐虞三代之事勢,憑私決臆,蔓衍支離,皆於經義毫無關涉。……附會糾纏,浮辭妨要,乾隆間諸儒經説,斯最下矣。阮氏《學海堂經

---

① 龔自珍:《資政大夫禮部侍郎武進莊公神道碑銘》,《龔定庵全集類編》(北京:中國書店 1991 年),卷 12,頁 296—297。

解》中屏之不收,可謂有識。①

又云:

今讀其《尚書既見》,皆泛論大義,多主枚書,絕無考證發明
之學。據仁和龔璱人《定庵文集》中《侍郎神道碑》,言侍郎亦深
知枚書之僞,其時攻者甚眾,其僞已明,侍郎居上書房,深念僞
書中如《禹謨》之人心惟危道心惟微,《太甲》之與治同道罔不
興、與亂同道罔不亡,《呂刑》之玩物喪志玩人喪德等語,皆帝王
格言,恐僞書遂廢,後世人主,無由知此,因作《尚書既見》三卷。
書出而世儒群大詬之,蓋不惜污其身以存道者。⋯⋯其論甚
辨,反覆至數千言。⋯⋯皆未免輕棄傳記,憑私臆造。②

此種"乾隆間説經,斯爲最下"與"憑私臆造"之評論,可謂嚴
厲。又如王鳴盛之言曰:"經以明道,而求道者不必空執義理以求
之也。但當正文字、辨音讀、釋訓詁、通傳注,則義理自現,道在其
中矣。"③此種觀點,正是當時考據學家"訓詁明而義理明"的最佳
寫照,以爲聖王治道之義理,需從訓詁入手。

正如蔡長林先生所説:"存與最爲人所詬病者,在其《尚書》之
説。然而發揮《尚書》義理所陳三代理想,可説是存與《味經齋遺
書》立説之根本,⋯⋯,則是想證明其所"塑造"之三代理想的真實
性,以及批判後儒不能據經以解經,徒自創新説以相高。存與之所
以反覆論説者,就主觀願望而言,乃欲依心目中的理想,塑造出完
美的帝王如虞舜,又或純臣如周公的形像,以便時時向皇帝進言,
向皇子灌輸。他在意的是他所描繪的聖王理想能否感動人主,而

---

　　① 李慈銘:《越縵堂讀書記》(臺北:世界書局,1975 年),頁 109,"《尚書
既見》"條。
　　② 李慈銘:《越縵堂讀書記》,頁 1167。
　　③ 王鳴盛:《十七史商榷序》,《十七史商榷》(臺北:廣文書局,1960 年),
卷首。

不是關心細部考證之是非。"①因此,在莊存與的《尚書》著作中,是如何建構其聖王理想? 在取材或方法上有什麼特點? 筆者將其統整之後,嘗試分析如下:

(一) 在取材與方法上

鄭吉雄先生在《乾嘉學者治經方法與體系舉例試釋》一文中曾說道:"乾嘉學者的治經方法最見精彩的是'以經釋經',從'以經釋經'又衍生出許多相關的方法。這個觀念的遠源,是歷代儒者所創發的'利用經部文獻互相釋證'的方法,具而言之,就是經、傳、注、疏遞相釋證。"②又說:"治一部經書,不能只通一部經書,要'通諸經始可通一經'……通諸經以通一經,等於將儒家幾部經典結合起來,互相引證,這是所謂'以經釋經',也等於'利用經部文獻本身互相釋證'。"③其下並統整出乾嘉學者治經方法九例,分別為:以本經自證、以他經證本經、校勘異文歸納語義以證本經、聯繫四部文獻材料以釋經、發明釋經之例、以經說字、以經正史、以經義批判諸子思想、發揮經書字義等。④ 就上述歸納之九例以觀莊存與之《尚書》著作,大抵類似於"以他經證本經"、"發揮經書字義"等二大類型,惟鄭吉雄先生將前者歸類為"歸納法"之運用,後者歸類為"演繹法"之運用,但筆者以為這兩種方法其實是互為表裏,在"以他經正本經"之時,事實上亦可以說是為了後續的"發揮經書字義"。故筆者檢視莊氏文本之後,發現莊氏解説《尚書》之方法乃是"以他經正本經,以發揮經書之義",也就是莊存與在為皇子解説《尚書》經義時,由於重於經義大義之發揮,故常援引各經以為説,然引用時或僅僅以二三言以述一經之要旨,或僅引某經之片語,或逕云某經曰、某篇曰等,不一而足,其目的仍歸於"發揮經書之義"。茲例述

---

① 蔡長林:《常州莊氏學術新論》,頁109。

② 鄭吉雄:《乾嘉學者治經方法與體系舉例試釋》,蔣秋華主編:《乾嘉學者的治經方法》(臺北:"中央研究院"中國文哲研究所籌備處,2000年10月),上冊,頁110。

③ 鄭吉雄:《乾嘉學者治經方法與體系舉例試釋》,頁114。

④ 鄭吉雄:《乾嘉學者治經方法與體系舉例試釋》,頁115—136。

一二如下，並略予分析：

1.《尚書既見》卷一，莊氏爲陳述“爲君之難”、“爲政之難”，共舉出《詩經》、《孟子》、《春秋》、《禮記·禮運》所載之言以爲説，反覆申述其義。其言或引各經之文、或不引各經之文、或撮其義以爲説，不一而足，兹摘録於下以見之：

> 《孟子》曰：由湯以至於武丁，聖賢之君六七作。武丁之去盤庚間兩君，雍己時諸侯或不至，大戊修德，諸侯歸之……盤庚以弟嗣陽甲，殷復興，弟小辛立，殷復衰，百姓思盤庚而作書。（《尚書既見》，頁2）

> 《春秋》之大夫，交政於中國，私邑之甲兵、刑罰、動靜，惟視其大夫之令焉。（《尚書既見》，頁2）

> 《春秋》所記，亂敗多矣。以此知古，皆可燭照而數計也。王國定而後可以爲諸夏之父。（《尚書既見》，頁3）

> 《禮運記》曰：“天子有田，故天子有田以處其子孫，諸侯有國以處其子孫，大夫有采以處其子孫，是謂制度。”（《尚書既見》，頁2）

> 《詩》曰：“莫可念亂，誰無父母。”（《詩·小雅·沔水》）王室寧而後可以爲磐石之宗子。（《尚書既見》，頁3）

> 《詩》曰：“懷德維寧，宗子維城。”（《詩·大雅·板》）大小雅傷王政所由廢，未嘗不反覆丁寧之。（《尚書既見》，頁3）

> 誦《詩》至雨無正之章，而後寤幽王身殺，遂亡宗室，故非一歲月事也。鎬京不守，姜戎豈能久居？都邑環峙，形勢尚存，其卒至於東遷者，由大家世録，各顧私邑，皆莫以王室爲念。（《尚書既見》，頁4）

觀上之例，可知莊氏或引經文以申論、或不引經文而僅撮其大意以申論，皆可見其援引他經以證成本經之法。

再者，就莊氏闡釋之内涵以觀之，莊氏首引《孟子》之言述《尚書·盤庚》撰作之要旨。[①] 以爲自商湯以來，歷二十多位君主，其中堪稱賢君者僅六七位，其中又以盤庚爲著，盤庚之後，殷復衰矣，故百姓思盤庚以作書。莊氏此語，乃爲引出下文"上有明天子，天下未嘗不安，百姓未嘗不相生養於其間"之意，蓋以盤庚之賢勉成親王當以盤庚爲榜樣。其後，因商朝自湯以至於雍己之時，其君或不修德，以致於諸侯多不來朝，國勢日衰，其因乃"制度不行"、"大家世録，各顧私邑，皆莫以王室爲念"，故引《詩經》、《春秋》、《禮記》以爲説。莊氏云："古之時，甸服以外皆爲邦國諸侯，兵刑二事，與天子分理之，内有卿大夫、王子弟采邑，謂之都鄙，以八則治之，統於六官，不得專斷，其詳在邑，其要在朝。"[②]邦國諸侯各依其制，不得專斷，則國大治矣，今諸侯專斷，實因王政不行，王政不行則"崇降弗祥，其端必始於君之不爲政，政之不出於君"[③]也。而"政之不出於君"，實乃"人主各有其親"[④]，"無信多私"[⑤]，時日既久，則令必不行矣。莊氏云："一代之興，自始受命之祖，傳之子孫，子又生子，孫又生孫，人日益多，世日益疏，地不日廣，官職不日增，事要有所在，人主各有其親……則疏踰戚者，必然之勢也，各寵所任，則新間舊者又必然之勢也。"[⑥]故知爲君之難、爲政之難，必如商湯、盤庚之賢者，大修聖德，方得以勝任之。故莊氏之論又回歸到商湯、盤庚身上："盤庚之世，雖曰商不致若周之大壞，然而亂者數世，諸侯莫朝……非盤庚之賢，孰能剛繼而統理之哉？"[⑦]"爲君難矣，守成尤難，盤庚其難之至者也，百姓由寧，殷道復興，諸侯來朝，以其尊

---

① 　此處雖云："《孟子》曰"，然檢其文字，實乃莊氏撮《孟子·萬章》之意，非引《孟子》原文。
② 　莊存與：《尚書既見》，卷一，頁2。
③ 　莊存與：《尚書既見》，卷一，頁5。
④ 　莊存與：《尚書既見》，卷一，頁3。
⑤ 　莊存與：《尚書既見》，卷一，頁5。
⑥ 　莊存與：《尚書既見》，卷一，頁3。
⑦ 　莊存與：《尚書既見》，卷一，頁4。

成湯之德也。"①其義在反覆以他經所載之歷史爲鑑，勉成親王爲君之道，在於爲政修德，不可"無信多私"。

2.《尚書説》述《大禹謨》"人心惟危、道心惟微，惟精惟一，允執厥中"之義。

> 《易》曰："立人之道，曰仁與義。"（《易·説卦》）
> 《孟子》曰："仁義之心，人皆有之。"
> 《孟子》曰："從其大者爲大人，從其小者爲小人。"
> 《書》言人心，則《孟子》所謂仁義之心。
> （《易》曰）"其亡其亡，繫於苞桑"，危之至也。（《易·否·九五》
> 子曰："危者，安其位者也。"（《易·繫辭下》）（以上見《尚書説》，頁3—4）

此篇乃以文王之德爲主軸，強調《大禹謨》所謂"道心"者，即"仁義之心"，"仁義之心"即"聖人之心"。故莊氏於此篇開宗明義即引《易·説卦》之言，強調仁與義乃人立身之道，故人君必先立仁義之心，行仁義之道。復引《孟子》之言曰："仁義之心，人皆有之。"乃無可疑者，人所以異於禽獸者亦惟此心，"操則存之，捨則失之"，故"存之者，君子也"，"文王之德之純一"②，乃由此心者也。人君若能具此仁義之心，效法文王之德，則必能"允執厥中"，善體民心、善察人言，而不致"無信多私"也。故莊氏云："人受天地之中以生，惟位天德者允執之，執厥中必用其中於民，必好問，必察爾言，無稽之言不可勝聽，能不聽奚憚煩乎詢之哉？"③最後，則引《易·否·九五》之爻辭與《易·繫辭下》孔子之言以勉成親王，勿以現今之安樂而導致來日之危殆，需時時具此仁義之心而行，"研諸侯之慮，定

---

① 莊存與：《尚書既見》，卷一，頁6。
② 莊存與：《尚書説》（光緒八年陽湖莊氏藏版），頁2—3。
③ 莊存與：《尚書説》，頁3。

天下之吉凶","與民同患,必先知之",切記"人心難得而易失之
戒哉!"①

　　觀以上二例,可知莊氏論述之方法,蓋援引各經之說,反覆論
證,發揮大義,其要則歸本於人君內聖外王之修爲。

　　再者,就取材而言,莊氏用以說《尚書》之材料,就筆者自文本
中予以釐析所得,主要有:《詩經》、《易經》、《孟子》、《春秋》、《禮
記》、《論語》、《孝經》等七種,其中引《詩經》處,或逕言"《詩》曰"、
"《豳詩》曰"、"《魯頌》曰"或獨舉《詩》之篇名如《鴟鴞》、《常棣》、《伐
柯》等;引《禮記》則云:《記》曰、《禮運記》曰、《中庸》曰、《明堂位
記》、《文王世子》等;引《論語》則逕云《論語》,或言"子曰"、"子貢
曰"、"子思曰"、"子夏曰"等;其餘各經則逕云《孟子》、《春秋》、《孝
經》,不另出篇名。惟一處引《春秋》明云:《公羊春秋》外,皆稱《春
秋》,然其實亦一也。今將其引各經之情況,整理列表如下:

經　書	總次數	逕引篇名者	次　數
《詩經》	40	魯頌	1
		商頌	1
		豳詩	2
		鴟鴞	4
		伐柯	1
		常棣	2
		嘉樂	1
		歸禾	1
		破斧	1
		狼跋	1
		卷耳	1
		鹿鳴	1
		甘棠	1

經　　書	總次數	逐引篇名者	次　　數
《易經》	3		
《孟子》	25		
《春秋》	11	公羊春秋	1
		春秋傳(左傳)	1
《禮記》	7	禮運	2
		明堂位	1
		文王世子	1
		中庸	2
		曲禮	1
		王制	1
《論語》	8		
《孝經》	2		

若進一步歸納莊氏引述各經文獻多寡之現象,並分析莊氏文本之敘述,可歸納出其引用之要旨:

1. 因《詩》以知《書》

莊存與之姪莊述祖,其《尚書》之學祖述莊存與,在思想内容上以發揮堯、舜之德與文武之功業爲主體,其嘗云:“臣聞羲、農之道,原於《易》,堯、舜之德,著於《書》,文、武之功業,歌於《詩》。聖人彰往所以察來也,學者識古所以知今也。”①以此觀存與《尚書》之論述,尤爲佳證。存與《尚書既見》、《尚書説》二書,篇幅不大,總爲三卷,以發揮堯、舜、文、武、周公之德爲主,因《詩》篇所載多稱頌文武之德者,故引《詩》以爲論述之助,觀上列統計表中引《詩》之次數即

_____

①　莊述祖:《皇上七旬萬壽頌序》,《珍藝宧文鈔》(道光年間莊氏脊令坊藏版),卷1,頁1。

可知矣。茲再舉説明如下：

　　（1）武王不以天下與叔旦，天命在武王，必武王之子孫實享武王之功。《詩》曰：“有命自天”（《詩・大雅・大明之什》）命，此文王武王蓋申命焉。……周人以文王爲始受命之王，天子之位，必在武之子孫，天不二其命，則命不在周公。……夫與文王一德者，惟周公；與文武一心者，惟周公。父子一體，兄弟一體，與文武一體者，惟周公。天欲以聖人之德爲法於天下，後世舍周公誰屬哉。是故天下諸侯皆欲武王之子爲吾君，不疑周公于吾君也，皆欲周公爲吾君之相，不介二公于周公也。①

　　（2）成王既與周公爲一德，則天下之人，既樂吾君之子爲吾君，又樂吾先君之子德如文王武王者爲吾相，終樂吾君之德卒，亦如吾先君文王武王之聖也。《詩》曰：“假樂君子，憲憲令德，宜民宜人，受祿于天，保佑命之，自天申之。”②（《詩・大雅・假樂》）

此莊氏引《詩》“有命自天”以論述天命既不在周公，周公雖聖，亦惟新王之輔。周公既與文武同德同心，而天命以聖人之德爲法於天下後世，亦非周公莫屬，成王惟有與周公爲一德，才能如文王、武王之聖。故其後引《嘉樂》之詩，並進一步論述周公立階命誥之意曰：夫天人之心，文武之旨，惟在周公，周公何得不作詩乎？成王迎周公，與周公爲一心，周公何得不作命乎？成王惟恐率行公之訓，不足以慰公之志，務俾天下後世咸見周公之德之勤，故《書》之訓辭，必尚周公而自處於弗敢及，誠以基命定命上帝之事、文武之盛德至善，非周公不克大順而致成之，以立其極也。……而周公則不自大其事、尚其功也。《詩》無不備，亦嘗歌洛京以繼鎬京乎？歌

　　①　莊存與：《尚書既見》，卷二，頁9。
　　②　莊存與：《尚書既見》，卷二，頁9。

伐奄以繼伐商乎？制禮作樂，告文王不過曰："我其收之而已。"……爲人臣子，任君父之事者，自古如此。後有聖人賢人，必大周公之事而尚周公之德。……《中庸》曰："周公成文武之德。"則施于我沖子者在此矣。……《孟子》曰："周公相武王。"必本諸文王，而道《書》之言曰："丕顯哉！文王謨；丕承哉！武王烈。啟佑我後人，咸以正無缺。寧獨不啟佑成王而俾之正無闕乎？《嘉樂》，嘉成王也。孔子、孟子皆徵之，夫不以成王爲大德，而遵先王之法乎？以爲中才之主者，可以寤矣。"①此存與言人君之輔者，當如周公不自大其事、尚其功，惟以臣子之心，任君父之事，亦以證周公、成王君臣之間，咸有一德矣。

莊存與亦嘗自言："因《詩》以知《書》。"②其此之謂也。

2.《春秋》所記可爲殷鑑

莊存與於《尚書既見》嘗自云："《春秋》所記，敗亂多矣。以此知古，皆可燭照而數記也。"③若上文所引《詩經》爲正面之例證，則所引之《春秋》之義，多爲反面之借鏡。存與《春秋》之論，多見於《春秋正辭》之中，其《尚書》著作引《春秋》之語雖未若引《詩》之量，然皆以《春秋》所載之事以明先王治世之要法，其文則多隱括大義以言之，少見迻引經、傳之文字者，此或詳於《春秋正辭》而略於《尚書》之説故也。以下摘録莊氏引《春秋》之例，以見莊氏引《春秋》説《尚書》之義。

（1）何謂正？天子治諸侯之正也。麗九伐之法，謂之大過，《春秋》誅絶之罪也。……《春秋》之義，諸侯之大夫無遂事，諸侯不得專廢置諸侯，故曰："爲天吏則可以伐之。"諸侯不得以國與人，故曰："子噲不得與人燕。"諸侯不得去其宗廟社稷，故曰："世守也，非身之所能爲也。"孟子之正，皆先王之法，

---

① 莊存與：《尚書既見》，卷二，頁 10—11。
② 莊存與：《尚書既見》，卷一，頁 4。
③ 莊存與：《尚書既見》，卷一，頁 3。

著於孔子之《春秋》,曾謂大夫而可以廢其君乎!……孟子之
對,天子治諸侯之正也。爲政於天下,則必行王者之法,又何
異乎!①

　　此莊氏以《春秋》所謂"大夫遂事"、"諸侯專廢置諸侯"、
"諸侯以國與人"、"諸侯去其宗廟社稷"、"大夫廢置其君"等,
皆人臣非禮犯義之事,故聖王在位之時,斷無如此敗德之行。
故以孟子之言釋孔子正之以"大夫無遂事"、"諸侯不得專廢置
諸侯"、"諸侯不得以國與人"、"諸侯不得去其宗廟社稷"、"大
夫不可廢置其君"等,皆先王之法,是天子治諸侯之正也。

　　(2) 義者,宜也,尊賢爲大。《春秋》用貴治賤,以賢治
不肖。②

　　此文爲莊氏《尚書説·洪範》篇所引,此莊氏以爲《春秋》之義,
在"用貴治賤、以賢治不肖","如有不由此者,在執者去,眾以爲殃"
(《禮記·禮運》)。而聖者貴,賢者肖,人君之如聖賢,欲國之治,必
先立皇極以合天,故莊氏云:"無虐煢獨而畏高明(《尚書·洪範》),
箕子此言乃道上古賢賢治不肖之法,以爲武王法也。"③蓋以文武
之之聖、之賢,必先立"皇極"以爲治,皇極建則聖人合天,國必大
治,故莊氏云:"皇極建,乃聖人之所以合天。""天不言,能言惟聖,
世有聖人,則天矣。"④

3. 孔子之文乃三代遺言,惟孟子能傳其説

　　在莊存與之心中,三代聖王之理想實藉孔子方得以傳,然孔子
之學説散見於子思、孟子、七十子之徒;其於經典,則散見於《書
序》、《毛詩》、《春秋》三傳、《禮·喪服》、《儀禮》之《記》、《周官》、以
及孔子之《十翼》等。此聖人之文,惟孟子能傳其説。故存與云:

---

① 　莊存與:《尚書既見》,卷三,頁15。
② 　莊存與:《尚書説》,頁6。
③ 　莊存與:《尚書説》,頁6
④ 　莊存與:《尚書説》,頁6—7。

　　　　孔子……據魯史以作《春秋》,未嘗有不審其本末,而以己
意約文立意者。删《詩》序《書》,其所論著詳矣。見於《孟子》,
則若湯事葛、太王事獯鬻、堯舜授受、禹益辟位,其文盡出孔
氏。伏生《尚書大傳》、《大、小戴記》皆自孔氏出。賈誼、董仲
舒所著,及《鹽鐵論》賢良文學所稱引,《白虎通德論》,多三代
遺言。毛公《詩》、何休《公羊傳》學有三代禮可考,無不自七十
子所傳。

　　　　子以文教,實文、武、周公經緯天地之文。……夫子之教,
所以告萬世者,其文在則其信在也,焉可誣哉!……其德、其
法、其事、其文章,天地也,日月也。陋儒不見,孟子昭然發其
矇矣。①

今觀存與《尚書》著作,凡引及孟子之言論者,每多以"孟子曰"爲
起,下續其説,其言則多述三代聖王之事,以爲論述之證,今摘其數
例如下:

　　　　《孟子》曰:"由湯至於武丁,聖賢之君六七作,武丁之去盤
庚間兩君,雍己時諸侯或不至,大戊修德,諸侯歸之。……"②
　　　　《孟子》曰:"聖人之於天道也,命也,商周之際,文王之德
純矣,武王身之也,迪知上帝命者十八,周公至矣,太公、伯夷、
微子、箕子,皆仁人……"③
　　　　《孟子》曰:"周公相武王。"必本諸文王,而道《書》之言曰:
"丕顯哉!文王謨;丕承哉!武王烈。啟佑我後人,咸以正
無缺。"④

---

①　上引二段之文,分見莊存與:《四書説》,頁48、69—70。
②　莊存與:《尚書既見》,卷一,頁2。
③　莊存與:《尚書既見》,卷二,頁9。
④　莊存與:《尚書既見》,卷二,頁11。

故知存與引孟子之言者,乃因孟子能傳孔子之學,所言多三代遺言,尤可據也。

(二) 在建構聖王理想上

從方法與取材上論,莊存與之《尚書》經說已如上述,若進一步分析其整體論述的內涵,可知其整體《尚書》之要旨,乃在於塑造一聖王形象以爲皇子效法之典範。蔡長林先生云:

> 莊存與最大的願望是塑造出明確的聖王形像,讓他的帝冑學生能有衷心仿效的對象(《尚書》)。另外,打造一個理想的政治制度,讓帝國康泰,百姓安寧,是他的另一個理想(《周官》)。至於三代之末,王國衰微,長日將盡,陽消陰息,此乃詩人之所憂,故深闡以風人之旨(《毛詩》)。而於禮崩樂缺,小人當道的亂世,則以孔子《春秋》正其譏貶絕之罪,冀望他日能重見堯、舜盛世。若乃君臣上下之際,君子小人之辨,則於《易說》發明其原理。其有誣亂聖經,誤導後世者,則於《四書說》暢論其旨,駁而正之。[1]

蔡氏於莊存與《味經齋遺書》中所載各經之要旨,可說是一語中的,切入核心。然而聖王形象,在存與《尚書》之論述中,主要集中在堯、舜、文、武、周公等五人,其中尤以舜與周公,更是存與論述重心之所在。何以舜與周公在存與之論述份量上如此之重?筆者以爲在存與的心中,舜乃人君聖王之最佳典範,而周公則爲治世能臣之最佳典範,以舜之至仁至德,輔以周公之至能至忠,則國無不治矣。

1. 舜

存與對於虞舜之形象,著重在其"仁孝"形象之建立。關於舜之仁孝,《孟子》所載深得存與之意,故存與即引長息、萬章、公明高

---

① 蔡長林:《常州莊氏學術新論》,頁149。

與孟子間之言論,以明舜之大孝,並評長息之徒雖得聞命,而不能深思其意。蓋舜既竭力耕田供子職矣,即使父母不我愛,亦恝然無愁怨者,乃舜雖遭父母見惡,仍以見愛於父母始可解己之憂。莊氏云:

> 學者闇不知,是以求諸師,公明高不告,孟子本高之旨以告萬章,而又不正言,何也?《論語》曰:"知德者鮮矣。"又曰:"中人以下,不可以語上也。"自長息以至,古今天下,凡民不識誠爲天之道也,又不識誠之之爲人之道也,親于身,身于親,二之久矣,彼以竭力耕田,共爲子職,則孝子之事畢矣。其心以父母之不我愛,如不信乎朋友耳,如不獲乎上耳,若是恝哉?若是恝而猶以爲孝子之心哉? 中人以下之所知,未有不如此者。以爲于我無與,固恝而忍也;以爲不知我有何罪,亦恝而不靈也。皆謂不仁,不仁由乎不誠,蓋赤子之心,牿亡於執文害義之陋儒,可痛矣! 故曰:"是非爾所知也。"以救長息之陷溺於成説,而曾不反而求之于心也。孟子之不正言,以砭萬章之蹈襲於常轍而不察,喪失之大,有若是其不可也。讀此書而面不發赤,背不汗者無有哉![1]

蓋莊氏以爲,舜之大孝乃出其赤子之心,後世陋儒,執文害義,溺於成説,不知反求于心,故以孟子之説以正之。

其次,在舜與象之關係上,也是存與着墨之處,以見舜之大仁大聖,能變化象之惡行。象之惡,載於《舜典》,存與爲呈現舜之仁愛,對於象之善心未泯有細微之描述,存與云:"噫嘻! 變化以作詐,象也。陰主危害,陽以父母爲辭,士師莫能詰也。……舜則以無事置之先知也,先知,忠信也……象之淫眩殆同兒戲,其事已若浮雲之過,而象殊未知也。愕乎見舜之在床琴,而卒不知舜之何以

---

① 莊存與:《尚書既見》,卷3,頁2—3。

出井，機心庶幾息哉！"①存與以"愕乎見舜之在牀琴"來描述象之
驚恐，以致"機心庶幾息哉！"蓋以象之善心未泯，猶孟子所謂人性
本善，此由象之細微表現可見出，亦獨舜之先知得以見之，故存與
續云："其忸怩也，舜固見之矣，見其愧也，見其非偽也。……若自
常人觀之，象未入舜宮，以爲是象之喜也；象既入舜宮，以爲是象之
欺也。雖然，能欺於其言，不能欺於其色。鬱陶之言，人爲之；忸怩
之色，天爲之也。象示以人，舜見其人之天。使象不設爲思君之
言，則將不見舜而去矣；爲是言而無忸怩之色，則舜亦不能知象之
所終矣。嗟乎！苟非至聖，孰能遭骨肉之變，而察微知顯，不失其
忸怩之一幾乎？"②蓋象至是而始遂無殺舜之心，以愛兄之道來矣。

其三，存與論舜娶妻之事，乃"專命而成之"，"非不告也"，蓋以
舜之大孝，當父母之惡舜時，若先告，則父母阻之，舜亦不敢違，則
不得妻之，亦恐其父母亦因此而背負一罵名，故"成之而後告"，"實
不告也，名故告也"。此"反經而合道，聖人之權也"。亦即以舜先
權娶而後告，實亦有告於父母，如曰："莫之告也。"則二女何辭以見
舅姑耶？故曰："非不告也。"③存與曰：

> 人之於天也，以道受命；人之於君父也，以言受命。不若
> 於道者，天絕之；不若於言者，人絕之。告之而瞽瞍不聽，則舜
> 無可諍之道矣。不爭之則必從之，不從而違之，是不受父命
> 也，其罪當絕。成之而後告，雖瞽瞍亦不禁之，不禁必姑從之，
> 是以得娶也。爲無後之心，瞽瞍喻之矣，蓋納采以逮親迎，瞽
> 瞍皆爲之主而命之矣。此克諧，以孝烝烝，義不格姦之實也。
> 然而謂之不告者，成之在舜，不在父母也。正以不告語天下，
> 天下皆知其反經而合道，聖人之權也。非聖人不得與於
> 此也。④

① 莊存與：《尚書既見》，卷3，頁5。
② 莊存與：《尚書既見》，卷3，頁5。
③ 莊存與：《尚書既見》，卷3，頁3。
④ 莊存與：《尚書既見》，卷3，頁3。

存與所論，言之成理，亦以見舜之以道受命，非聖人不得與於此也。
至於存與論舜慕父母之誠、待兄弟之法，其例具載《尚書既見》與
《尚書説》中，兹不具引。舜即帝位之前的"歷試諸難"，正足以傳之
後世以爲天下法者，故存與以之爲成親王學習之典範。

　2. 周公

　　周公在周代歷史上是一位承先啓後的重要人物，其身爲文王
之子、武王之弟、乃至於成王之臣等多重身份，當面臨内有周邦新
造、太、召二公與成王之疑，外有管、蔡之亂，歷來對於周公當此國
家危急之時是否攝政稱王一事，各有其説①，然在莊存與之眼中，
周公乃是一位孝、弟、臣、友四行兼備的聖人，對於成王有重大的輔
佐之功，成王僅爲一中主而已，倘無周公之中心輔佐，則周朝斷無
安定之機。存與云："公爲文王之子則孝，爲武王之弟則弟，爲成王
之臣則臣，爲二公之友則友，則能先施之四者，周公實親行之，有所
不足，不敢不勉，憂勤以終身，而不一日以已。"②莊存與認爲周公
者，成王相也，必無居攝踐阼之事，故典籍中有關周公攝政之説，皆
爲存與所駁斥，因此説與不僅與君臣之義不合，亦有違其皇子教育
之目的，故必先摒棄其説：

　　　　司馬遷嘗讀百篇之《序》，而不知成王、周公之事爲荀卿、
　　蒙恬所亂。漢居秦故地，世習野人之言，於是有周公輔成王朝
　　諸侯圖賜霍光者，成王幼不能蒞阼階，遂記於《大、小戴記》，而
　　列於學官矣。周公踐阼，君子有知其誣者，而不能知成王即

────────

　　①　周公是否攝政稱王，歷來見解即分爲二派，近人著名學者中主周公未
曾稱王的有錢穆、屈萬里、程元敏等人，主周公稱王的有徐復觀、黃彰健等，杜
正勝先生在其《周代城邦·尚書中的周公》（臺北：聯經出版公司，1979 年 1
月）一文，有所引述，並有其自己的研究見解；另郭偉川：《周公攝政稱王與周
初史事論集》（北京：北京圖書館出版社，1998 年）與杜勇：《尚書周初八誥研
究》（北京：中國社會科學出版社，1998 年）對此亦有相關之討論。
　　②　莊存與：《尚書既見》，卷 2，頁 4。

位，其年不幼也。①

莊氏以爲欲辨周公無攝政稱王之事，則必先立"成王之即位，其年已不幼"之説。故莊氏駁司馬遷、荀卿乃至漢朝官方學官之説，並試圖於經典中尋找其立論之證據，其目的極其明顯的，是爲將周公形塑成一位謹守臣子之節的聖人。今將存與形塑之過程整理如下：

（1）成王既能通曉周公《鴟鴞》之詩，且未敢誚公，則成王必非年幼可知。

關於此點，莊存與之論證云：

> 《書》曰："于後公乃爲詩以貽王，名之曰《鴟鴞》，王亦未敢誚公。"豈教誨稚子之言乎？王又能通其説，心不謂然，能不宣之於口，豈尚須人抱負邪？夫孺子、沖子，特家人壽考之常言；予沖人、予小子，古天子通言，上下之恆辭，不以長幼而異者。《書》之訓絕無可據爲幼不能胙之徵矣。②

蓋存與以爲成王既能通曉周公貽《鴟鴞》所蘊含之詩意，則豈是尚需人抱負之年幼孺子耶？

（2）沖人之説乃上下恆辭之意，非孺子也。

如上文所引之例，存與以爲孺子、沖子乃家中高壽老人對年輕晚輩之稱呼，亦爲古天子之通言，上下恆辭，不因自己是否年長而有差異，故存與進一步引《鄉飲酒義》與《文王世子記》爲證：

> 《鄉飲酒義》曰："六十者坐，五十者立侍以聽政役。"《文王世子記》曰："養老幼于東序。"非幼也。五十視六十以上則謂

① 莊存與：《尚書既見》，卷2，頁6—7。
② 莊存與：《尚書既見》，卷2，頁7。

之幼，至今未改。幼沖人非謂年之不強，特未艾云爾也。孺子王亦然。①

據此，則後世但據沖人、儒子、小子爲成王年幼之證，乃不明古之辭意。以下再引存與所述之二例爲證：

　　　"惟我幼沖人，嗣無疆大歷服。"非成王幼不能阼之徵於《書》乎？ 曰："東征之誥，誥天下也。"故曰："猷！大誥爾多邦，越爾多士。"多邦，六服諸侯；而御事，王之邇臣也。成王爲黜殷命之政，遠邇之臣，罔不復於王曰不可，而謂周公擁童蒙之君，自行其意，人人知非天子之指，而矯誣以播告天下乎？②

　　　唐叔得禾而獻諸天子，王命歸周公於東。弟非弱小也，不可視爲小子侯裁勝衣趨拜而已。《嘉禾》旅天子之命，豈不能阼之孺子乎？ ……曰："王曷不違卜夫。"（若）王幼不能黜殷，則不能用卜也；不能用卜，焉能違卜乎？ 兹日不能用違，曩日何以能勿卜穆乎？ ……日讀其書，不能知其人，而曰幼沖人，《易》之所謂童蒙也。③

（3）幼沖人乃德之幼，非人之幼。

如上之引文，存與以爲，後世之説經者概以《易》之所謂童蒙者釋此"幼沖人"，以至於不知成王即位時年已非幼，故此"幼沖人"實乃"德之幼"，而非"年之幼"矣。因成王既能用卜，豈《易》之所謂童蒙者乎？ 存與又云：

　　　夫成王則扼惡揚善，順天休命之君子也，《傳》曰："武王克商，成王靖四方。"天下諸侯之所明知也，畢協賞罰，裁定厥功，

---

① 莊存與：《尚書既見》，卷2，頁7。
② 莊存與：《尚書既見》，卷2，頁11。
③ 莊存與：《尚書既見》，卷2，頁11。

以新陟王之休告天子也,思古明王賞善罰惡,則思成王在洛之政也。惟尊周公爲一德,故能爲明王,豈周公復政之後,成王又自爲賞罰,而裁定文武之功乎? 夫周公既身任文武未竟之事,而又以裁定四方之事遺成王,彼誣於書者,固有若此之言,然而子思告後世則曰:"周公成文武之德矣。"孟子則曰:"周公兼夷狄,驅猛獸,而百姓寧矣,兼三王以施事矣。"其誣乎? 子思、孟子不誣,則大保芮伯其誣乎? 必不然矣,曰成王非童蒙也。①

蓋引《左傳·昭公二十六年》文與子思、孟子之言以證其所言成王非年幼也。復就周公貽成王《鴟鴞》之詩與啟"金縢"之事以論曰:

當周公貽成王《鴟鴞》之詩,此二公及王歌《閔予小子》之三之時也。二公雖賢聖,得毋曰:"我先君王王武王之至德,克享天心,而東西南北無思不服如故也。"今嗣王之典學好問,思哀、思敬、思難,未有過也,何其憂患迫切,如不可以終日者,心不然之,特未敢誚公爾。夫以耆艾盛德如二公,尚不克知,則沖人之不及知,年非幼也,德不足以及知也。②

《書》曰:"王與大夫盡弁",曰:"王執書以泣",曰:"王出郊",此孰抱負之然也? 曾有提其耳而命之者邪? 且必非羈丱成童之所能然也。當其時,二公未嘗有一言,王獨深信天道,而曰:"今天動威,以彰周公之德。"……此非所謂不惑者乎? ……且曰:"我國家禮亦宜之。"不待父兄百官議其儀法,即日具親逆周公之禮,遄行出郊矣。孟子所謂若決江河,沛然莫之能御者。以此應天誠矣,以此改過勇矣,必非漢以後守文良主之所能然也,寧復童蒙之順以聽哉? 勿庸贊也。③

---

① 莊存與:《尚書既見》,卷2,頁12。
② 莊存與:《尚書既見》,卷2,頁5。
③ 莊存與:《尚書既見》,卷2,頁7。

存與以爲當時二公未嘗有一言,成王獨信天道,知天之動威在於彰周公之德,乃具親逆周公之禮,遄行出郊親迎周公者,且以耆艾盛德如二公,尚不克知文武之至德,則幼沖人實乃德之幼也。

(4) 天人之心,文武之旨,惟在周公。

成王即位,年已不幼之説既已完成,則最後尚需論證者,唯有周公代成王作誥乙事,此説一破,則周公賢臣之形象即告完成。[1]對此,存與之主要論證有三:其一,爲周公之德足以繼文武,固爲周公能莅阼階,佈誥命。其二,周公既與文武同心一體,則天命以聖人之德爲法於天下後世,舍周公其誰哉? 其三,成王惟有與周公一德,才能如文王、武王之聖。故周公莅階命誥之意明矣。今將存與論述之主文引述如下以明之:

> 《書》自《康誥》以下,每事必周公主之。《多方》以"周公曰:'王若曰'"發其凡,著成王之言,悉周公之言也。夫啟《金縢》之書,不煩二公贊一辭,王非不能作命,乃必周公爲之言,不可解也。子思、孟子論述聖人之德,無一言及成王,惟周公之聖繼文武也,不能莅階,不其然乎? 曰:知其説者,必明於天道,誦師之言,僅能弗失者,何足與於此?[2]
>
> 周人以文王爲始受命之王,天子之位,必在武之子孫,天不二其命,則命不在周公。故曰猶益之於夏,伊尹之於殷也。夫與文王一德者惟周公;與文、武一心者,惟周公。父子一體、兄弟一體,與文、武一體者惟周公,天欲以聖人之德爲法於天下後世,捨周公誰屬哉? ……是故成王不與周公爲一德,則風雷變於上,風刺作於下。雖二公尚在,克扶持而安全之,寶命闇而不章,曷以比隆堯、舜、禹、湯哉?[3]

---

① 此説之論證,亦見於蔡長林:《常州莊氏學術新論》,第四章,頁167—169。

② 莊存與:《尚書既見》,卷2,頁8。

③ 莊存與:《尚書既見》,卷2,頁9。

夫天人之旨，文武之旨，惟在周公，周公何得不作詩乎？成王迎周公，與周公爲一心，周公何得不作命乎？成王惟恐率行公之訓，不足以慰公之志，務俾天下後世咸見周公之德之勤，故《書》之訓辭，必尚周公而自處於弗敢及，誠以基命定命上帝之事、文武之盛德至善，非周公不克大順而致成之，以立其極也。……而周公則不自大其事、尚其功也。《詩》無不備，亦嘗歌洛京以繼鎬京乎？歌伐奄以繼伐商乎？制禮作樂，告文王不過曰："我其收之而已。"……爲人臣子，任君父之事者，自古如此。後有聖人賢人，必大周公之事而尚周公之德。……《中庸》曰："周公成文武之德。"則施于我沖子者在此矣。……《孟子》曰："周公相武王。"必本諸文王，而道《書》之言曰："丕顯哉！文王謨；丕承哉！武王烈。啟佑我後人，咸以正無缺。"寧獨不啟佑成王而俾之正無闕乎？《嘉樂》，嘉成王也。孔子、孟子皆徵之，夫不以成王爲大德，而遵先王之法乎？以爲中才之主者，可以寤矣。[①]

存與以爲天人之心，文武之旨，既在周公，周公以一純臣與成王爲一心，何德不能作誥命乎？周公以臣子之心，任君父之事，政以立人臣之極也。

觀上文所述，可知莊存與欲建構周公爲一純臣之形象，其用心可說十分明顯。蔡長林先生云："如果說，莊氏家學有何爲人垢病之處，我以爲《尚書》應是學者首要批評之對象。從上引存與《尚書》學中，相應於虞舜與周公之討論，即使撇開他對後世經說的批評不論，我們也不難看出存與論說的主觀之處。然存與之意，本不在考定經籍是非，而在於藉成王、周公之事，以明君臣分際。若不能掌握存與此一儒者之恆言，但以考據爲是非，必以其說失之於誣也。"[②]實爲確論。

<hr />

① 莊存與：《尚書既見》，卷2，頁10—11。
② 蔡長林：《常州莊氏學術新論》，頁169。

四、結　語

　　“通經致用”一直以來即是中國傳統學術論述之目的，不論是今文學、古文學、漢學、宋學，其立論初始之目的，無不如此。觀莊存與《尚書》之著作內涵，亦復如是，尤其存與之《尚書》著作，乃於上書房爲皇子講述之用，故其教育意義尤爲顯著。從上文對於莊存與《尚書》著作之分析，可得到以下數點結論：

　　（一）在解説《尚書》之方法上，莊存與採用“以他經正本經”之方法，以發揮經書之義。

　　（二）就取材而言，莊氏用以説《尚書》之材料，就筆者自文本中予以釐析所得，主要有：《詩經》、《易經》、《孟子》、《春秋》、《禮記》、《論語》、《孝經》等七種，其中又以《詩經》、《春秋》、《孟子》三者爲多。蓋以《詩經》所載，多文、武、周公之功業事蹟；《春秋》所載，其史實多可爲殷鑑者；《孟子》所載，乃三代遺言，非憑空臆造，尤爲可信。

　　（三）莊存與整體《尚書》之要旨，乃在於爲皇子塑造一聖王形象，以爲效法之典範，其中尤以虞舜與周公，更是存與致力着墨之所在。蓋以此二人乃存與心中君、臣形象之最佳典範，以舜之至仁、至德、至聖，輔以周公之至能、至忠、至純，則國無不治矣。

　　在考據之學盛行的乾嘉時期，莊存與的《尚書》之説，是最引人批評的地方之一，尤其莊氏以一人之力對抗眾人之議，尤顯得孤寂而與當時學風格格不入。然而，就其爲皇子導師之身份而言，則其用心復昭然可知也。今觀莊存與《尚書》之著作，則昔日學者所言：莊存與乃晚清今文學之先導，似有修正之必要。

參考文獻

[1] 莊存與：《味經齋遺書》，光緒八年陽湖莊氏藏版。
[2] 李兆洛：《澤古齋遺文後序》，《養一齋文集》（光緒戊寅年重刊本）。

［3］劉躍雲:《毗陵莊氏族譜序》,《毗陵莊氏增修族譜》,光緒元年刊本。

［4］毗陵莊氏族譜續修編纂委員會編:《毗陵莊氏族譜》(常州市:濟美堂,2008 年)

［5］莊壽承:《毗陵莊氏增修族譜》(北京市:北京燕山出版社,2006 年),據光緒元年刊本影印。

［6］梁啟超:《清代學術概論》,收於《中國近三百年學術史—附清代學術概論》(臺北:里仁書局,2000 年 5 月)。

［7］錢穆:《中國近三百年學術史》(臺北:臺灣商務印書館,1996 年 7 月)。

［8］張舜徽:《清儒學記•常州學記第九》(武漢:華中師範大學出版社,2005 年 12 月)。

［9］蔡長林:《常州莊氏學術新論》(臺北市:臺灣大學中國文學研究所博士論文,2000 年 6 月)。

［10］臧庸:《禮部侍郎莊公小傳》,《拜經文集》(清同治九年上元宗氏據漢陽葉氏舊藏本)。

［11］朱珪:《春秋正辭序》,《春秋正辭》(光緒八年陽湖莊氏藏版)。

［12］劉逢祿:《記外王父莊宗伯公甲子次場墨卷後》,《劉禮部集》(道光十年思誤齋刊本)。

［13］莊培因:《虛一齋集》(光緒九年刊本)。

［14］李兆洛:《毓文書院課藝序》,《養一齋文集》(光緒戊寅年重刊本)。

［15］魏源:《武進莊少宗伯遺書序》,《魏源集》(北京:中華書局,1983 年)。

［16］龔自珍:《資政大夫禮部侍郎武進莊公神道碑銘》,《龔定庵全集類編》(北京:中國書店 1991 年)。

［17］李慈銘:《越縵堂讀書記》(臺北:世界書局,1975 年)。

［18］王鳴盛:《十七史商榷序》,《十七史商榷》(臺北:廣文書局,1960 年)。

[19] 鄭吉雄:《乾嘉學者治經方法與體系舉例試釋》,蔣秋華主編:《乾嘉學者的治經方法》(臺北:"中央研究院"中國文哲研究所籌備處,2000 年 10 月)。

[20] 莊述祖:《皇上七旬萬壽頌序》,《珍藝宦文鈔》(道光年間莊氏脊令坊藏版)。

[21] 杜正勝:《周代城邦·尚書中的周公》(臺北:聯經出版公司,1979 年 1 月)。

[22] 郭偉川:《周公攝政稱王與周初史事論集》(北京:北京圖書館出版社,1998 年)。

[23] 杜勇:《尚書周初八誥研究》(北京:中國社會科學出版社,1998 年)。

(作者單位:臺北市立教育大學中國語文學系博士生)

《周易》"坤"、"坎"、"巽"三卦卦德献疑

黄懷信

摘要:《周易》"坤"、"坎"、"巽"三卦之卦德,自《易傳》之《説卦》、《繫辭》以下,分别被認爲是"順"、"陷"、"入"。此説實與八卦其他諸卦各取其所代表事物的最大特徵爲德之例不合,值得懷疑。以例分析,三卦之德分别應爲"厚"、"入"、"順"。"坤"德之所以被誤爲"順",當與誤解《彖》傳"至哉坤元,萬物資生,乃順承天"之"乃順承天"及"牝馬地類,行地無疆,柔順利貞"之"柔順"有關,而不知其"乃順承天"專就"萬物資生"説,"柔順"專就牝馬説。"坎"、"巽"二卦之誤,則又承"坤"卦之誤而錯互誤補。

關鍵詞:卦德　厚　入　順

　　《周易》八卦之名義——包括卦名、所取之象即所象徵或代表的事物,以及所取之義即所謂卦德,自《易傳》以來有"定説",如《説卦》云:"乾,健也。坤,順也。震,動也。巽,入也。坎,陷也。離,麗也。艮,止也。兑,説(悦)也";"乾爲天……坤爲地……震爲雷……巽爲風……坎爲水……離爲火……艮爲山……兑爲澤。"《繫辭下》云:"夫乾,天下之至健也……夫坤,天下之至順也。"[1]等等。對此成説,二千年來很少有人懷疑。然而我們稍加留意,便會産生不少疑問,尤其是"坤"、"坎"、"巽"三卦之卦德,明顯與其他諸卦取德之例不合,没有道理。比如"乾"、"震"、"離(麗)"、"艮"諸卦之卦德皆取各自所象事物——天、雷、火、山的最大特徵,而"坤"卦象地,爲什麽以"順"爲德?"坎"卦既象徵水,爲什麽以"陷"爲德,"陷"是什麽意思?"巽"卦既代表風,爲什麽以"入"爲德,"巽"又是

---

①　據《周易正義》本,《十三經注疏》,北京,中華書局1980年版。下同。

什麼意思?

《易傳》對於八卦名義的解釋之所以值得懷疑,還有一個原因,就是《易傳》畢竟與八卦及《易經》非同時之作。那麼,又怎麼能確保其說完全符合古人之本心及《易經》之本義? 何況《易傳》中《繫辭》、《説卦》、《序卦》之説,時或與《彖》、《象》不同,説明《易傳》之説本來就不可全信。章太炎先生當年曾以"德象雖具,談者多未明其字詁"爲由,專門撰有《八卦釋名》。① 而今天看來,問題並没有解决。所以,有必要對三卦之名義尤其是其卦德進行補説和訂正。

一

首先我們知道,根據傳統的解釋,八卦之名與所象之物有關,所象之物本於卦象。而根據卦象,八卦所象徵的事物分別爲天、地、水、火、雷、風、山、澤。這一點,應當没有疑問。就是説《説卦》"乾爲天……坤爲地……震爲雷……巽爲風……坎爲水……離爲火……艮爲山……兑爲澤"之説,首先可以肯定。因爲:天爲純陽之物,所以"乾三連"②,爲三陽爻;地爲純陰之物,所以"坤六斷",爲三陰爻;水雖陰物但中實,所以"坎中滿",爲二陰爻夾一陽爻;火雖陽物但中空,所以"離中虛",爲二陽爻夾一陰爻;雷爲陰物而在天上,故"震仰盂",爲二陰爻在一陽爻之上;風爲陽物而在地上,故"巽下斷",爲二陽爻在一陰爻之上;山雖陰物而山巔必陽,故"艮覆碗",爲一陽爻居二陰爻之上;澤雖爲水而下實,故"兑上缺",爲一陰爻居二陽爻之上:可見皆有道理。而且此八者,又確實是人類生活環境中所存在的最大、最有特色之物,古人以之取象,完全可能。

① 按:該文原載《國粹學報》5卷2期,今傅傑編校《章太炎學術史論集》收之。
② [宋]朱熹:《周易本義·八卦取象歌》,上海古籍出版社1987年影印《四庫全書》本。下同。

　　那麼坤卦既代表地,何以名"坤"? "坤"是什麼意思? 章太炎曰:"坤從土申,土位在申,爲地易明。"①本《説文》。《説文》云:"坤,地也,易之卦也。從土申,土位在申也。"②以土位在申,其實只是漢代陰陽家二十四方位説之産物。"申"字在《説文》訓"神也,七月陰氣成體,自申束也"③,明非言"位"之字;且他卦皆不以位得名,坤卦何獨以位言之? 没有道理。所以朱駿聲於"坤"字下亦曰:"申非意,從土申聲。"④可見以土位在申而爲"坤"之説不可據信,"坤"字必從"申"得聲。那麼何以單從"申"聲? 從古文字看,"申"象閃電,上下勾通。上下勾通則延長,所以"申"有重、再之義,而從"申"之字皆有長、引、延、垂諸義。如"呻"、"伸"、"紳"之類。《説文》云"神,天神引出萬物者也",實際上也是取其能上下勾通。土上下勾通則厚。所以,"坤"字本義當爲土厚。而土厚,正是地的最大特徵。所以《周易·坤卦》之《象》曰:"坤厚載物,德合無疆。"《象》曰:"地勢坤,君子以厚德載物。"可見皆取厚義。所以,"坤"必坤卦本字,專指地,其德當爲厚。然而既從"申"取義得聲,則不得音坤。而且從《説卦》"坤,順也"之説,亦知迄至當時,本讀申音,因爲其皆用聲訓,儘管未必皆是。當然,坤音今已不可改。

　　另外地雖廣袤,但有山、林、川、澤、丘、陵、墳、衍、原、隰在其上,不得謂順。《文言》曰"坤道其順乎",《繫辭下》云"夫坤,天下之至順也",《説卦》謂"坤,順也",王弼注《坤卦》"利牝馬之貞"曰"牝馬順之至也",皆無道理。且若"坤"取順義,則《象》之"坤厚載物"與《象》之"地勢坤,君子以厚德載物"皆不可通。所以,舊謂"坤"取順義即以順爲德不可信。王弼於《象》傳"地勢坤"下注曰:"地形不順,其勢順。"純爲附會之説。形不順,勢焉得順? 孔疏曰:"地形方

　　①　《章太炎學術史論集》,第 131 頁。
　　②　《説文解字》卷十三下,第 288 頁。
　　③　同上,卷十四下,第 311 頁。
　　④　[清]朱駿聲:《説文通訓定聲·坤部第十六》,武漢市古籍書店 1983年影印本,第 826 頁上。

直,是不順也。其勢承天,是其順也。”亦不可信,因爲地勢畢竟不平,地承天勢,不得謂順。而且若此謂順,則同樣可以説天順地勢。可見此“順”也不獨是地的特徵。李道平曰:“《坎彖辭》曰‘山川丘陵,地險也’,不順甚矣。由西北而趨東南,其勢順也。”①也無道理。因爲中國之地固然西北高東南低,但西北、東南之地同樣也各有所謂九等之差,也有山川丘墳。

那麽《説卦》、《繫辭下》之“坤,順”説由何而來? 予謂當與誤解《象》傳“至哉坤元,萬物資生,乃順承天”之“乃順承天”,及“牝馬地類,行地無疆,柔順利貞”之“柔順”有關。而不知其“乃順承天”專就“萬物資生”説,“柔順”專就牝馬説。總之“坤,順”之説不可信。後世或直以“巛(順)”爲坤,必在《繫辭》、《説卦》、《文言》之後。所以鄭玄亦云:“巛,今字也。”②當然,作“巛”亦可能是借爲“坤”(音申),因爲順、申古音可通。比如文獻中“順”或借爲“慎”,即與之同音理。至於或作“川”,則更屬“巛”字之誤。

二

坎卦既爲水,何以名“坎”? “坎”取何義? 又何以以陷爲德? 王弼曰:“坎,險陷之名也。”③孔穎達曰:“坎象水,水處險陷,故爲陷也。”④水之所處,何謂險陷? 章太炎曰:“坎之爲水,象聲爲陷,易知也。”⑤亦本《説文》。《説文》云:“坎,陷也。”“陷”,《説文》訓“高下也”。段玉裁曰:“高下者,高與下有懸絶之勢也。高下之形曰陷,故自高入於下亦曰陷,義之引申也。《易》曰:‘坎,陷也。’謂陽陷陰中也。凡深没其中曰陷。”⑥高與下有懸絶之勢,就是平面

---

① [清]李道平:《周易集解纂疏》卷二,中華書局 1994 年版第 75 頁。
② [隋]陸德明:《經典釋文》卷二引,中華書局 1983 年版,第 19 頁。
③ 《周易正義》卷三,第 42 頁。
④ 同上,卷九,第 34 頁。
⑤ 《章太炎學術史論集》,第 131 頁。
⑥ 《説文解字注》卷十四下,第 732 頁下。

有低陷,形成反差。可見"陷"本義爲低陷,指其形。那麼訓"陷也"
之"坎",也就只能是指低陷之地,而非謂陷入或陷没。若謂水可陷
物故以陷爲德,卦名取陷没爲義,雖亦可通,但畢竟爲引申之義。
而《序卦》言"陷必有所麗",説明已以"陷"爲陷落。段氏解"坎,陷
也"爲陽陷陰中,顯然也是取陷没之義。然而根據《周易·坎卦》卦
爻辭及其《彖》、《象》,"坎"本爲名詞。如卦辭直以"習坎"爲名,"習
坎"即重坎,所以《象》曰:"習坎,重險也。"又其初六爻辭曰"入於坎
窞",九二爻辭曰"坎有險",九五爻辭曰"坎不盈",《象》曰"坎不盈,
中未大也",等等,可見均以"坎"爲名詞。從這個意義上説,王弼
"坎,險陷之名也"之説不誤。所以,此"陷"必不能釋爲陷没、陷落
或陷入。

　　名詞之"坎",即地面低陷處。水往低處流,故水必在坎。如江
河湖海,無不在低陷之處。可見以坎代水,實有道理。這就説明,
坎卦並不以陷物或陷没爲德;《説文》"坎,陷也"之訓,應該只是就
其形言之。所以,"陷"不可以作爲坎卦之德。至於"險",固爲水之
一大特徵,但非最大特徵,也不具備必然性,所以也不可以作爲坎
卦之德。那麼坎卦又以何爲德呢? 予謂當是"入"。因爲"自高入
於下"、"無孔不入",是水的最大特徵。且《周易·坎卦》初六爻辭
曰"入於坎窞,凶",《象》曰"習坎入坎,失道凶也",六三爻辭曰"入
於坎窞,勿用",皆言"入",看來不爲無因。而《繫辭》以下以"入"爲
巽卦之德,當是早期文字錯亂所致。

三

　　巽卦既爲風,何以名"巽"?"巽"是何義? 章太炎曰:"巽,具
也,無當於風及入。巽、選聲類同,《廣雅·釋詁》:'選、納、妠,入
也。'《説文》:'入,内也。''内,入也。'《堯典》'内于大陸';《五帝紀》
説堯使舜入山林川澤,《列女傳》言選于林木,是故選者入也。選奭
與遜遁,皆衄縮潛伏義,亦内入也。選,又遣也。……《釋名》:'風,

放也,氣放散也.'風馬牛者,放馬牛,故選爲風矣。"①可見是以
"巽"爲"選"之借字而取入、遣兩義。然而我們知道,"選"雖有入義
遣義,但皆與風無關。所以,"選"不得爲巽卦本字。考《説文》"巽"
本字作"𢁅",云:"𢁅,巽也,從丌從頁頁(合一字)。此《易》𢁅卦爲
長女爲風者。"②可見爲卦名專字。其字之本義雖不得知,但以例
當與卦德有關,只是舊謂巽卦德入,則大可懷疑。孔穎達曰:"巽象
風,風行無所不入,故爲入也。"③實無道理。因爲風作爲天地之
氣,雖動,但並非無孔不入,而是流通方入,不流通必不能入。而且
事實上我們知道,風的最大特徵應是順,因爲凡風刮來,一切都會
順從風勢,比如草木,即順風而伏;人遇大風,必背對之:可見風能
順物。所以,巽卦之德應爲順。而且"巽"字本身,亦有順義。如
《廣雅·釋詁一》云:"巽,順也。"《周易·巽卦》"巽,小亨"陸德明
《釋文》及《堯典》孔傳,也均引此説。《巽卦》六二、六四爻辭兩曰
"順以巽也",説明也取順義。《巽卦》之《彖》曰:"重巽以申命,剛巽
乎中正而志行。柔皆順乎剛,是以小亨。"《象》曰:"隨風,巽。"隨即
順。可見《彖》、《象》亦皆以巽爲順。自《繫辭》、《説卦》以下謂坤德
順而以巽德爲入,亦當是錯互所致,或與讀"巽"爲"選"有關,總之
巽卦必不能以入爲德。

　　以上可見,三卦之卦德確有問題。《繫辭》等以下以順爲坤德、
陷爲坎德、入爲巽德,皆當出於誤解及錯互誤認。就是説"順"本爲
"巽"德,因誤解《象》傳而錯置在了"坤"下;"入"本爲"坎"德,又錯
在了"巽"下;"坎"下又誤補了"陷"字;而"坤"下之"厚",則被脱失
遺忘了。而這種錯誤,當自《説卦》或《繫辭》始,《彖》、《象》創作時
代尚未發生。

　　　　　　　　　　　　(作者單位:曲阜師範大學孔子研究所)

---

①　《章太炎學術史論集》,第 131 頁。
②　《説文解字》卷五上,第 99 頁。
③　《周易正義》卷九,第 94 頁。